# 故宫

## 博物院藏文物珍品全集

故宮博物院藏文物珍品全集

# 懋勤殿本淳化閣帖

（上）

主編：尹一梅

商務印書館

# 懋勤殿本淳化閣帖（上）

# Model Calligraphy of Chun Hua Ge (I)
# (Collected in the Maoqin Hall of the Imperial Palace)

## 故宮博物院藏文物珍品全集
## The Complete Collection of Treasures of the Palace Museum

主　　編：尹一梅
編　　委：王　禕
攝　　影：趙　山　劉志崗　馮　輝　馬曉璇　田明潔

出 版 人：陳萬雄
編輯顧問：吳　空
責任編輯：段國強
出　　版：商務印書館（香港）有限公司
香港筲箕灣耀興道 3 號東滙廣場 8 樓
http: //www.commercialpress.com.hk
製　　版：深圳中華商務聯合印刷有限公司
深圳市龍崗區平湖鎮春湖工業區中華商務印刷大廈
印　　刷：深圳中華商務聯合印刷有限公司
深圳市龍崗區平湖鎮春湖工業區中華商務印刷大廈
版　　次：2020 年 7 月第 1 版第 3 次印刷

ISBN 978 962 07 5506 4



All inquiries should be directed to:
The Commercial Press (Hong Kong) Ltd.
8/F., Eastern Central Plaza, 3 Yiu Hing Road, Shau Kei Wan, Hong Kong.

# 故宮博物院藏文物珍品全集

# 總序

楊新

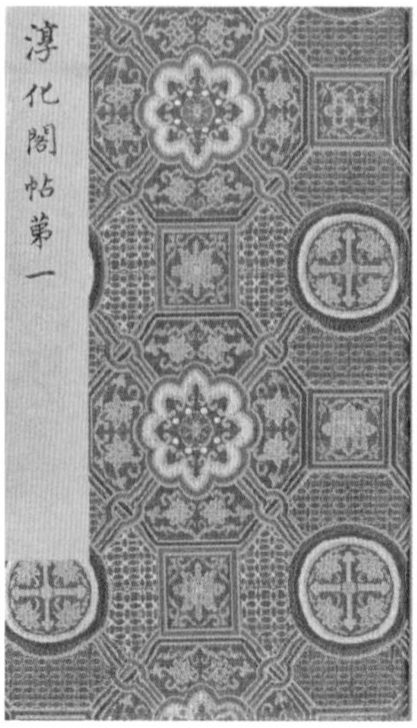


故宮博物院是在明、清兩代皇宮的基礎上建立起來的國家博物館，位於北京市中心，佔地七十二萬平方米，收藏文物近百萬件。

公元一四〇六年，明代永樂皇帝朱棣下詔將北平升為北京，翌年即在元代舊宮的基址上，開始大規模營造新的宮殿。公元一四二〇年宮殿落成，稱紫禁城，正式遷都北京。公元一六四四年，清王朝取代明帝國統治，仍建都北京，居住在紫禁城內。按古老的禮制，紫禁城內分前朝、後寢兩大部分。前朝包括太和、中和、保和三大殿，輔以文華、武英兩殿。後寢包括乾清、交泰、坤寧三宮及東、西六宮等，總稱內廷。明、清兩代，從永樂皇帝朱棣至末代皇帝溥儀，共有二十四位皇帝及其后妃都居住在這裏。一九一一年孫中山領導的「辛亥革命」，推翻了清王朝統治，結束了兩千餘年的封建帝制。一九一四年，北洋政府將瀋陽故宮和承德避暑山莊的部分文物移來，在紫禁城內前朝部分成立古物陳列所。一九二四年，溥儀被逐出內廷，紫禁城後半部分於一九二五年建成故宮博物院。

歷代以來，皇帝們都自稱為「天子」。「普天之下，莫非王土；率土之濱，莫非王臣」（《詩經．小雅．北山》），他們把全國的土地和人民視作自己的財產。因此在宮廷內，不但匯集了從全國各地進貢來的各種歷史文化藝術精品和奇珍異寶，而且也集中了全國最優秀的藝術家和匠師，創造新的文化藝術品。中間雖屢經改朝換代，宮廷中的收藏損失無法估計，但是，由於中國的國土遼闊，歷史悠久，人民富於創造，文物散而復聚。清代繼承明代宮廷遺產，到乾隆時期，宮廷中收藏之富，超過了以往任何時代。到清代末年，英法聯軍、八國聯軍兩度侵入北京，橫燒劫掠，文物損失散佚殆不少。溥儀居內廷時，以賞賜、送禮等名義將文物盜出宮外，手下人亦效其尤，至一九二三年中正殿大火，清宮文物再次遭到嚴重損失。儘管如此，清宮的收藏仍然可觀。在故宮博物院籌備建立時，由「辦理清室善後委員會」對其所藏進行了清點，事竣後整理刊印出《故宮物品點查報告》共六編二十八冊，計有文物一百一十七萬餘件（套）。一九四七年底，古物陳列所併入故宮博物院，其文物同時亦歸故宮博物院收藏管理。

二次大戰期間，為了保護故宮文物不至遭到日本侵略者的掠奪和戰火的毀滅，故宮博物院從大量的藏品中檢選出器物、書畫、圖書、檔案共計一萬三千四百二十七箱又六十四包，分五批運至上海和南京，後又輾轉流散到川、黔各地。抗日戰爭勝利以後，文物復又運回南京。隨着國內政治形勢的變化，在南京的文物又有二千九百七十二箱於一九四八年底至一九四九年被運往台灣，五〇年代南京文物大部分運返北京，尚有二千二百一十一箱至今仍存放在故宮博物院於南京建造的庫房中。

中華人民共和國成立以後，故宮博物院的體制有所變化，根據當時上級的有關指令，原宮廷中收藏圖書中的一部分，被調撥到北京圖書館，而檔案文獻，則另成立了「中國第一歷史檔案館」負責收藏保管。

五〇至六〇年代，故宮博物院對北京本院的文物重新進行了清理核對，按新的觀念，把過去劃分「器物」和書畫類的才被編入文物的範疇，凡屬於清宮舊藏的，均給予「故」字編號，計有七十一萬一千三百三十八件，其中從過去未被登記的「物品」堆中發現一千二百餘件。作為國家最大博物館，故宮博物院肩負有蒐藏保護流散在社會上珍貴文物的責任。一九四九年以後，通過收購、調撥、交換和接受捐贈等渠道以豐富館藏。凡屬新入藏的，均給予「新」字編號，截至一九九四年底，計有二十二萬二千九百二十件。

這近百萬件文物，蘊藏着中華民族文化藝術極其豐富的史料。其遠自原始社會、商、周、秦、漢，經魏、晉、南北朝、隋、唐，歷五代兩宋、元、明，而至於清代和近世。歷朝歷代，均有佳品，從未有間斷。其文物品類，一應俱有，有青銅、玉器、陶瓷、碑刻造像、法書名畫、印璽、漆器、琺瑯、絲織刺繡、竹木牙骨雕刻、金銀器皿、文房珍玩、鐘錶、珠翠首飾、家具以及其他歷史文物等等。每一品種，又自成歷史系列。可以說這是一座巨大的東方文化藝術寶庫，不但集中反映了中華民族數千年文化藝術的歷史發展，凝聚着中國人民巨大的精神力量，同時它也是人類文明進步不可缺少的組成元素。

開發這座寶庫，弘揚民族文化傳統，為社會提供了解和研究這一傳統的可信史料，是故宮博物院的重要任務之一。過去我院曾經通過編輯出版各種圖書、畫冊、刊物，為提供這方面資料作了不少工作，在社會上產生了廣泛的影響，對於推動各科學術的深入研究起到了良好的作用。但是，一種全面而系統地介紹故宮文物以一窺全豹的出版物，由於種種原因，尚未來得及進行。今天，隨着社會的物質生活的提高，和中外文化交流的頻繁往來，無論是中國還是西方，人們越來越多地注意到故宮。學者專家們，無論是專門研究中國的文化歷史，還是從事於東、西方文化的對比研究，也都希望從故宮的藏品中發掘資料，以探索人類文明發展的奧秘。因此，我們決定與香港商務印書館共同努力，合作出版一套全面系統地反映故宮文物收藏的大型圖冊。

要想無一遺漏將近百萬件文物全都出版，我想在近數十年內是不可能的。因此我們在考慮到社會需要的同時，不能不採取精選的辦法，百裏挑一，將那些最具典型和代表性的文物集中起來，約有一萬二千餘件，分成六十卷出版，故名《故宮博物院藏文物珍品全集》。這需要八至十年時間才能完成，可以說是一項跨世紀的工程。六十卷的體例，我們採取按文物分類的方法進行編排，但是不囿於這一方法。例如其中一些與宮廷歷史、典章制度及日常生活有直接關係的文物，則採用特定主題的編輯方法。這部分是最具有宮廷特色的文物，以往常被人們所忽視，而在學術研究深入發展的今天，卻越來越顯示出其重要歷史價值。另外，對某一類數量較多的文物，例如繪畫和陶瓷，則採用每一卷或幾卷具有相對獨立和完整的編排方法，以便於讀者的需要和選購。

如此浩大的工程，其任務是艱巨的。為此我們動員了全院的文物研究者一道工作。由院內老一輩專家和聘請院外若干著名學者為顧問作指導，使這套大型圖冊的科學性、資料性和觀賞性相結合得盡可能地完善完美。但是，由於我們的力量有限，主要任務由中、青年人承擔，其中的錯誤和不足在所難免，因此當我們剛剛開始進行這一工作時，誠懇地希望得到各方面的批評指正和建設性意見，使以後的各卷，能達到更理想之目的。

感謝香港商務印書館的忠誠合作！感謝所有支持和鼓勵我們進行這一事業的人們！

一九九五年八月三十日於燈下

# 目錄

# 帖目

## 歷代名臣法帖第三



## 歷代名臣法帖第四

## 諸家古法帖五

匯帖之祖——《淳化閣帖》

# 導言

施安昌

## 宋太宗詔刻《淳化閣帖》

宋太宗趙炅於太平興國二年（九七七年）詔李昉等編《太平廣記》五百卷和《太平御覽》一千卷；太平興國七年（九八二年）又開始編纂《文苑英華》一千卷。這些百科全書式的典籍編刻，象徵宋初以來提倡文治的成功。太宗又於淳化三年（九九二年）以內府所藏前代諸家墨跡，命侍書王著撰編刻成《淳化閣帖》（簡稱《閣帖》）十卷。

太宗酷愛書法，登位不久，即下詔搜集天下法書名跡。宋王應麟《玉海》卷四云：「先是太平興國二年十月詔諸州搜訪先賢筆跡圖書，於是荊湖獻張芝草書，潭州獻唐明皇所書《道林寺》、《王喬觀》碑，袁州獻宋之問書《龍鳴寺碑》。三年九月辛亥升州獻晉王羲之、獻之及桓溫等凡十八家石版書跡。六年十二月丁丑詔訪鍾繇墨跡。七年正月已未錢惟治以鍾繇、王羲之、唐玄宗墨跡七軸為獻。八年二月丁酉錢昱獻鍾、王墨跡八軸，十月已丑越州獻王羲之石硯。雍熙二年三月丙寅潘昭慶獻虞、褚、歐陽墨跡三本。」

南唐亡國時，其所藏法書名畫，也大都歸入宋朝內府。《宋史》南唐世家記載：「太宗幸崇文館觀書，謂李煜曰：此簡策多卿之書物。」《閣帖》中部分墨跡當係採用南唐內府的珍藏。

自唐末到宋初雕版印刷的技術已有相當的發展，這也給《閣帖》的摹刻提供了技術條件。宋太宗以《閣帖》作為賞賜重臣之物，以此標榜其文治。《淳化閣帖》正是在這樣的歷史條件下產生的。

## 《閣帖》的體例和書法價值

將書家的墨跡收集一起，裝潢成帙以便珍藏和賞玩的風氣源於東晉。梁虞龢《論書表》記載桓玄喜愛王氏父子書法，「乃選二王紙跡，雜有縑素，正、行之尤美者，各為一帙，常置左右」。唐張彥遠《法書要錄》卷十《右軍書記》中記載：「太宗皇帝請求二王書。大王書有三千紙，率以一丈二尺為卷，取其書跡及言語，以類相從綴成卷，以『貞觀』二字為二小印印之。褚河南監裝背，率多紫檀軸首，白檀身，紫羅褾織成帶」。

《淳化閣帖》十卷，收歷代書法作者一百零二人，四百餘帖。第一卷為歷代帝王法帖，收漢至唐帝王十九人書。第二卷至第四卷為歷代名臣法帖，收漢張芝至唐陸柬之等書家六十七人。第五卷為諸家古法帖，收蒼頡至唐張旭等十四人，又無名氏法帖六（其中有與王獻之重出二帖）。第六卷至第八卷為王羲之書。第九卷至第十卷為王獻之書。

由於《淳化閣帖》為皇帝所敕編，所以首列歷代帝王，次列歷代名臣，再次為古代書家。每卷末刻篆書款「淳化三年壬辰十一月六日奉聖旨模勒上石」。

保存於《閣帖》中的古代名家書跡很多，如魏鍾繇，晉索靖、王敦、王導、桓溫、王洽、王珉、王珣、王廙、郗鑒、郗愔、衛瓘、謝安、謝万、庾亮、謝璠伯、陳逵、王坦之、王渙之、王操之、王凝之、王劭、王廞、王邃、王恬，宋王曇、謝莊、羊欣、孔琳、蕭思話，齊王僧虔，梁王筠、沈約、蕭子雲、薄紹之等。唐代書家有歐陽詢、虞世南、褚遂良、薛稷、李邕、宋儋、張旭、徐嶠之、陸柬之、褚庭誨、柳公權等。收入的帝王書有東晉明帝司馬紹、康帝司馬岳、哀帝司馬丕、簡文帝司馬昱、文孝王司馬道子、宋明帝劉彧、陳長沙王陳叔懷、陳永陽王陳伯智、唐太宗李世民、唐高宗李治等。（以上書家中未列入米芾、黃伯思指為偽者。書家的朝代歸屬也有所修正，與原帖標題有所不同。〔二〕）

將王羲之、王獻之父子書法編為五卷，佔全帖的二分之一，這是唐代重視二王書法的遺風，也體現了宋太宗有意提倡王書的意圖。《閣帖》書體有篆、隸、楷、行、草等。因法帖屬尺牘書札，尺牘多以行、草書寫，這樣十卷書法中，行、草自然佔據多數。《閣帖》中的不少帖文義比較難懂，尤其是六朝帖文。還有的是轉相摹拓，將原跡的文字擅自刪改或摹錯。此外亦有將旁注移入正文的錯誤。故歷來法帖釋文多有牴牾。

《閣帖》有着重要的書法價值，一些在書法史上享有盛譽的書家，今天已沒有墨跡遺存，而幸賴《閣帖》得睹其面目。鍾繇（一五一—二三〇年），字元常，三國時潁川長社（今河南長葛）人，官至太傅。他同漢末張芝，東晉王羲之、王獻之合稱書中「四賢」。鍾書墨跡早已無從看到。《閣帖》中存有鍾繇書跡六種，其中《宣示》、《還示》、《白騎》三帖歷來為人看重，結體多扁，重心偏下，勾挑及某些筆畫轉折形態帶隸法，行書筆意與東晉之時也有差別，表現了早期書體演變時的特點。二十世紀敦煌藏經洞佛經發現及西北魏晉簡牘和殘紙出土，使我們重新看到一七〇〇年前的真書和行草書面目，通過對比我們認識到，《宣示》等帖出現於當時是可信的。

再看唐太宗，他書名甚高，善臨古帖，得二王法，殆於逼真。但所見書跡只有《晉祠銘》碑，是行書體。《閣帖》收入《兩度》、《氣發》、《移營》、《患痢》、《高麗》、《唱箭》、《數年》諸帖，呈現出「遒勁妍逸，鸞鳳飛翥，虬龍騰越」的妙跡。當後來太宗《溫泉銘》從莫高窟中找到時，證明太宗的書風確是如此。

經千餘年歷史之檢驗，《淳化閣帖》價值益明。匯集歷代書家名人書跡，遴選編次，摹刻拓印，廣為傳播，堪稱匯帖之祖，此其一。綜括古代豐富的書法資料，分為歷代帝王法帖、歷代名臣法帖、諸家古法帖和王羲之、王獻之法帖四部，前三部以時代為序，創立了一種書法與書法史教科書模式，此其二。《閣帖》的四部分法與排次，有意抬高了帝王法帖的地位，此既適應尊王道統，又提醒統治者對自身書法修養的重視，轉而又推動了社會對書法與書家的看重，此其三。對第一點不需再贅述，第二、三點則聯繫清代內府遺存閣帖及刻帖情況加以申論。

## 清宮藏《閣帖》的不同版本

《淳化閣帖》傳世的各種版本極多，但多為後世翻刻本，真正的宋拓本鮮見。故宮博物院藏《閣帖》六十三部，十卷全者五十部，其中有四十二部是清朝內府遺留下來的，佔了很大部分。一九八〇年，在馬子雲先生主持下，我們曾對全部《閣帖》做過比較全面、仔細的校對排比，鑒別分類，才認識到它們的複雜情況[二]。故宮博物院藏《閣帖》所包括的不同版本大體如下：

（一）宋刻《淳化閣帖》（故字四六七八號，稱「懋勤殿本」），十卷紙墨為宋代，分卷裝為十冊。第一卷首開和第十卷尾鈐「乾隆御覽之寶」、「懋勤殿鑒定章」，其餘各卷首尾鈐「乾隆御覽之寶」一印。帖中不見其他印章、題識。外套木匣。

（二）明潘允亮刻本，第一卷標題下刻「賈似道印」，旁有「悅生印」。第十卷首開刻「秋壑」印，卷末刻「長」字印，「齊周密印章」在《敬祖帖》末。刻元至正二十五年（一三六五年）周厚以載跋。

（三）明顧從義刻本，又名《玉泓館淳化閣帖》。第一卷標題下刻「賈似道印」，旁有「悅生印」，第十卷首開刻「秋壑」印，卷末刻「長」字印，「齊周密印章」在「淳化三年」尾款上面，又刻周厚以載、袁尚之、顧從義、文彭諸跋。存初拓本，首卷前附木刻印的帖目。潘、顧兩本，底本相同，顧本稍肥。

（四）明肅府刻本，尾有明萬曆四十三年（一六一五年）款。肅憲王書初拓時沒有，清順治十一年（一六五四年）補石時添刻。有張鳴鶴、王鐸、肅世子識鋐跋。

（五）泉州本，帖中有裂如冰紋者，卷六《月半（哀怍）帖》末「拜」字多一折，卷七《長素帖》「不大佳」的「不」字作「小」字。此係帖版本情況複雜。

（六）明「王著摹刻」本，首卷標題下加刻「王著摹刻」四字。

（七）清費甲鑄刻本，這是肅府本的重刻本，卷末有順治三年（一六四六年）款。王鐸跋被删去。

（八）清薛乃蘊刻本，卷尾有順治十年（一六五三年）薛乃蘊刻跋。帖內有銀錠，較小，故稱「小銀錠本」。第二卷加刻王珣《伯遠帖》。

（九）清《欽定重刻淳化閣帖》，清乾隆三十四年（一七六九年）刻本，詳見下文。

此外，尚有其他明、清翻本若干。排比結果認為「懋勤殿本」書刻最好，字的結體行筆合理，字神精彩，紙墨古雅。

清宮藏《淳化閣帖》多置於乾清宮西廡的懋勤殿，是供皇帝觀摹臨寫用的。皇子、皇孫上課習字所用亦多宋、明刻本。懋勤殿本《閣帖》內夾黃紙籤書：「宋拓淳化閣帖一匣十冊　上等」，其等級與地位昭然。

## 《閣帖》對清內府的影響

《淳化閣帖》對清代刻帖的影響是巨大的，康熙、乾隆朝的幾次刻帖，都與其有很大關係。《閣帖》的「歷代帝王法帖」只收到唐代高宗李治為止，未敢將宋太祖書帖刻入。而後不久，潘師旦刻《絳帖》，即將趙匡胤四帖作為後十卷之首卷，標題是「大宋帝王書第一」，其次才是「歷代帝王書第二」。於是，本朝皇帝書佔居法帖之首席。

清康熙二十九年（一六九〇年）起，內府用四、五年時間刻了《懋勤殿法帖》二十四卷。這部彙帖是在《閣帖》的基礎上增刪編次的。其前四卷是帝王書（第一、二卷為前代帝王書，三、四卷是順治、康熙御筆，康熙的一部分臨古帖書又放入其他卷末尾）。後二十卷為各名家法書和二王書。合計共一百一十八家，四百七十七帖，實為宏篇巨製，浩浩蕩蕩。（附圖一）

這是清朝建立四十六年以來官刻的第一部大型匯帖。御製《序言》表明了刻帖的宗旨：為了使古來名人墨跡得到保存和流傳，仿《閣帖》而刻《懋勤殿帖》。帖中收入前代帝王法書，以昭示子孫臣民，垂諸不朽。收入自己書作，以表明習書之勤，嗜古之志。還附入太子、皇子作品，以策勵其志。書法之道與學問性情相通。這些思想對後來內府屢屢刻帖有很大影響。《懋勤殿帖》當時流傳不多，現僅存三部。帖石久存武英殿側室，房屋滲漏，毀蝕嚴重，只留下少數殘石。

故宮博物院保存着清代帝后書跡數以萬計。內中臨帖者佔很大比例，而臨《閣帖》者又相當多。作品有幼稚、笨拙的，也有嫻熟、秀麗的，有署名字的，有記日、月者；勾畫圈點，間有眉批評騭；顯示着書寫人用功進步的蹤跡。以乾隆與嘉慶二帝所書最多，如乾隆帝弘曆臨

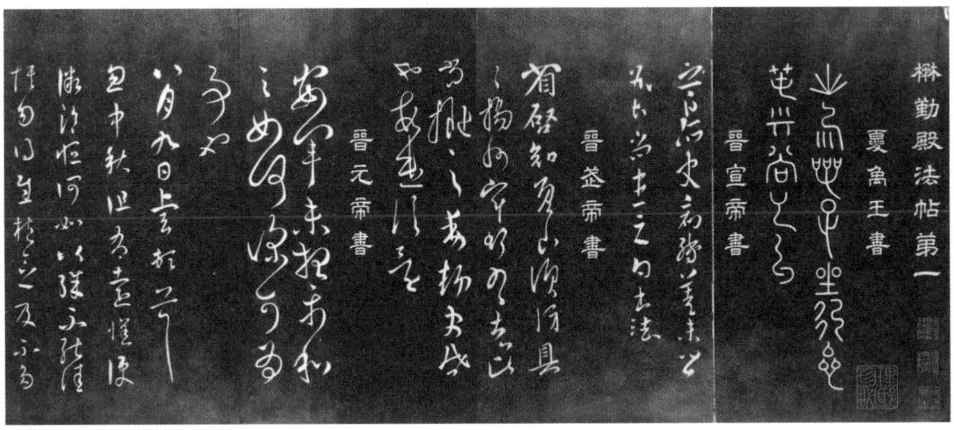


附圖一

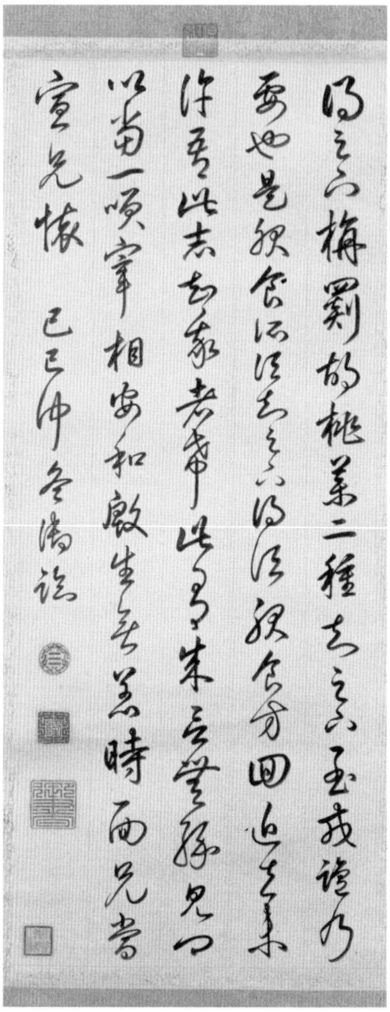

附圖二

《旃罽帖》、《宰相帖》軸，帖見於《淳化閣帖》卷六王羲之書，《宰相》在前、《旃罽》在後。這裏有意將二帖連寫（附圖二）。弘曆臨《欽定重刻閣帖》，此法書共十冊，每冊臨一卷，雕漆封面、封底，五冊裝一雕漆匣，有兩匣。每頁以鉛筆畫絲欄，後再臨寫。從卷後題跋看，凡臨三次，初臨用時四十天，二臨用三十天，三臨用二十天。

弘曆繼位九年命臣將內府所藏書畫著錄《石渠寶笈》。乾隆十五年（一七五〇年）又敕命編刻《三希堂石渠寶笈法帖》三十二卷。乾隆三十四年（一七六九年），弘曆又重新刻了一部《淳化閣帖》。這部帖是據賜畢士安本摹刻的，故書家與書帖和《閣帖》相同。然而不同的是：（一）除帝王帖置卷首外，其他帖完全按時代先後排列：第一，歷代帝王，第二，上古至晉人，第三、第四、第五，晉羲之，第六，晉人及獻之，第七，晉獻之，第八，晉至梁人，第九，陳至唐人，第十，唐及無名氏。（二）隨文添刻楷書釋文。（三）卷末附釋文考異和御製題跋。

這便是《欽定重刻淳化閣帖》。當時為甚麼要這樣做呢？弘曆在帖首自有說法：

「朕幾於不自暇逸，典學之優，時及臨池。曩曾輯內府所藏前人墨跡，刻為《三希堂》、《墨妙軒》二帖，廣示藝林。復念古帖流傳可補墨跡所未備者，惟宋《淳化閣帖》，鐫集尤為美富，遠出《大觀》、《太清樓》諸本之上。但惜初拓與賜者絕尠，或云版尋殘損，當時已為難得。後來翻刻愈繁，真意寖失。有志追摹者，末由津逮。內府舊藏《淳化閣帖》極多，而此畢士安所得賜本拓最精好。爰特敕選工鈎摹上石，冀復舊觀。

「第王著昧於辨別，其所排類標題，舛陋滋甚，不當聽其沿訛，以誤後學。因命于敏中等詳加考正，以次呈閱，候朕參定，分識各卷。並命蒐採諸家釋文，依字旁注。其互異者折中附記於後，以資省覽。是於考文稽古之中，兼寓舉對墜訂訛之益，用嘉惠海內操觚之士焉。」

在這篇短文中，弘曆已經把刻帖的目的和重刻與原帖之不同講得很明白了。據于敏中跋，刻帖始於乾隆三十四年二月，迄於三十六年四月。仿宋拓法得四百部。並構廊列石，因帖名軒，御製《淳化軒記》。這件事從頭到尾辦得相當認真，十分周全。如今收藏在故宮博物院的二十六部帖，則是二百多年後的遺存。很顯然，弘曆重刻的不是《閣帖》原典，而是要編製一部帶有釋文和註解的《淳化閣帖》的教學參考書，這適應了當時的實際需要。一百五十年後，國內外屢次影印出版的《閣帖》就往往附有釋文，直到今天。

清代三百年，書學昌盛，無論在朝在野。披覽內府留下的各種法帖，可以清晰地意識到：儘管《淳化閣帖》原石早毀，祖本難辨，但是《淳化閣帖》的歷史一直在延續着可謂一佛化作萬千身了。

## 注釋：

〔一〕黃伯思《東觀餘論》

〔二〕參見馬子雲：《談校故宮藏宋拓〈淳化〉、〈絳帖〉、〈大觀〉三帖》（《故宮博物院院刊》，一九八五年第三期）

# 宋拓善本懋勤殿本《淳化閣帖》

尹一梅

故宮博物院藏《閣帖》有數十部之多，泉州本、顧從義本、潘允諒本、肅府本、王著摹本、費甲鑄本、《欽定淳化閣帖》等等，其中最優者是鈐有「懋勤殿鑒定章」的一部，稱為「懋勤殿本」。是帖摹撫精湛，勒刻極佳，拓本楮墨醇古，其字芒角燦爛。此帖曾經唐蘭、馬子雲先生鑒定。馬子雲先生言此帖：「為刻石非木，宋紙、宋墨、宋拓無疑，與『摹勒上石』符合」，「經過校對，認為懋勤殿本是可靠的」，「實為宋拓《淳化閣帖》罕見之珍品」(一)。

## 宋拓《閣帖》的上品

懋勤殿本《閣帖》共十卷，每卷裱成一冊。卷一首及卷十尾各鈐「乾隆御覽之寶」、「懋勤殿鑒定章」二印，其餘各卷首、尾只蓋「乾隆御覽之寶」印。拓本封面為天華錦面，駝色皮紙籤，楷書「淳化閣帖卷×」字樣。帖中夾清宮黃色籤紙一張，楷書題「宋拓淳化閣帖一匣十冊　上等」。剪方白麻簾紋紙挖鑲裱，濃墨擦拓。十冊計三百零五開半，每頁(半開)縱二十五點二厘米，橫十三點一厘米。帖以木匣盛之，匣側面插板提開，上部有弓形提梁，內膛淡藍色花綾裱。匣面刻填藍楷書「淳化閣帖　乾隆戊午(一七三八年)鑒定宋拓」，填朱「石渠定鑒」、「寶笈重編」二印。

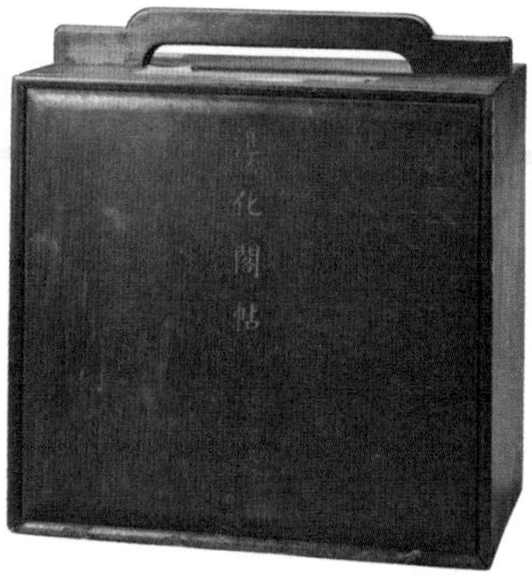


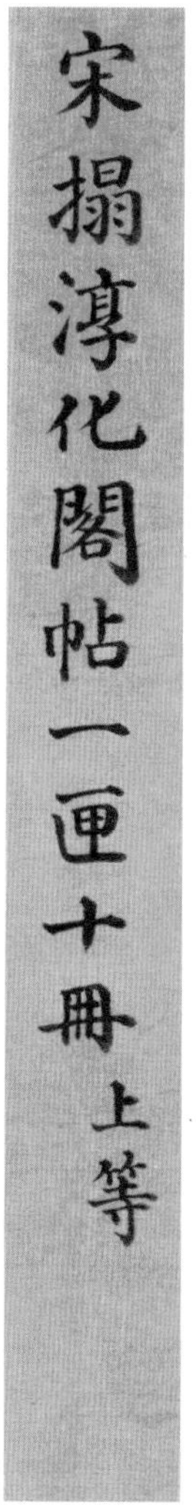


拓本原注有朱紅釋文，後以墨塗去。此帖曾置清宮懋勤殿，是供皇帝觀摹臨寫之用。按照木匣上刻字，至少乾隆三年時此帖已在宮中，且定為宋拓，其現存裝裱及配匣時間應據此不遠。由於置於禁中，其源流遞嬗，不可得詳。

此帖宋紙、宋墨，確係宋拓無疑。從鏤刻的底本斑剝(或石花)及明顯的石版裂紋等可以肯定該帖係石版拓。木、石材質不同，刀法運用有區別，因此表現在拓本上亦有差異。刻鑿木板時通常採用平底鏟法，字畫內剔鑿成平圓狀；石版的刻製方法是刀向斜下方施力，刻成上寬下窄的尖底。由於刻法不同，出自木版和石版的拓片也微有不同，木版拓皺褶在字畫四周，石刻拓皺褶在字的中央。但也不可絕對。

懋勤殿本《閣帖》的優勝處主要有三：第一，《閣帖》原石早毀，流傳至今的宋拓本已如鳳毛麟角，懋勤殿本即為僅存之一。迄今所見與其同版者只有上海博物館所藏潘祖純本，雖然懋勤殿本存帖略缺，但拓製時間卻比潘本早。且裝潢精美，盛帖木匣上的刻字證明乾隆三年時此帖已鑒定為宋拓本，這種在匣上刊刻鑒定年月與結果的樣式，在宮廷的藏帖中是絕無僅有的，由此證明當時對於此帖的重視程度。第二，帖文詞句保存完整。如卷七中的《離不帖》、《愛為帖》與《十七帖》、《大觀帖》相合，而其他木《閣帖》詞句均不完整。《十七帖》是見於唐人著錄、留傳有緒的王羲之草書名跡，原作宋已失佚，今僅見拓本流傳。《大觀帖》是宋徽宗趙佶鑒於《閣帖》年久版裂（一說版被火焚），不可復拓，又因其編次、勾摹有不少謬誤，而在大觀三年（一一〇九年）詔依《閣帖》重為摹刻，並出御府所藏墨跡，更定部分次序和錯誤。今天所見各本《閣帖》中，只潘祖純本與懋勤殿本有此二帖完整的詞句，可見其鐫刻時間較早，版本珍貴。第三，刻畫生動，拓工精到。由於底本差異、刻手巧拙、拓工精粗、用墨濃淡稀稠等，可出現版本字跡肥瘦、字神優劣等不同效果。精湛者給人爽心悦目、氣運連貫之感，粗陋者則鋒鍛略存，僅餘梗概。懋勤殿本點畫工整妍美，或下筆處如刀斬斧齊，或轉折處綿延自然，筆順天成，無遲疑鈍滯之跡。流傳至今的宋代拓本，由於墨質優良、經歷重裱等原因，已不再脱色，但有些拓本已模糊不清。懋勤殿本用墨考究，拓工精細，墨色濃淡相宜，很少有淹墨的情況出現，字口與字跡清晰，加之使用柔韌性極好的簾紋紙，精美的裝潢，會臻成一部藝術珍品。

## 缺帖及一帖兩刻情況

懋勤殿本雖精彩照人，卻有缺憾，即有補配及缺頁，如第一、四、九卷中的部分拓頁用另本補配。是帖現存二千二百六十九行，由於缺失五十三行，因此原版應為二千三百二十二行，比宋汪逵所言二千二百八十七行多三十五行。具體情況如下：

卷一：唐太宗《兩度帖》、《懷讓帖》、《藝韞帖》（前八行），共二十四行補配。《兩度帖》第四行「時」字至《懷讓帖》第四行「於」字，有橫裂紋一道，貫穿十一行。

卷二：郗愔《想親帖》並郗超書標目及卷五僧智果《評書帖》第六行至三十六行，整紙裱，墨色深濃。從相同的石花及二十六行末「蓉」字左側同刻一小「山」字來看，與上海潘祖純本同版拓，但時間略晚原拓。

卷四：褚遂良《山河帖》、《家侄帖》（前十一行），共十六行補配。從柳公權《辱問帖》第五行末「幸」字始，李邕《晴熱帖》、褚庭誨《辭奉帖》、薛稷《孫權帖》至徐嶠之書標目，共二十三行零一字補配。卷尾篆書款補配。《家侄帖》中「燕雀之志」的「志」字右上方，殘存半個小字「五」（或「王」），李邕《晴熱帖》第二行首「適」字右上方也有此字。《孫權帖》，版裂紋一道。尾款首行「淳」字較其他兩行略高出。

卷九：篆書款補配。首行「淳」字較其他兩行高出。

另外，懋勤殿本卷二缺王洽書《感塞帖》兩行，晉司徒王珉書《此年帖》、《十八日帖》、《何如帖》、《欲出帖》，連標目共二十二行。卷五缺古法帖《移屋帖》、《閑曠帖》，連標目共計二十九行。

補配頁紙較厚，無簾紋，濃墨橫向擦拓，多為剪條裝裱。用兩種拓本作補配頁，其中一種有橫裂紋，似木刻。所有補頁，拓製時間均晚於原帖。

《閣帖》存在一帖兩刻（即同一帖重出）的現象，重刻之帖，各本也有不同。懋勤殿本即有與別本不同處（見附表一），如前述的《離不帖》、《愛為帖》等即多出重出帖。

## 歷代考證紛繁

歷史上對於《閣帖》的著述很多，如黃伯思《法帖刊誤》、曹士冕《法帖譜系》、顧從義《法帖釋文考異》、王澍《淳化秘閣法帖考正》、歐陽輔《集古求真》、容庚《淳化秘閣法帖考》等。對於《閣帖》的考證最早應出於米芾，王澍《淳化秘閣法帖考正》言：「米老法帖題跋一卷，作於元佑三年（一〇八八年），由淳化三年（九九二年）至元佑三年，中歷九十六年，無有異論。自米元章創為區別又二十年，黃長睿遂有刊誤之作，則刊誤之作實自米老開之。」

雖然王著不通鑒別，千年來多遭掊擊。但《閣帖》的出現，使古人法書賴以流傳，且摹勒逼真，精神完足，故拔賞者多，有「法帖鼻祖」之譽。鑒於《閣帖》的價值，歷代學者頗為重視，雖然考識艱難，卻不乏有學之士，使是帖諸多問題得以澄清。

《閣帖》的出現不僅在短時期內開啟了官私刻帖之風氣，也使研究此帖成為專門的學問。其自刊刻以來翻刻頗多，坊賈為贏利，以贋品充原本，魚目混雜，真偽難辨，給鑒定工作增添了許多困難。對於祖刻為石為木、真本特徵等問題皆為歷代考證者關注，也是聚訟之焦點。

宋代黃庭堅、汪逵、趙希鵠，元代趙孟頫、陶宗儀，民國歐陽輔，現代張伯英等認為《閣帖》係木刻。而宋代葉夢得、曾宏父、王應麟等則言祖刻為石，故宮博物院馬子雲先生也執此觀點。

對於原刻拓本的特點，黃庭堅言：當時皆用歙州貢墨本賜羣臣；元佑中親賢宅從禁中借版墨百本，分遺官僚，用潘谷墨，光輝有餘，而不甚黟黑，又多木橫裂紋[二]。

陶宗儀《南村輟耕錄》記：汪逵「著《淳化閣帖辨記》共十卷，極為詳備，末云其本乃木刻，計一百八十四版，二千一百八十七行。其逐段以一、二、三、四刻於旁，或刻人名，或有銀鋌印痕，則是木裂」，「其字精明而豐腴，比諸刻為肥。」

趙希鵠《洞天清錄》云，原版用棗木板摹刻，故時有銀錠紋。

歸納前人考證原版拓本的依據：一是初拓墨濃，版完好。二是後拓墨淡，版有裂紋。三是刊刻編碼或人名。四是晚拓版有裂痕，鍋銀錠。五是字體豐穠而有神采。

後人多據此驗真偽，帖肆亦常用翻刻改頭換面或偽作銀錠紋冒充原拓。在故宮的收藏中，就有以精工將銀錠紋拓出立體感者。因此單獨憑藉宋時紙墨、版刻編碼、銀錠紋等哪一項來鑒別是否原版拓本都不準確，需全面考察方能定奪。

## 懋勤殿本與其他版本的同異

上海博物館收藏一套《閣帖》，曾於清末及民國時期兩次出版（分別為石印本和珂羅版本），原為李宗瀚收藏，帖內有明萬曆丙午（一六〇六年）河陽潘祖純跋，言「此帖當是修內司本」，人稱「潘祖純本」。張彥生先生評此帖：「刻拓紙墨均佳，為宋拓佳本，其摹刻有銀錠紋，是重刻原銀錠本」[三]。

懋勤殿本與上海潘祖純本極為相像，如卷後篆書刻款第三行首字「聖」，較其他兩行略高；字體鐫刊一致，版刻斑剝或石花位置相同等等。但有明顯相悖處，即潘祖純本有線刻銀錠八個，分別刻於卷四歐陽詢《靜思帖》，卷七王羲之《謝光祿帖》，卷八王羲之《西問帖》、《採菊帖》，卷九王獻之《前告帖》，卷十王獻之《消息帖》等帖之上。而懋勤殿本則無銀錠紋。雖然兩本基本相同，但由於後者刊刻有銀錠紋，又存在明顯區別。這有兩種可能：第一，以肉眼觀察，除銀錠紋及一些石花、裂痕等處稍有差異外，兩本基本相同，因此，兩本應是同版拓出。有、無銀錠的差別，是因為時代分先後，懋勤殿本拓製在前，無銀錠，後有好事者不識珍貴，添刻銀錠，是為潘祖純本。第二，它們是刻製非常精細的、幾近相同的兩種版本。筆者通過對比，認同前者，即兩本同版而拓，潘祖純本晚於懋勤殿本。在眾多《閣帖》版本中，兩種相同的宋代拓本，實屬難得。懋勤殿本鐫、拓精良，由於清宮收藏，裝潢精善。惜有補配及缺頁，這點潘祖純本稍勝一籌。

《閣帖》是一部收錄複雜的巨帖。或曰王著昧於考古，對真贋雜居的秘閣墨跡不能鑒別，或曰其卒於淳化元年，對承擔的考辨校勘工作未及完成，致使該帖錯謬頗多。其後復刻極力更改或保持原貌者皆存，版本繁多，頗為混亂。曹士冕在淳佑五年（一二四五年）所作的《法帖譜系》中，就列有由《閣帖》而出版本三十三種，後翻本不可悉數。王澍《古今法帖考》言：「自宋太宗刻淳化秘閣法帖，天下寶之，歷代以來竟相傳刻，遂至多不可考，或同或異，或增或減，大段皆本淳化。而傳刻既久，漸離本宗，刻法懸殊，精神迴別」。其間刻拓工拙，楮墨精粗各有得失，然則考證真偽及各本源流，確實複雜而艱難。

將懋勤殿本、安思遠本[四]、明刻潘允諒本、肅府本四種中部分文字進行對比（見附表二），可以看到幾種版本的差異。假設確定懋勤殿本或安思遠本其中一種係原刻拓本，另一種即為翻刻。由於懋勤殿本與安思遠本存在重要差別——諸字的筆畫不同、文字的取捨不同，而記載曰修內司本與《閣帖》祖本「悉同」，因此也就證明這種翻刻並非修內司本。鑒於許多資料已無從考證，流傳至今的宋拓又各具特點，理順其間關係，頗為困難，尚需具說服力的證據。

## 注釋：

〔一〕馬子雲：《談校故宮藏宋拓〈淳化〉、〈絳帖〉、〈大觀〉三帖》

〔二〕曹士冕：《法帖譜系．雜説上》，載倪濤等編：《六藝之一錄》第四冊（上海古籍出版社，一九九〇年）。

〔三〕張彥生：《善本碑帖錄》（北京：中華書局，一九八四年）

〔四〕安思遠本，宋拓，存卷四、卷六、卷七、卷八，原藏於美國安思遠，現藏上海博物館。

# 歷代帝王法帖第一

## *Part One: Model Calligraphies of the Emperors of Past Dynasties*

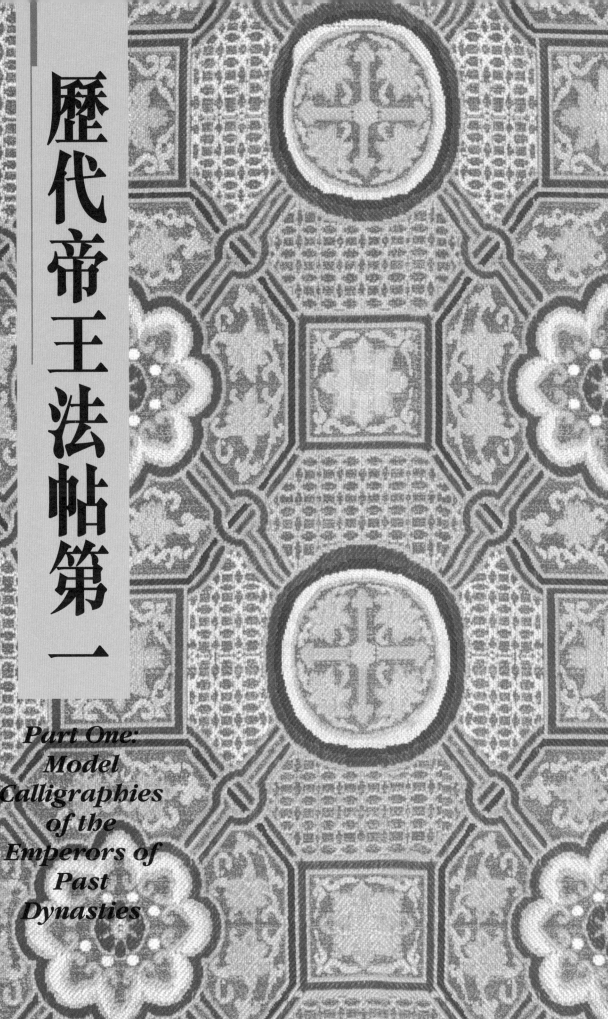

1

## 漢章帝劉炟書　辰宿帖

**Chen Su Tie**

Written by Liu Dan, Emperor Zhang of the Han Dynasty

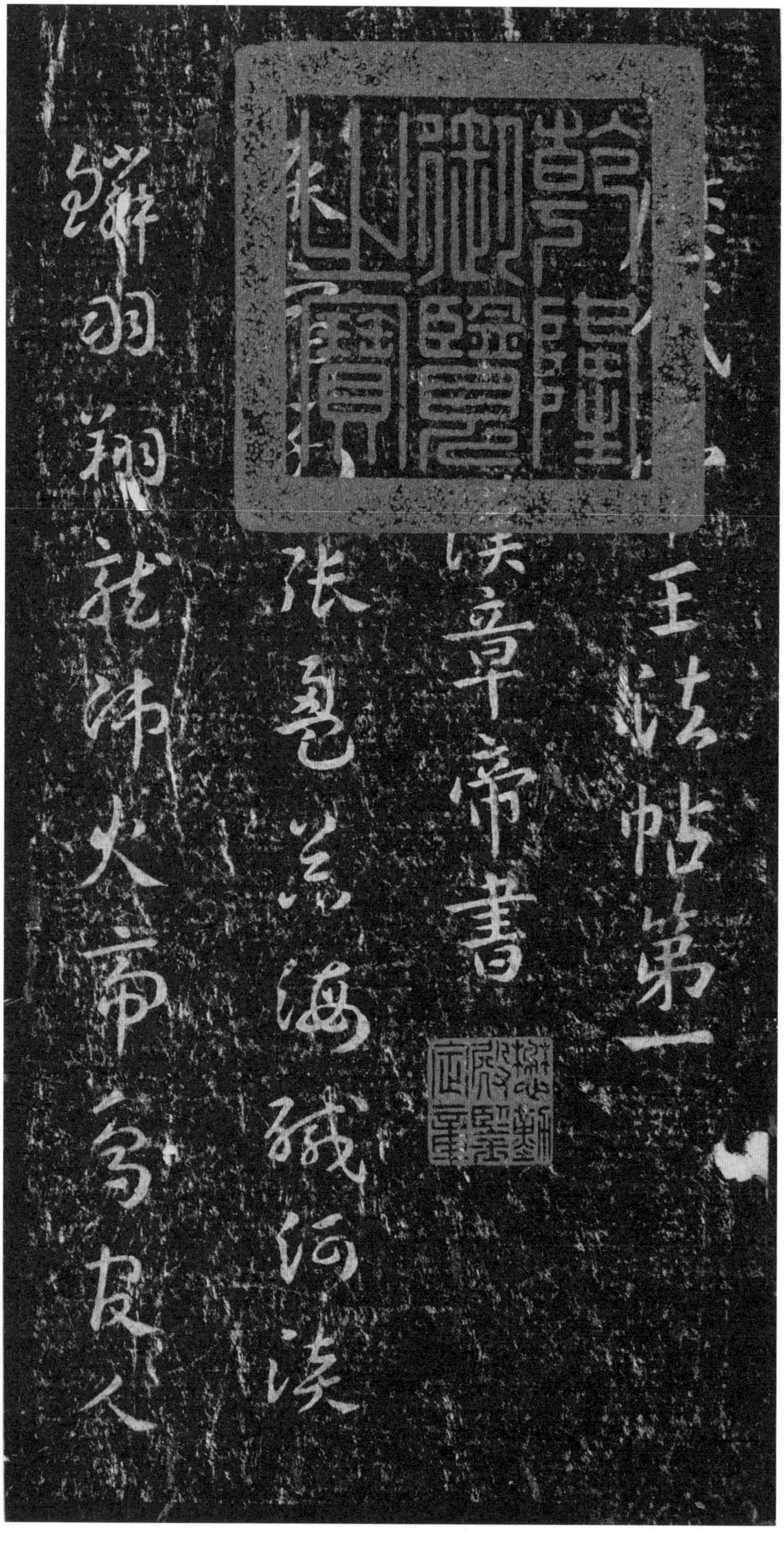


辰宿帖　釋文：

辰宿列張盈昃海鹹河淡

鱗羽翔龍師火帝鳥官人

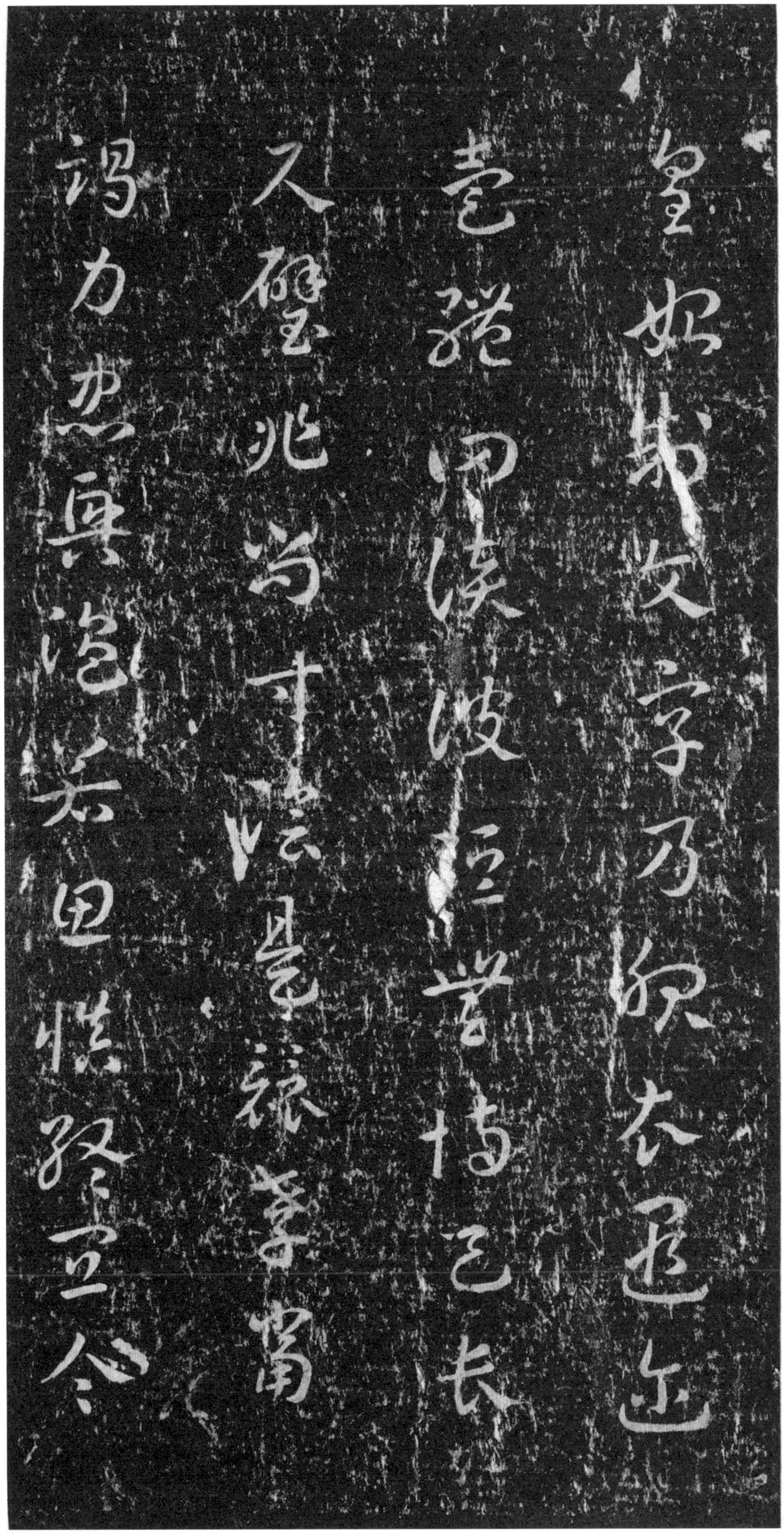

皇始制文字乃服衣遐邇
壹體罔談彼短無恃己長
尺璧非尚寸陰是競孝當
竭力忠興溫若思慎終宜令

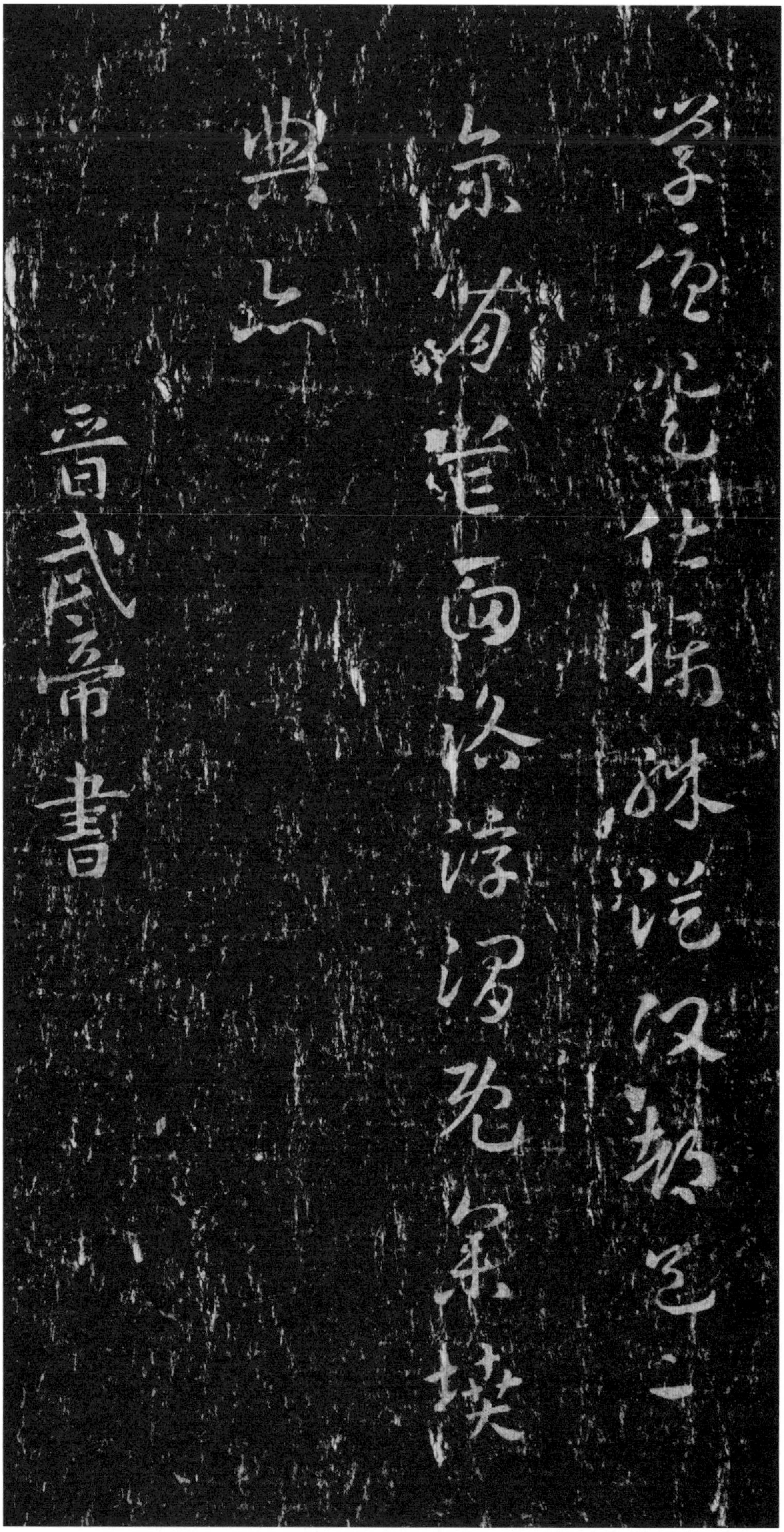


學優登仕攝職從政都邑二
京背芒面洛浮渭既集墳
典亦

## 2

## 晉武帝司馬炎書　省啟帖

Sheng Qi Tie

Writen by Sima Yan, Emperor Wu of the Jin Dynasty

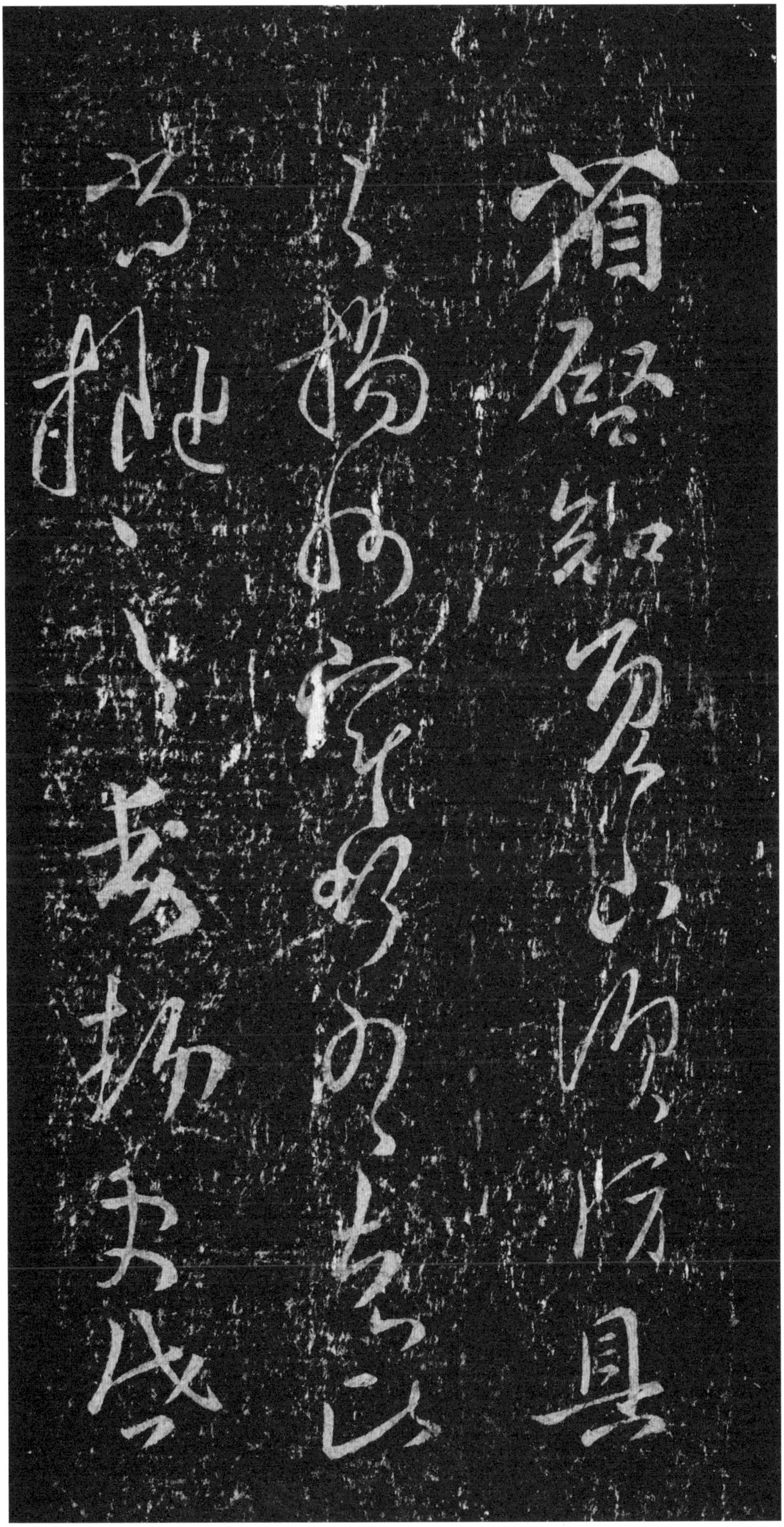

省啟帖　釋文：

省啟知既下須防具
具揚州實欲可可者比
尚擬之動靜更啟

# 3

## 西晉宣帝司馬懿書　阿史帖

**A Shi Tie**

Written by Sima Yi, Emperor Xuan of the Western Jin Dynasty

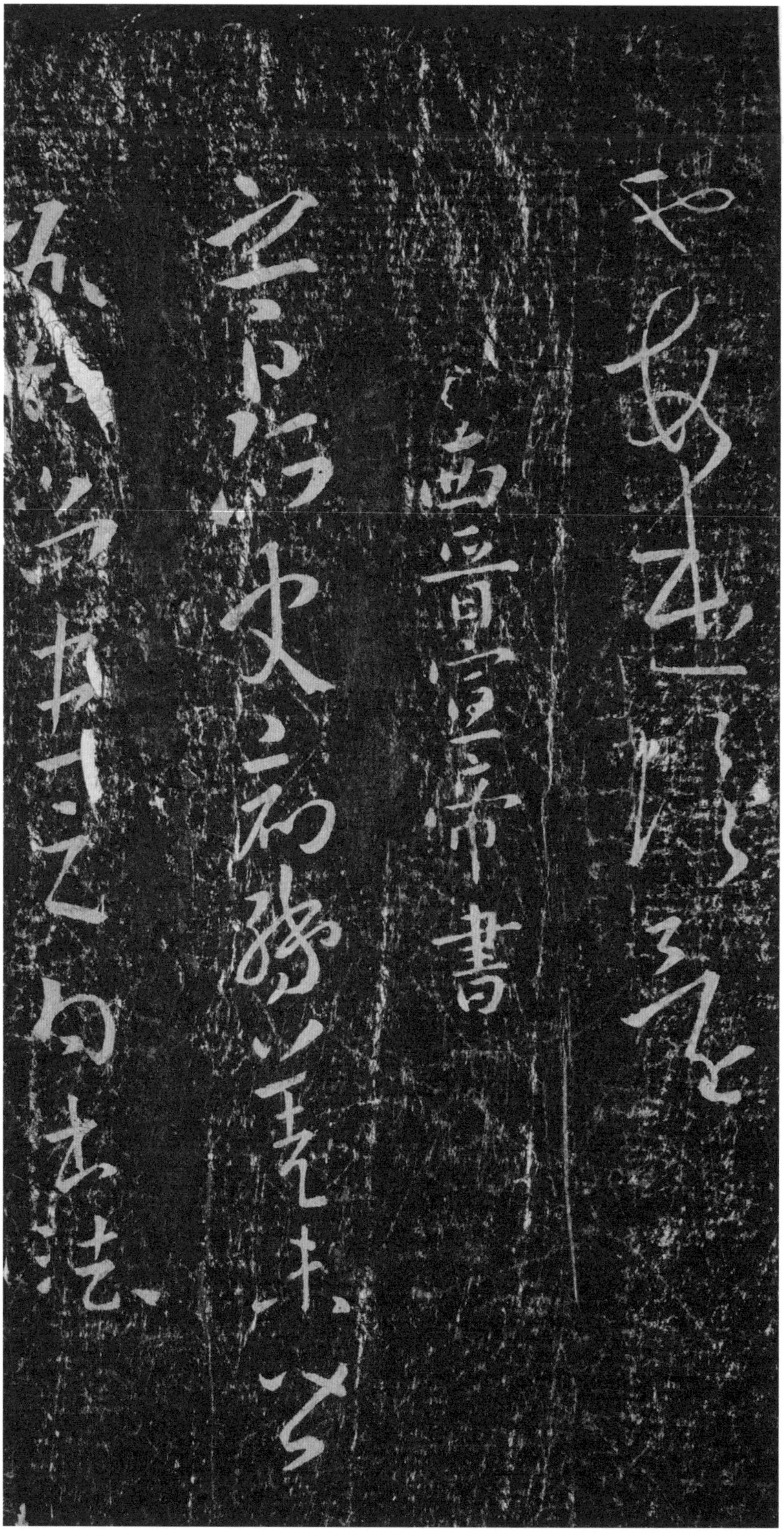

也數遣信還

**阿史帖　釋文：**

之白阿史病轉差未皆

□□尚書之白書法

## 4

# 東晉元帝司馬睿書　安軍帖

**An Jun Tie**

Written by Sima Rui, Emperor Yuan of the Eastern Jin Dynasty

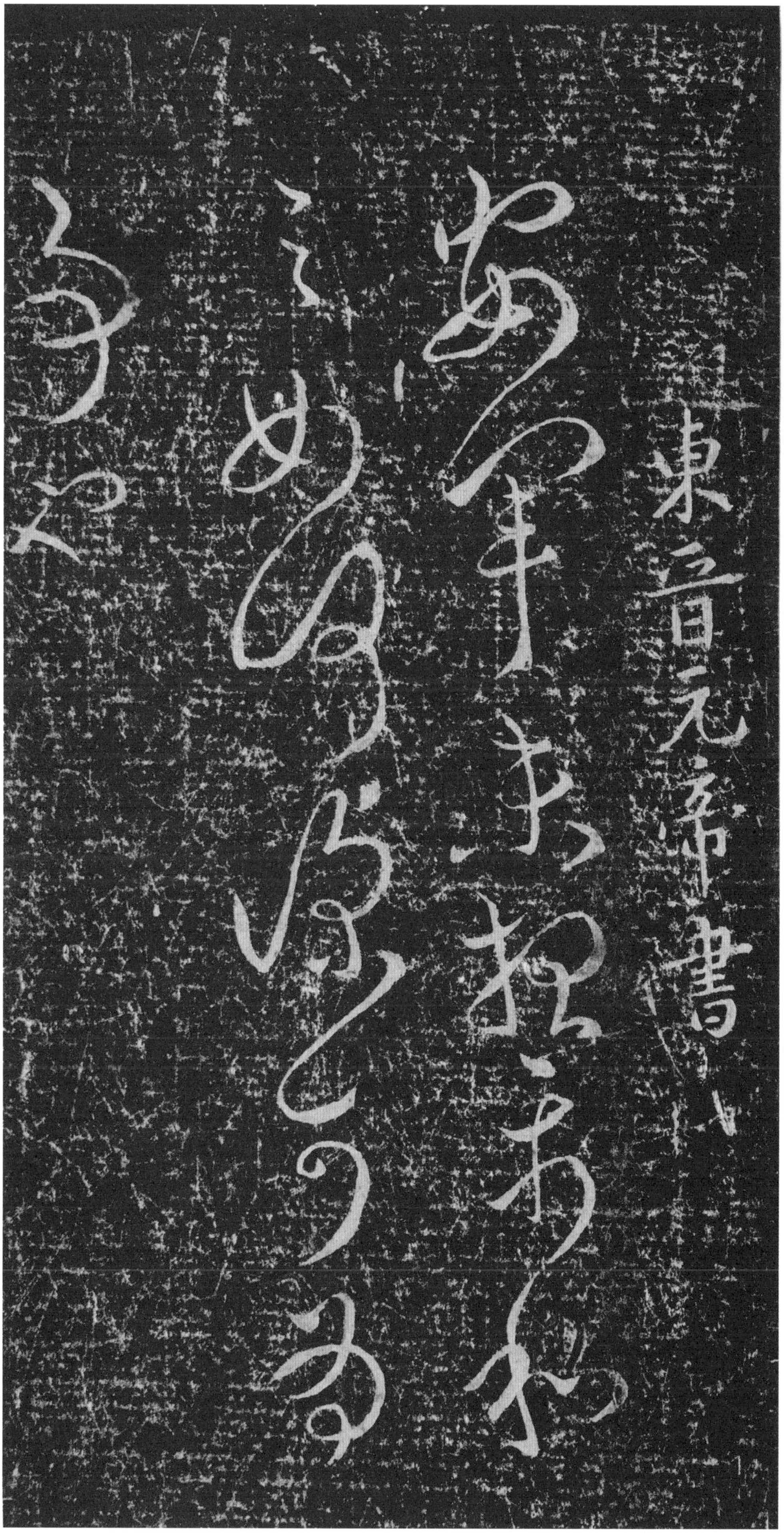

安軍帖　釋文：
安軍未報平和
之如何深可為
事也

5

# 東晉元帝司馬睿書　中秋帖

Zhong Qiu Tie

Written by Sima Rui, Emperor Yuan of the Eastern Jin Dynasty

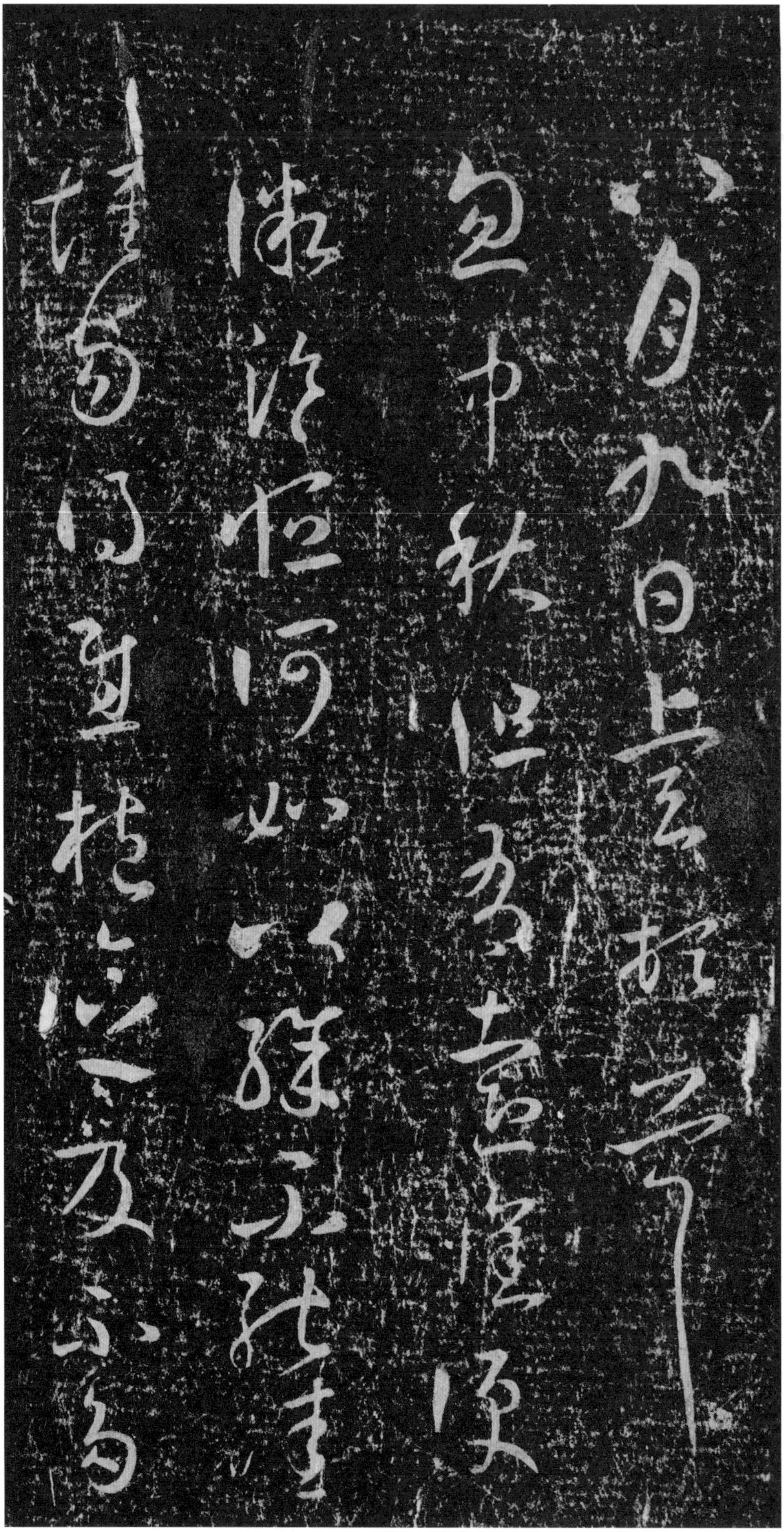

八月九日睿頓首

中秋帖　釋文：

忽中秋但有遠懷便

微冷恒何如比殊不能佳

惟勿得慰抱念及不多

6

# 東晉明帝司馬紹書　墓次帖

Mu Ci Tie

Written by Sima Shao, Emperor Ming of the Eastern Jin Dynasty

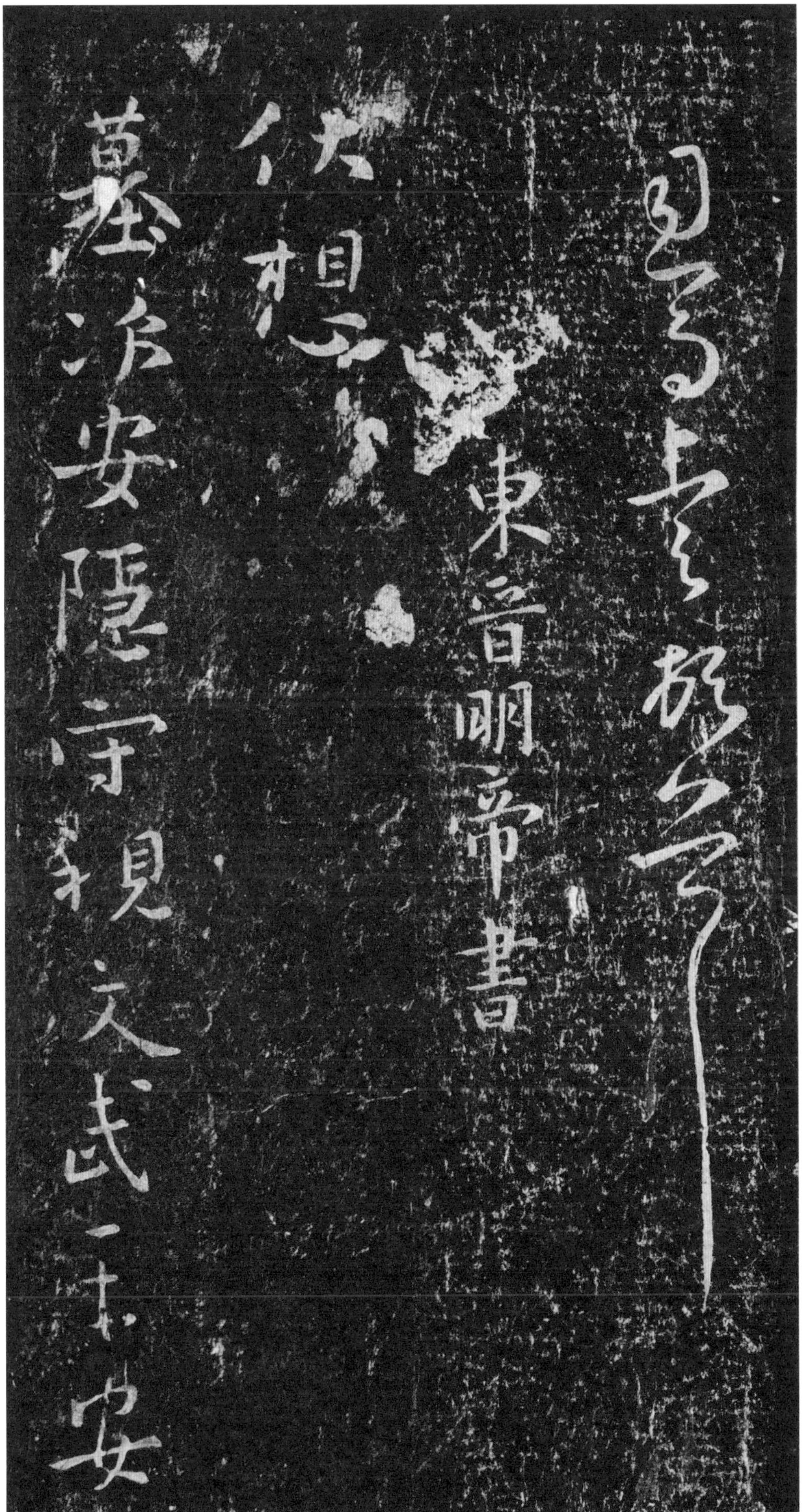

司馬睿頓首

墓次帖　釋文：

伏想

墓次安隱守視文武平安

# 7

## 東晉哀帝司馬丕書　中書帖

**Zhong Shu Tie**

Written by Sima Pi, Emperor Ai of the Eastern Jin Dynasty

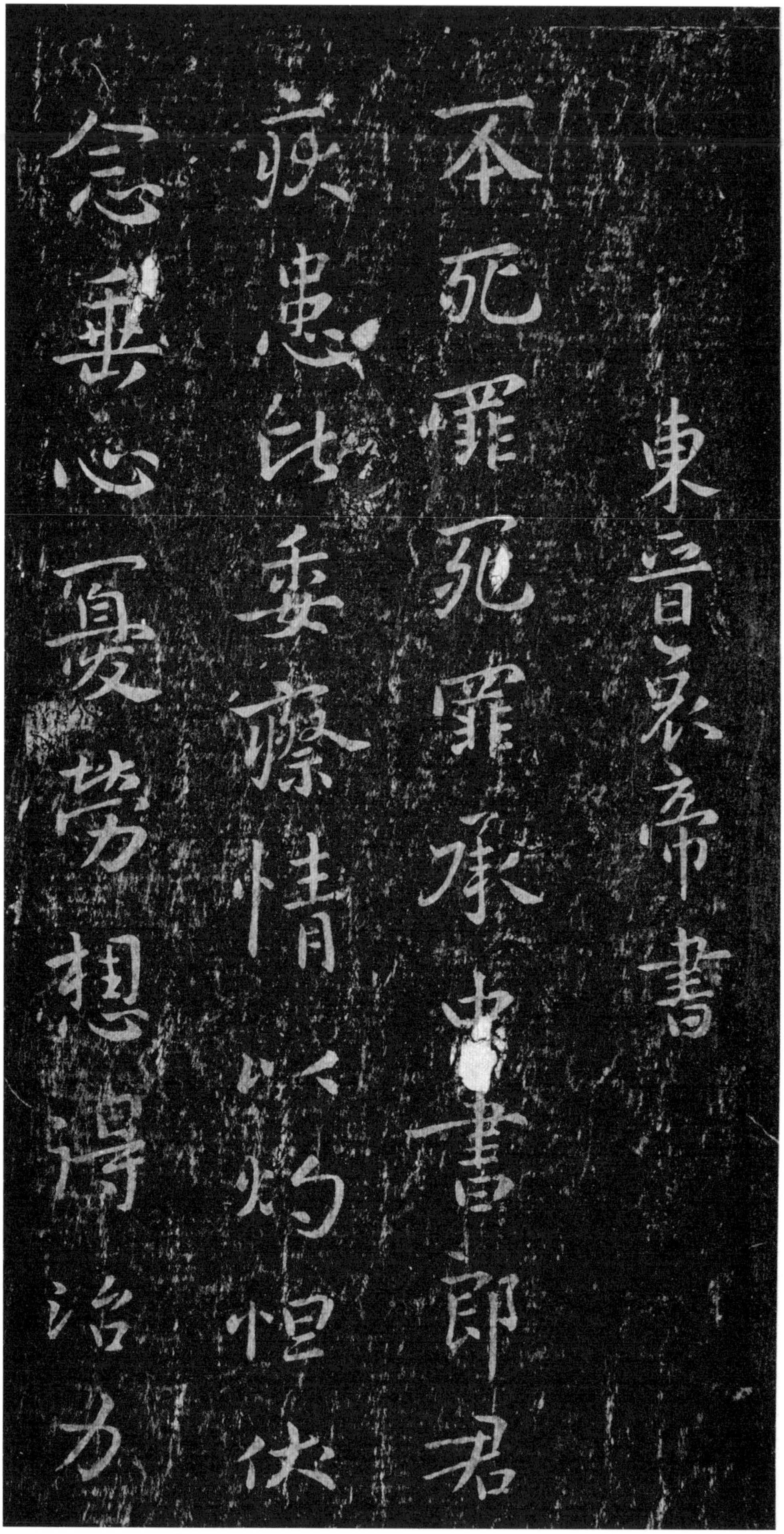

中書帖　釋文：

丕死罪死罪承中書郎君
疢患此委瘵情以灼怛伏
念垂心憂勞想得治力

8

## 東晉康帝司馬岳書　陸女帖

Lu Nu Tie

Written by Sima Yue, Emperor Kang of the Eastern Jin Dynasty

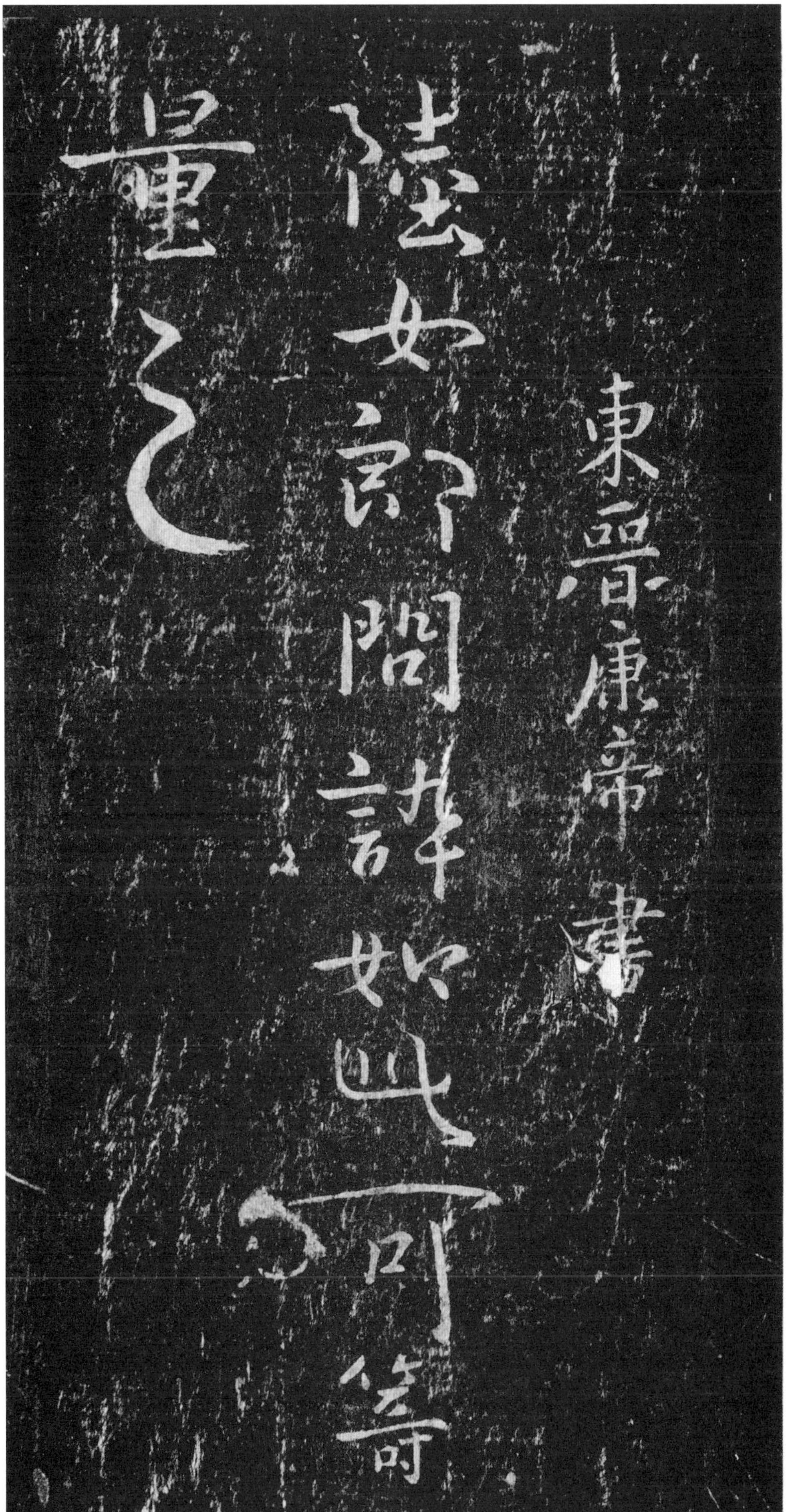


陸女帖　釋文：
陸女郎問訃如此可籌
量之

# 9

## 東晉簡文帝司馬昱書　慶賜帖

Qing Ci Tie

Written by Sima Yu, Emperor Jian Wen of the Eastern Jin Dynasty

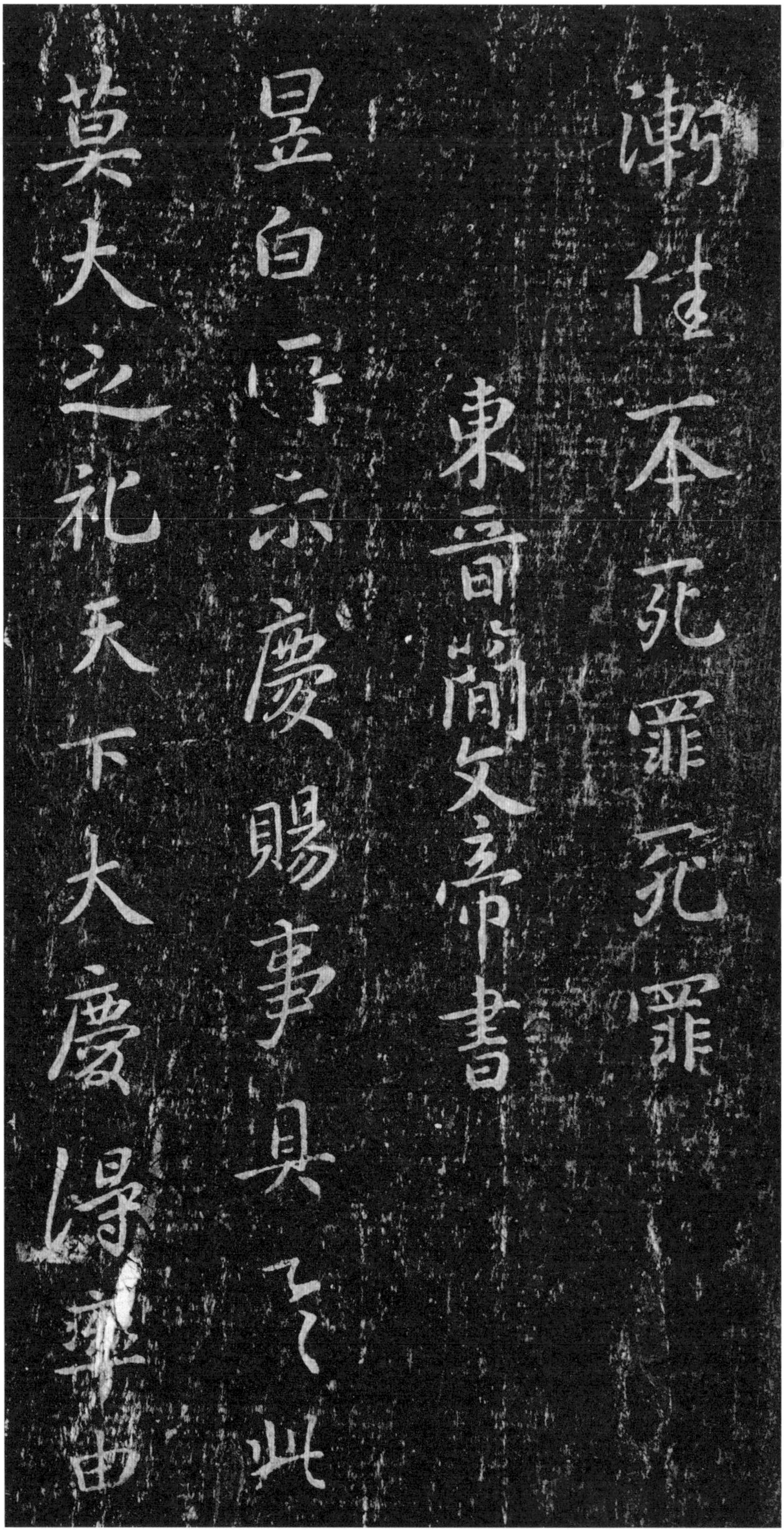


漸佳丕死罪死罪（《中書帖》錯裱）

**慶賜帖**　釋文：

昱白所示慶賜事具一一此

莫大之禮天下大慶得率由

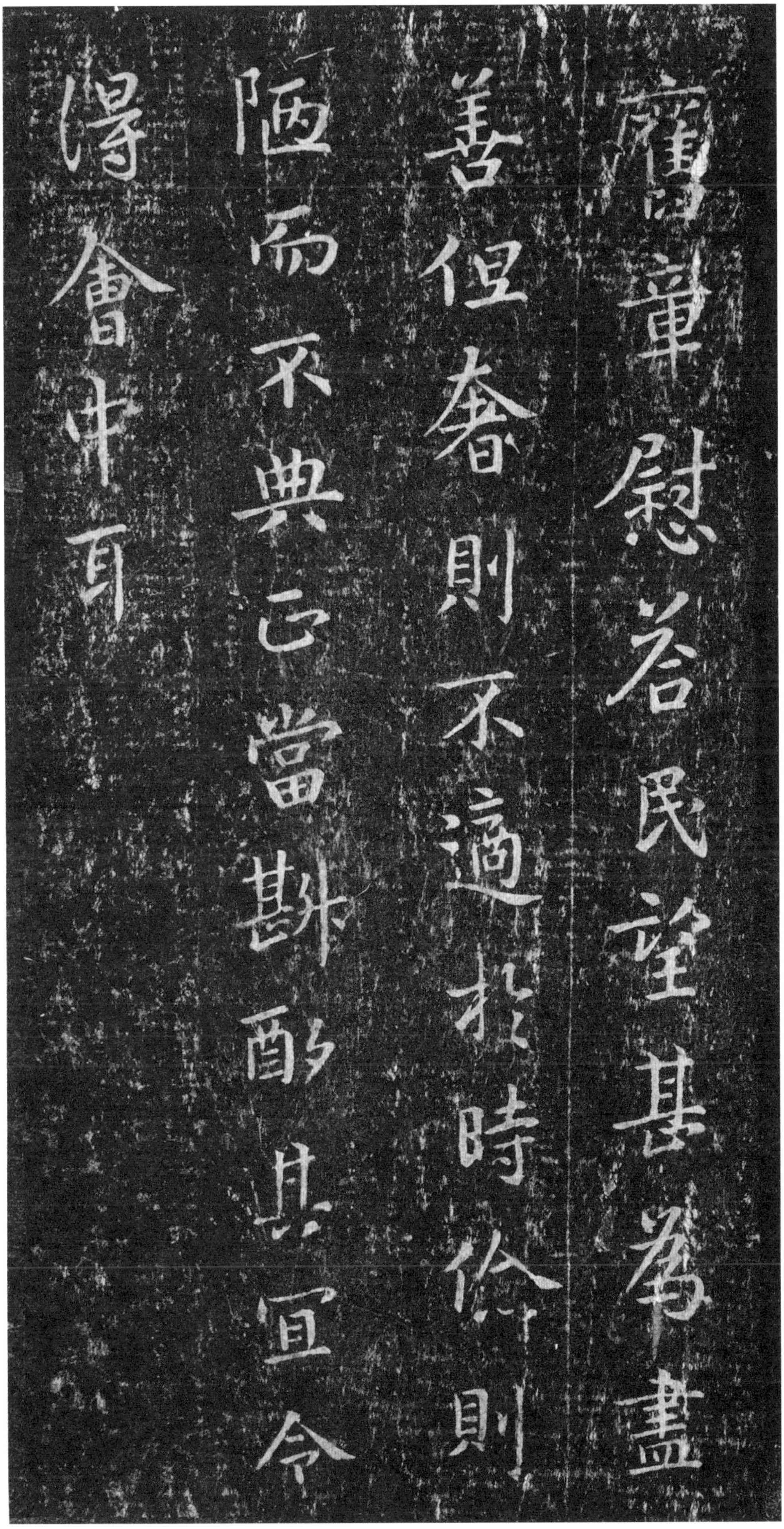

舊章慰答民望甚為盡
善但奢則不適於時儉則
陋而不典正當斟酌其宜令
得會中耳

# 東晉文孝王司馬道子書　異暑帖

Yi Shu Tie

Written by Sima Daozi, Prince Wen Xiao of the Eastern Jin Dynasty

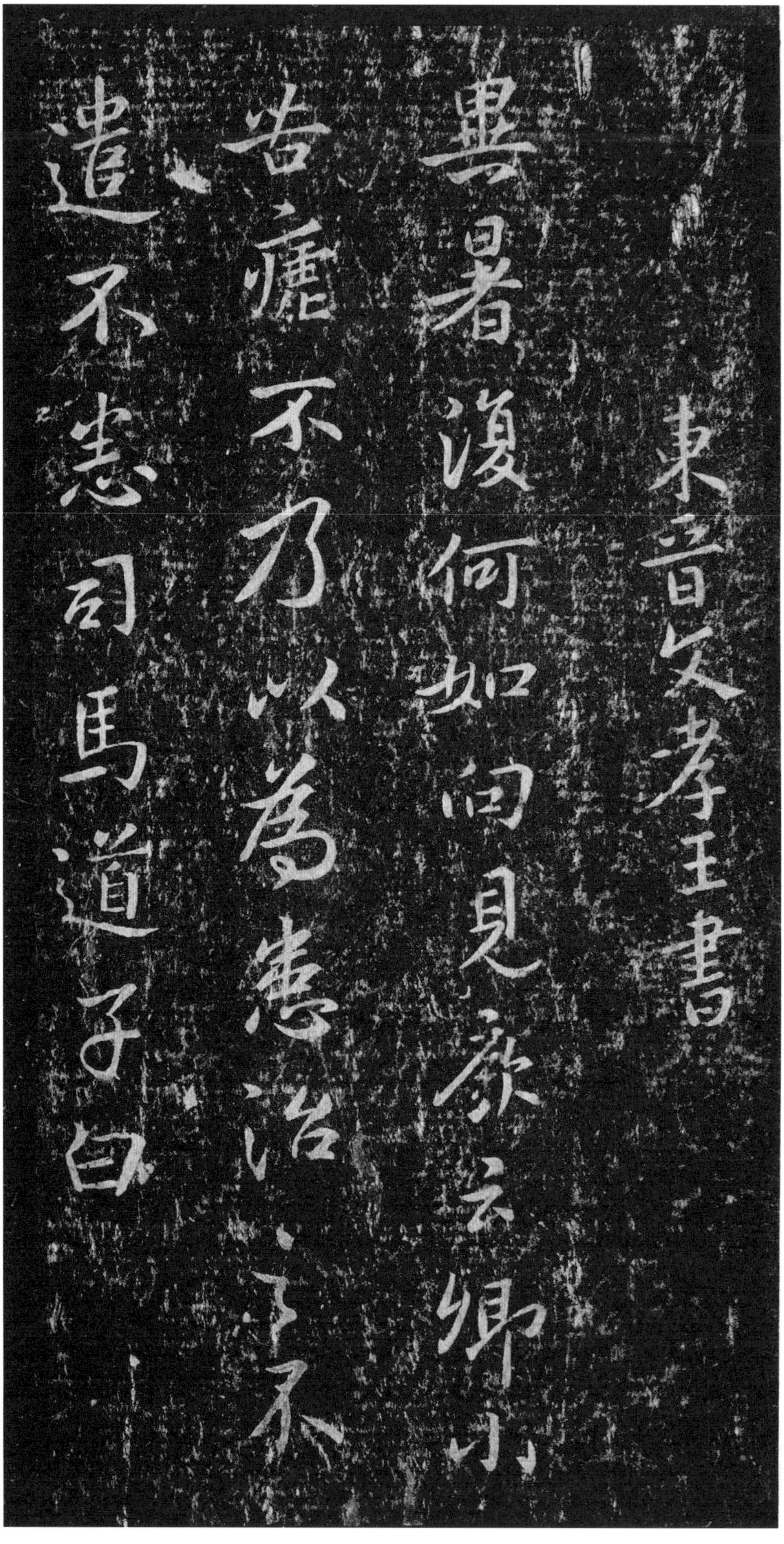


異暑帖　釋文：

異暑復何如向見厭云卿小

苦瘧不乃以為患治之不

遣不悉司馬道子白

## 11

# 東晉武帝司馬曜書　譙王帖

**Qiao Wang Tie**

Written by Sima Yao, Emperor Wu of the Eastern Jin Dynasty

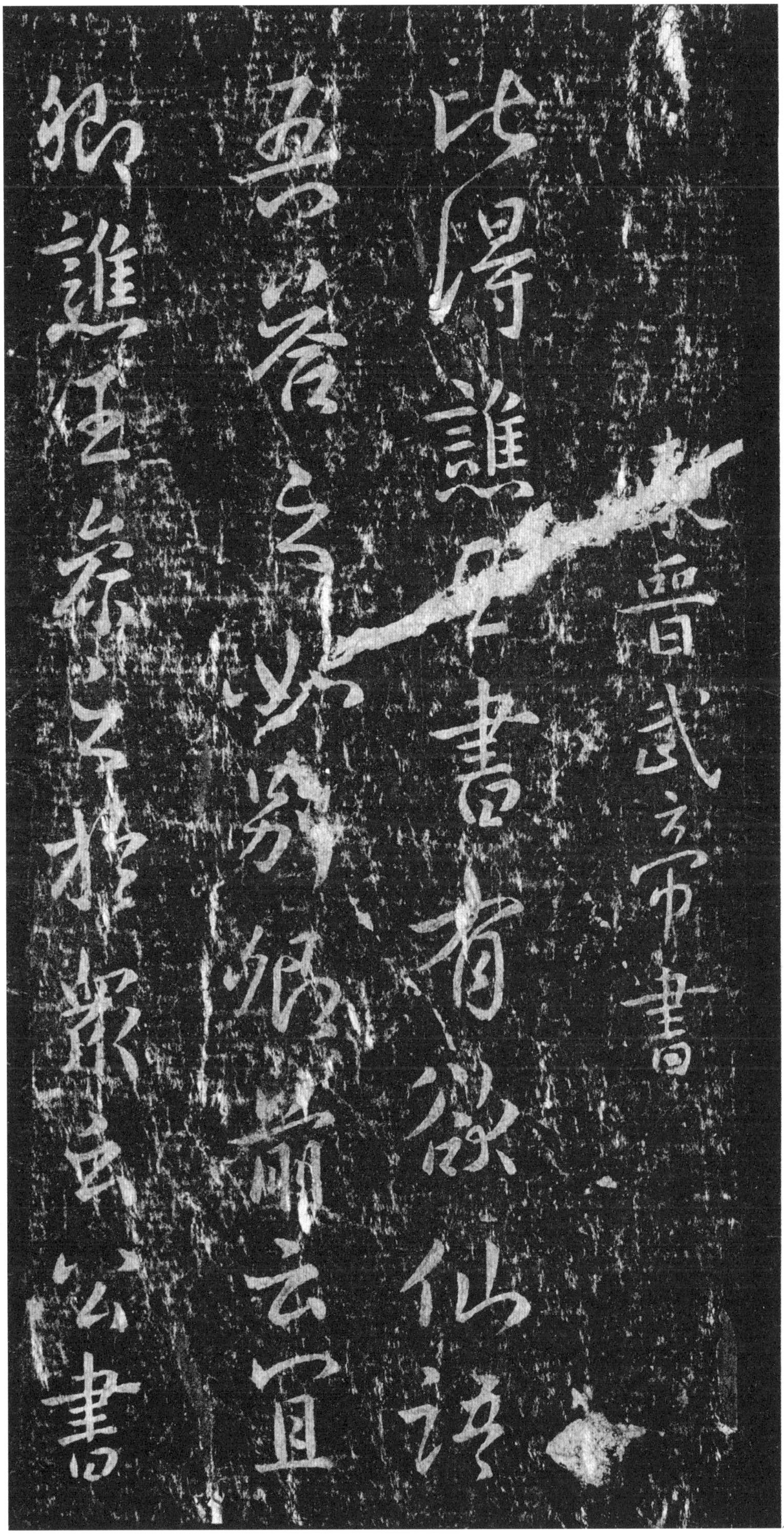

譙王帖　釋文：

比得譙王書有欲仙語
吾答之如別卿前云宜
卿譙王參之於眾云公書

# 宋明帝劉彧書　鄭脩容帖

***Zheng Xiu Rong Tie***

Written by Liu Yu, Emperor Ming of Song, one of the Southern Dynasties

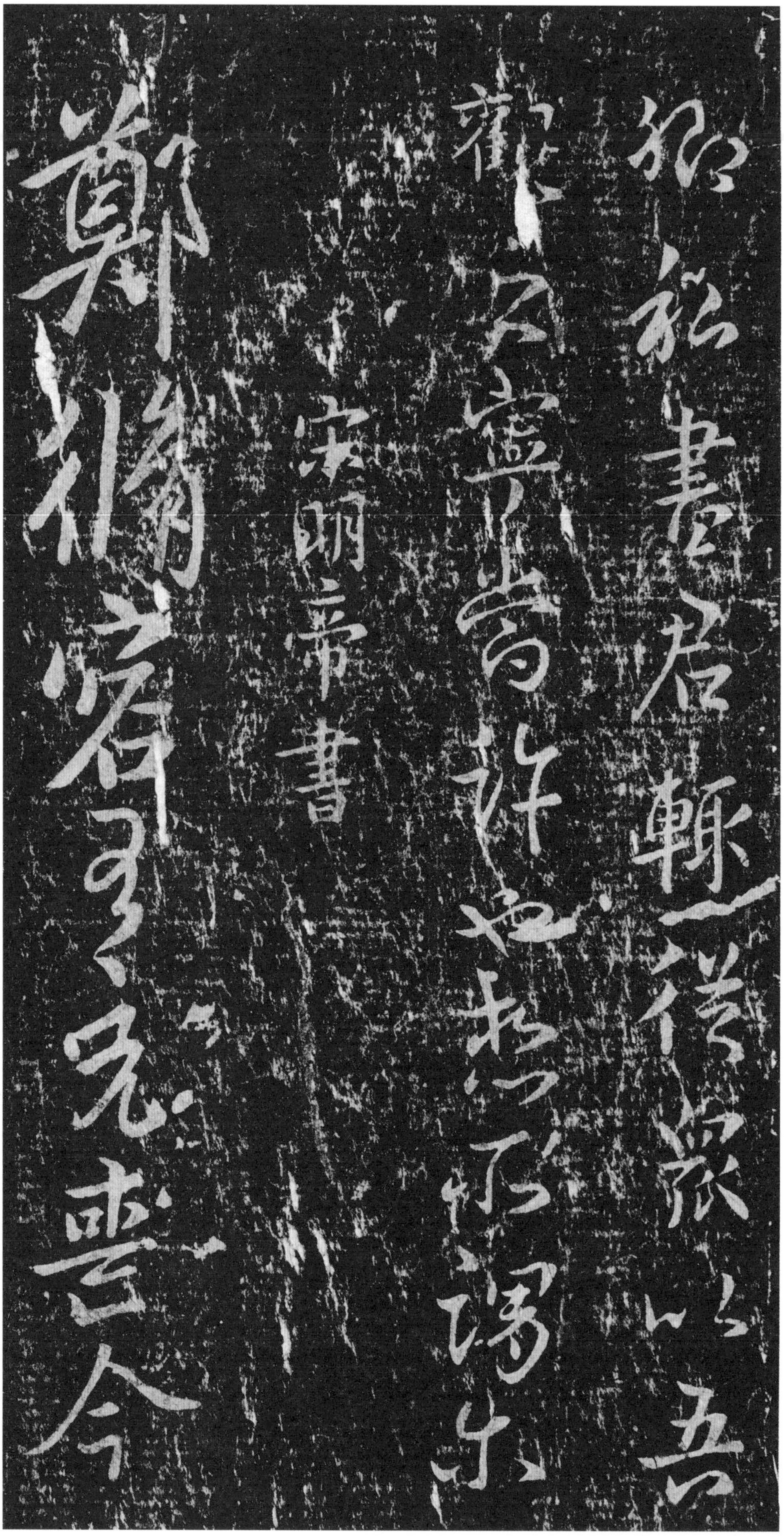

**鄭脩容帖　釋文：**

卿私書君輒從眾以吾
觀之寧當許也想所謂爾
鄭脩容有兄喪今

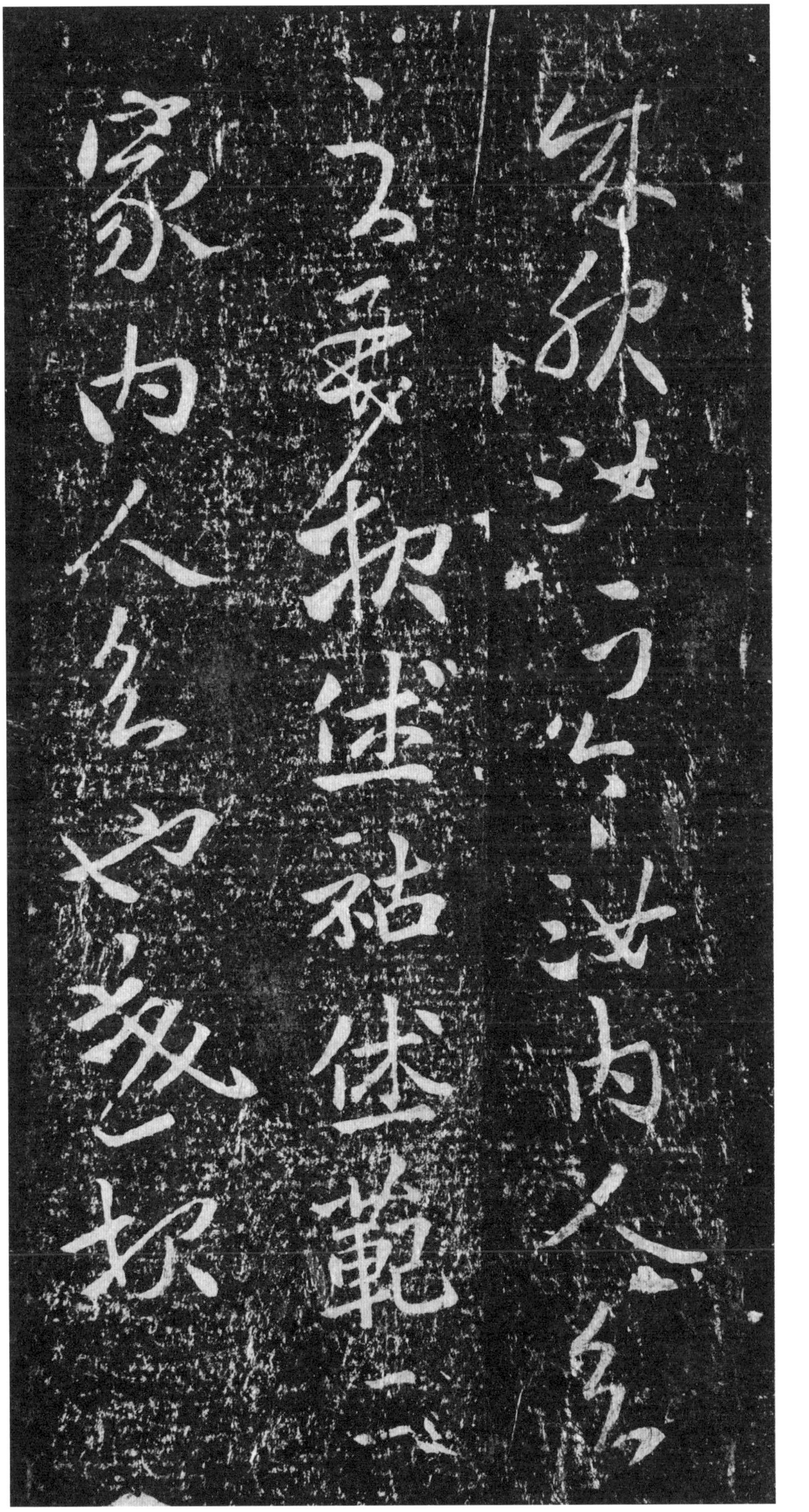

成服汝可令汝內人知
之再報休祜休範二
家內人知也彧報

# 13

## 齊高帝蕭道成書　破堽帖

**Po Gang Tie**

Written by Xiao Daocheng, Emperor Gao of Qi, one of the Southern Dynasties

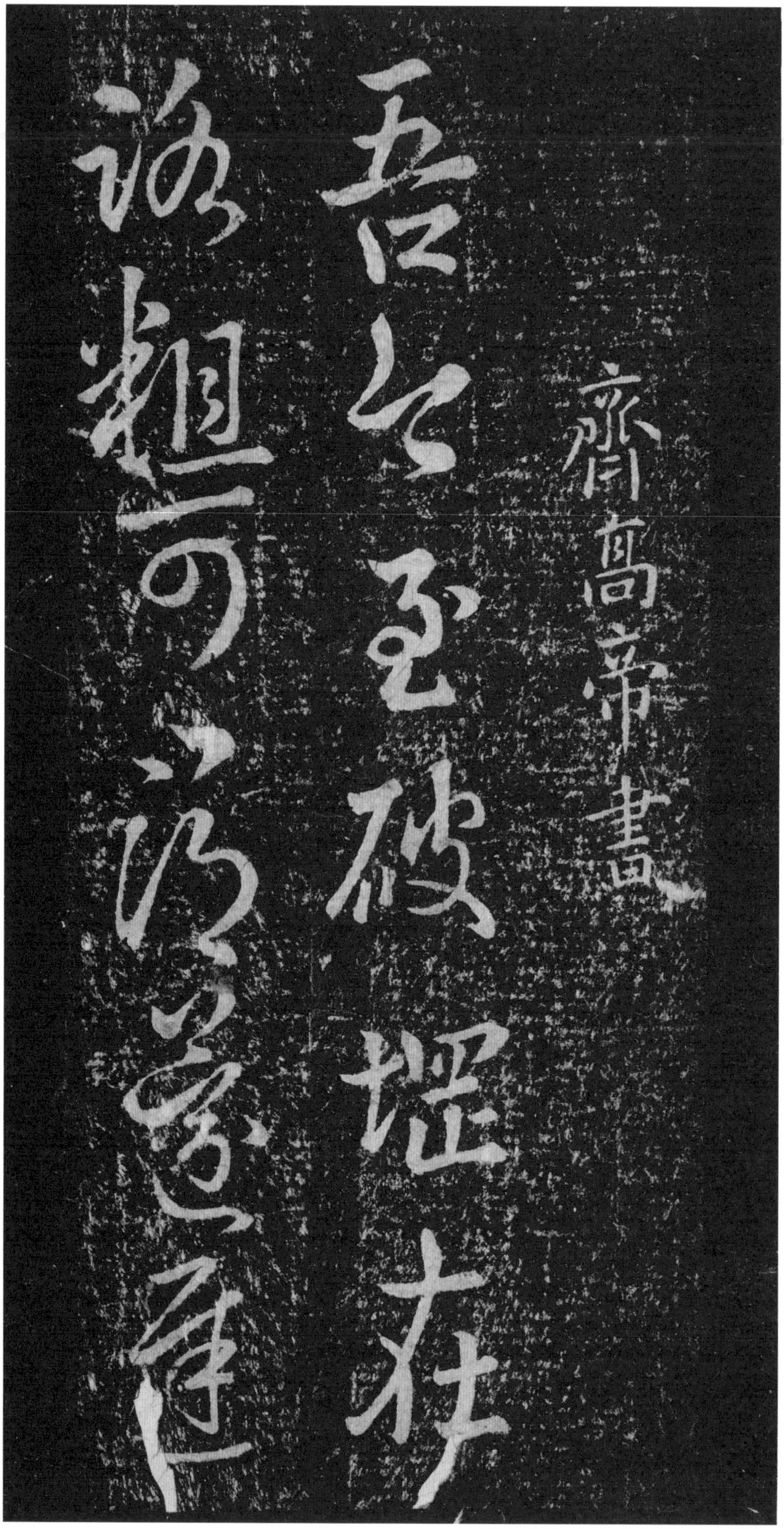


破堽帖　釋文：
吾今至破堽在
路粗可尋還遲

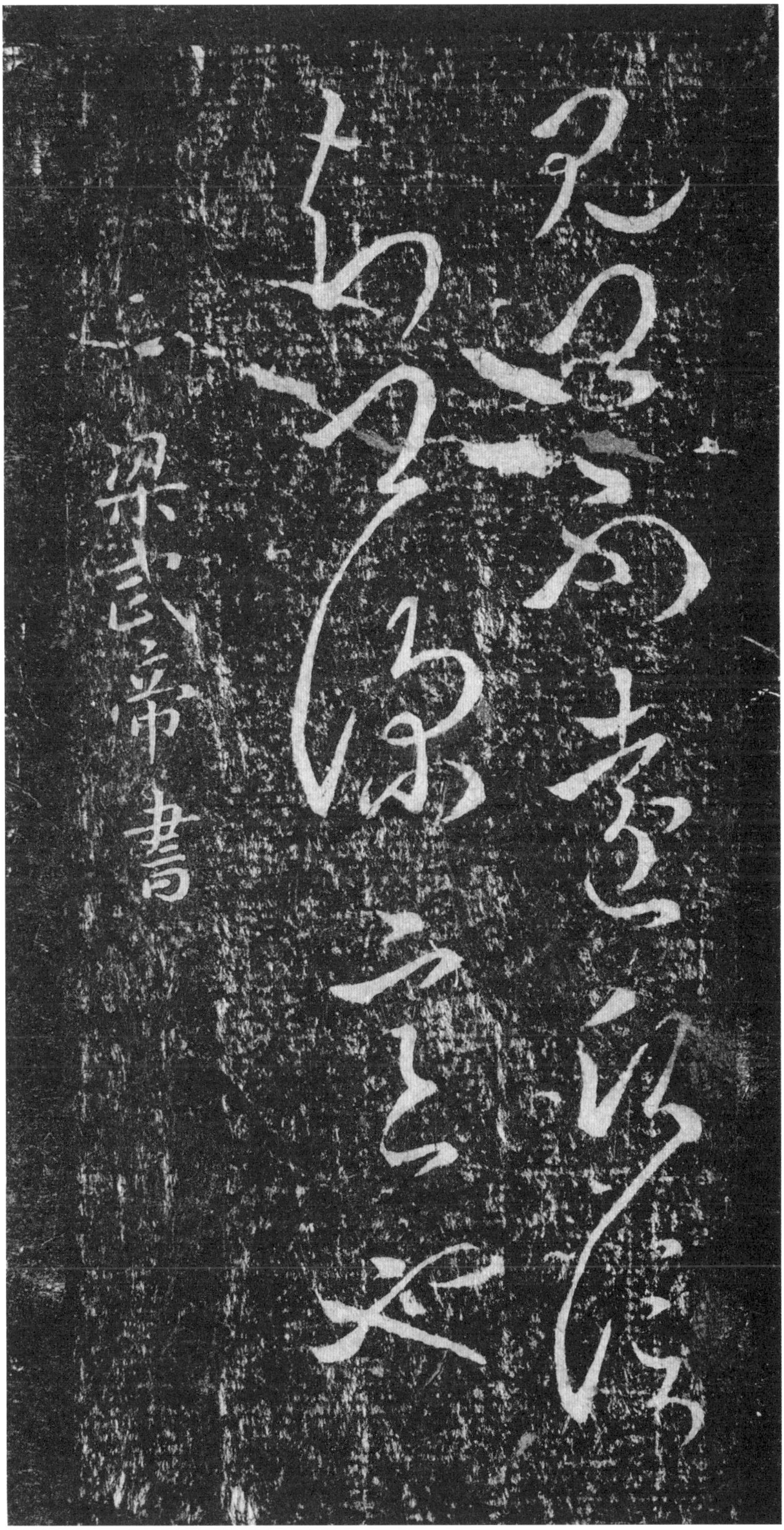


見卿不遠願信
知卿深意也

14

## 梁武帝蕭衍書　數朝帖

Shu Chao Tie

Written by Xiao Yan, Emperor Wu of Liang, one of the Southern Dynasties

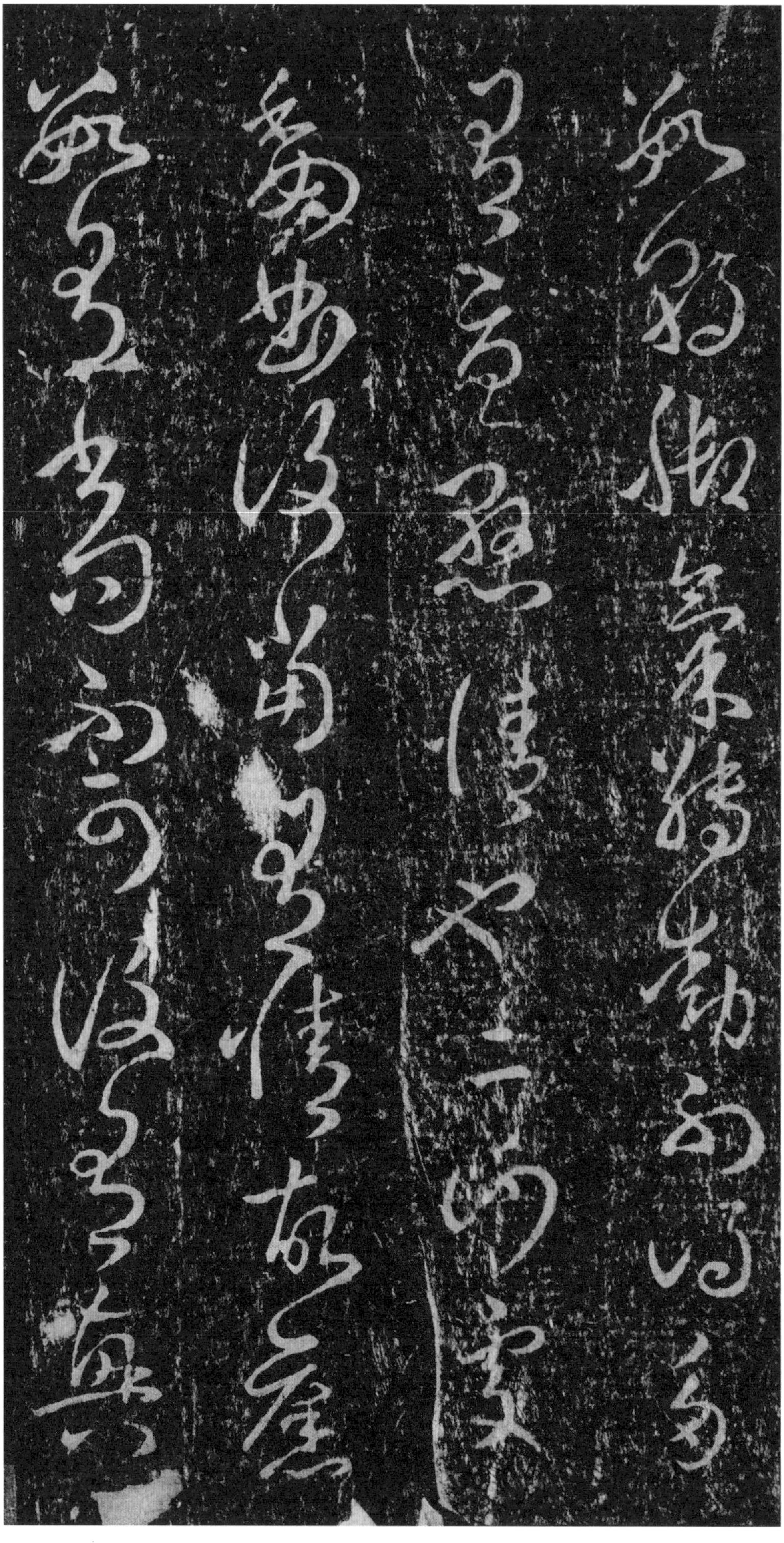

數朝帖　釋文：

數朝腳氣轉動不得多
有憂懸情也二謝處
委曲復當有情故舊
數有書問不可復有興

## 15

梁高帝書　眾軍帖

*Zhong Jun Tie*

Written by Emperor Gao of Liang, one of the Southern Dynasties

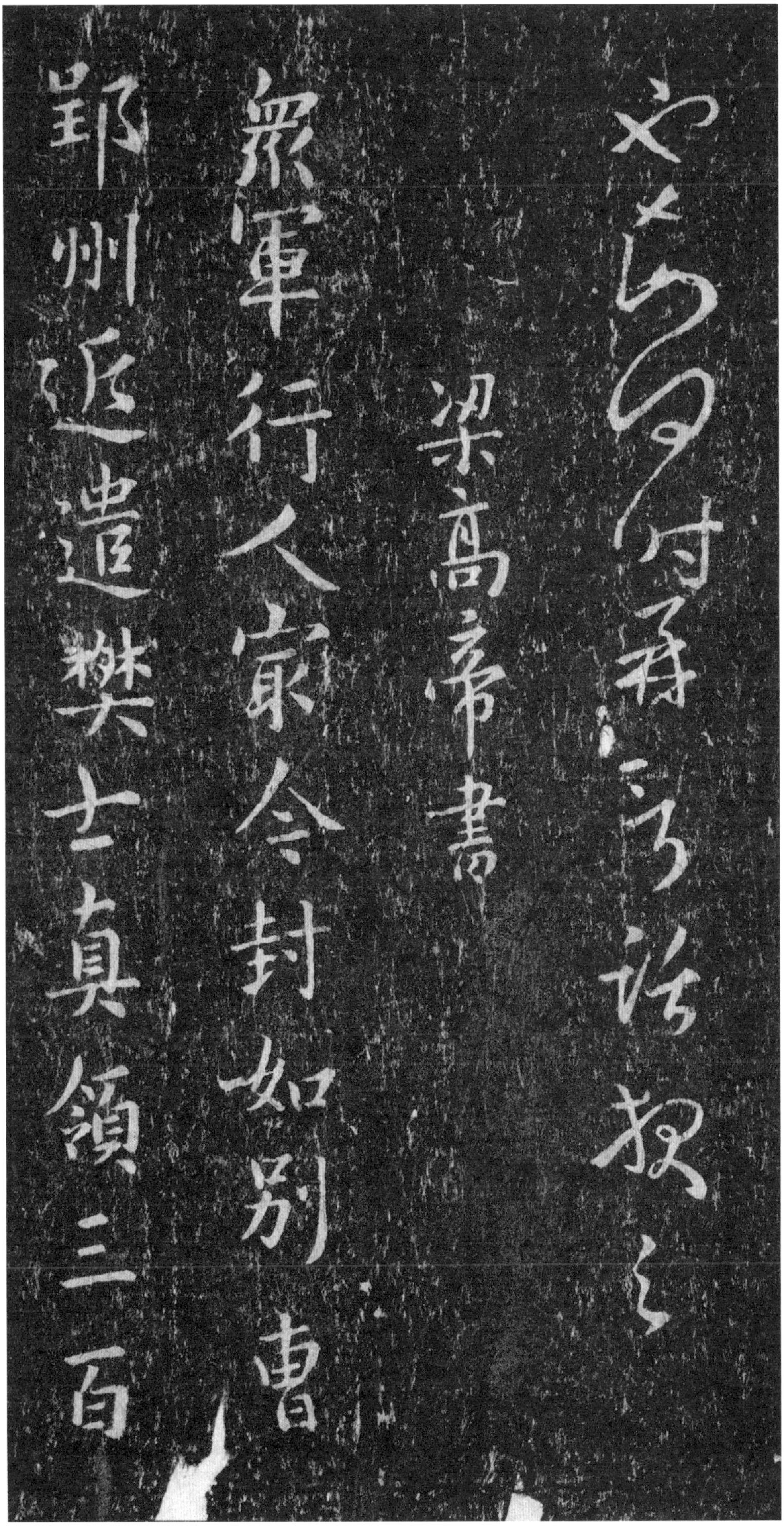

也知何時再言話報之

**眾軍帖　釋文：**

眾軍行人最今封如別曹

郢州近遣樊士真領三百

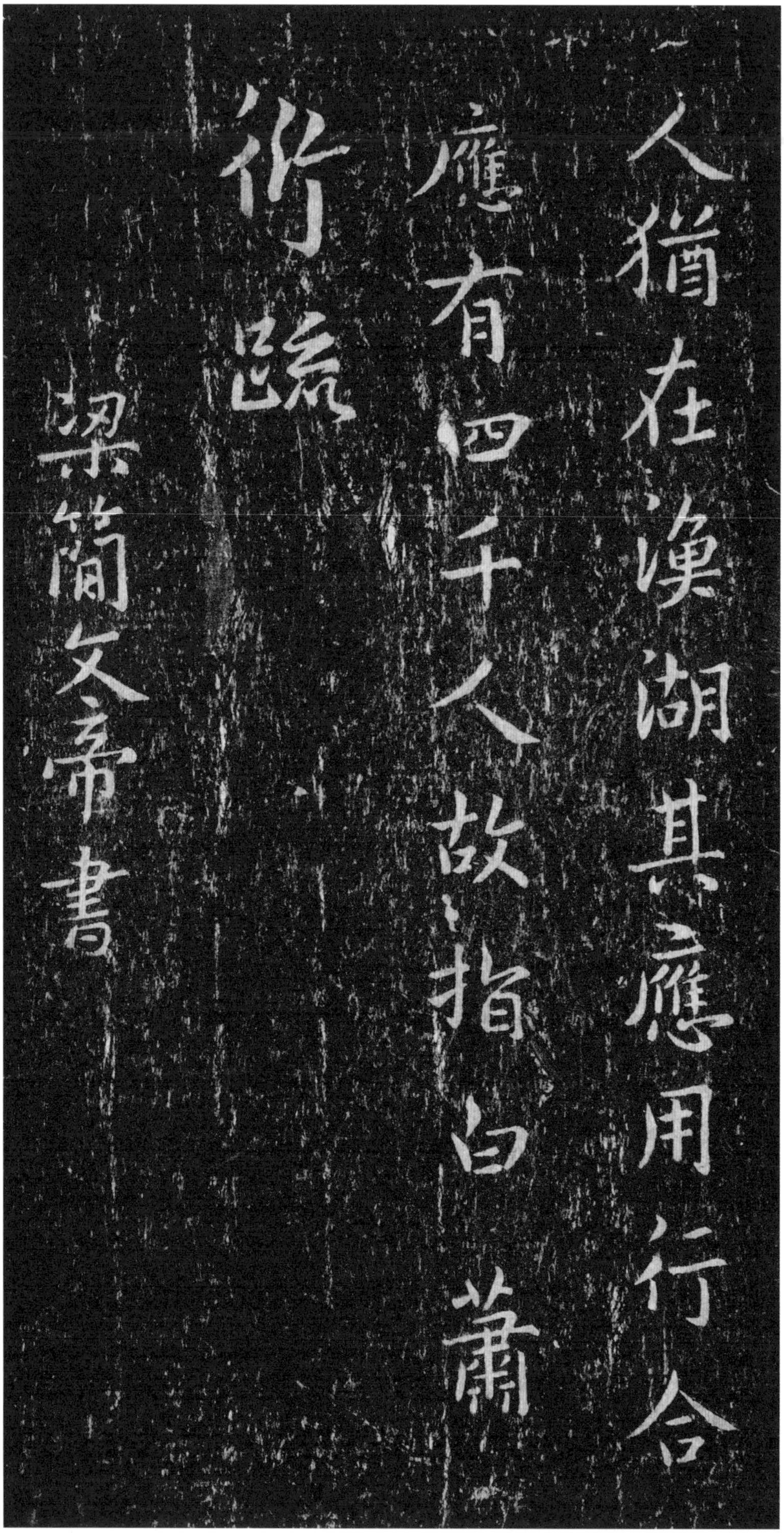


人猶在漁湖其應用行合
應有四千人故指白蕭
衍疏

16

## 梁簡文帝蕭綱書　康司馬帖

**Kang Sima Tie**

Written by Xiao Gang, Emperor Jian Wen of Liang, one of the Southern Dynasties

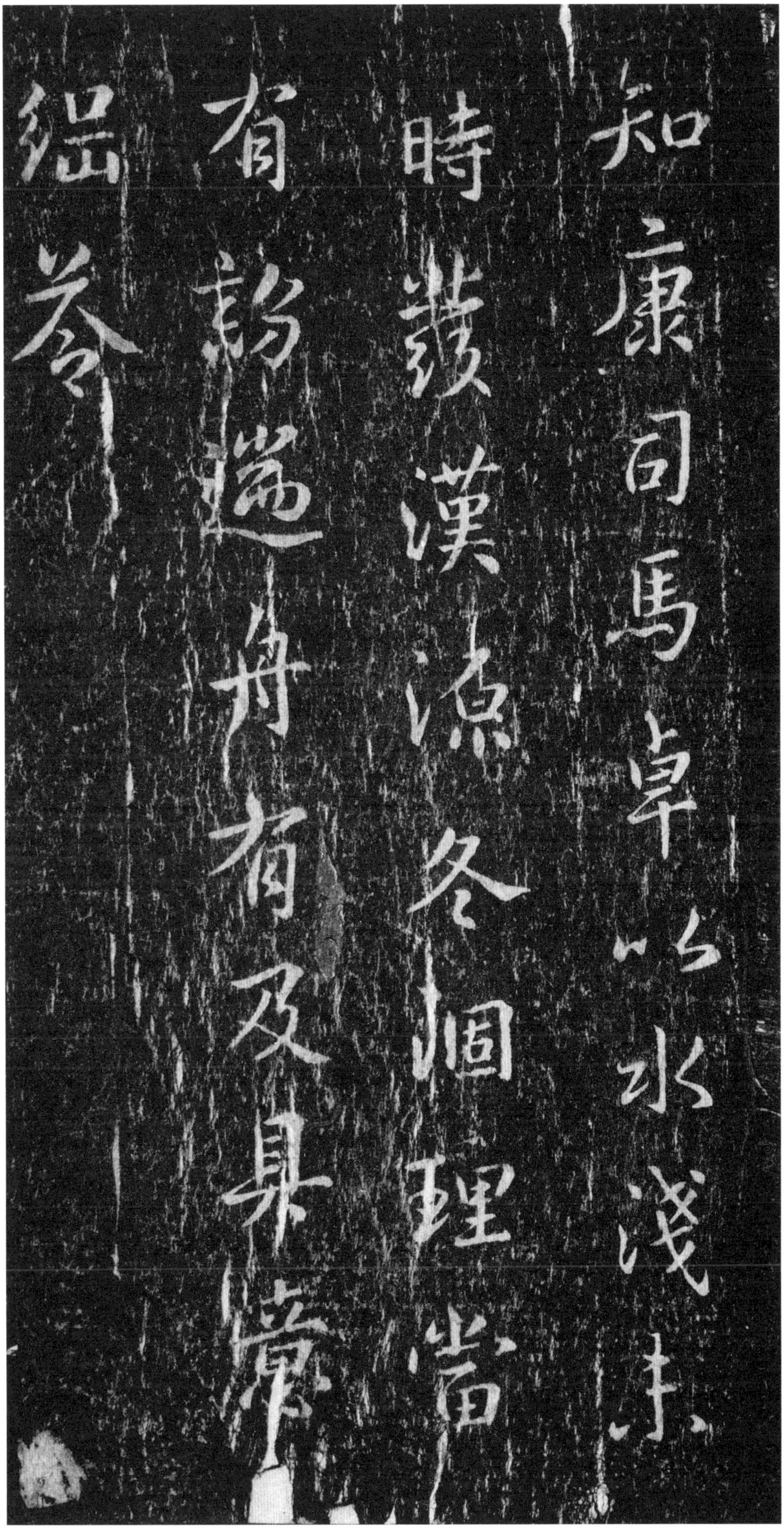

康司馬帖　釋文：

知康司馬卓以水淺未
時發漢源冬涸理當
有訟遄舟有及具意
綱答

17

## 唐太宗李世民書　江叔帖

**Jiang Shu Tie**

Written by Li Shimin, Emperor Tai Zong of the Tang Dynasty

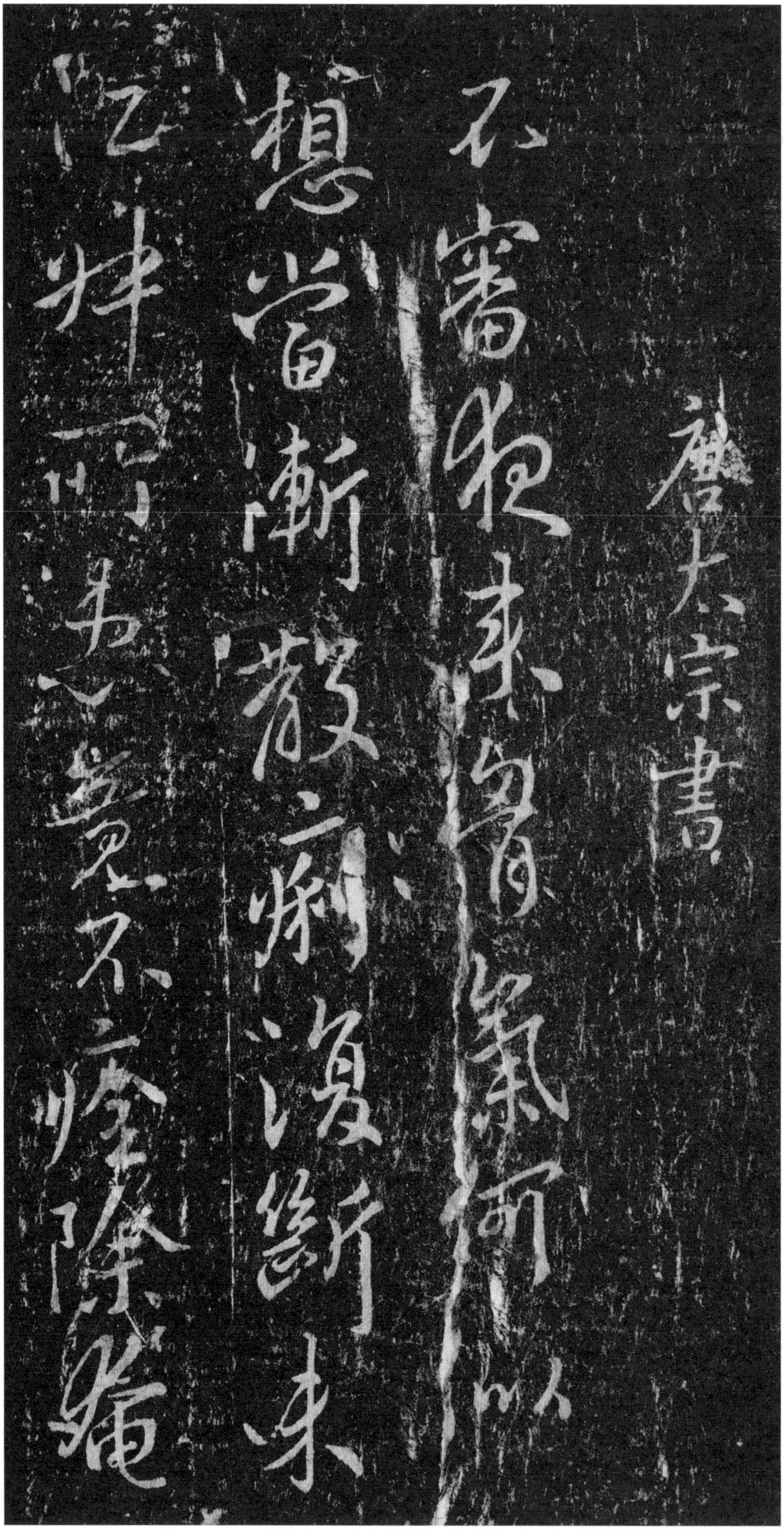


江叔帖　釋文：

不審夜來胸氣何似
想當漸散痢復斷未
江叔所患竟不痊除奄

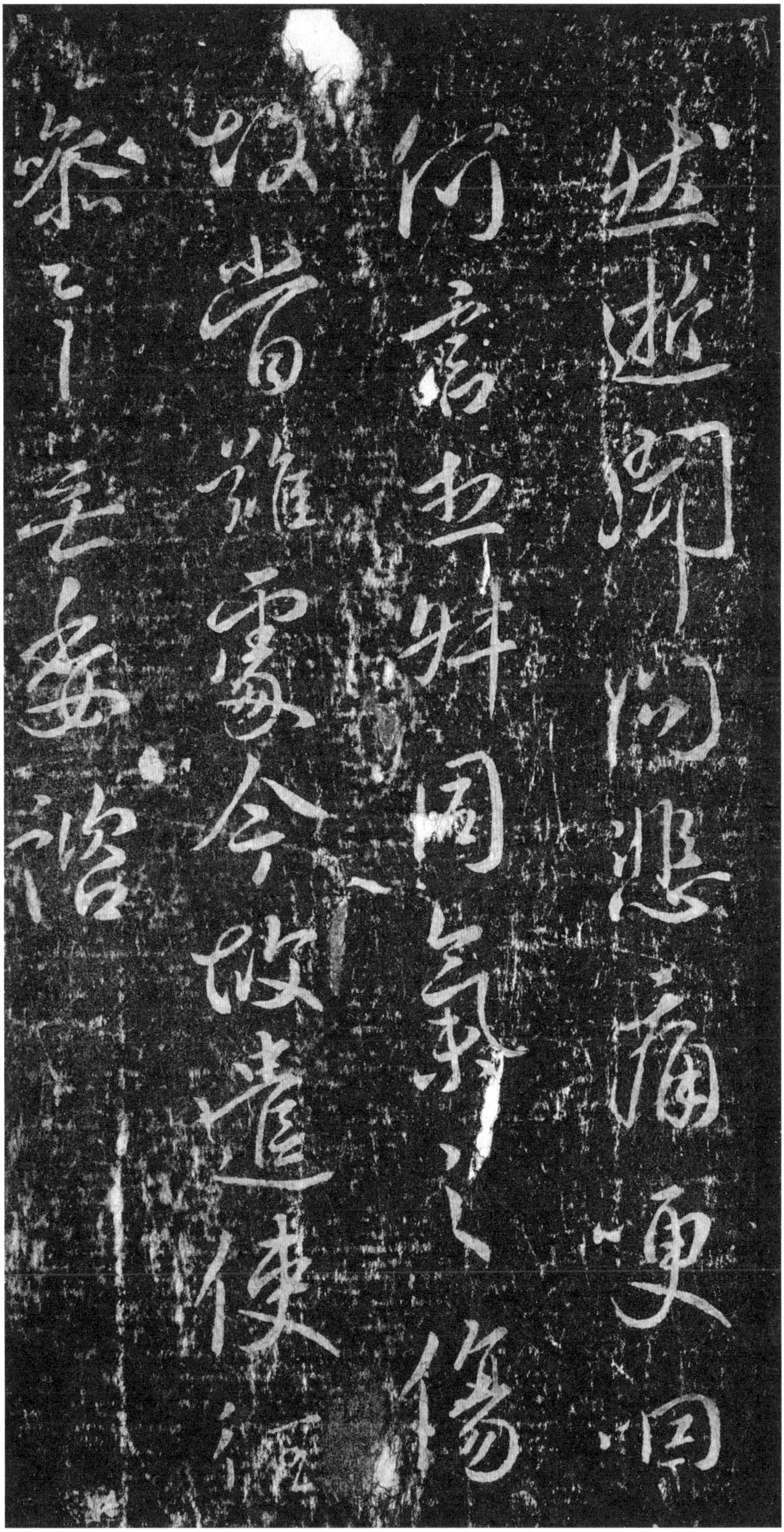

然逝聞問悲痛哽咽
何言想叔同氣之傷
故當難處今故遣使往
參具無委諳

18

## 唐太宗李世民書　兩度帖

**Liang Du Tie**

Written by Li Shimin, Emperor Tai Zong of the Tang Dynasty

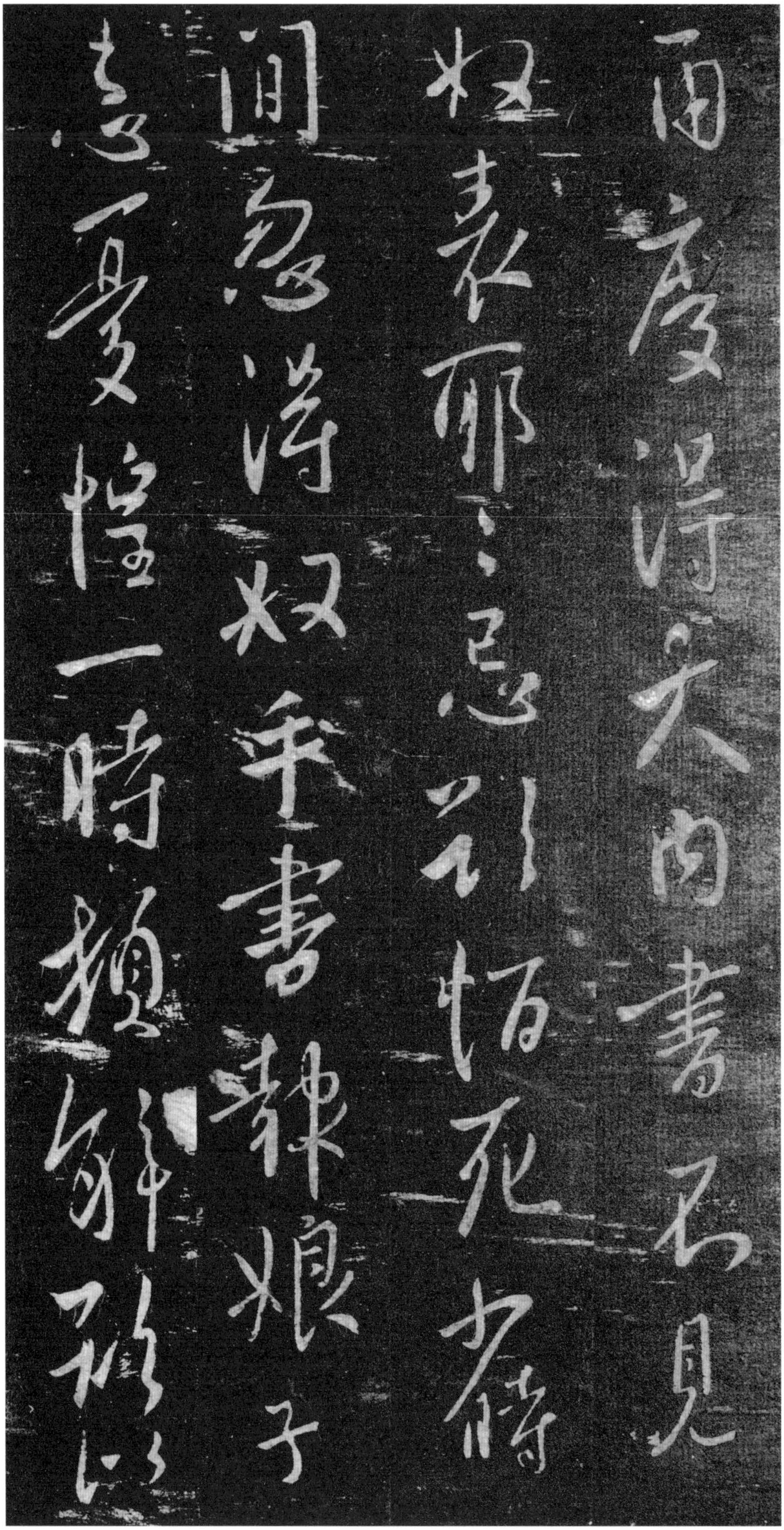

**兩度帖　釋文：**

兩度得大內書不見
奴表耶耶忌欲恒死少時
間忽得奴手書報娘子
患憂惶一時頓解欲似

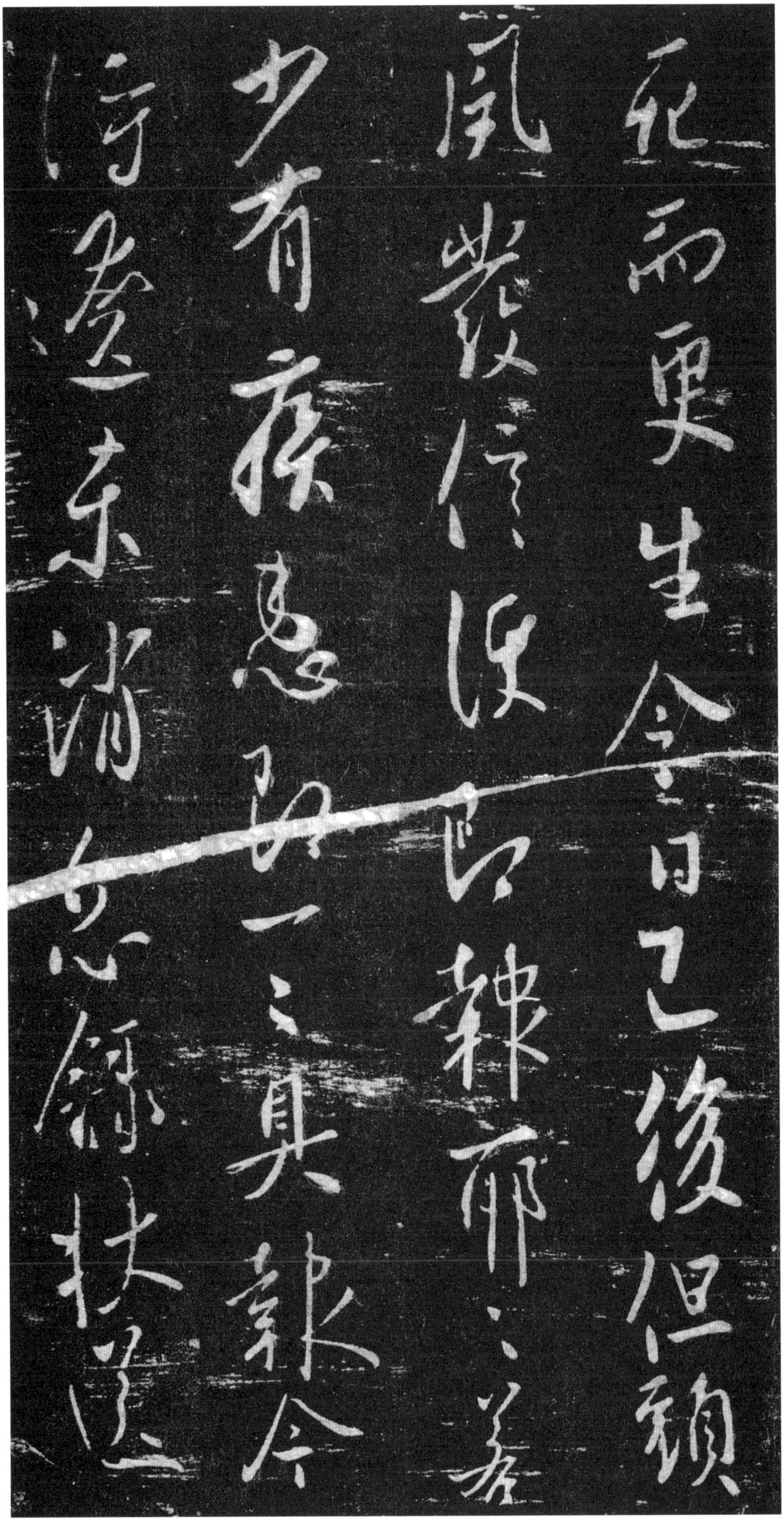

死而更生今日已後但頭
風發信便即報耶耶若
少有疾患即一一具報今
得遼東消息錄狀送

## 19

# 唐太宗李世民書　懷讓帖

**Huai Rang Tie**

Written by Li Shimin, Emperor Tai Zong of the Tang Dynasty

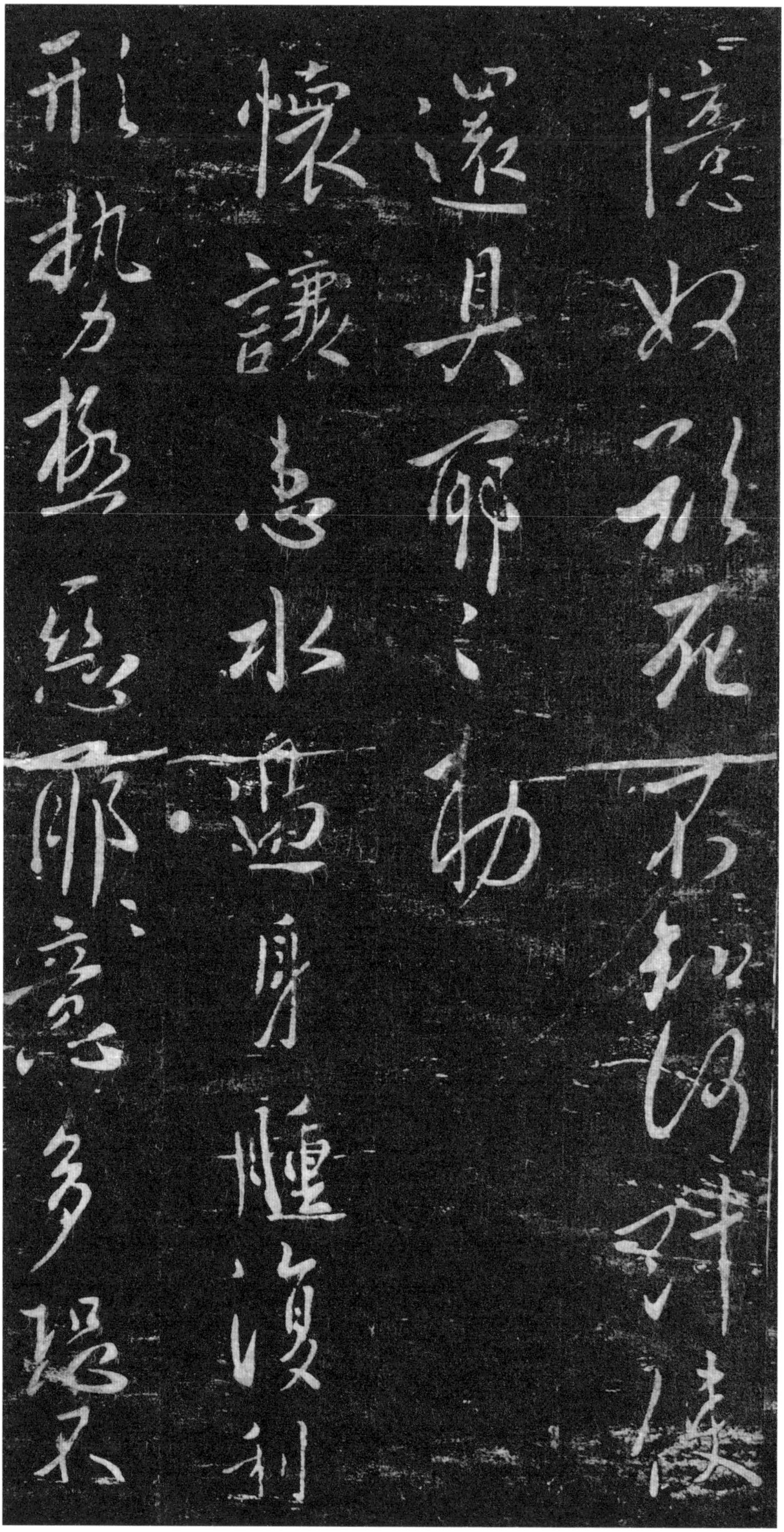

**懷讓帖　釋文：**

憶奴欲死不知何計使
還具耶耶敕
懷讓患水邊身腫復利
形勢極惡耶耶意多恐不

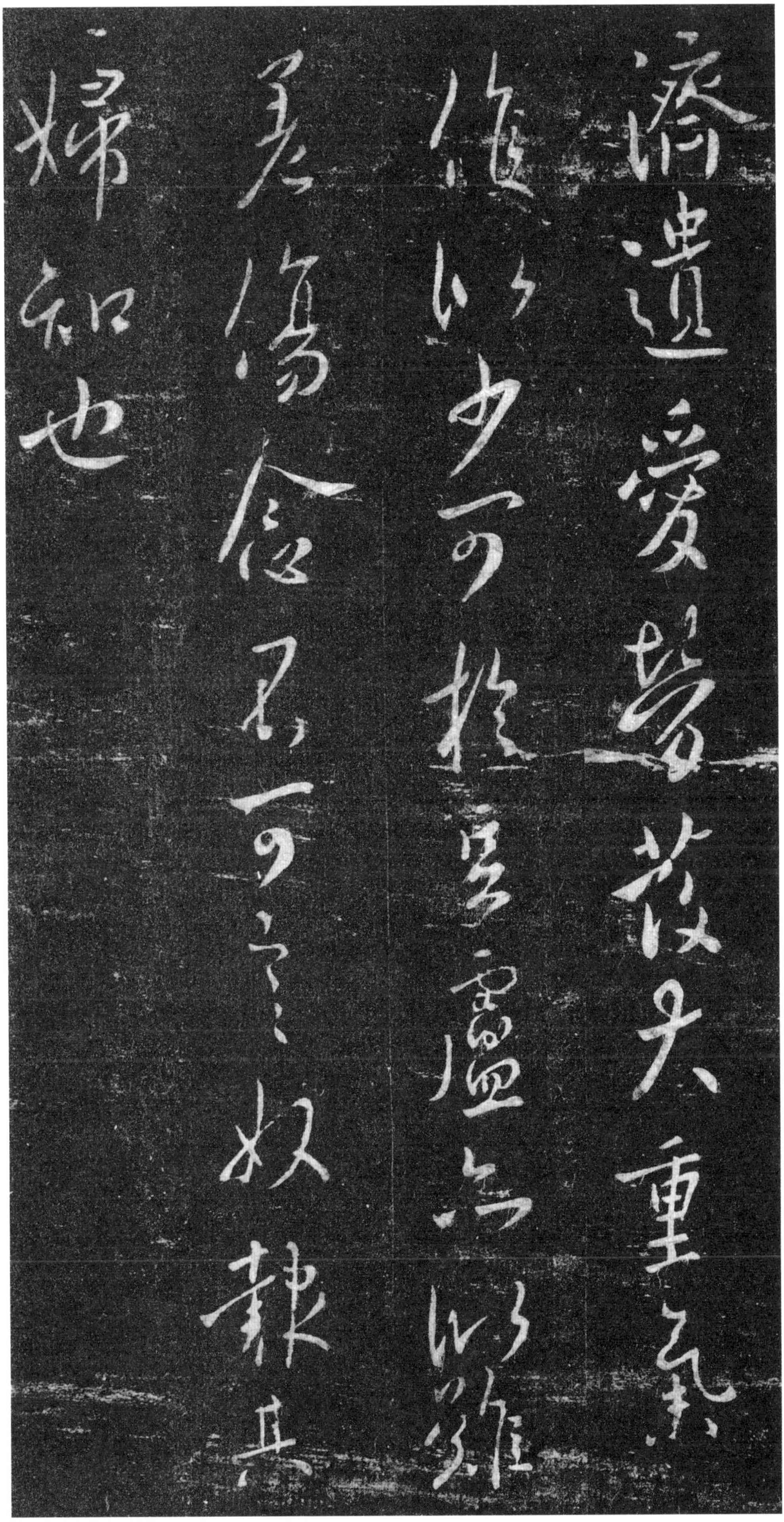

濟遺愛勞發大重氣
候似少可於豆盧亦似難
差傷念不可言奴報其
婦知也

20

## 唐太宗李世民書　藝韞帖

**Yi Yun Tie**

Written by Li Shimin, Emperor Tai Zong of the Tang Dynasty

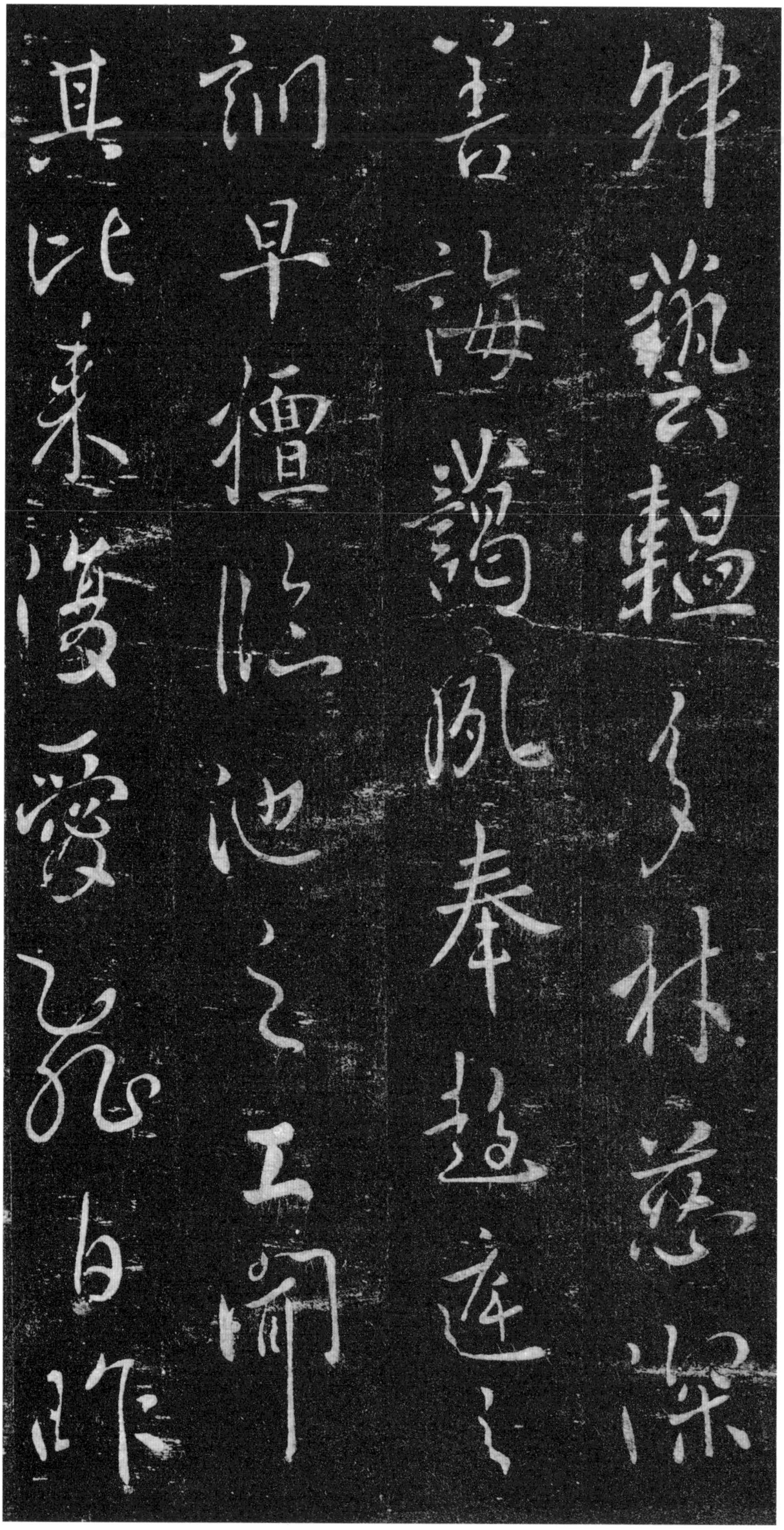

**藝韞帖　釋文：**
叔藝韞多材慈深
善誨藹夙奉趍庭之
訓早擅臨池之工聞
其比來復愛飛白昨

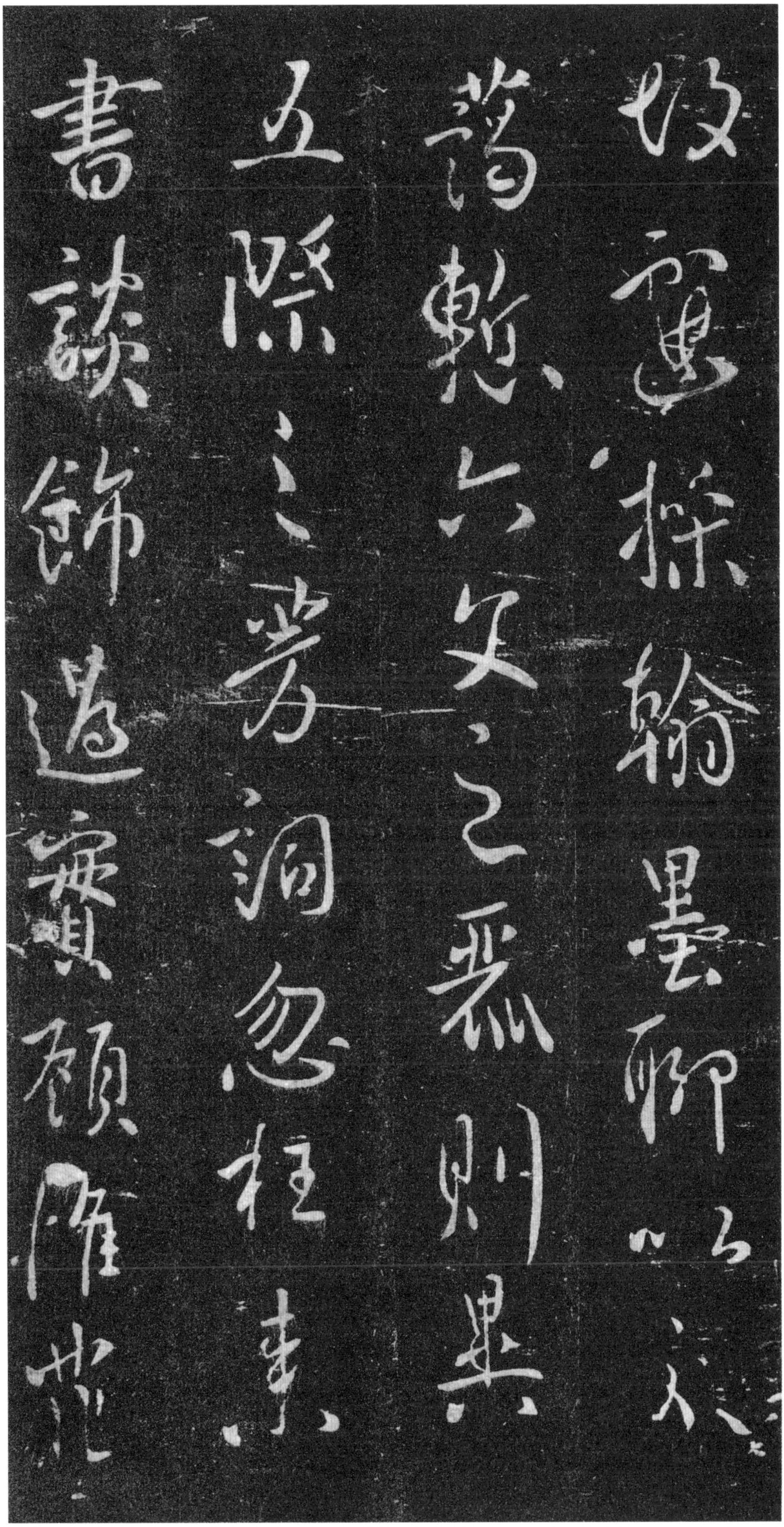

故戲操翰墨聊以示
藹蔪六文之麗則異
五際之芳詞忽枉來
書談飾過實顧惟菲

## 唐太宗李世民書　枇杷帖

Pipa Tie

Written by Li Shimin, Emperor Tai Zong of the Tang Dynasty

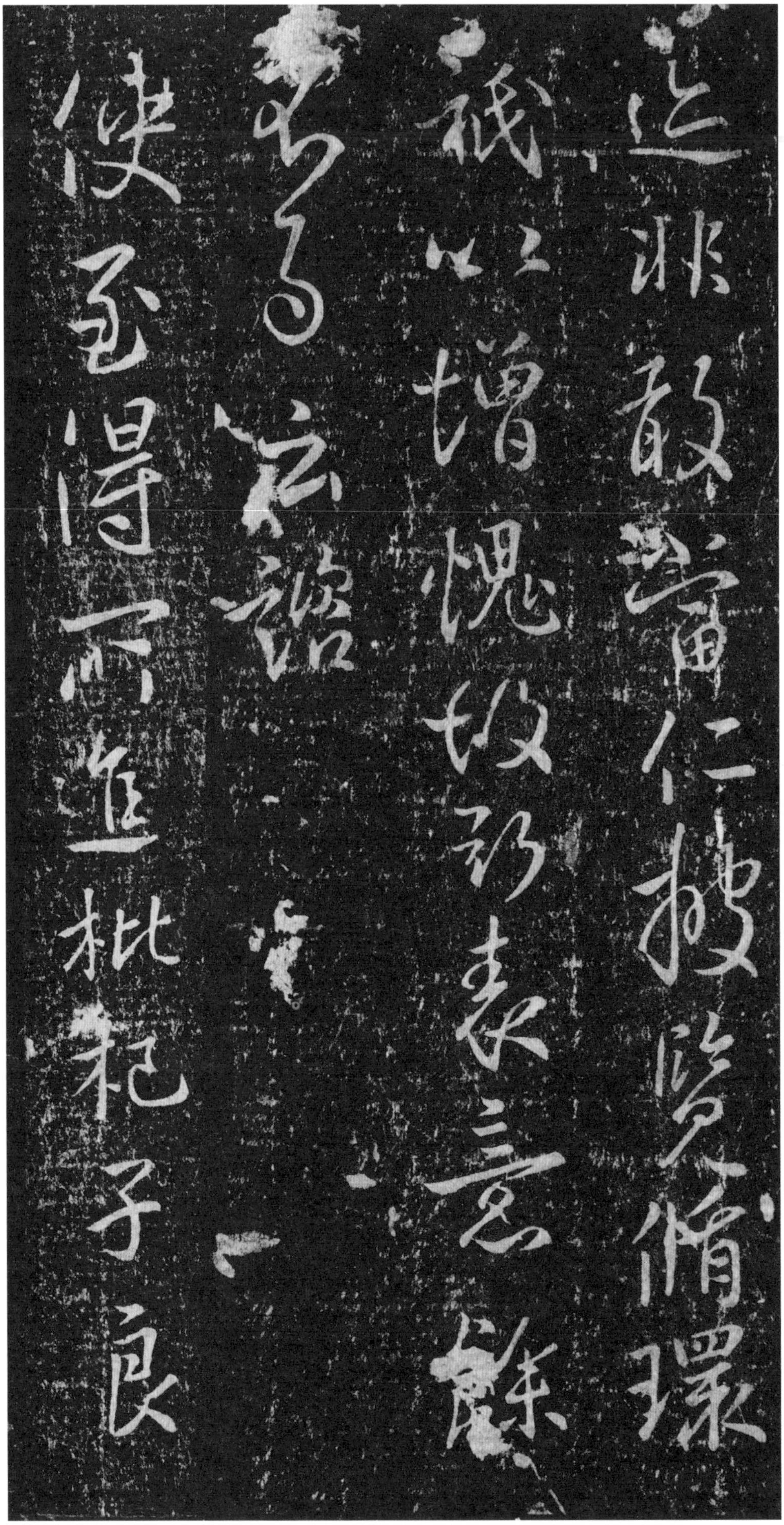

跡非敢當仁披覽循環
祇以增愧故斯表意餘
不多云諮

枇杷帖　釋文：
使至得所進枇杷子良

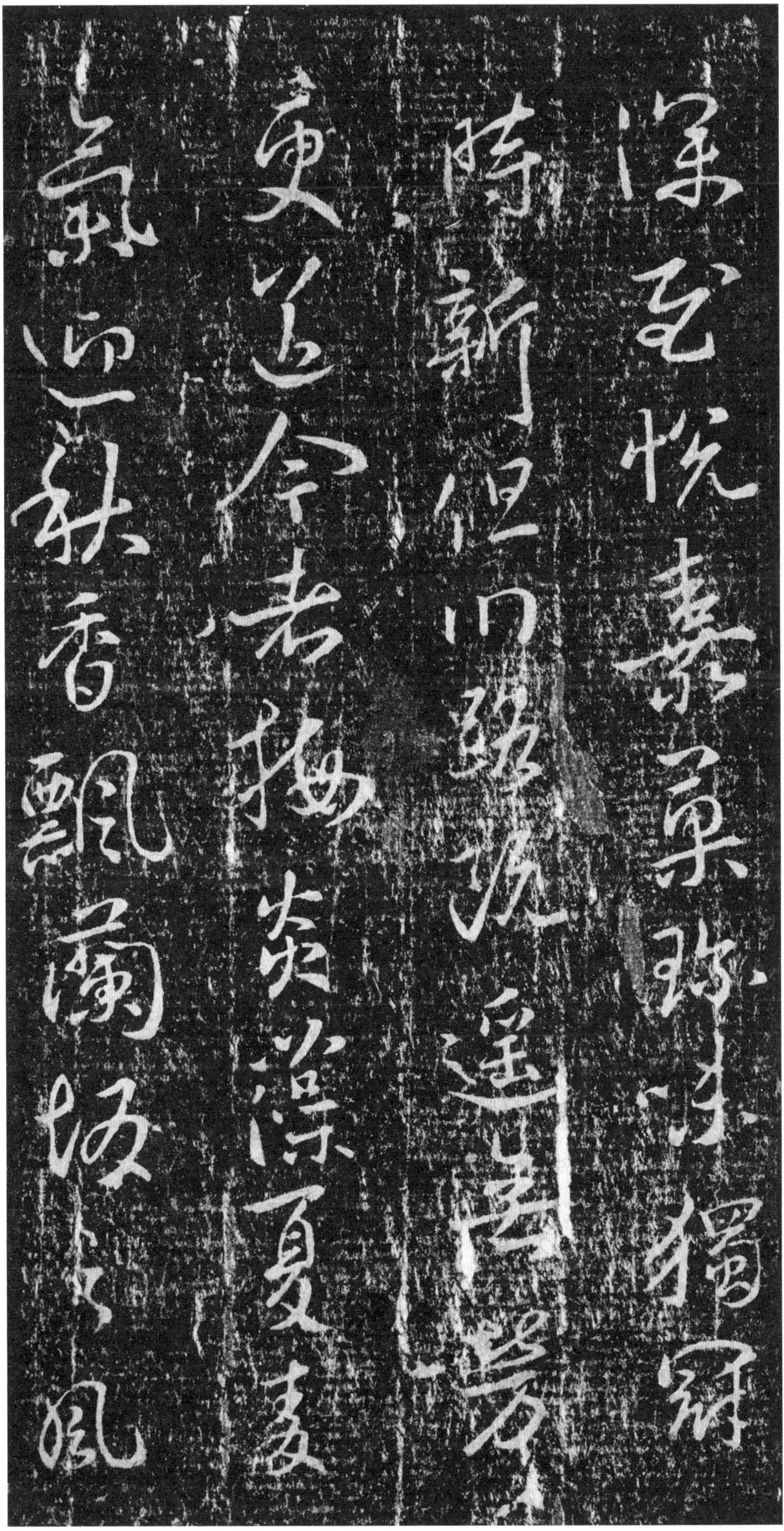

深慰悅嘉果珍味獨冠
時新但川路既遙無勞
更送今者梅炎藻夏麥
氣迎秋香飄蘭阪之風

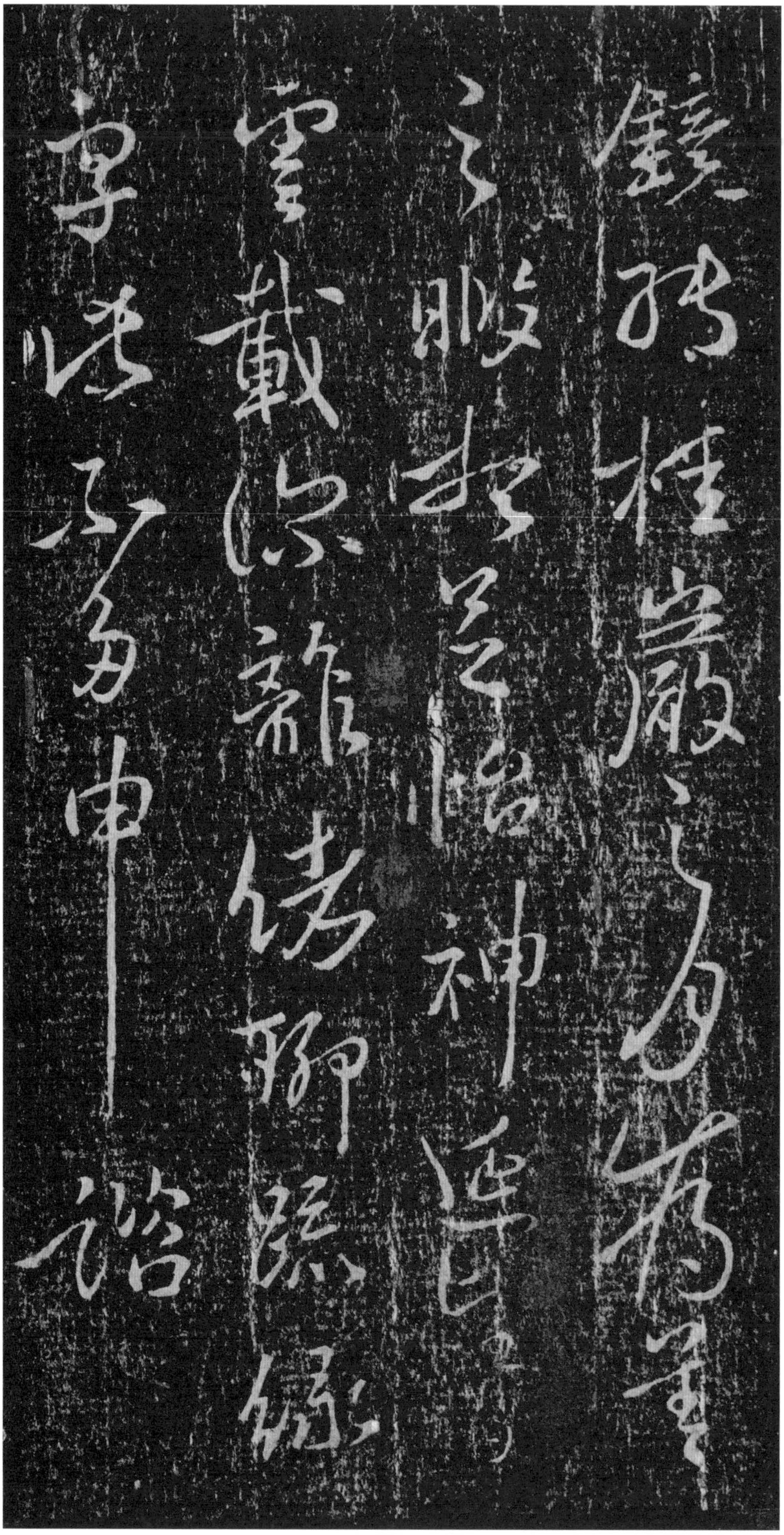

鏡轉桂嚴之月為善
之暇想足怡神延望白
雲載深離緒聊疏緣
字此不多申諮

22

唐太宗李世民書　辱書帖

Ru Shu Tie

Written by Li Shimin, Emperor Tai Zong of the Tang Dynasty

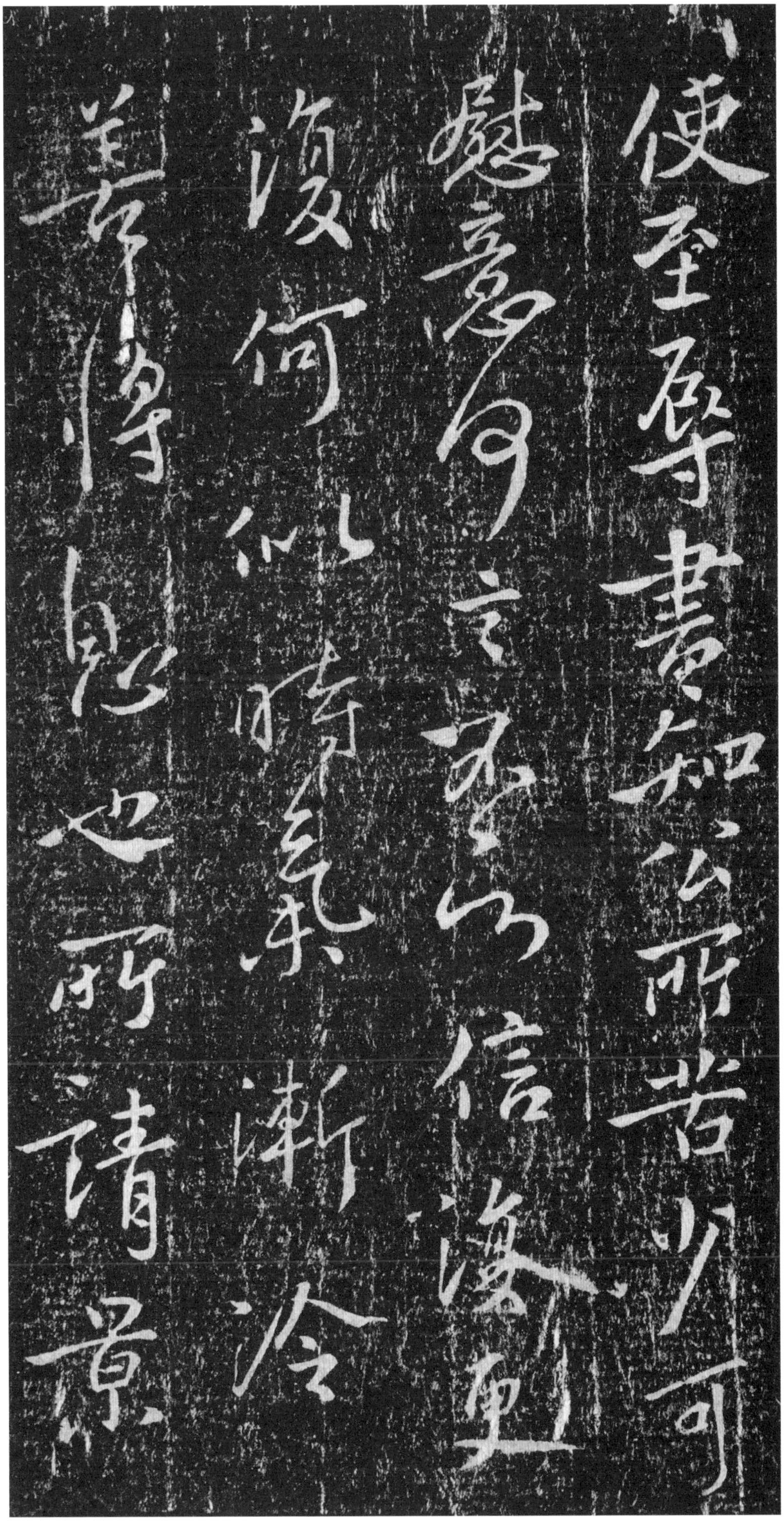

辱書帖　釋文：

使至辱書知公所苦少可

慰意何言不知信復更

復何似時氣漸冷

善將息也所請景

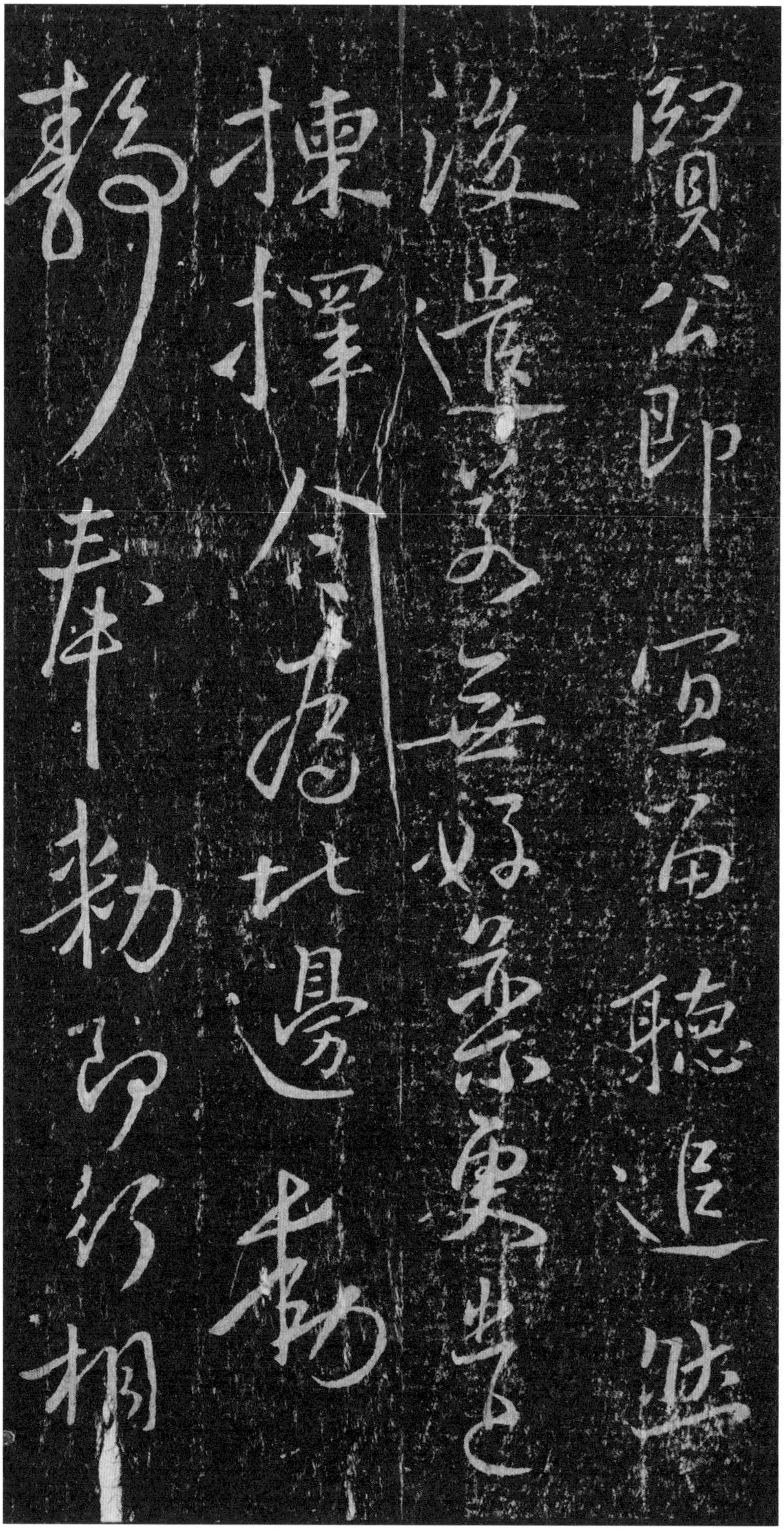

賢公即宜留聽追然
後遺若無好藥更遺
揀擇今為北邊動
靜奉敕即行相

# 23

## 唐太宗李世民書　比者帖

**Bi Zhe Tie**

Written by Li Shimin, Emperor Tai Zong of the Tang Dynasty

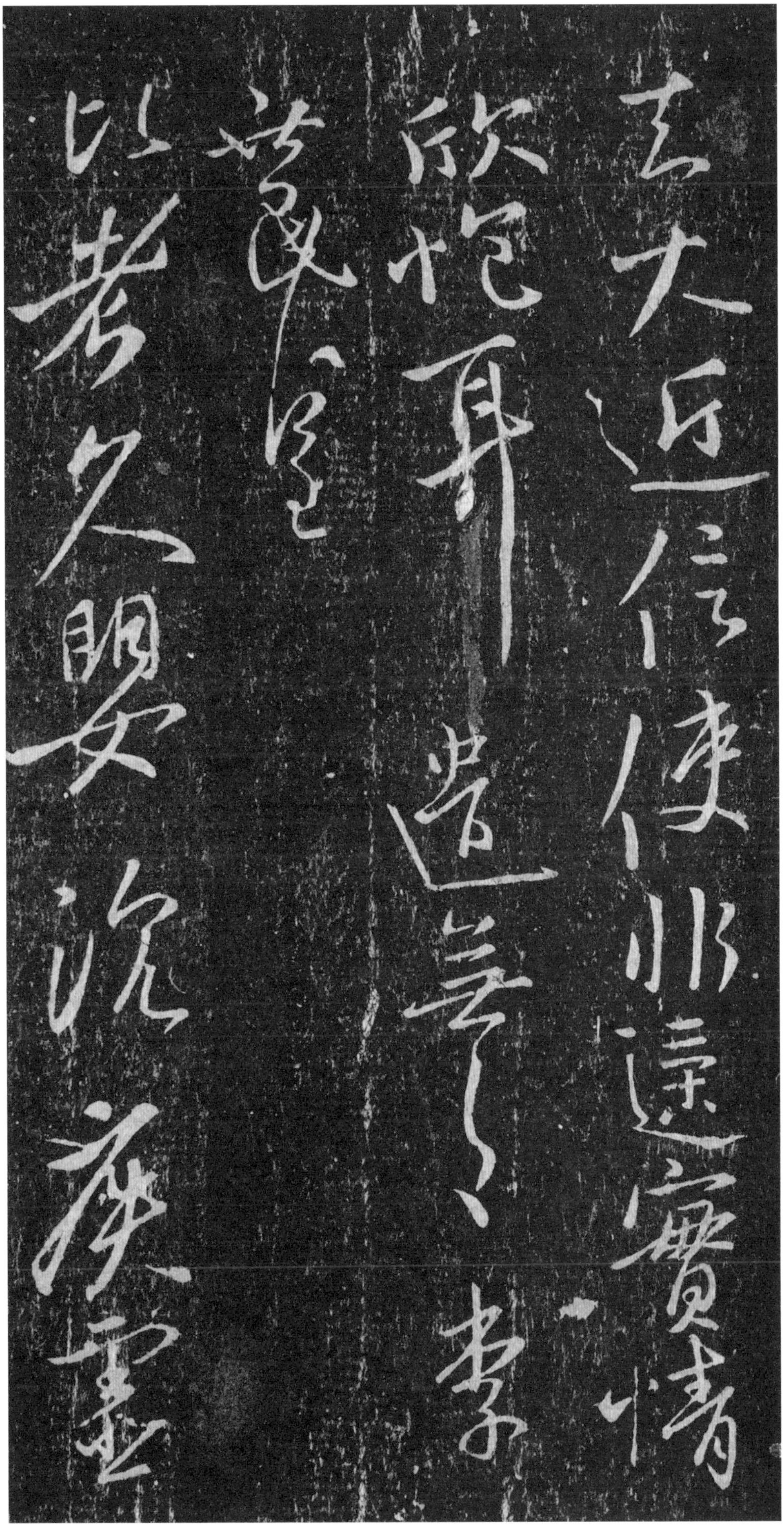

去大近信使非遙實情
欣悒耳遺無具李
世民呈

**比者帖　釋文：**

比者久嬰沉疾虛

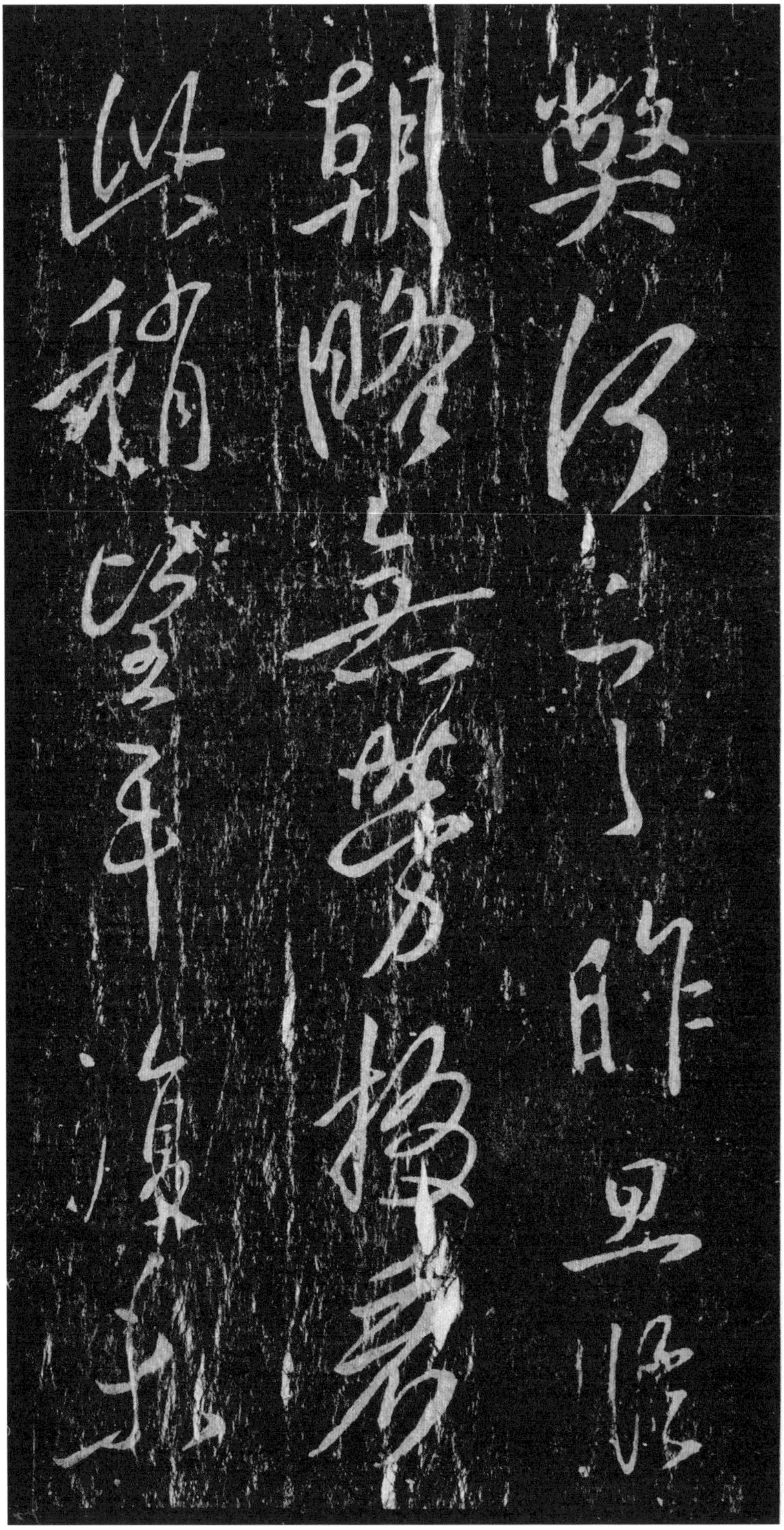

弊何言昨旦臨
朝略無勞掇看
此稍望平復未

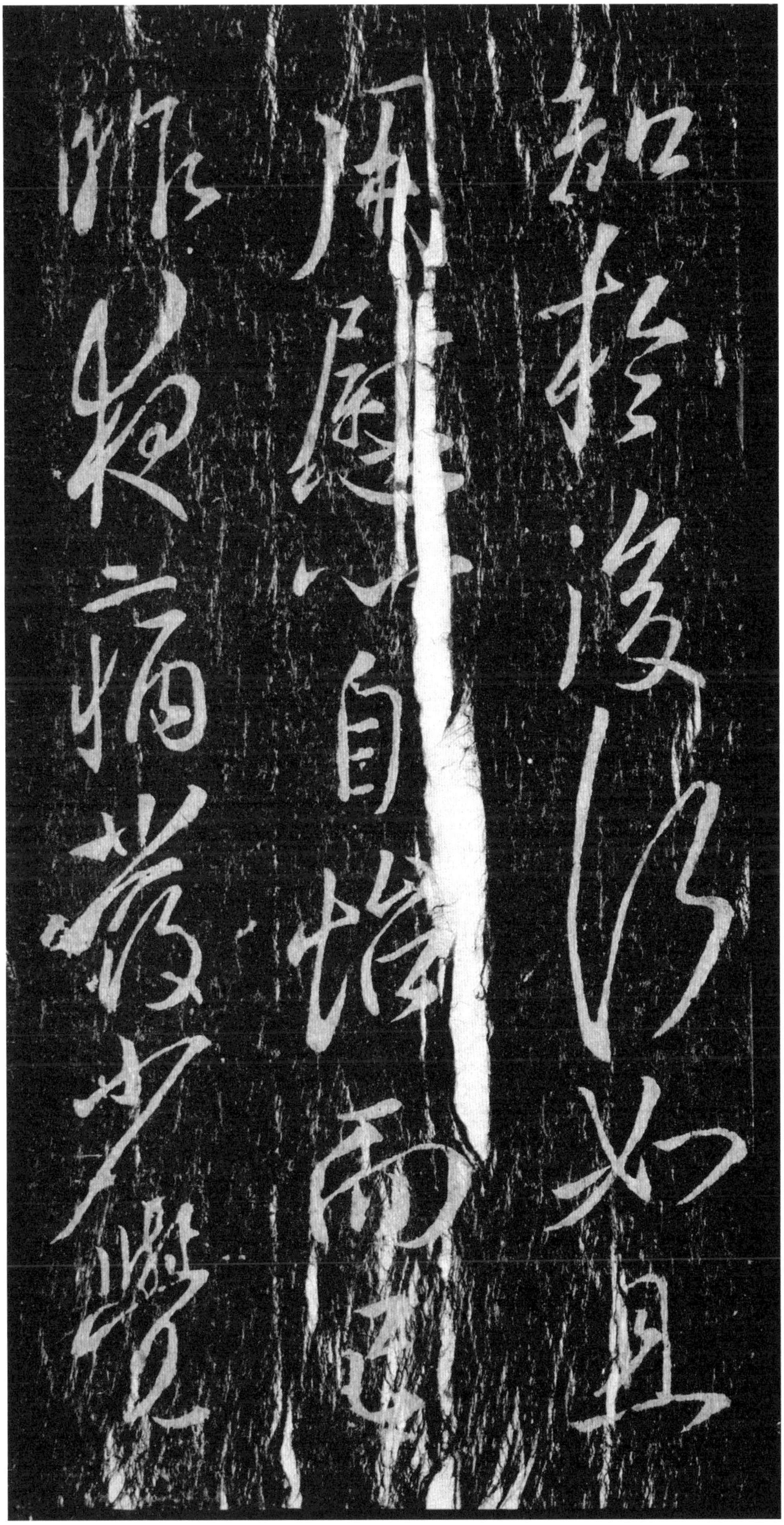

知於後何如且
用慰心自怡而已
昨夜病發少覺

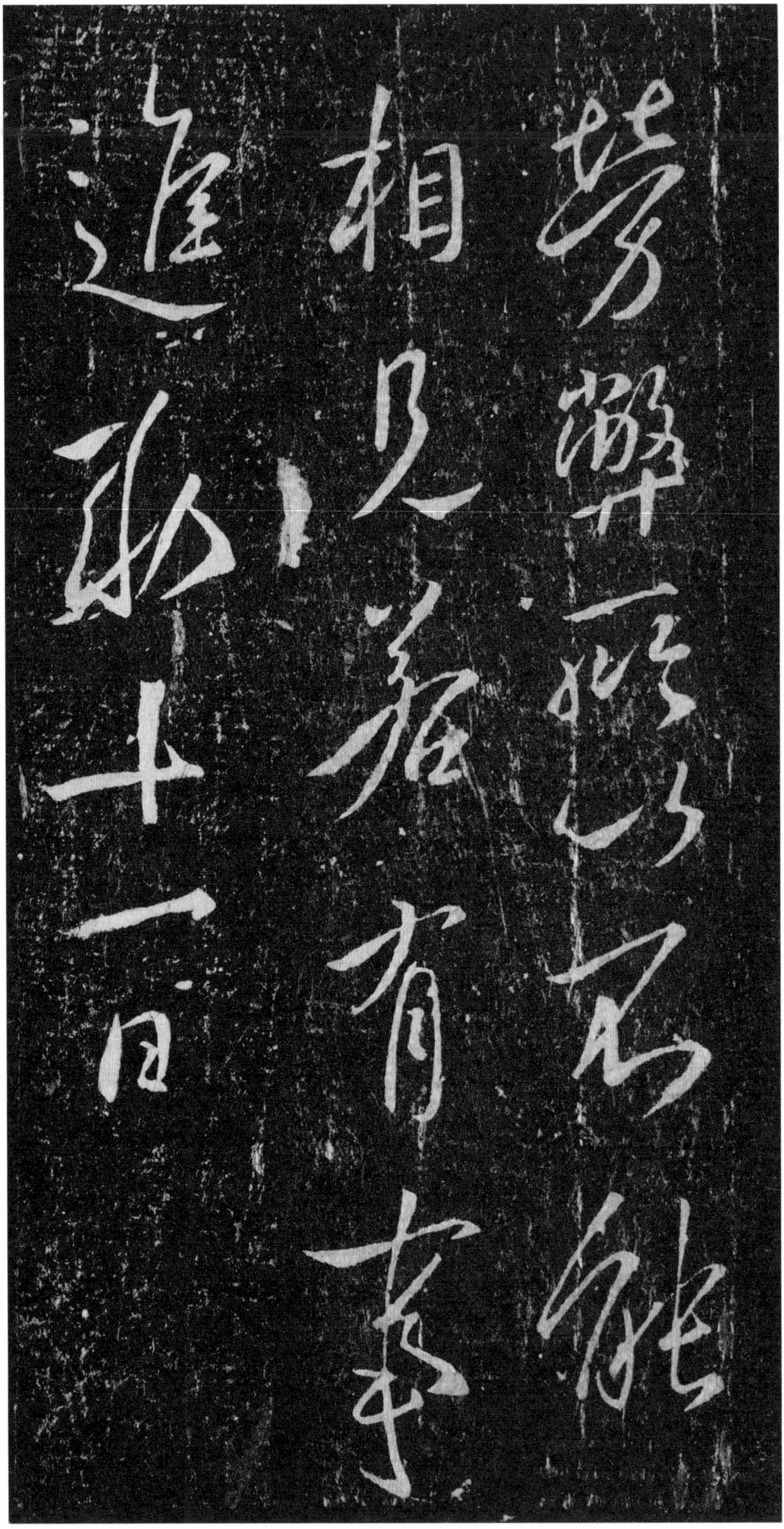


勞弊所以不能
相見若有事
進敕十一日

24

唐太宗李世民書　昨日帖

Zuo Ri Tie

Written by Li Shimin, Emperor Tai Zong of the Tang Dynasty

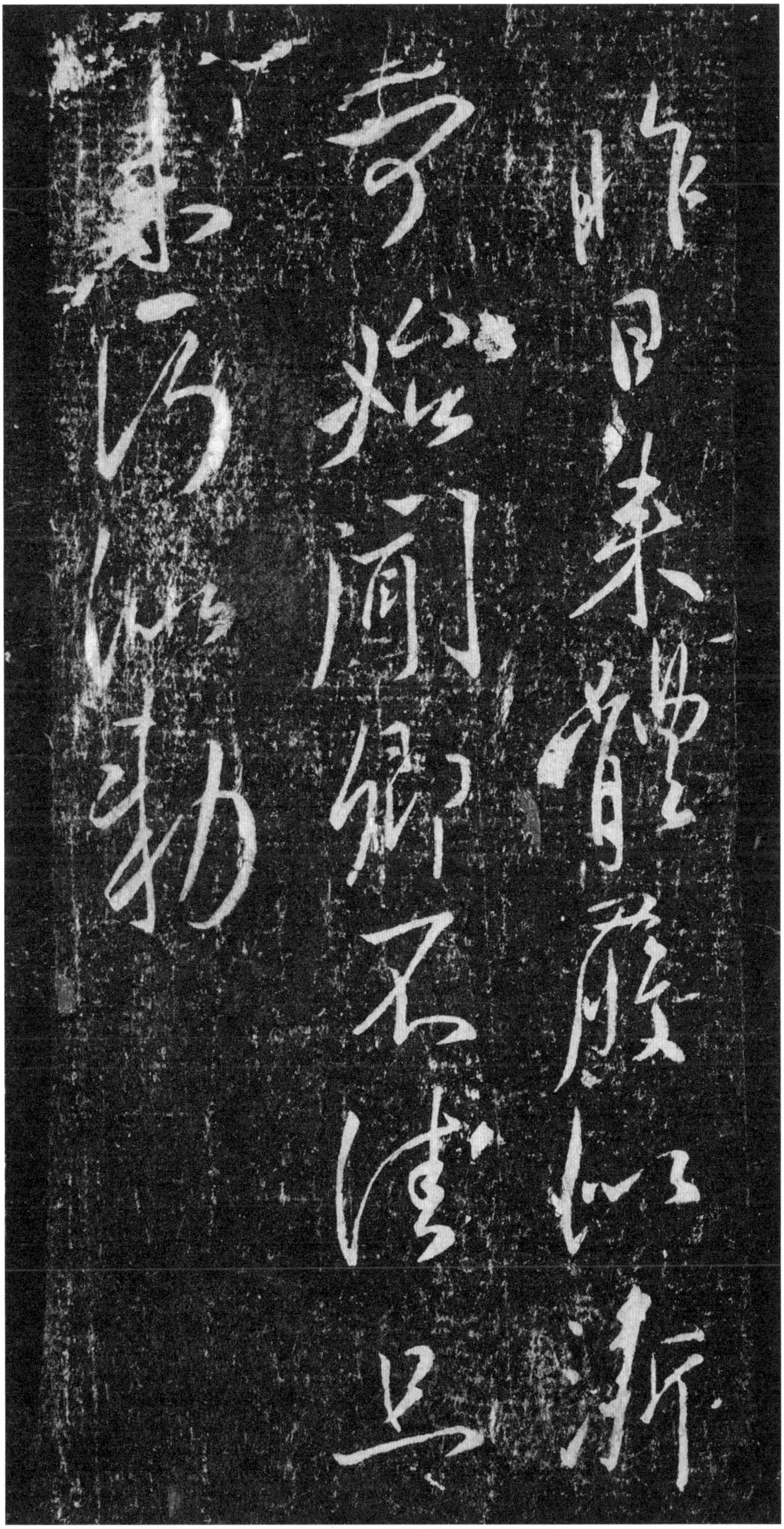

昨日帖　釋义：
昨日來體履似漸
可始聞卿不佳旦
來何似較

## 25

# 唐太宗李世民書　三五日帖

**San Wu Ri Tie**

Written by Li Shimin, Emperor Tai Zong of the Tang Dynasty

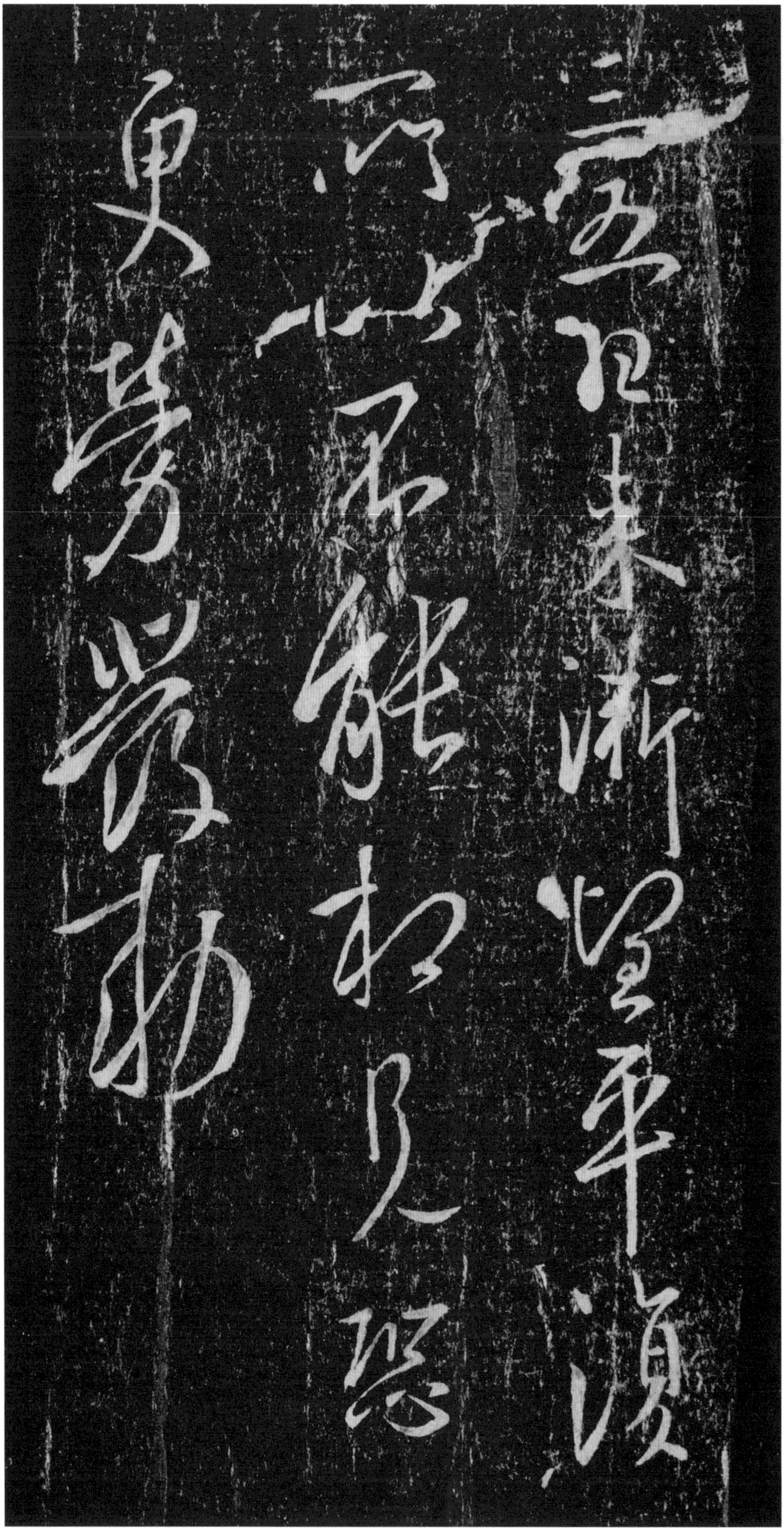

三五日帖　釋文：
三五日來漸望平復
所以不能相見恐
更勞發敕

26

唐太宗李世民書　雅州帖

**Ya Zhou Tie**

Written by Li Shimin, Emperor Tai Zong of the Tang Dynasty

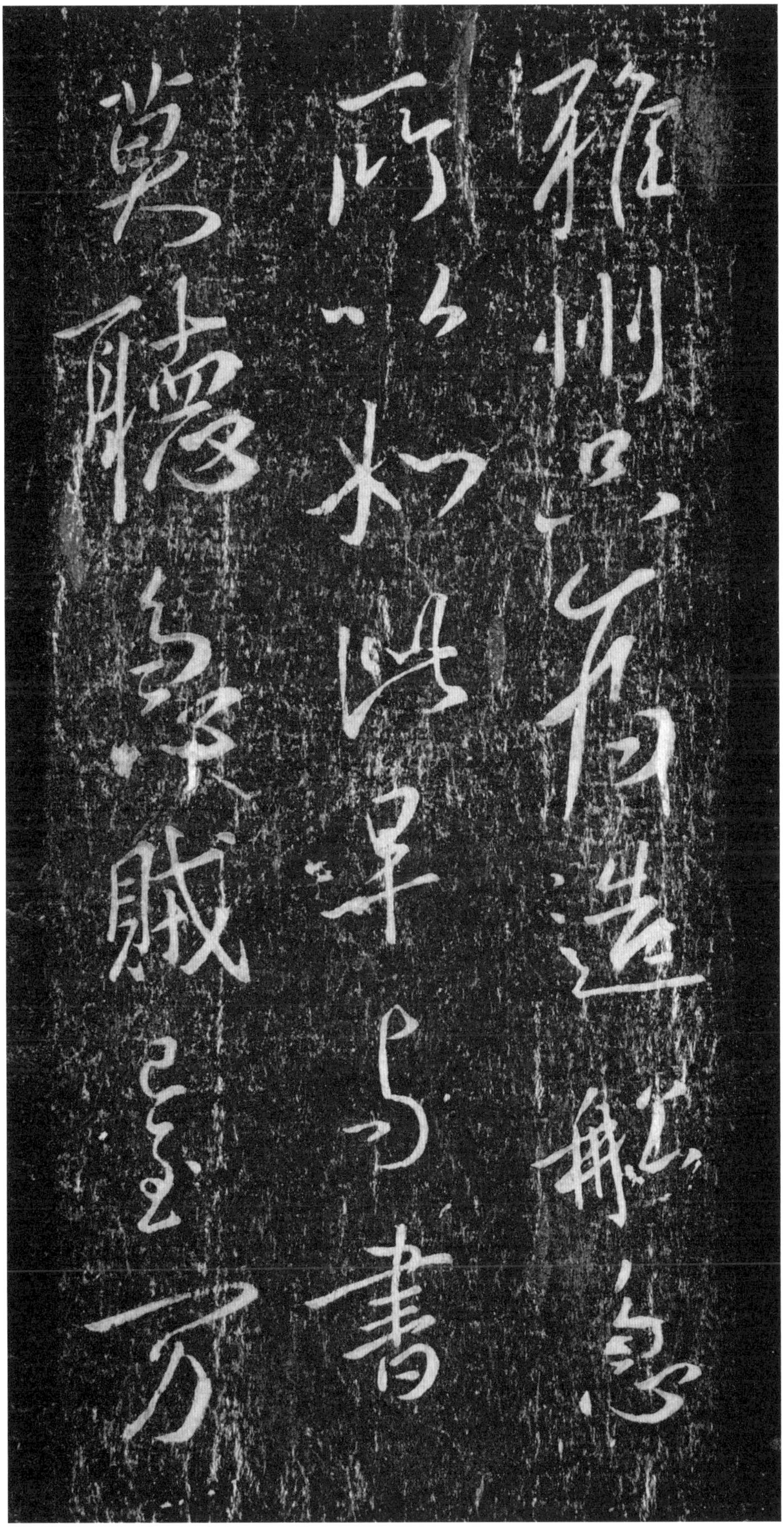

雅州帖　釋文：

雅州只為造船急

所以如此早與書

莫聽急賊已至萬

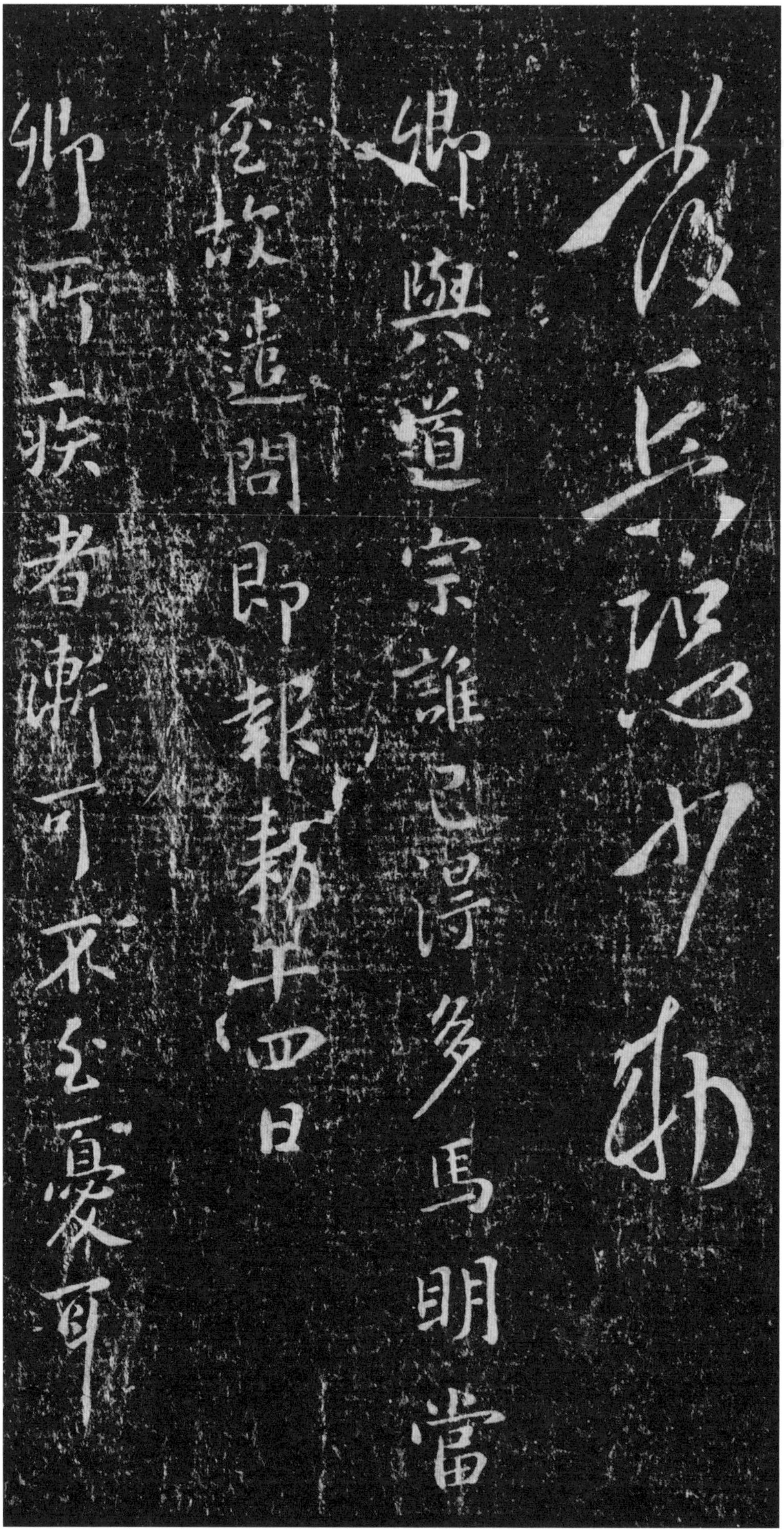

27

唐太宗李世民書　道宗帖

*Dao Zong Tie*

Written by Li Shimin, Emperor Tai Zong of the Tang Dynasty

28

唐太宗李世民書　所疾帖

*Suo Ji Tie*

Written by Li Shimin, Emperor Tai Zong of the Tang Dynasty

發兵恐少敕

道宗帖　釋文：

卿與道宗誰已得多馬明當

至故遣問即報敕十四日

所疾帖　釋文：

卿所疾者漸可不至憂耳

29

唐太宗李世民書　北邊帖

**Bei Bian Tie**

Written by Li Shimin, Emperor Tai Zong of the Tang Dynasty

30

唐太宗李世民書　八柱帖

**Ba Zhu Tie**

Written by Li Shimin, Emperor Tai Zong of the Tang Dynasty

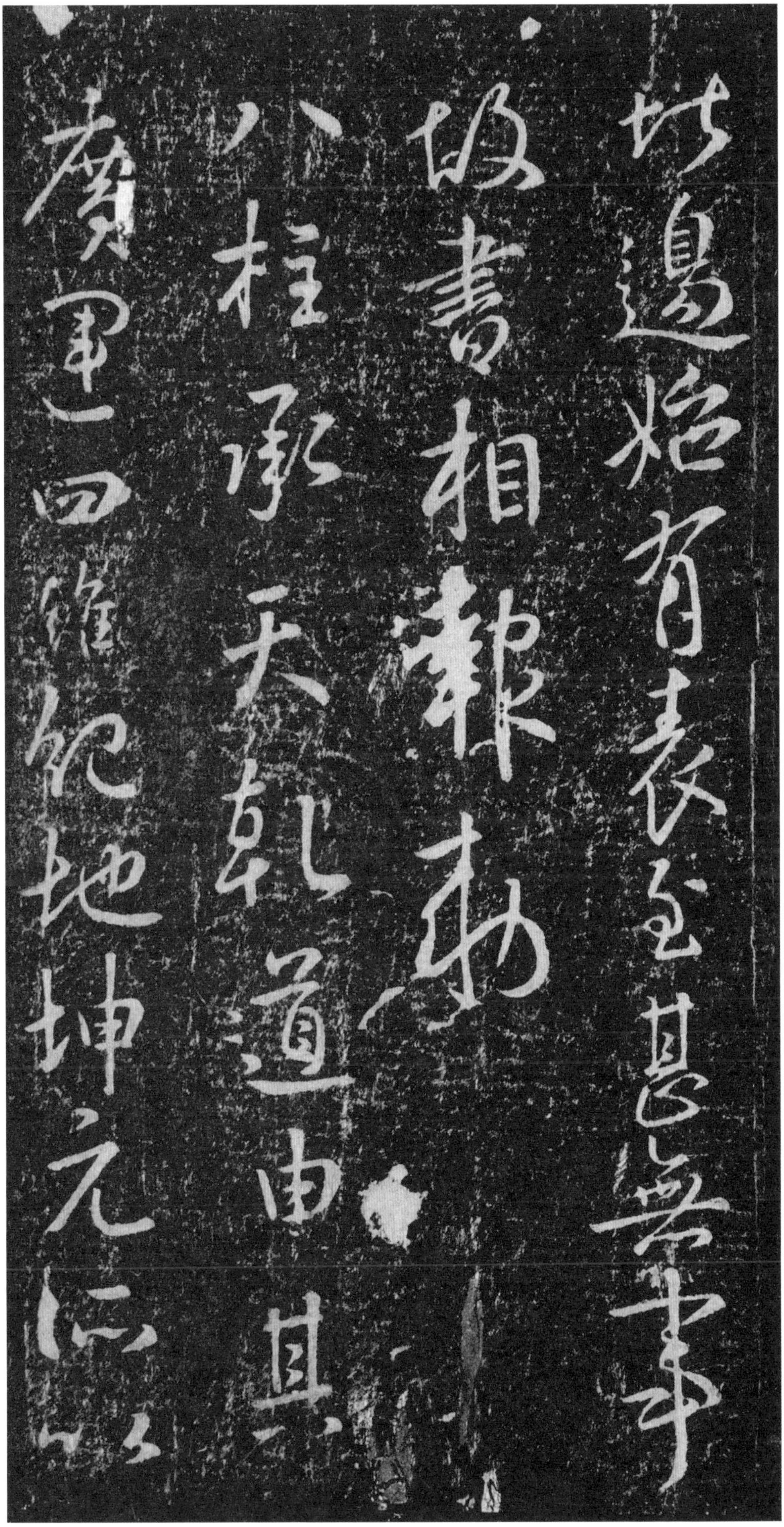

北邊帖　釋文：
北邊始有表至甚無事
故書相報敕

八柱帖　釋文：
八柱承天乾道由其
廣運四維紀地坤元所以

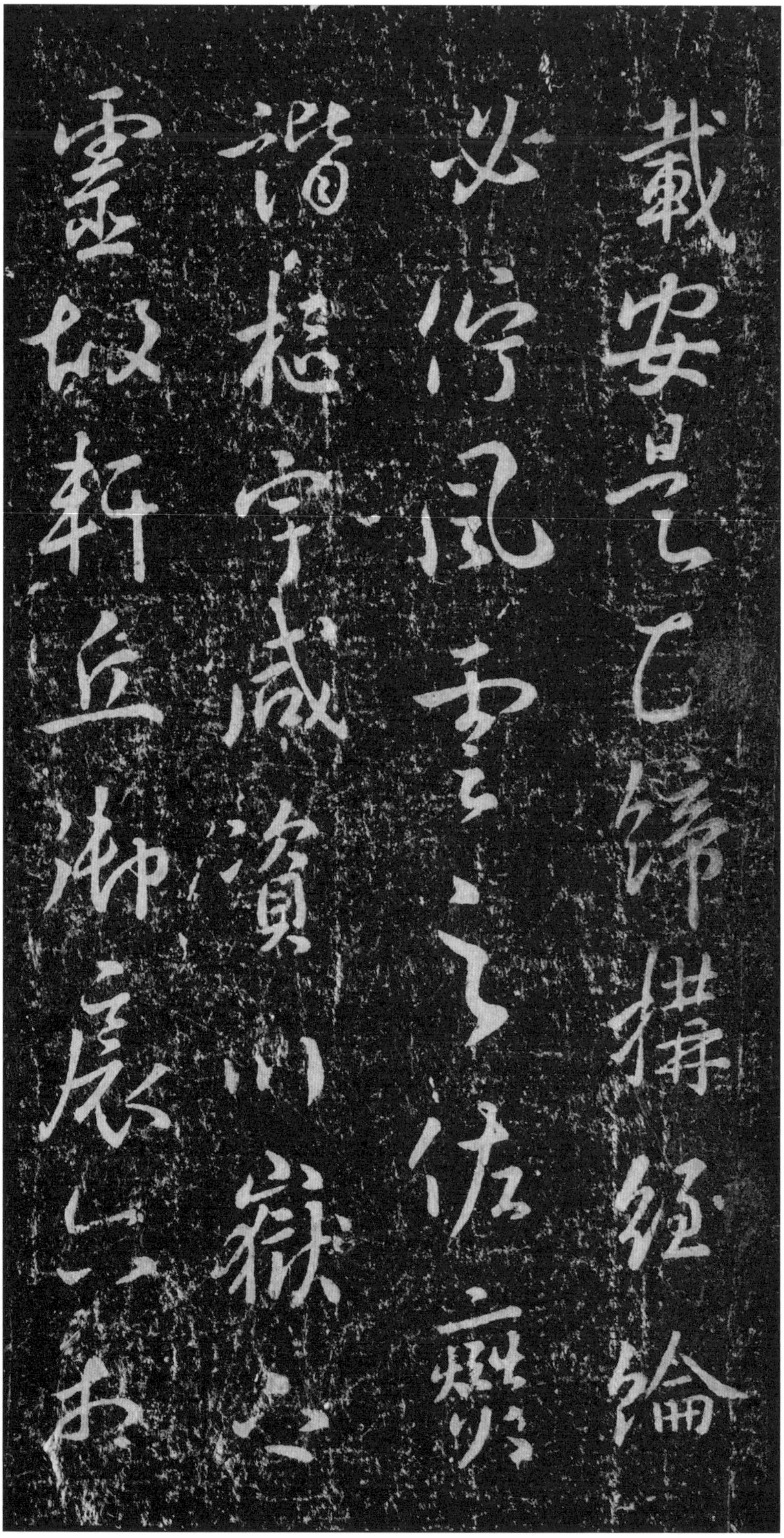

載安是知締搆經綸
必佇風雲之佐燮
諸樞宇咸資川嶽之
靈故軒丘御辰六相

31

# 唐太宗李世民書　氣發帖

Qi Fa Tie

Written by Li Shimin, Emperor Tai Zong of the Tang Dynasty

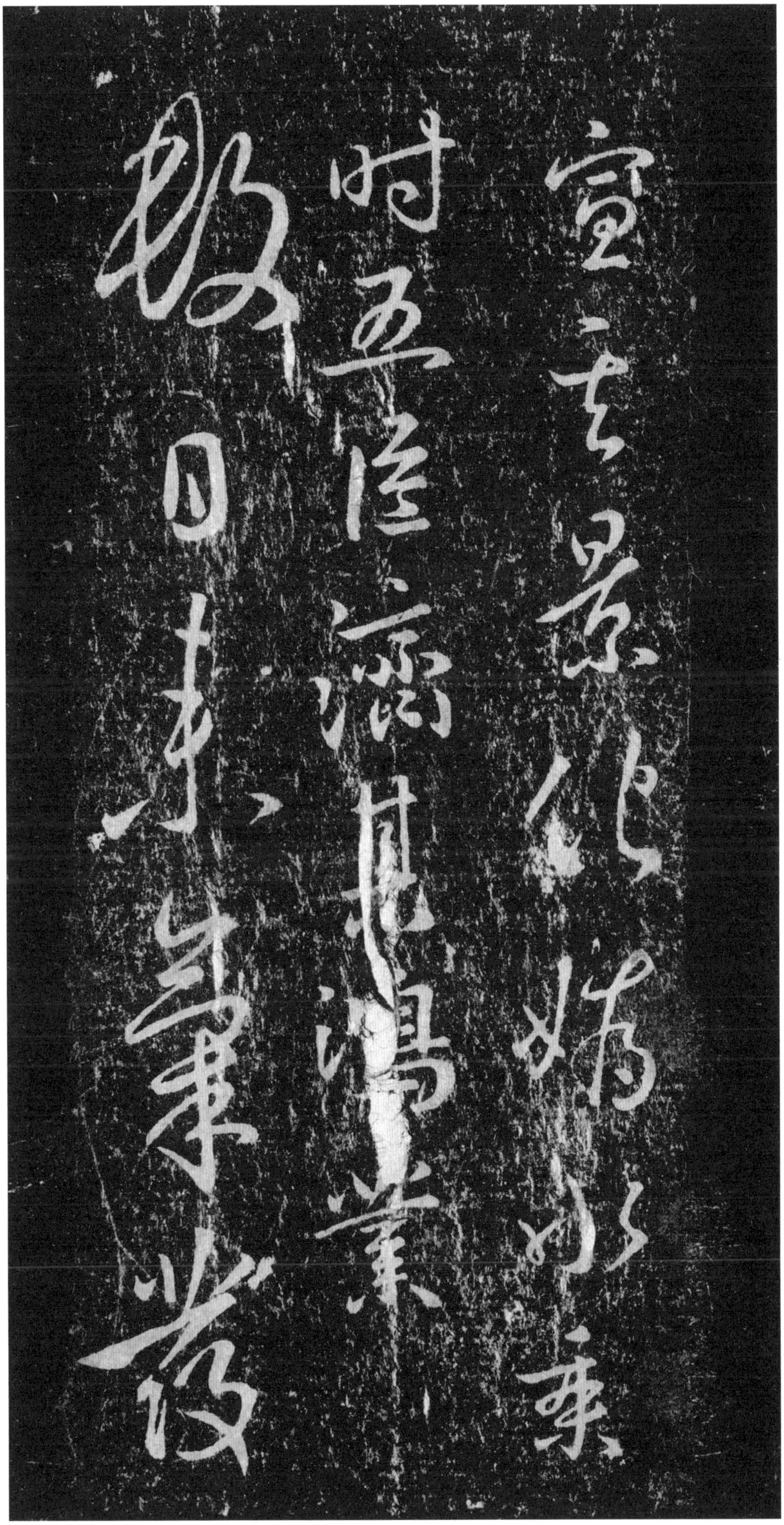

氣發帖　釋文：

宣其景化媯水乘

時五臣濟其鴻業

數日來氣發

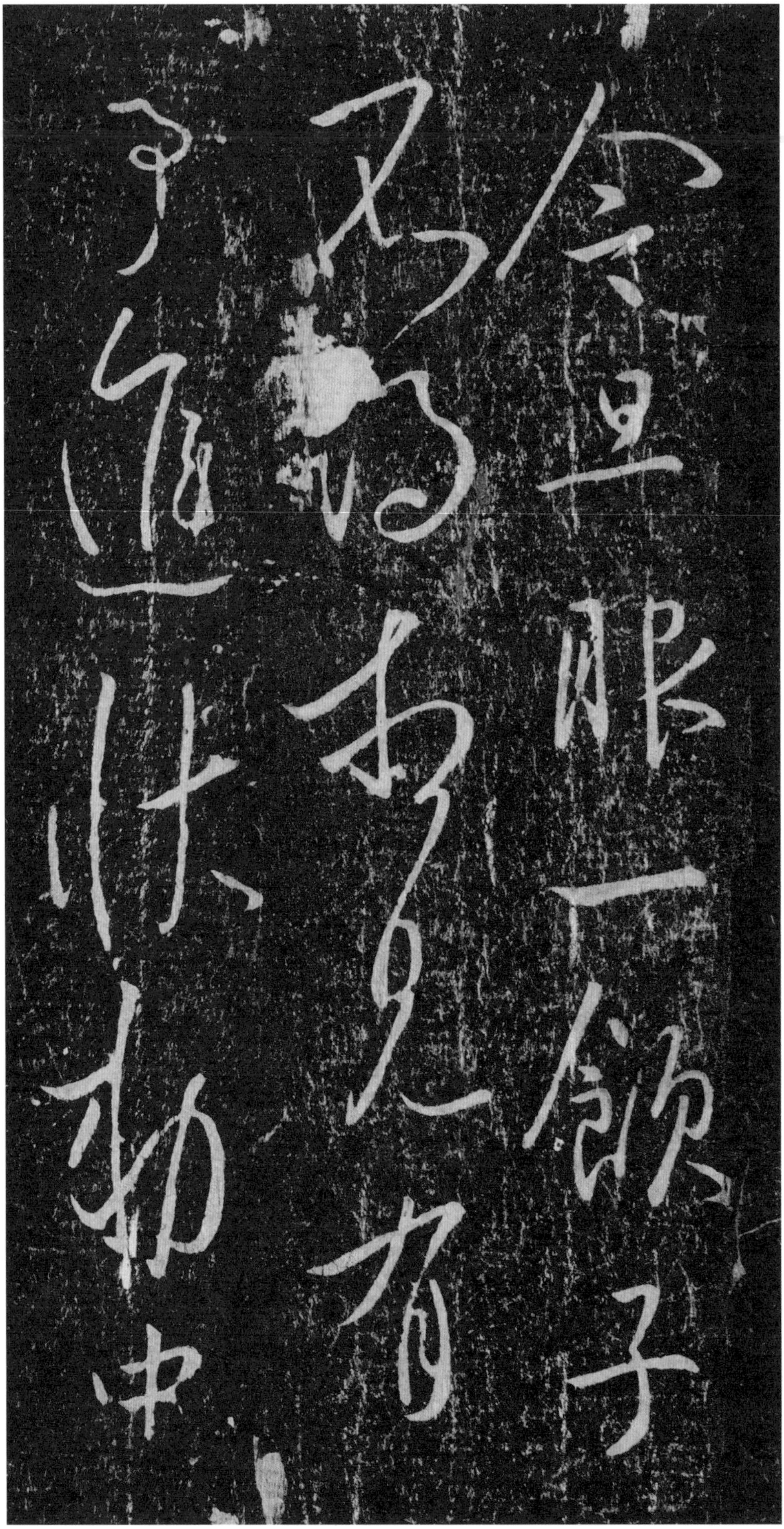

今旦服一飲子
不得相見有
事進狀敕中

32

## 唐太宗李世民書　移營帖

**Yi Ying Tie**

Written by Li Shimin, Emperor Tai Zong of the Tang Dynasty

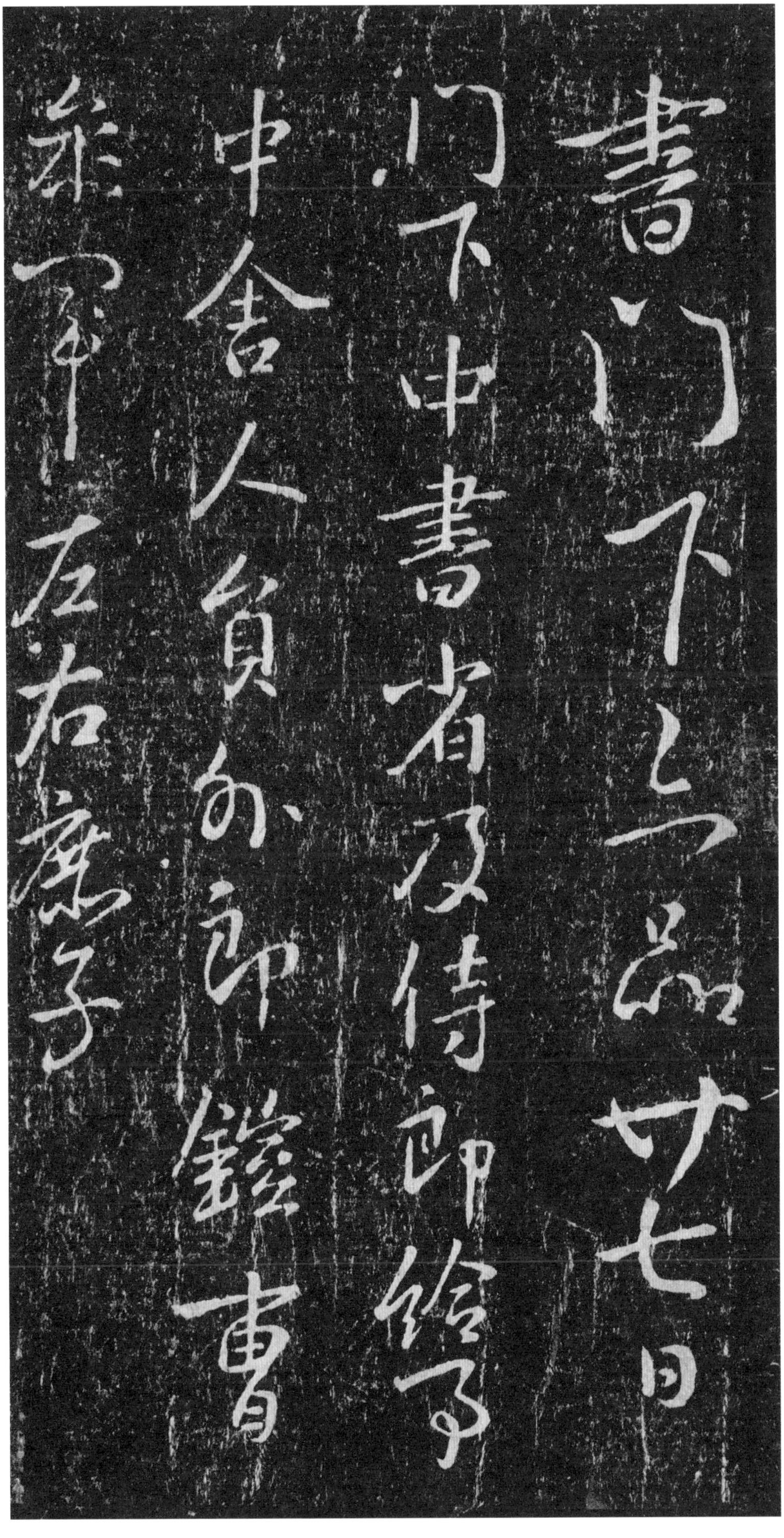

書門下三品廿七日

**移營帖　釋文：**

門下中書省及侍郎給事

中舍人員外郎鎧曹

參軍左右庶子

# 33

唐太宗李世民書　患痢帖

**Huan Li Tie**

Written by Li Shimin, Emperor Tai Zong of the Tang Dynasty

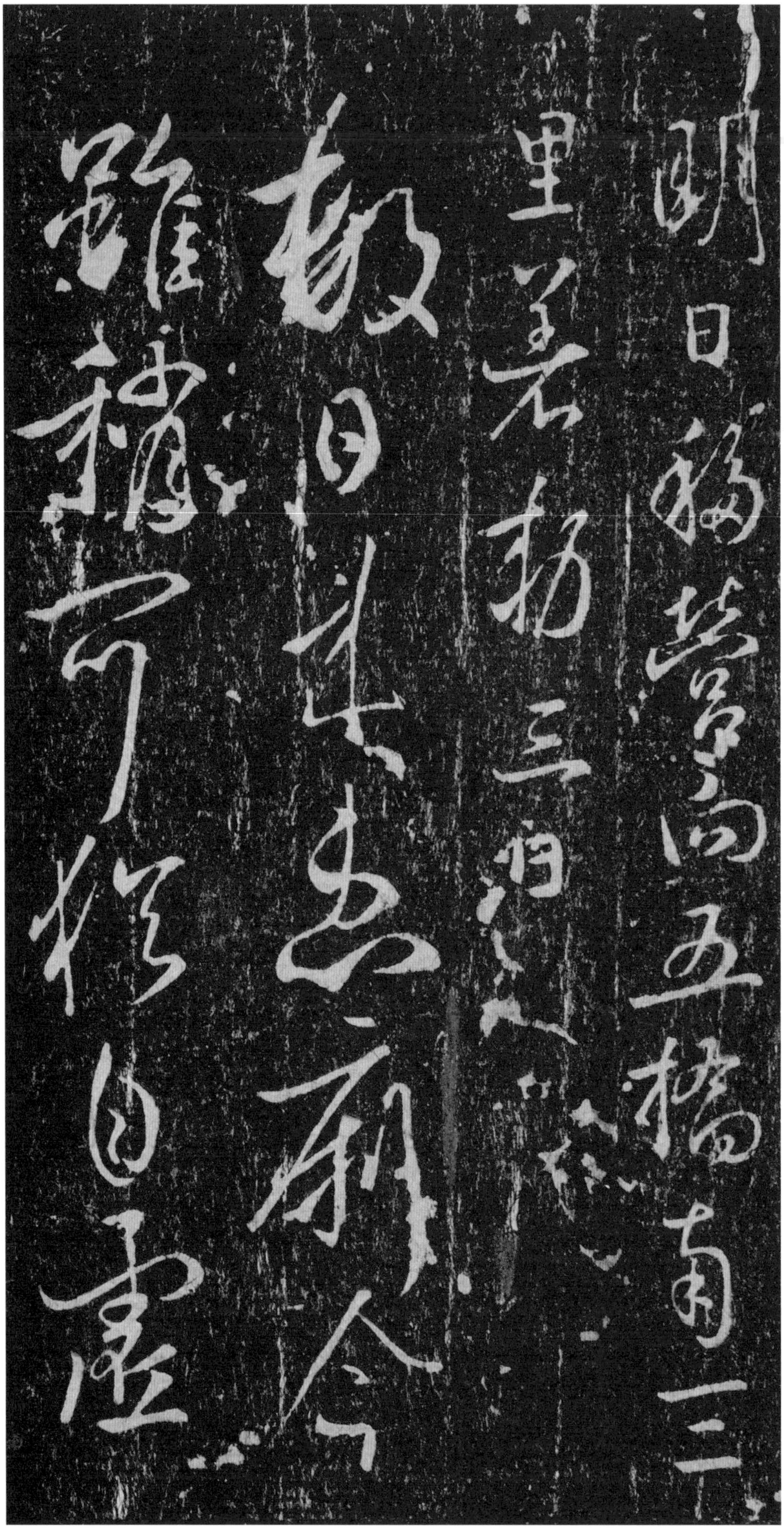

患痢帖　釋文：

明白移營向五橋南一二里著敕三日數日來患痢今雖稍可猶自虛

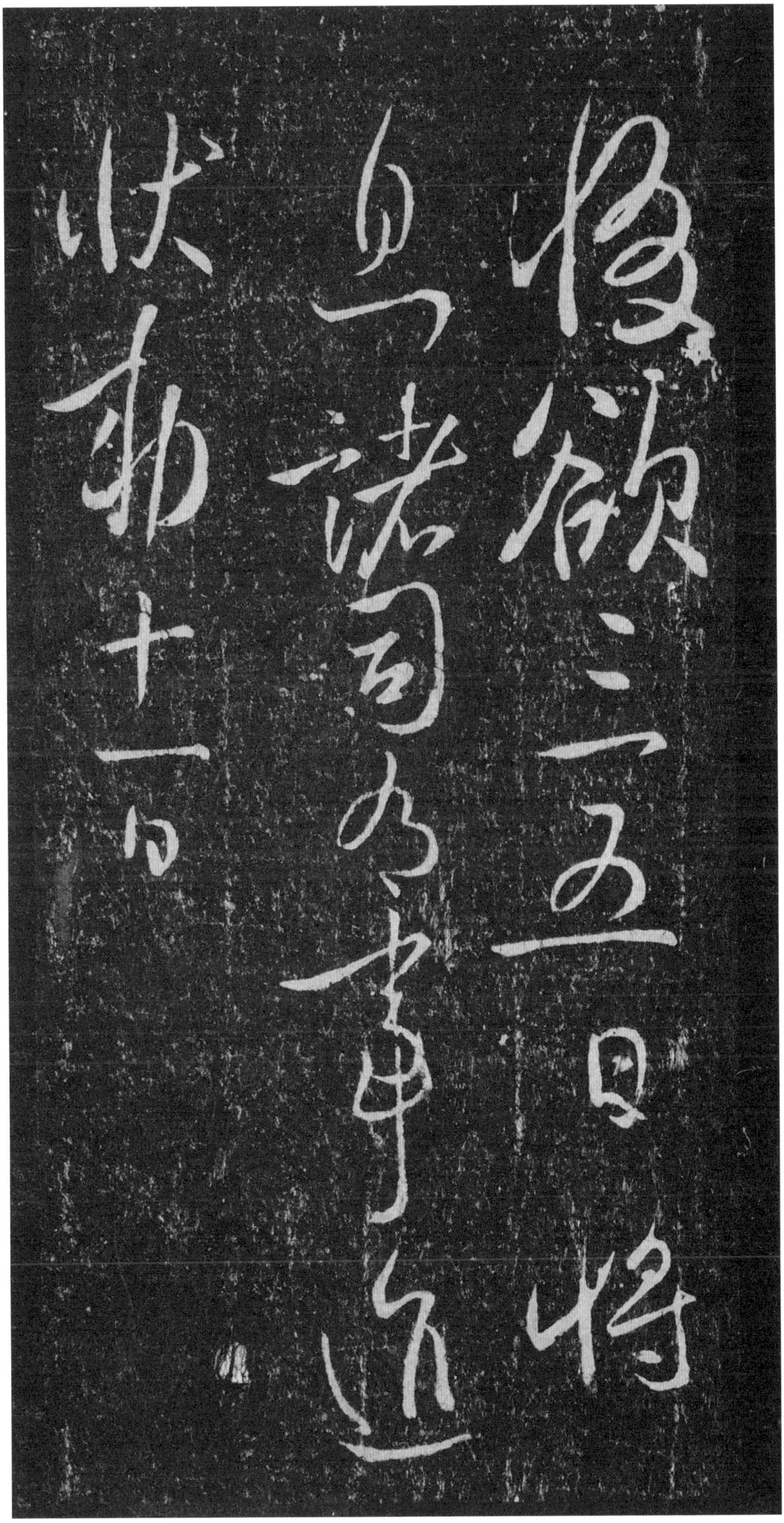

惙欲三五日將
息諸司有事進
狀敕十一日

## 34

## 唐太宗李世民書　高麗帖

**Gao Li Tie**

Written by Li Shimin, Emperor Tai Zong of the Tang Dynasty

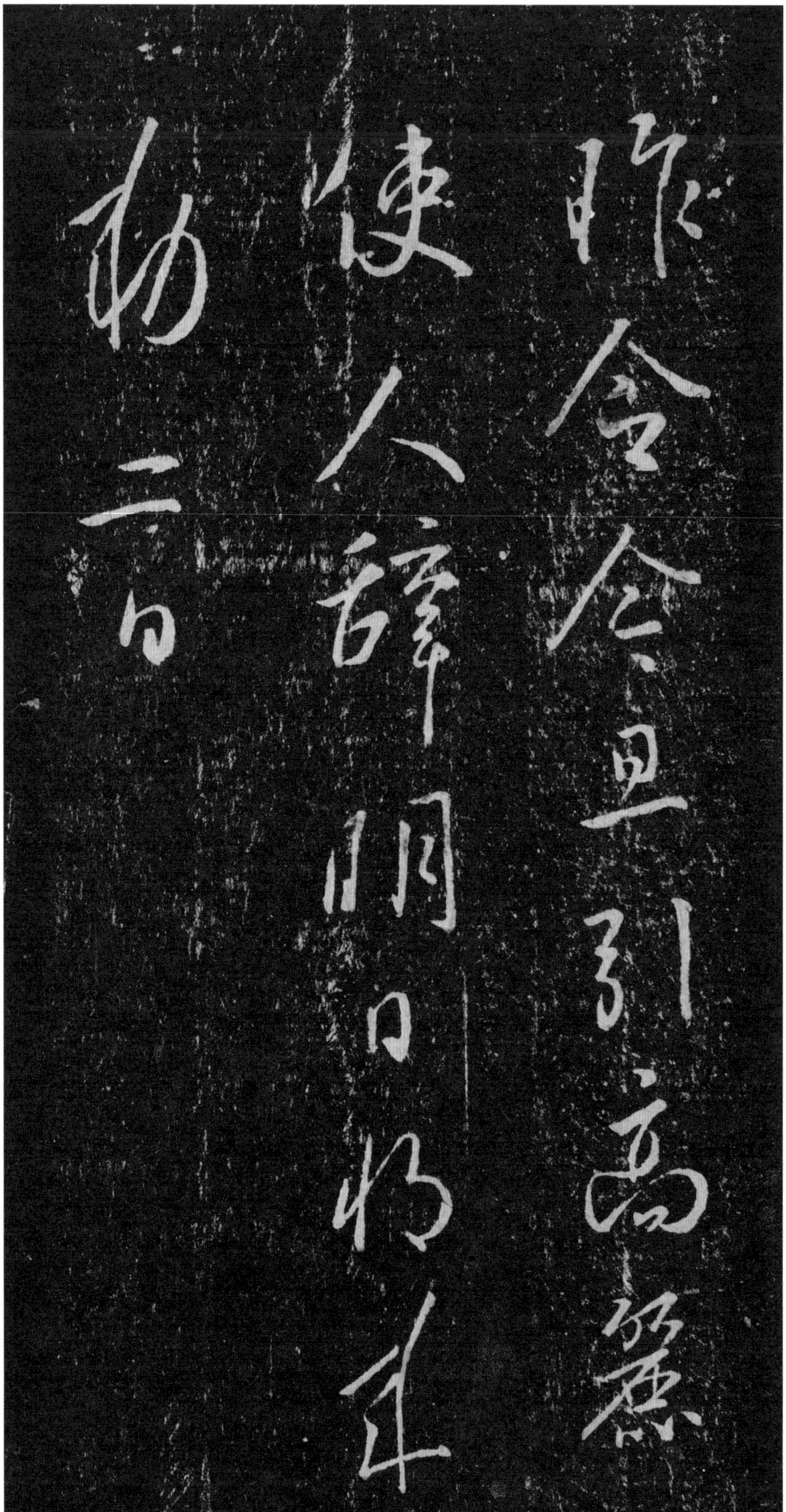

高麗帖　釋文：
昨令今旦引高麗
使人辭明日將來
敕二日

## 35

唐太宗李世民書　蜀葵帖

Shu Kui Tie

Written by Li Shimin, Emperor Tai Zong of the Tang Dynasty

## 36

唐太宗李世民書　唱箭帖

Chang Jian Tie

Written by Li Shimin, Emperor Tai Zong of the Tang Dynasty

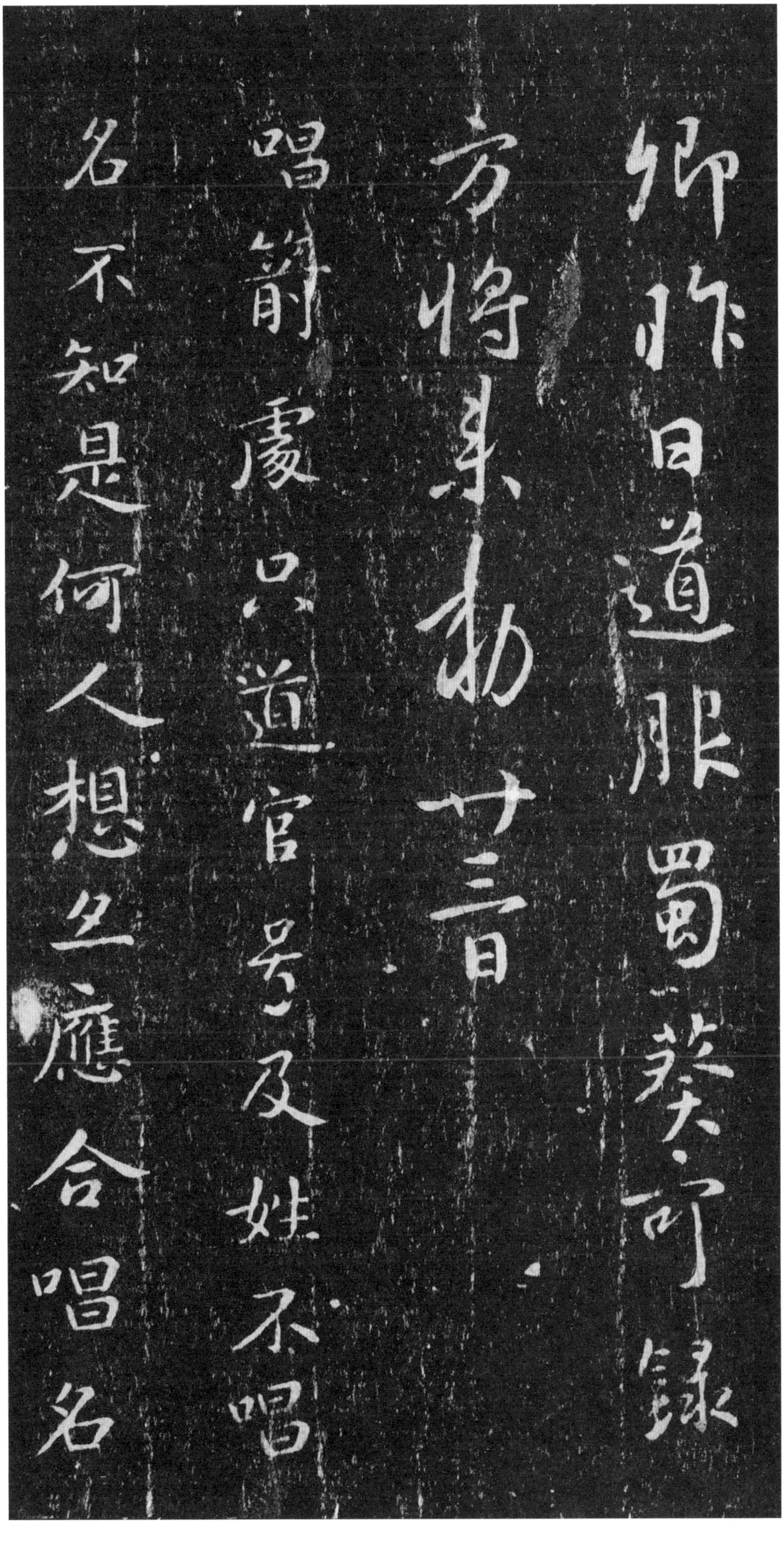
卿昨日道服蜀葵可錄
方將來敕廿三日
唱箭處只道官號及姓不唱
名不知是何人想且應合唱名

蜀葵帖　釋文：

卿昨日道服蜀葵可錄

方將來敕廿三日

唱箭帖　釋文：

唱箭處只道官號及姓不唱

名不知是何人想且應合唱名

## 37

# 唐太宗李世民書　秋日詩

*Qiu Ri Shi*

Written by Li Shimin, Emperor Tai Zong of the Tang Dynasty

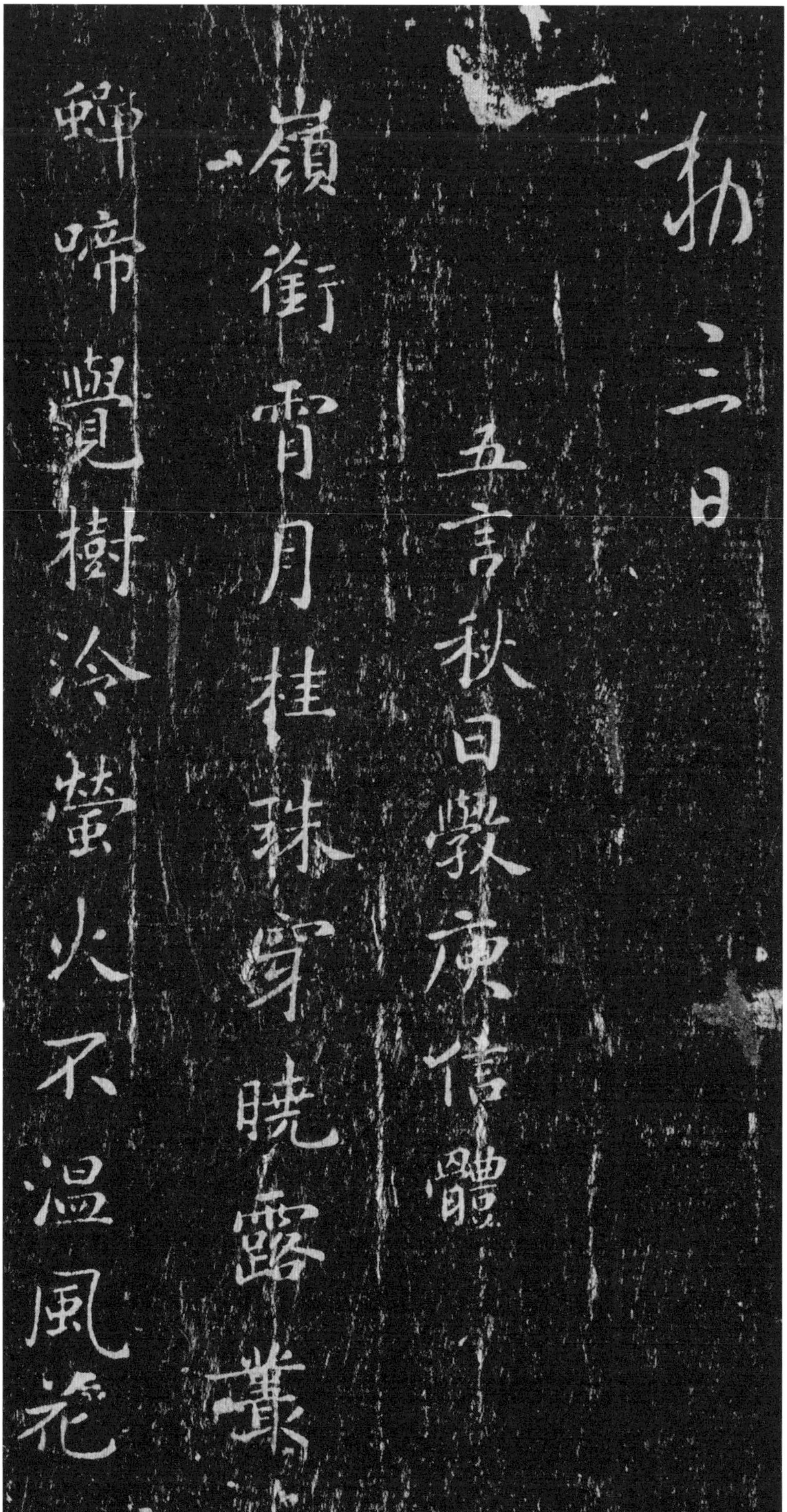


敕三日

秋日詩　釋文：

五言秋日斅庾信體

嶺銜宵月桂珠穿曉露叢

蟬啼覺樹冷螢火不溫風花

38

唐太宗李世民書　數年帖

Shu Nian Tie

Written by Li Shimin, Emperor Tai Zong of the Tang Dynasty

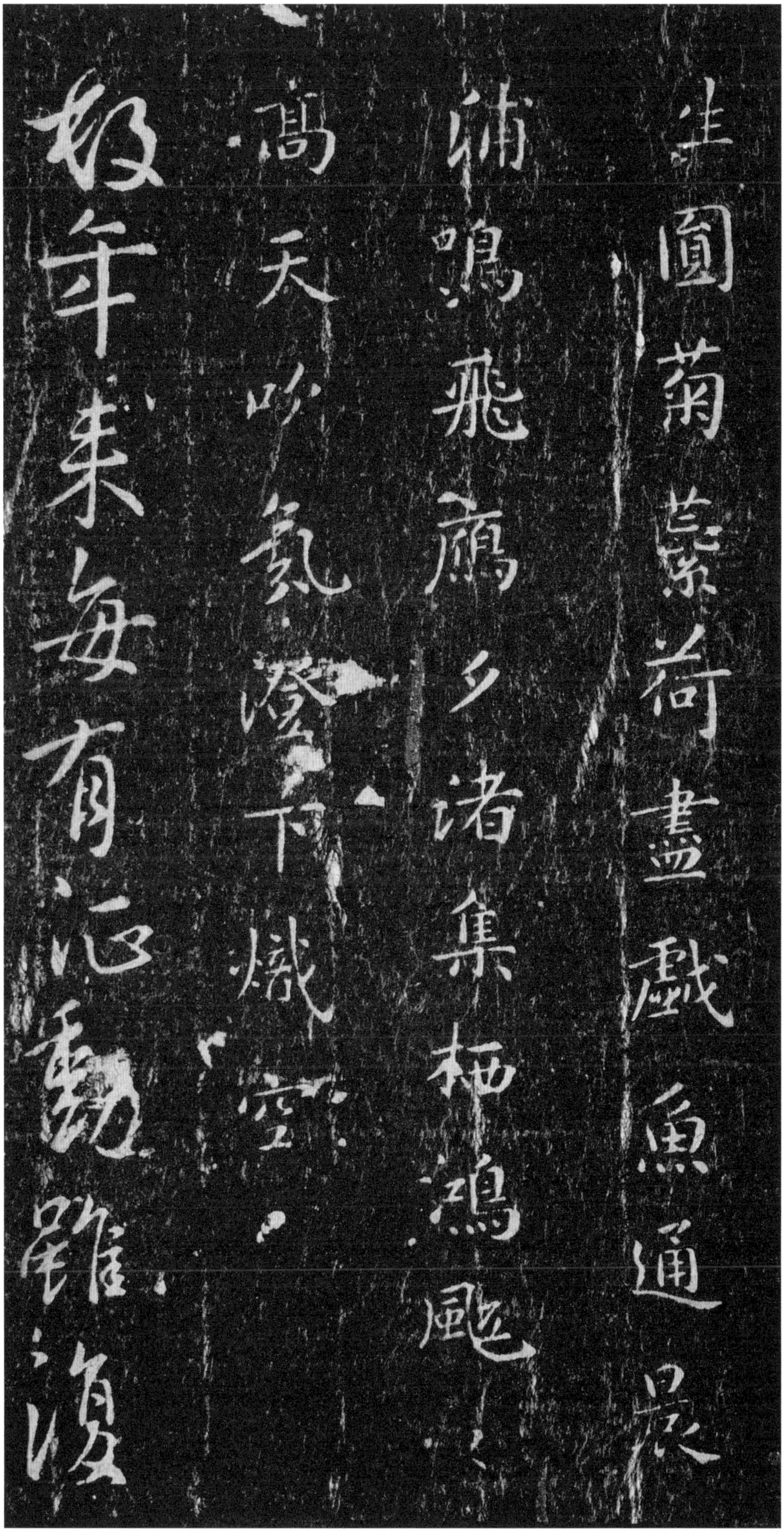

生圓菊蕊荷盡戲魚通晨
浦鳴飛雁夕渚集栖鴻颯颯
高天吹氛澄下熾空

**數年帖　釋文：**
數年來每有征動雖復

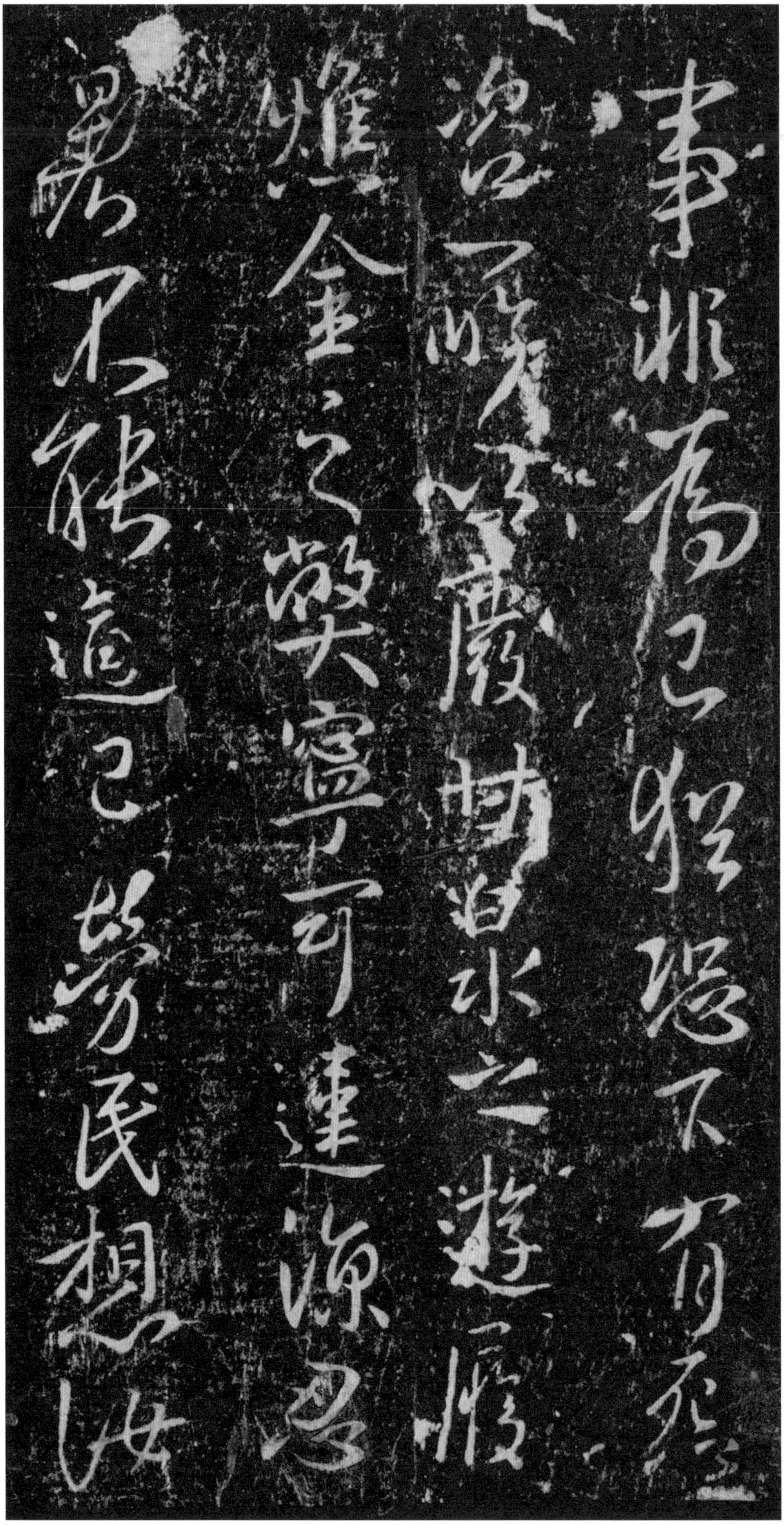

事非為己猶恐下有怨
咨所以廢甘泉之遊履
燋金之弊寧可違涼忍
暑不能適己勞民想汝

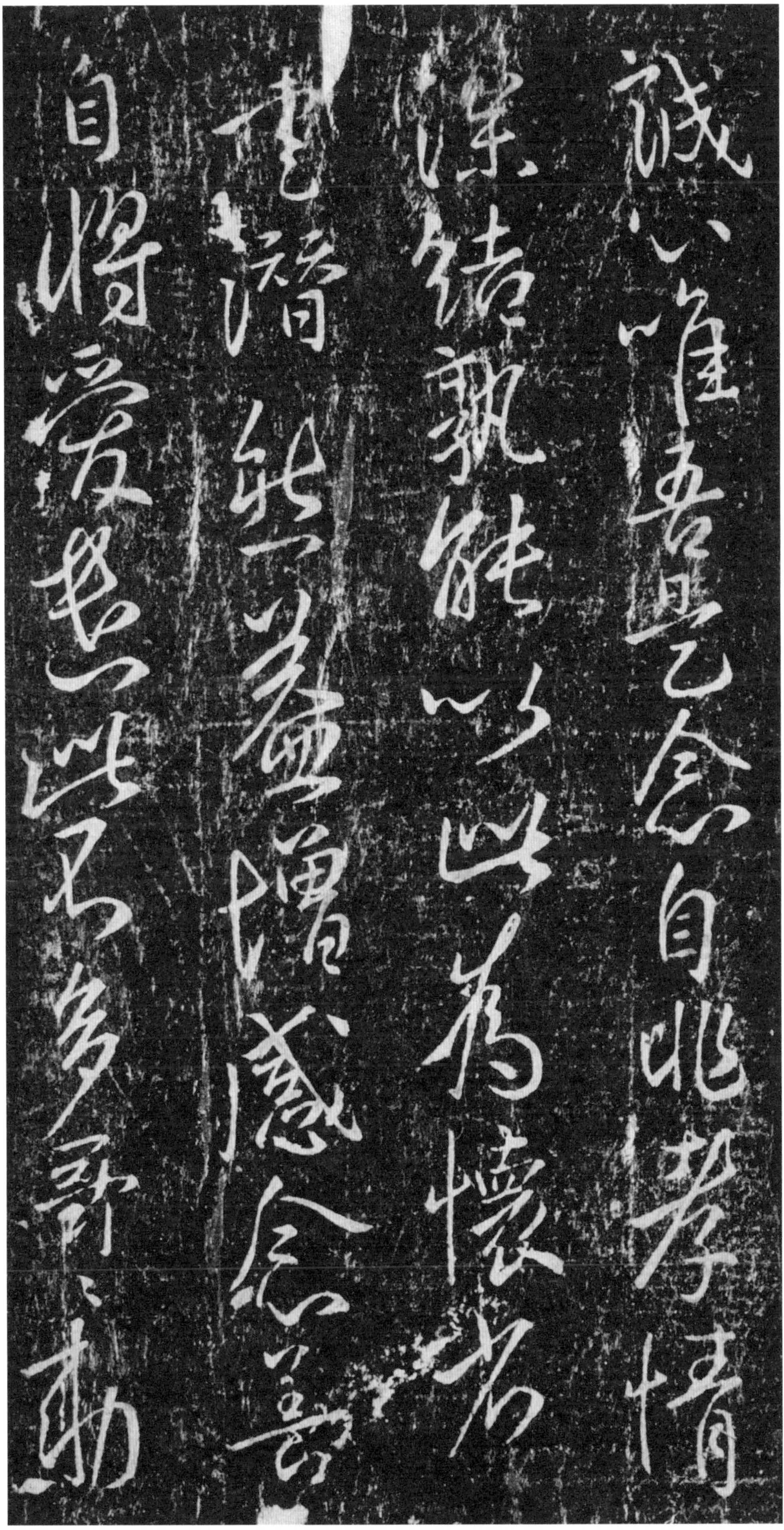

誠心唯吾是念自非孝情
深結孰能以此為懷省
書潛然益增感念善
自將愛遺此不多哥哥敕

39

## 唐太宗李世民書　東都帖

Dong Du Tie

Written by Li Shimin, Emperor Tai Zong of the Tang Dynasty

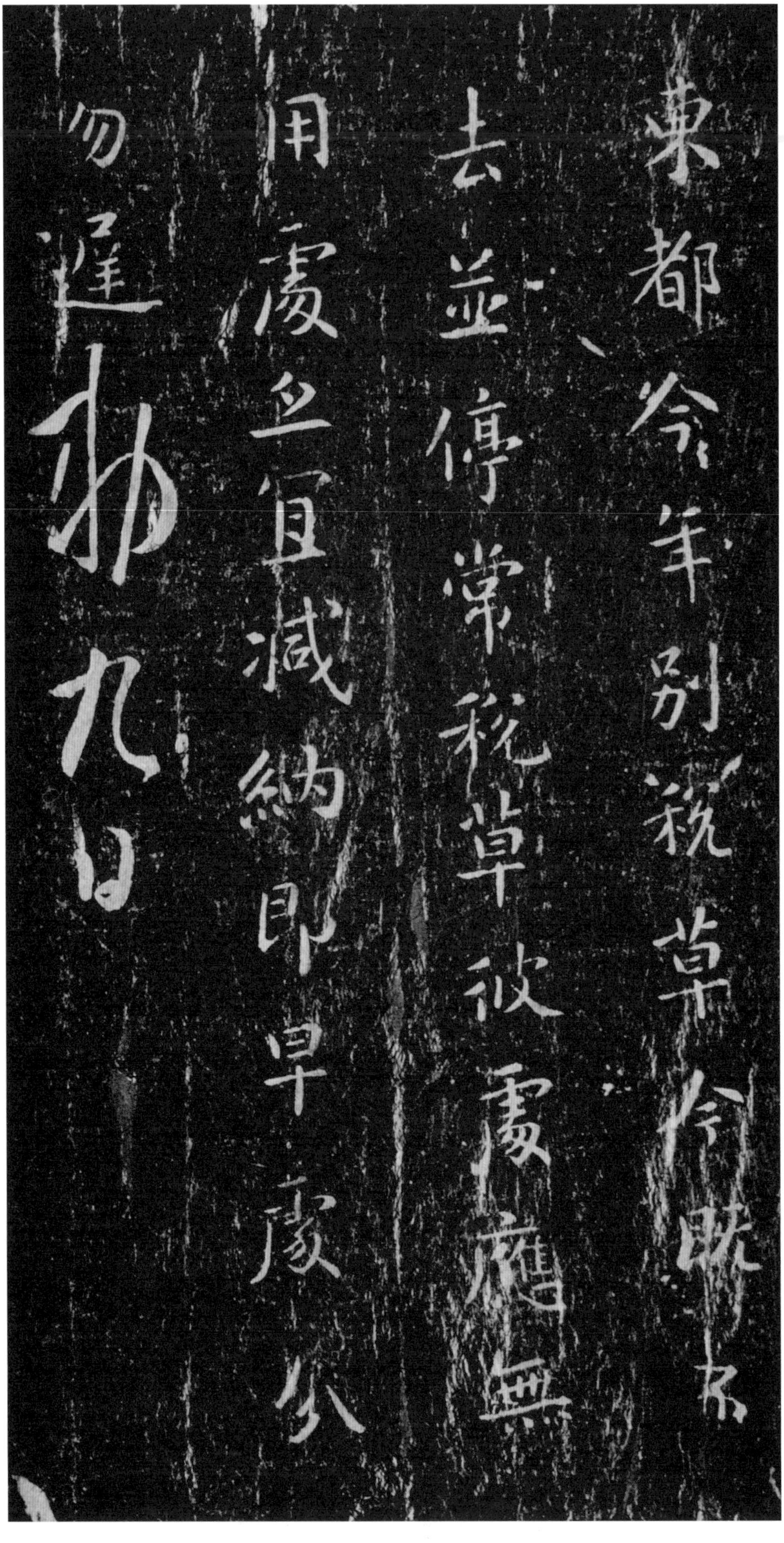

東都帖　釋文：

東都今年別稅草今既不
去並停常稅草彼處應無
用處且宜減納即早處分
勿遲敕九日

40

## 唐高宗李治書　無事帖

**Wu Shi Tie**

Written by Li Zhi, Emperor Gao Zong of the Tang Dynasty

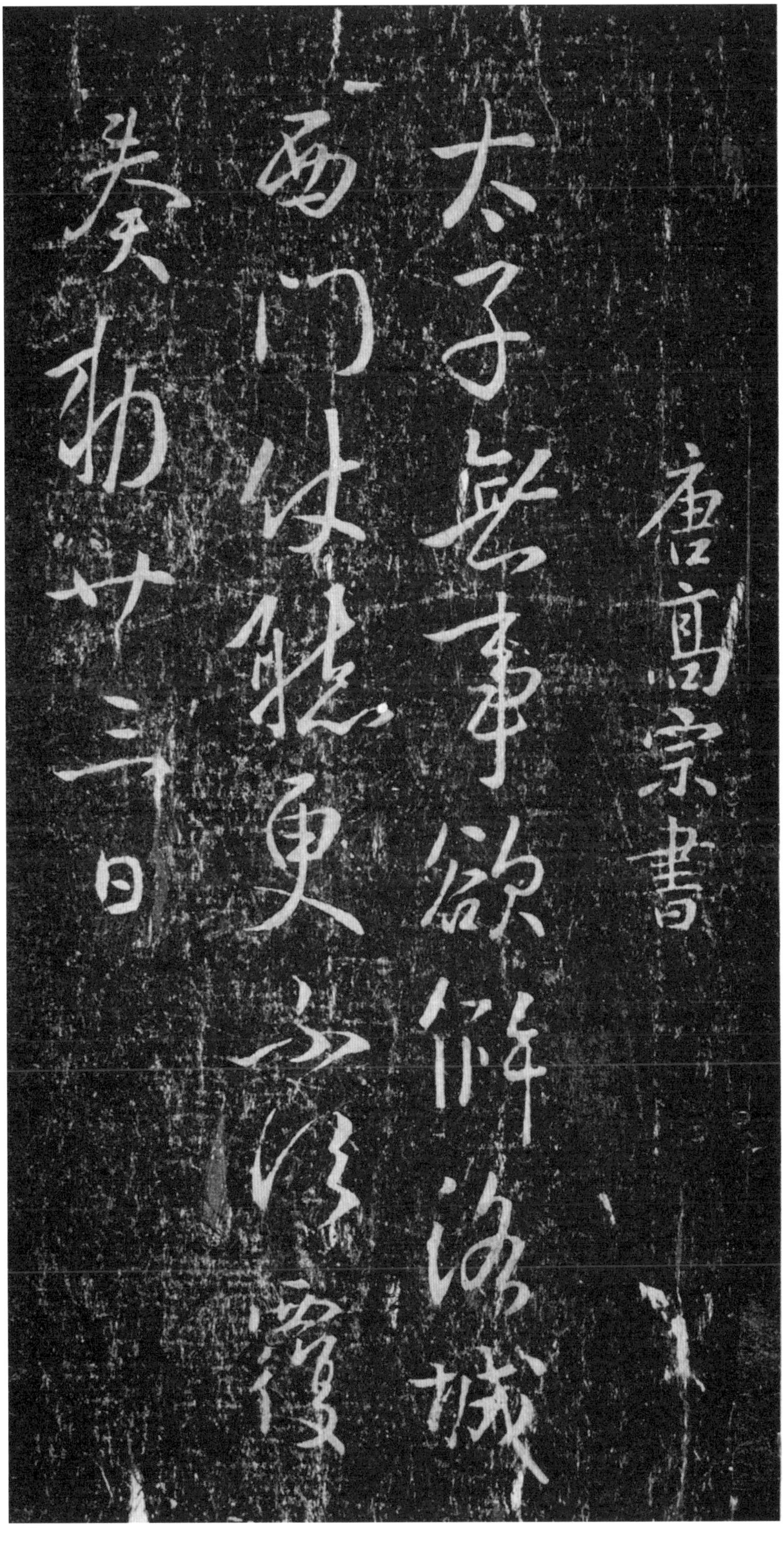

無事帖　釋文：
太子無事欲僻洛城
西門仗聽更不須覆
奏敕廿三日

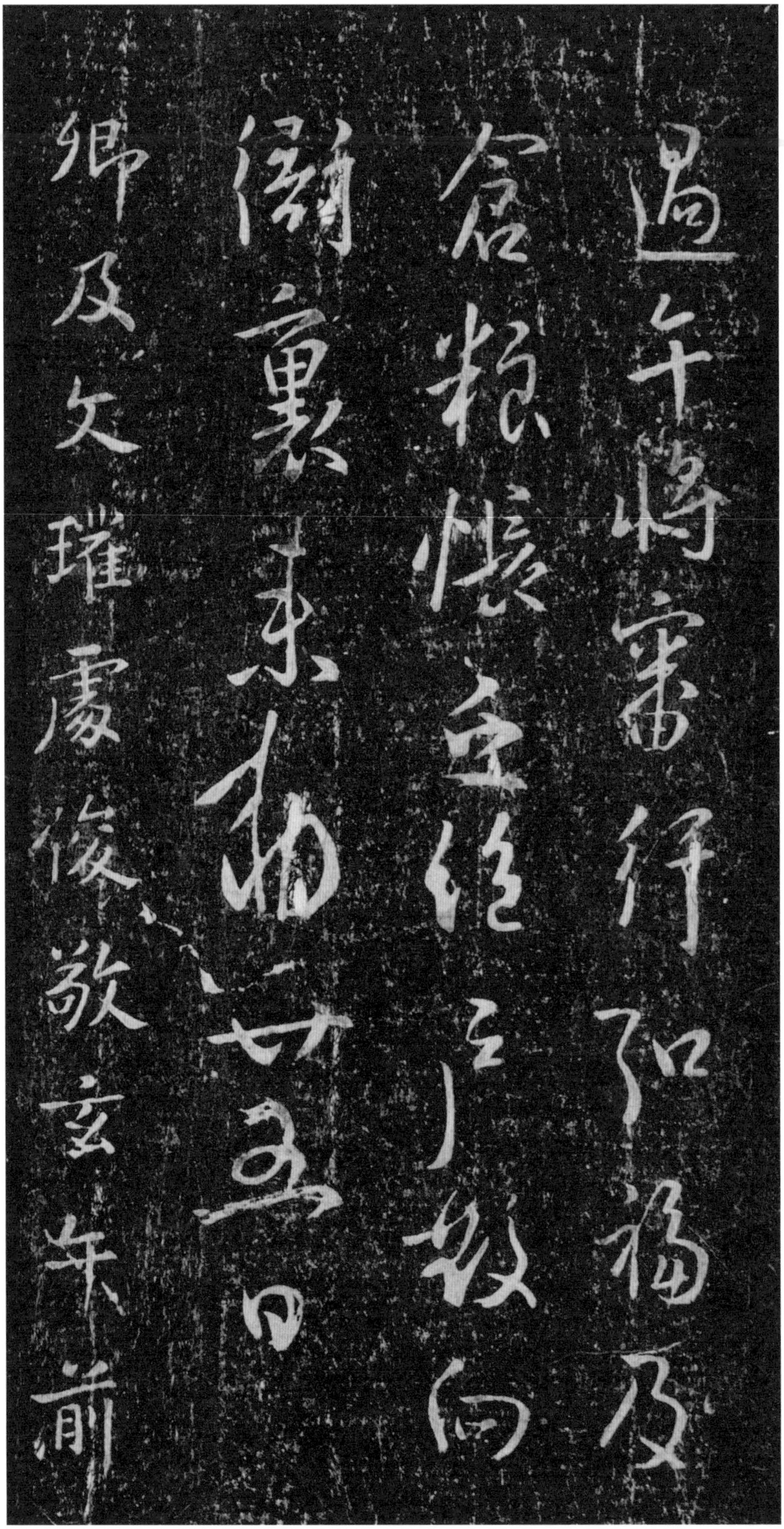

41

唐高宗李治書　過午帖

**Guo Wu Tie**

Written by Li Zhi, Emperor Gao Zong of the Tang Dynasty

42

唐高宗李治書　文瓘帖

**Wen Guan Tie**

Written by Li Zhi, Emperor Gao Zong of the Tang Dynasty

過午帖　釋文：

過午將審行弘福及
倉糧悵乏絕戶數向
衙裏來敕廿五日

文瓘帖　釋文：

卿及文瓘處俊敬玄午前

43

唐高宗李治書　錢事帖

Qian Shi Tie

Written by Li Zhi, Emperor Gao Zong of the Tang Dynasty

44

唐高宗李治書　六尚書帖

Liu Shang Shu Tie

Written by Li Zhi, Emperor Gao Zong of the Tang Dynasty

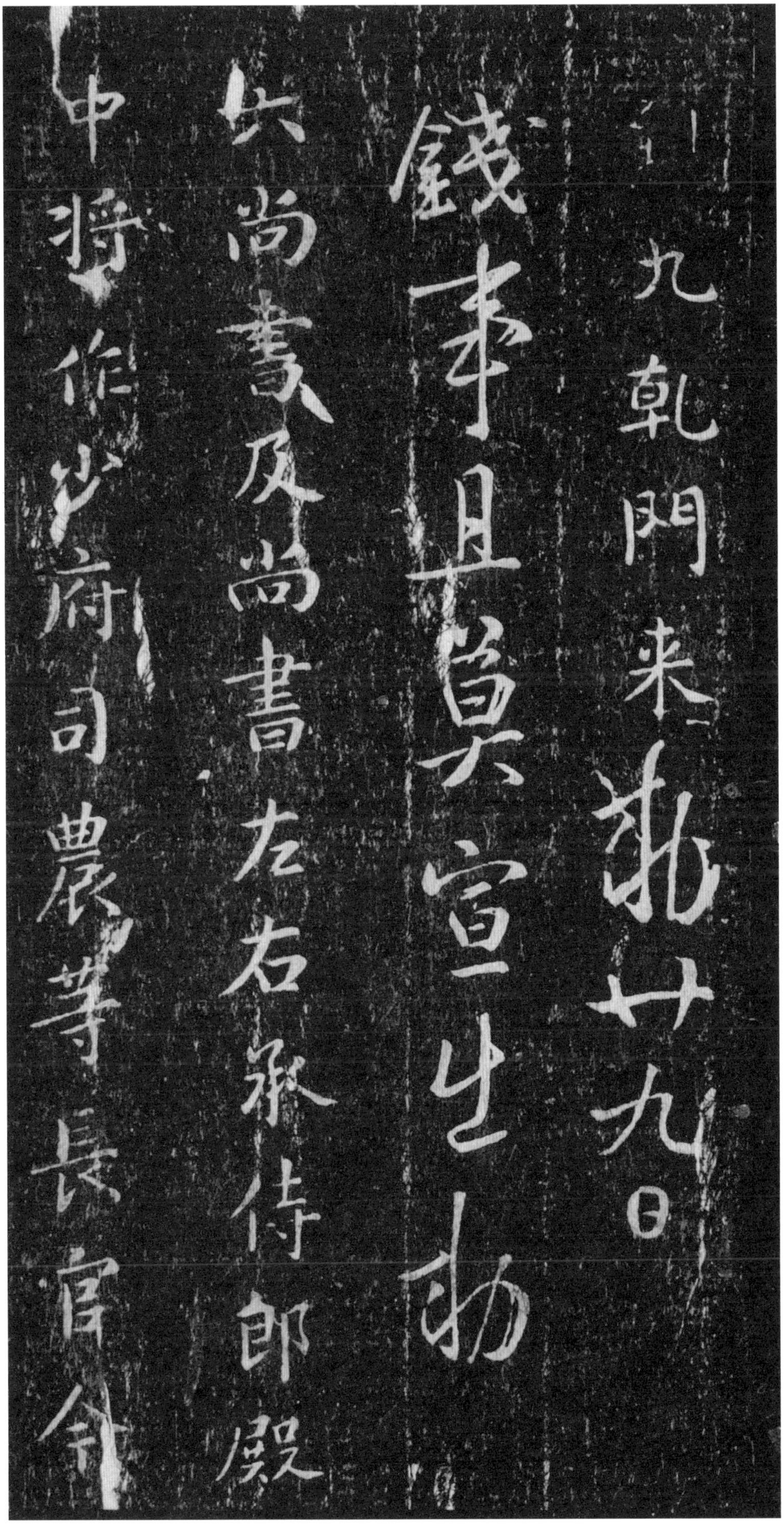

到九乾門來敕廿九日

**錢事帖　釋文：**

錢事且莫宣出敕

**六尚書帖　釋文：**

六尚書及尚書左右承侍郎殿

中將作少府司農等長官今

## 45

唐高宗李治書　昨日帖

**Zuo Ri Tie**

Written by Li Zhi, Emperor Gao Zong of the Tang Dynasty

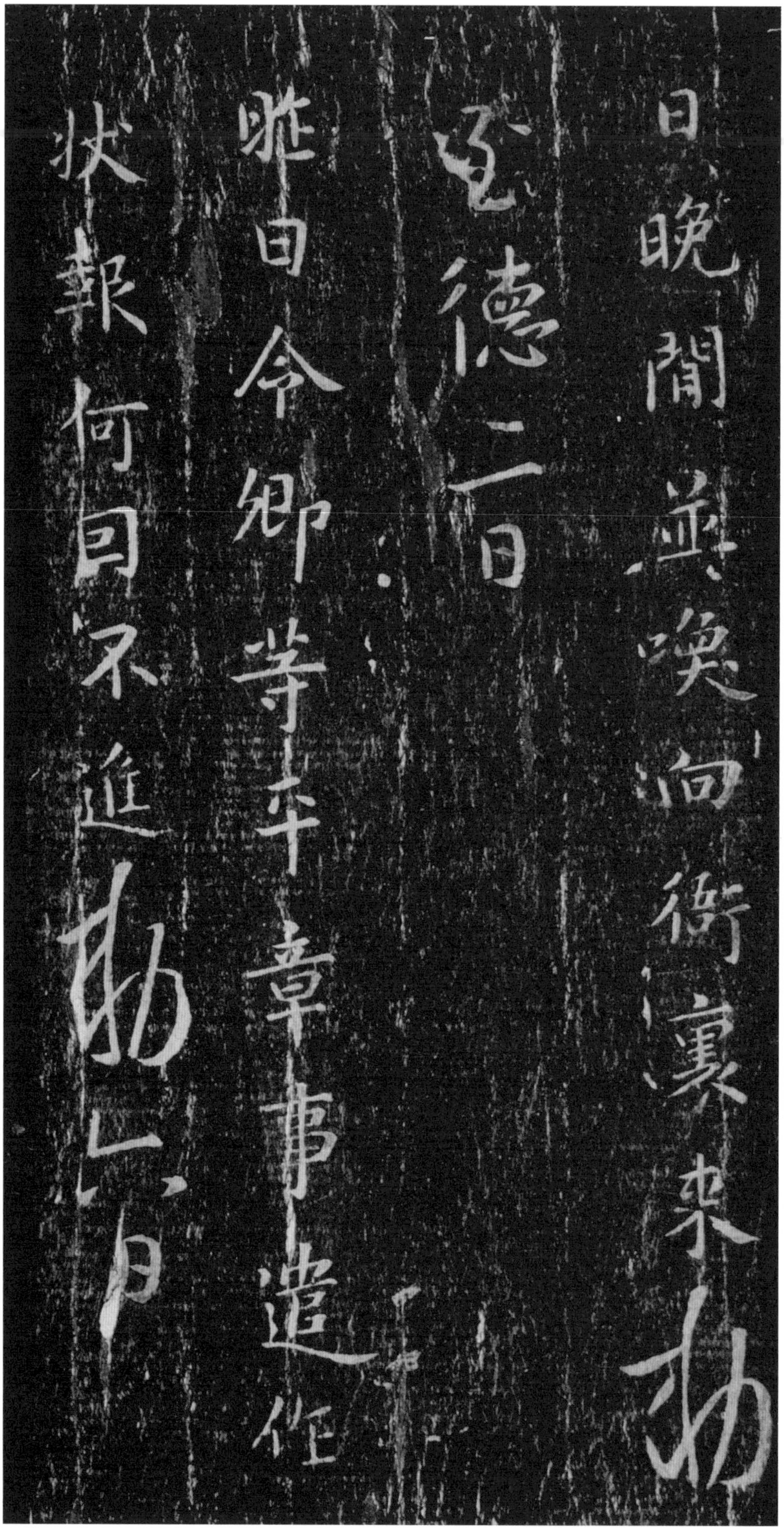

日晚間並喚向衙裏來敕
至德二日

**昨日帖　釋文：**

昨日令卿等平章事遣作
狀報何因不進敕六日

46

# 唐高宗李治書　玄堂帖

**Xuan Tang Tie**

Written by Li Zhi, Emperor Gao Zong of the Tang Dynasty

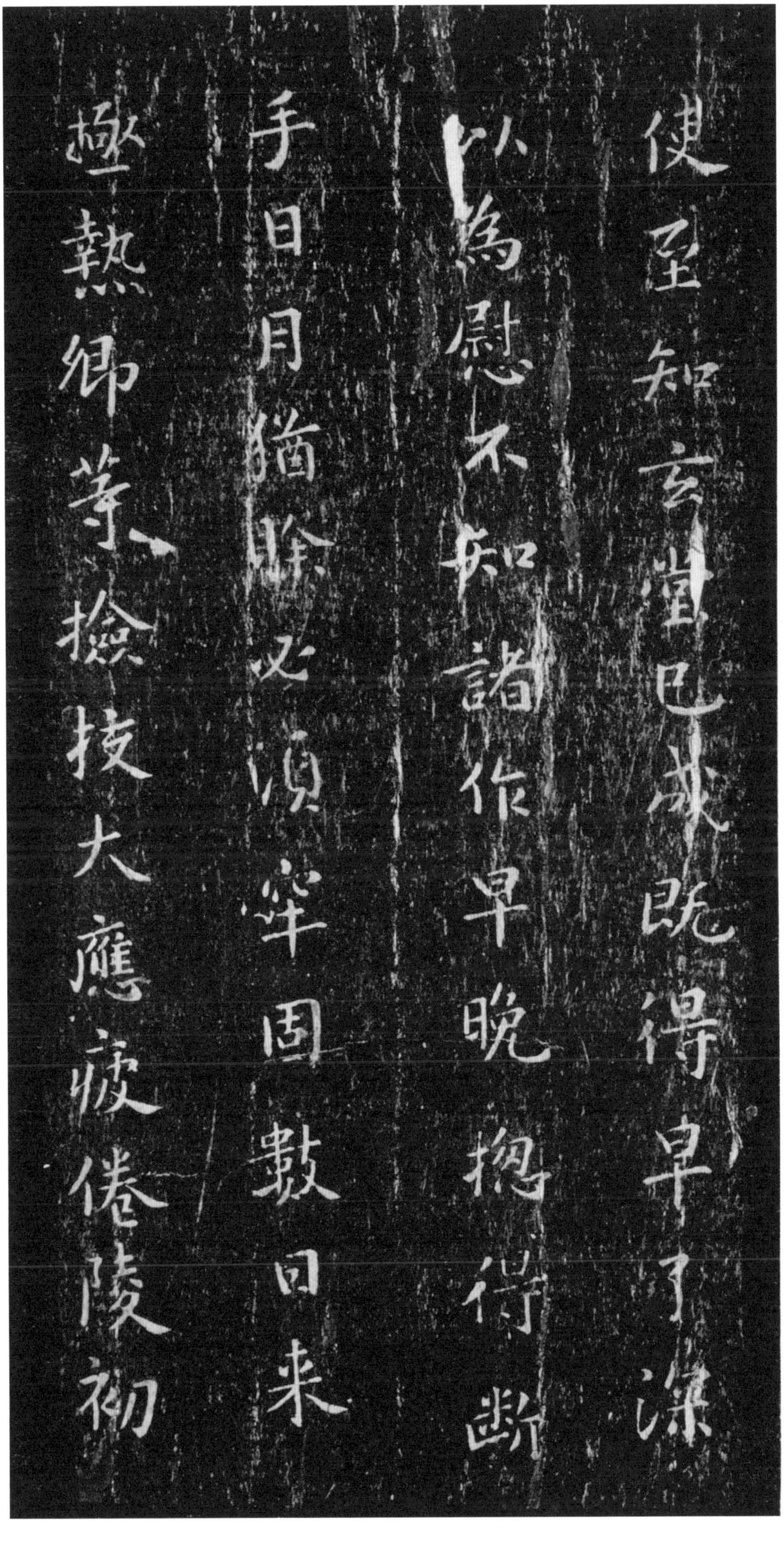
使至知玄堂已成既得早了深
以為慰不知諸作早晚總得斷
手日月猶賒必須牢固數日来
極熱卿等撿挍大應疲倦陵初

玄堂帖　釋文：

使至知玄堂已成既得早了深
以為慰不知諸作早晚總得斷
手日月猶賒必須牢固數日來
極熱卿等撿校大應疲倦陵初

# 唐高宗李治書　遣弘帖

**Qian Hong Tie**

Written by Li Zhi, Emperor Gao Zong of the Tang Dynasty

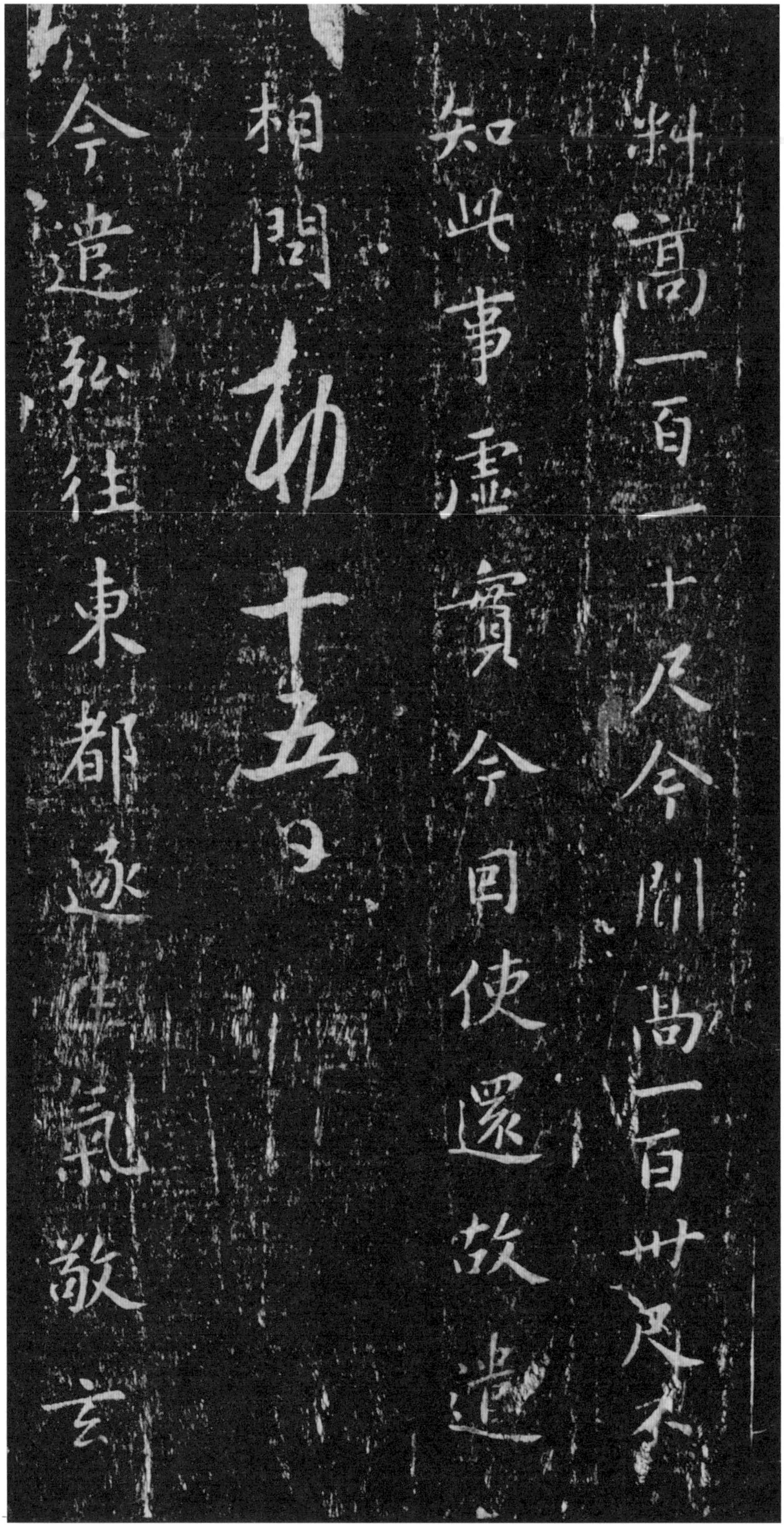

**遣弘帖　釋文：**

今遣弘往東都逐生氣敬玄
料高一百一十尺今聞高一百卅尺不
知此事虛實今因使還故遣
相問敕十五日

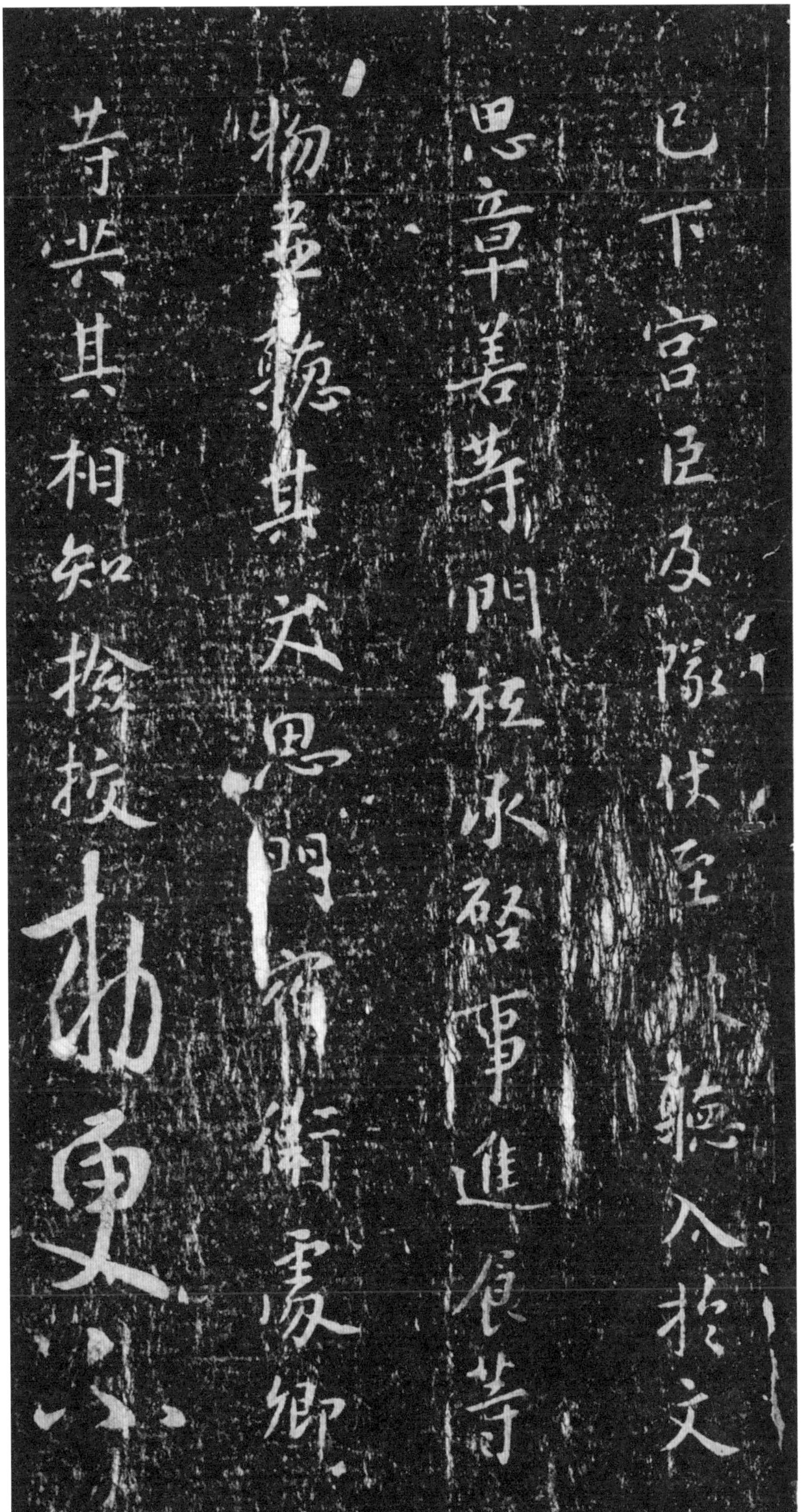

巳下宮臣及隊仗至彼聽入於文
思章善等門祇承啟事進食等
物並聽其文思門宿衛處卿
等共其相知撿校敕更不

# 陳長沙王陳叔懷書　梅發帖

**Mei Fa Tie**

Written by Chen Shuhuai, Prince Chang Sha of Chen, one of the Southern Dynasties

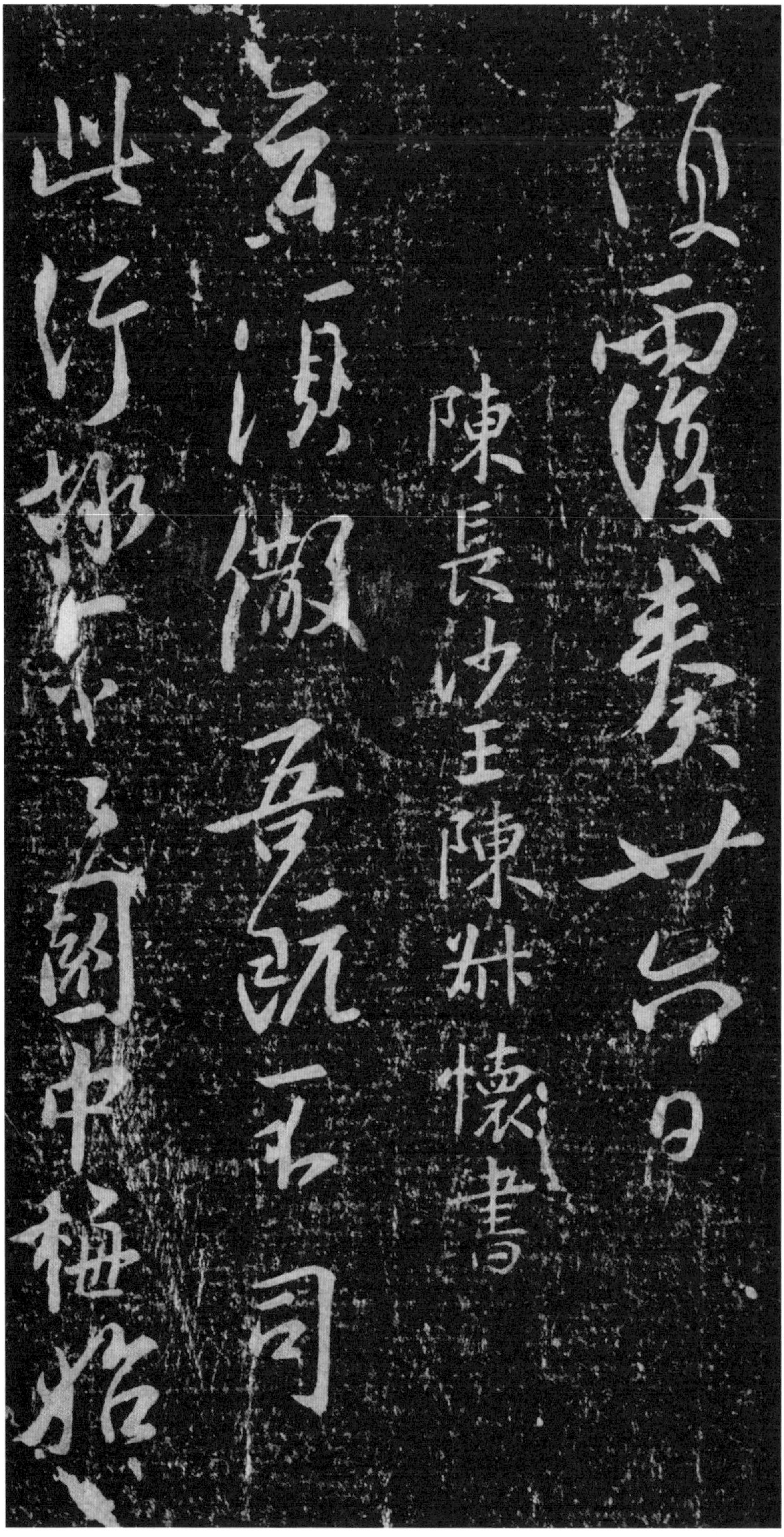

梅發帖　釋文：
須覆奏廿六日
云須儆吾既不司
此行極口園中梅始

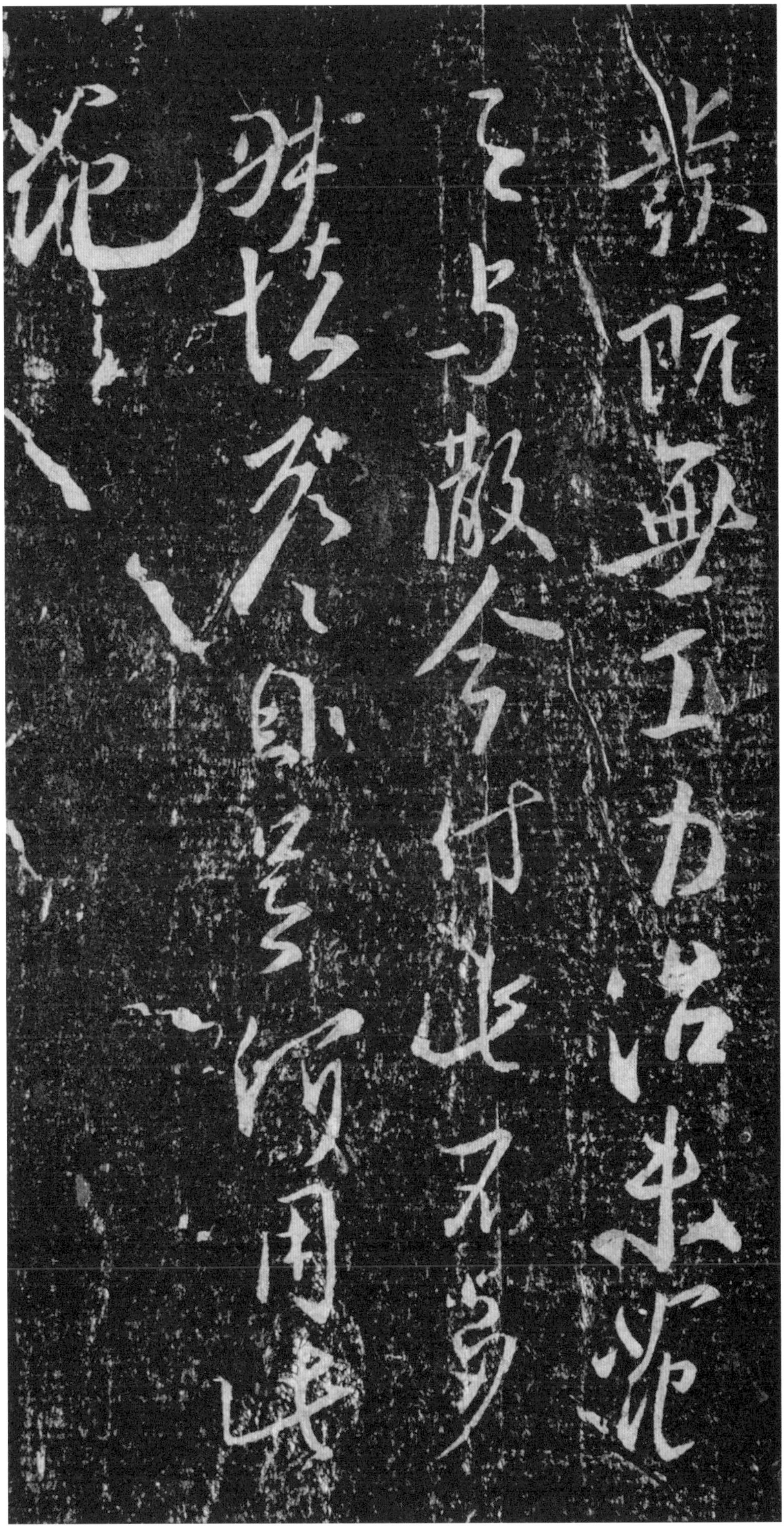

發既無工力治末花
之與儆今付此不多
叔懷答自足何用此
花

49

## 陳永陽王陳伯智書　熱甚帖

**Re Shen Tie**

Written by Chen Bozhi, Prince Yong Yang of Chen, one of the Southern Dynasties

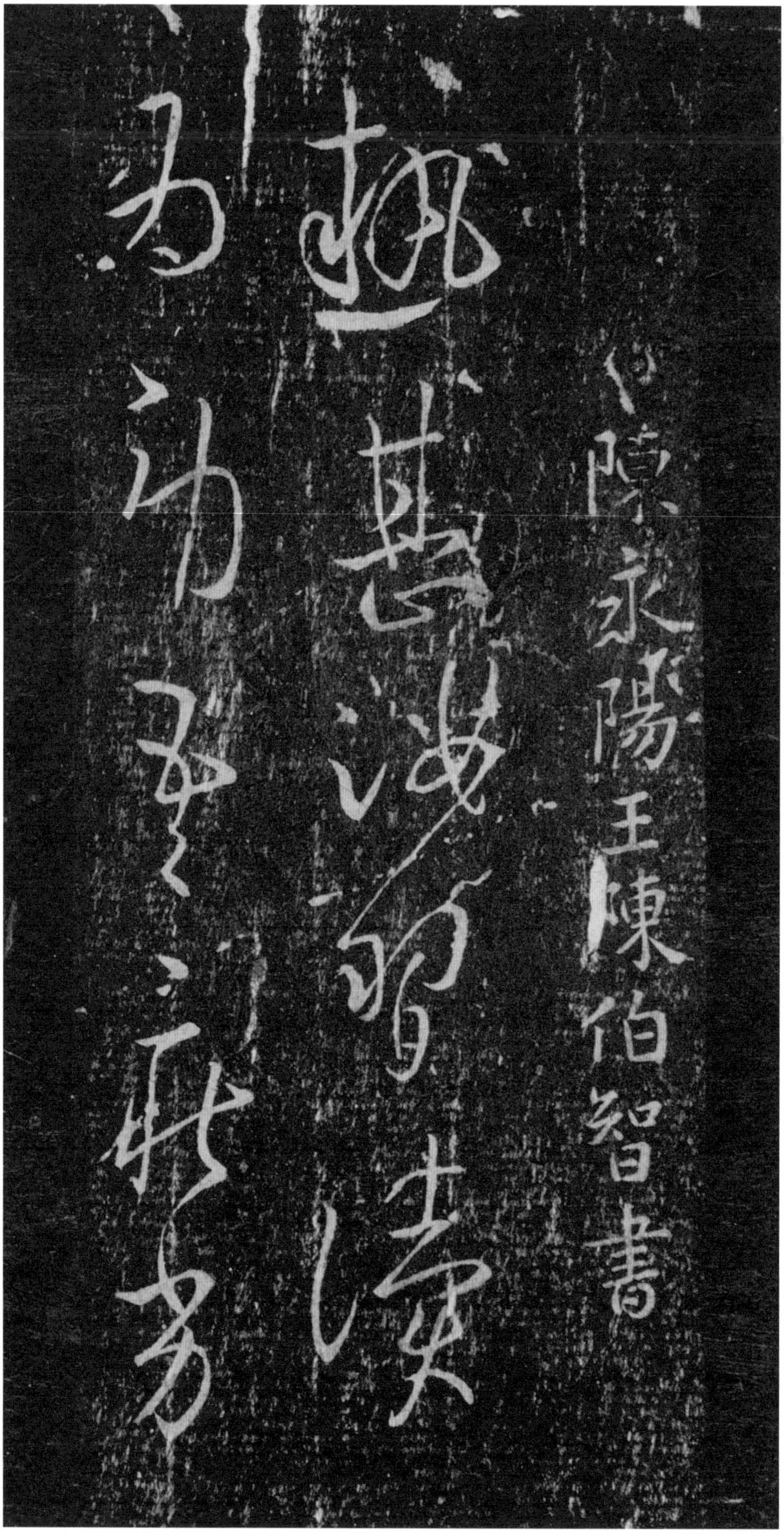


熱甚帖　釋文：

熱甚汝習讀

為勞吾疾劣

50

## 陳永陽王陳伯智書　寒嚴帖

**Han Yan Tie**

Written by Chen Bozhi, Prince Yong Yang of Chen, one of the Southern Dynasties

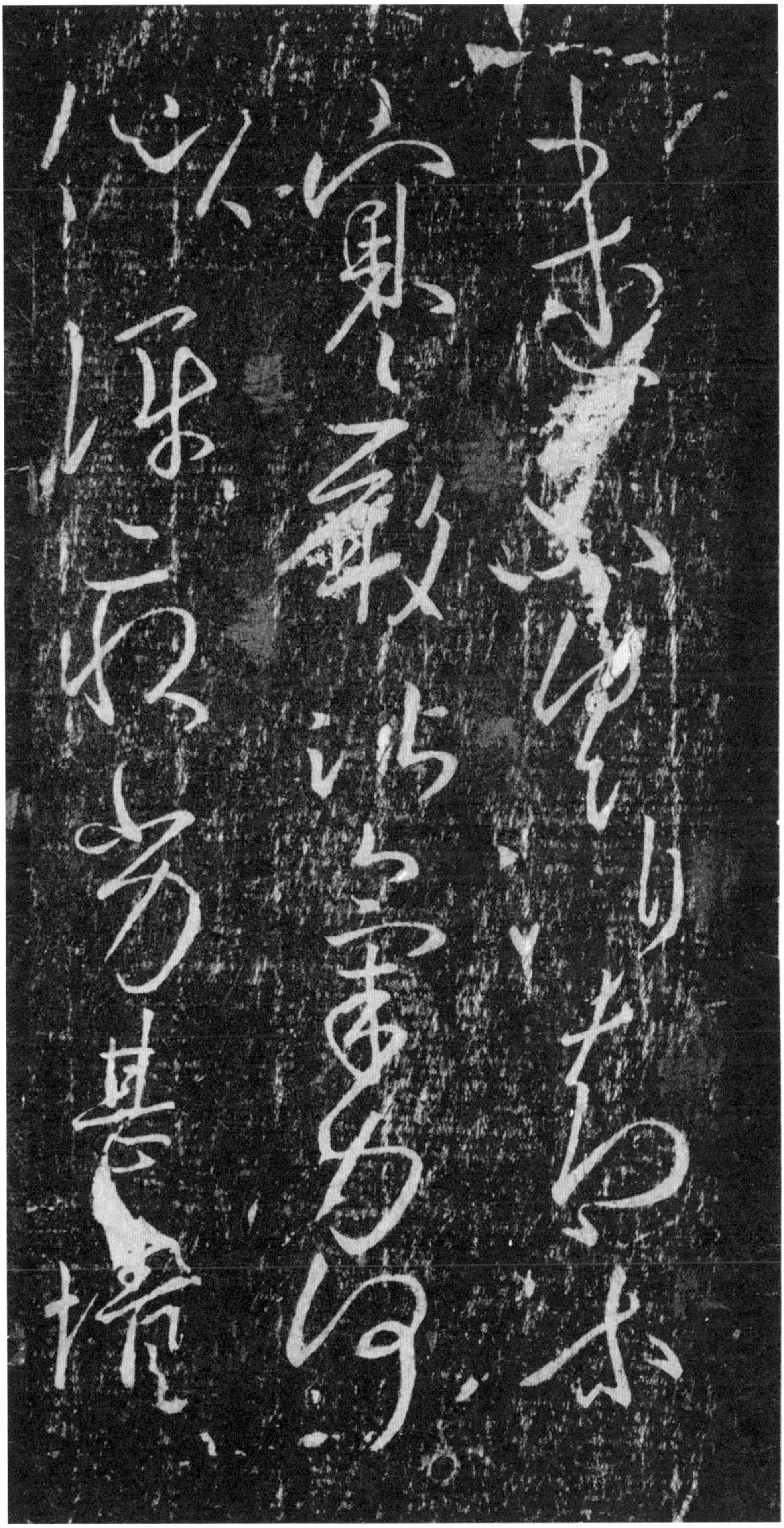

**寒嚴帖　釋文：**
寒嚴比氣力何
似僕疾劣甚情
遣不具伯智疏

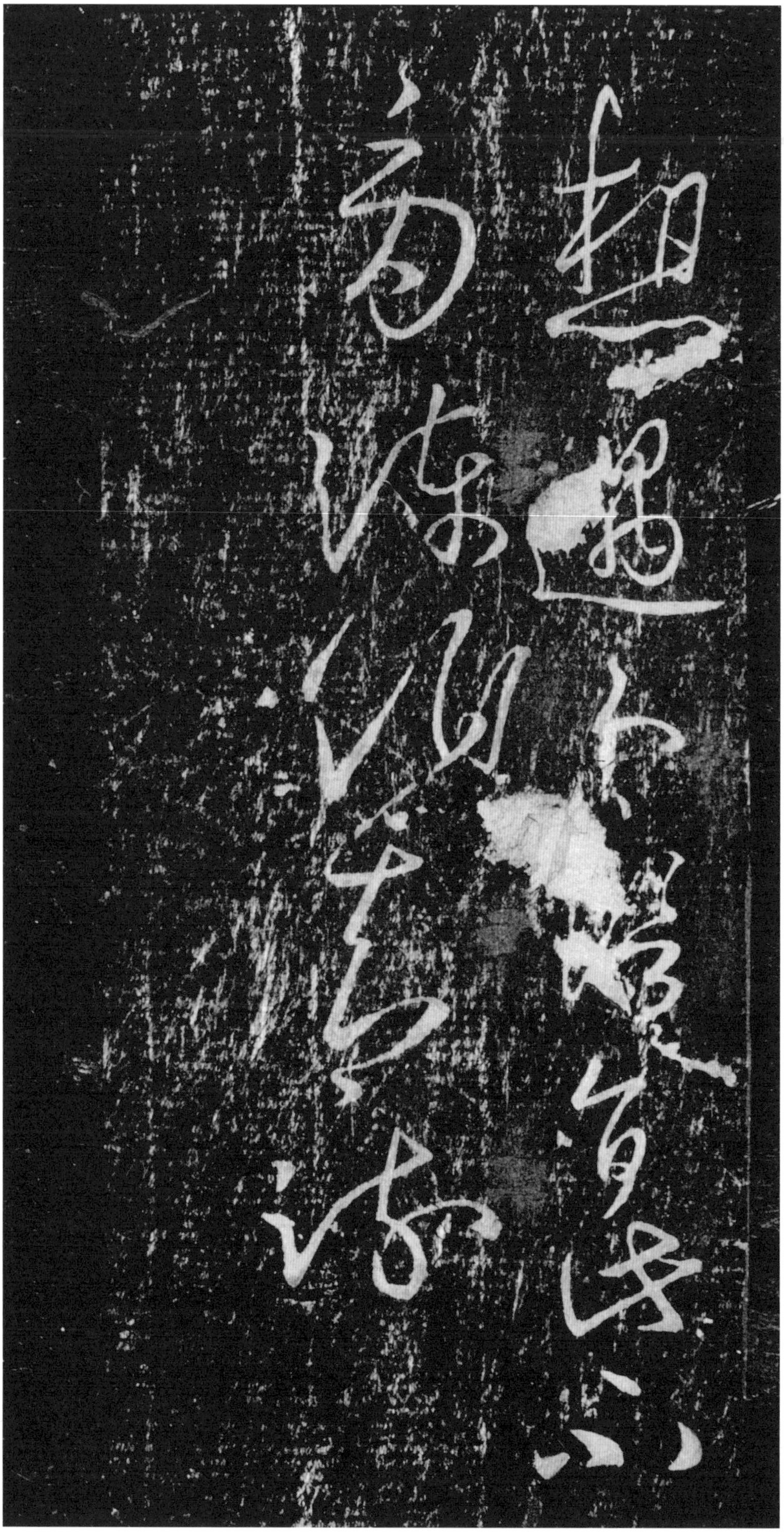

想遇今信旨此不
多陳伯智疏

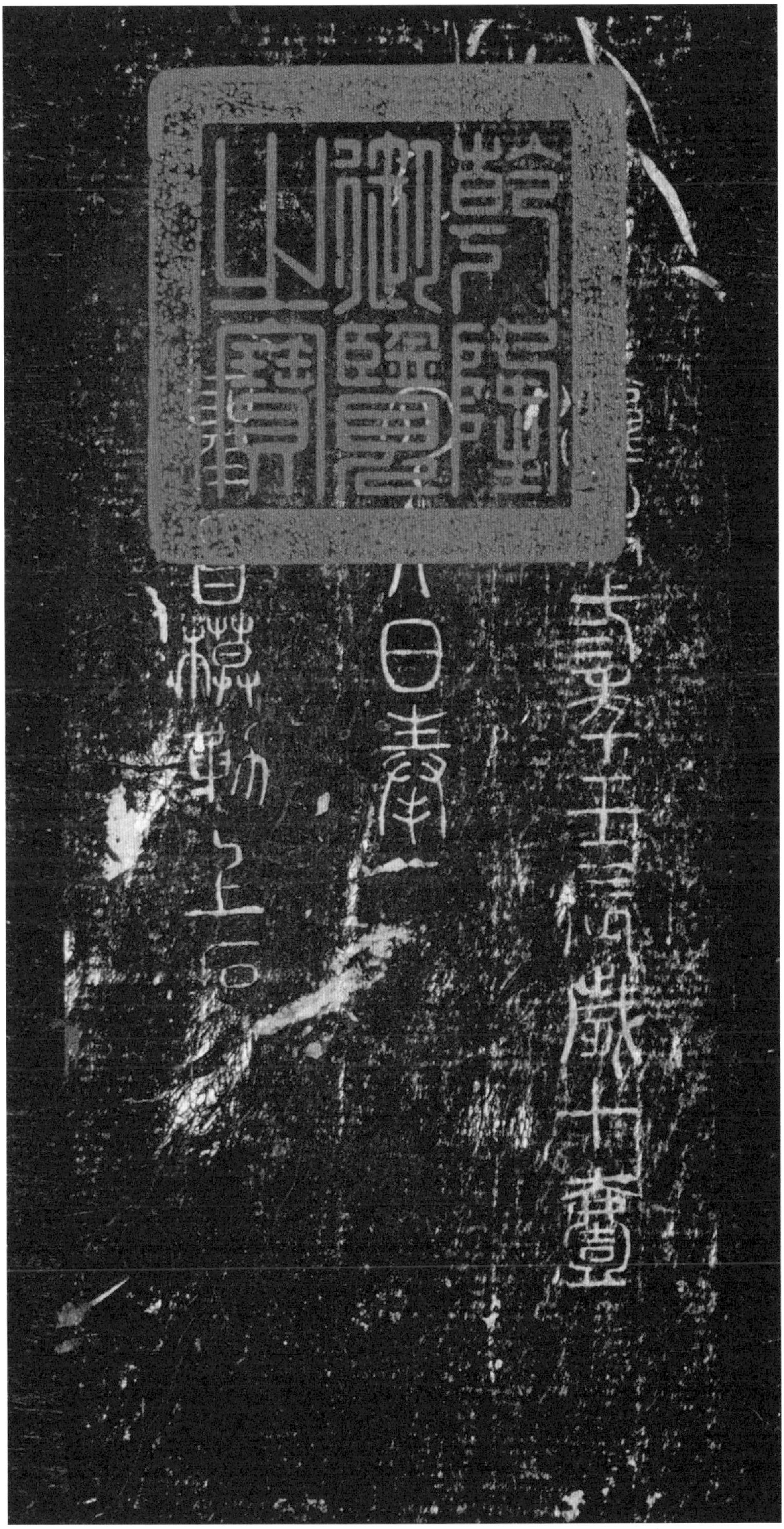

淳化三年壬辰歲十壹
月六日奉
聖旨模勒上石

# 歷代名臣法帖第二

*Part Two: Model Calligraphies of the Courtiers of Past Dynasties*

1

# 漢張芝書　冠軍帖

**Guan Jun Tie**

Written by Zhang Zhi, Han Dynasty

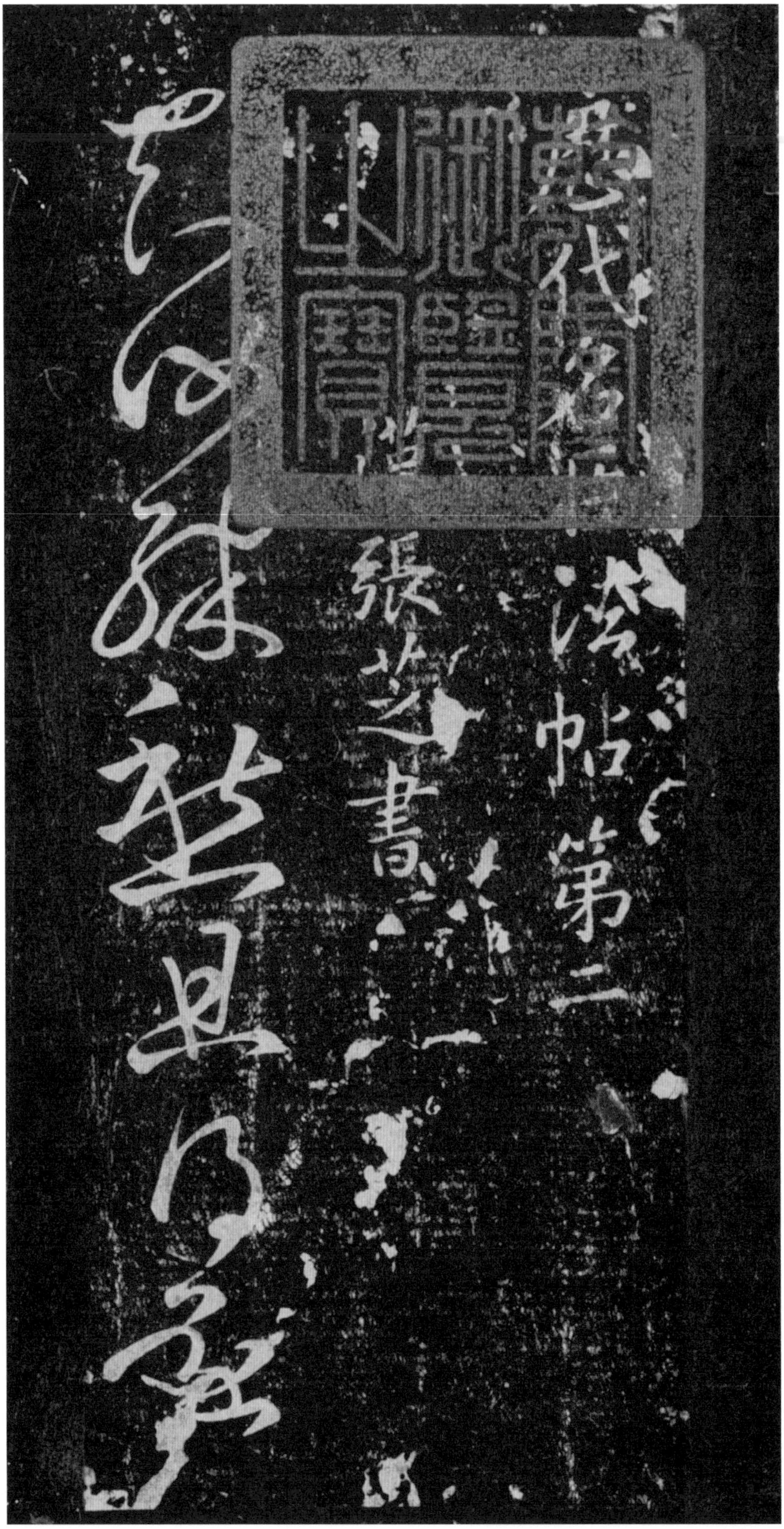

冠軍帖　釋文：
知汝殊愁且得還

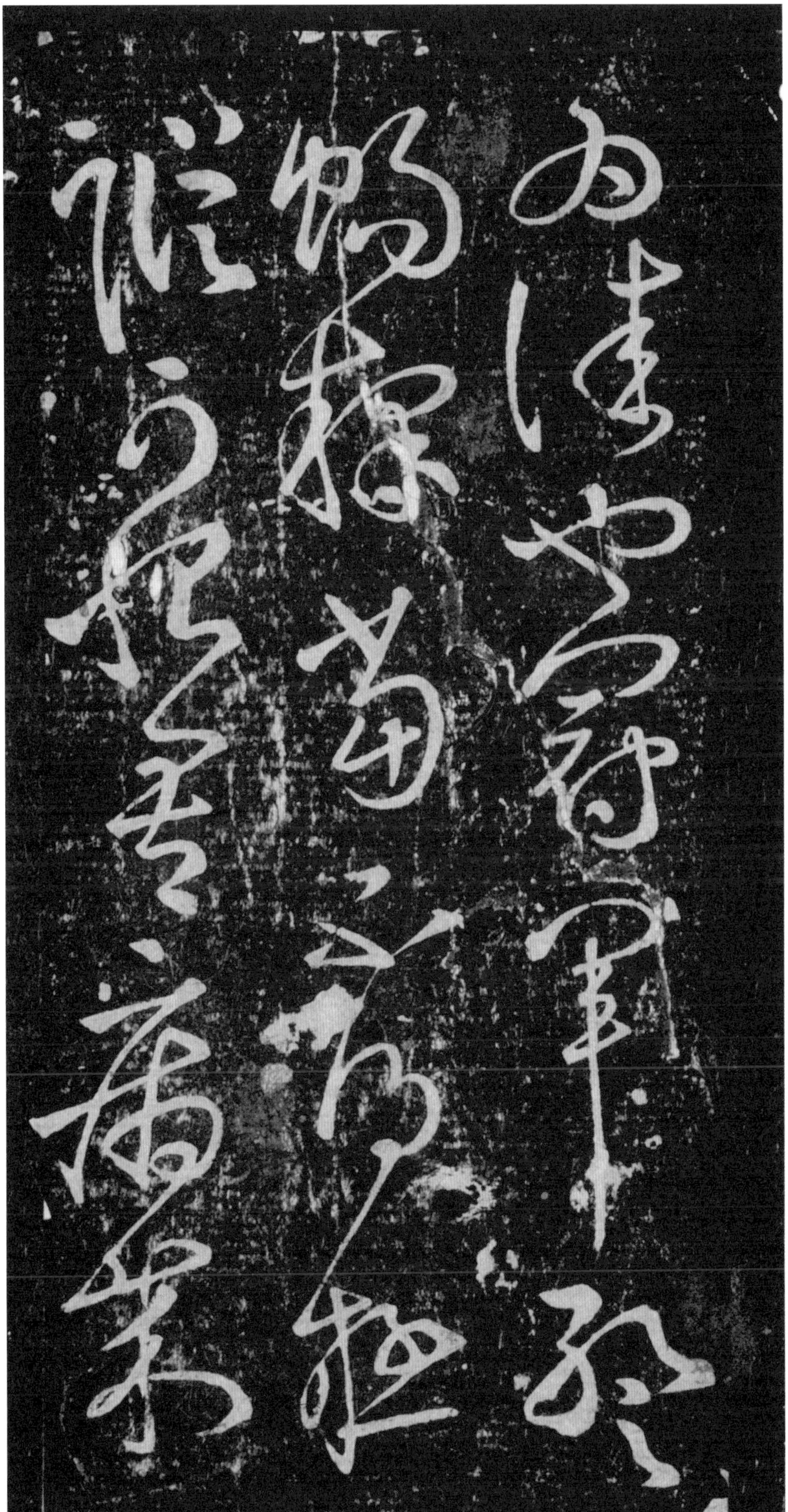

為佳也冠軍暫
暢釋當不得極
蹤可恨吾病來

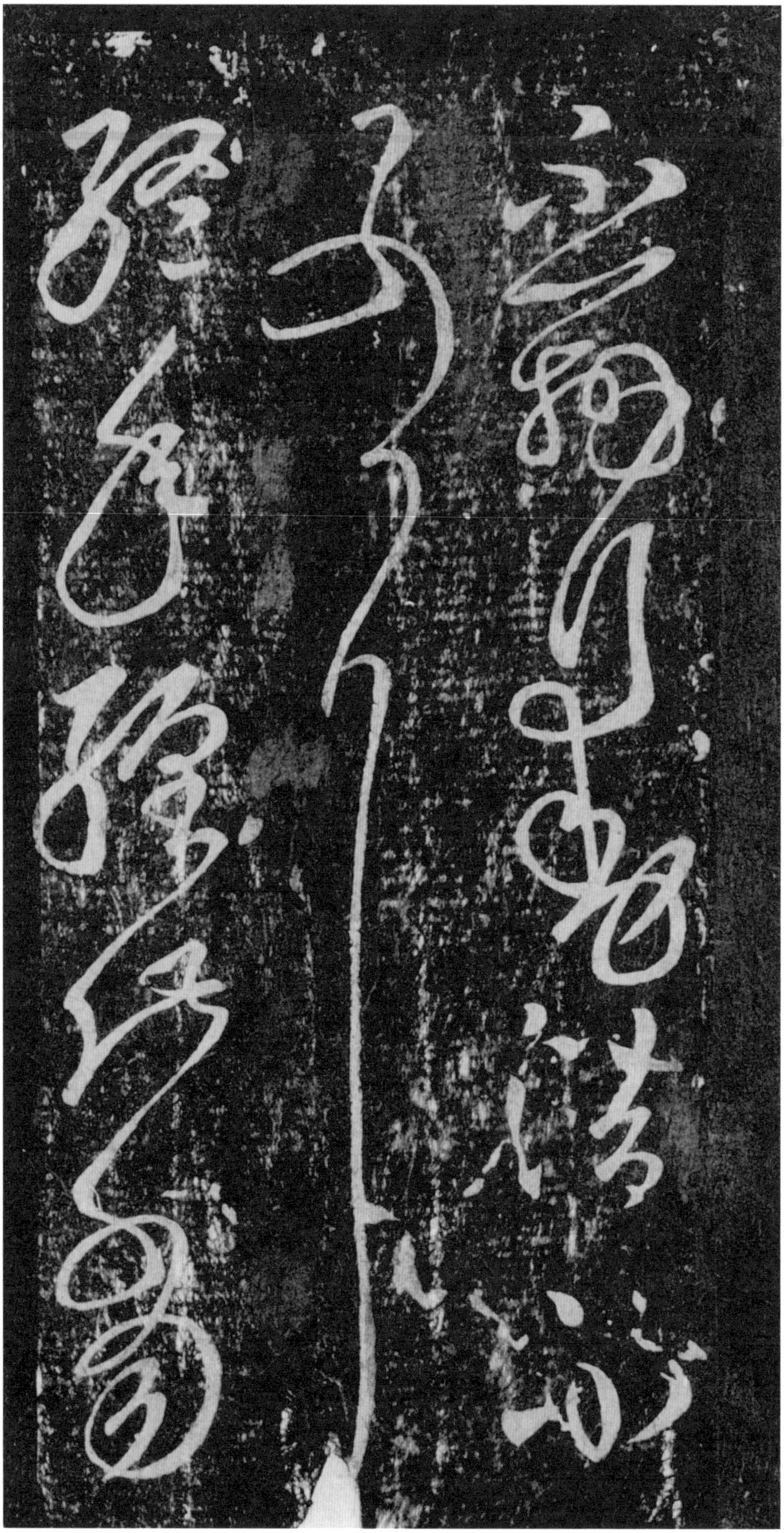

不辨行動潛不
可耳
終年纏此當

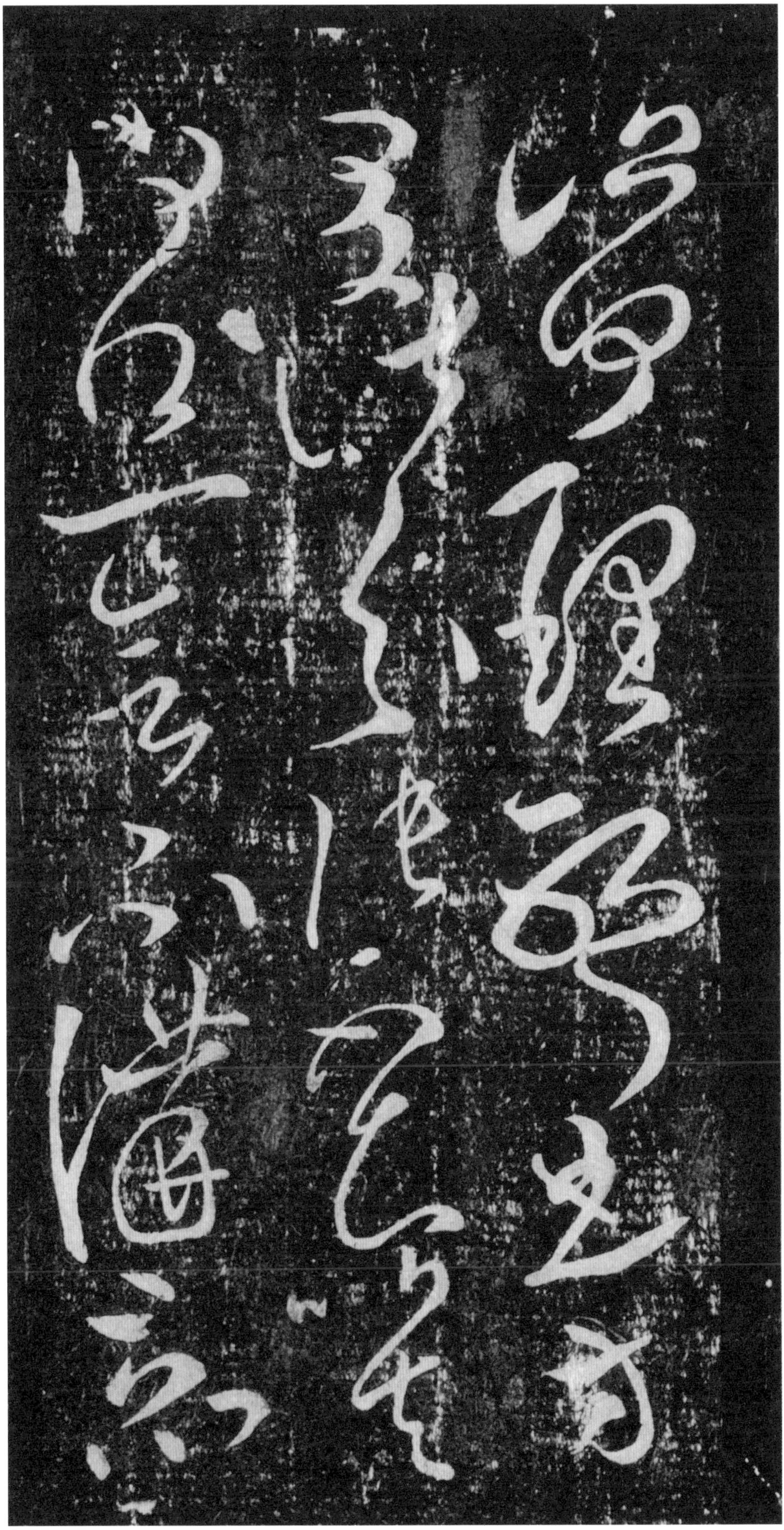

復何理耶且方
有諸分張不知比去
復得一會不講竟

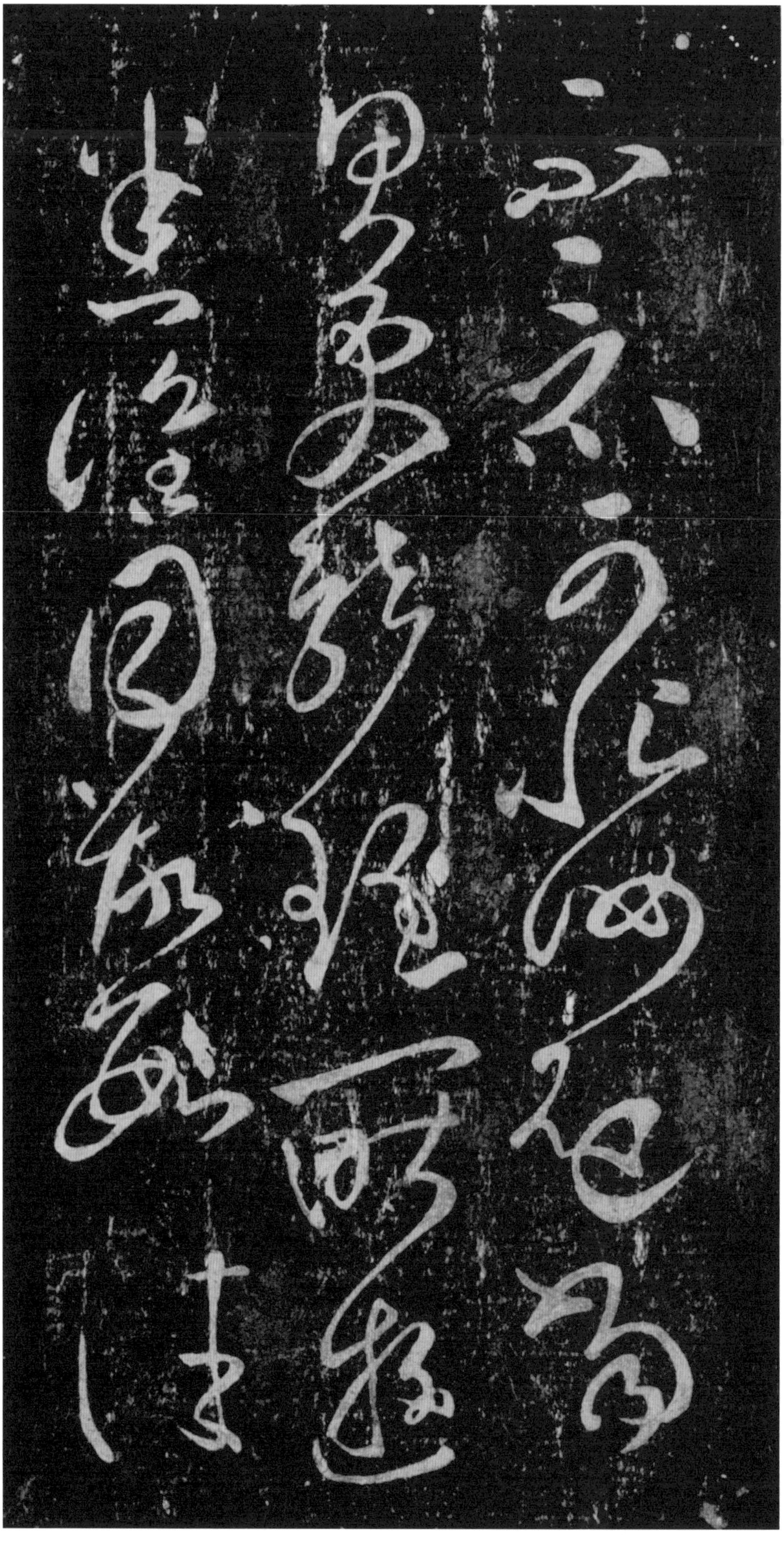

不竟可恨汝還當
思更就理一昨遊
悉誰同故數往

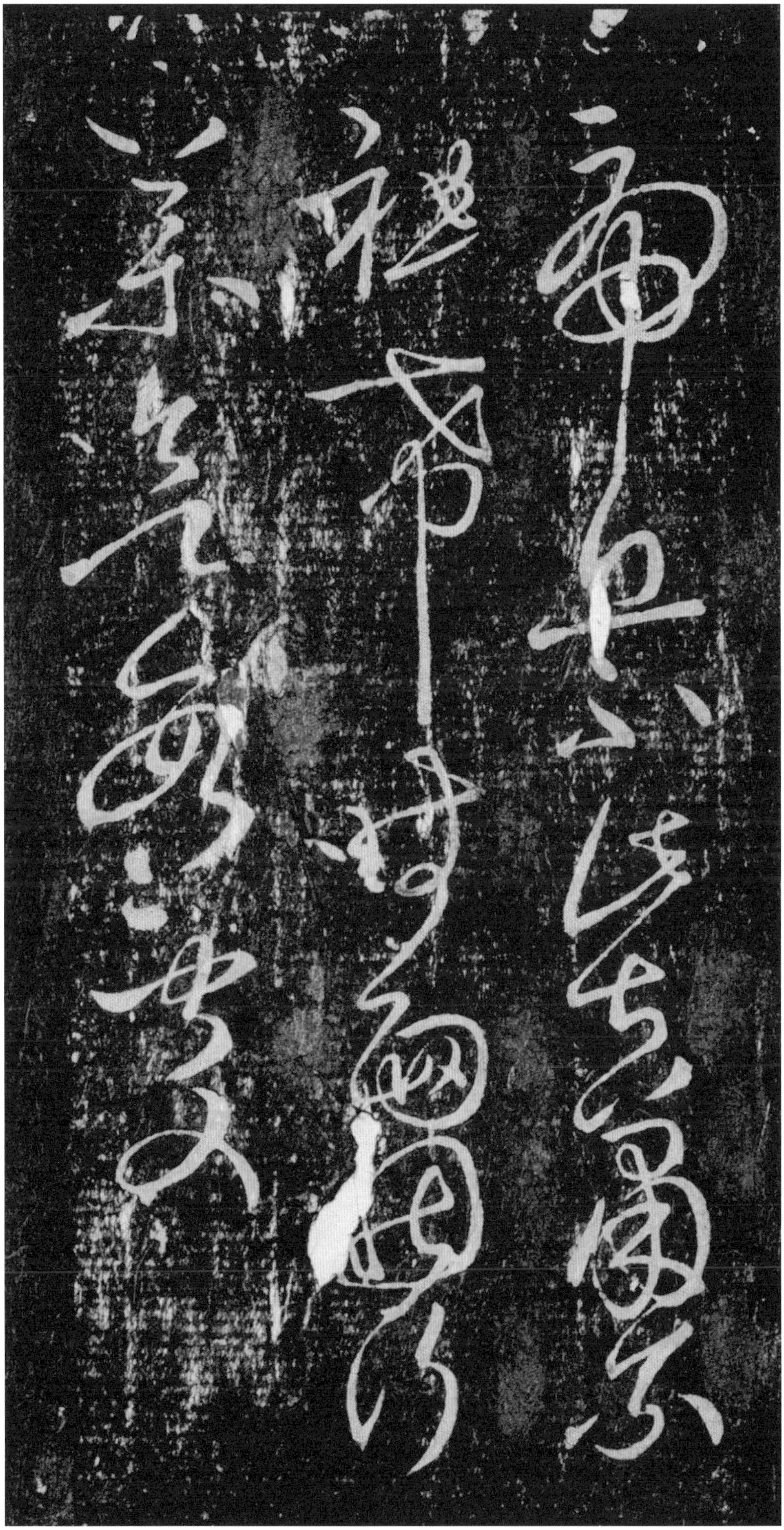

虎丘不此甚蕭索祖希時面因行藥欲數處

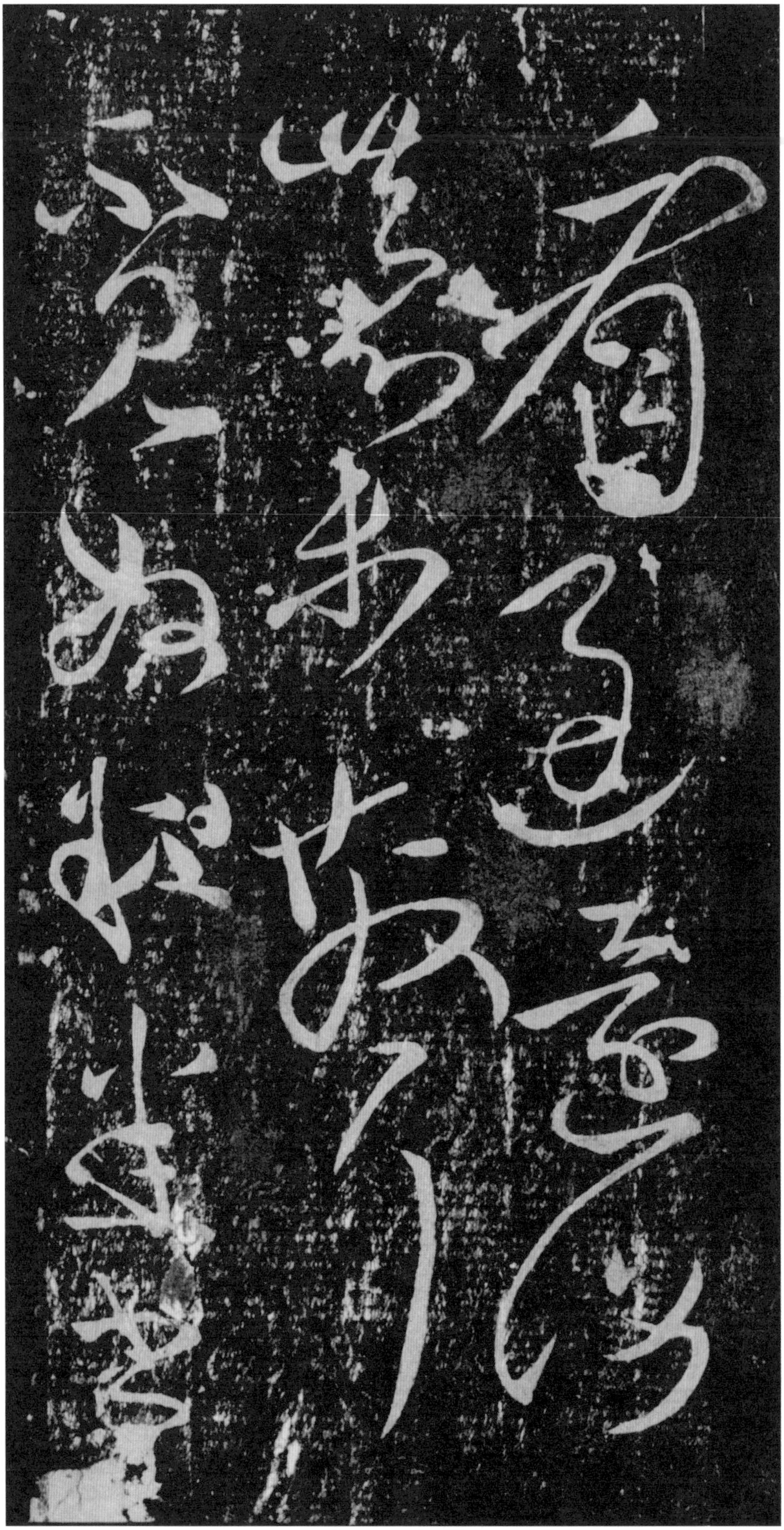

看過還復
其集散耳
不見奴粗悉書

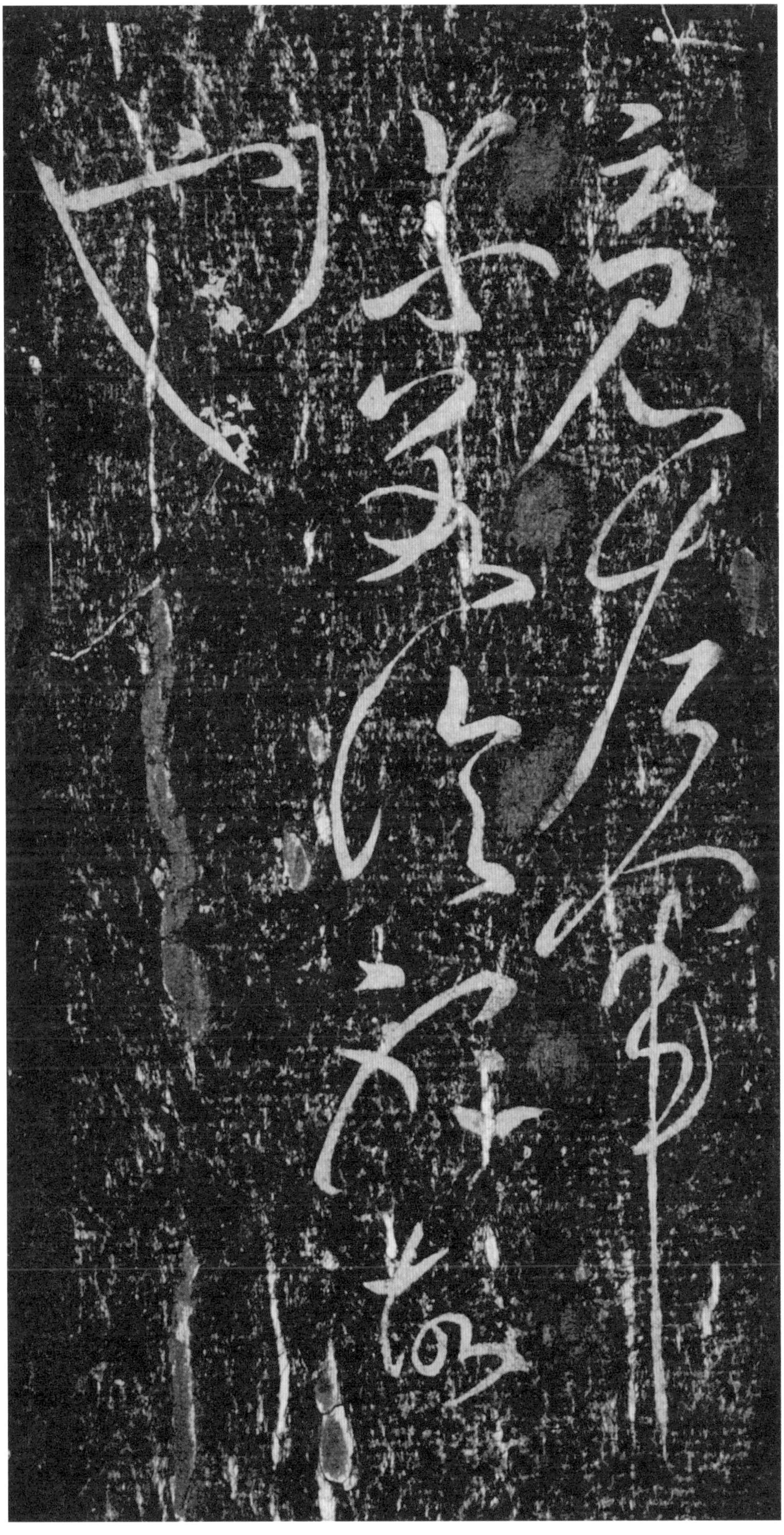

云見左軍彌若論聽故也

## 2

### 漢張芝書　欲歸帖
Yu Gui Tie
Written by Zhang Zhi, Han Dynasty

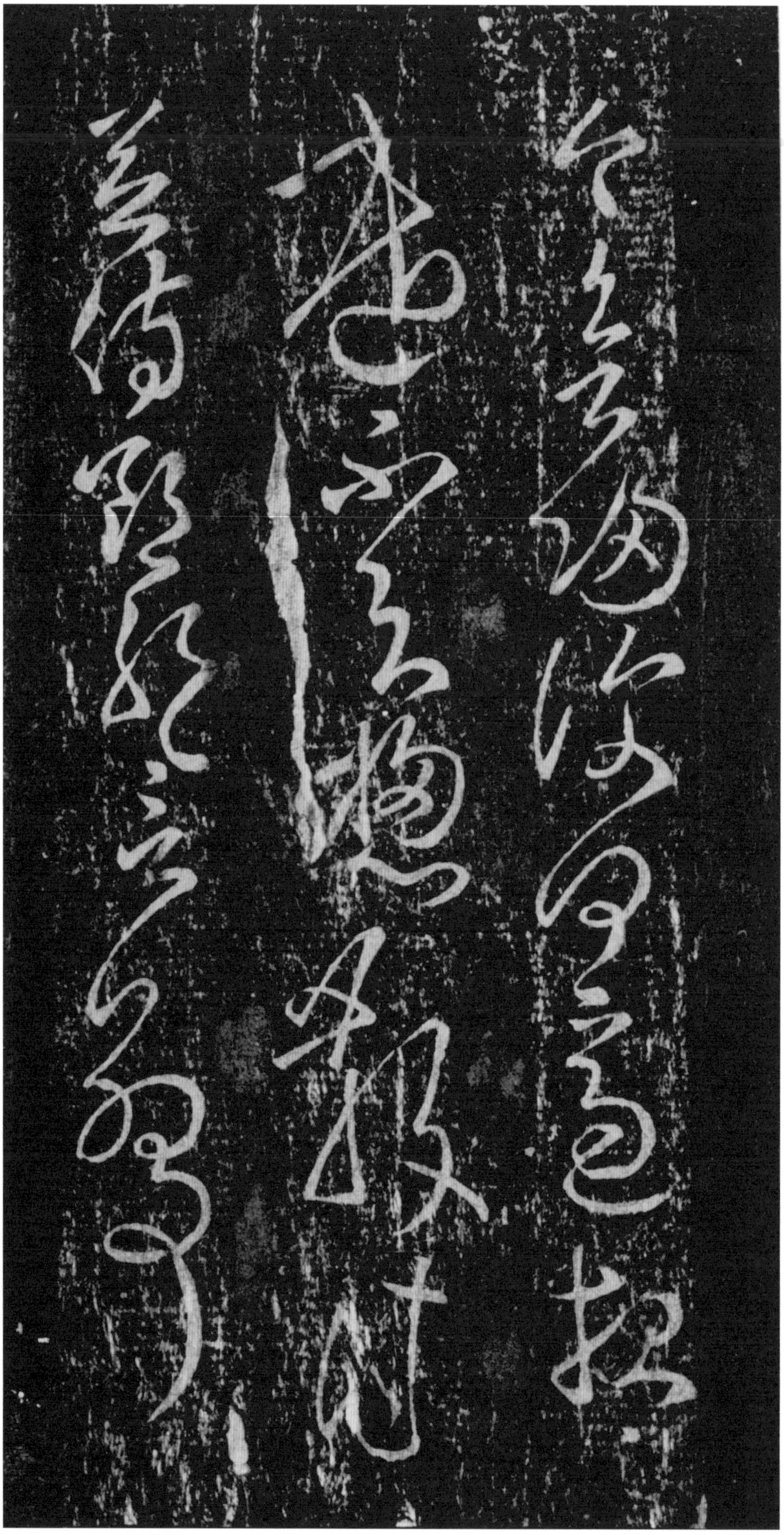

欲歸帖　釋文：
今欲歸復何適報之
遣不知總散住
並侍郎耶言別事

# 3

## 漢張芝書　二月帖

Er Yue Tie

Written by Zhang Zhi, Han Dynasty

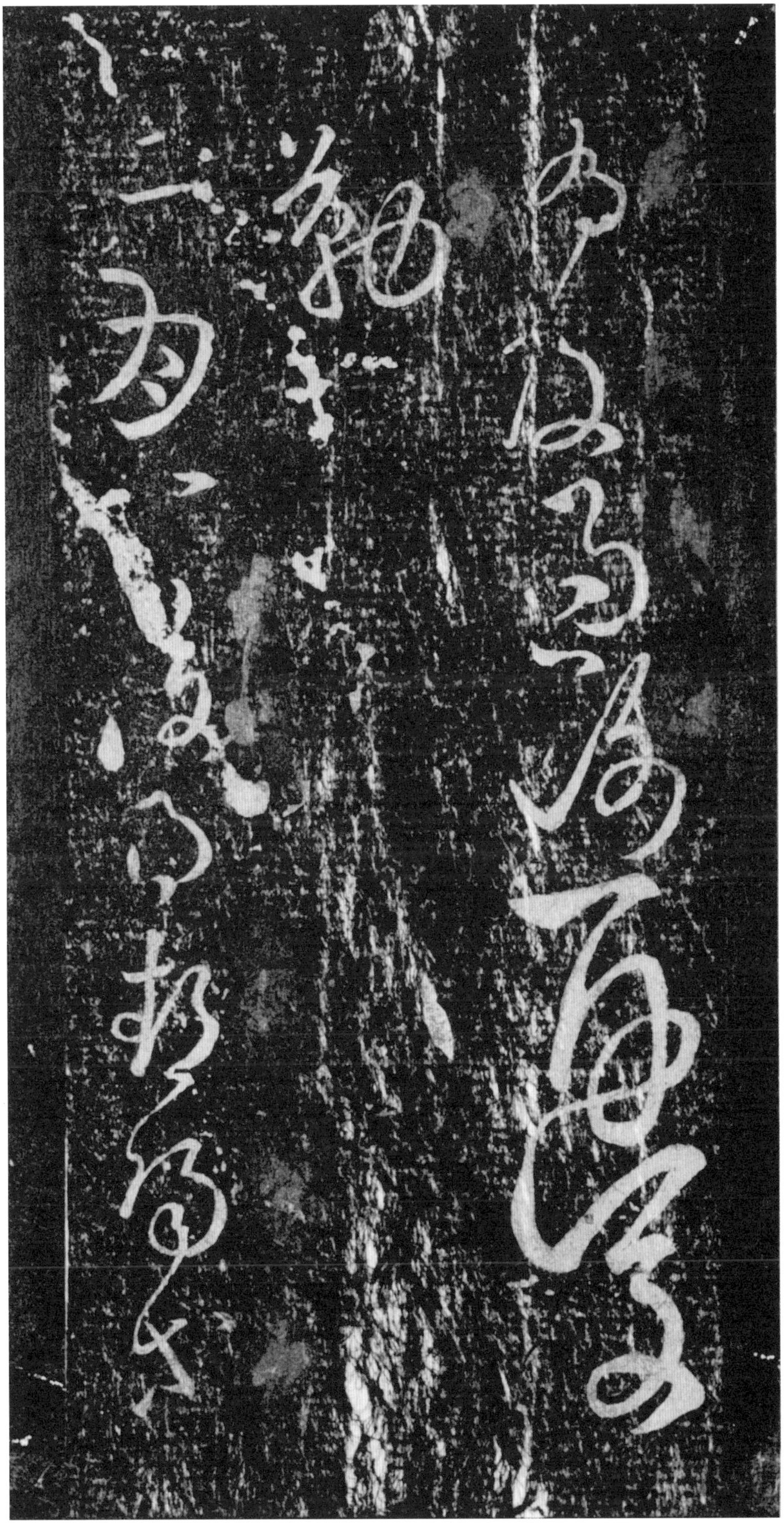

二月帖　釋文：

二月八日復得鄱陽等

有及過謝憂

勤

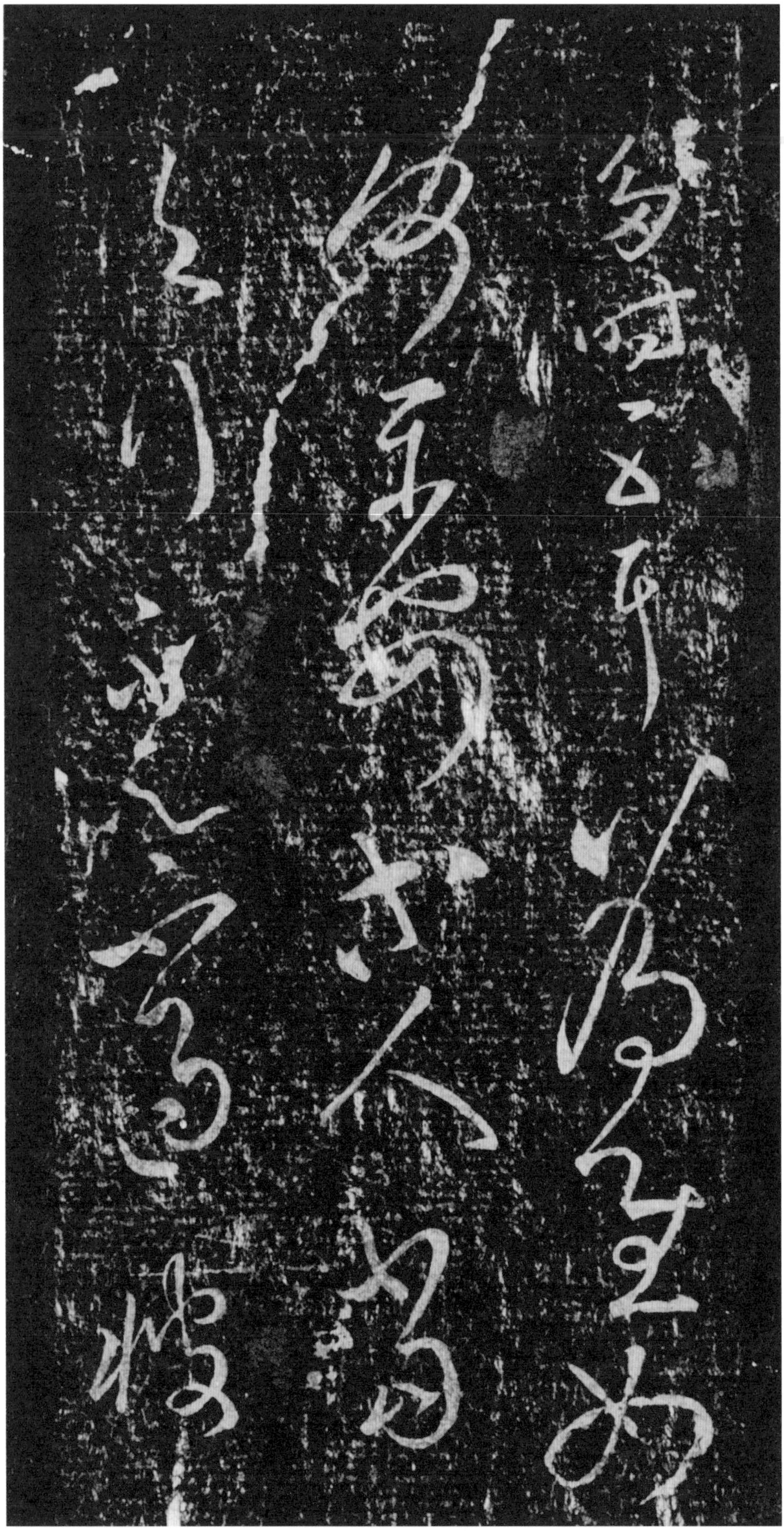

多時不耳為慰如
何平安等人當
與行不足不過疲

4

漢張芝書　八月帖

Ba Yue Tie

Written by Zhang Zhi, Han Dynasty

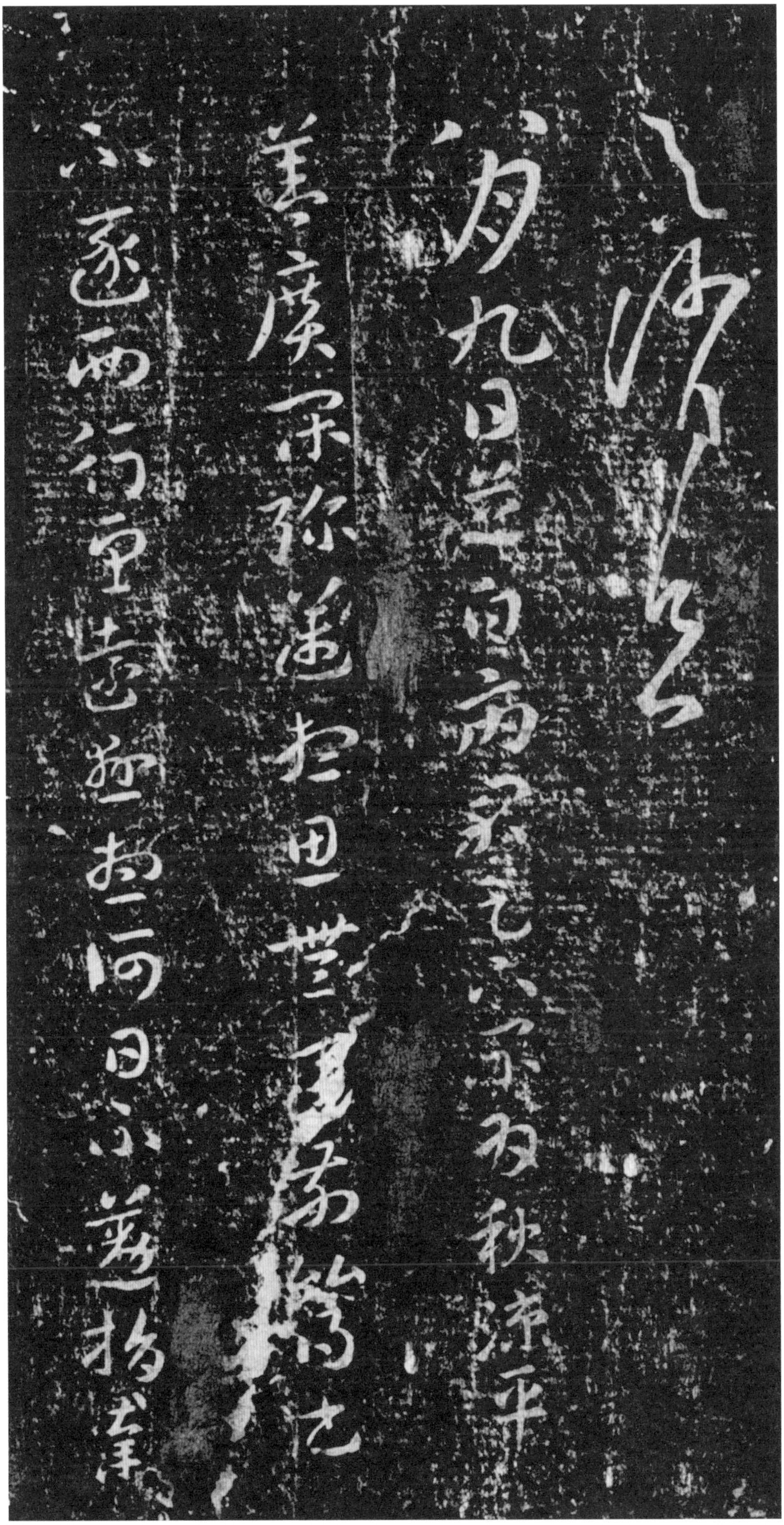

八月帖　釋文：

八月九日芝白府君足下深為秋涼平

善廣閑彌邁想思無違前比得書

不逐西行望遠懸想何日不懃捐棄

與消息

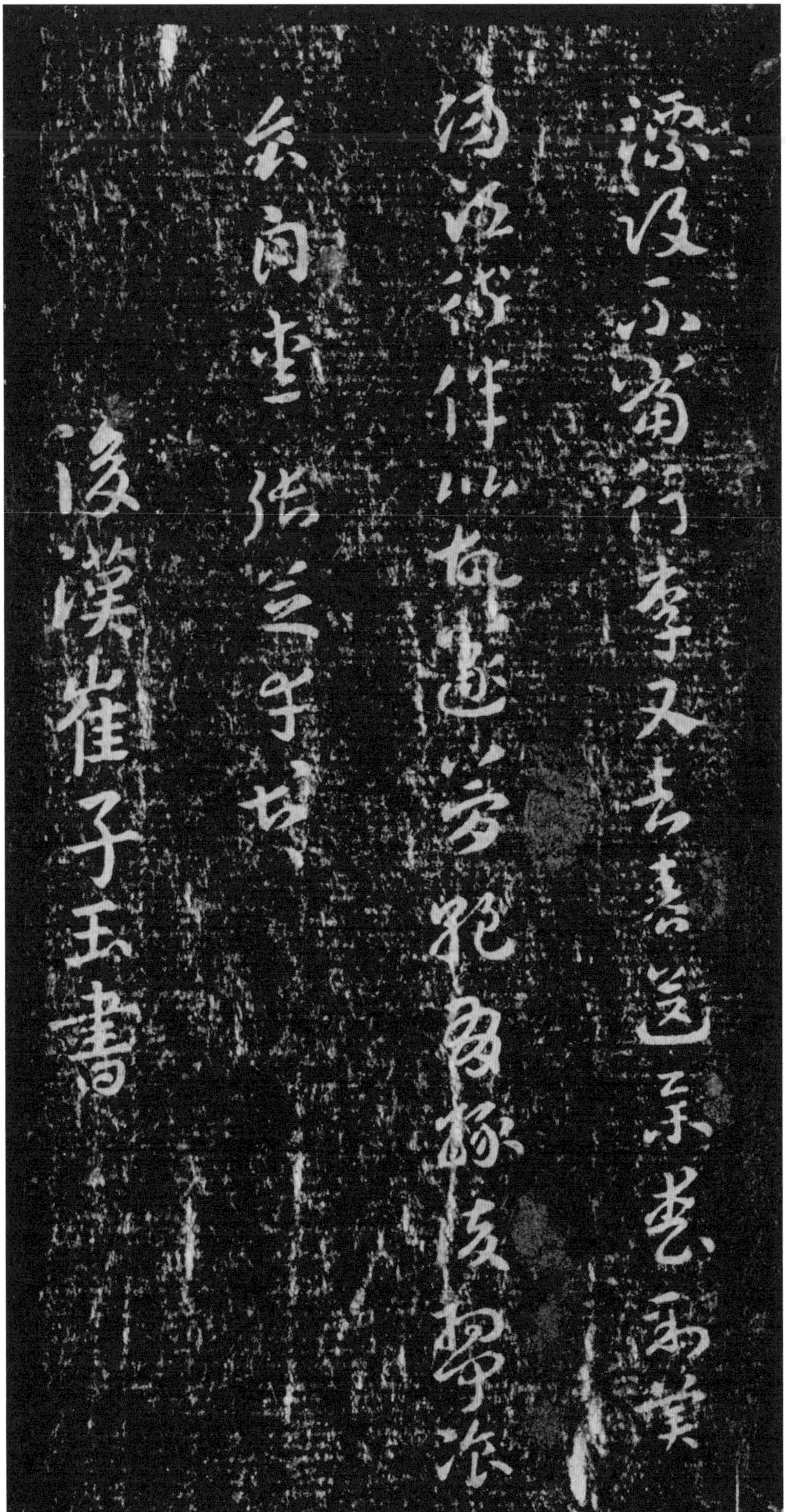


漂沒不當行李又去春送舉喪到美
陽須待伴比故遂簡絕有緣復相聞滄
食自愛張芝幸甚幸甚

5

# 後漢崔子玉書　賢女帖

**Xian Nu Tie**

Written by Cui Ziyu, Later Han Dynasty

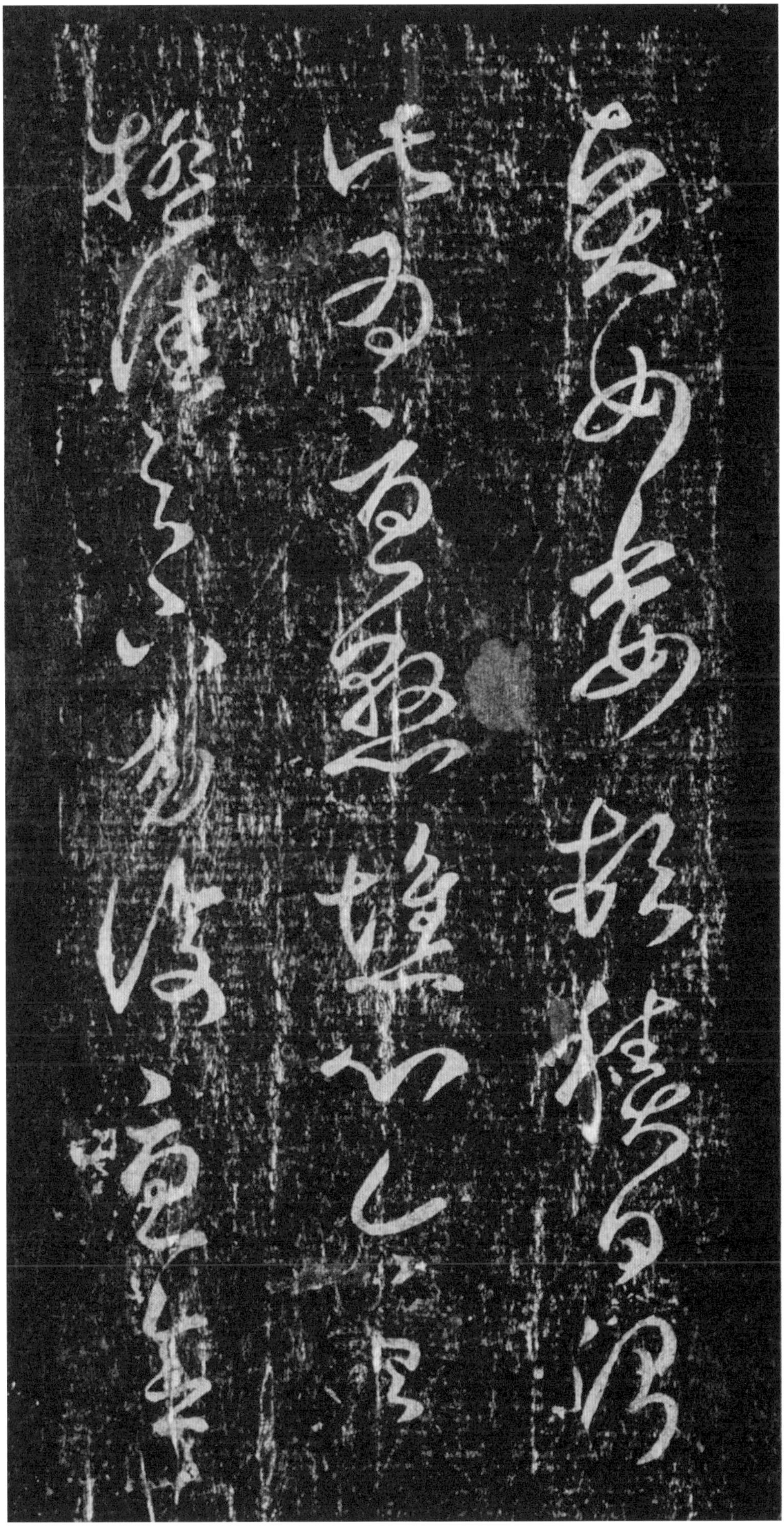

賢女帖　釋文：
賢女委頓積日治
此為憂懸憔心今已
極佳足下勿復憂念

# 6

## 魏鍾繇書　宣示表

**Xuan Shi Biao**

Written by Zhong You of Wei, one of the Three Kingdoms

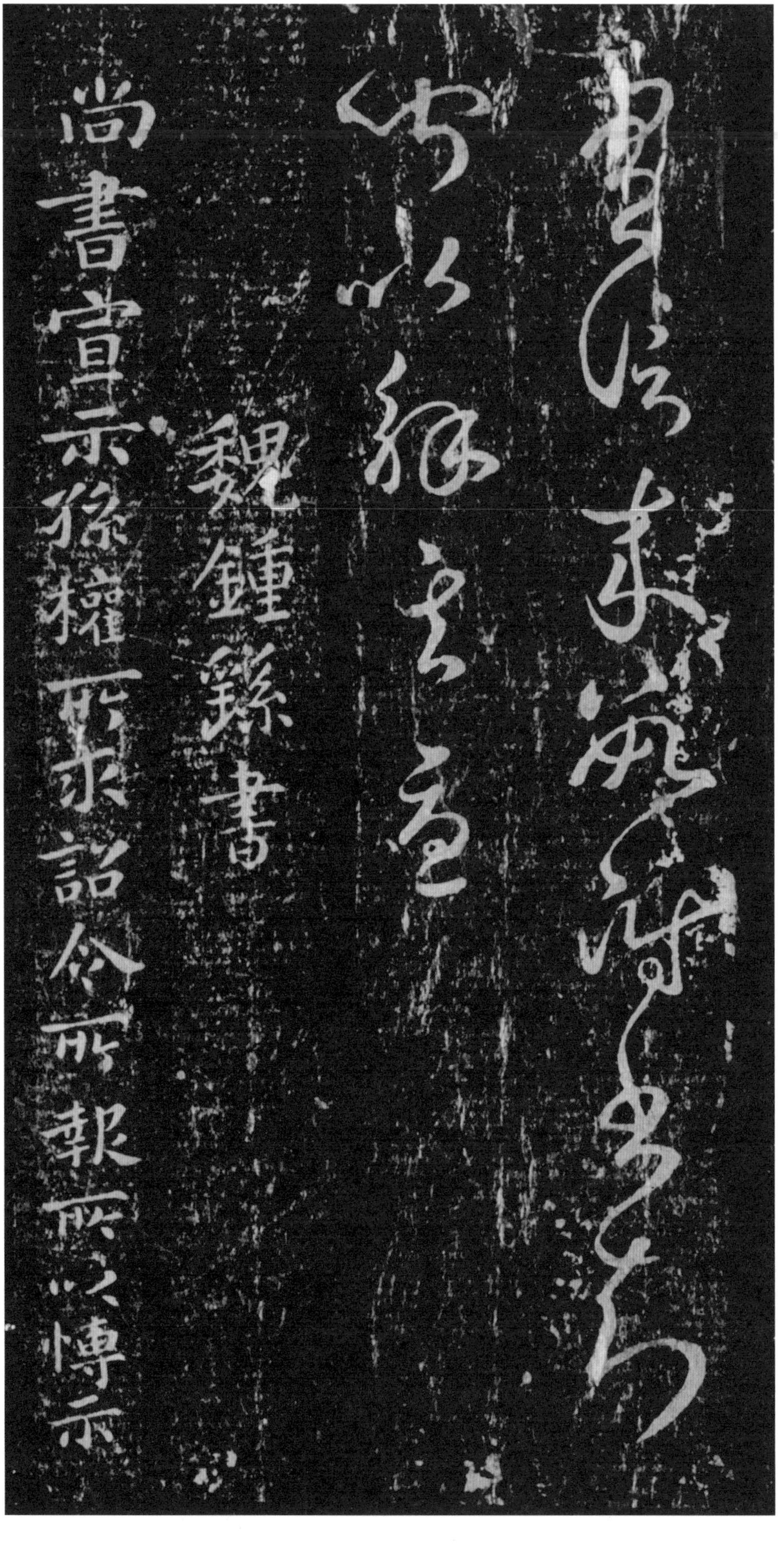


有信來數附書知
聞以解其憂

宣示表　釋文：
尚書宣示孫權所求詔令所報所以博示

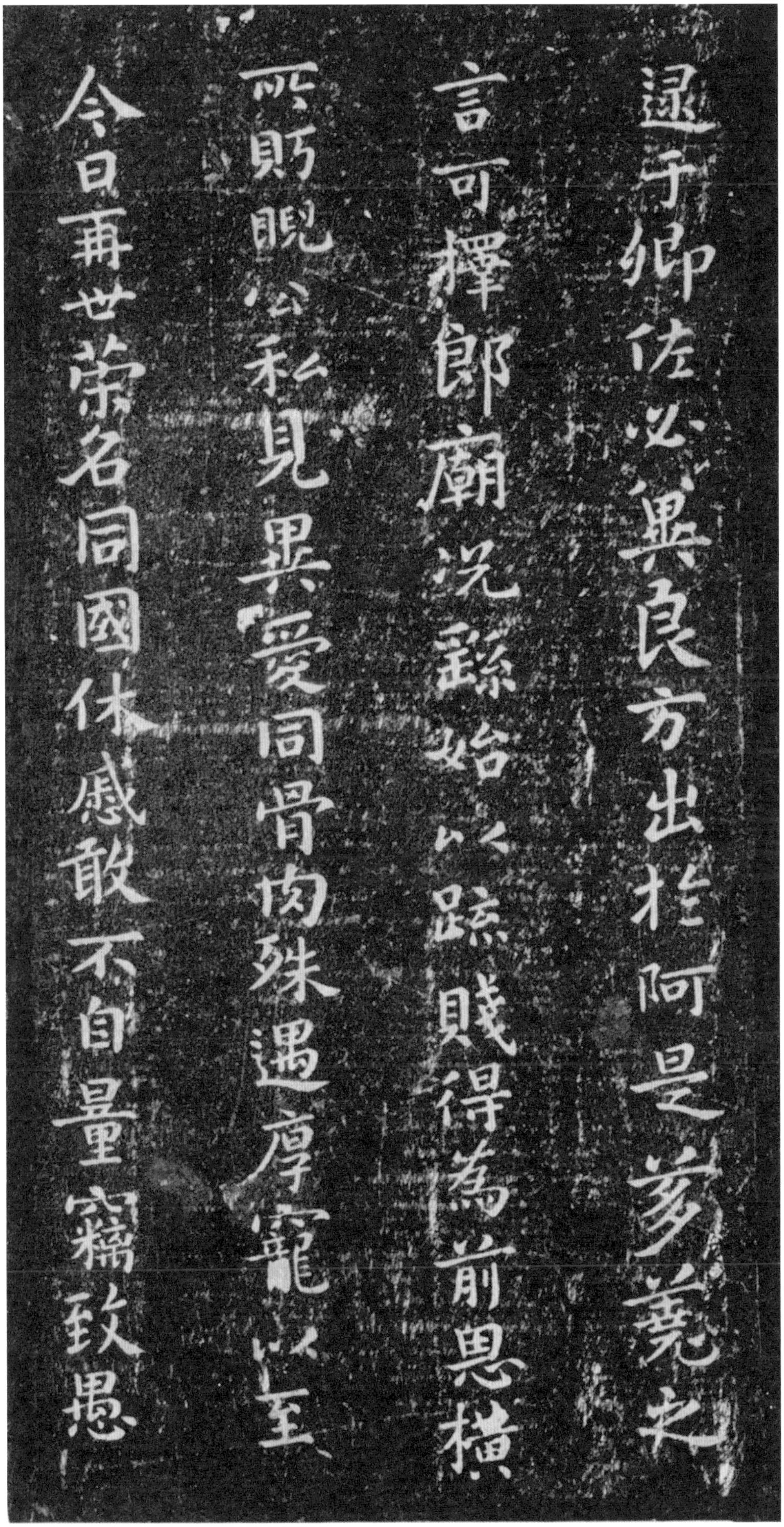

逮於卿佐必冀良方出於阿是蒭蕘之
言可擇郎廟況繇始以疏賤得為前恩橫
所眄睨公私見異愛同骨肉殊遇厚寵以至
今日再世策名同國休慼敢不自量竊致愚

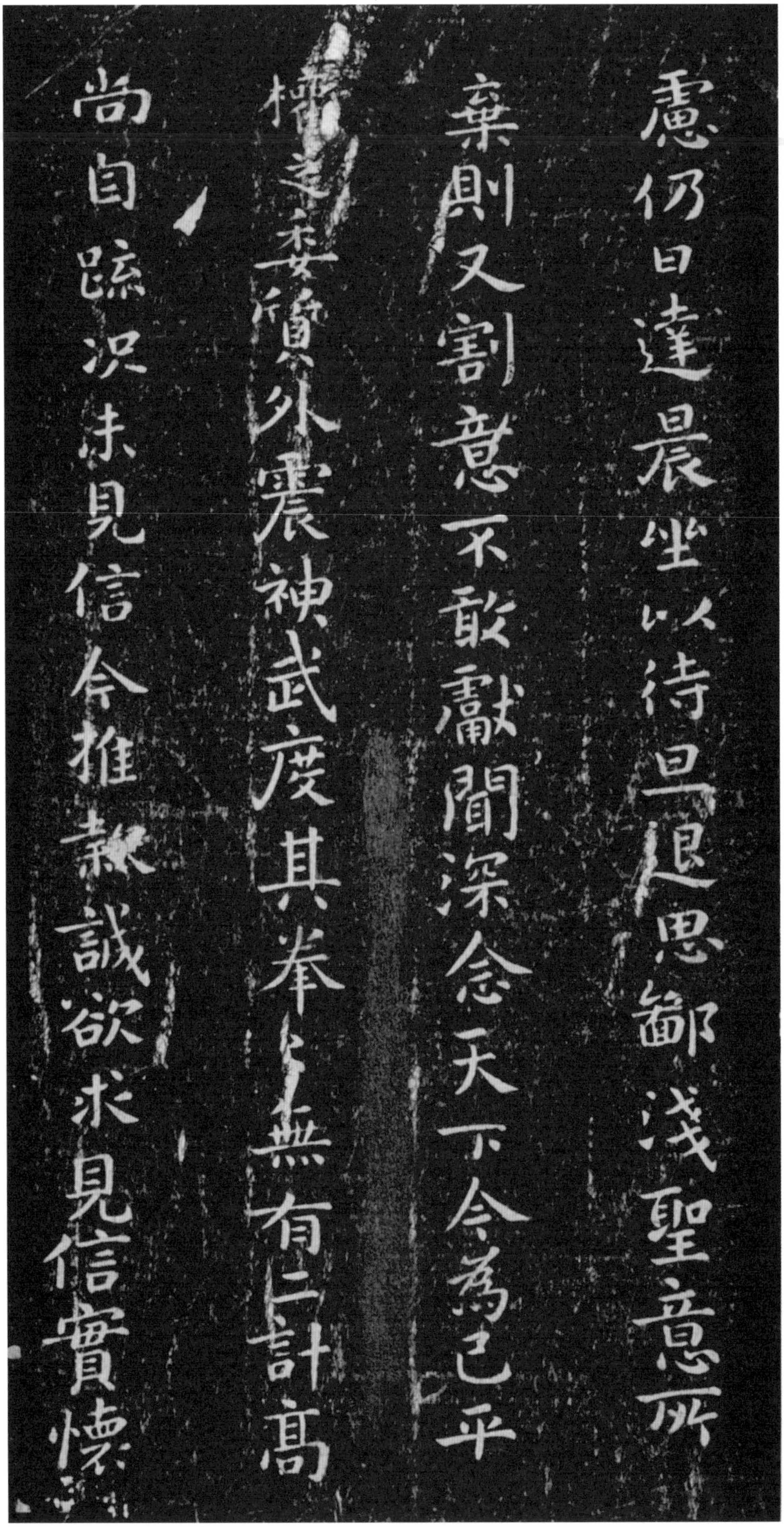
慮仍日達晨坐以待旦退思鄙淺聖意所
棄則又割意不敢獻聞深念天下今為己平
權之委質外震神武度其拳拳無有二計高
尚自疏況未見信今推款誠欲求見信實懷

慮仍日達晨坐以待旦退思鄙淺聖意所
棄則又割意不敢獻聞深念天下今為己平
權之委質外震神武度其拳拳無有二計高
尚自疏況未見信今推款誠欲求見信實懷

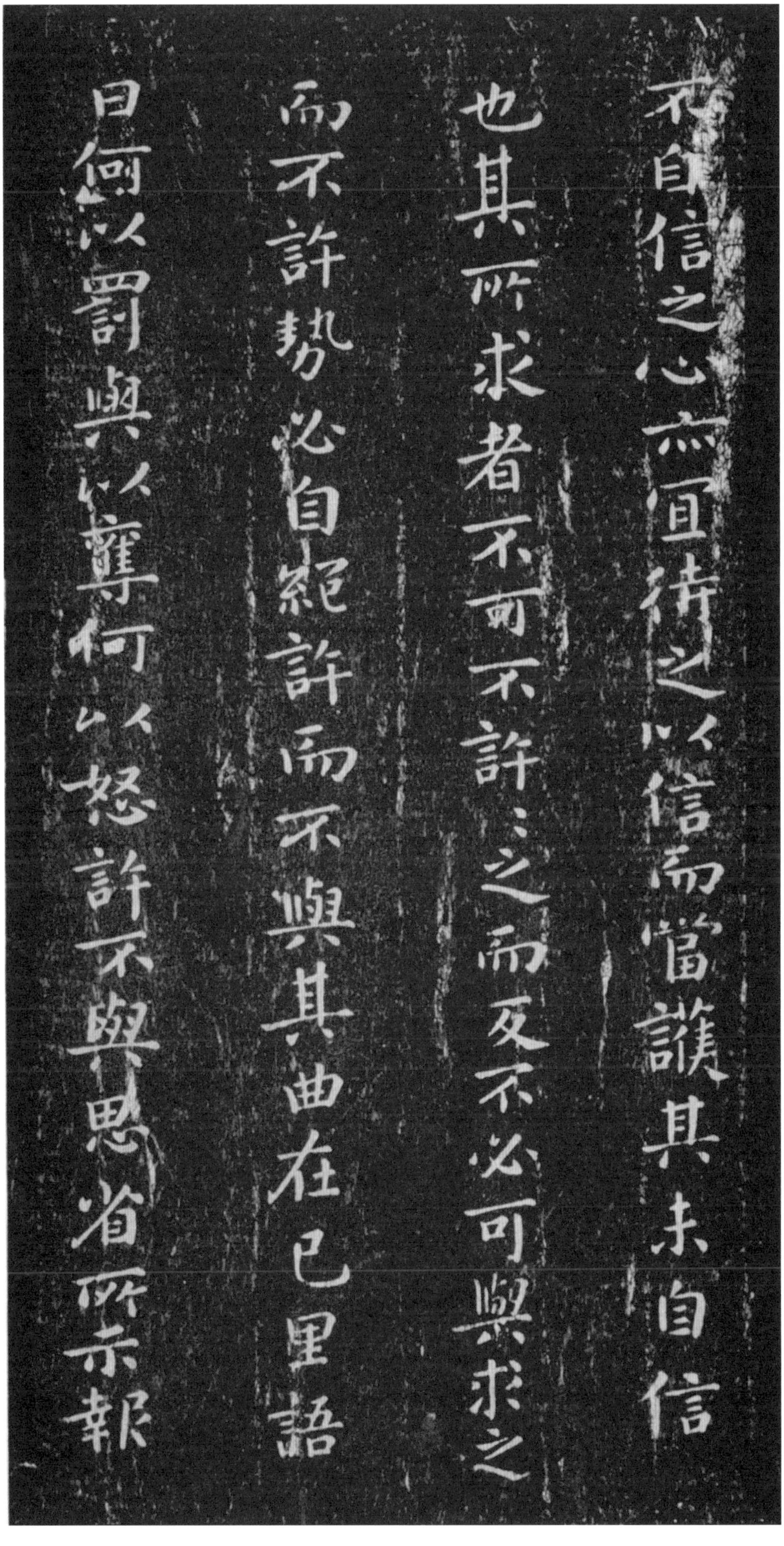

不自信之心亦宜待之以信而當護其未自信
也其所求者不可不許許之而反不必可與求之
而不許勢必自絕許而不與其曲在己里語
曰何以罰與以奪何以怒許不與思省所示報

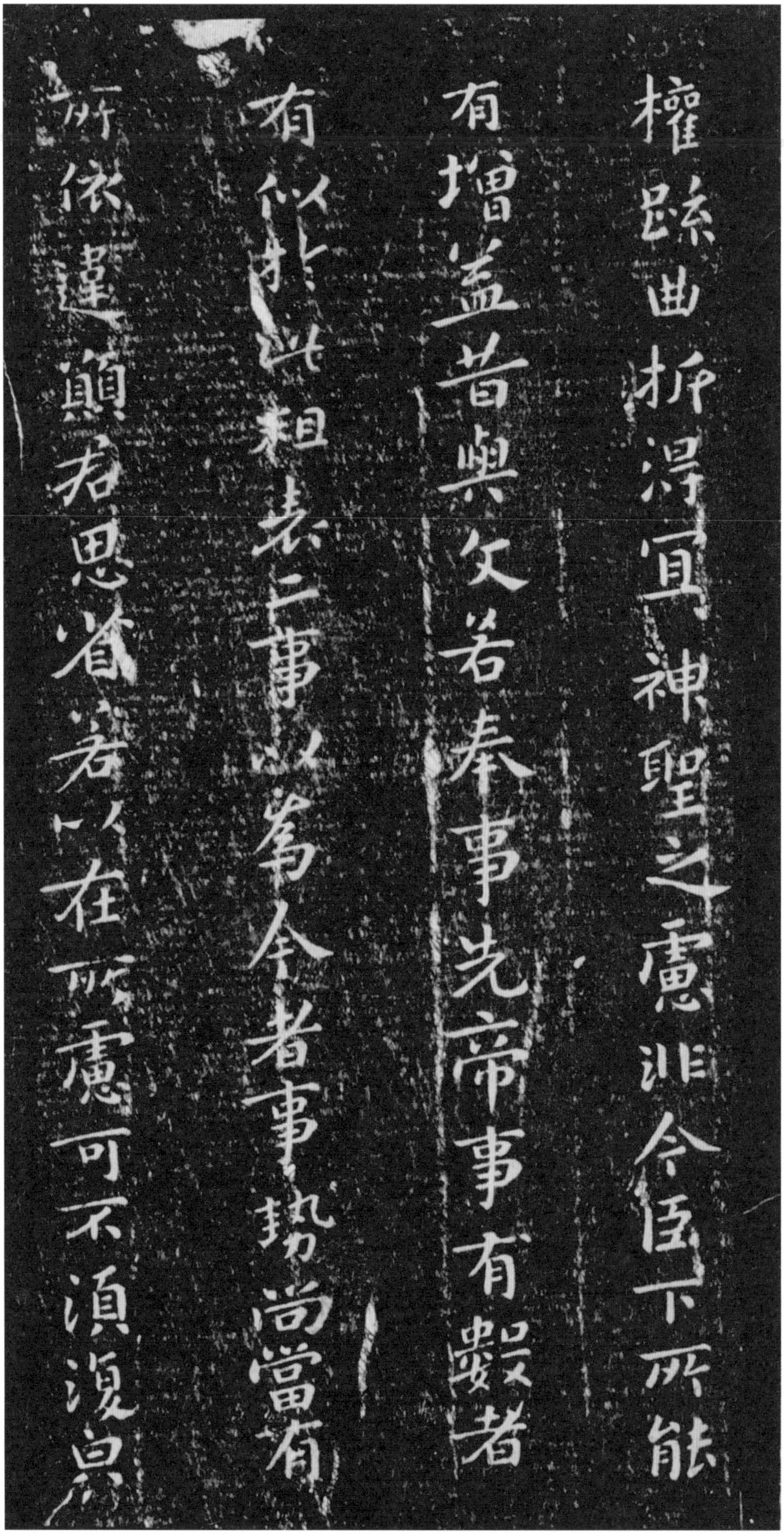

權疏曲折得宜神聖之慮非今臣下所能
有增益昔與文若奉事先帝事有數者
有似於此粗表二事以為今者事勢尚當有
所依違願君思省若以在所慮可不須復貌

7

## 魏鍾繇書　還示表

**Huan Shi Biao**

Written by Zhong You of Wei , one of the Three Kingdoms

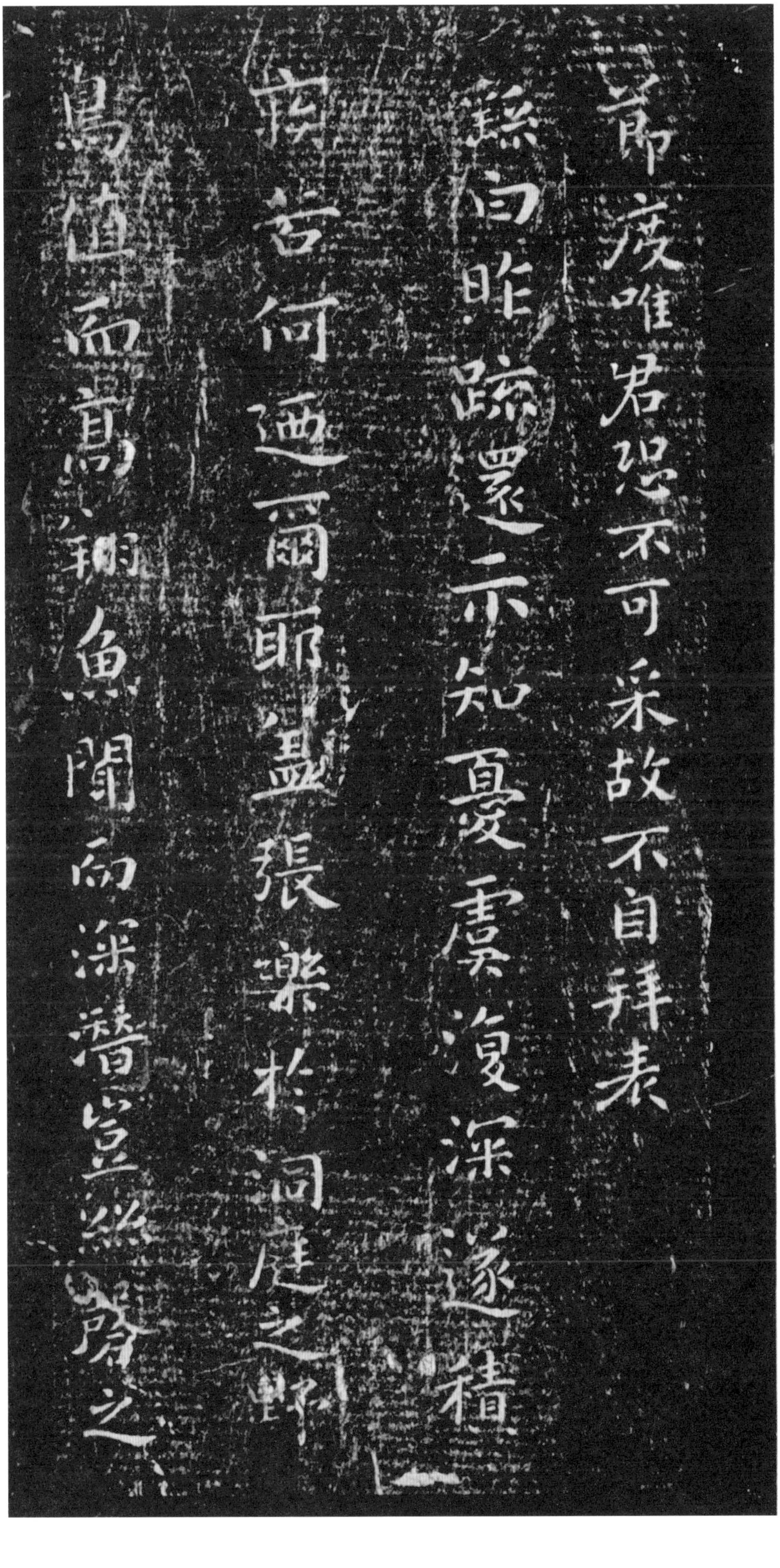

節度唯君恐不可采故不自拜表
還示表　釋文：
繇白昨疏還示知憂虞復深遂積
疾苦何遖爾耶蓋張樂於洞庭之野
鳥值而高翔魚聞而深潛豈絲磬之

8

# 魏鍾繇書　白騎帖

Bai Qi Tie

Written by Zhong You of Wei , one of the Three Kingdoms

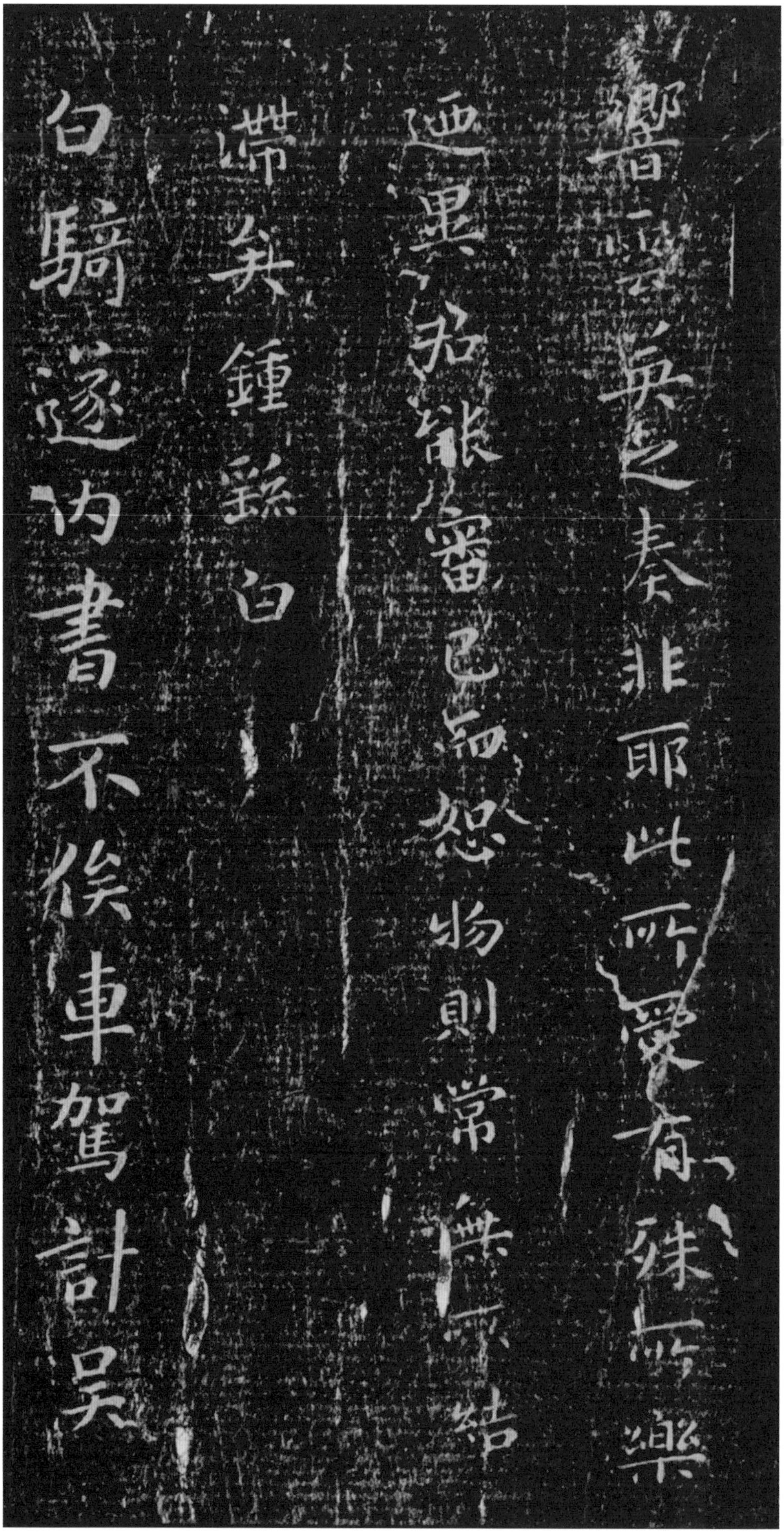


響雲英之奏非耶此所愛有殊所樂
迺異君能審己而恕物則常無所結
滯矣鍾繇白

**白騎帖　釋文：**

白騎遂內書不俟車駕計吳

9

## 魏鍾繇書　常患帖

**Chang Huan Tie**

Written by Zhong You of Wei, one of the Three Kingdoms

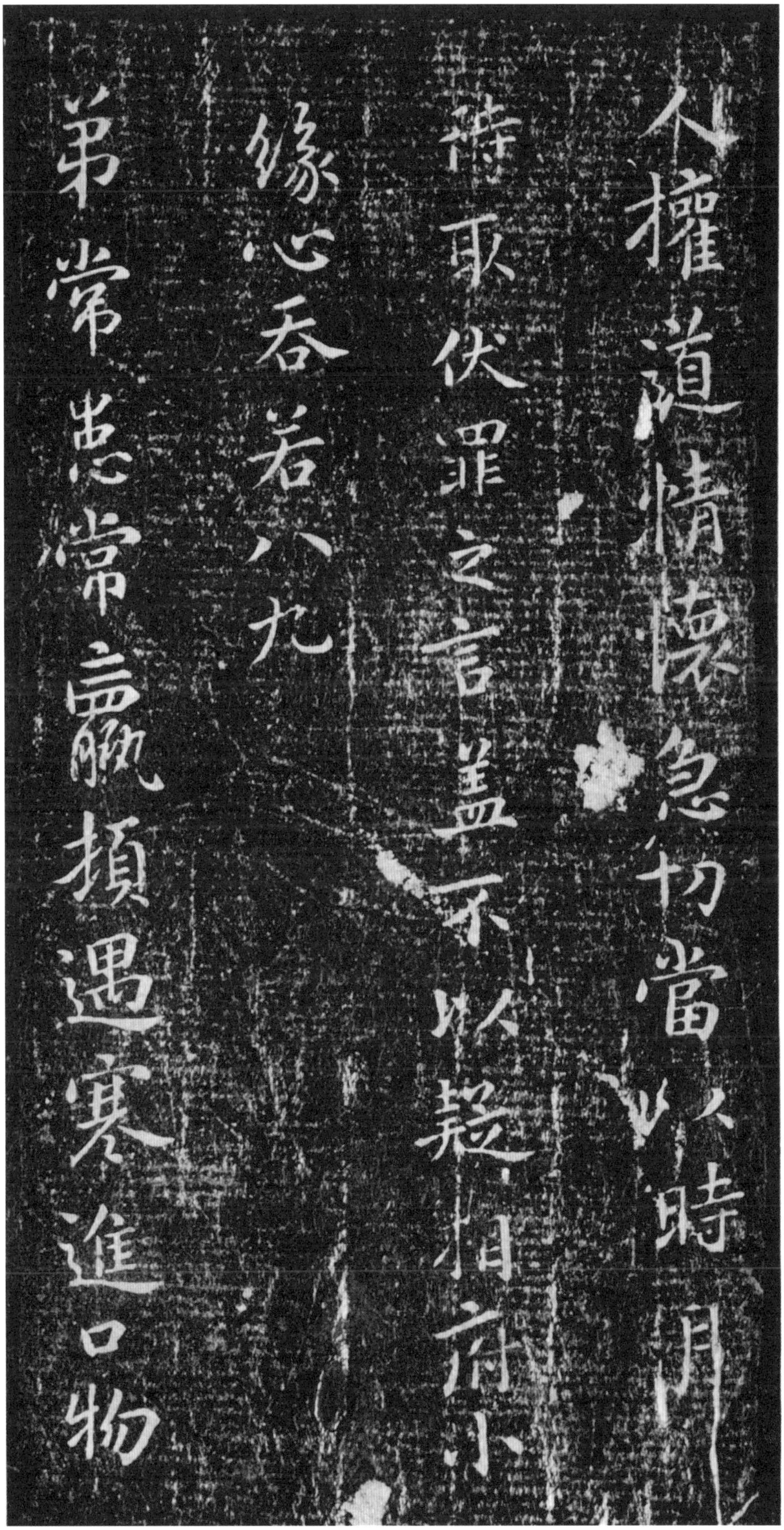


人權道情懷急切當以時月
待取伏罪之言蓋不以疑相府小
緣心吞若八九

**常患帖　釋文：**

弟常患常羸頓遇寒進口物

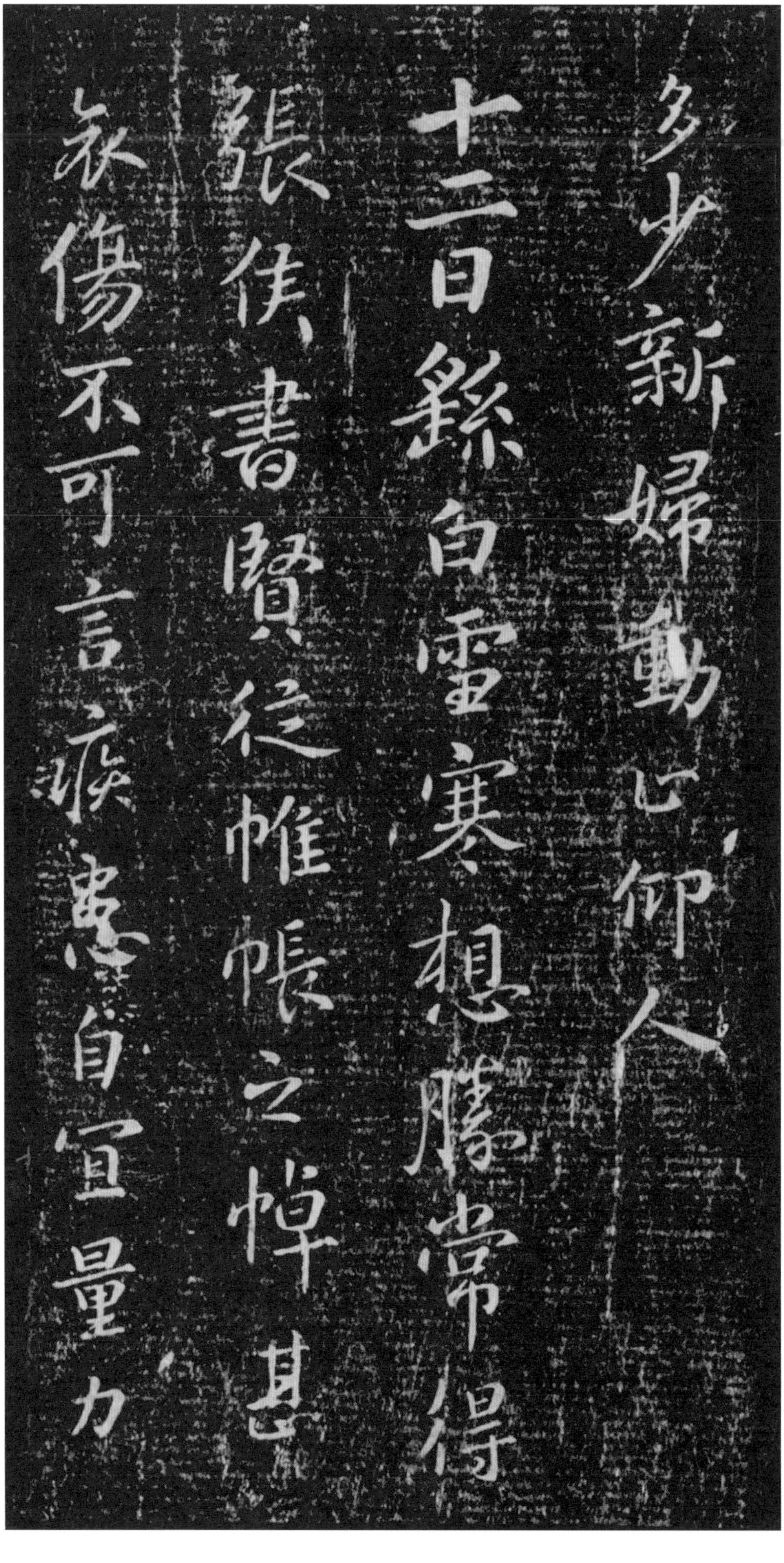


## 10

### 魏鍾繇書　雪寒帖

**Xue Han Tie**

Written by Zhong You of Wei, one of the Three Kingdoms

多少新婦動止仰人

**雪寒帖　釋文：**

十二日繇白雪寒想勝常得
張侯書賢從帷賬之悼甚
哀傷不可言疾患自宜量力

11

# 魏鍾繇書　得長風帖

Chang Feng Tie

Written by Zhong You of Wei, one of the Three Kingdoms

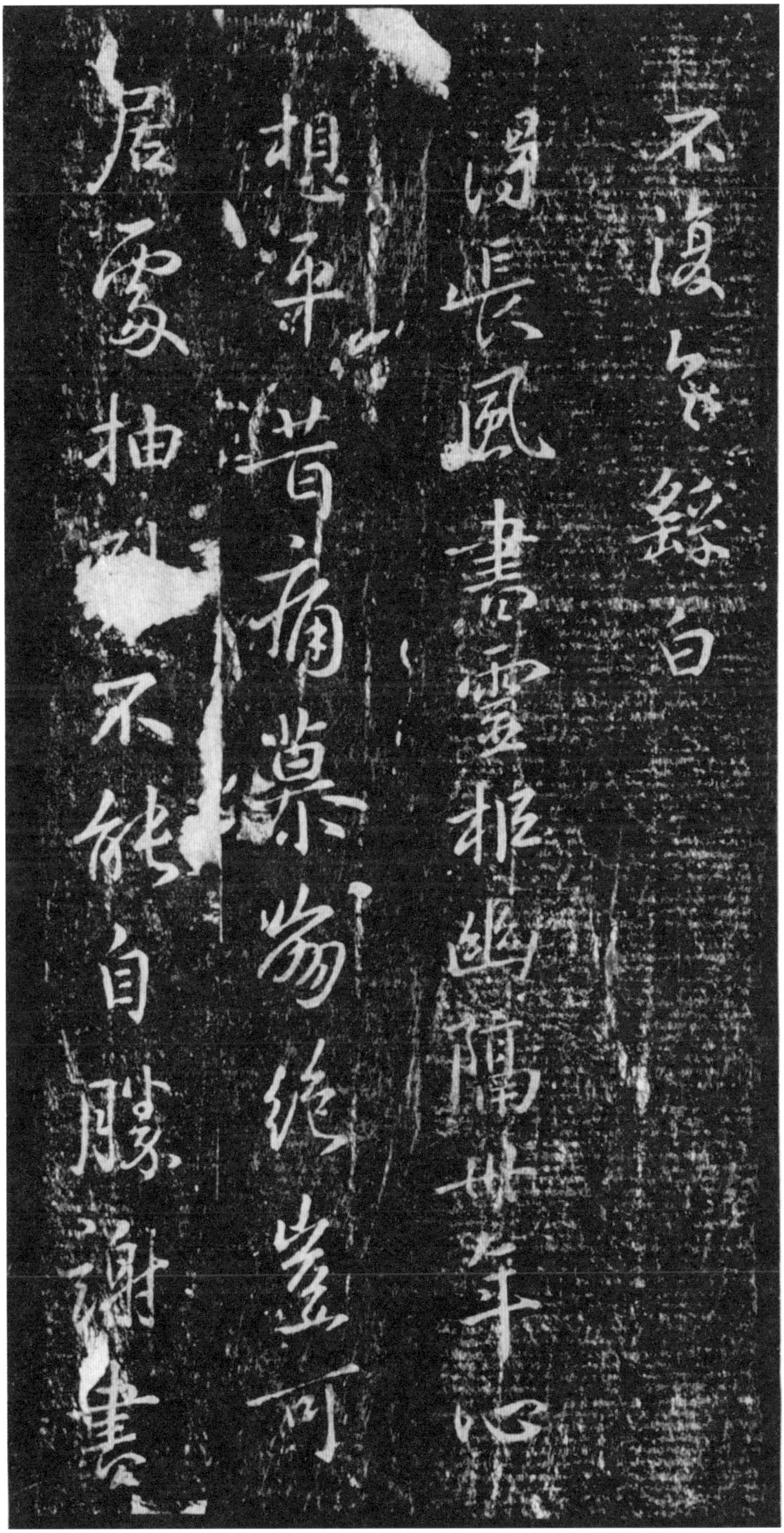

不復具繇白
得長風帖　釋文：
得長風書靈柩幽隔卅年心
想平昔痛慕崩絕豈可
居處抽裂不能自勝謝書

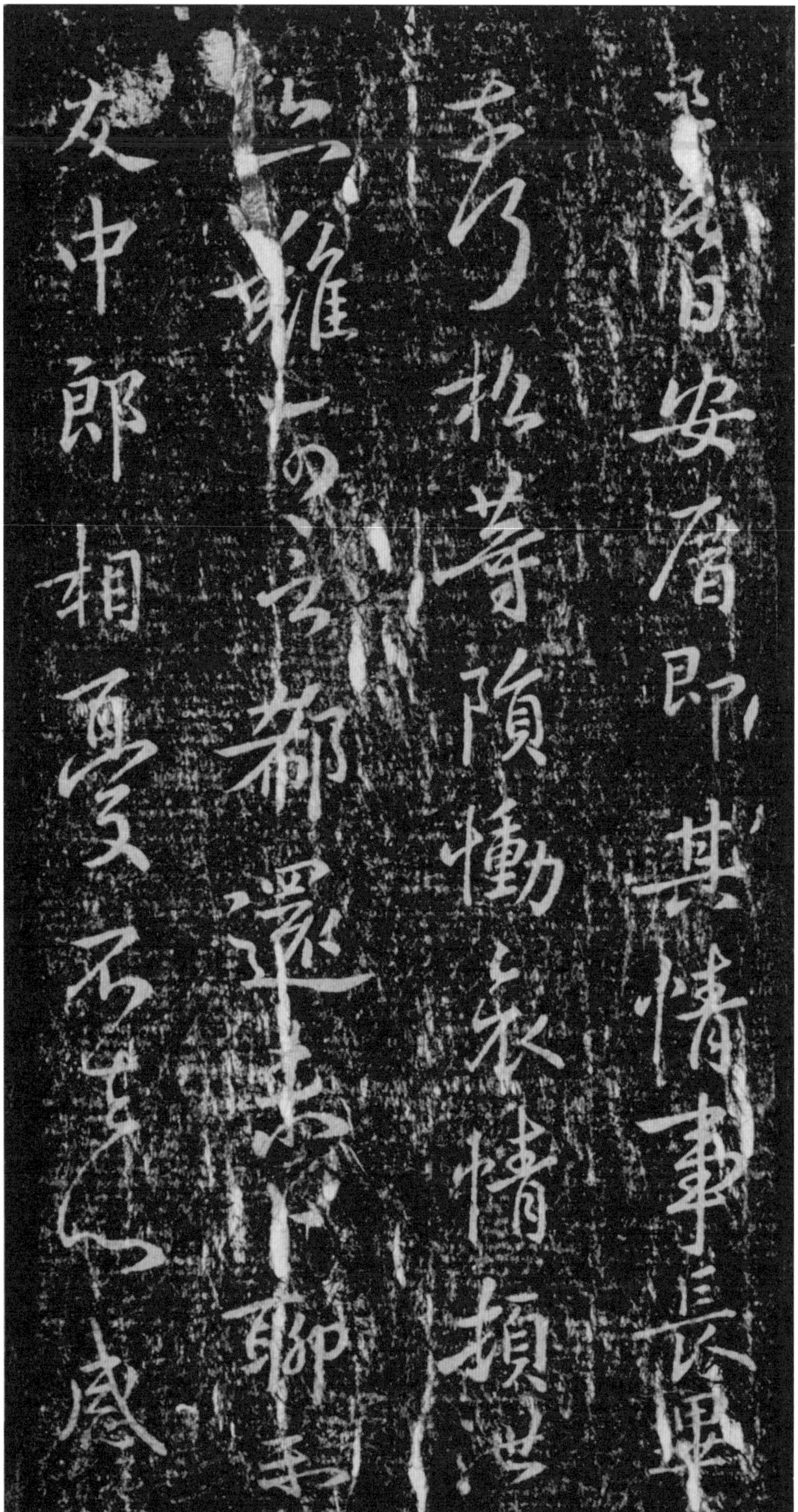

己具日安厝即其情事長畢
奈何松等隕慟哀情頓泄
亦難可言郗還未卜聊示
友中郎相憂不去心感

## 12

# 吳青州刺史皇象書　文武帖

**Wen Wu Tie**

Written by Huang Xiang, Prefectural Governor of Qingzou, Wu of the Three Kingdoms

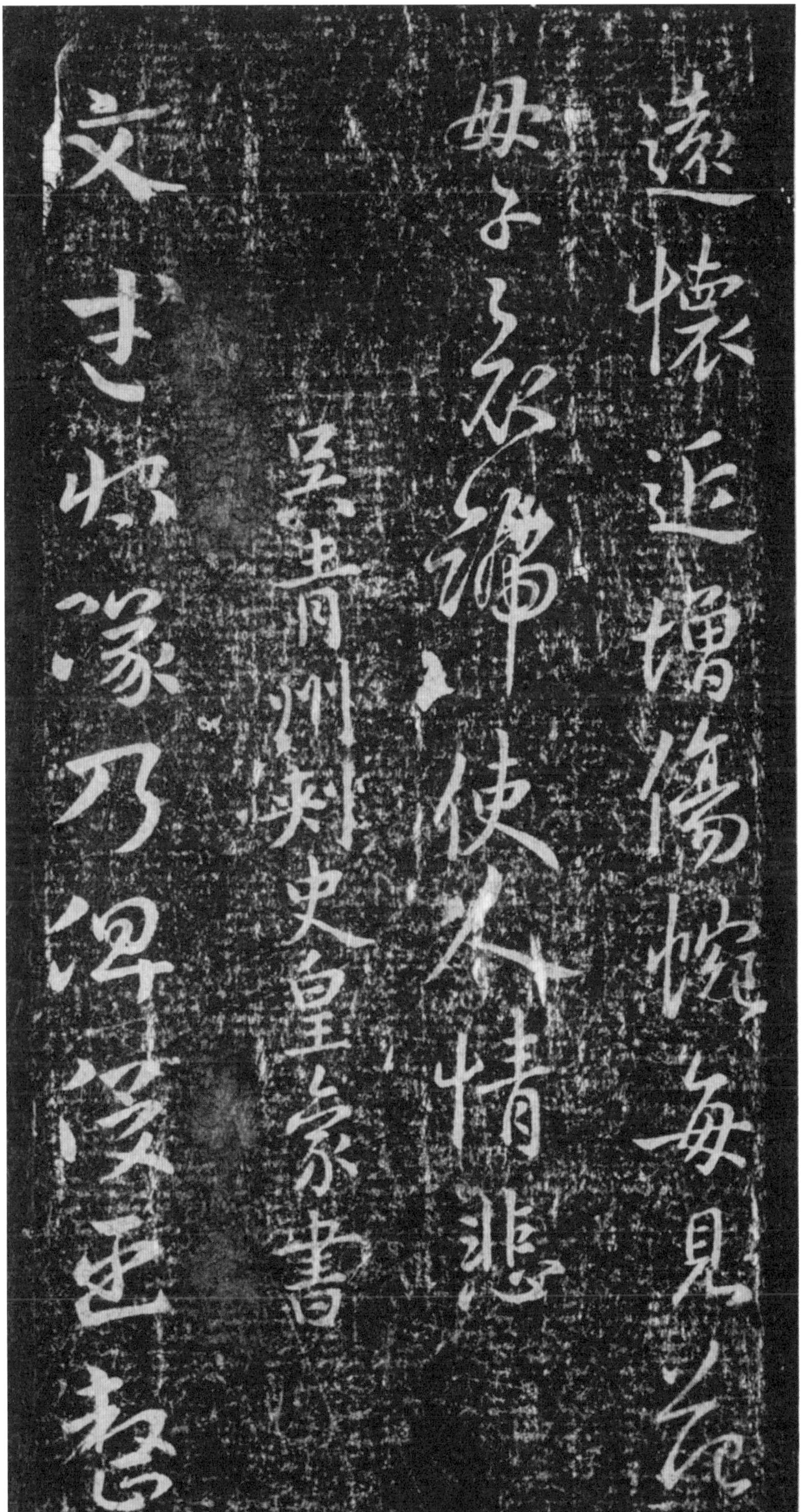

文武帖　釋文：

遠懷近增傷惋每見范
母子哀號使人情悲
文武將隊乃俾俊臣整

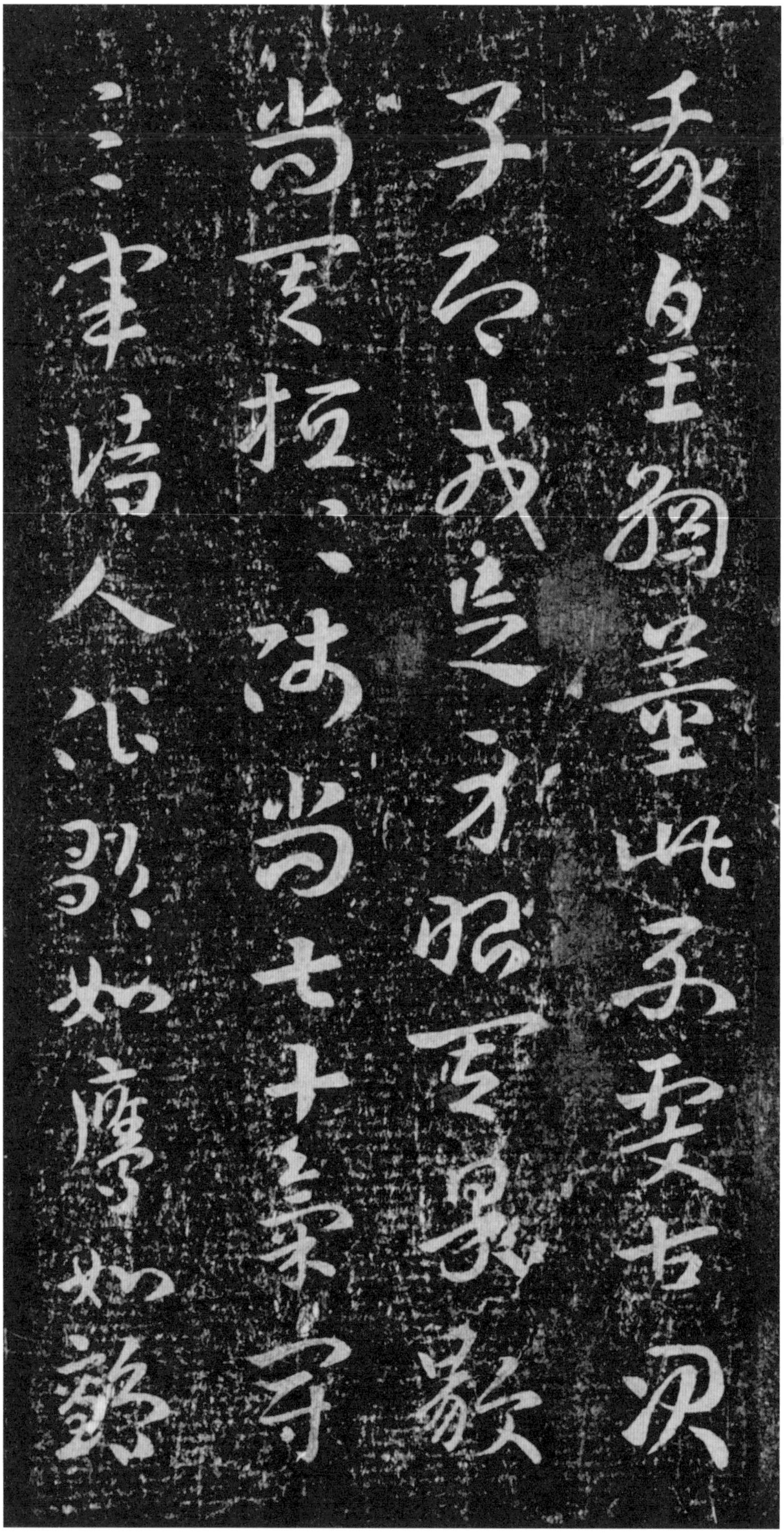


我皇綱董此不虞古君
子即戎忘身昭其果毅
尚其桓桓師尚七十氣冠
三軍詩人作歌如鷹如鸇

13

## 吳青州刺史皇象書　頑闇帖

**Wan An Tie**

Written by Huang Xiang, Prefectural Governor of Qingzou, Wu of the Three Kingdoms

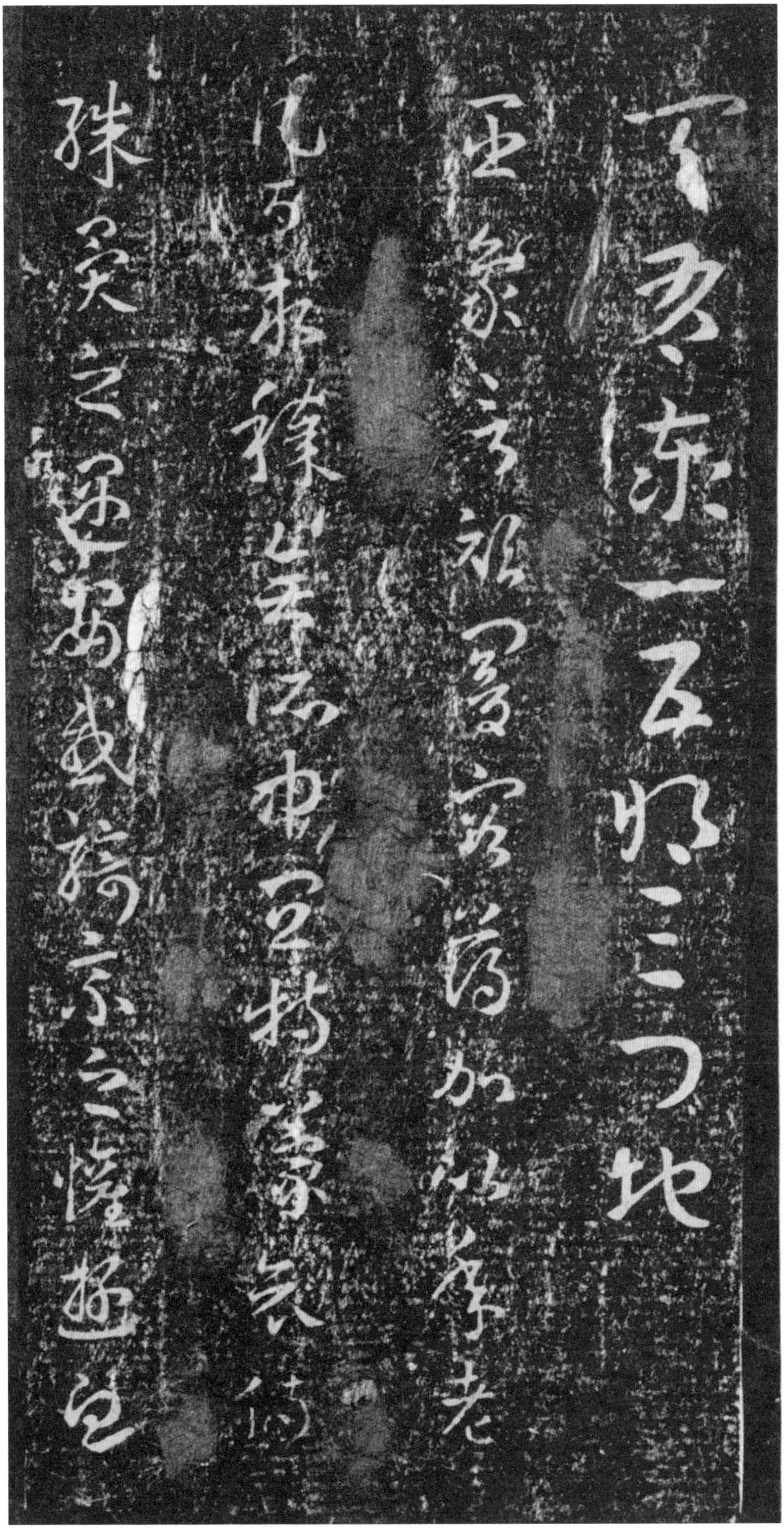

大有泰一五將三門地

頑闇帖　釋文：

㞢象言頑闇容薄加以年老
凡百乖穢無所中宜特蒙哀傷
殊異之遇安感騎乘之懽遊息

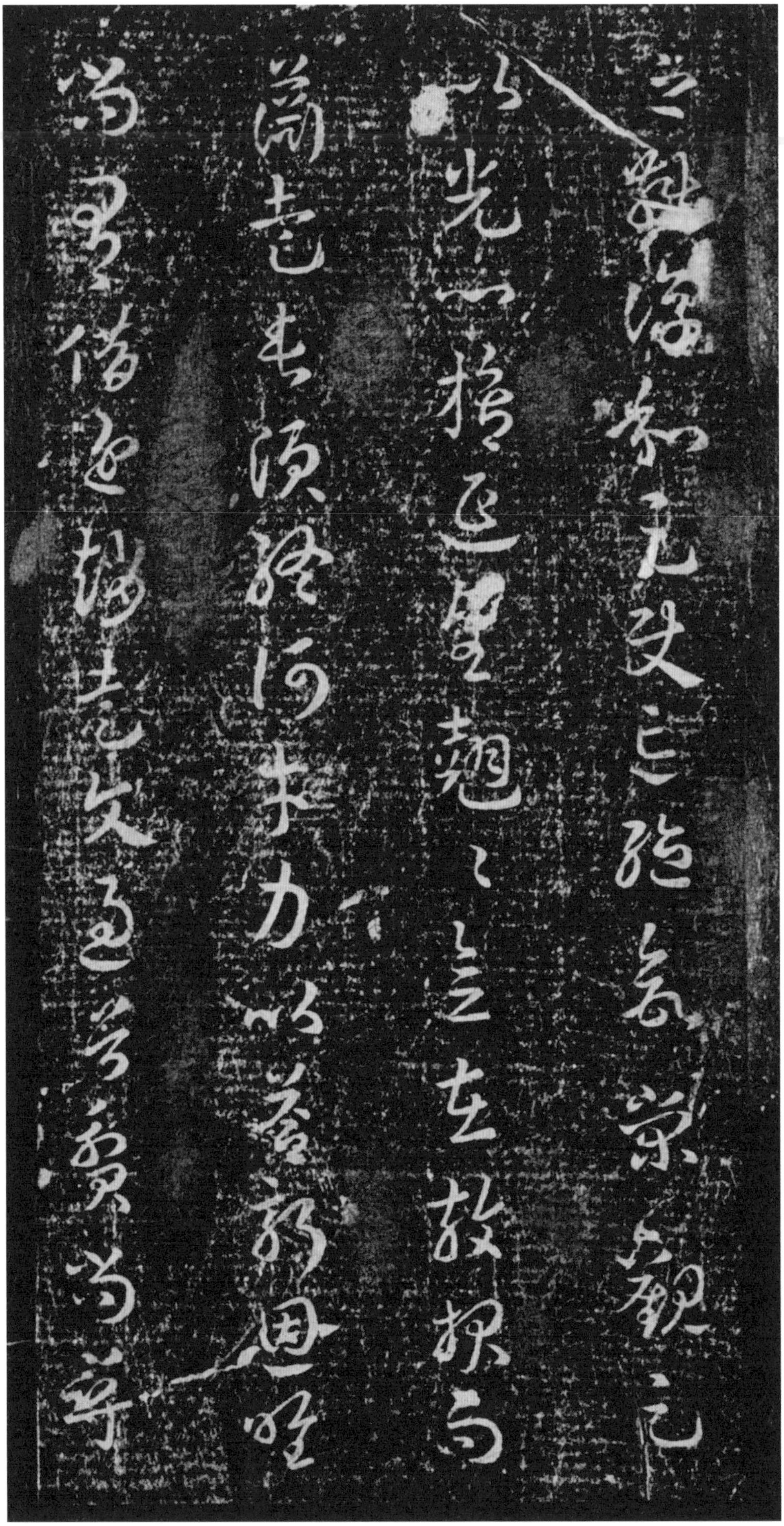

之燕淳和足使忘軀命榮觀足
以光心膂延望翹翹念在效報而
蕭走垂須終何才力以答新恩唯
尚有借近趙走文過首貧尚尋

14

# 晉丞相張華書　得書帖

De Shu Tie

Written by Zhang Hua, Prime Minister, Jin Dynasty

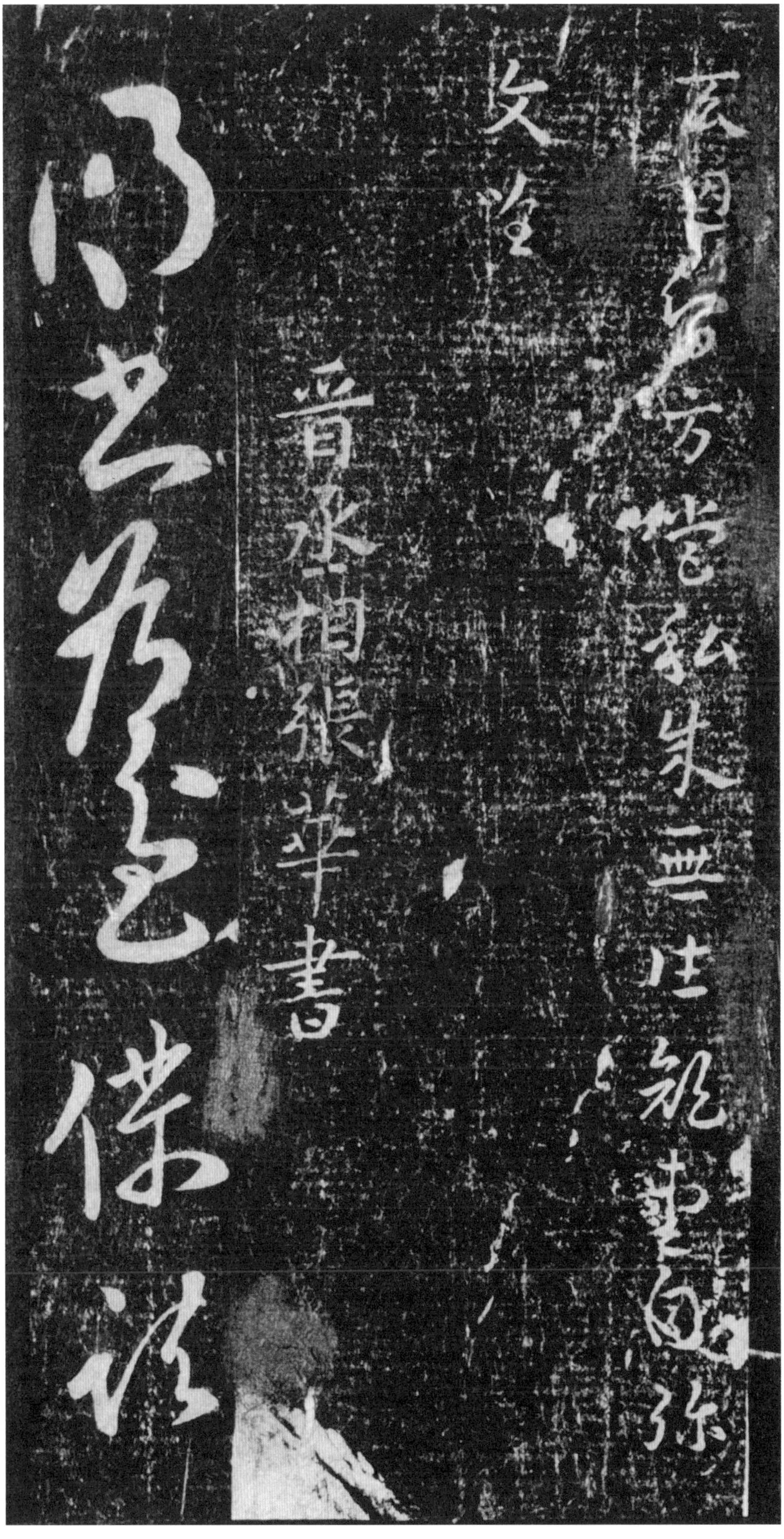

天恩智方營私成無往顏愛自彌
文唯

得書帖　釋文：
得書為慰僕諸

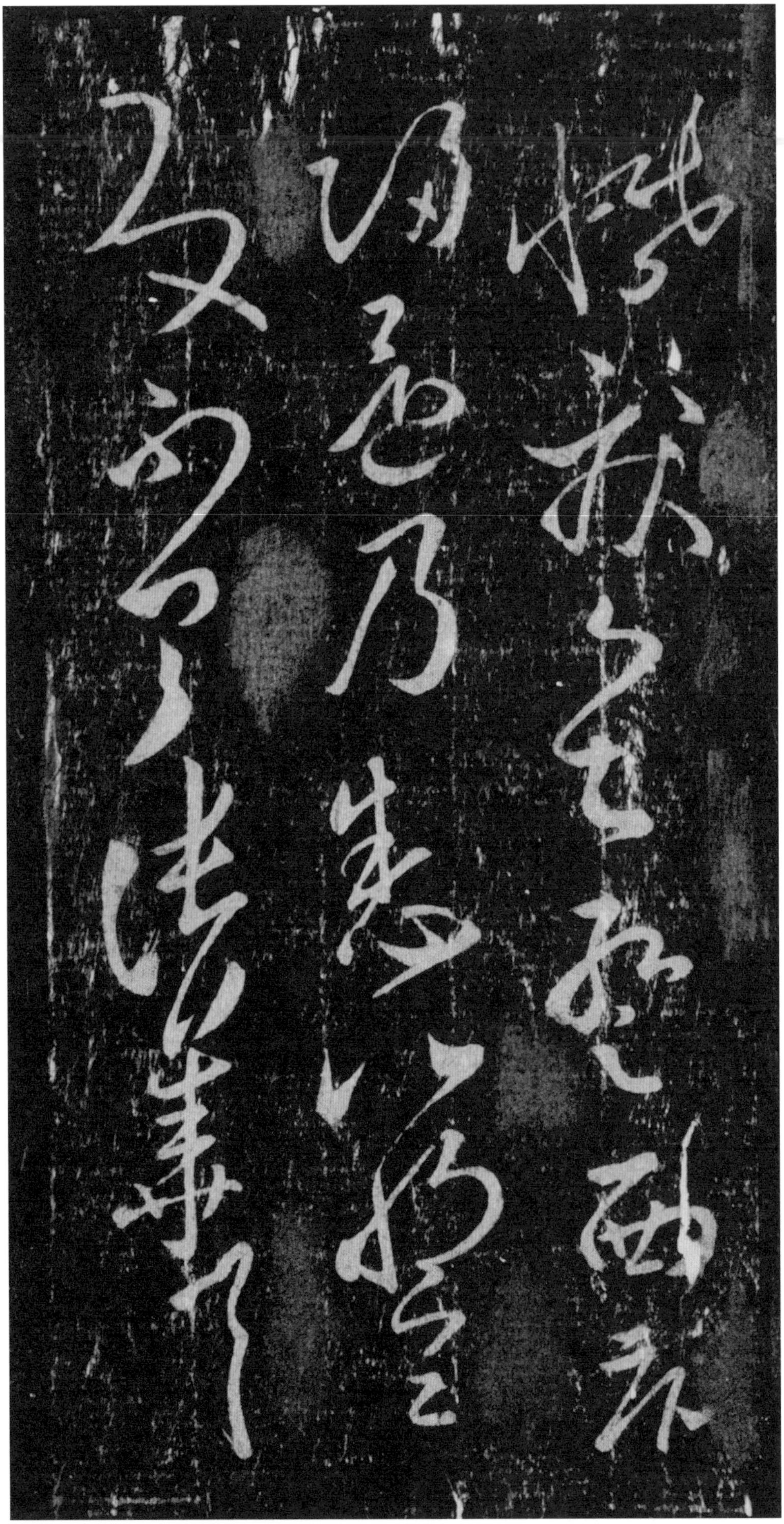

惛疾巳甚暫西臥
歸還乃悉比將念
反不具張華呈

15

# 晉丞相桓溫書　大事帖

Da Shi Tie

Written by Huan Wen, Prime Minister, Jin Dynasty

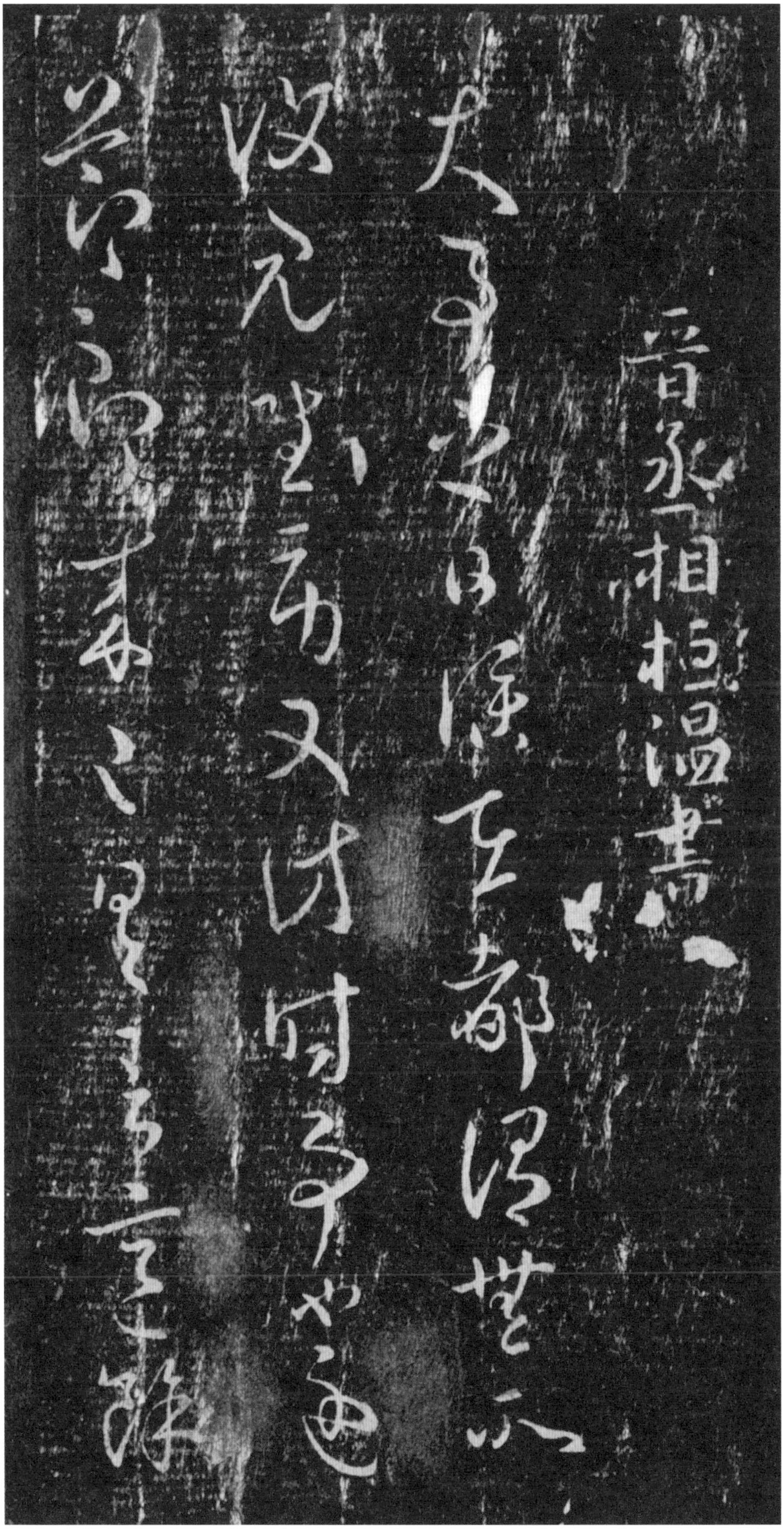

大事帖　釋文：

大事之日僕在都謂無所
復見慰勞又計時事也還
節郎來已具言意餘

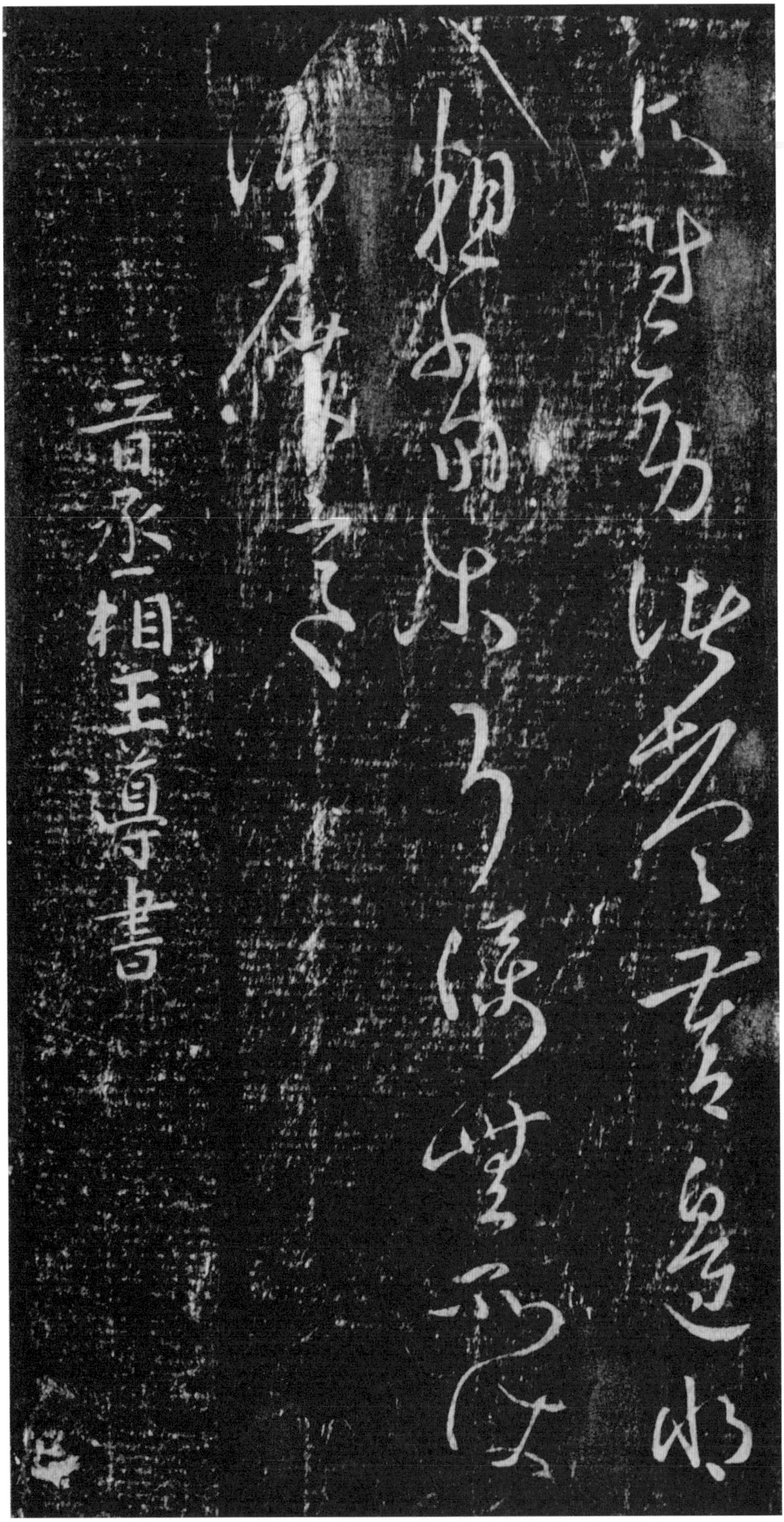


所慰勞諸都督邊將
粗當爾耳僕無所護
治庶意

## 16

晉丞相王導書　省示帖

Sheng Shi Tie

Written by Wang Dao, Prime Minister, Jin Dynasty

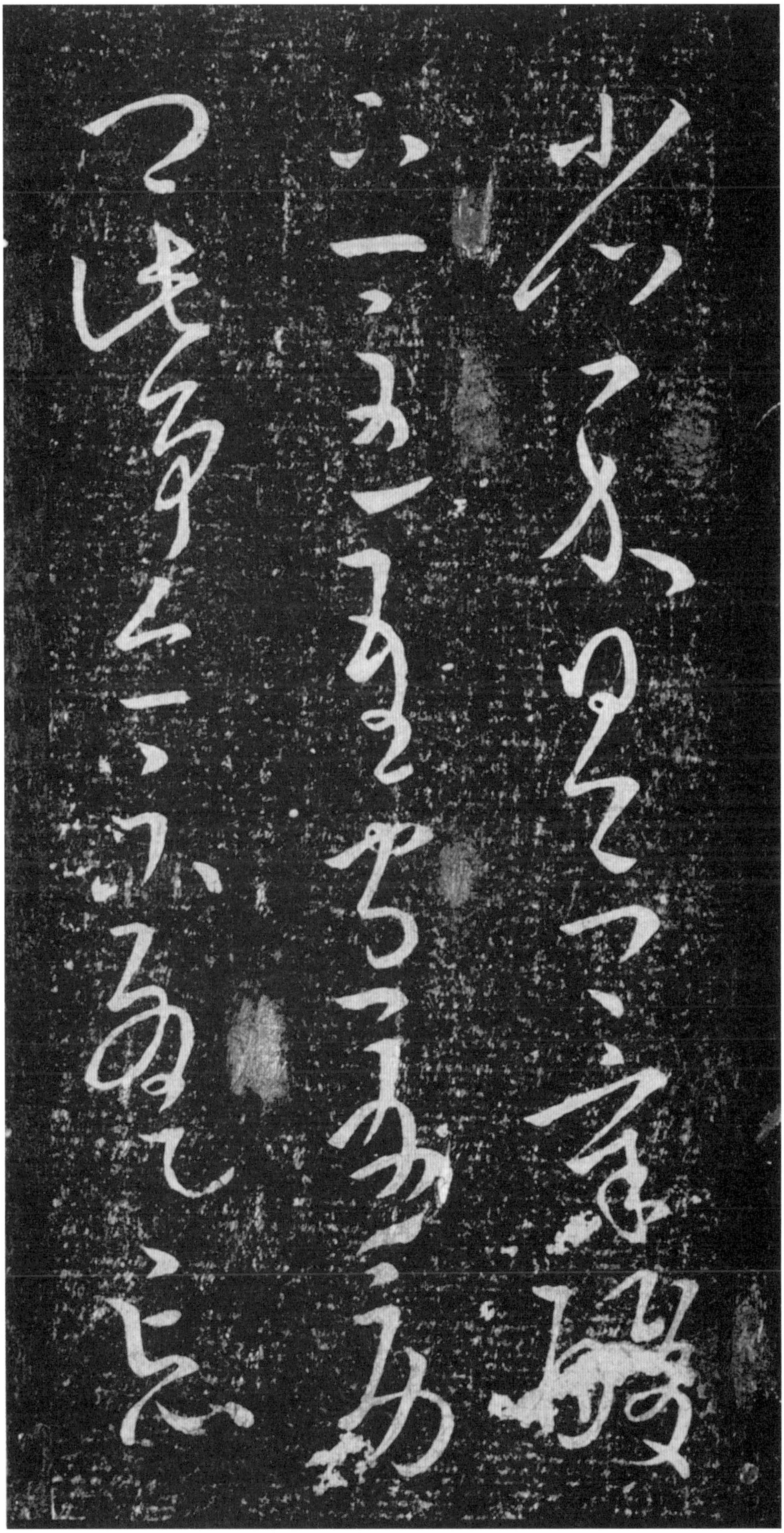

省示帖　釋文：

省示具卿辛酸

之至吾守憂勞

卿此事亦不暫忘

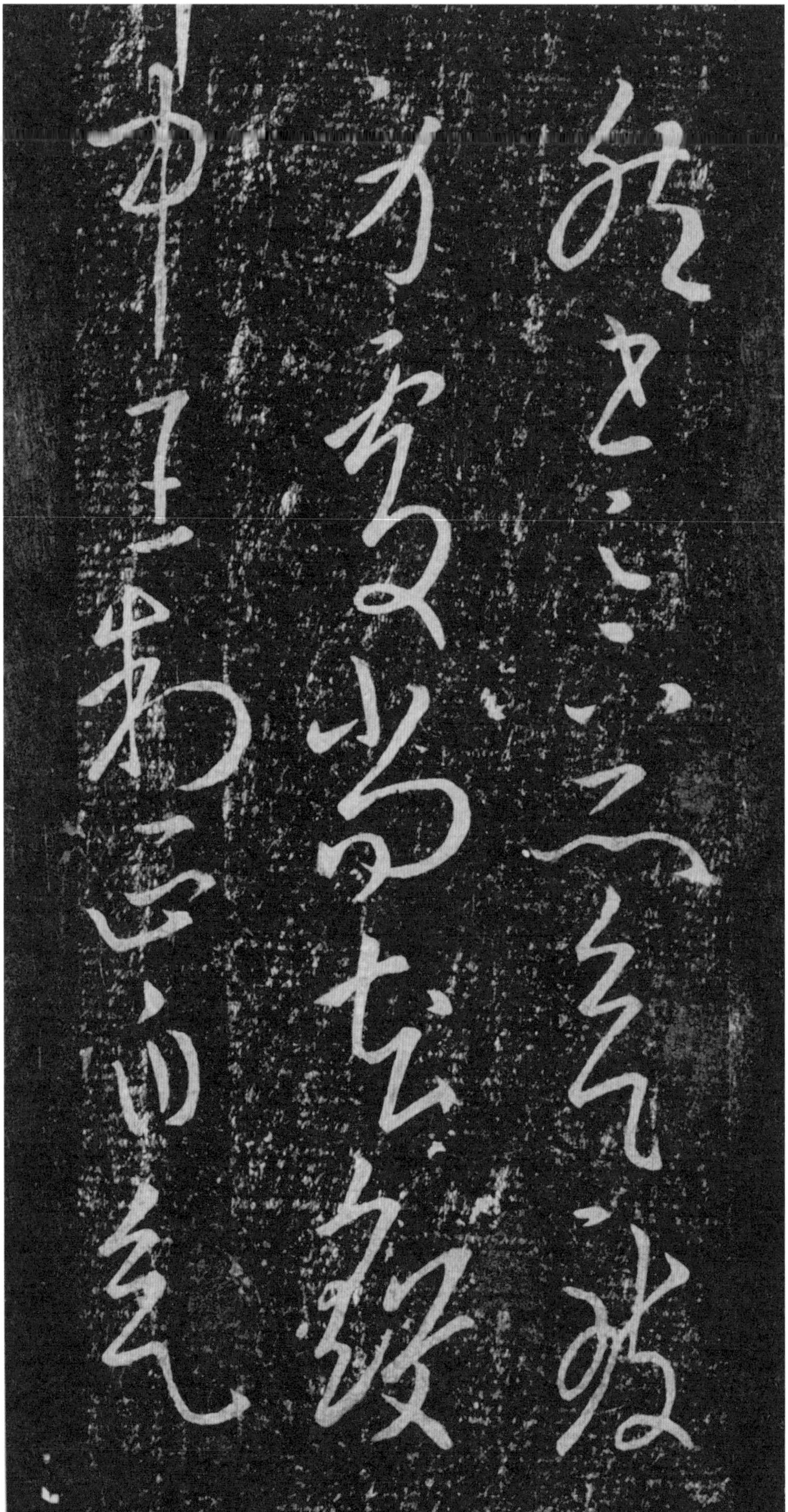

然書足下所欲致
身處尚在殿
中王制正自欲

## 17

# 晉丞相王導書　改朔帖

Gai Shuo Tie

Written by Wang Dao, Prime Minister, Jin Dynasty

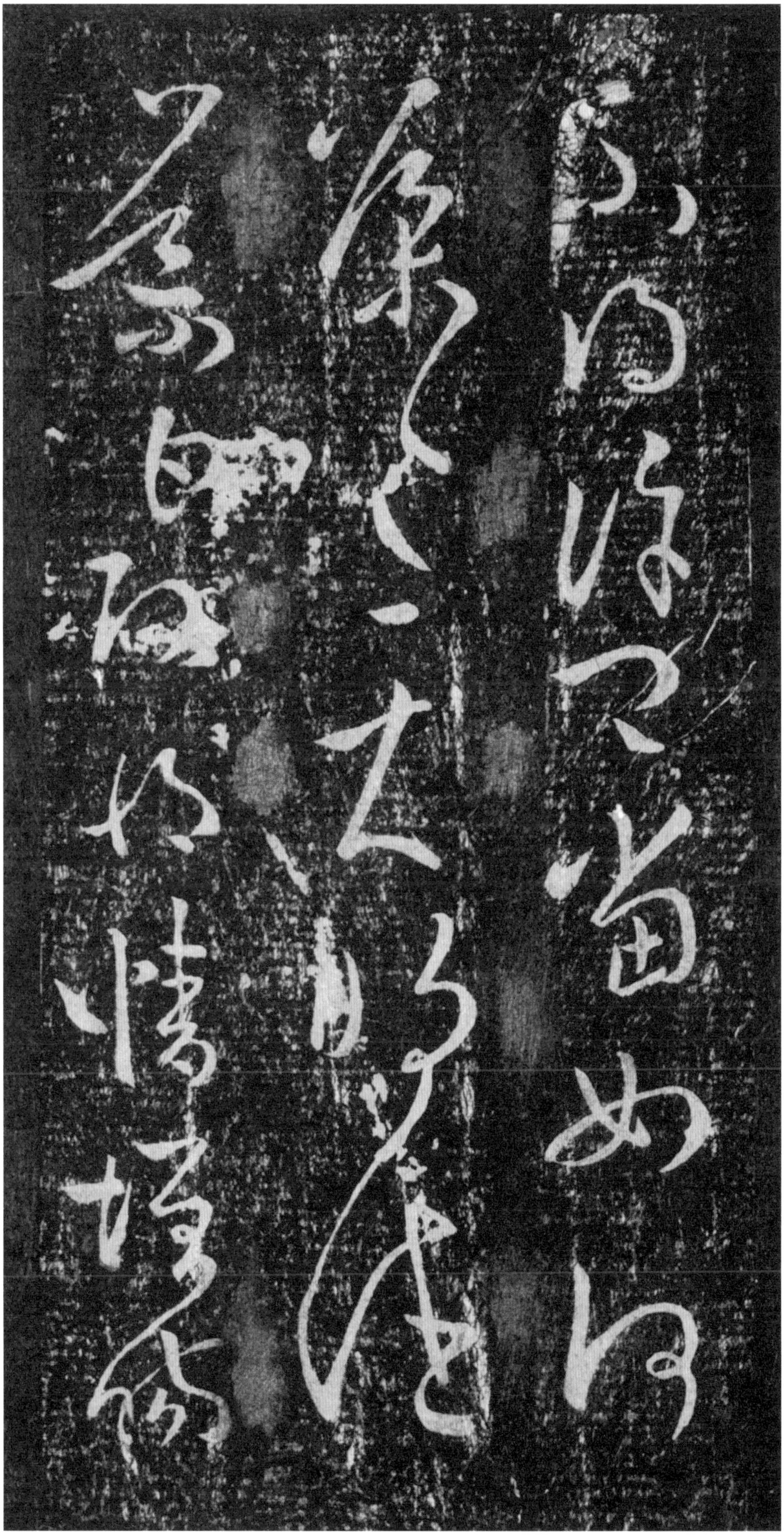

不得許卿當如何
導亦天明往
改朔帖　釋文：
導白改朔情增傷

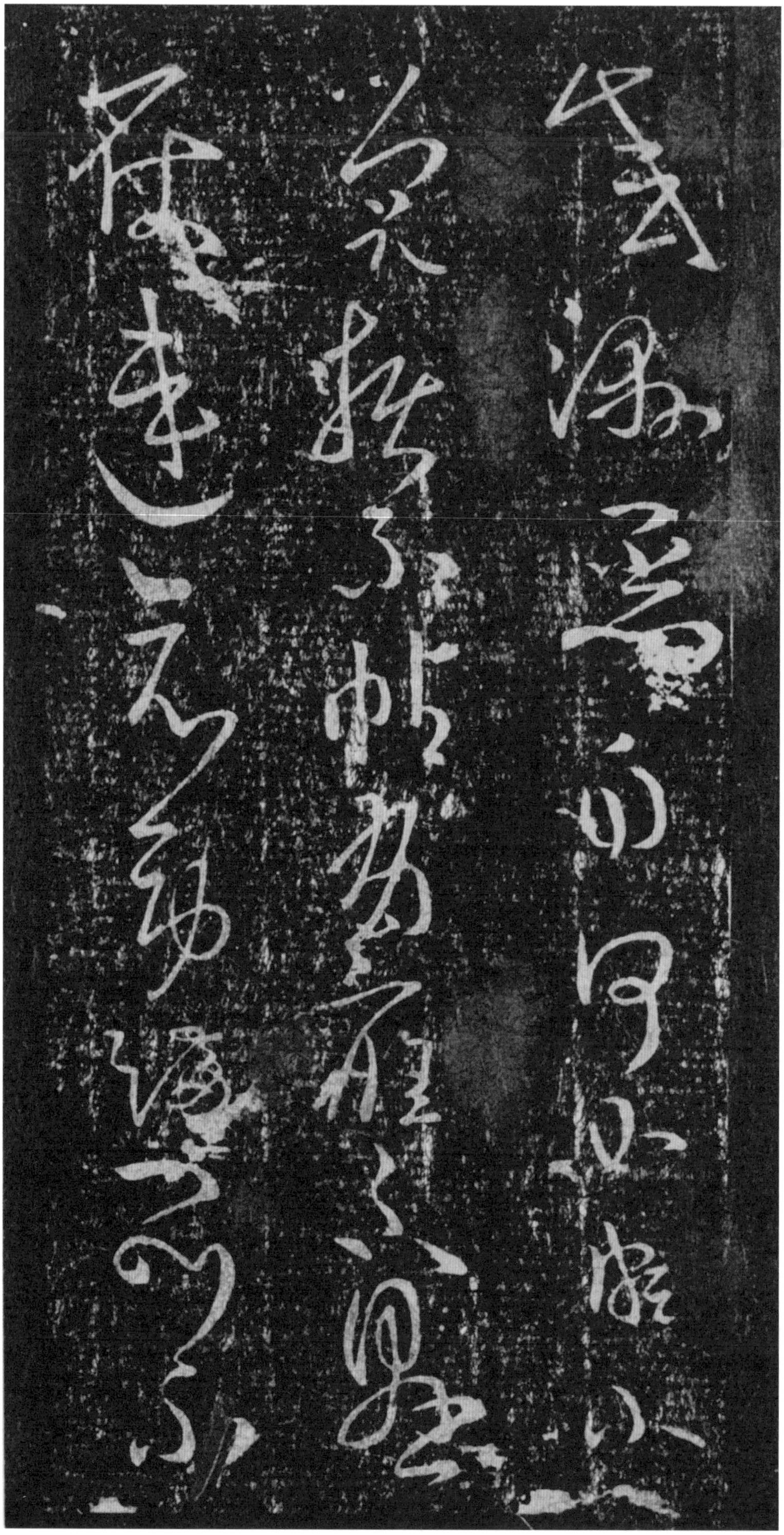

感濕悉自何如頗小
覺損不帖有應不懸
耿連哀勞滿悶不

18

## 晉丞相王敦書　蠟節帖

La Jie Tie

Written by Wang Dun, Prime Minister, Jin Dynasty

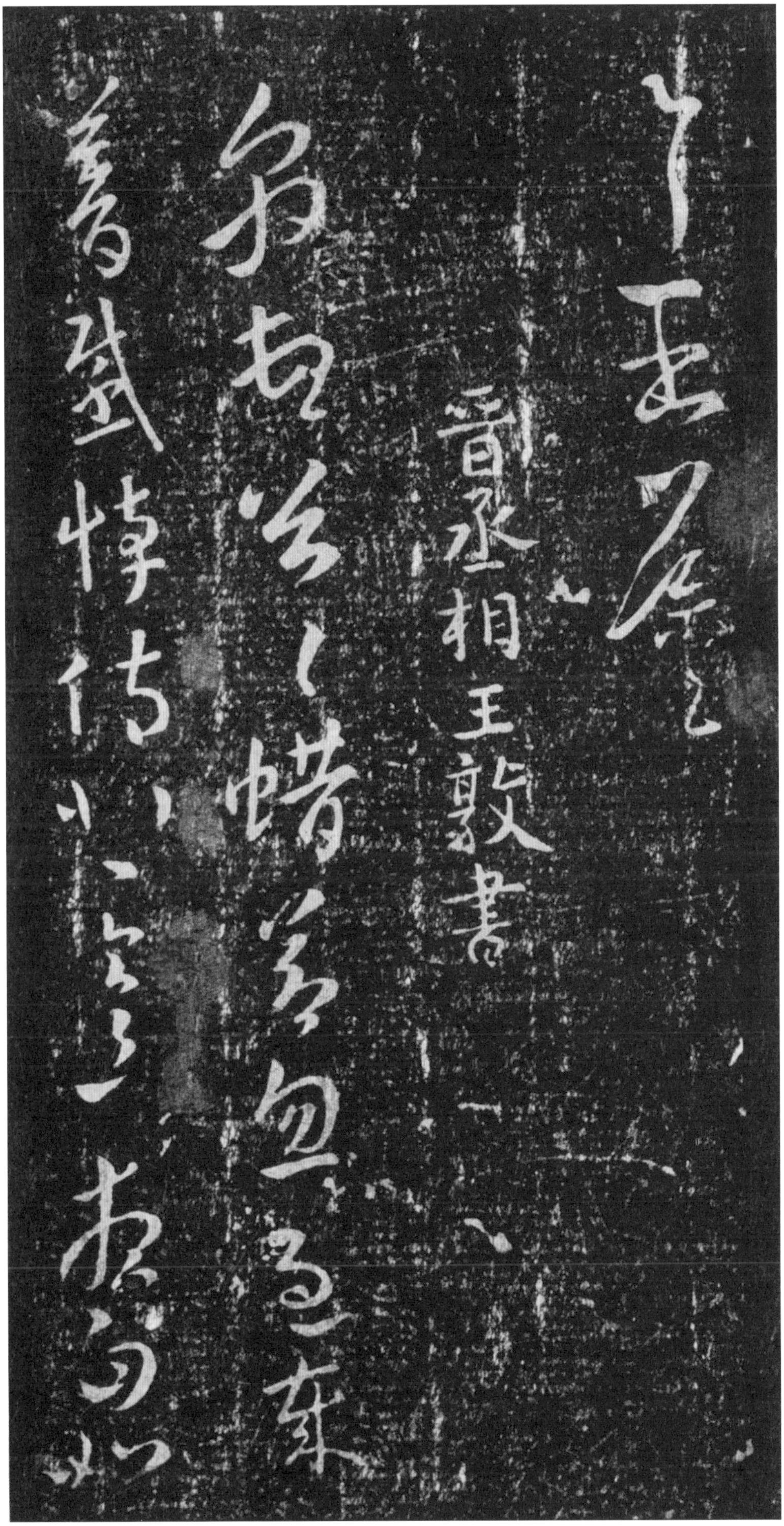

具王導白

**蠟節帖**　釋文：

敦頓首頓首蠟節忽過歲
暮感悼傷悲邑邑想自如

19

# 晉中書令王洽書　承問帖

**Cheng Wen Tie**

Written by Wang Qia, Secretariat Director, Jin Dynasty

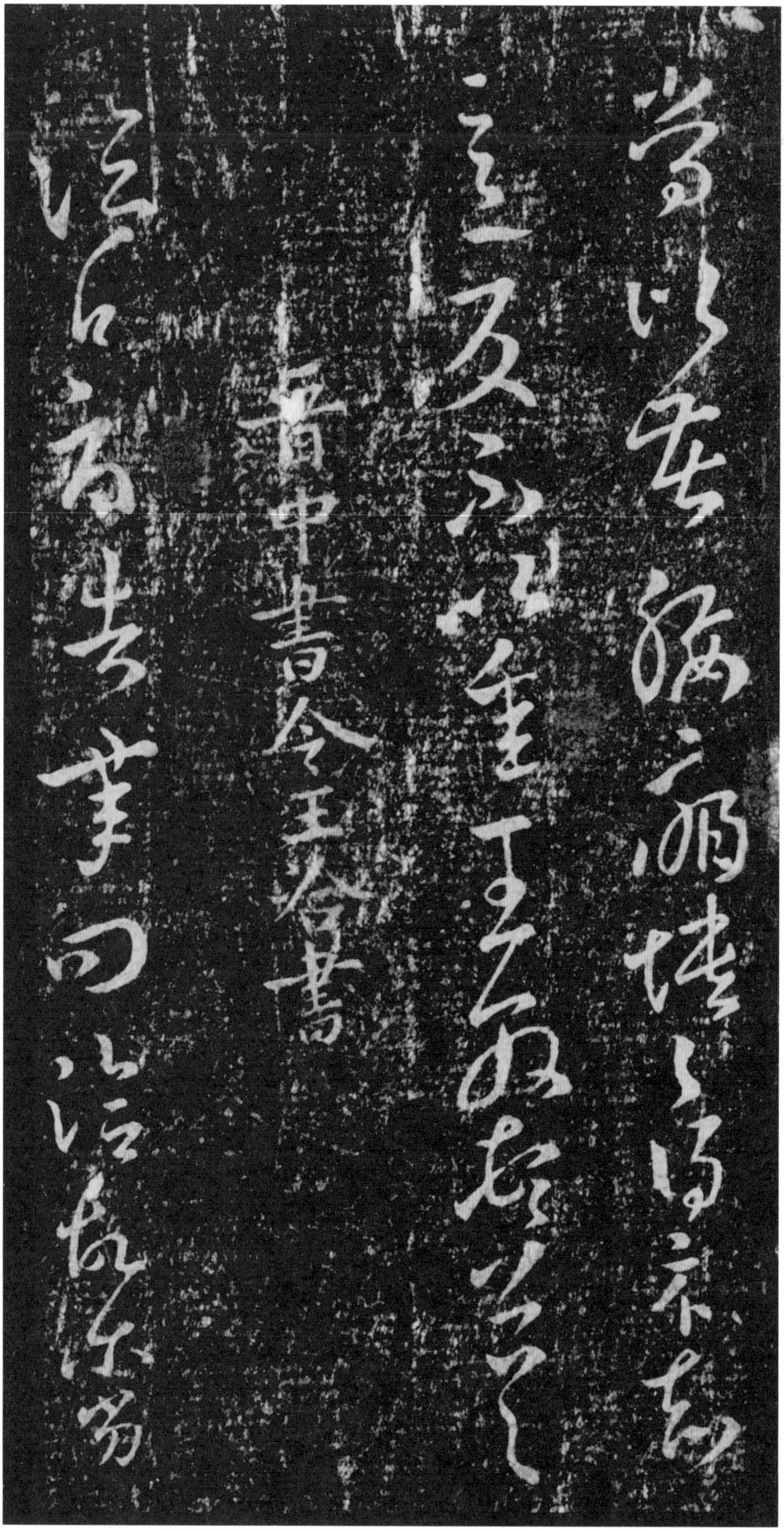

常比苦腰痛憒憒得示知
意反不以悉王敦頓首頓首

**承問帖　釋文：**
洽白辱告承問洽故爾劣

20

## 晉中書令王洽書　不孝帖

Bu Xiao Tie

Written by Wang Qia, Secretariat Director, Jin Dynasty

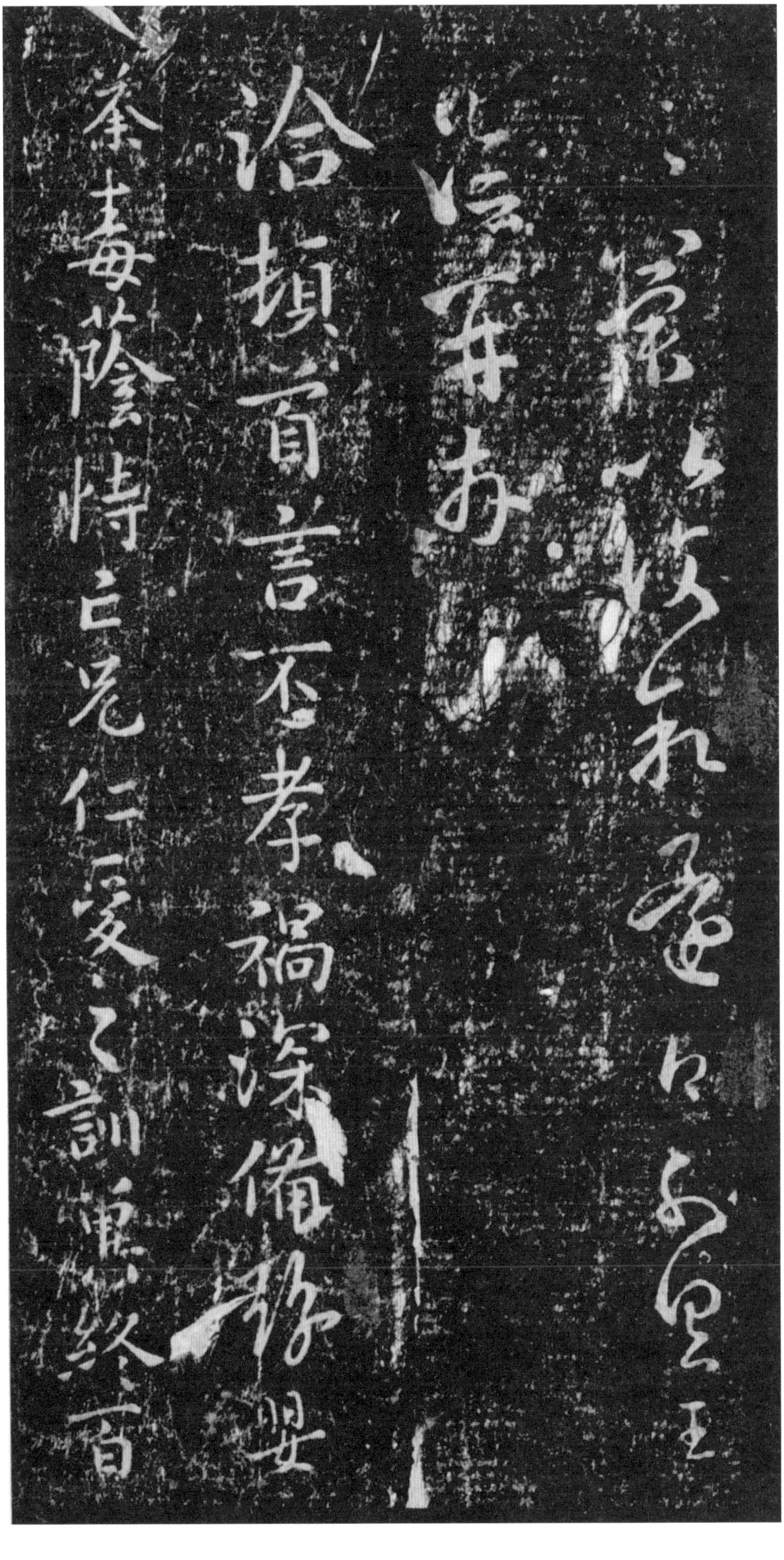

劣冀以復敘還白不具王
洽再拜

不孝帖　釋文：
洽頓首言不孝禍深備預嬰
荼毒蔭恃亡兄仁愛之訓冀終百

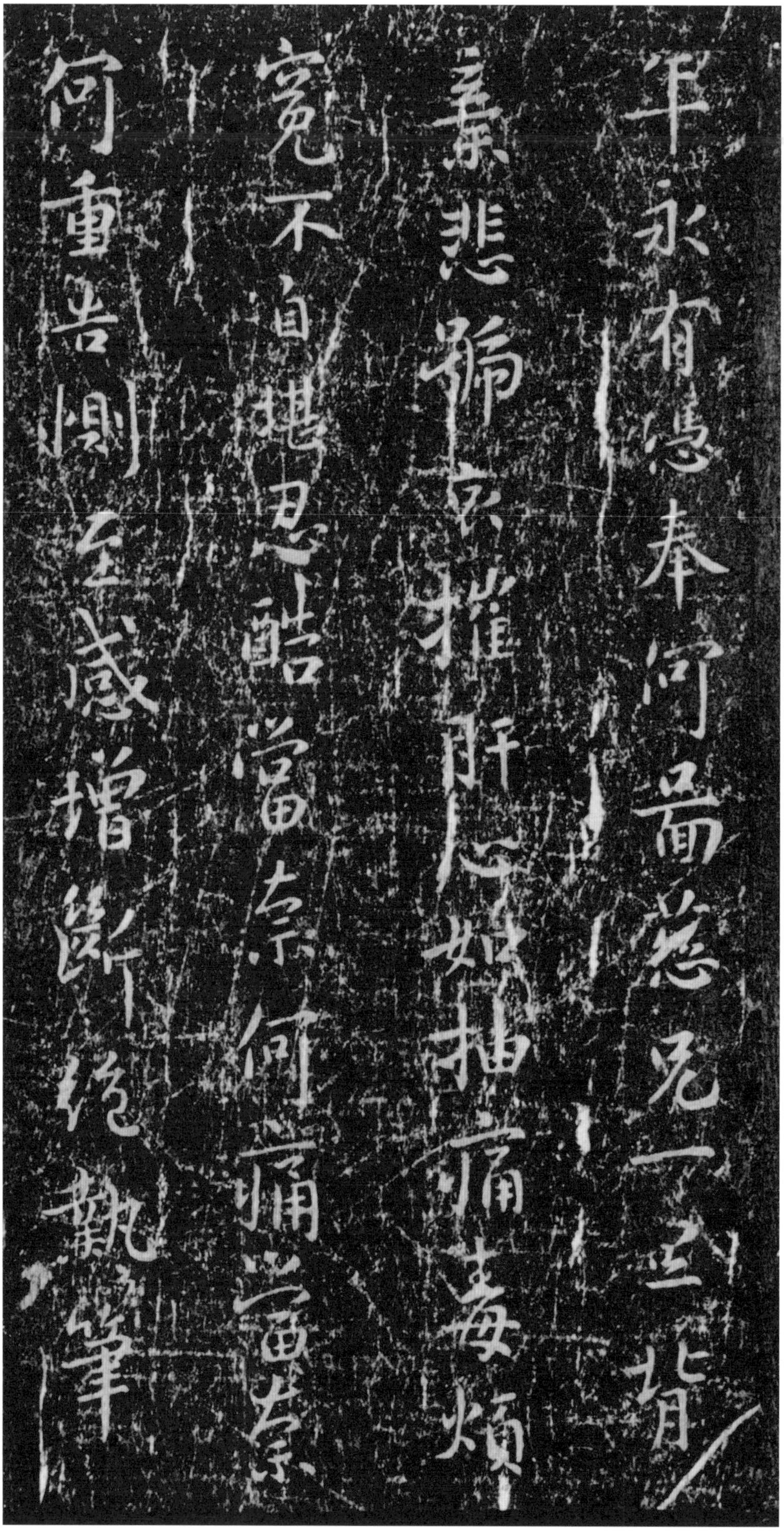


年永有憑奉何圖慈兄一旦背
棄悲號哀摧肝心如抽痛毒煩
冤不自堪忍酷當奈何痛當奈
何重告惻至感增斷絕執筆

21

# 晉中書令王洽書　兄子帖

**Xiong Zi Tie**

Written by Wang Qia, Secretariat Director, Jin Dynasty

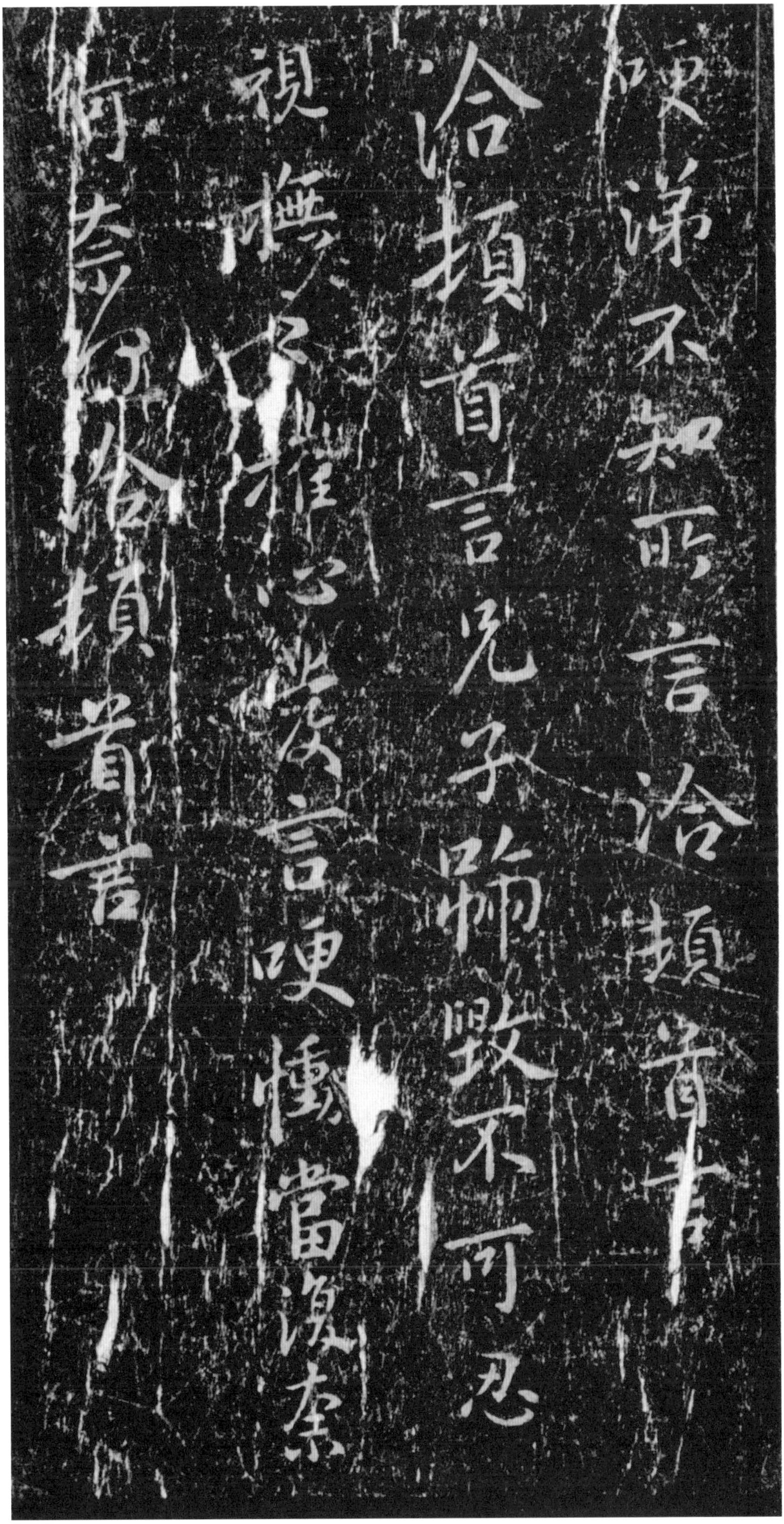

兄子帖　釋文：

哽涕不知所言洽頓首言

洽頓首言兄子號毀不可忍

視撫之摧心發言哽慟當復奈

何奈何洽頓首言

22

# 晉司徒王珣書 三月帖

San Yue Tie

Written by Wang Xun, Minister of Education, Jin Dynasty

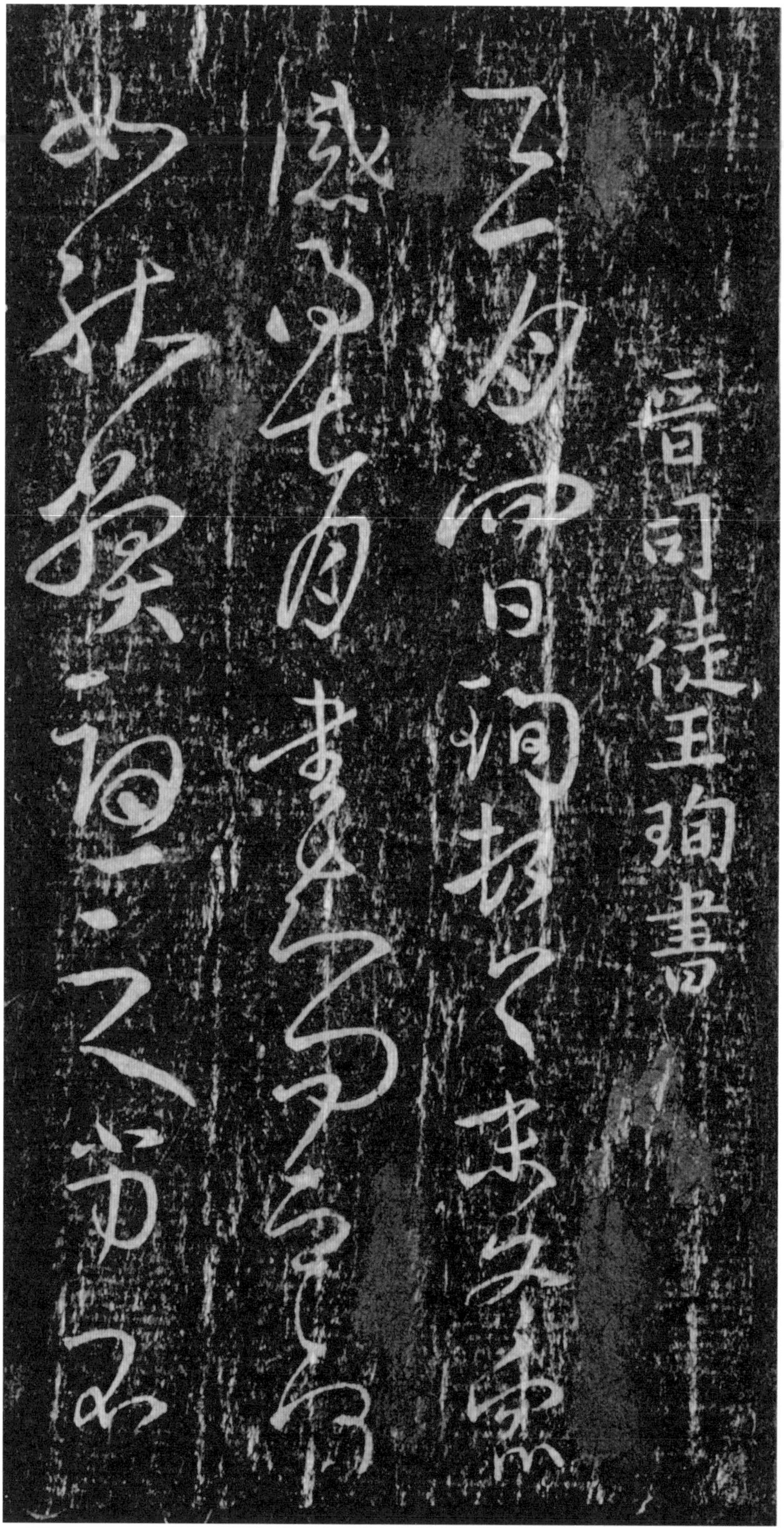

三月帖 釋文：

三月四日珣頓首末冬眾

感得七月書知問定何

如就弊憂乏劣不

23

## 晉侍中王廙書　廿四日帖

Nian Si Ri Tie

Written by Wang Yi, Palace Attendant, Jin Dynasty

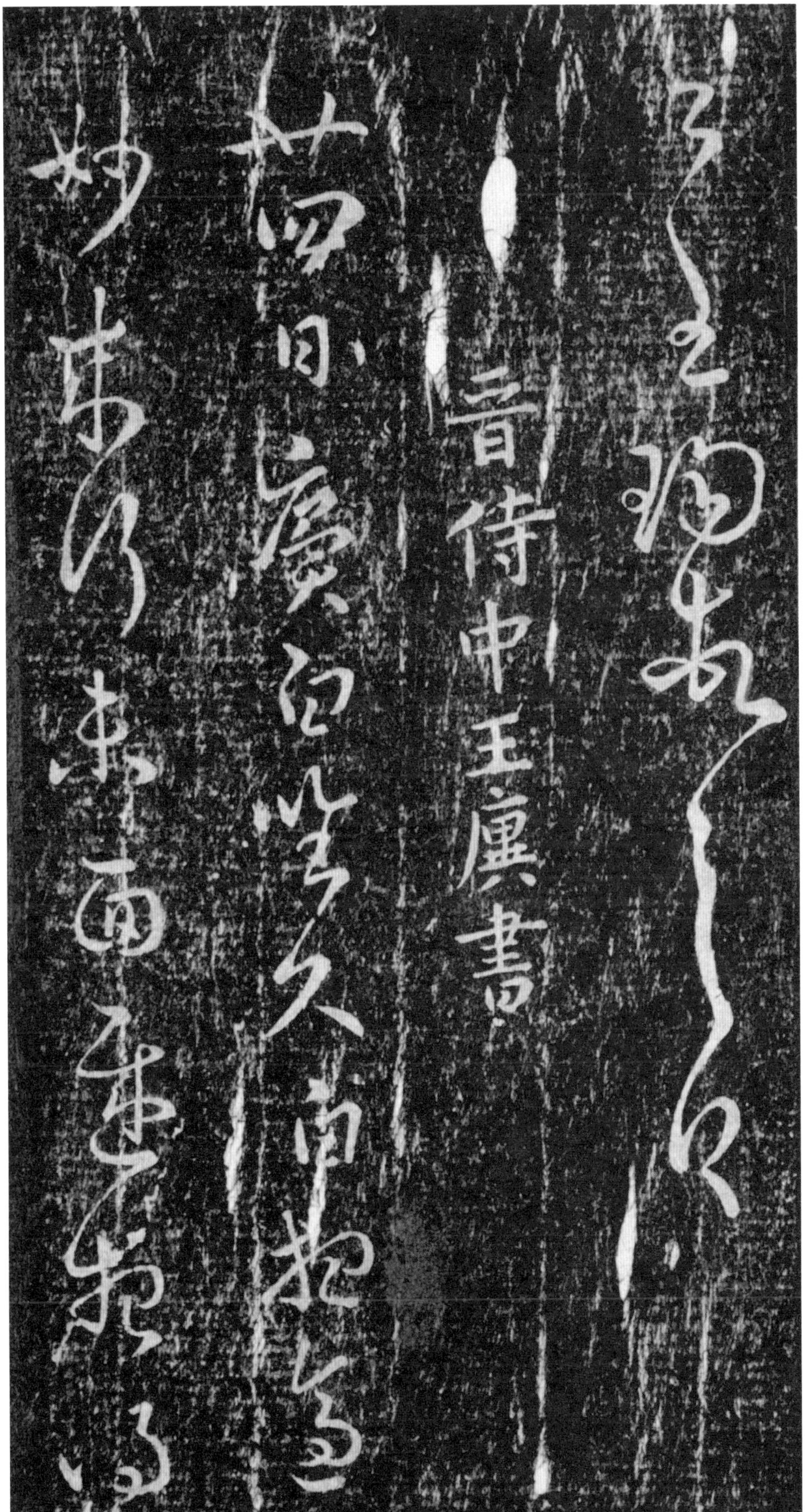

具王珣頓首白

廿四日帖　釋文：

廿四日廙白唯久白想適

妙來行未面遲想得

## 24

# 晉侍中王廙書　祥除帖

**Xiang Chu Tie**

Written by Wang Yi, Palace Attendant, Jin Dynasty

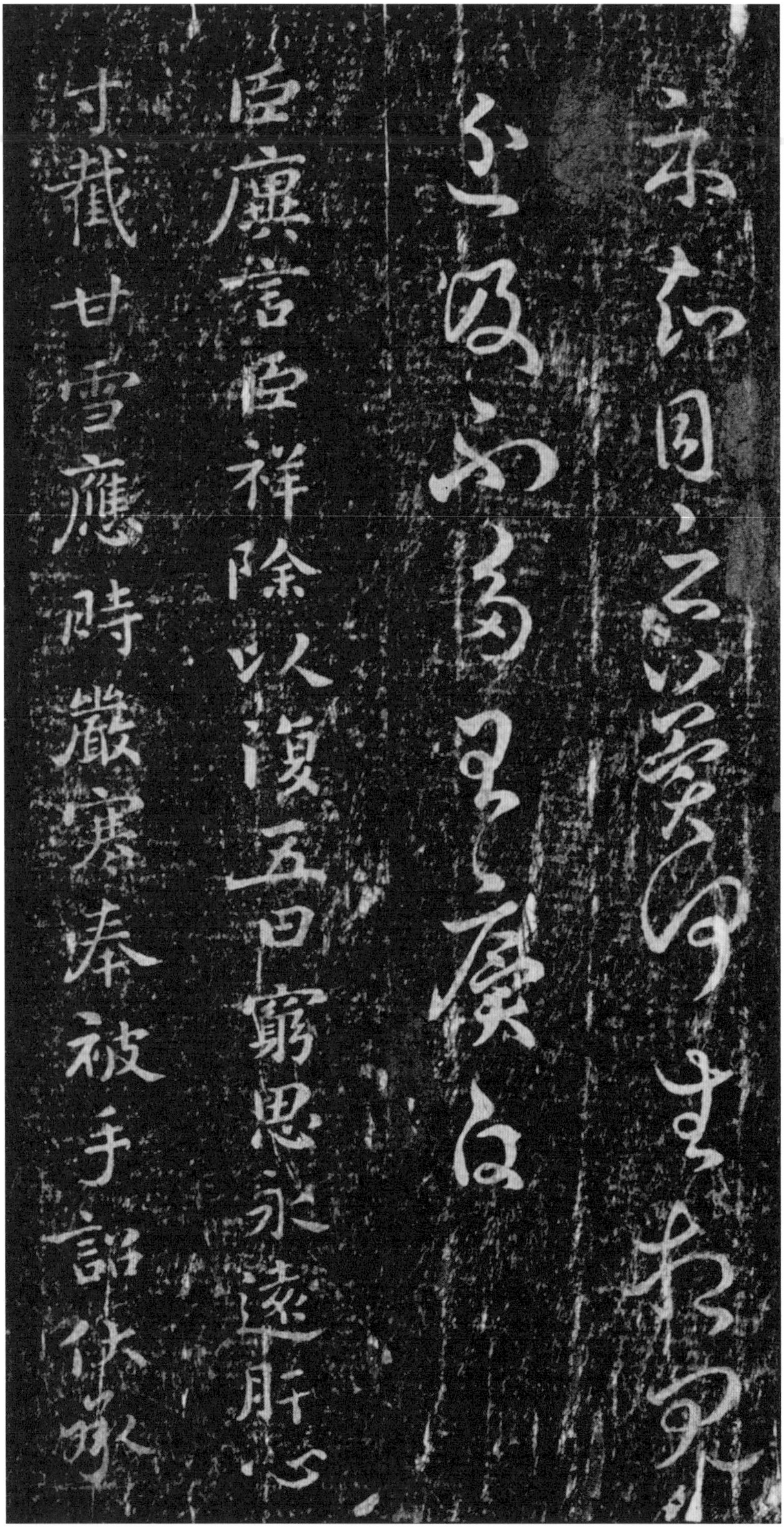

示知同云冀何生相見
近及不多王廙白

**祥除帖　釋文：**

臣廙言臣祥除以復五日窮思永遠肝心
寸截甘雪應時嚴寒奉被手詔伏承

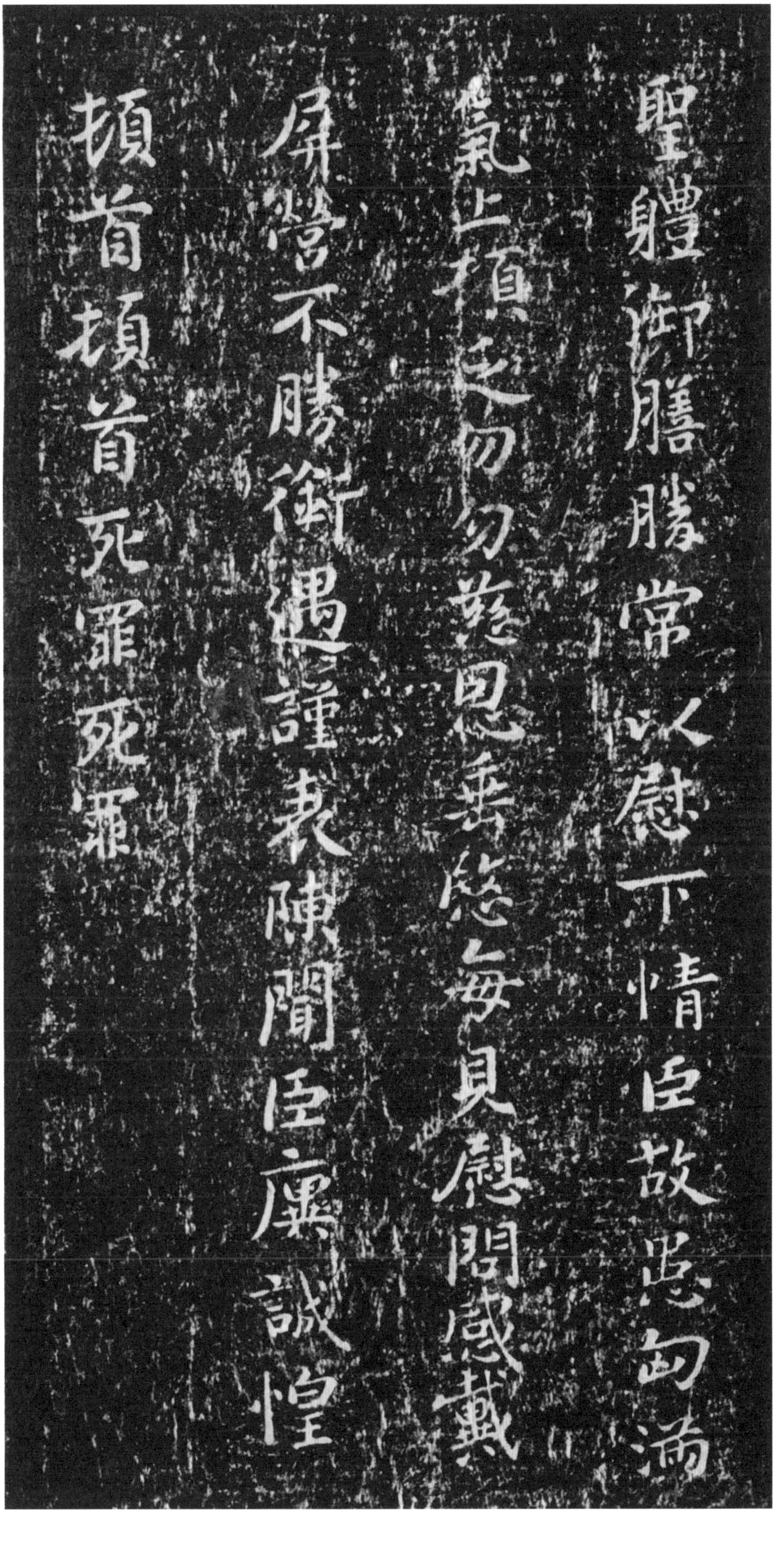


聖體御膳勝常以慰下情臣故患匈滿
氣上頓乏勿勿慈恩垂愍每見慰問感戴
屏營不勝銜遇謹表陳聞臣廙誠惶
頓首頓首死罪死罪

## 25

### 晉侍中王廙書　昨表帖

**Zuo Biao Tie**

Written by W=ng Yi, Palace Attendant, Jin Dynasty

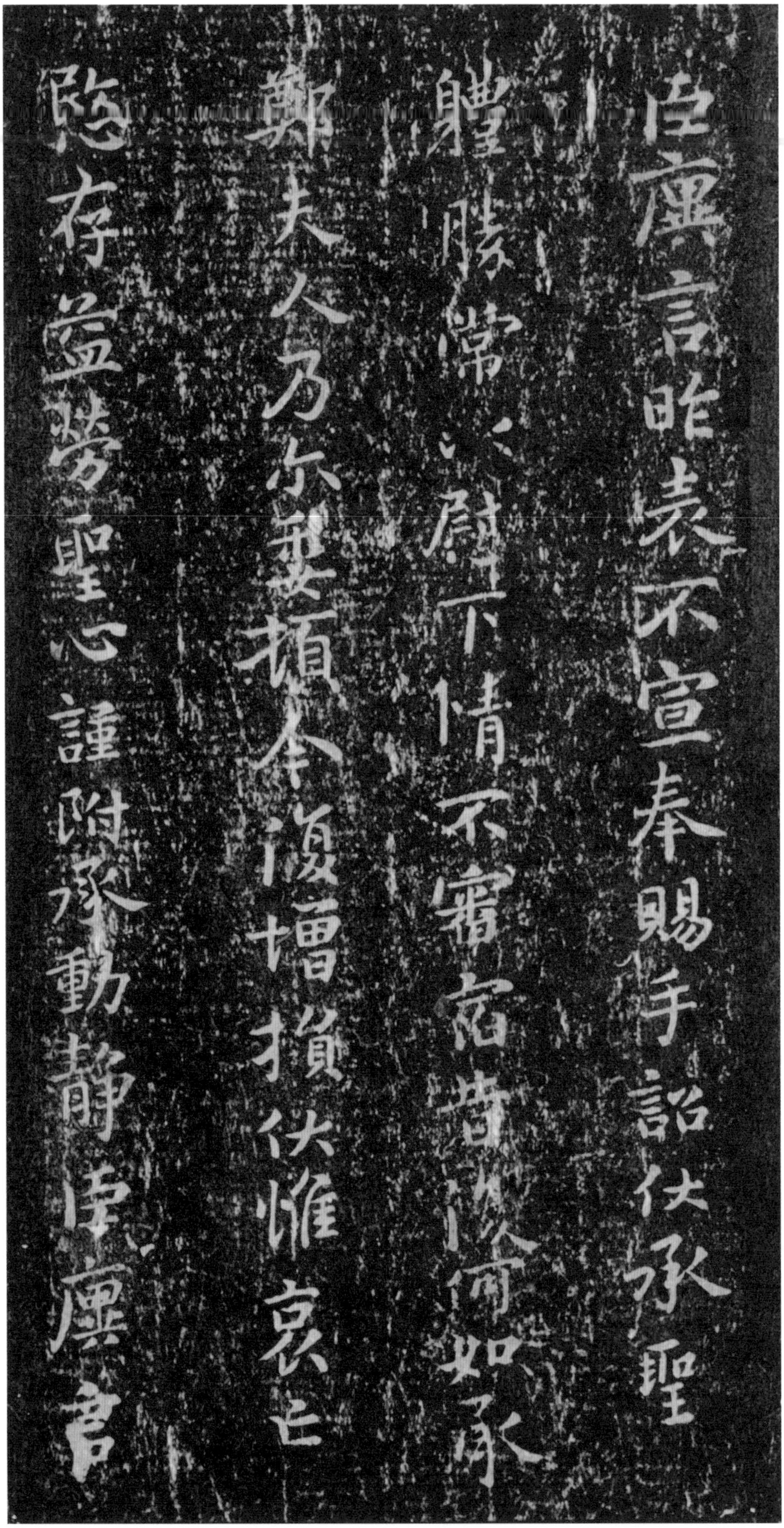

昨表帖　釋文：

臣廙言昨表不宣奉賜手詔伏承聖

體勝常以慰下情不審宿昔復何如承

鄭夫人乃爾委頓今復增損伏惟哀亡

愍存益勞聖心謹附承動靜臣廙言

26

## 晉侍中王廙書　七月帖

Qi Yue Tie

Written by Wang Yi, Palace Attendant, Jin Dynasty

27

## 晉侍中王廙書　嫂何如帖

Sao He Ru Tie

Written by Wang Yi, Palace Attendant, Jin Dynasty

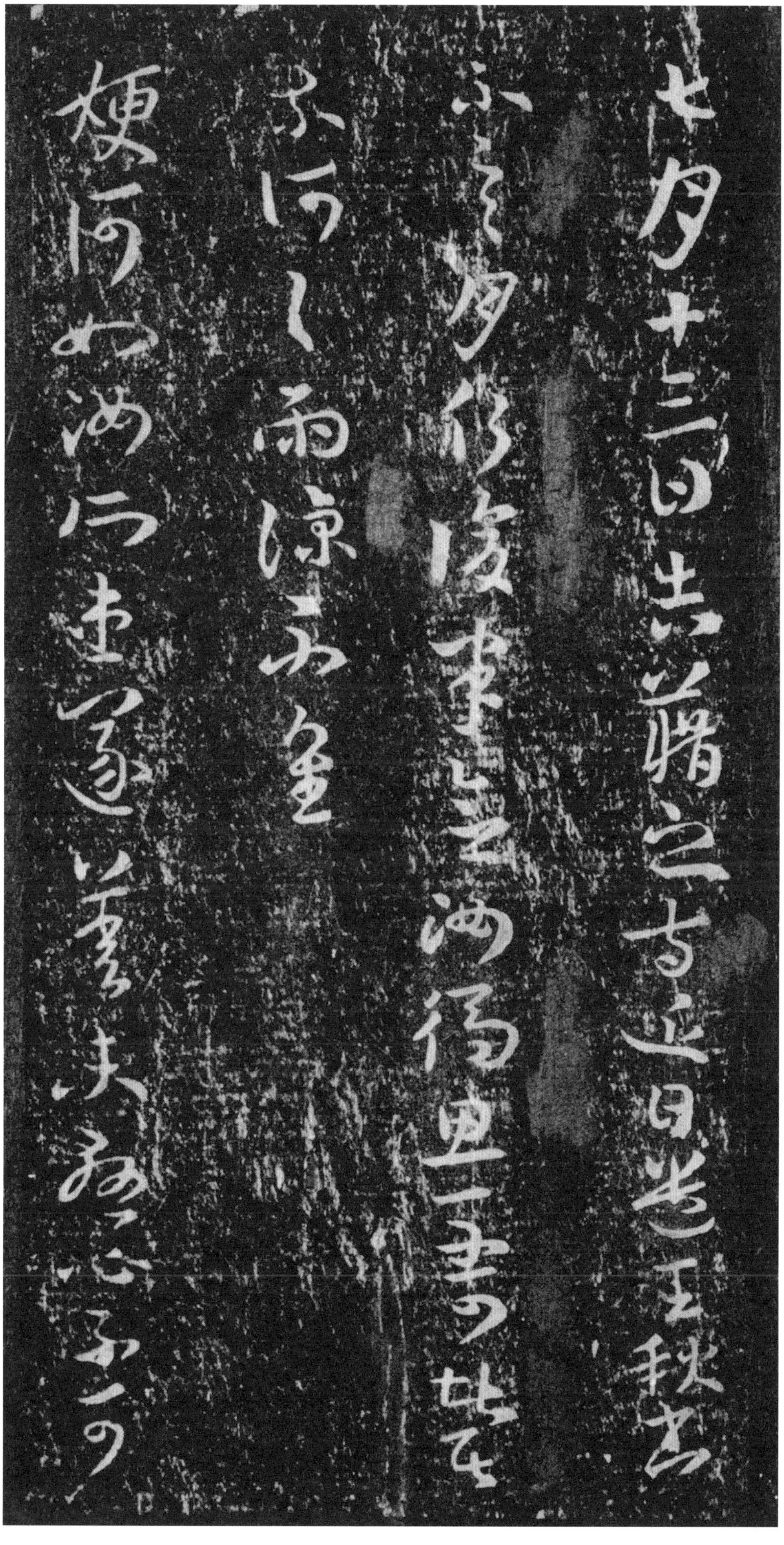

七月帖　釋文：
七月十三日告藉之等近日遣王秋書
不具月行復半念汝獨思不可堪居
奈何奈何雨涼不審
嫂何如帖　釋文：
嫂何如汝所患遂差未懸心不可

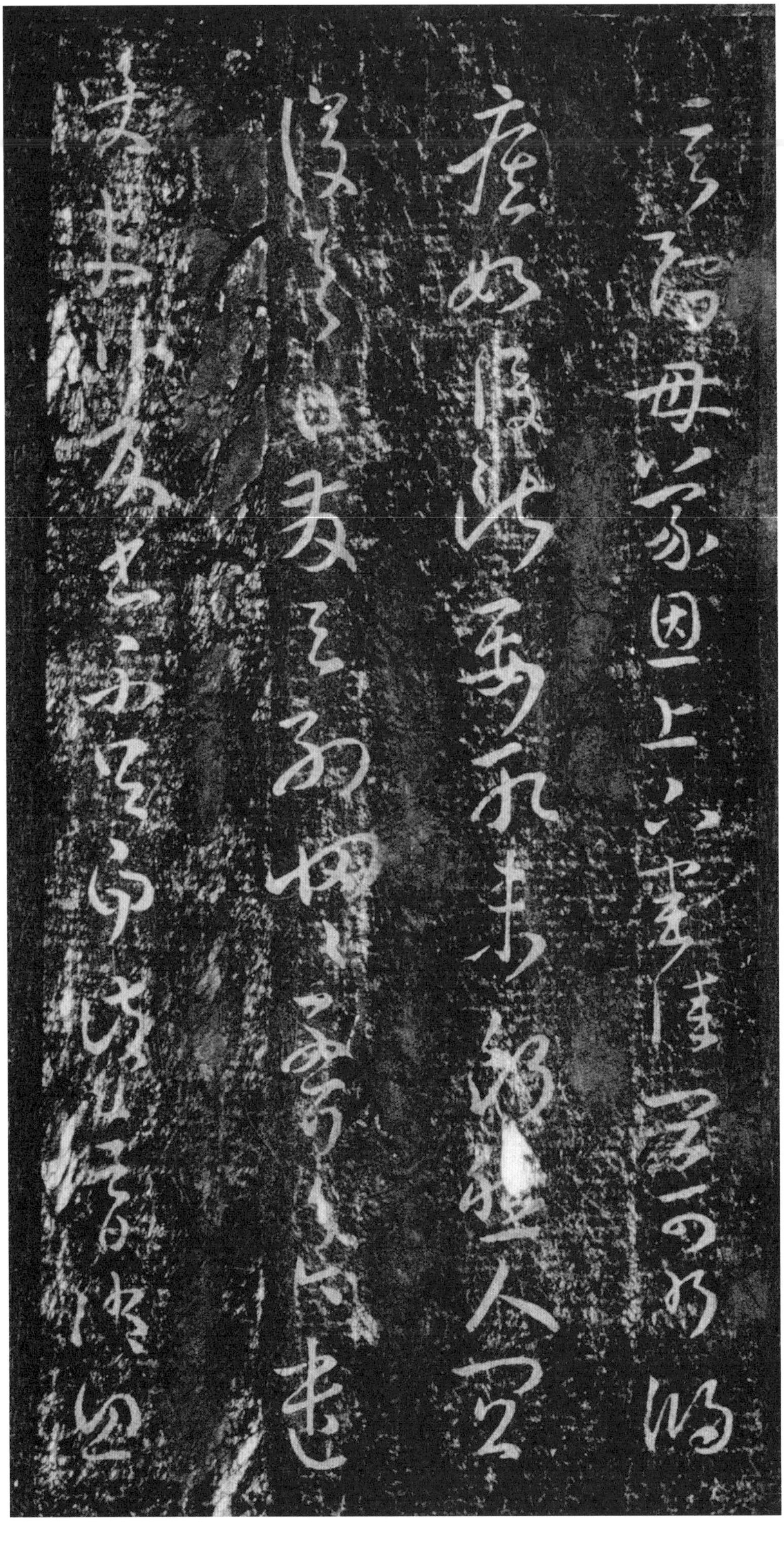

言阿母蒙恩上下悉佳宜可行鴻
瘧如復斷要取未斷愁人宜
復具日發與別惘惘不可言今遣
使未北反書不具自護會日消息

28

# 晉太宰高平郗鑒書　災禍帖

**Zai Huo Tie**

Written by Xi Jian of Gao Ping, Great Steward, Jin Dynasty

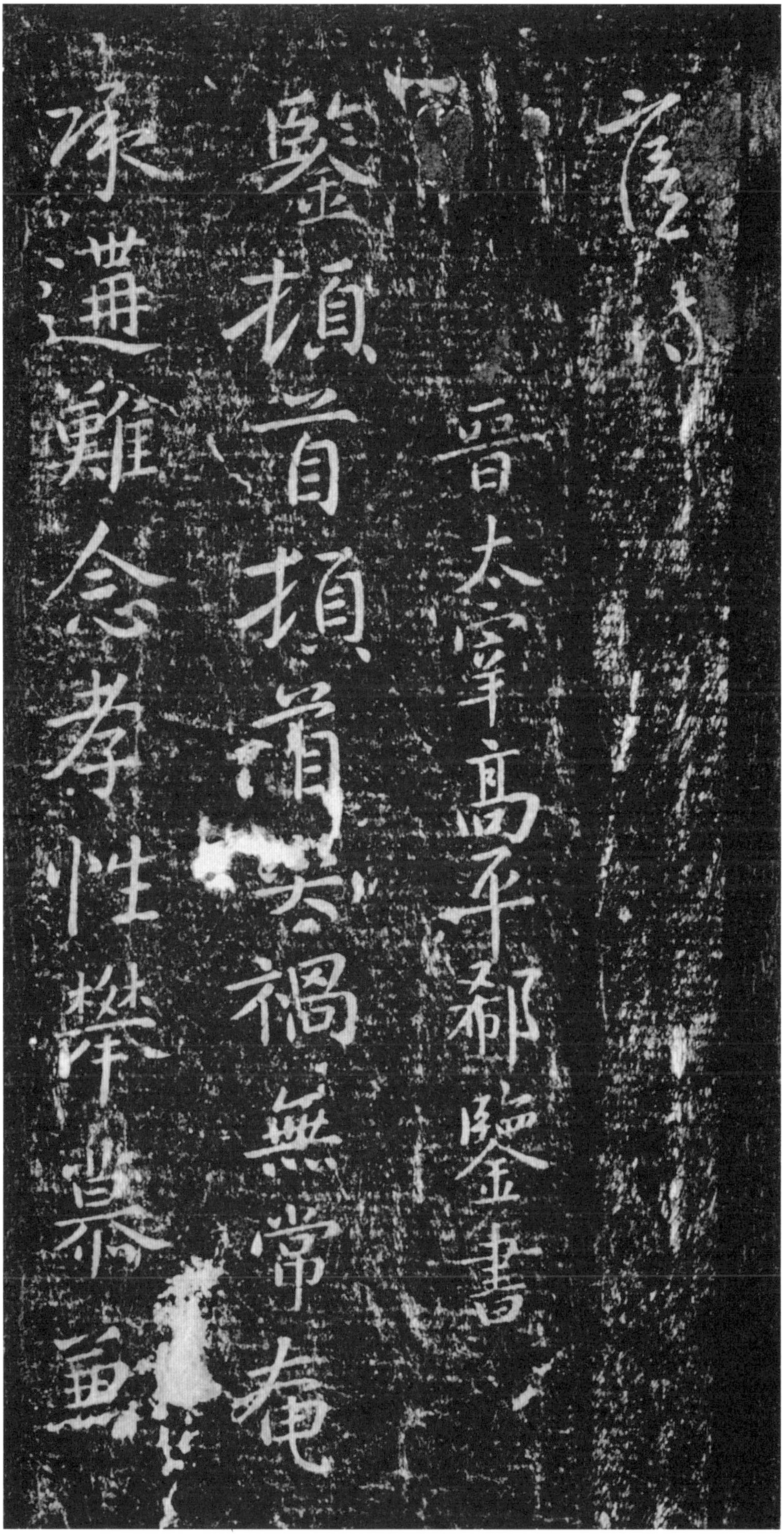

廣疏
災禍帖　釋文：
鑒頓首頓首災禍無常奄
承遘難念孝性攀慕兼

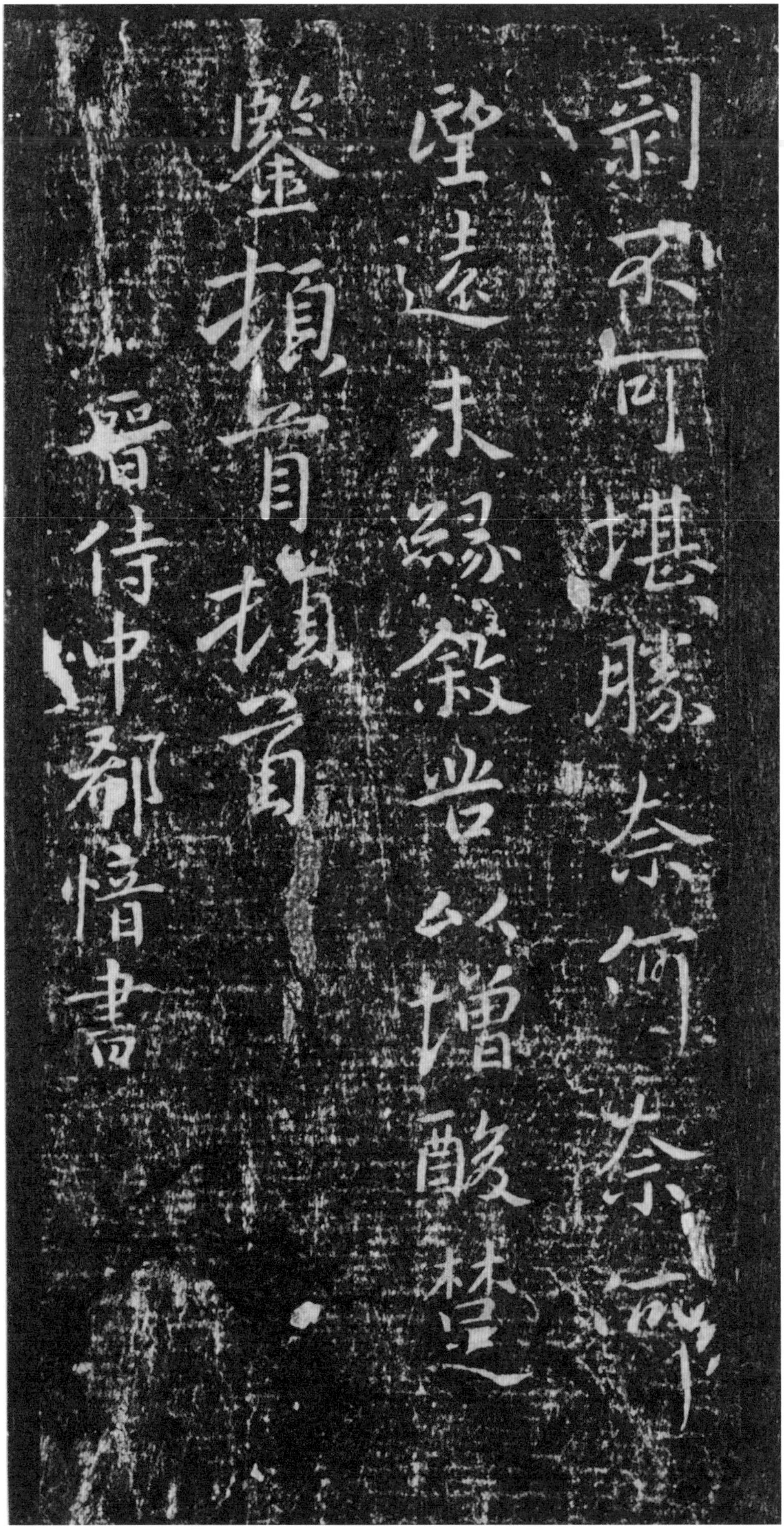


剝不可堪勝奈何奈何
望遠未緣敘苦以增酸楚
鑒頓首頓首

## 29

晉侍中郗愔書　九月帖

Jiu Yue Tie

Written by Xi Yin, Palace Attendant, Jin Dynasty

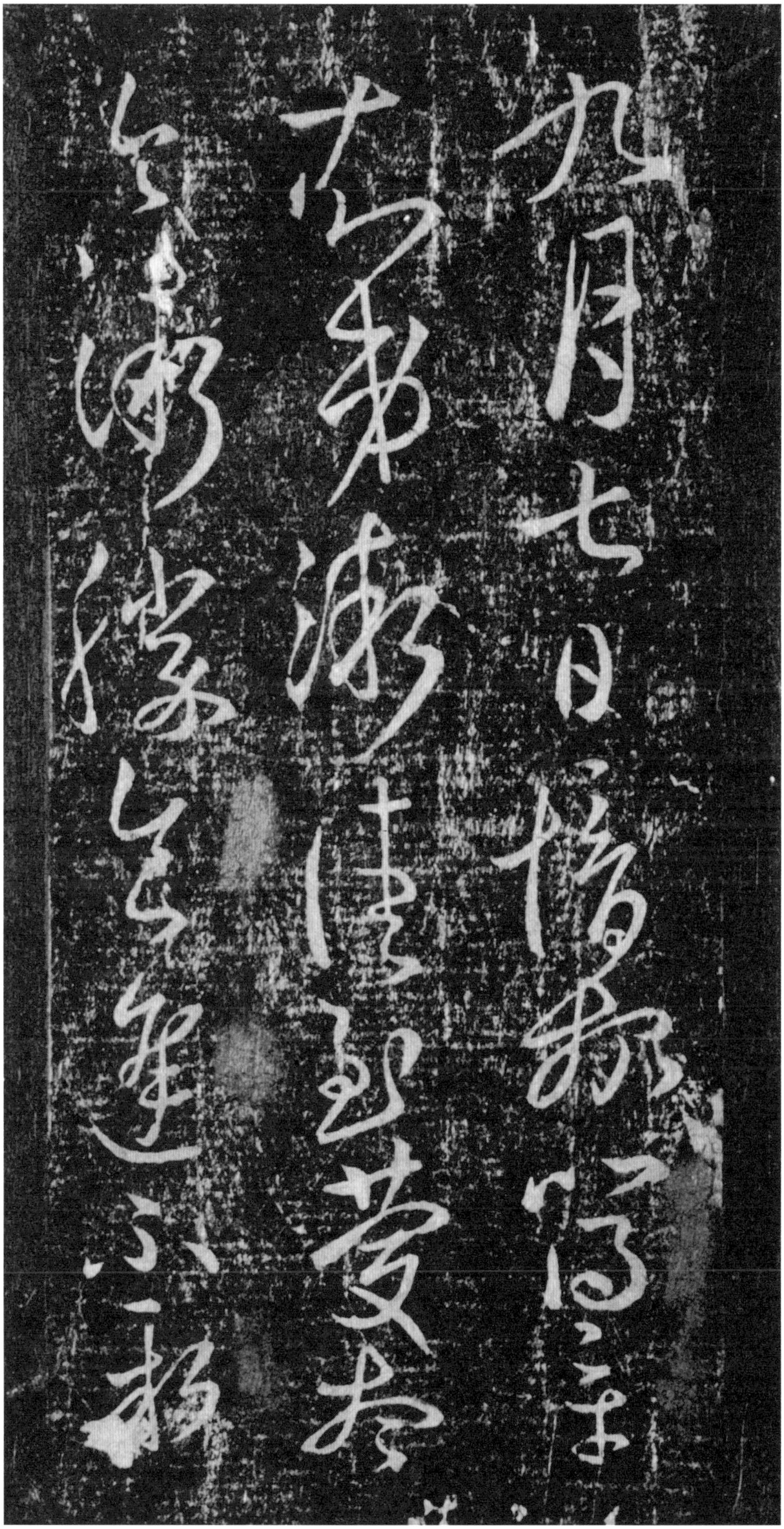

九月帖　釋文：
九月七日愔報比得章
知弟漸佳至慶想
今漸勝食進不新

## 30

# 晉侍中郗愔書　廿四日帖

**Nian Si Ri Tie**

Written by Xi Yin, Palace Attendant, Jin Dynasty

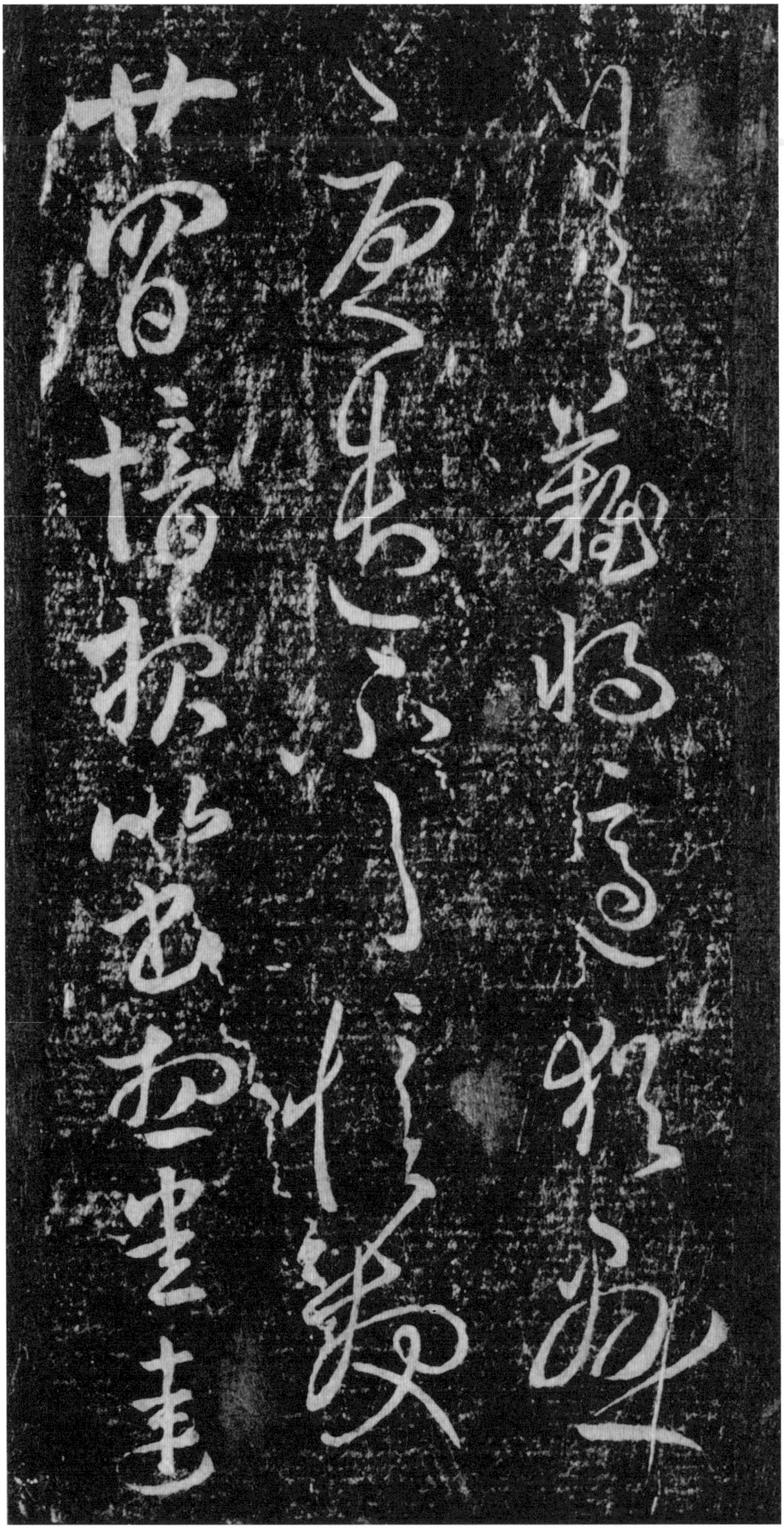

**廿四日帖　釋文：**

廿四日愔報比書想悉達

差難將適猶懸

憂遺不具愔報

## 31

# 晉侍中郗愔書　遠近帖

Yuan Jin Tie

Written by Xi Yin, Palace Attendant, Jin Dynasty

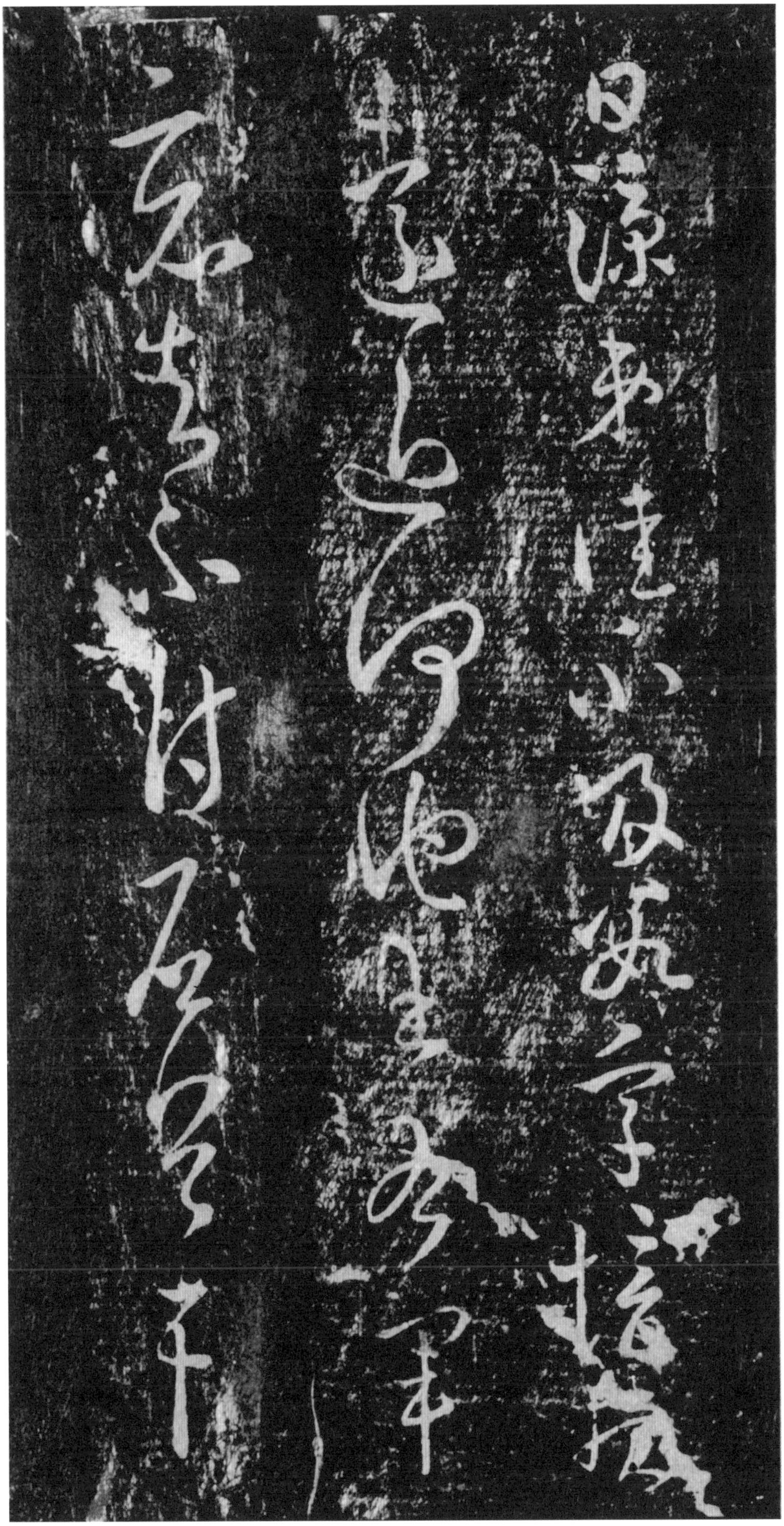

**遠近帖　釋文：**

日涼弟佳不及數字愔報

遠近何他王右軍

竟去不付石首干

32

# 晉侍中郗愔書　想親帖

Xiang Qin Tie

Written by Xi Yin, Palace Attendant, Jin Dynasty

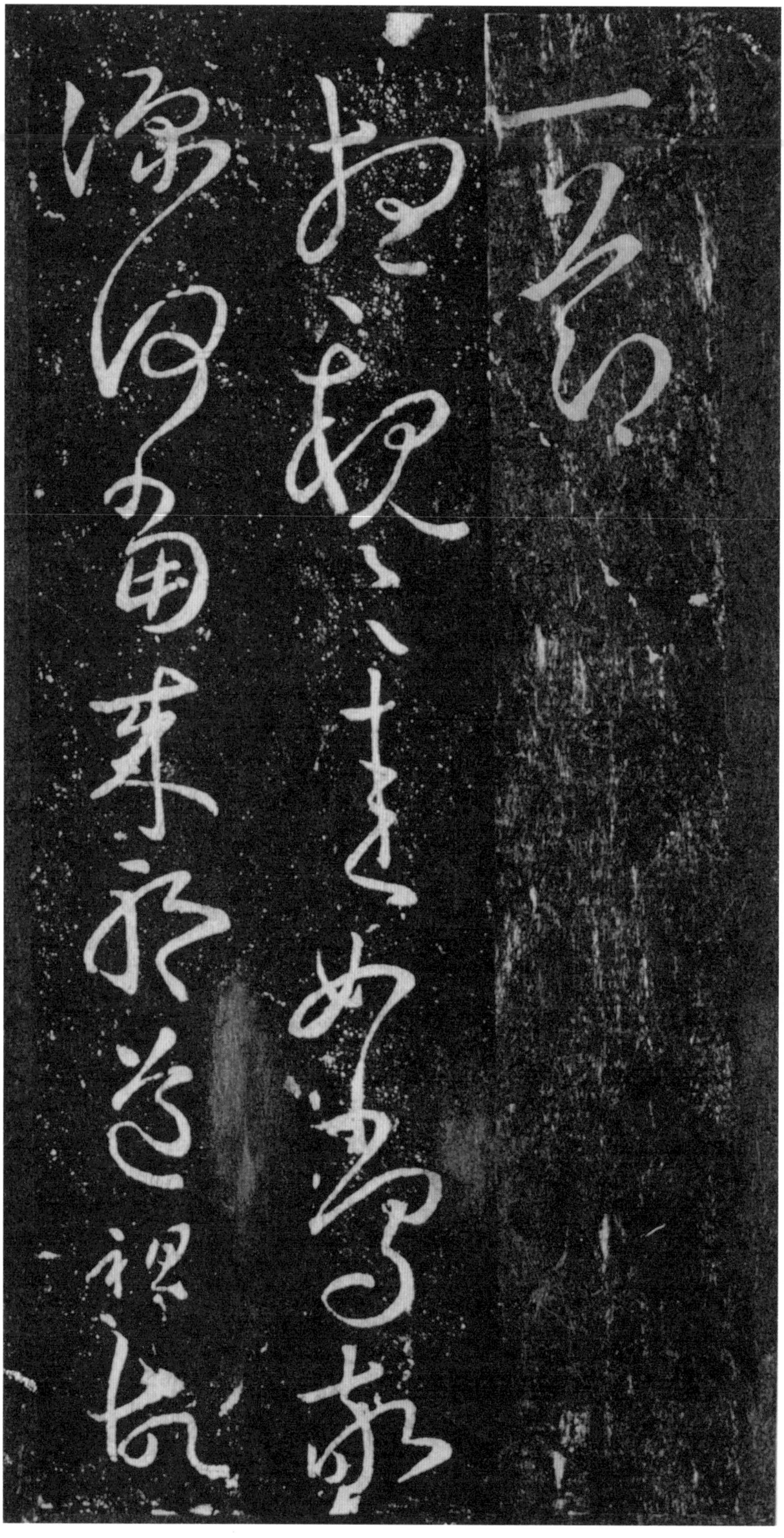

一節

想親帖　釋文：

想親親悉如常敬

豫何當來耶道祖故

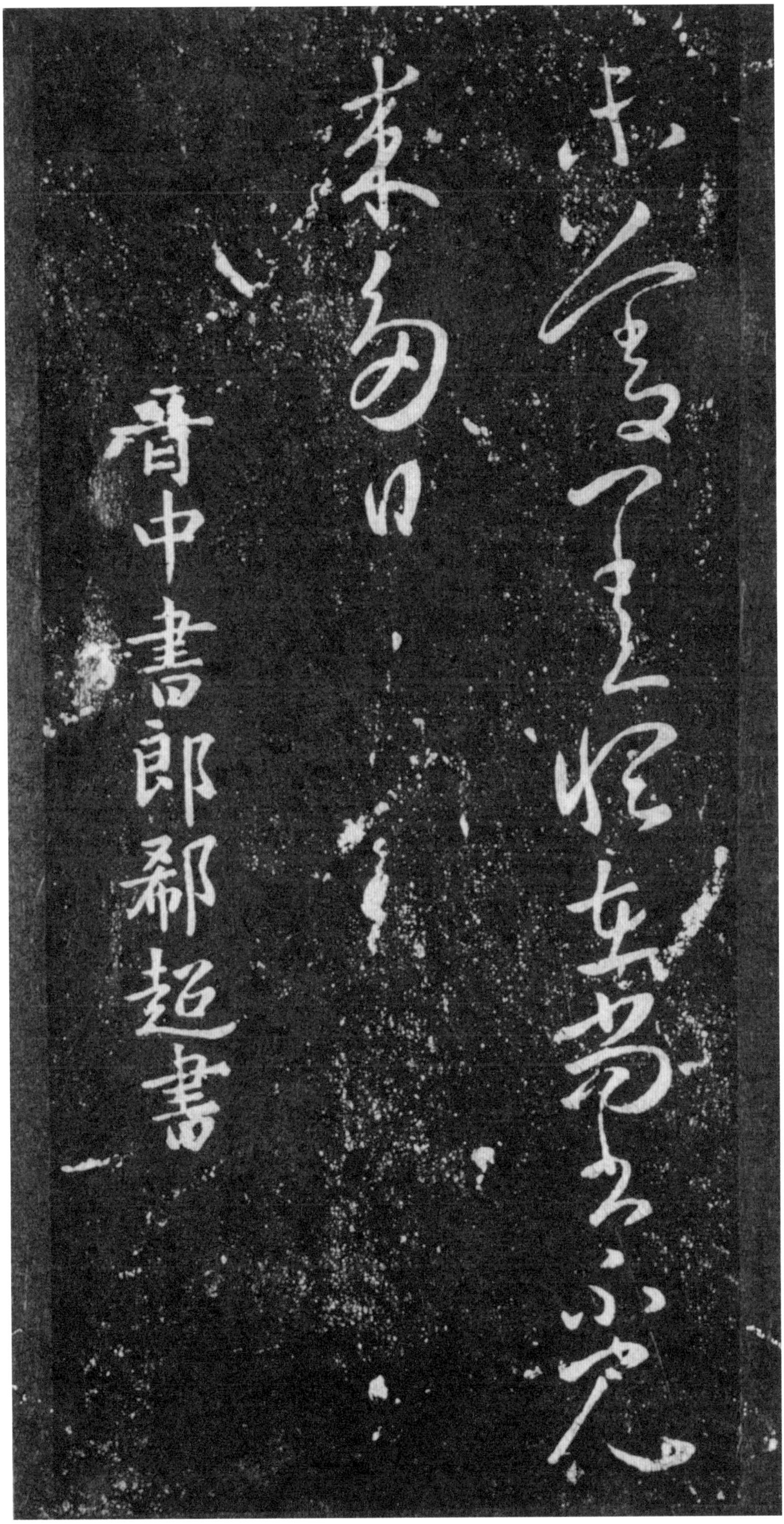


未善差恒在尚書不見
來多日

## 33

# 晉中書郎郗超書　遠近帖

**Yuan Jin Tie**

Written by Xi Chao, Assistant Secretariat Director, Jin Dynasty

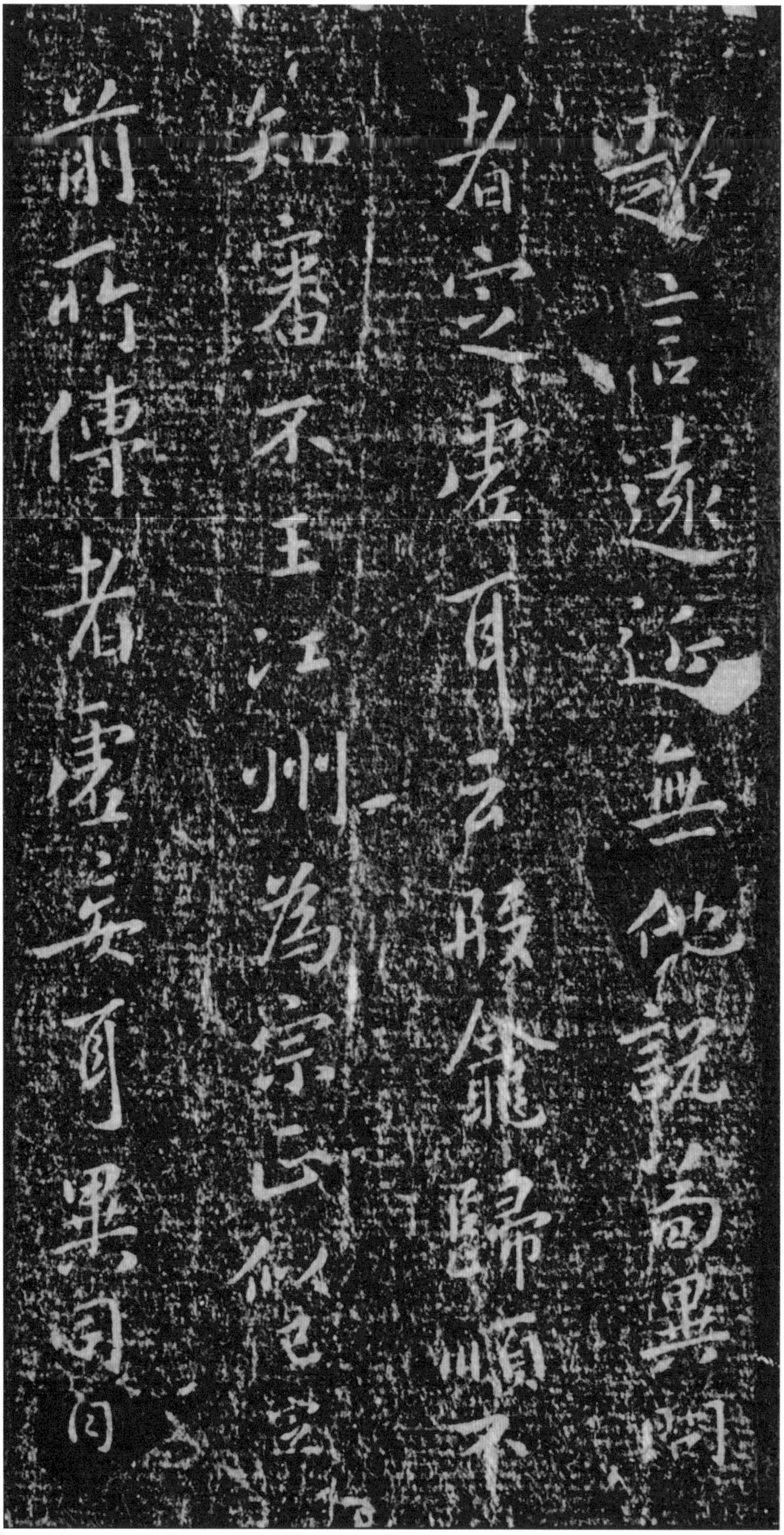

遠近帖　釋文：

超言遠近無他說苟異問
者定虛耳云段龕歸順不
知審不王江州為宗正似已定
前所傳者虛妄耳異同自

34

# 晉尚書令衛瓘書　頓州帖

Dun Zhou Tie

Written by Wei Guan, Director of the Imperial Secretary, Jin Dynasty

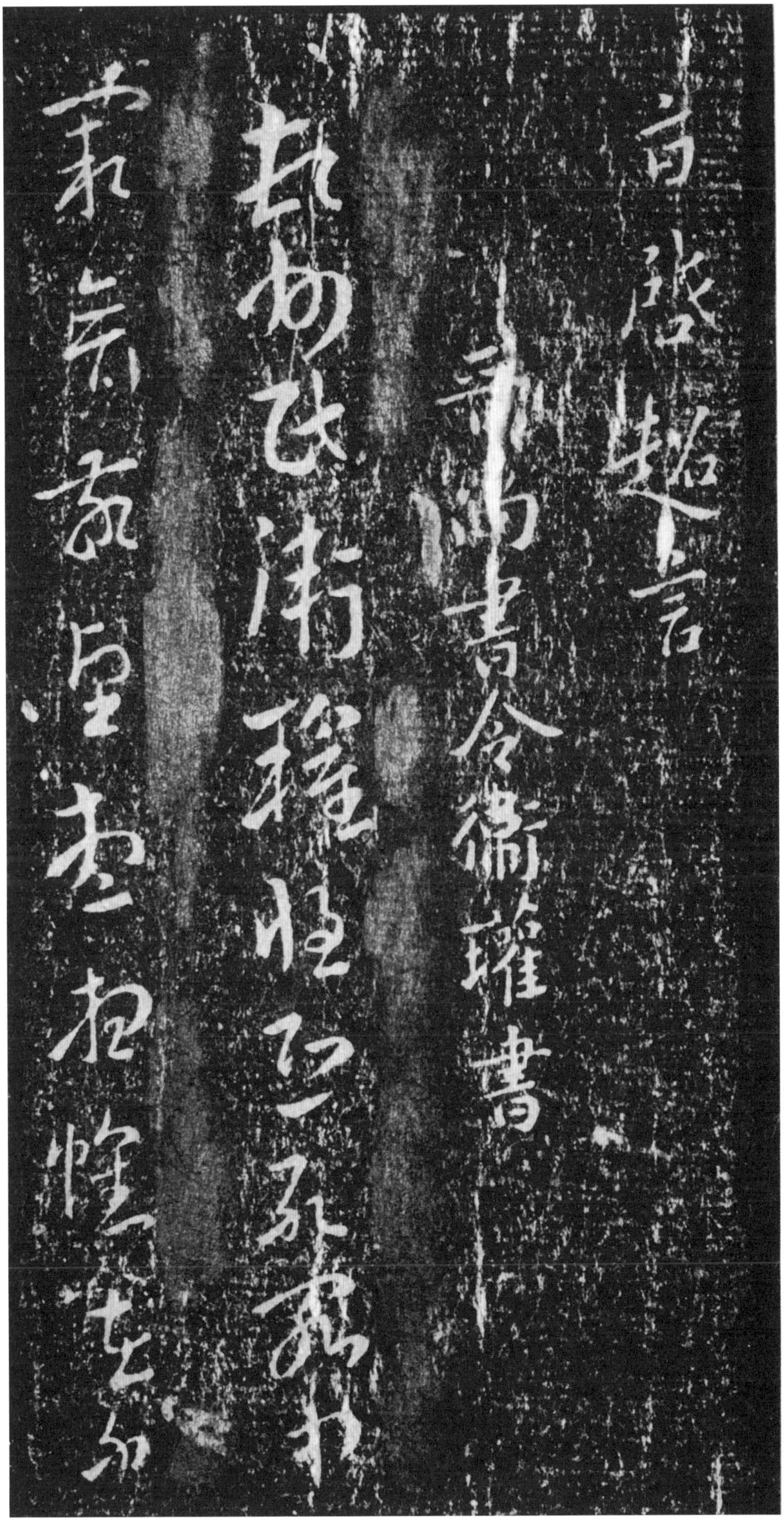

旨啟超言

頓州帖　釋文：

頓州民衛瓘惶恐死罪中

闕音敬望想想懷在外

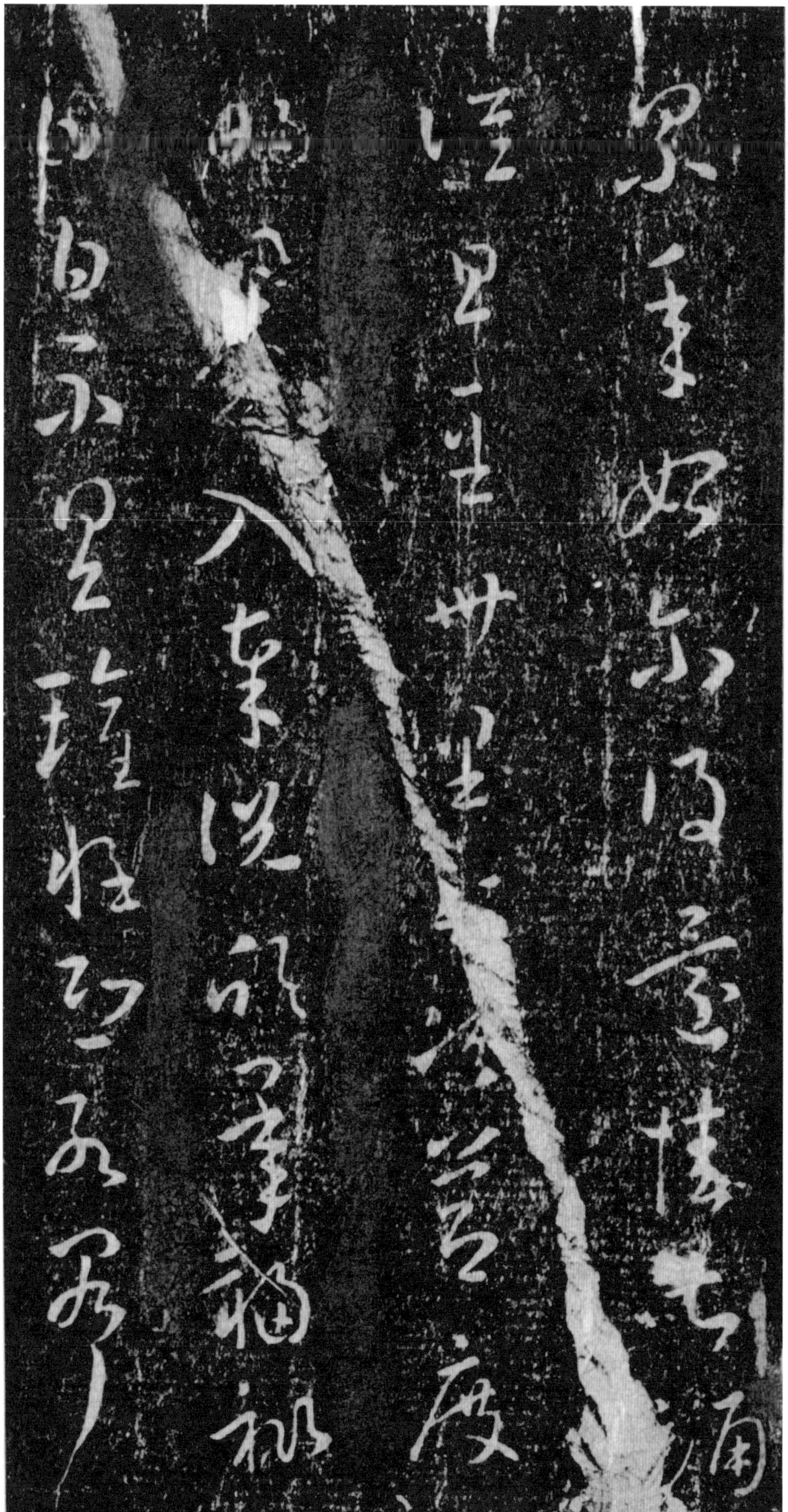

累年始爾得還情甚踴
躍旦至卅里上須節度
明日乃入奉說欣承福祚
自白不具懽惶恐死罪死罪

35

## 晉黃門郎衛恒書　一日帖

Yi Ri Tie

Written by Wei Heng, Gentleman of the Palace Gate, Jin Dynasty

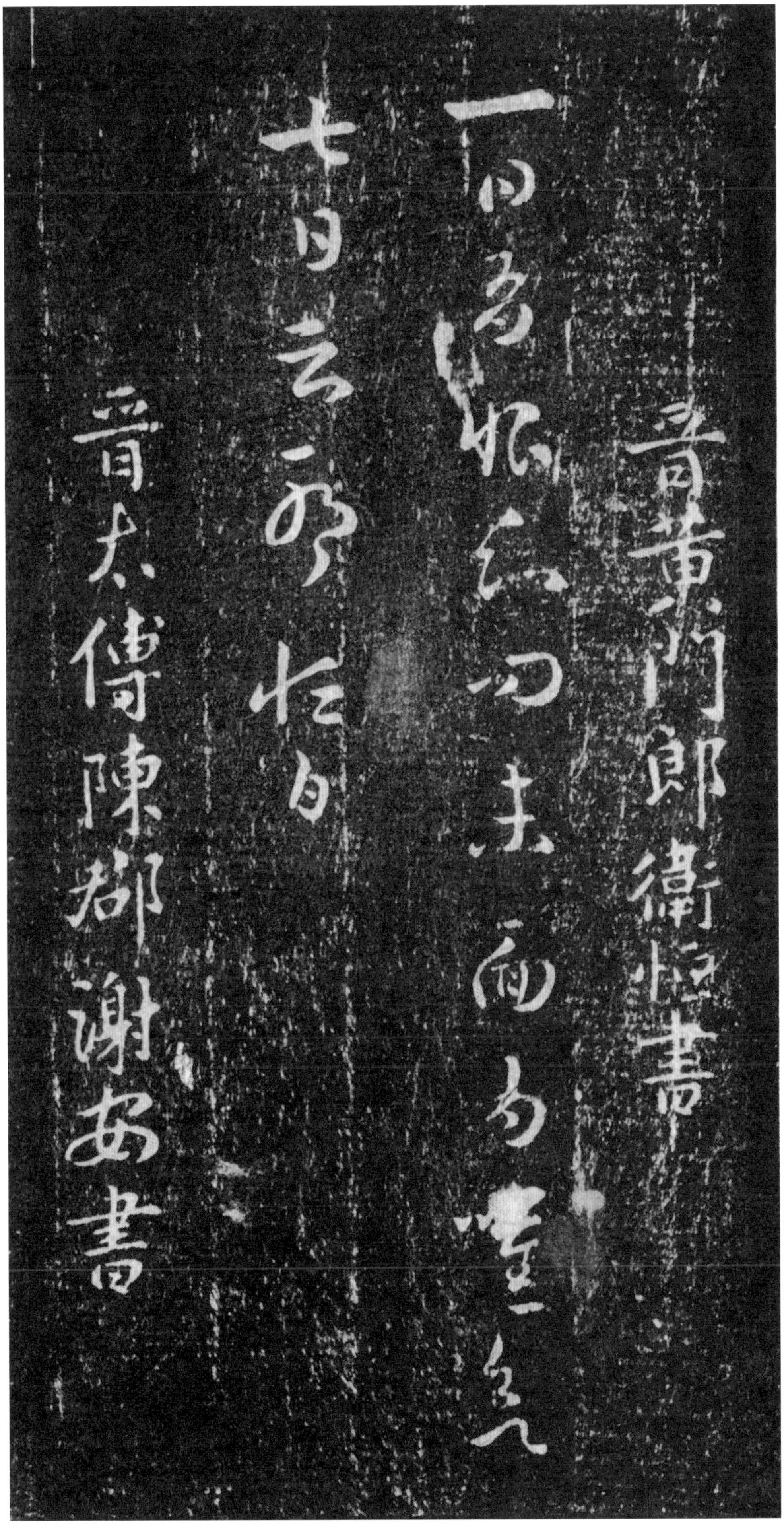

一日帖　釋文：
一日有恨知問未面為嘆欲
七日云耶恒白

36

## 晉太傅陳郡謝安書　每念帖

**Mei Nian Tie**

Written by Xie An of Prefecture Chen, Grand Mentor, Jin Dynasty

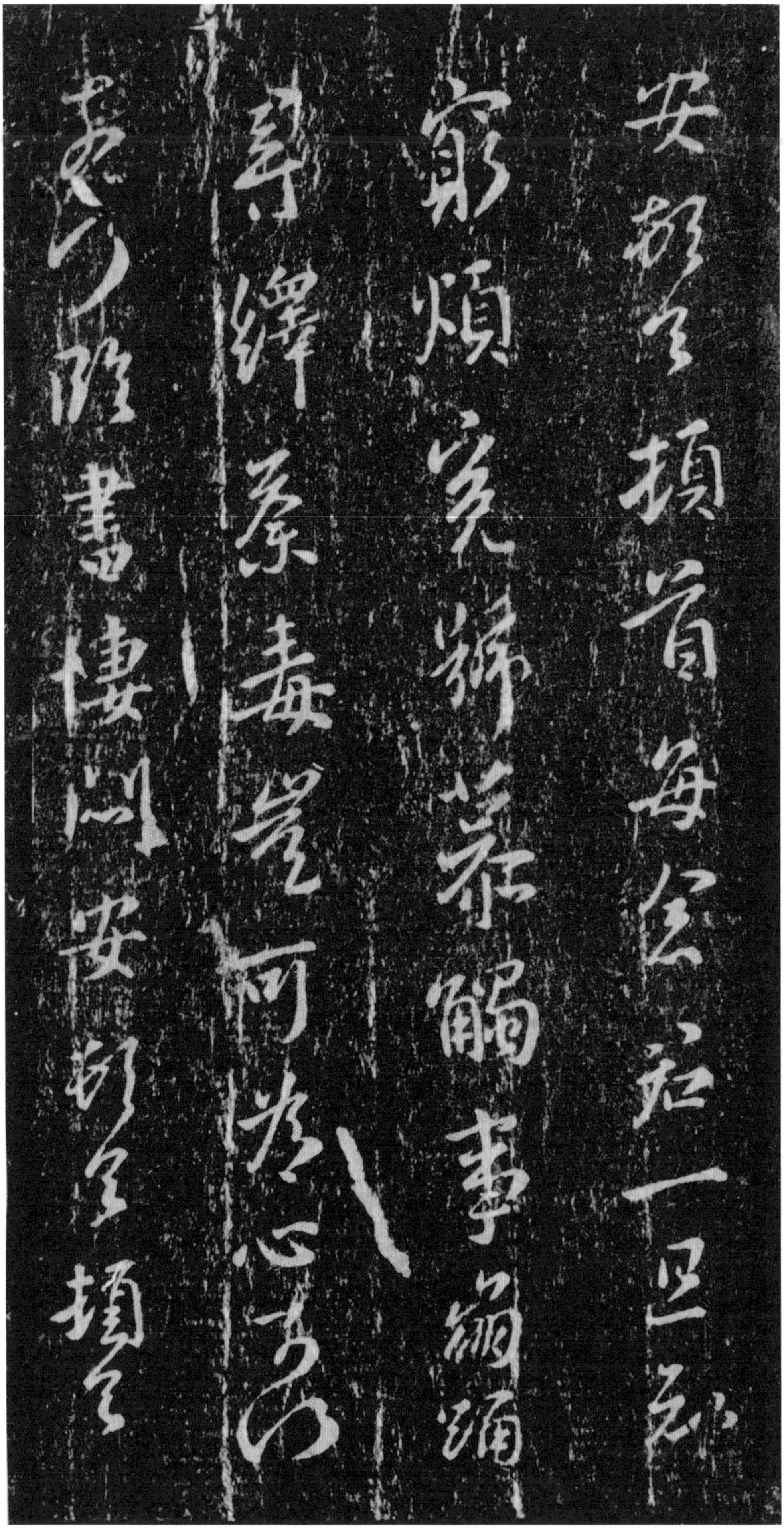

每念帖　釋文：

安頓首頓首每念君一旦知
窮煩冤號慕觸事崩踊
尋繹荼毒豈可為心奈何
奈何臨書悽悶安頓首頓首

37

# 晉太傅陳郡謝安書　六月帖

Liu Yue Tie

Written by Xie An of Prefecture Chen, Grand Mentor, Jin Dynasty

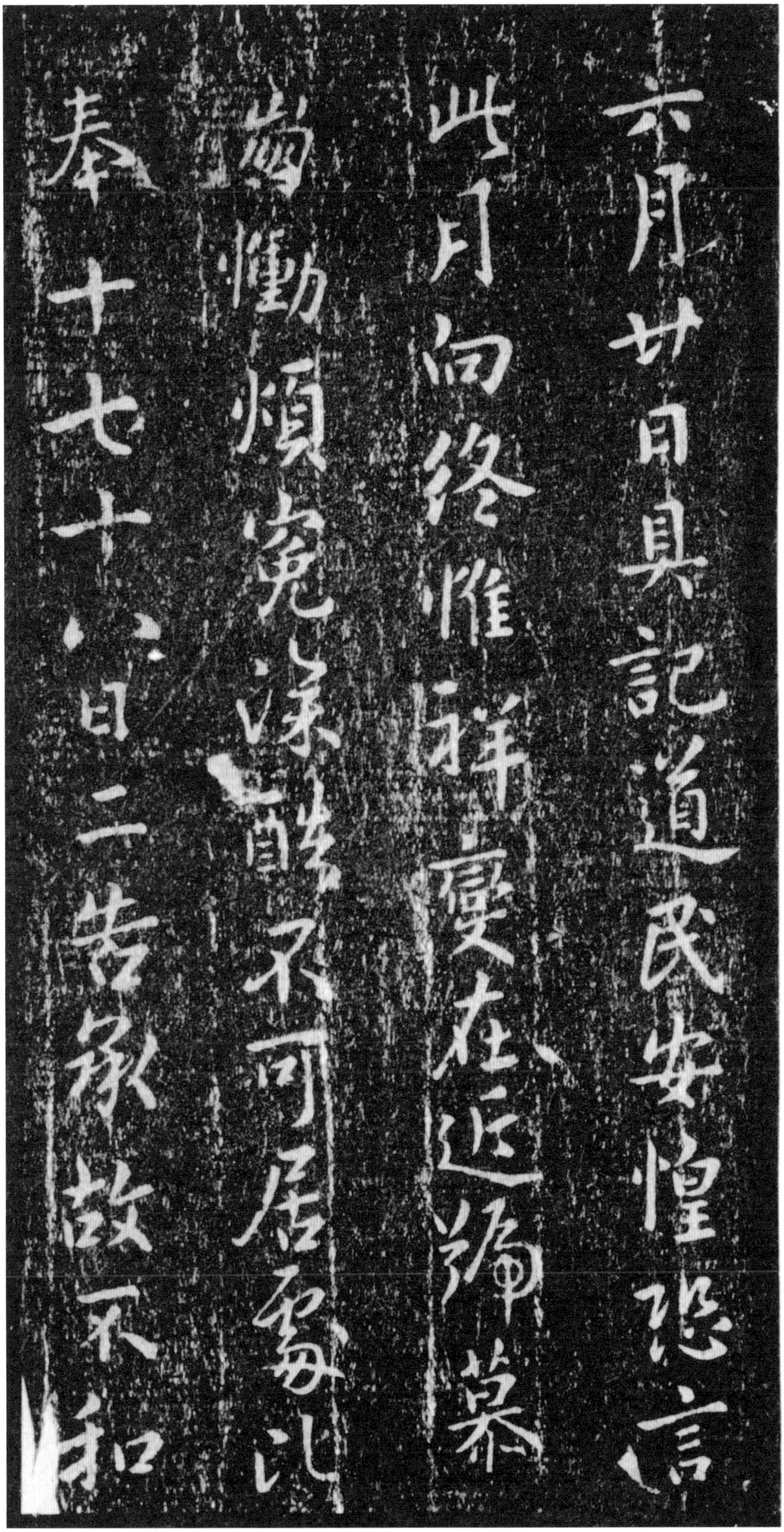


六月帖　釋文：

六月廿日具記道民安惶恐言
此月向終惟祥變在近號慕
崩慟煩冤深酷不可居處比
奉十七十八日二告承故不和

# 38

## 晉散騎常侍謝万書　七月帖

*Qi Yue Tie*

Written by Xie Wan, Cavalier Attendant-in-Ordinary, Jin Dynasty

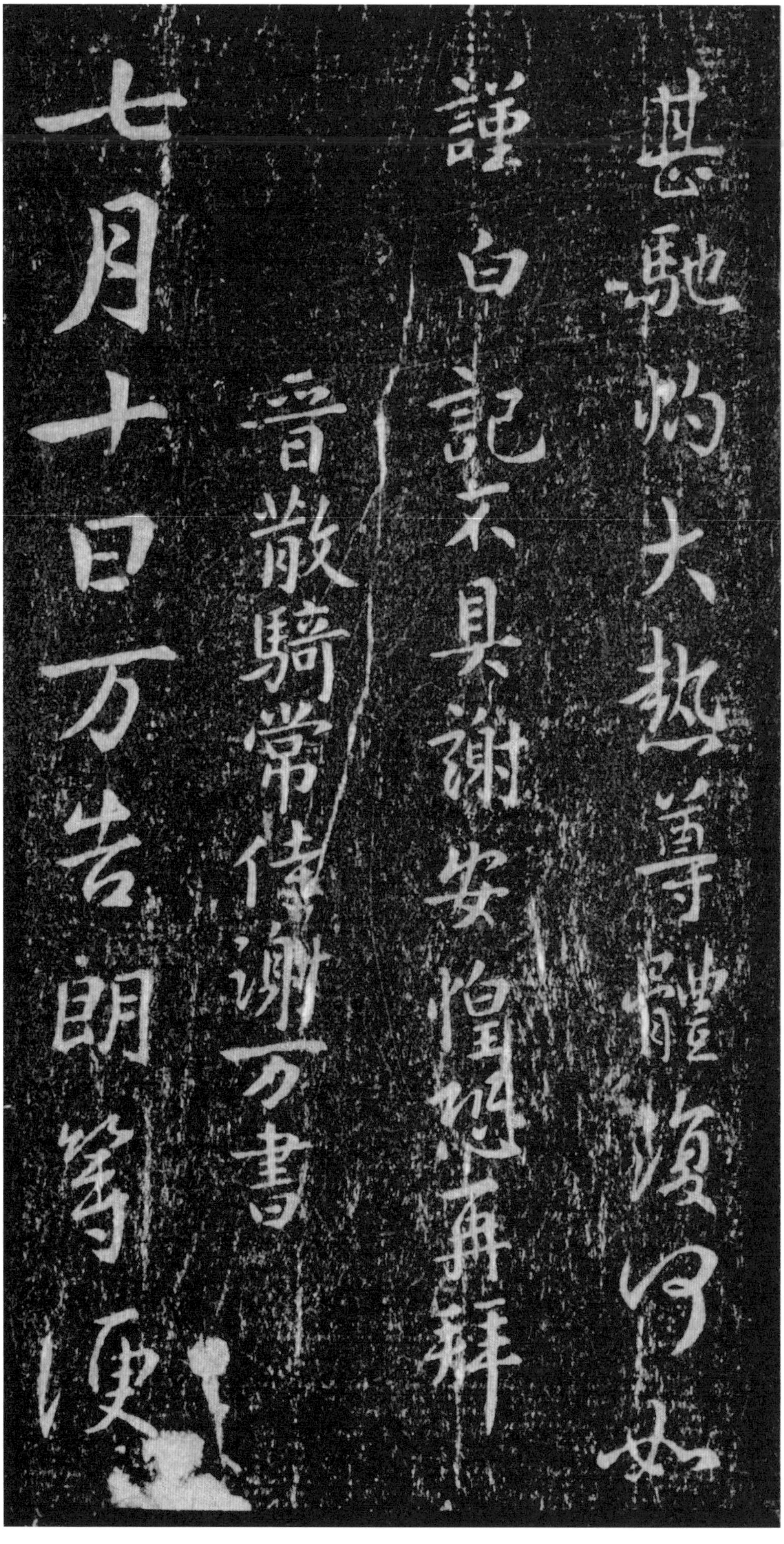


甚馳灼大熱尊體復何如
謹白記不具謝安惶恐再拜
七月帖　釋文：
七月十日万告朗等便

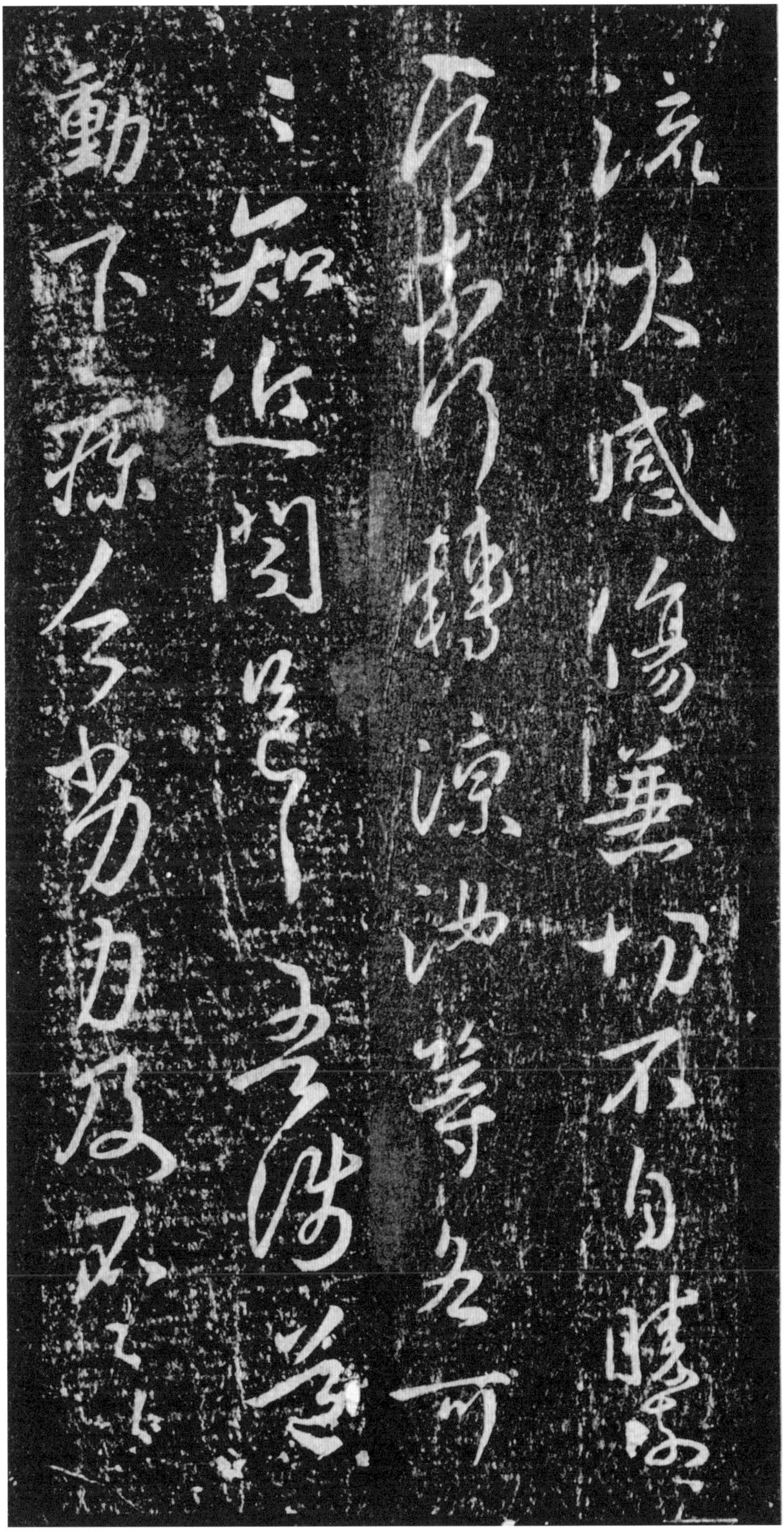

流火感傷兼切不自勝奈
何奈何轉涼汝等各可
可知近聞邑邑吾涉道
動下疹乏劣力及不具

告父疏

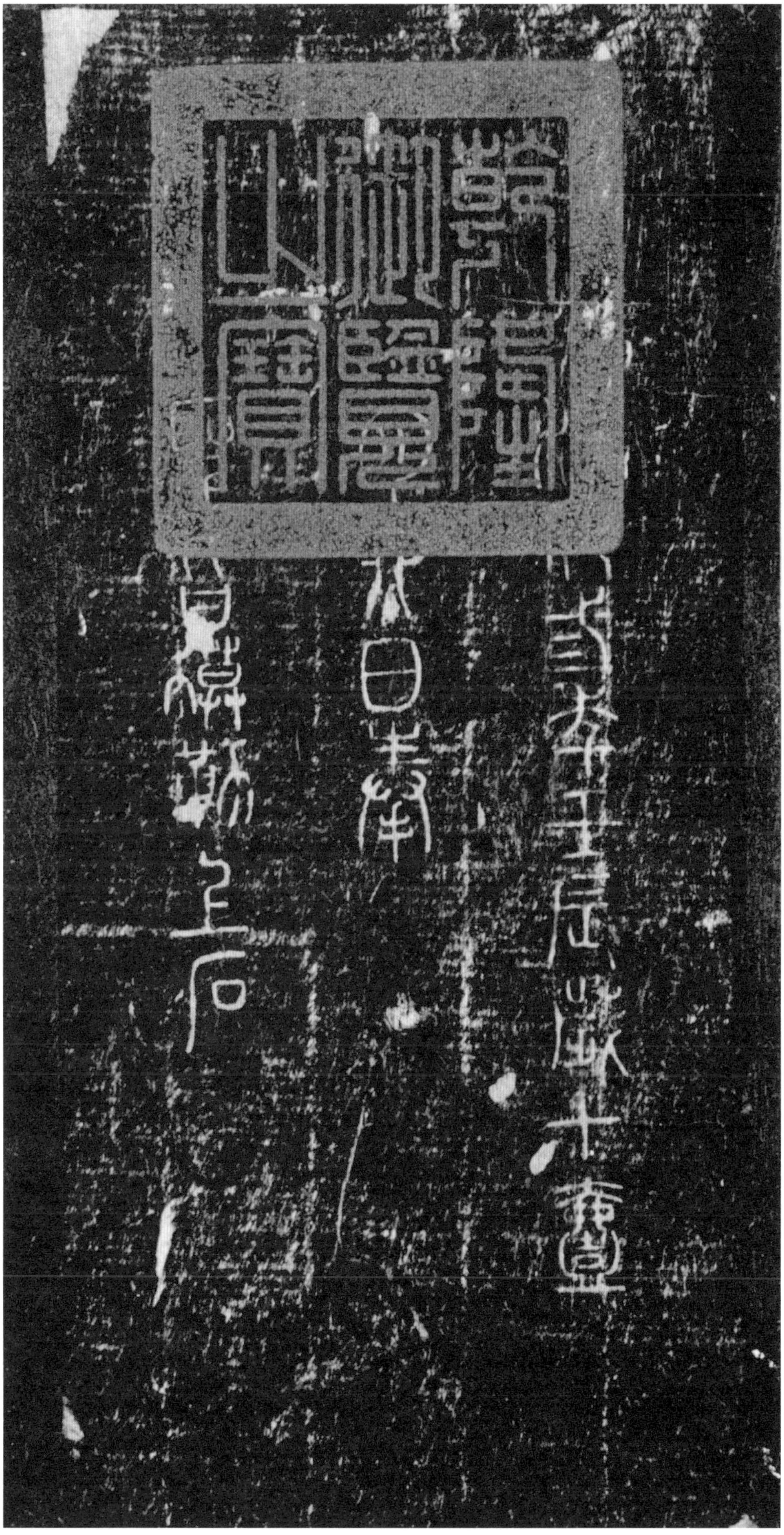
乾隆御覽之寶

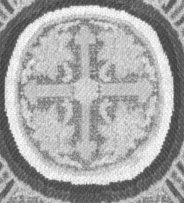

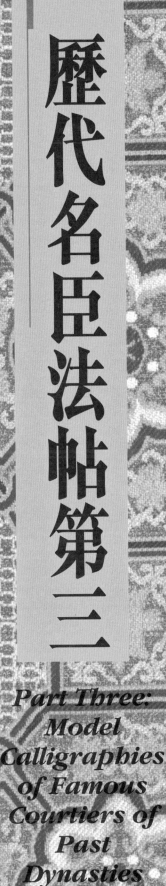

# 歷代名臣法帖第三

# *Part Three: Model Calligraphies of Famous Courtiers of Past Dynasties*

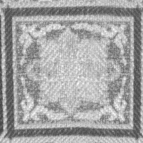

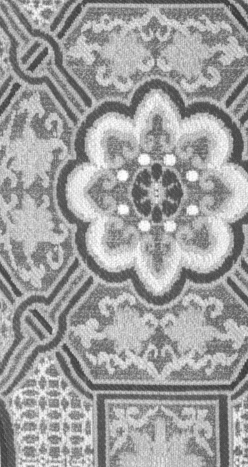

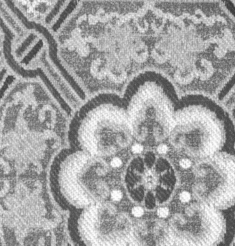

*1*

## 晉太尉庾元亮書　書箱帖

**Shu Xiang Tie**

Written by Yu Yuanliang, Defender-in-Chief, Jin Dynasty

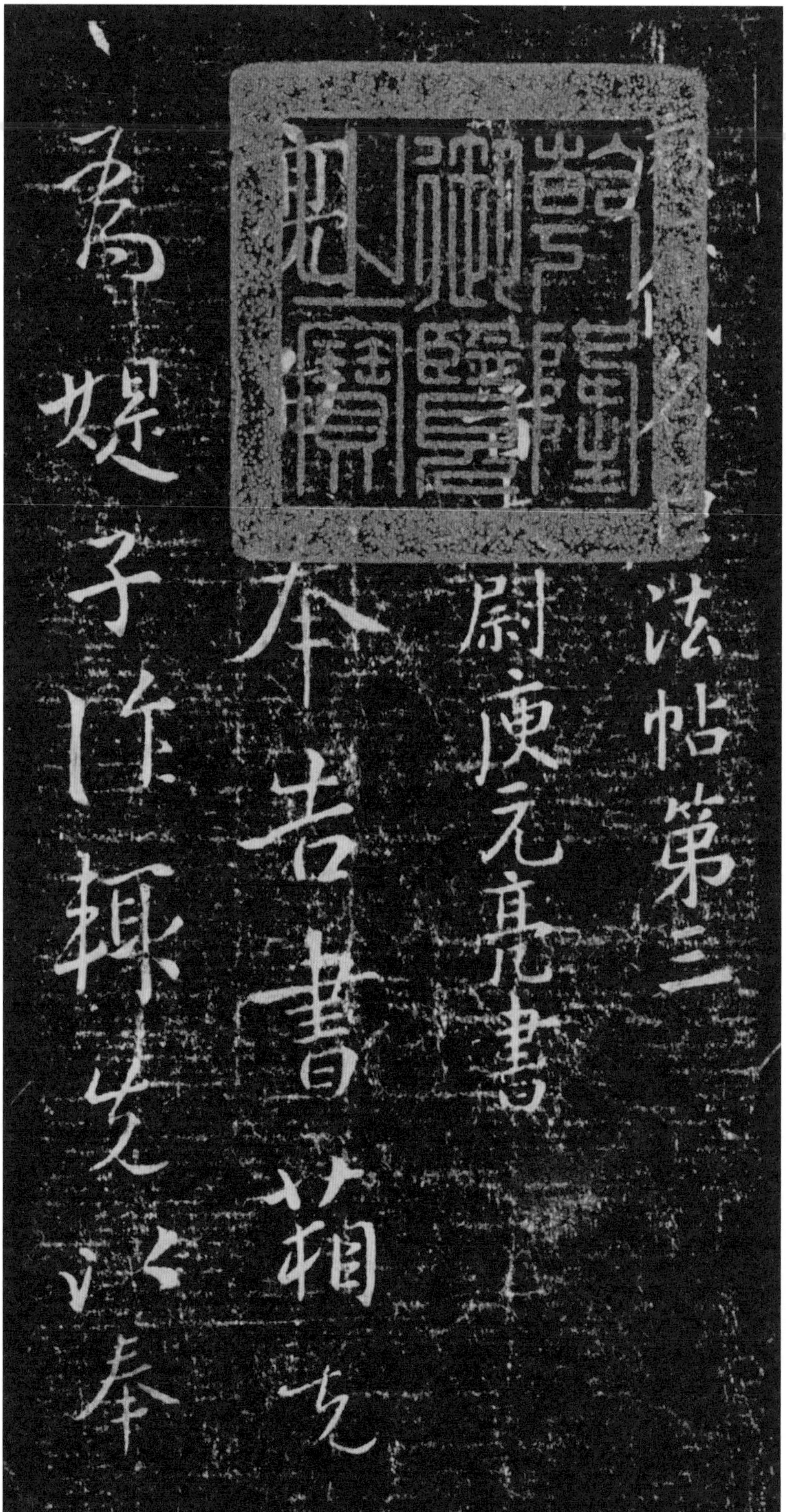

書箱帖　釋文：
亮白奉告書箱先
為媞子作輒先以奉

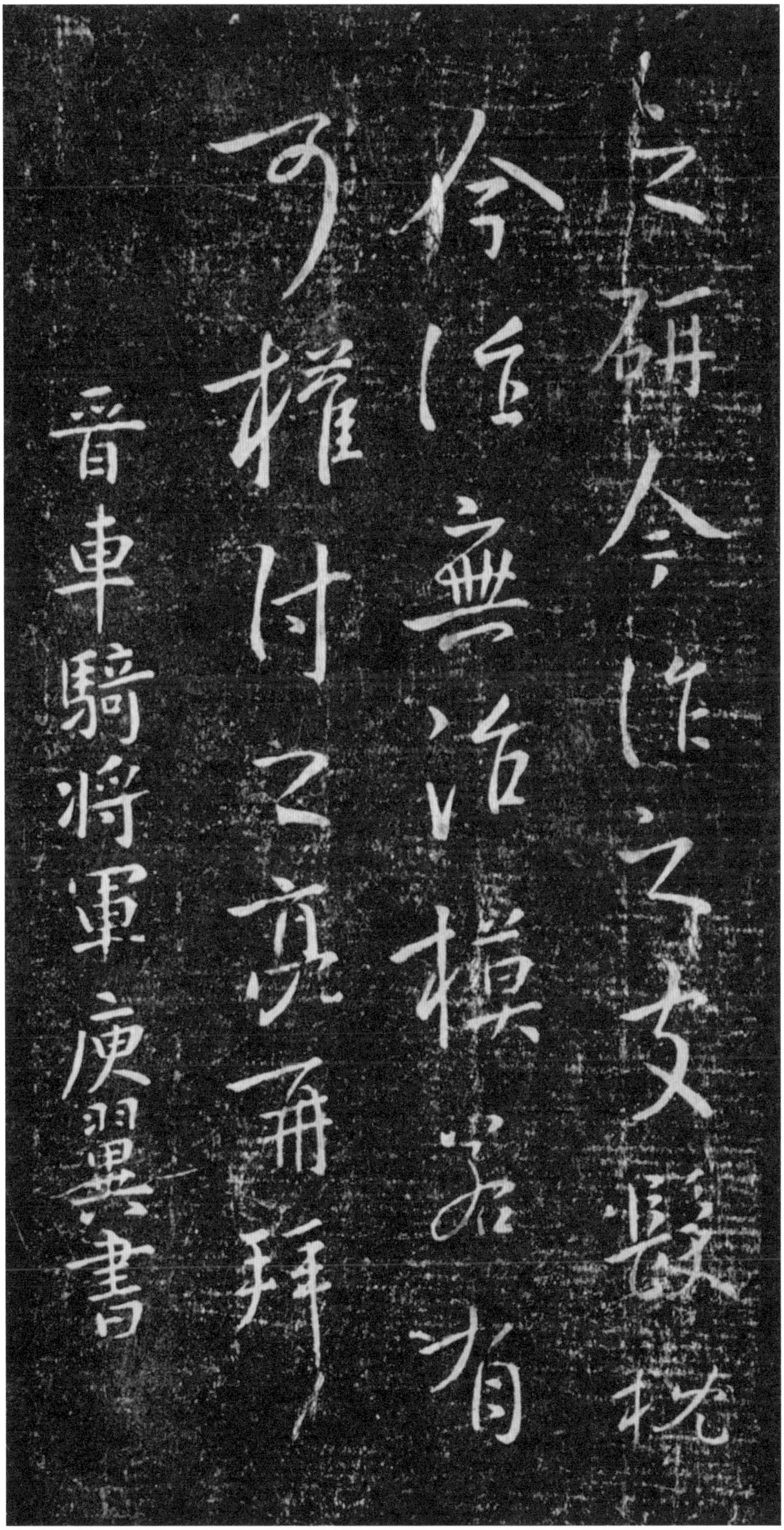


之研今作之支髮枕
今作無作模若有
可權付之亮再拜

2

## 晉車騎將軍庾翼書　故吏帖

**Gu Li Tie**

Written by Yu Yi, Chariot and Horse General, Jin Dynasty

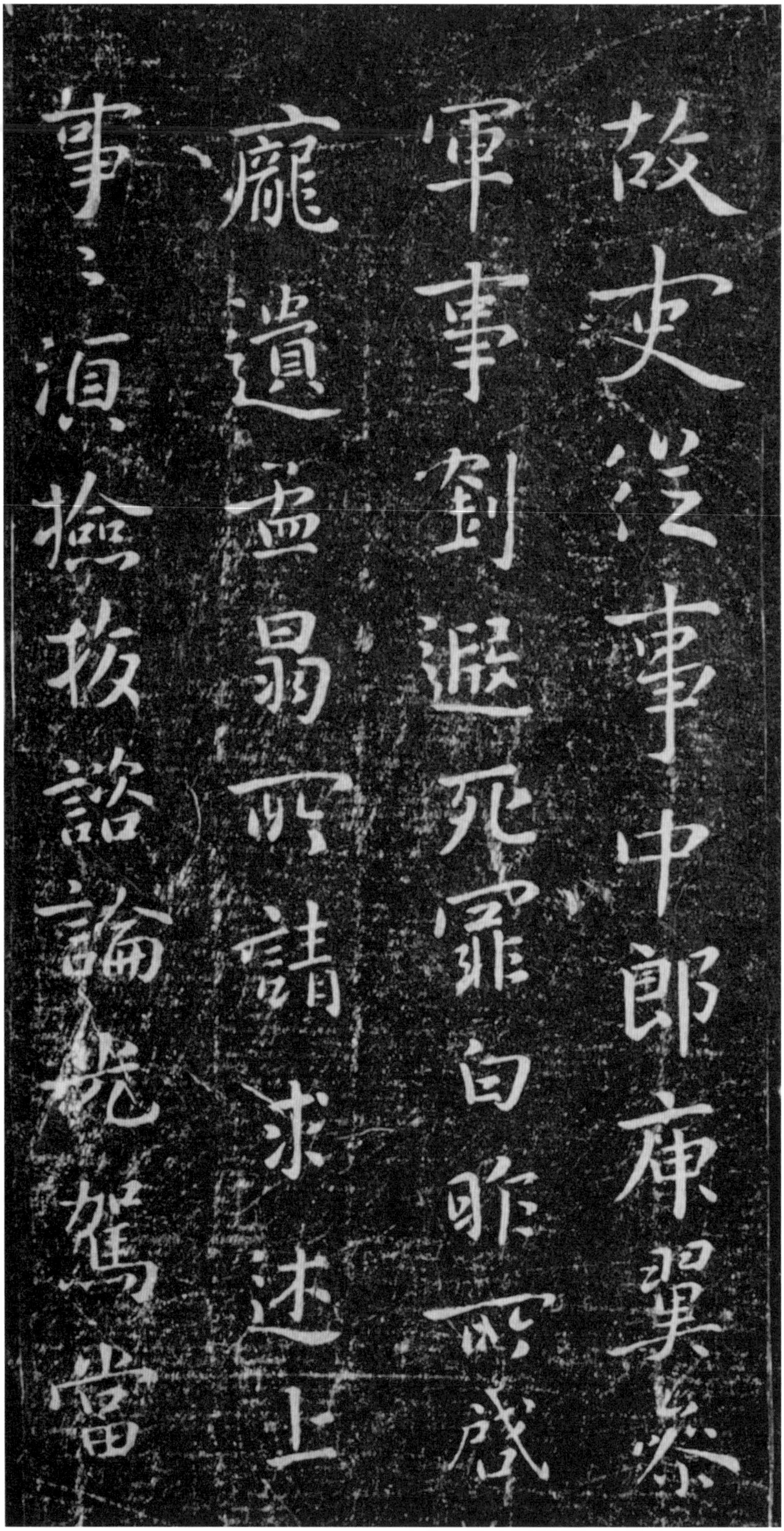

故吏帖　釋文：
故吏從事中郎庾翼參
軍事劉遐死罪白昨所啟
龐遺孟昴所請求述上
事事須檢校諮論光駕當

# 3

## 晉車騎將軍庾翼書　季春帖

**Ji Chun Tie**

Written by Yu Yi, Chariot and Horse General, Jin Dynasty

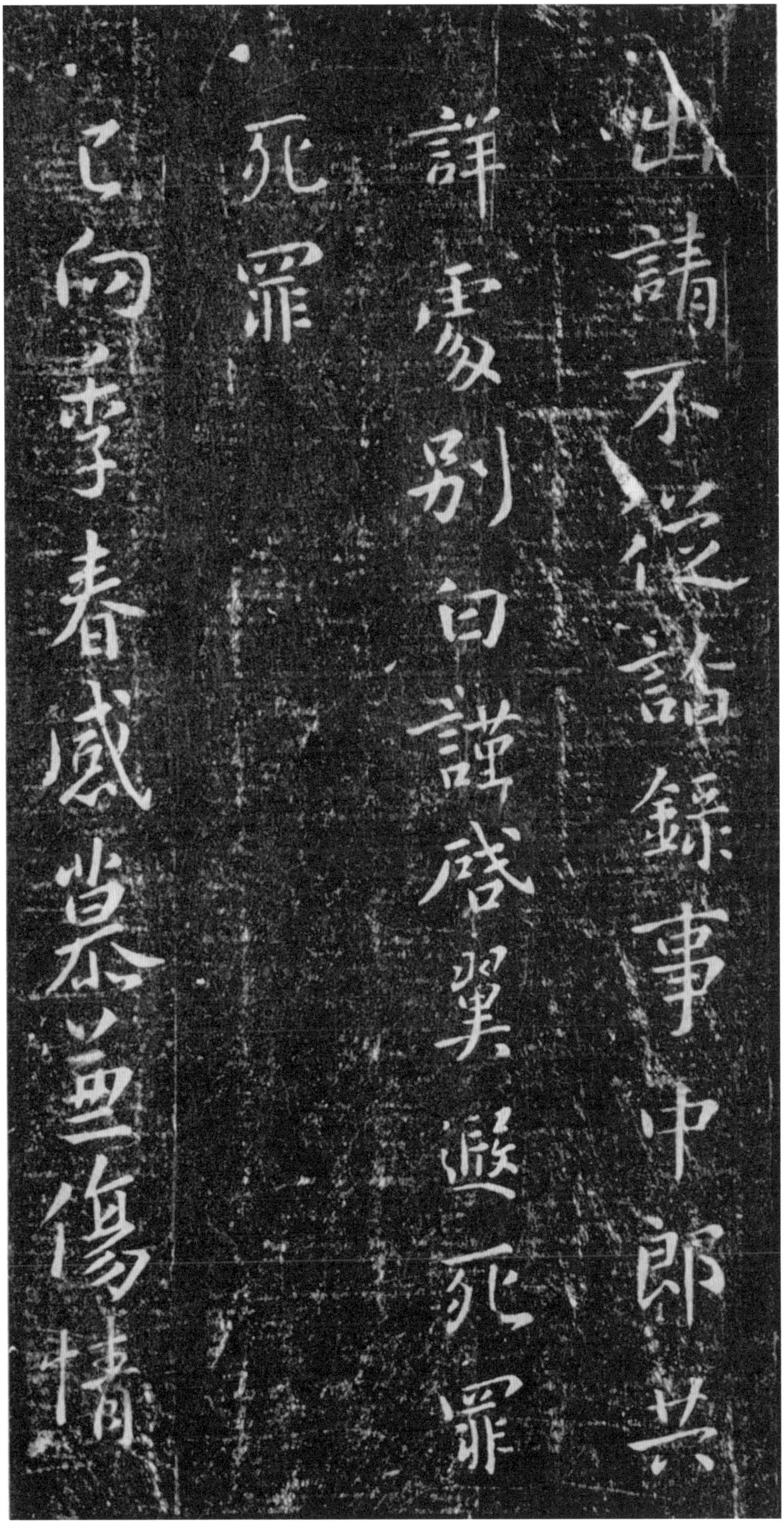

出請不從詣錄事中郎共
詳處別白謹啟翼遐死罪
死罪

季春帖　釋文：
已向季春感慕兼傷情

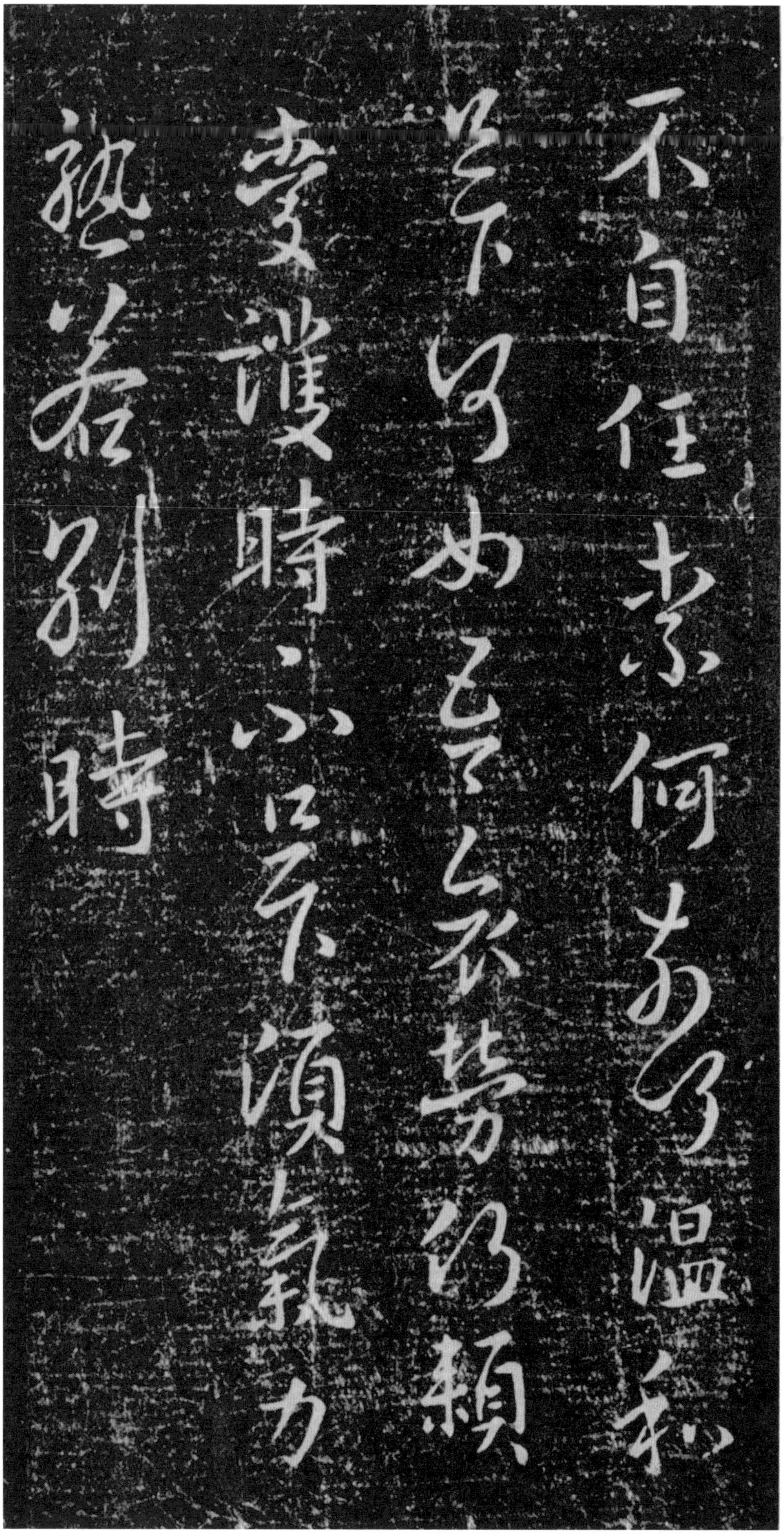


不自任奈何奈何溫和
足下何如吾哀勞何賴
愛護時不足下須氣力
熟若別時

4

## 晉太守沈嘉長書　十二月帖

**Shi Er Yue Tie**

Written by Shen Jiachang, Chief of Prefecture, Jin Dynasty

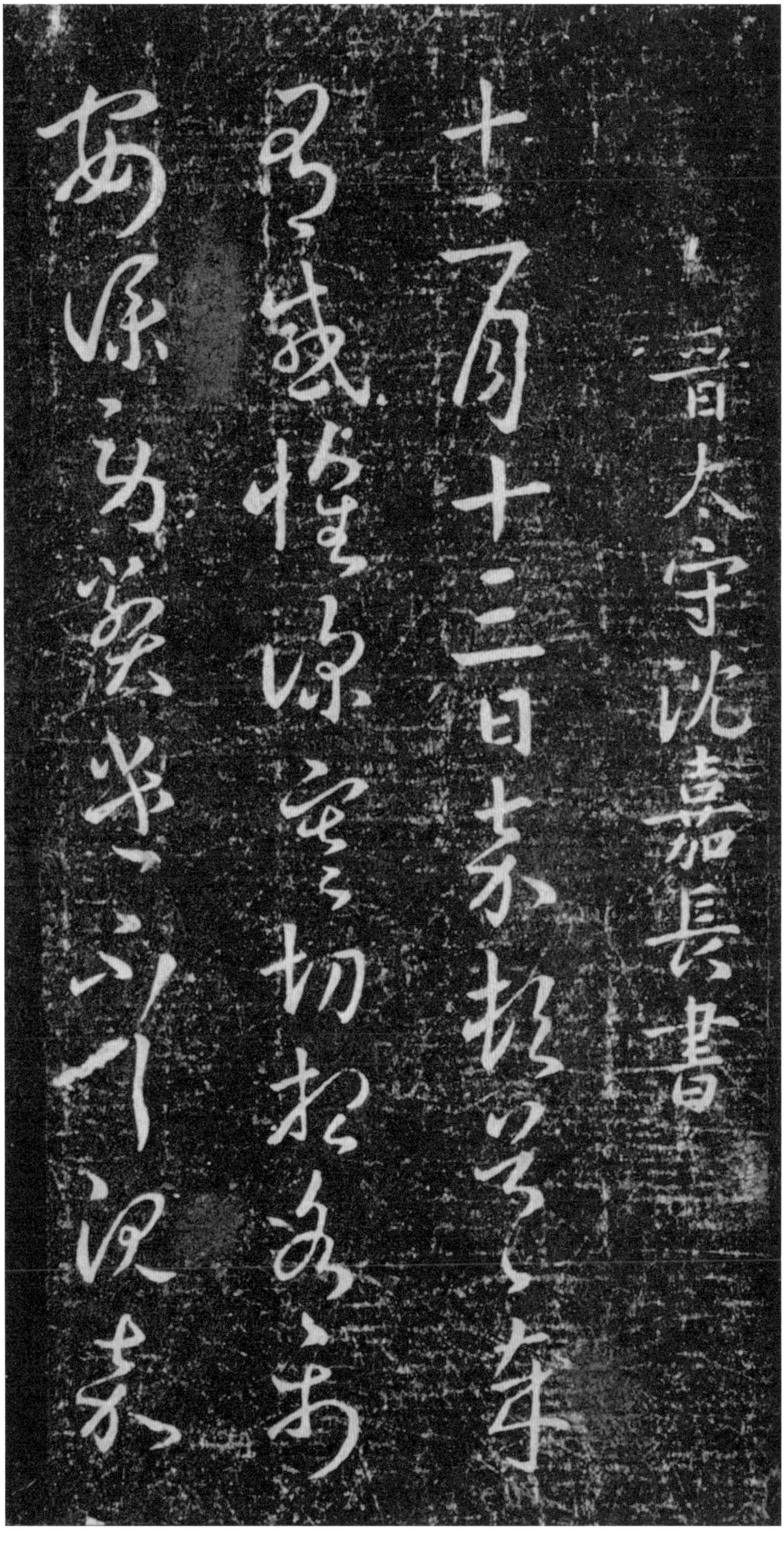

十二月帖　釋文：
十二月十三日嘉頓首頓首歲
有感懷深寒切想各平
安僕勞弊遺不具沈嘉

## 5

# 晉侍中杜預書　十一月帖

**Shi Yi Yue Tie**

Written by Du Yu, Palace Attendant, Jin Dynasty

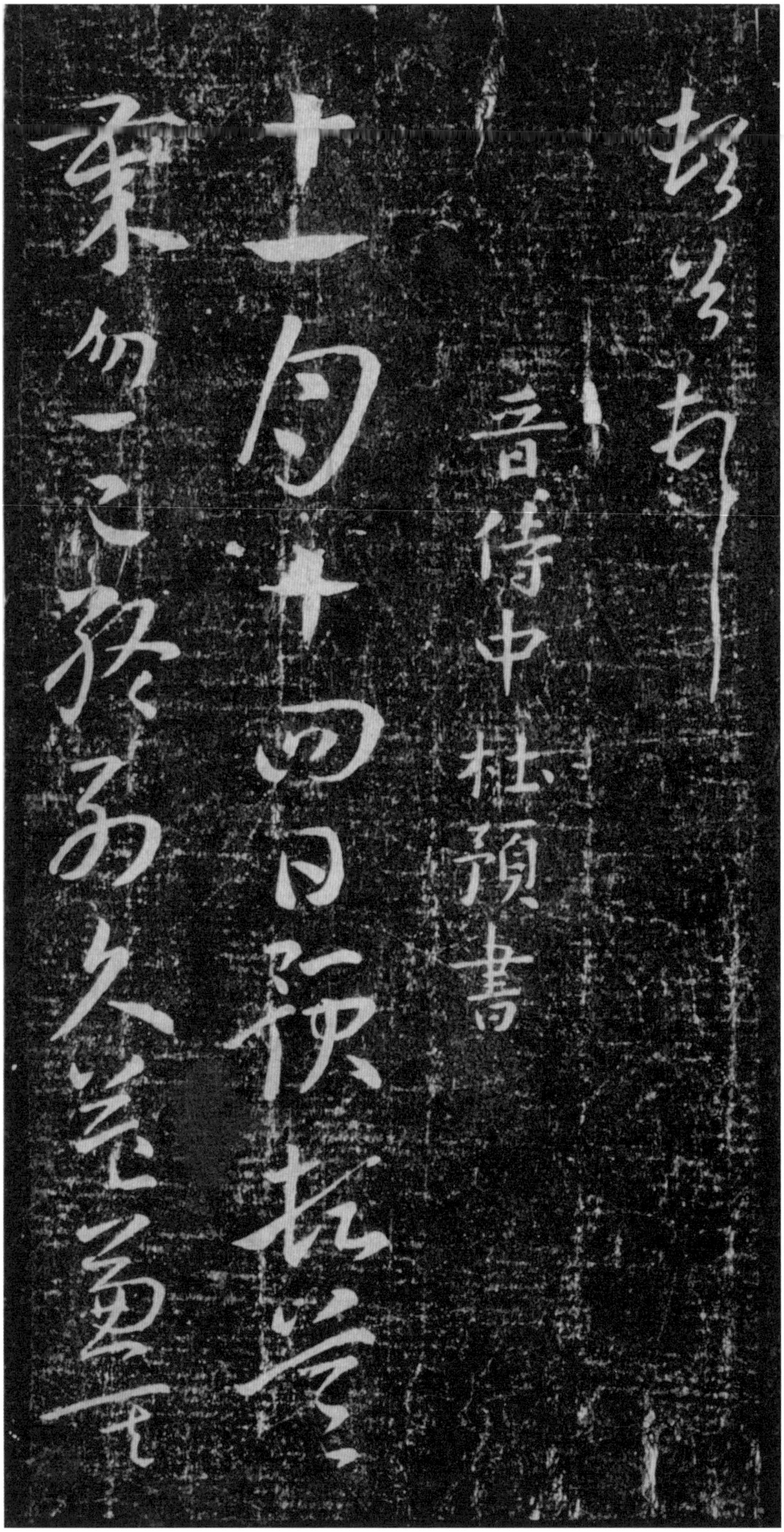

頓首頓首

**十一月帖　釋文：**

十一月十四日預頓首頓首

歲忽已終別久益兼其

6

## 晉侍中杜預書　親故帖

Qin Gu Tie

Written by Du Yu, Palace Attendant, Jin Dynasty

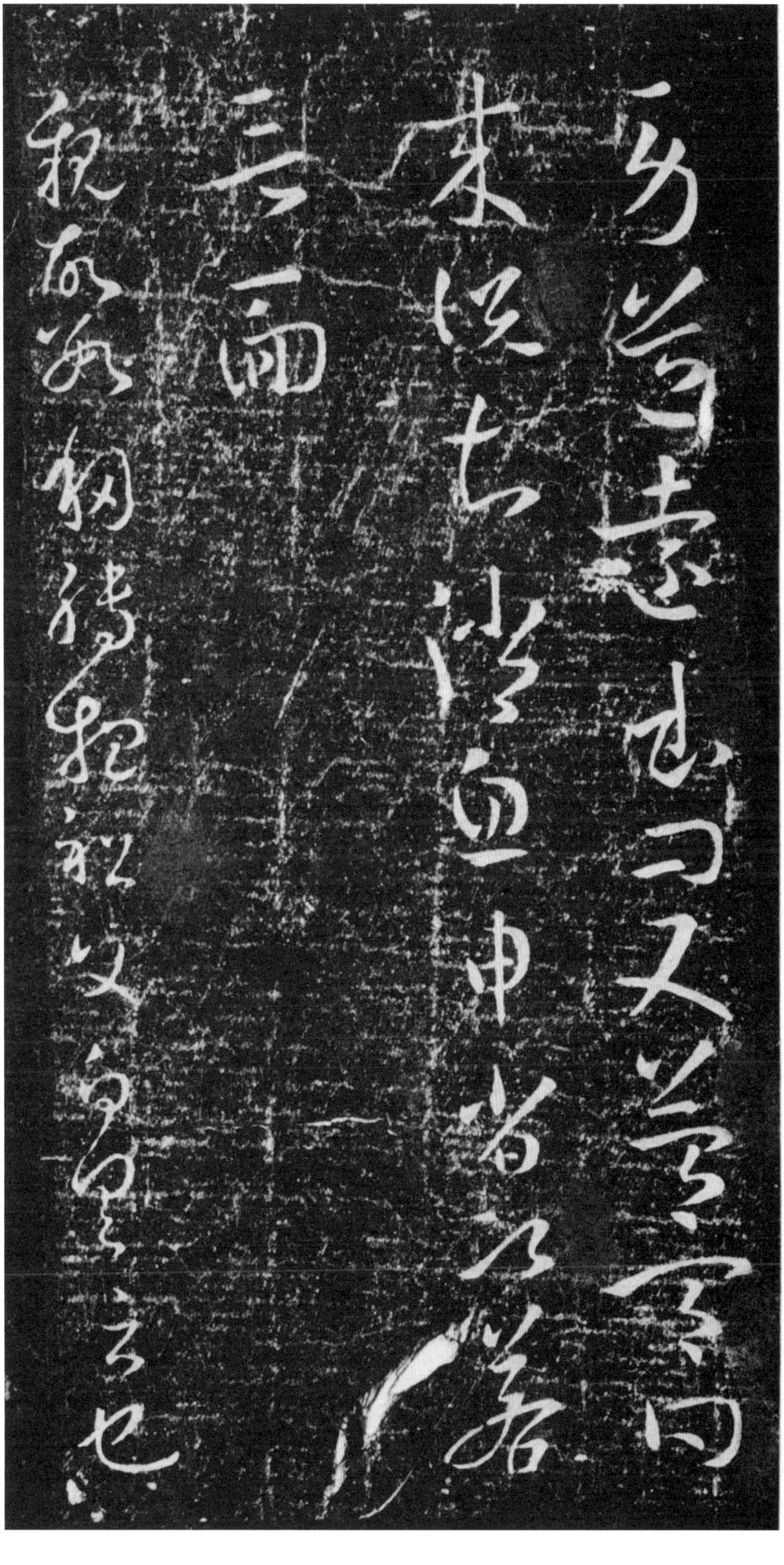

親故帖　釋文：

勞道遠書問又簡閒得
來況知消息申省次若
言面
親故數移轉想祖父白具云也

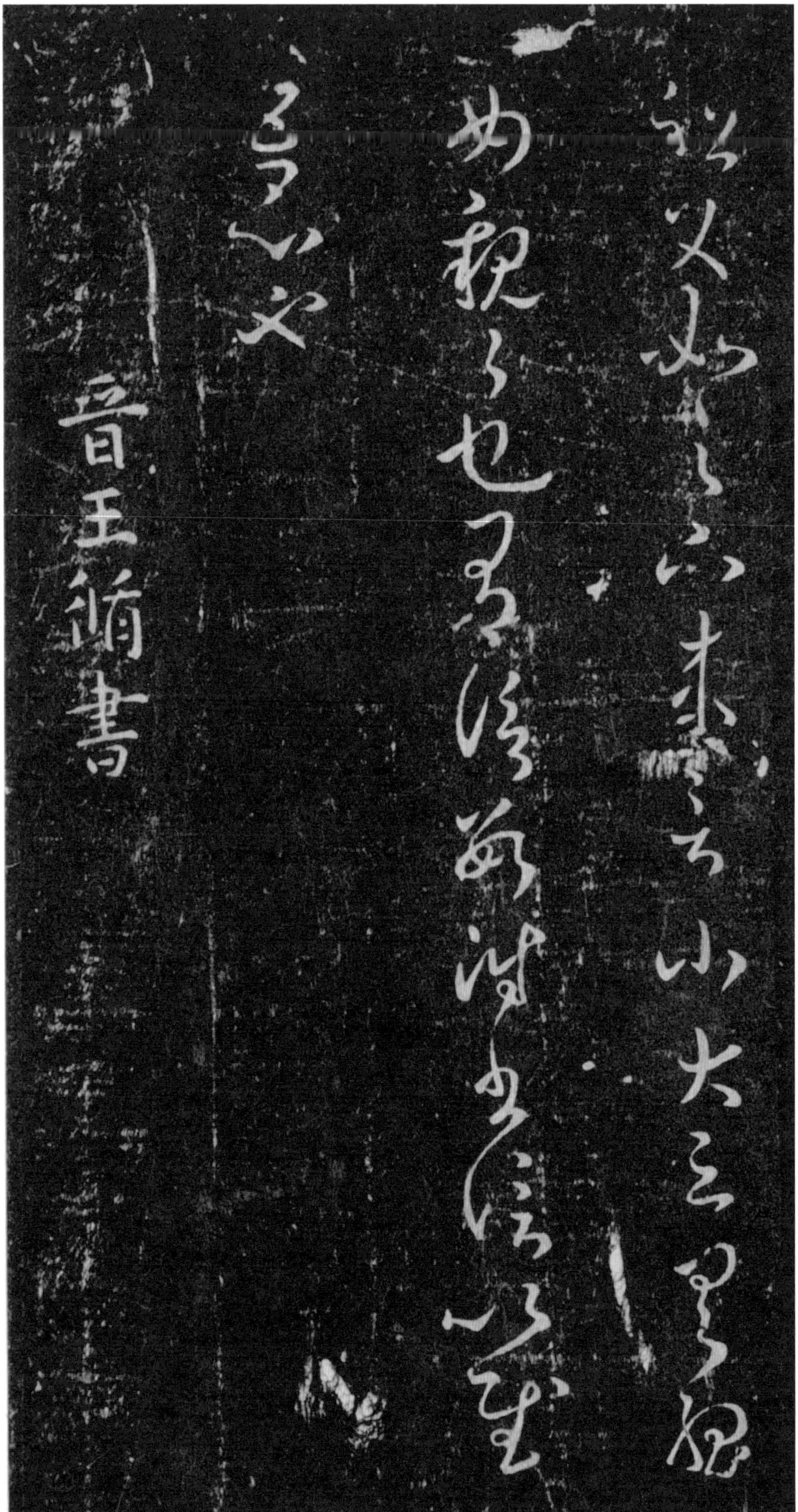


祖父如足下來言小大云具孤女親親也有信數附書信以慰吾心也

# 7

## 晉王循書　七月帖

Qi Yue Tie

Written by Wang Xun, Jin Dynasty

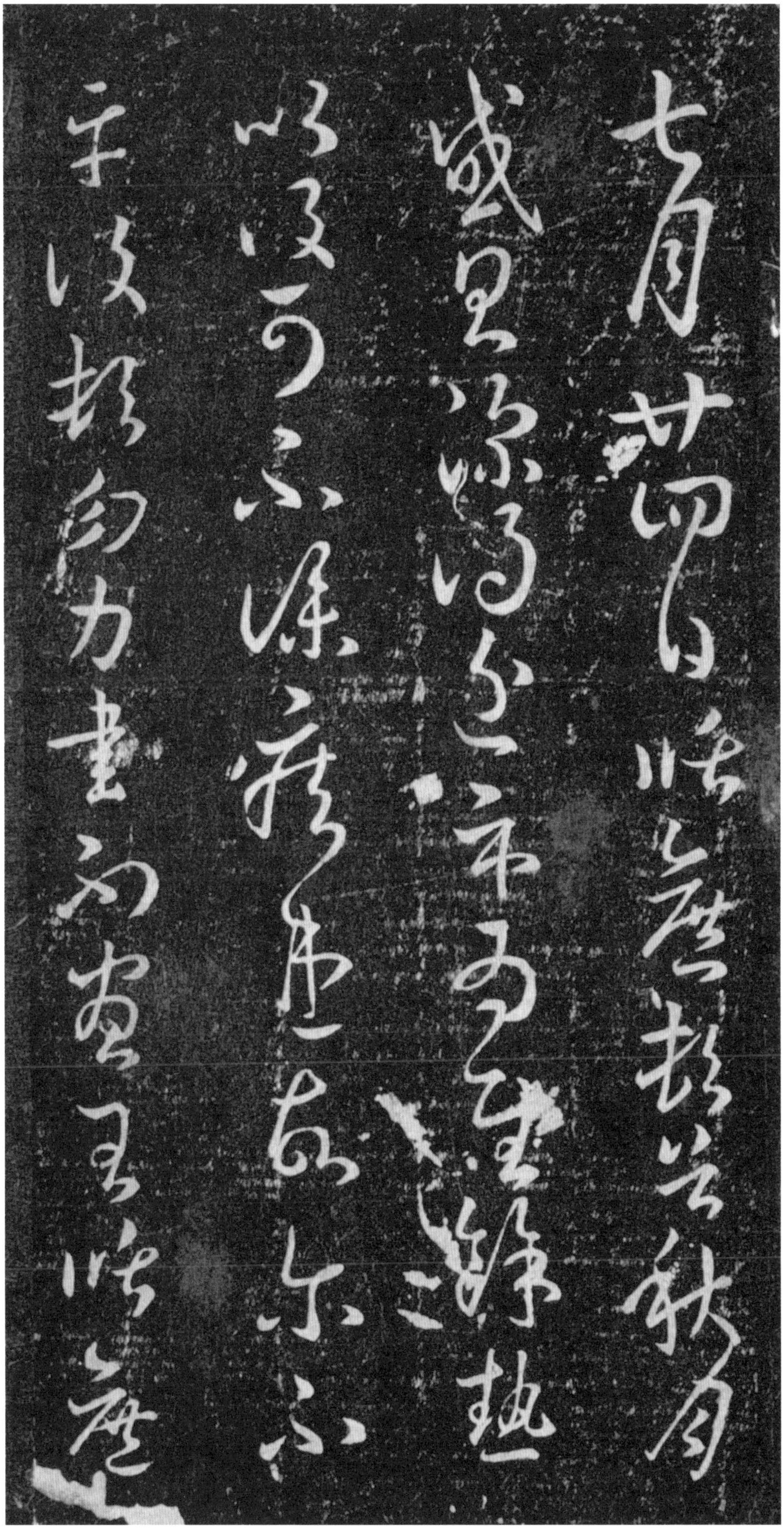

七月帖　釋文：

七月廿四日循詹頓首秋月
感思深得近示為慰餘熱
比復可不僕疾患故爾不
平復頓勿力書不盡王循詹

## 8

## 晉劉超書　如命帖

**Ru Ming Tie**

Written by Liu Chao, Jin Dynasty

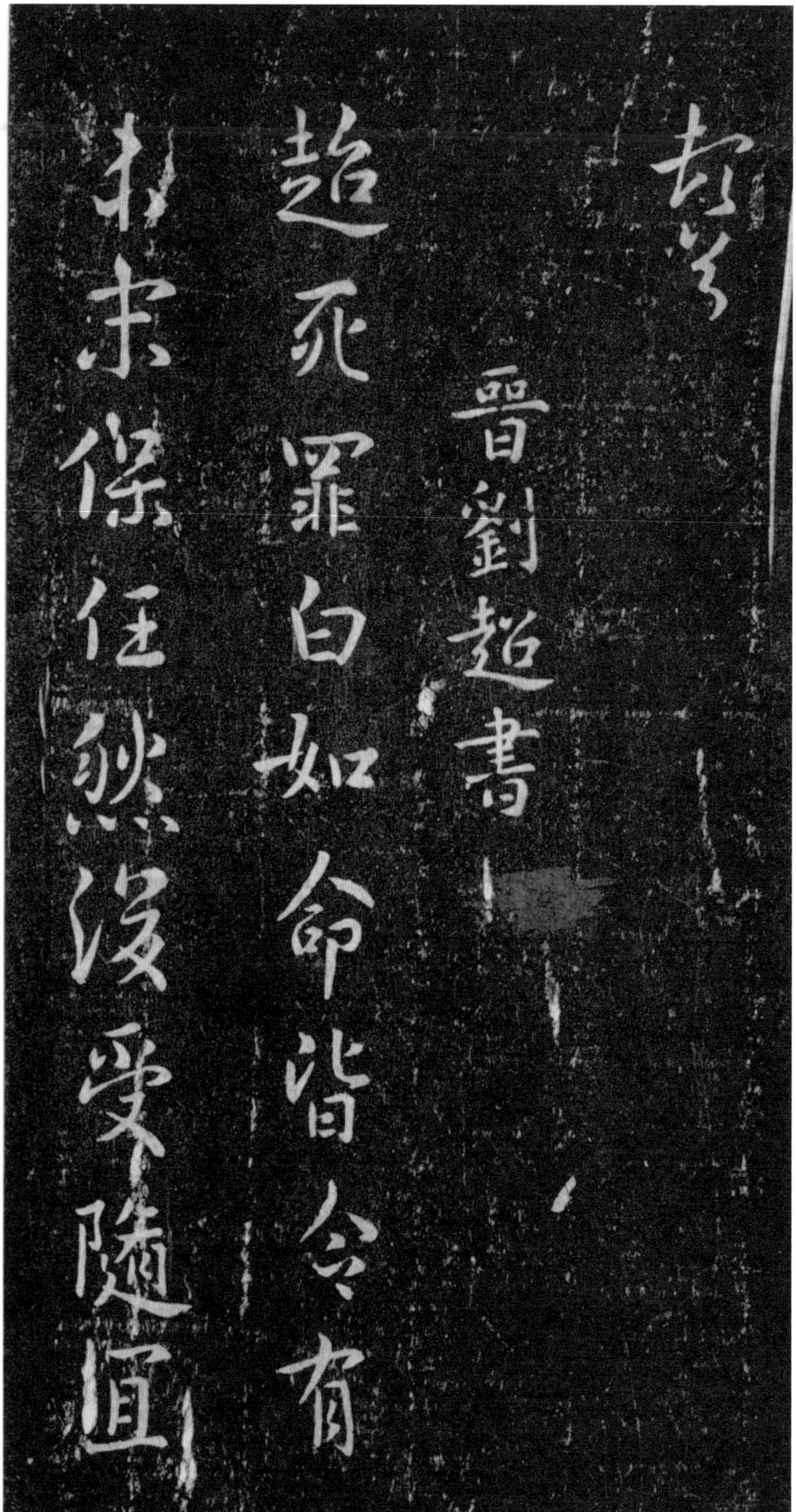


頓首
如命帖　釋文：
超死罪白如命皆令有
本末保任然後受隨宜

9

## 晉散騎常侍謝璠伯書　江東帖

**Jiang Dong Tie**

Written by Xie Fanbo, Cavalier Attendant-in-Ordinary, Jin Dynasty

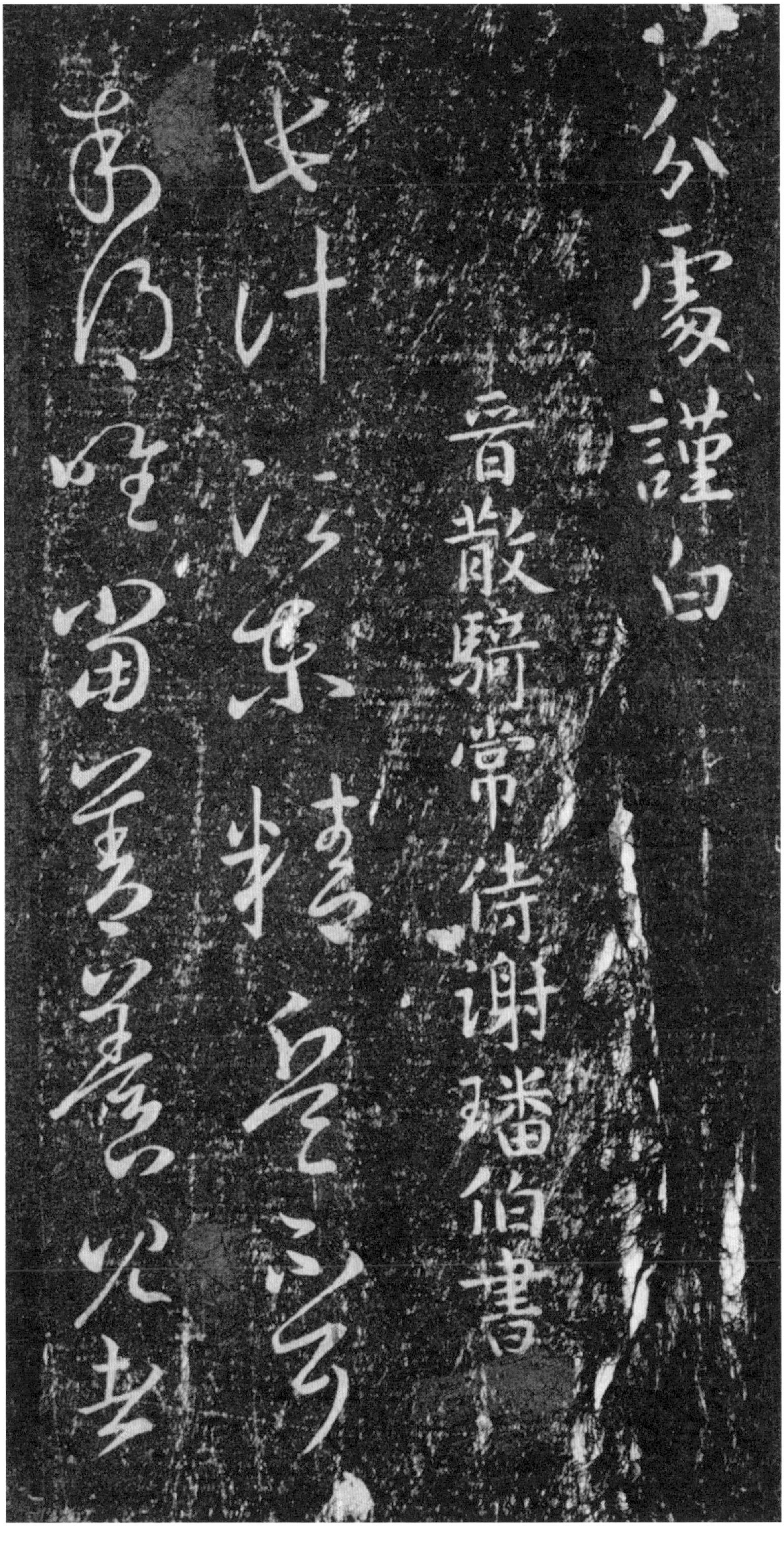

分處謹白

江東帖　釋文：

此計江東精兵不可

卒得唯當善養見者

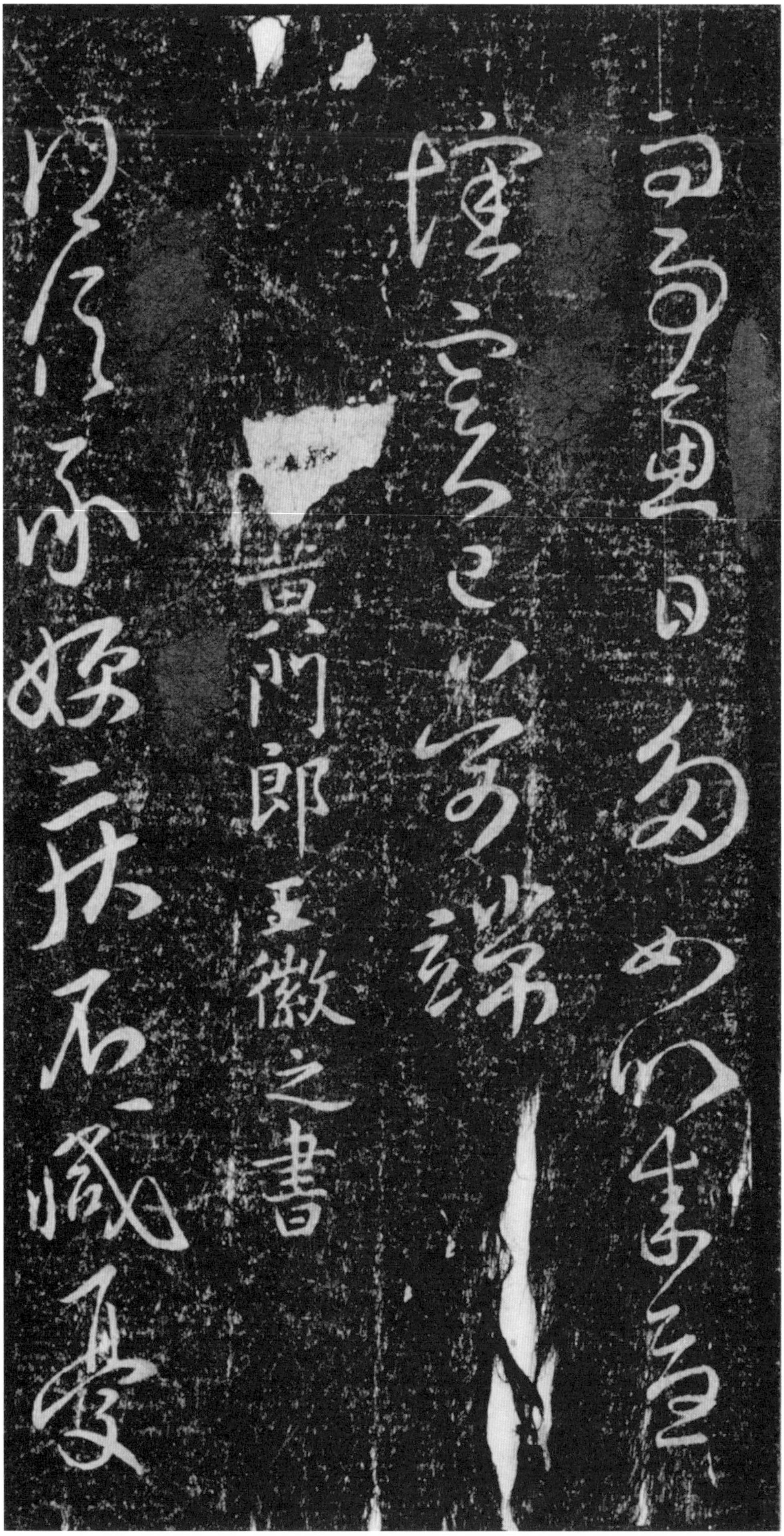


10

# 晉黃門郎王徽之書　得信帖

De Xin Tie

Written by Wang Huizhi, Gentleman of the Palace Gate, Jin Dynasty

而事慮日多如比來憂

懷實已萬端

**得信帖　釋文：**

得信承嫂疾不減憂

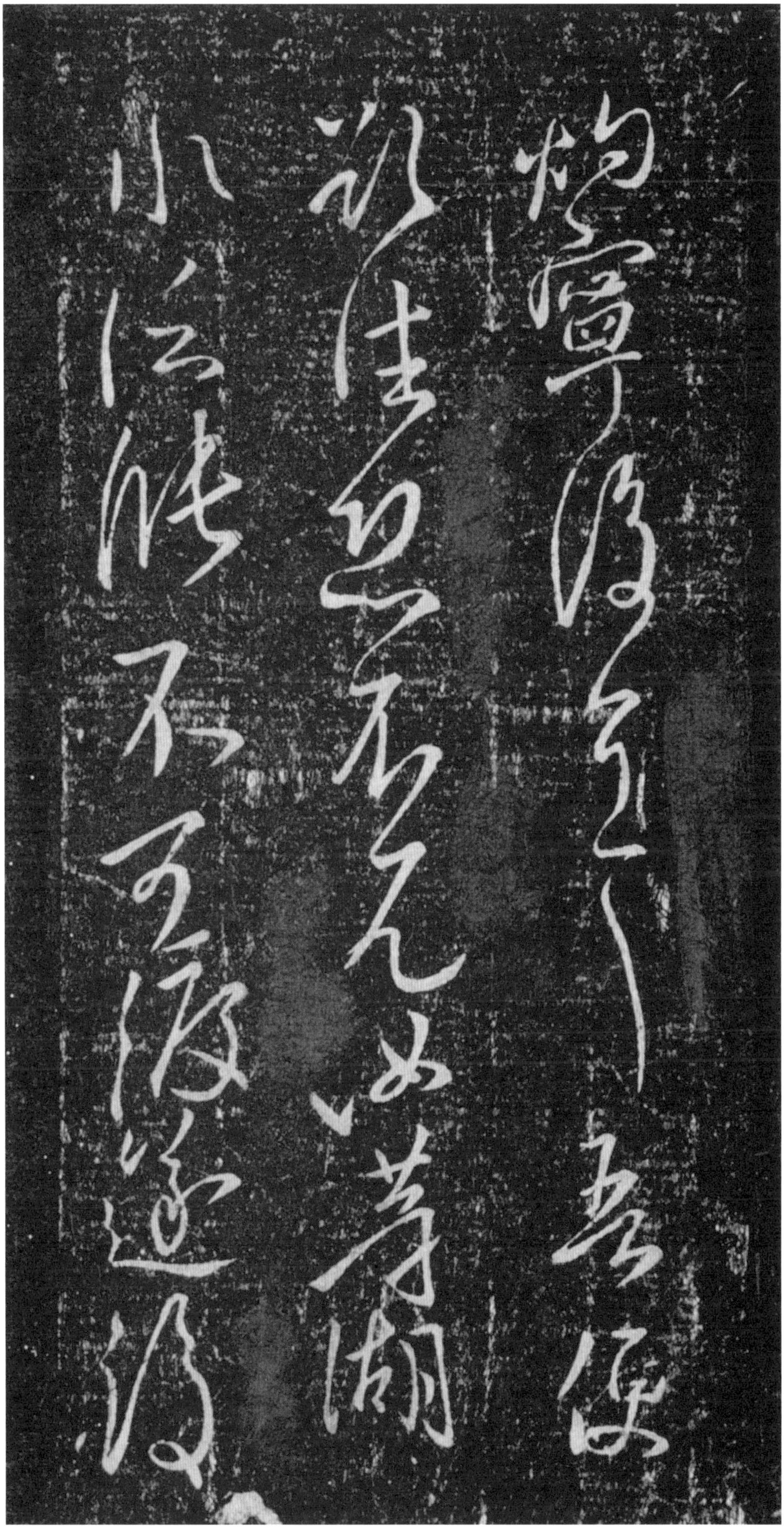

灼寧復可言吾便
欲往恐不見汝等湖
水泛漲不可渡遂復

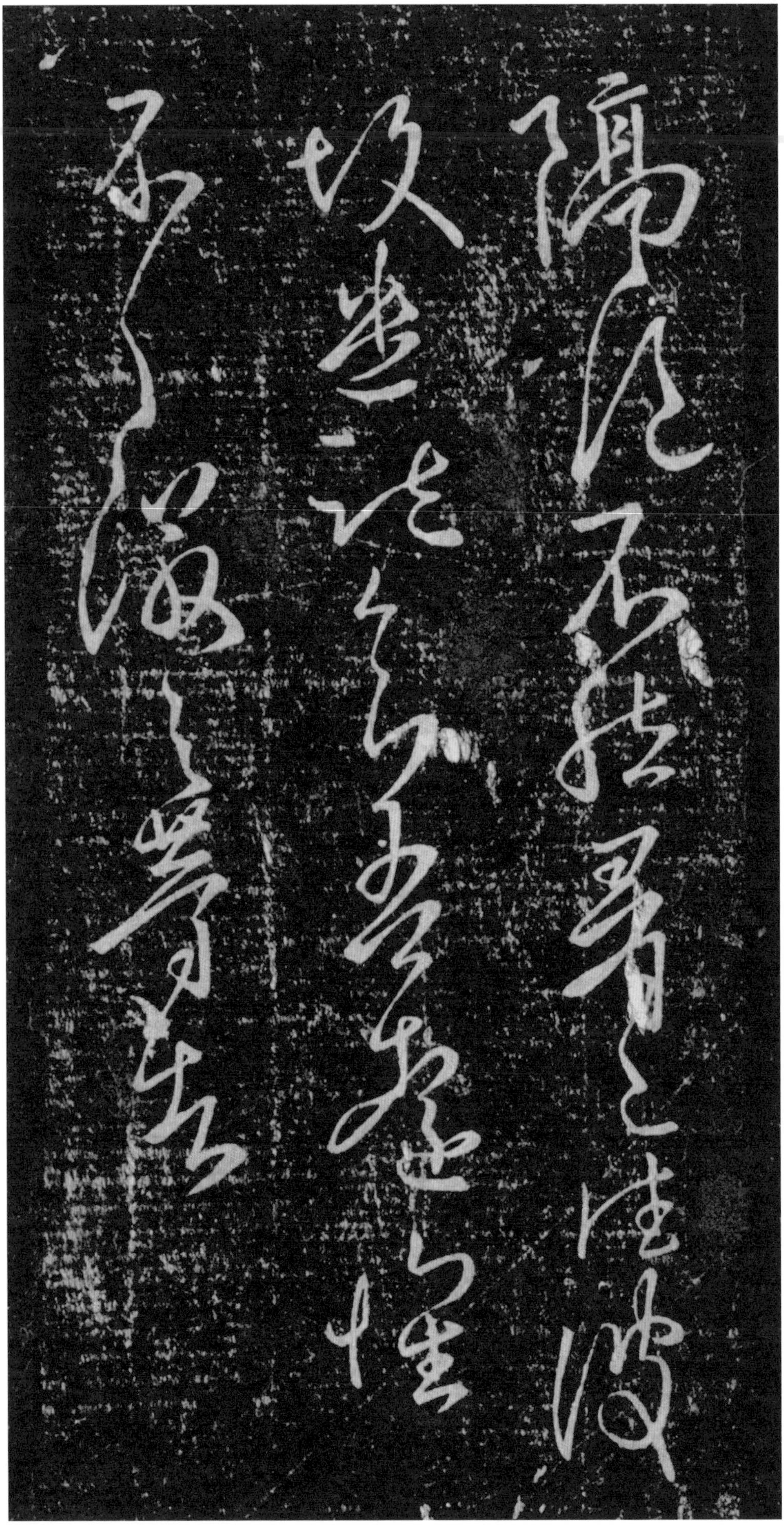

隔絕不然尋已往彼
故遣疏知吾遠懷
不一徽之等告

## 11

# 晉謝莊書　昨還帖

**Zuo Huan Tie**

Written by Xie Zhuang, Jin Dynasty

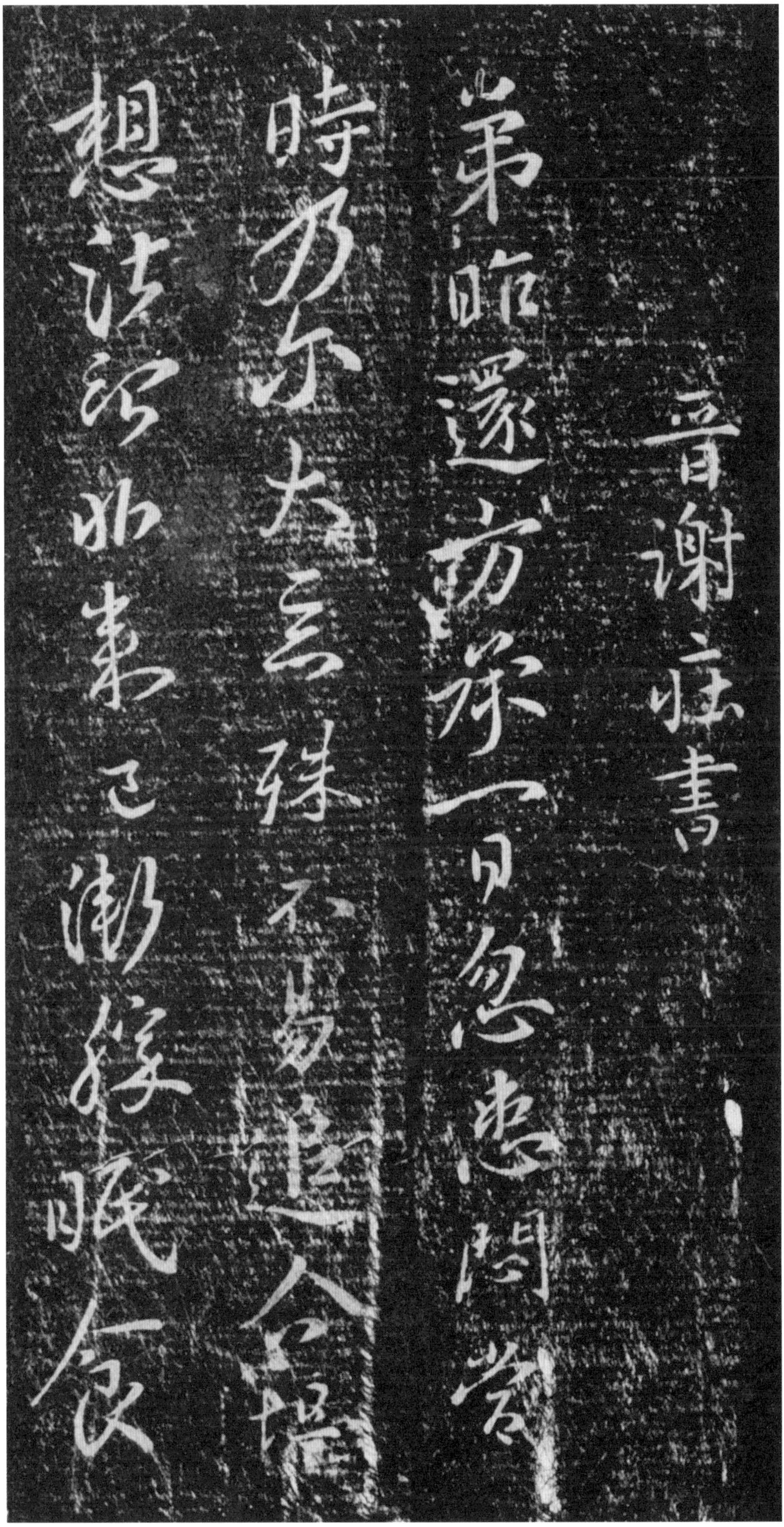


昨還帖　釋文：
弟昨還方承一日忽患悶當
時乃爾大惡殊不易追企但
想諸治昨來已漸勝眠食

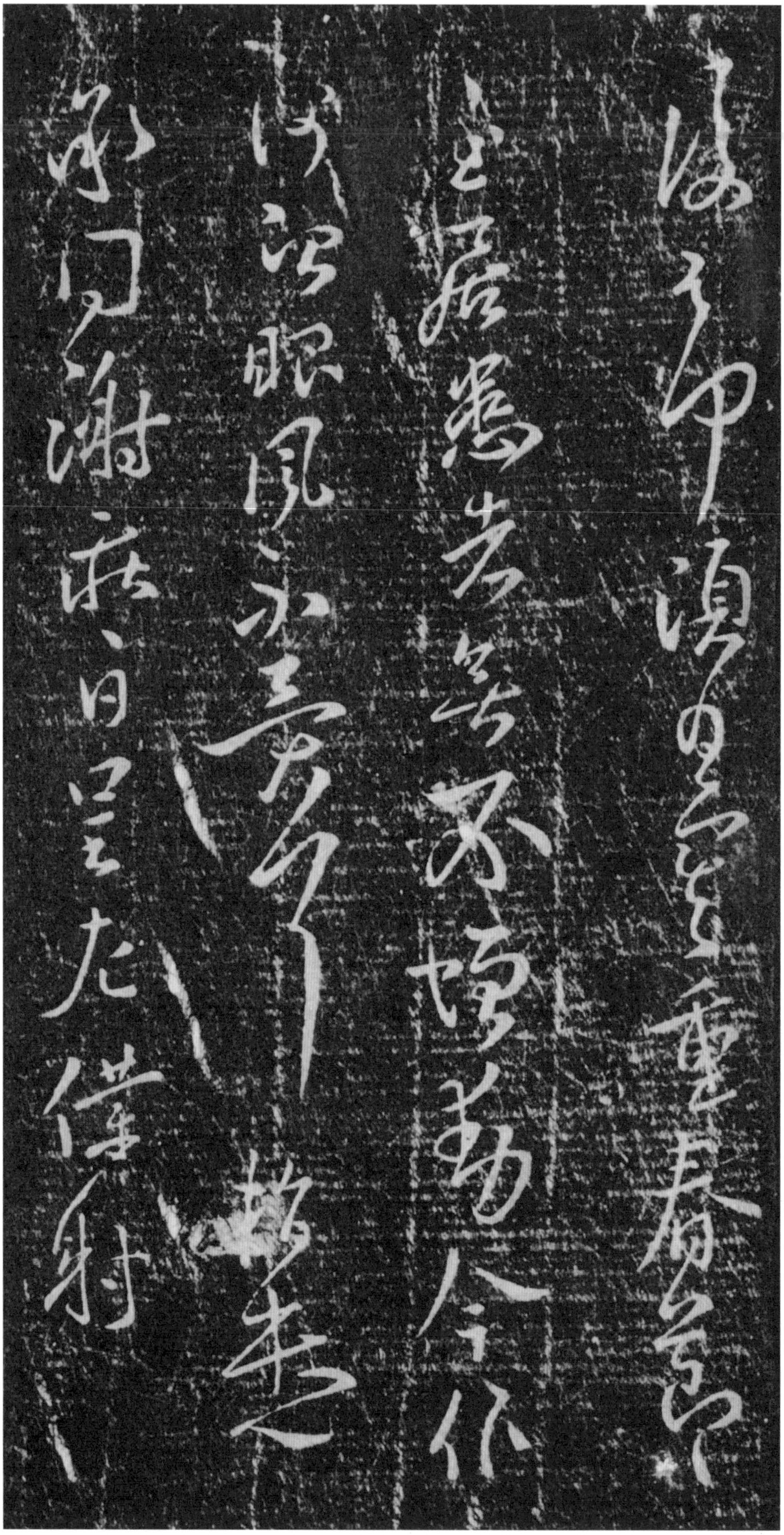

復云何頃日寒重春節
至居患者無不增動今作
何治眼風不異耳指遣
承問謝莊白呈左僕射

12

## 晉侍中司馬攸書　望近帖

**Wang Jin Tie**

Written by Sima You, Palace Attendant, Jin Dynasty

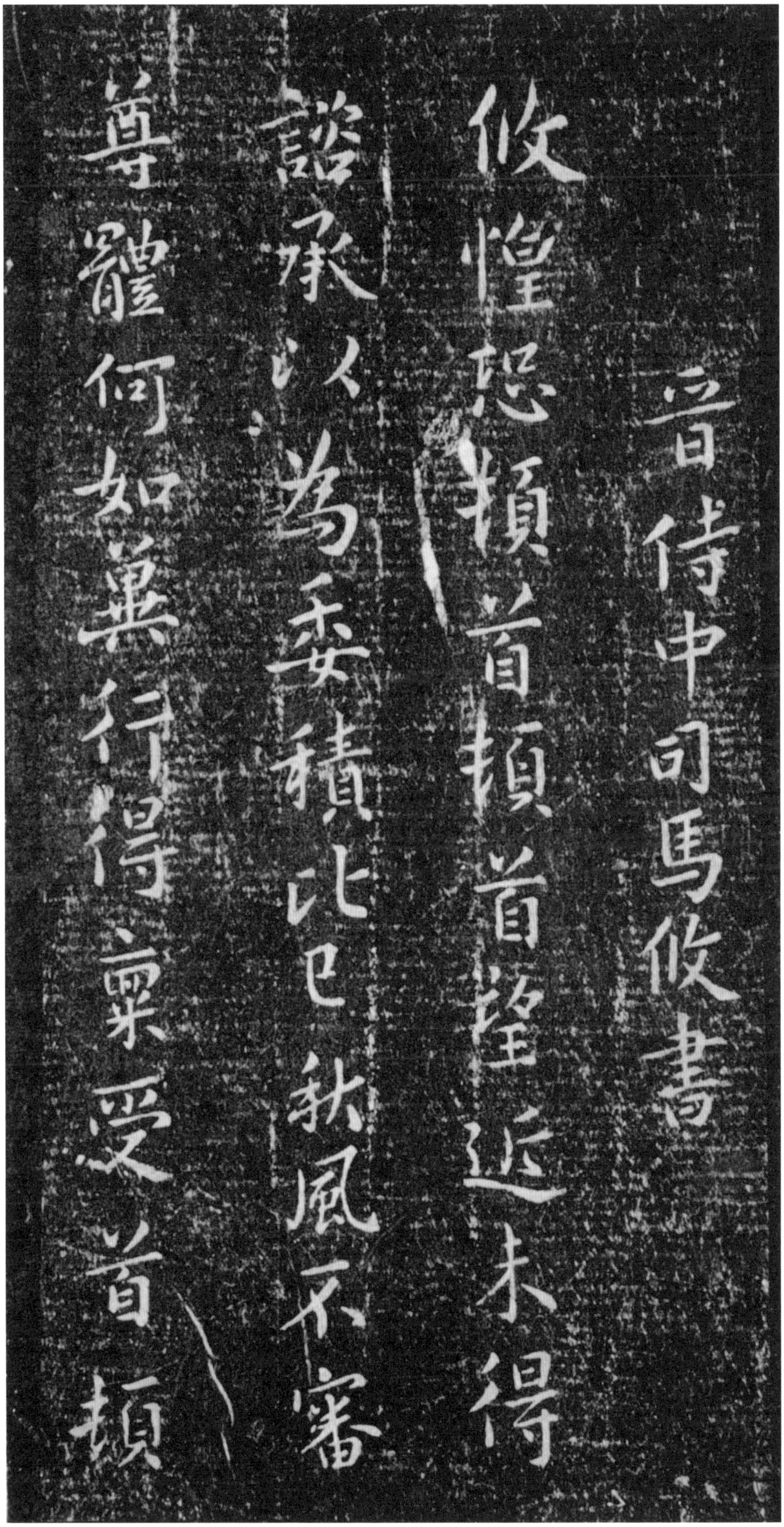

**望近帖　釋文：**

攸惶恐頓首頓首望近未得
諮承以為委積比已秋風不審
尊體何如冀行得稟受首頓

13

晉劉瓌書　感閏帖

**Gan Run Tie**

Written by Liu Huan, Jin Dynasty

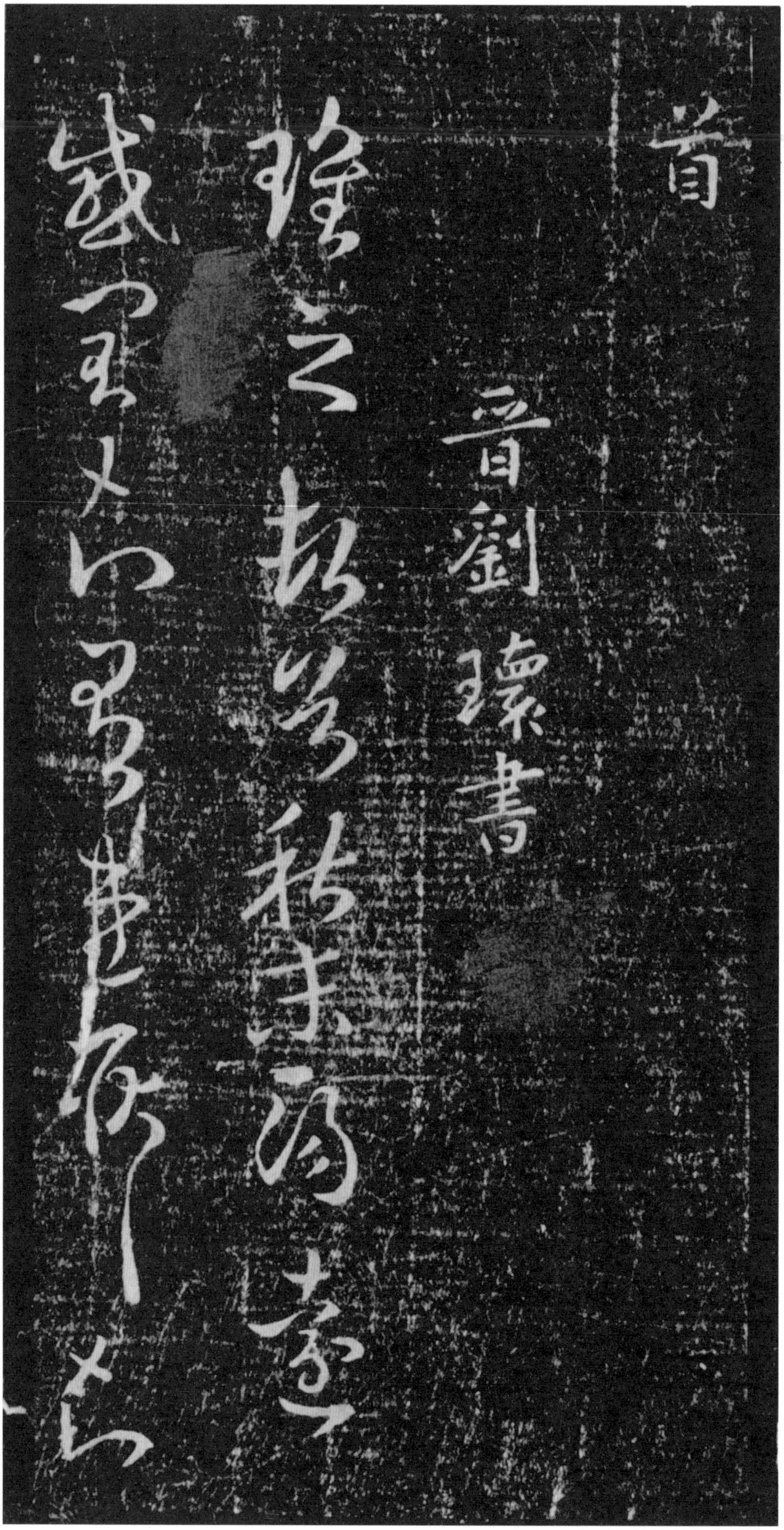

首

感閏帖　釋文：

瓌之頓首秋末陽遠

感閏知有患耿耿知

## 14

# 晉王坦之書　謝郎帖

Xie Lang Tie

Written by Wang Tanzhi, Jin Dynasty

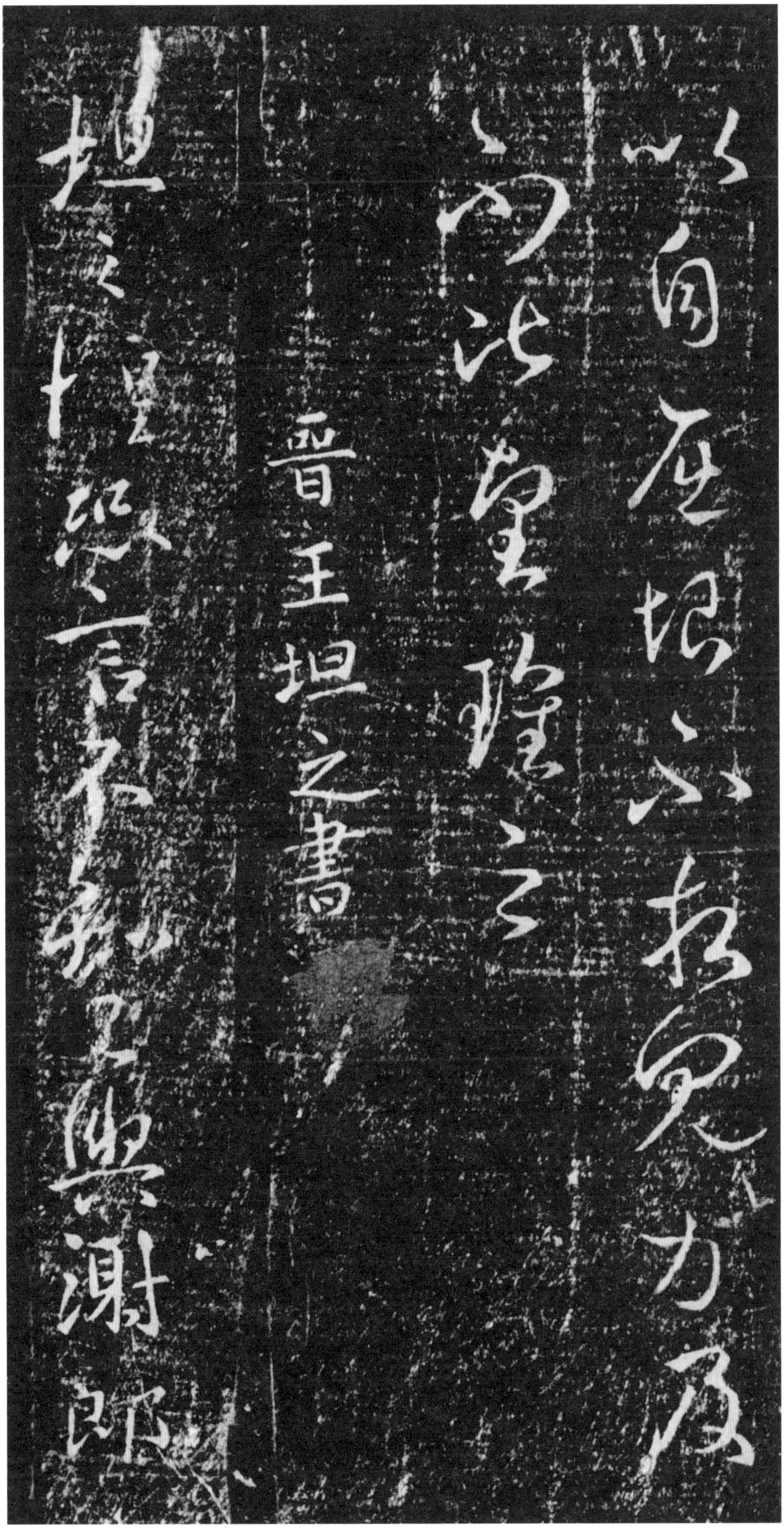


**謝郎帖　釋文：**

坦之惶恐言不知已與謝郎
以自屈恨不相見力及
不比望褱之

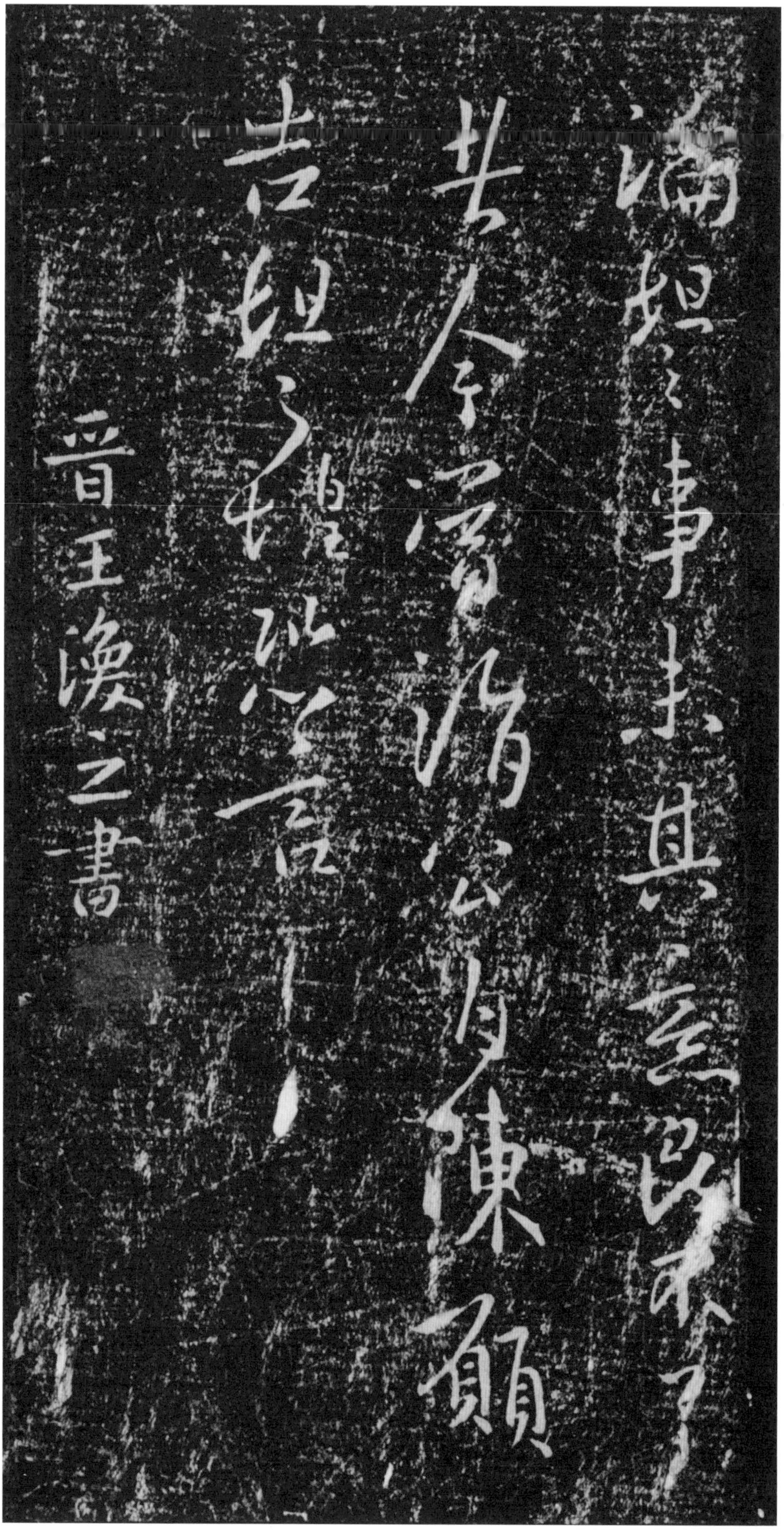


論坦之事未其意良不了
者今當詣公自陳願
告坦之惶恐言

15

## 晉王渙之書　二嫂帖

Er Sao Tie

Written by Wang Huanzhi, Jin Dynasty

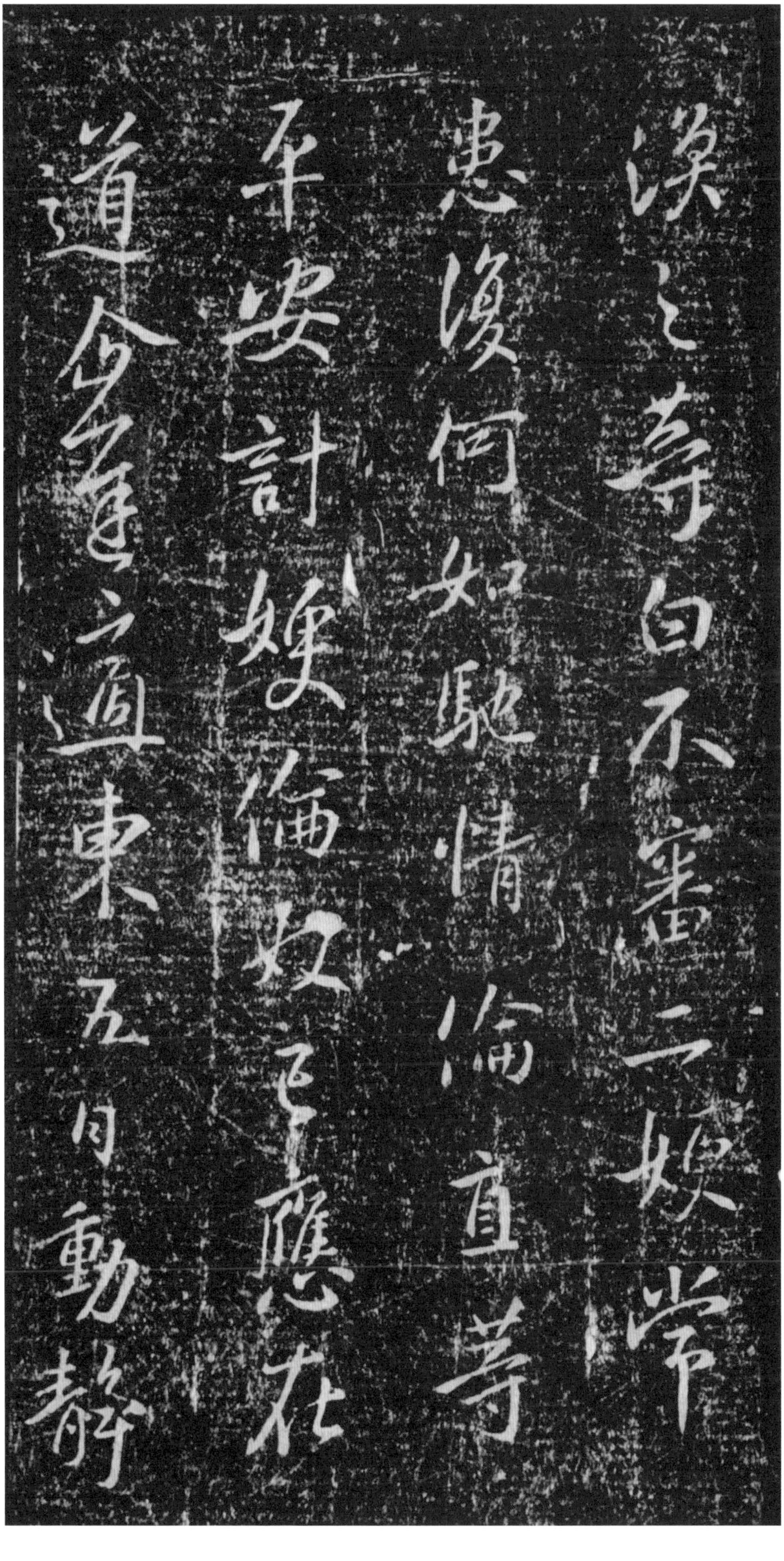

二嫂帖　釋文：
渙之等白不審二嫂常
患復何如馳情倫直等
平安計嫂倫奴已應在
道企遲適東五日動靜

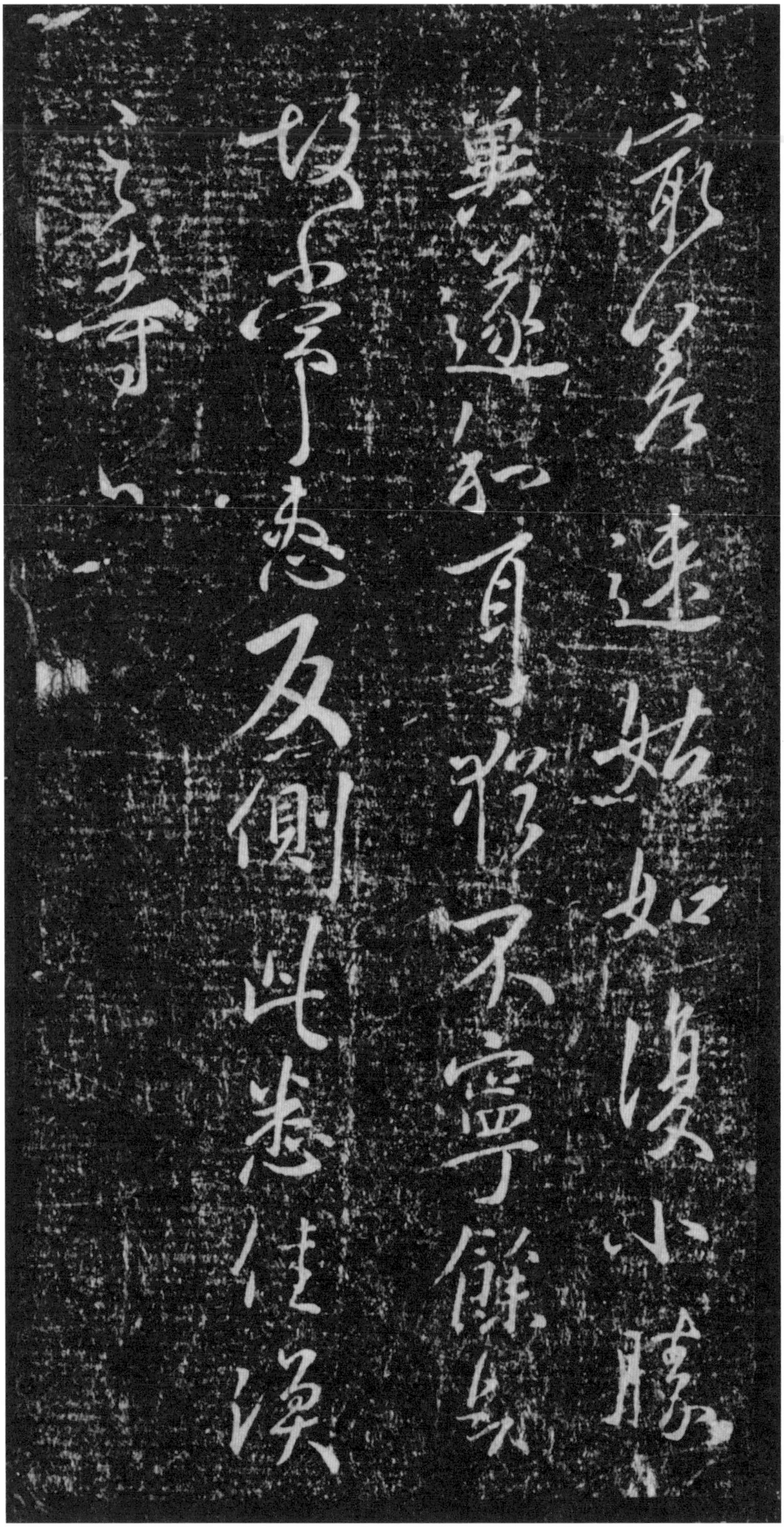

最差速姑如復小勝
冀遂和耳猶不寧餘上下
故常患反側此悉佳渙
之等白

## 16

# 晉王操之書　婢書帖

Bi Shu Tie

Written by Wang Caozhi, Jin Dynasty

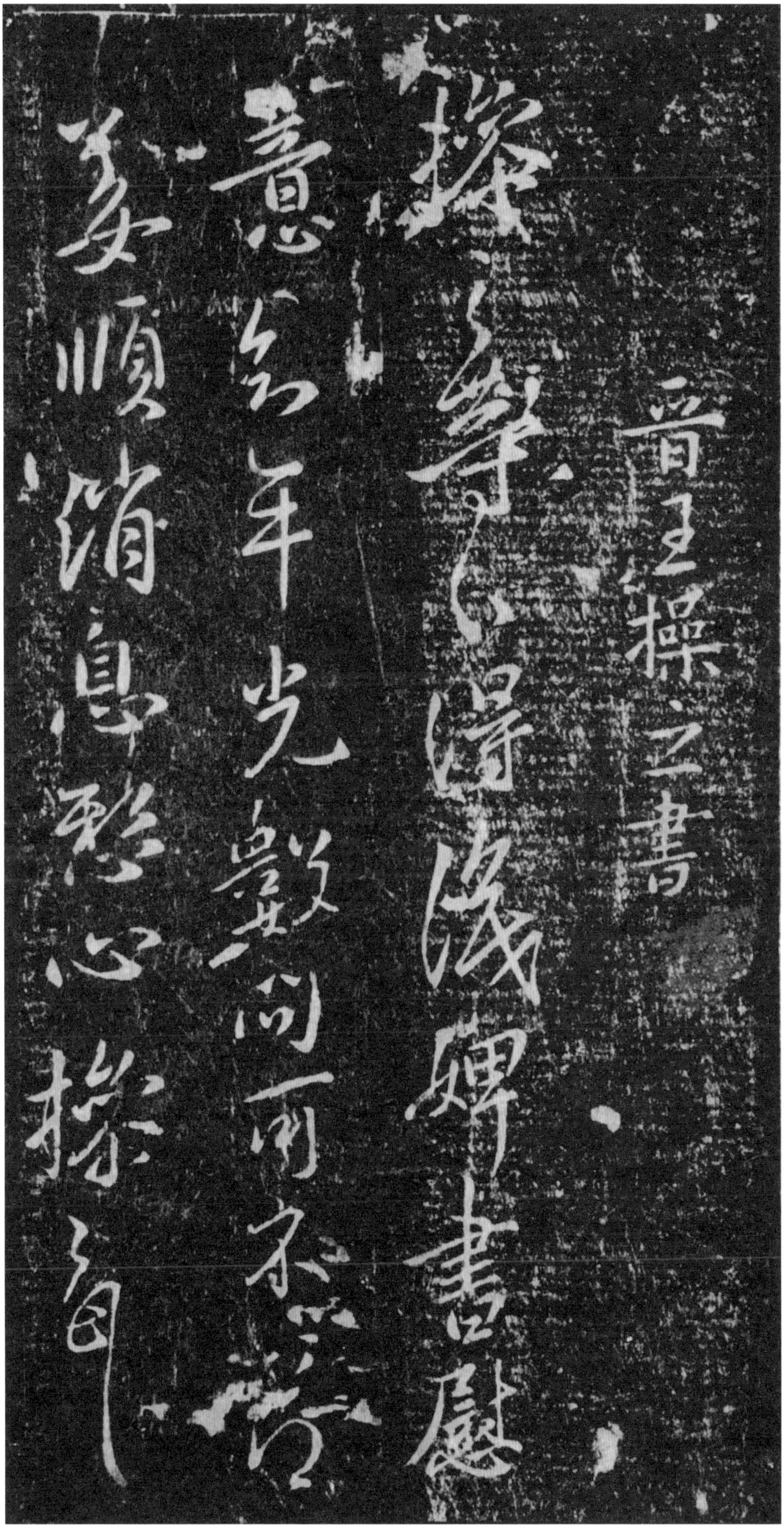


婢書帖　釋文：

操之等白得識婢書慰
意知年光數問可不不得
姜順消息懸心操之頓首

## 晉王凝之書　八月帖

**Ba Yue Tie**

Written by Wang Ningzhi, Jin Dynasty

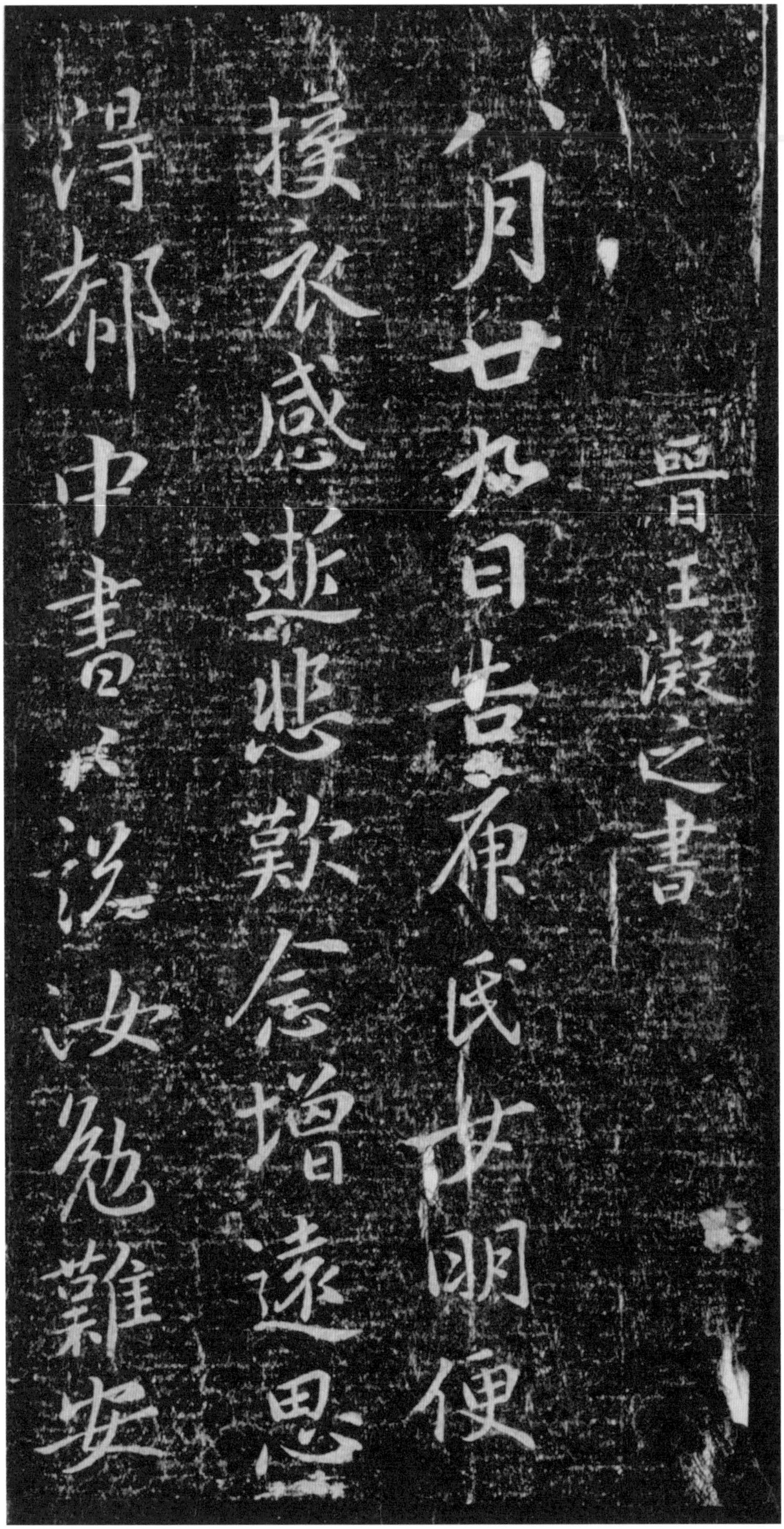


八月帖　釋文：

八月廿九日告庚氏女明便

授衣感逝悲歎念增遠思

得郗中書書說汝勉難安

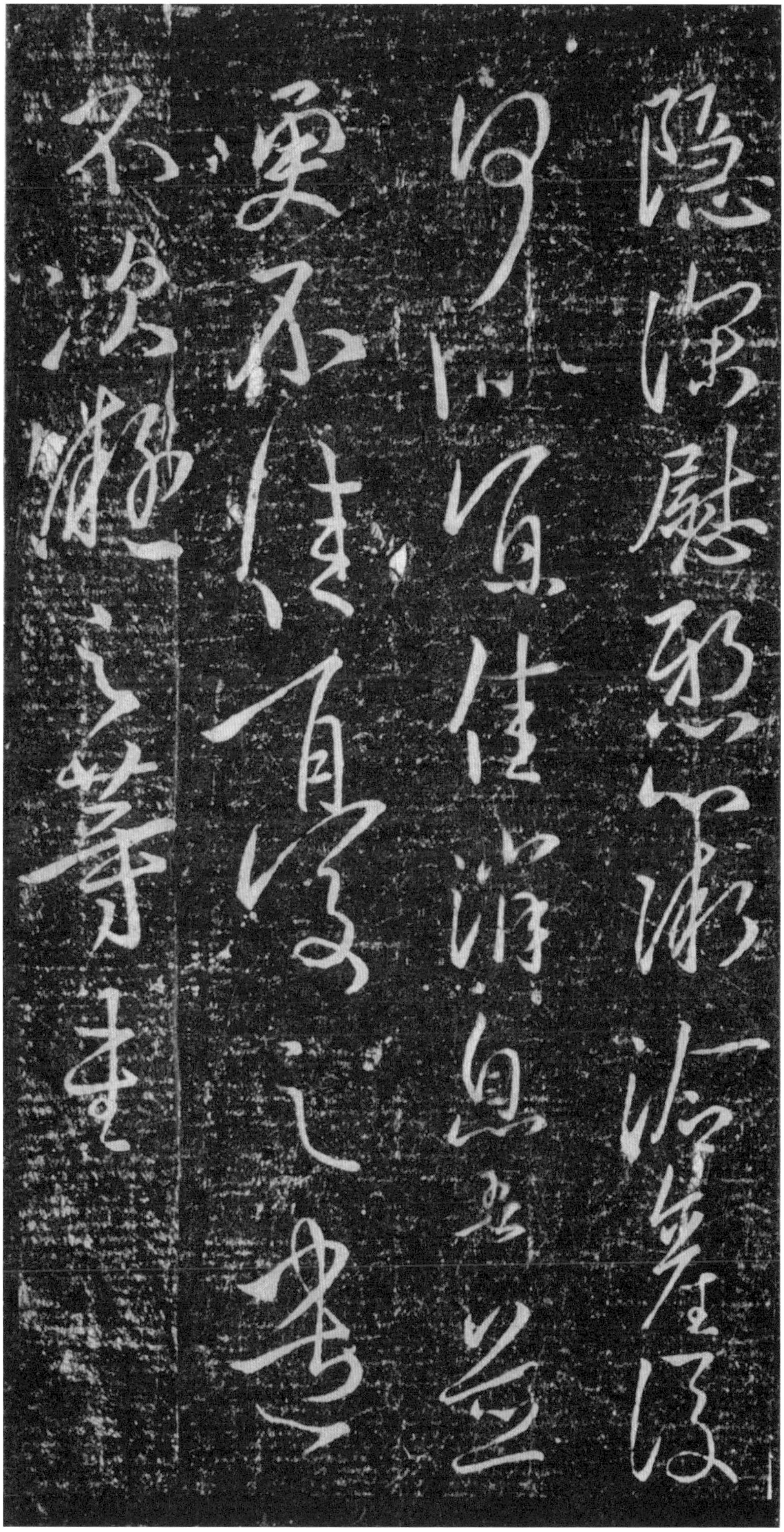

隱深慰懸心漸冷產後
何似宜佳消息吾並
更不佳憂之遺
不次凝之等書

## 18

# 晉征西司馬索靖書　載妖帖

***Zai Yao Tie***

Written by Suo Jing, Commander of the Western Expeditionary Forces, Jin Dynasty

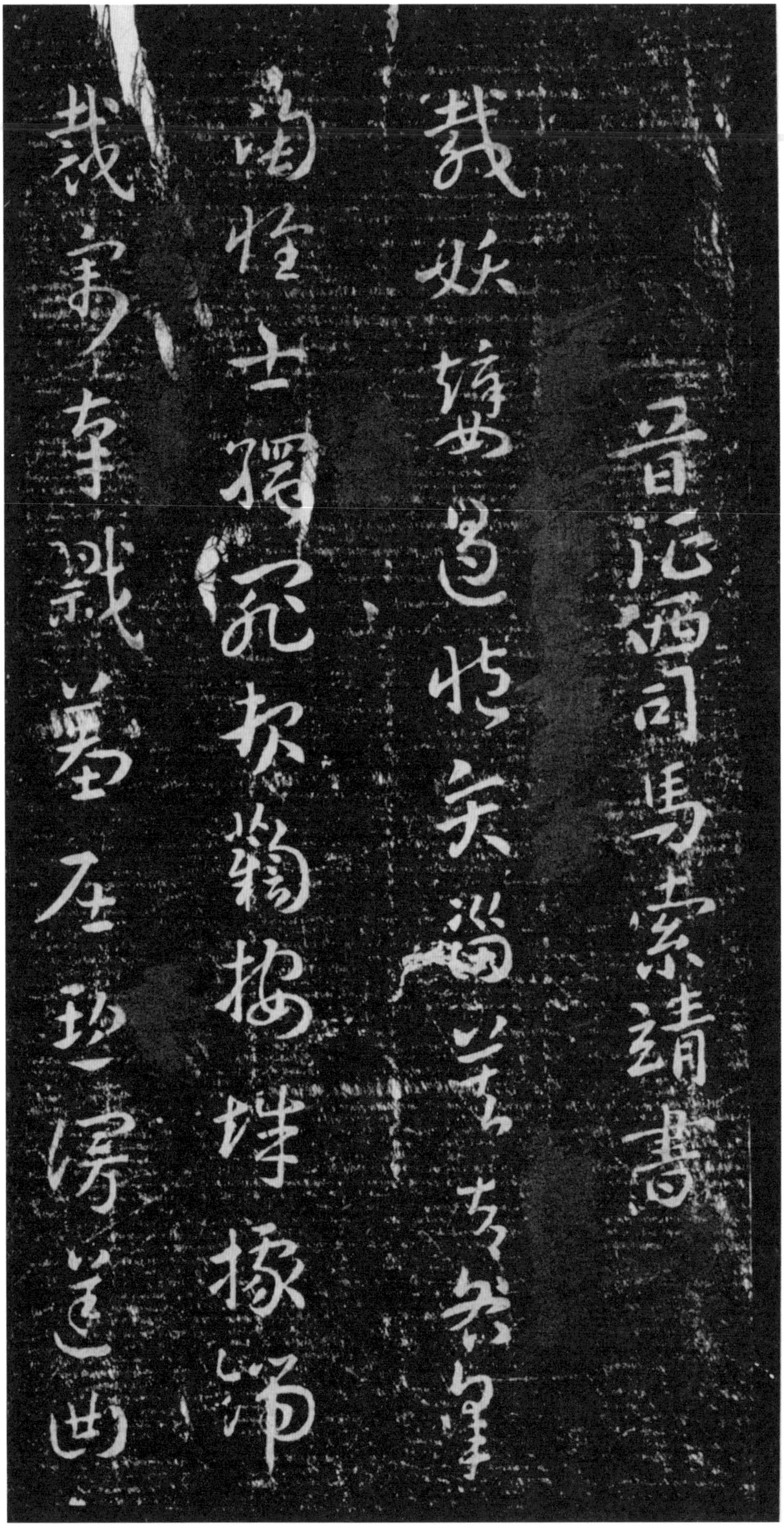

載妖帖　釋文：

載妖孌遏臧災畄莫告咎皋

陶惟士繩罪報鞠按城據端

裁割辜戮羞屈愬漫逆曲

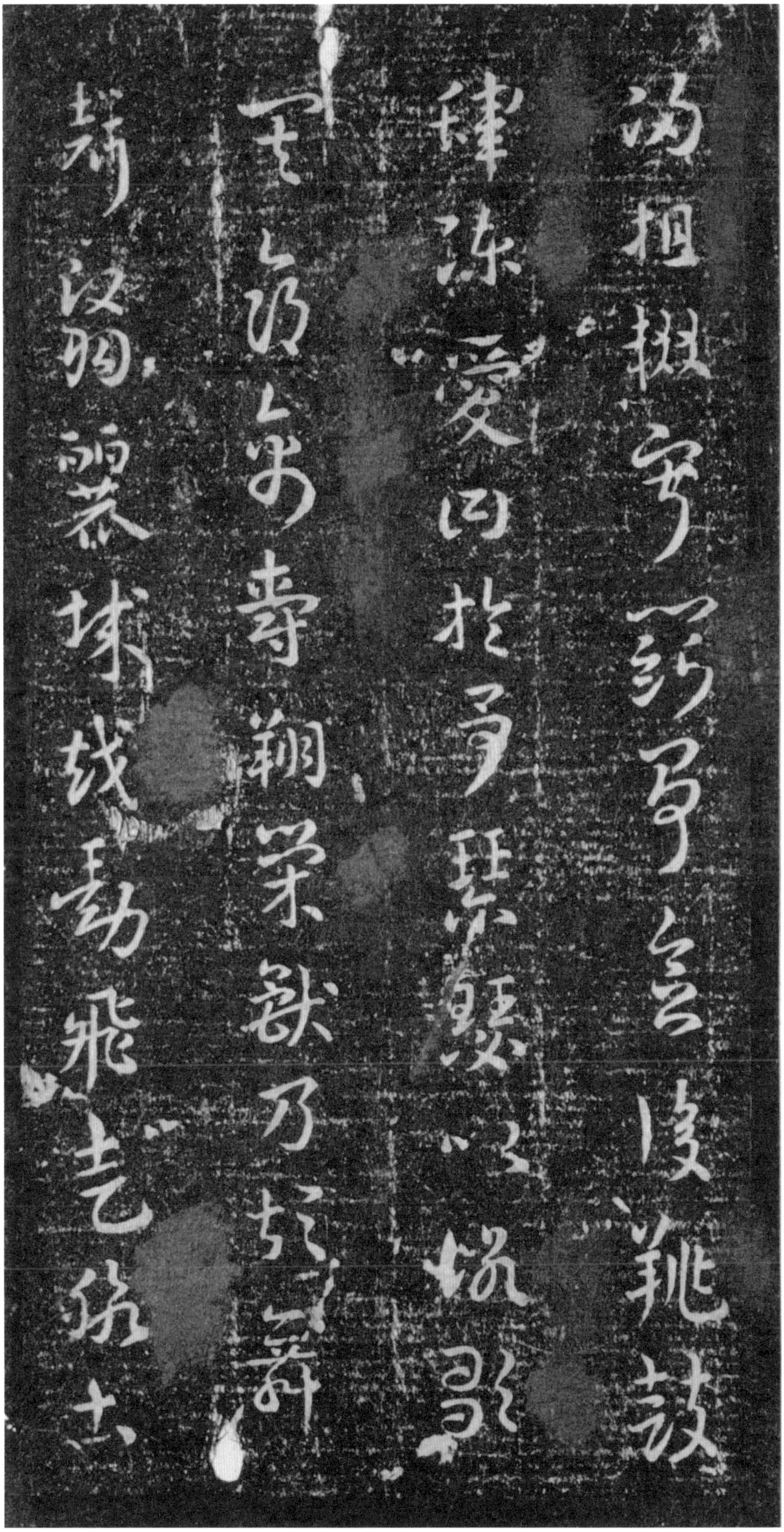

歸想輟寂門爭念復靴鼓
肆陳愛曰於予琴瑟以詠歌
其命禽爵翔榮獸乃起舞
聲翳麗城越動飛走脈土

19

## 晉征西司馬索靖書　七月帖

Qi Yue Tie

Written by Suo Jing, Commander of the Western Expeditionary Forces, Jin Dynasty

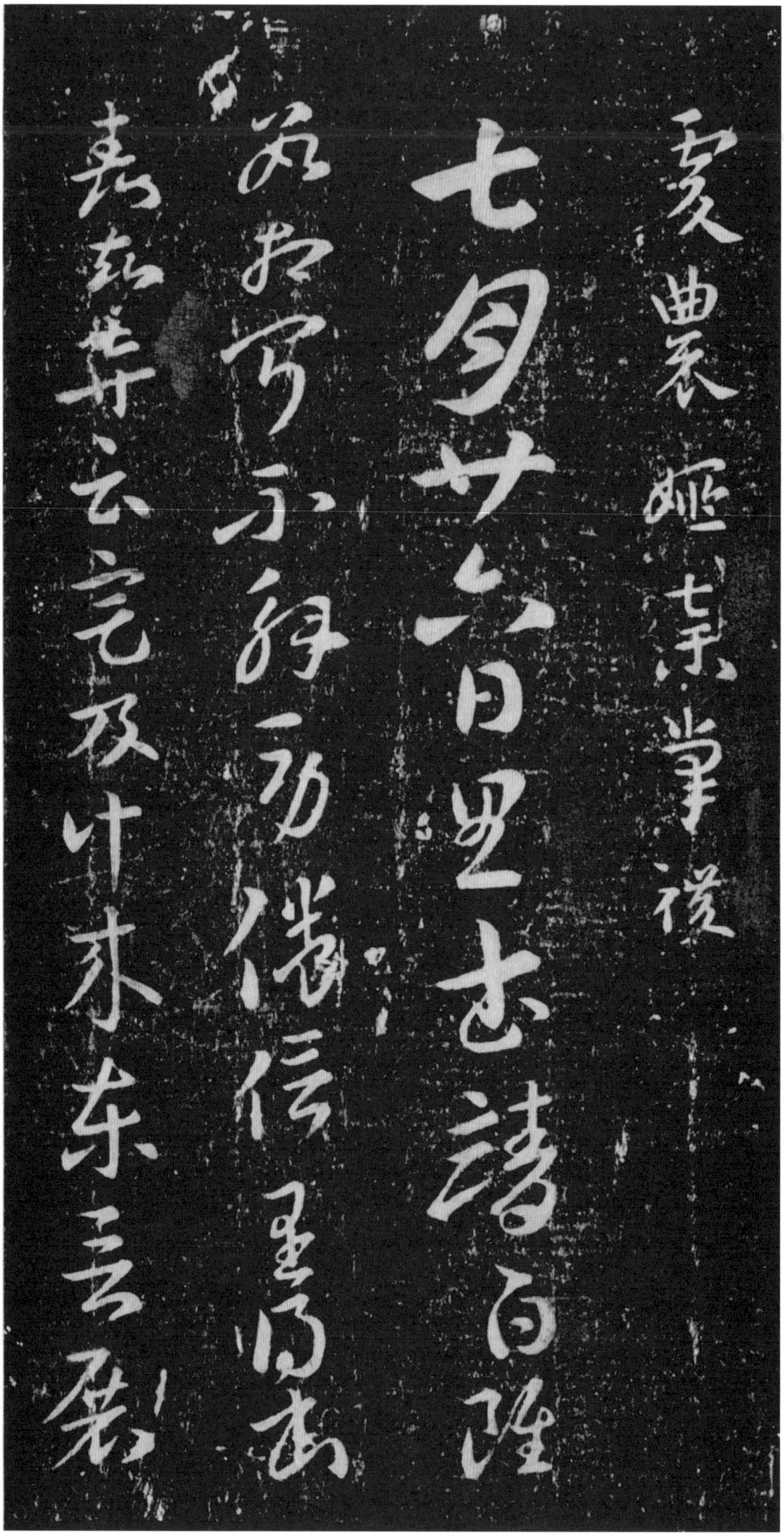

虔農姬棄掌稷

**七月帖　釋文：**

七月廿六日具書靖白雖
數相聞不解勞倦信至得書
悉知棄云宅及計來東言展

## 20

# 晉侍中劉穆之書　家弊帖

**Jia Bi Tie**

Written by Liu Muzhi, Palace Attendant, Jin Dynasty

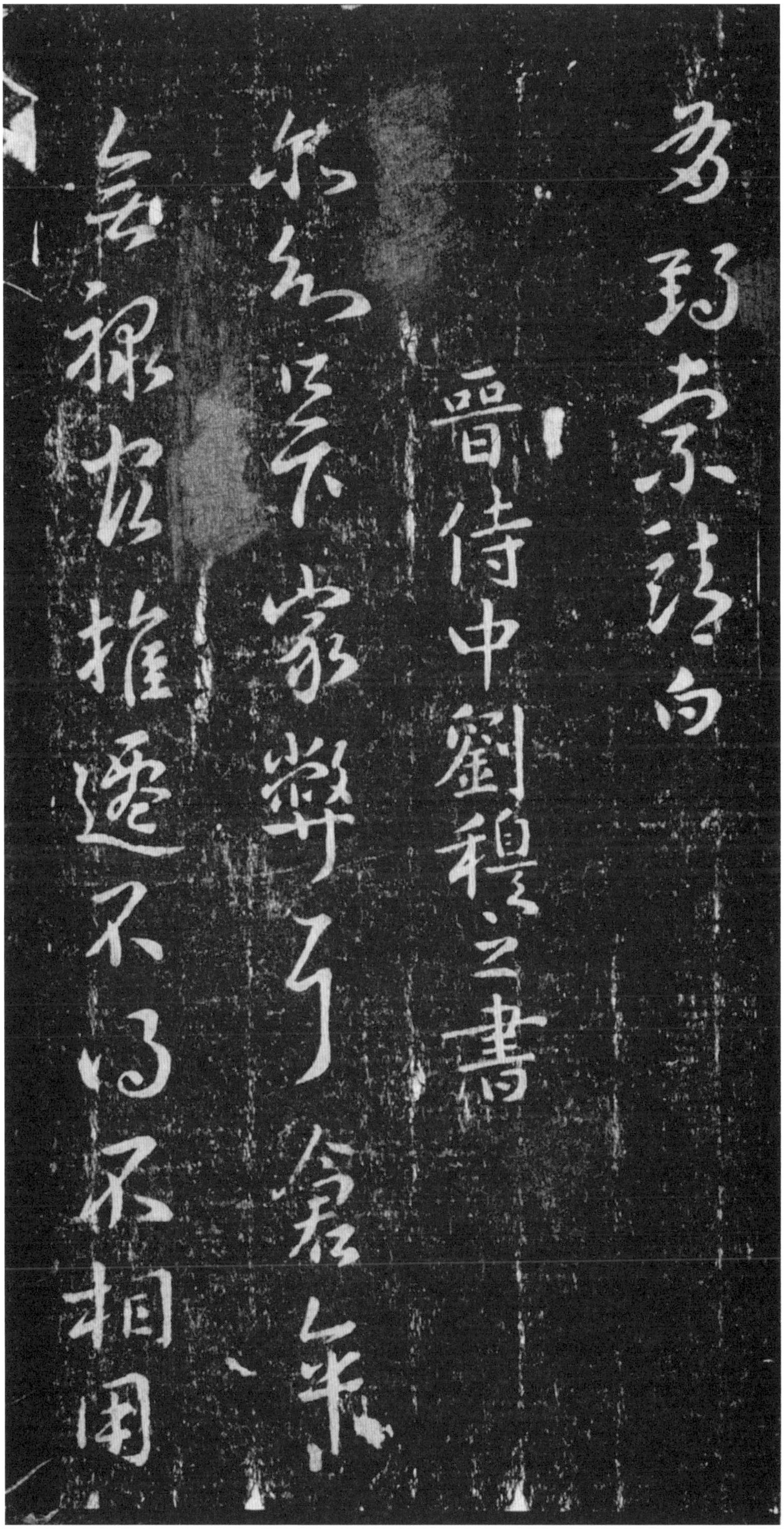

有期索靖白

家弊帖　釋文：

亦知足下家弊耳倉卒

無祿官推遷不得不相用

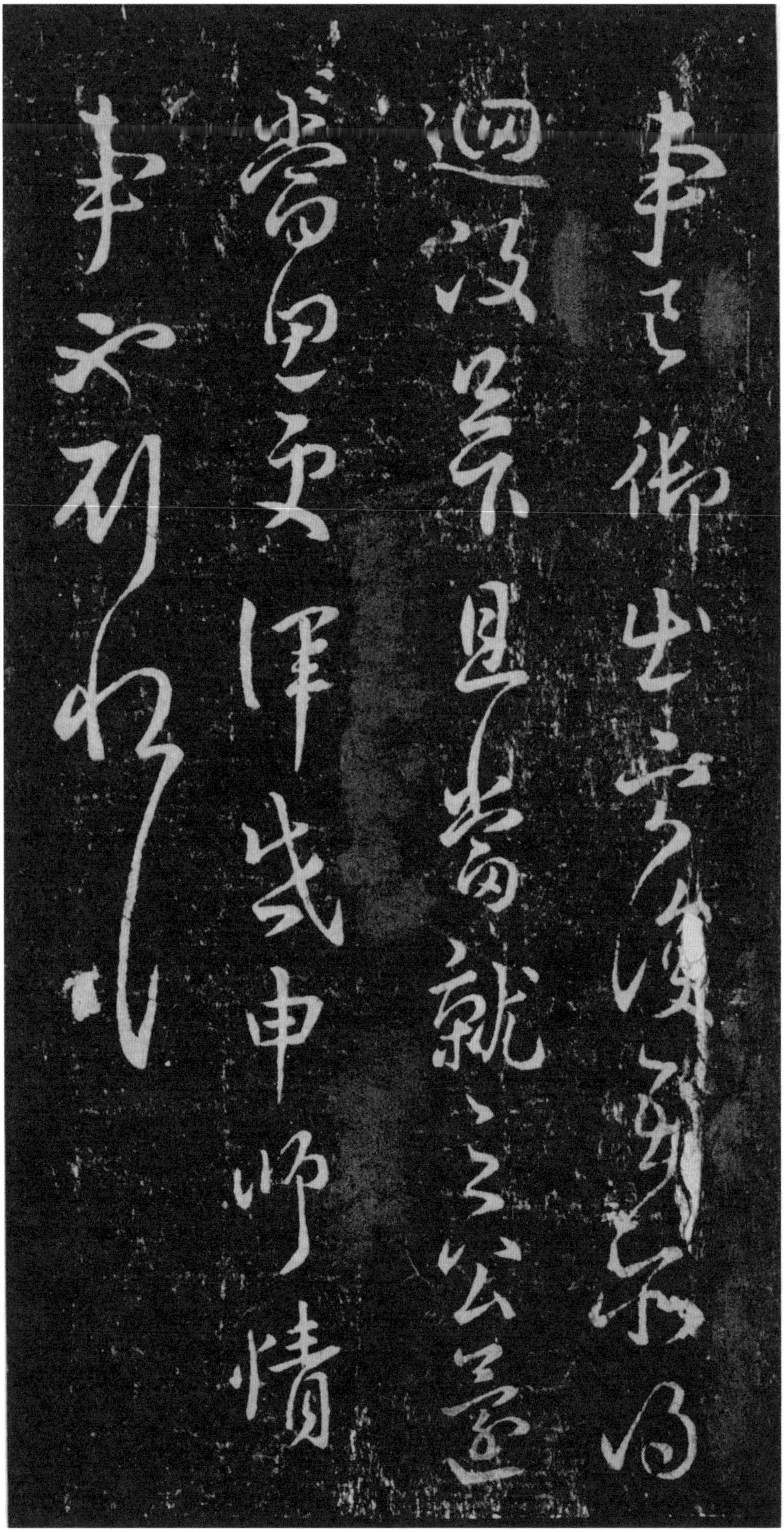

事已御出寧復吾所得
迴復足下且當就之公還
當思更律啟申師情
事也劉穆之白

21

## 晉尚書王劭書　夏節帖

Xia Jie Tie

Written by Wang Shao, Minister, Jin Dynasty

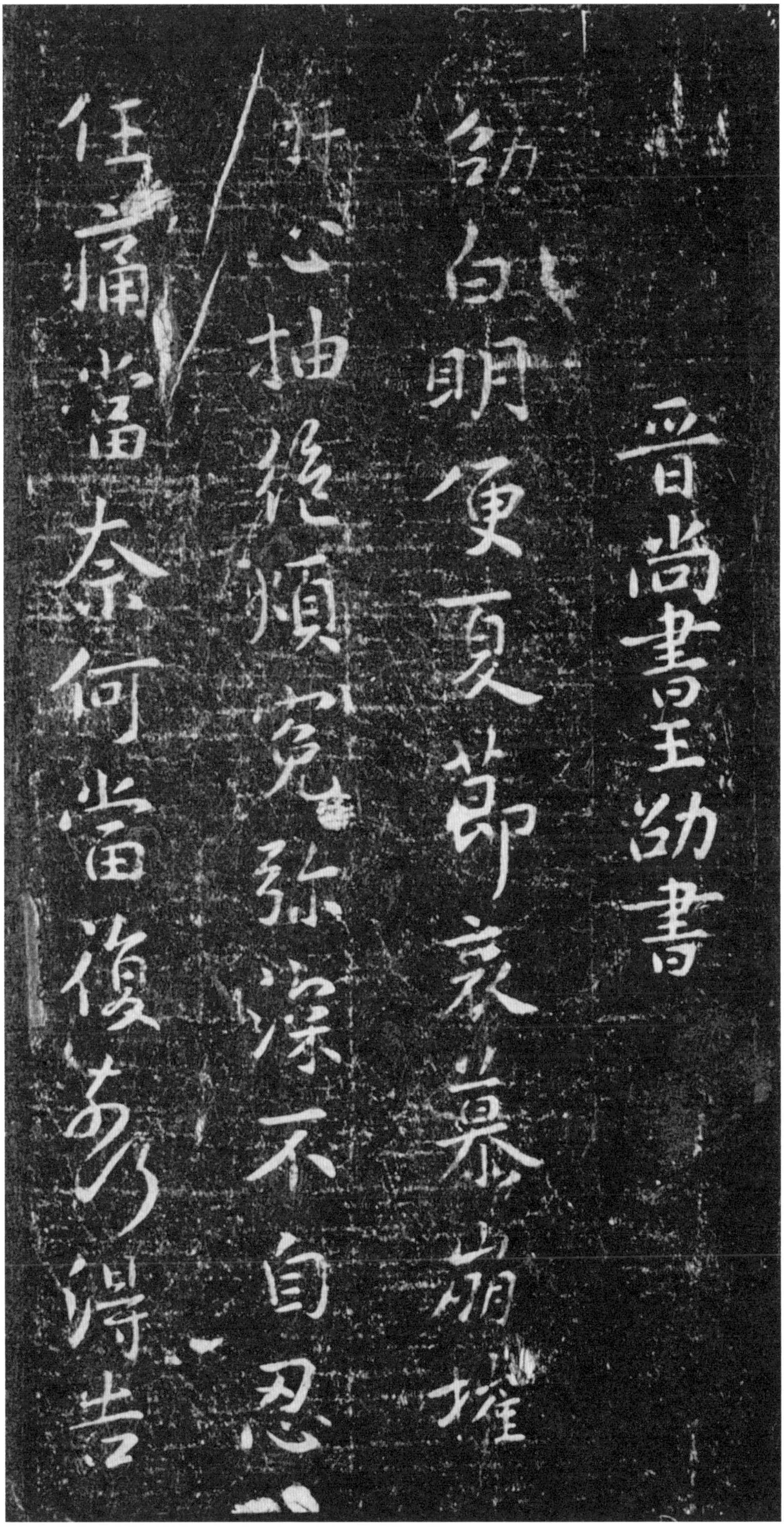
晉尚書王劭書
劭白明便夏節哀慕崩摧
肝心抽絕煩冤彌深不自忍
任痛當奈何當復奈何得告

夏節帖　釋文：

劭白明便夏節哀慕崩摧

肝心抽絕煩冤彌深不自忍

任痛當奈何當復奈何得告

## 晉車騎將軍紀瞻書　昨信帖

**Zuo Xin Tie**

Written by Ji Zhan, Chariot and Horse General, Jin Dynasty

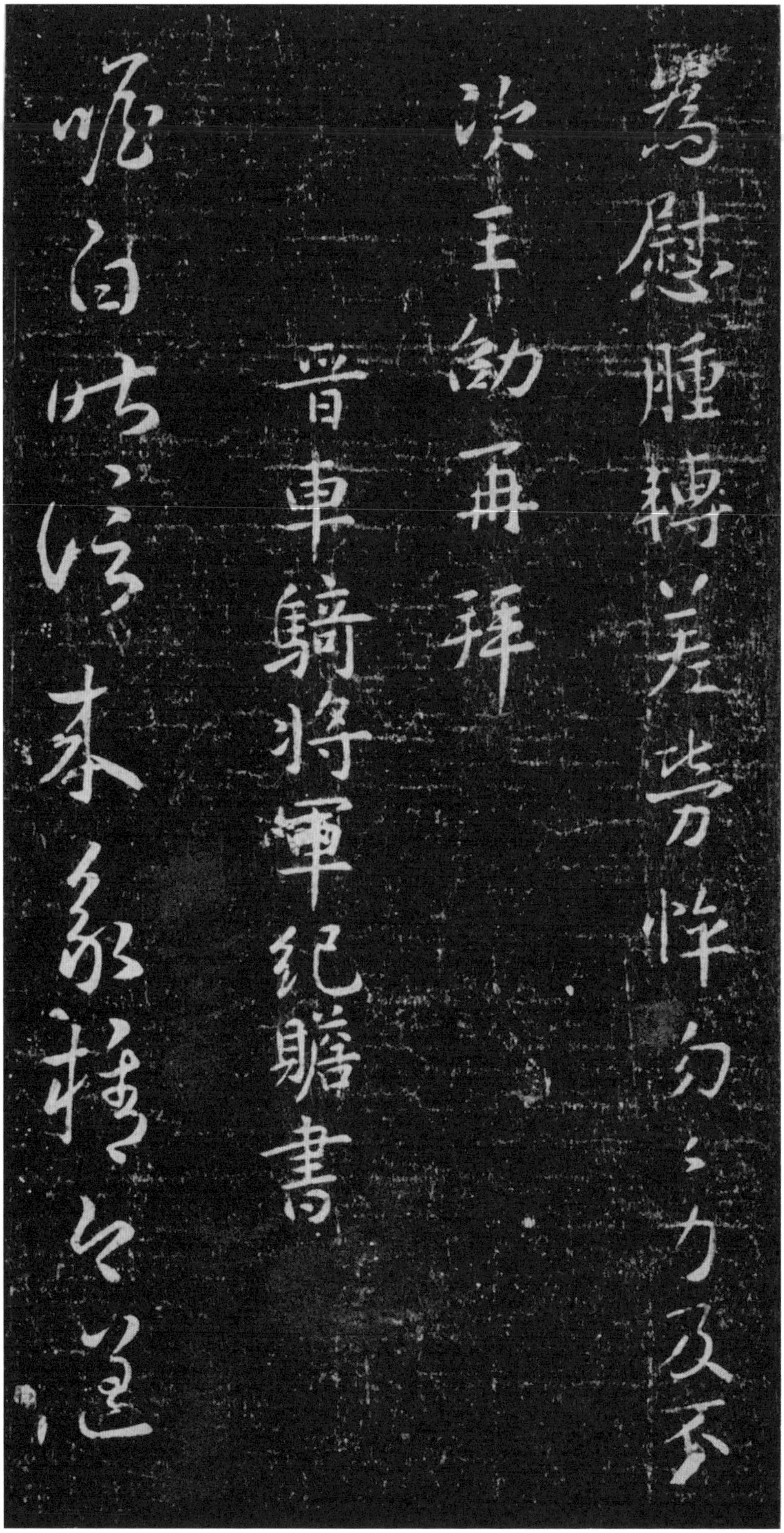

為慰腫轉差勞悴勿勿力及不
次王劭再拜
**昨信帖　釋文：**
瞻白昨信來永攜今逞

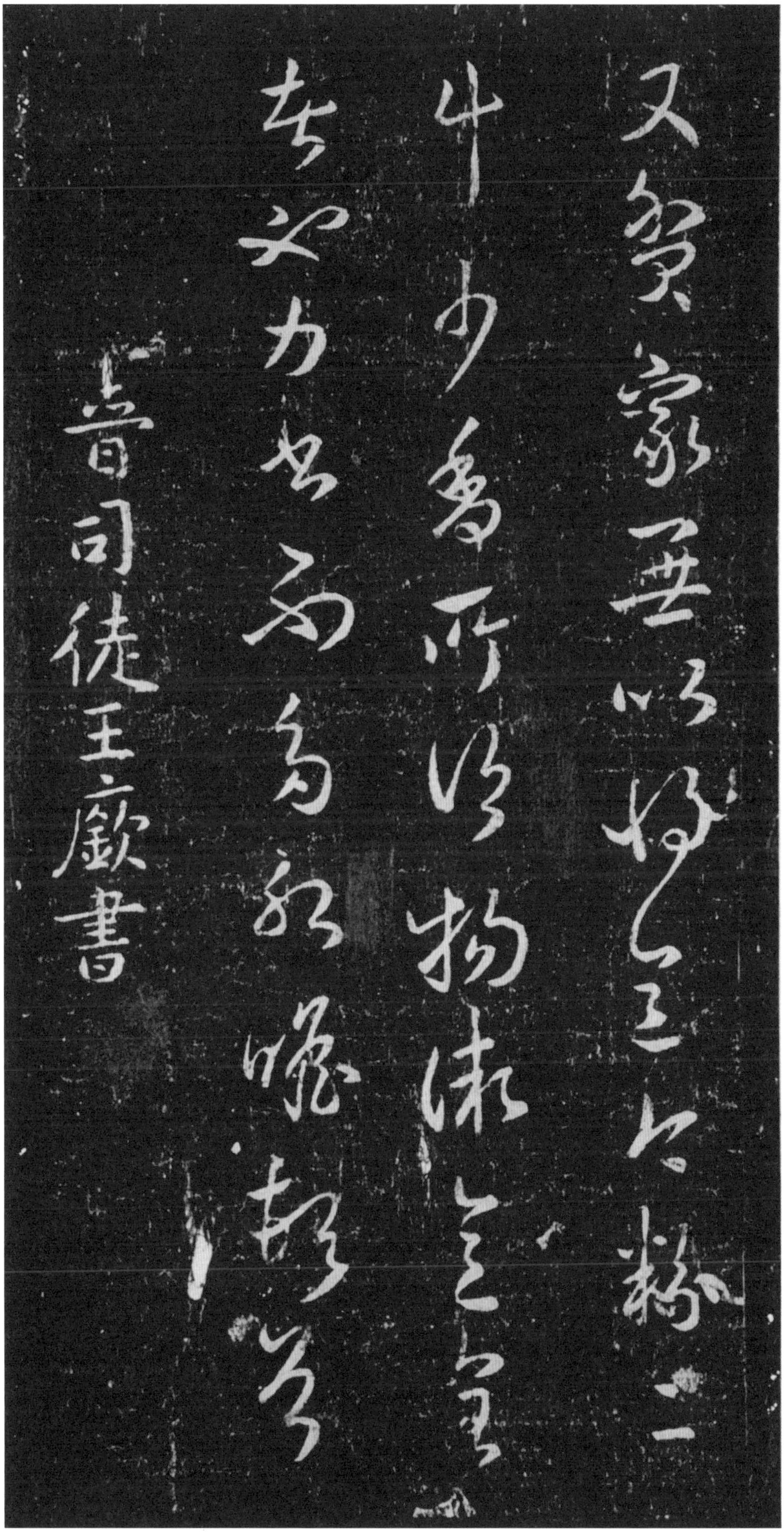


又貧家無以將意今粉二斗少香所謂物微意全者也力書不多紀瞻頓首

23

## 晉司徒王欽書　靜媛帖

Jing Yuan Tie

Written by Wang Qin, Minister of Education, Jin Dynasty

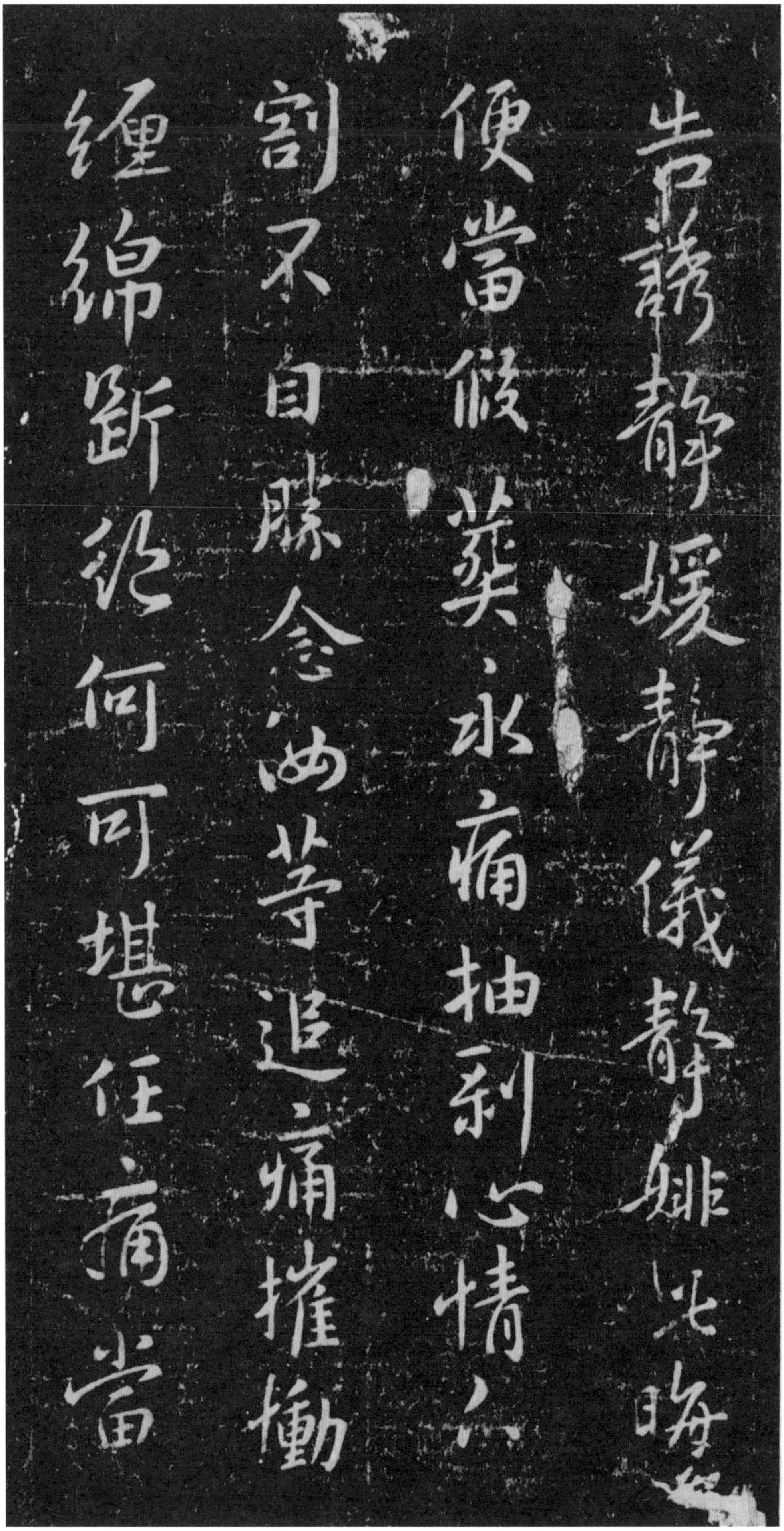

靜媛帖　釋文：

告誘靜媛靜儀靜婔此晦
便當假葬永痛抽剝心情分
割不自勝念汝等追痛摧慟
纏綿斷絕何可堪任痛當

24

# 晉太守張翼書　節過帖

**Jie Guo Tie**

Written by Zhang Yi, Chief of Prefecture, Jin Dynasty

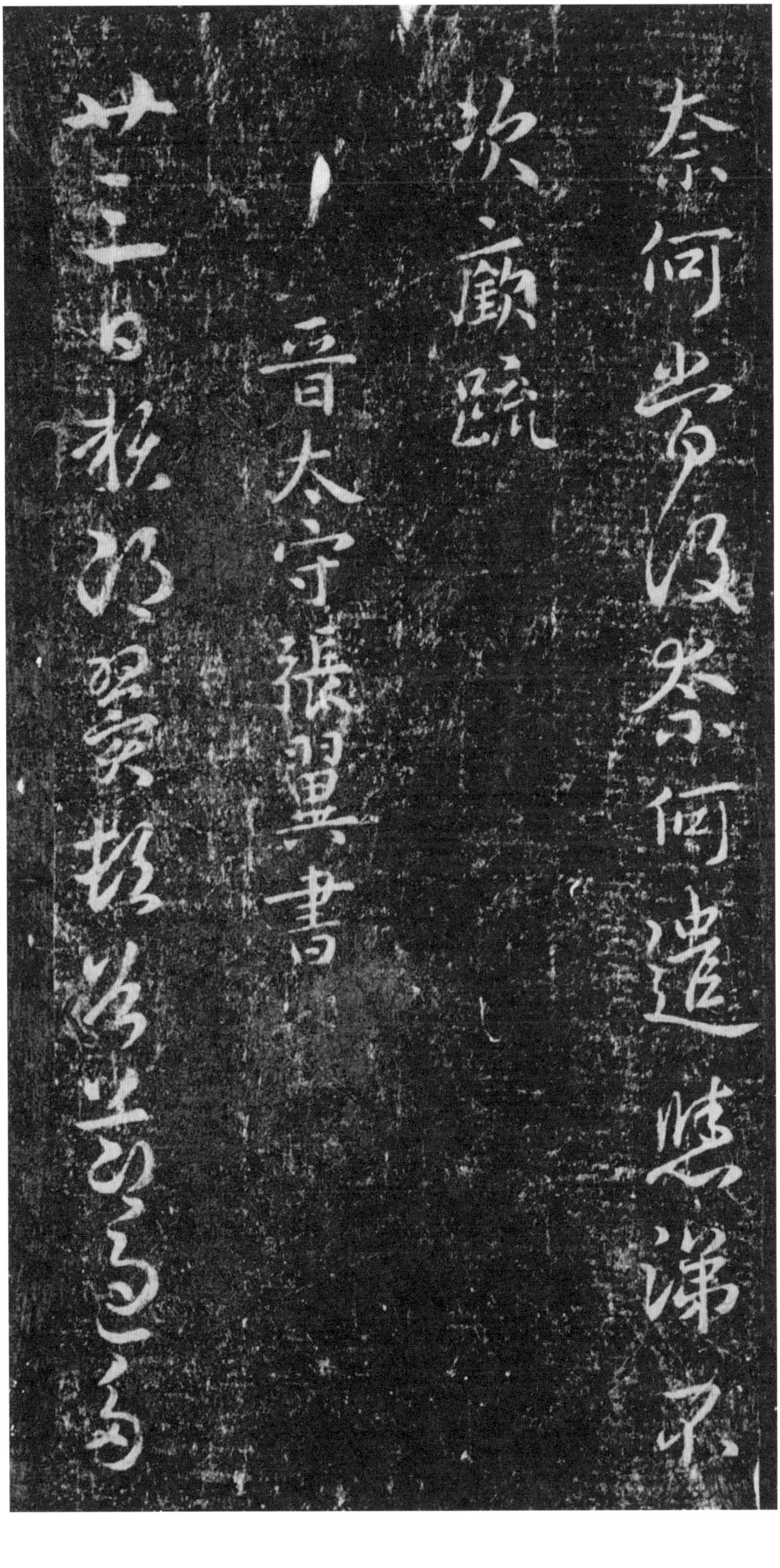

奈何當復奈何遺悲涕不
次厥疏

節過帖　釋文：
廿三日賴郎翼頓首節過多

## 25

# 晉陸雲書　春節帖

Chun Jie Tie

Written by Lu Yun, Jin Dynasty

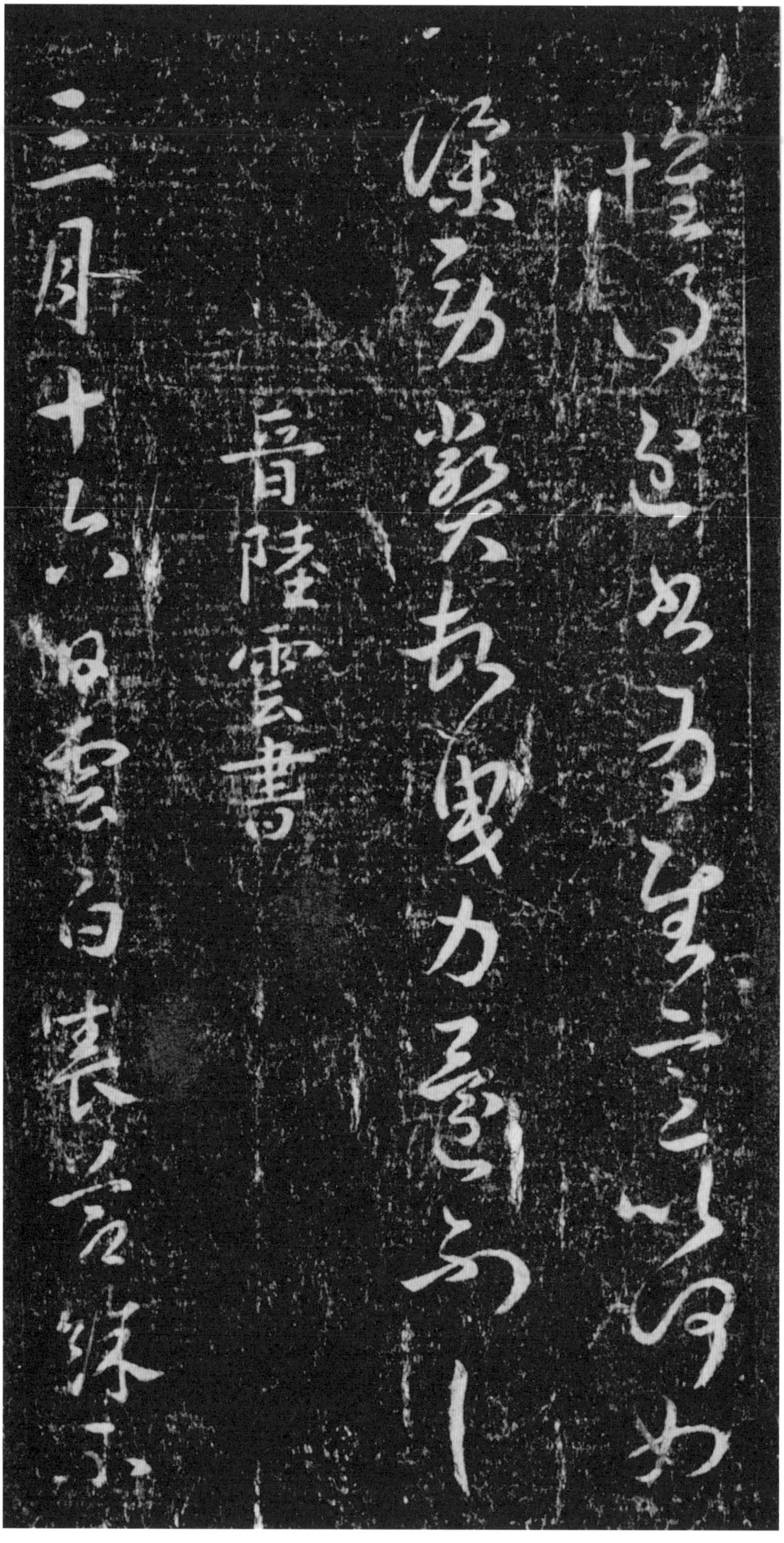


**春節帖　釋文：**

三月十六日雲白春節餘不

懷得近書為慰意比何如

深勞弊頓曳力還不一一

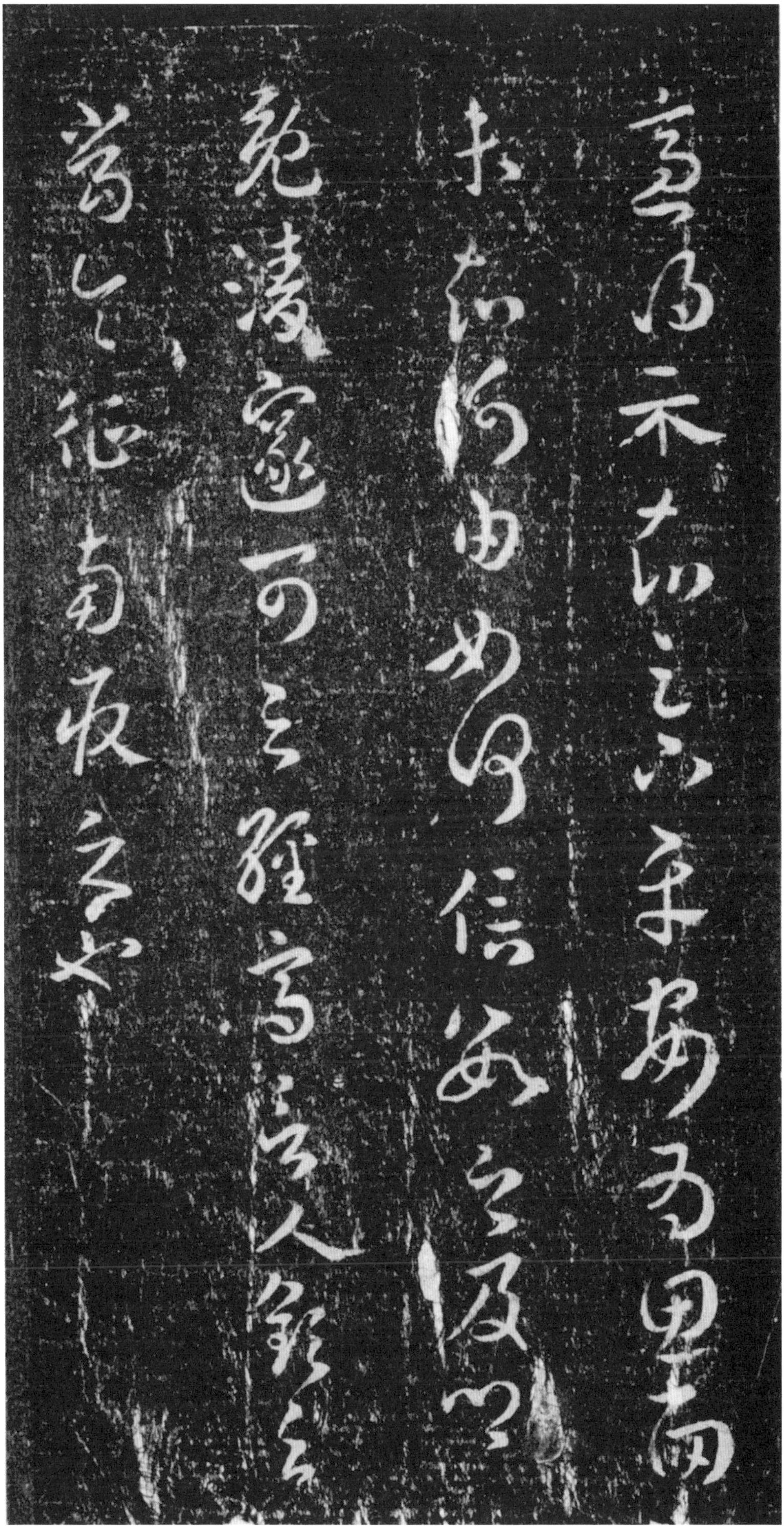

適得示知足下平安為思面
未知何由如何信數之及卿
既清邃可與經高言人欽之
當今征南取之也

## 26

# 晉海陵恭侯王邃書　張丞帖

**Zhang Cheng Tie**

Written by Wang Sui, Marquis Gong in Hailing, Jin Dynasty

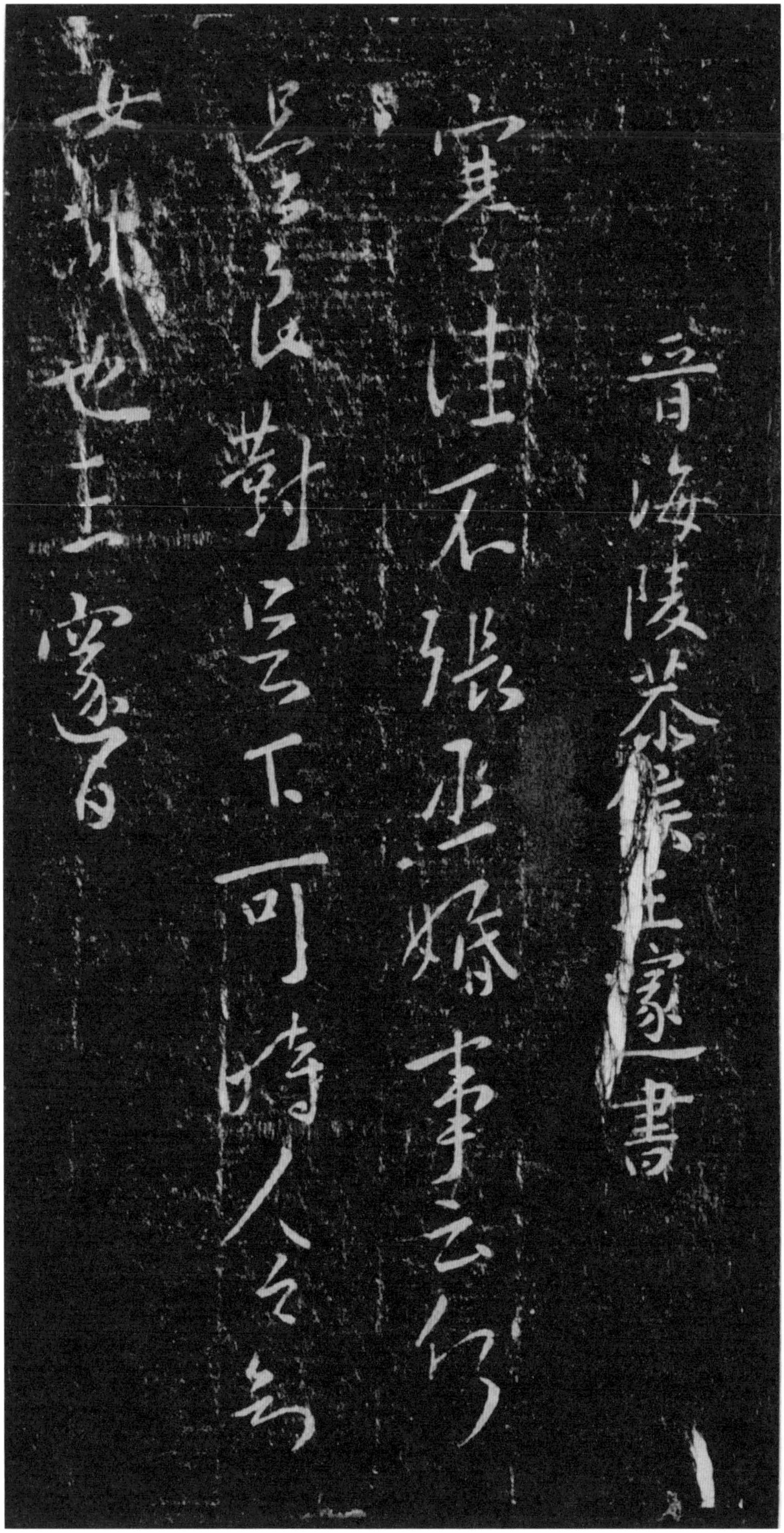

張丞帖　釋文：
寒佳不張丞婚事云何
是良對足下可時令知
女決也王邃白

27

## 晉中書令王恬書　得示帖

De Shi Tie

Written by Wang Tian, Secretariat Director, Jin Dynasty

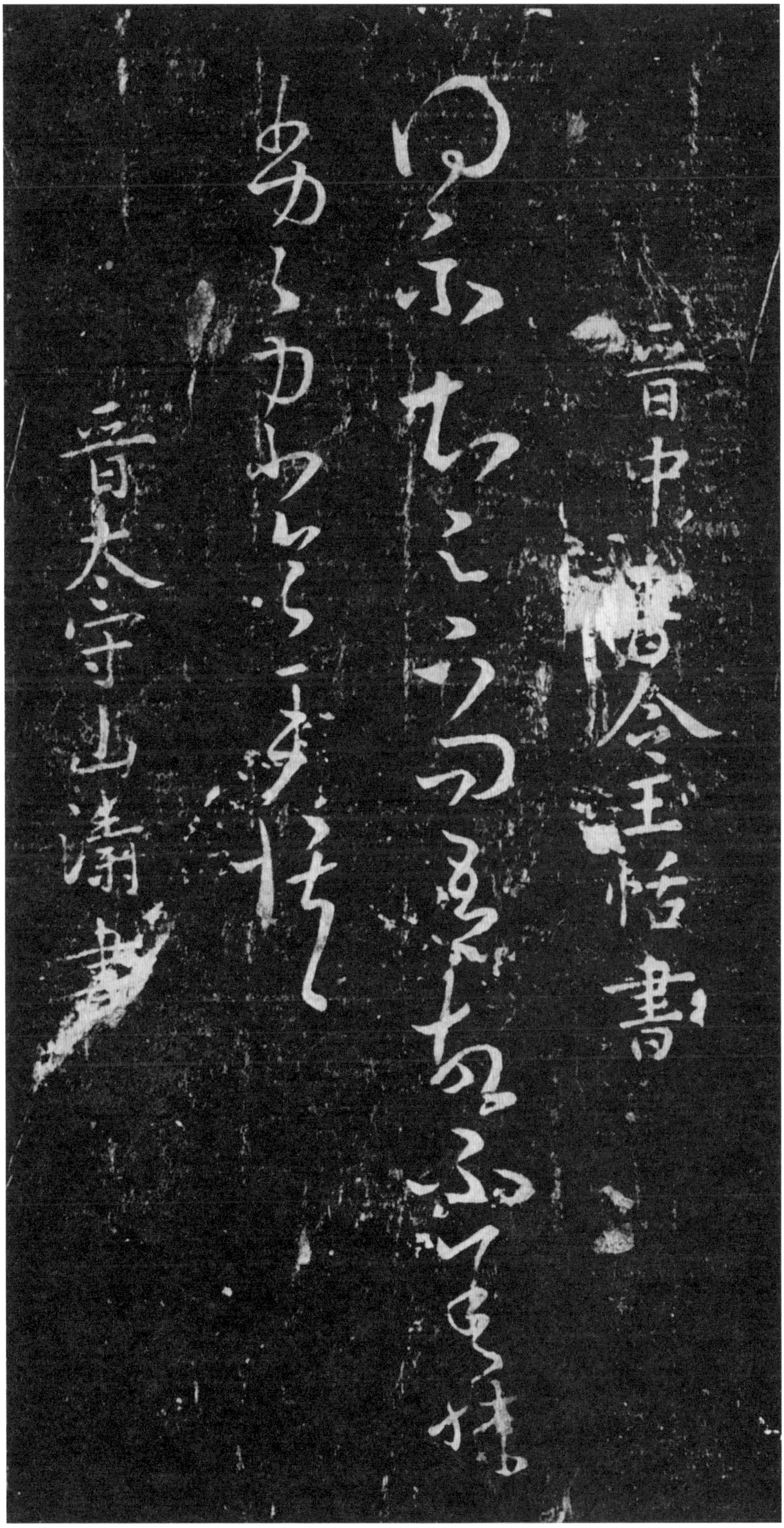

得示帖　釋文：

得示知足下問吾故不差殊劣劣力不具王恬白

## 28

### 晉太守山濤書　侍中帖

**Shi Zhong Tie**

Written by Shan Tao, Chief of Prefecture, Jin Dynasty

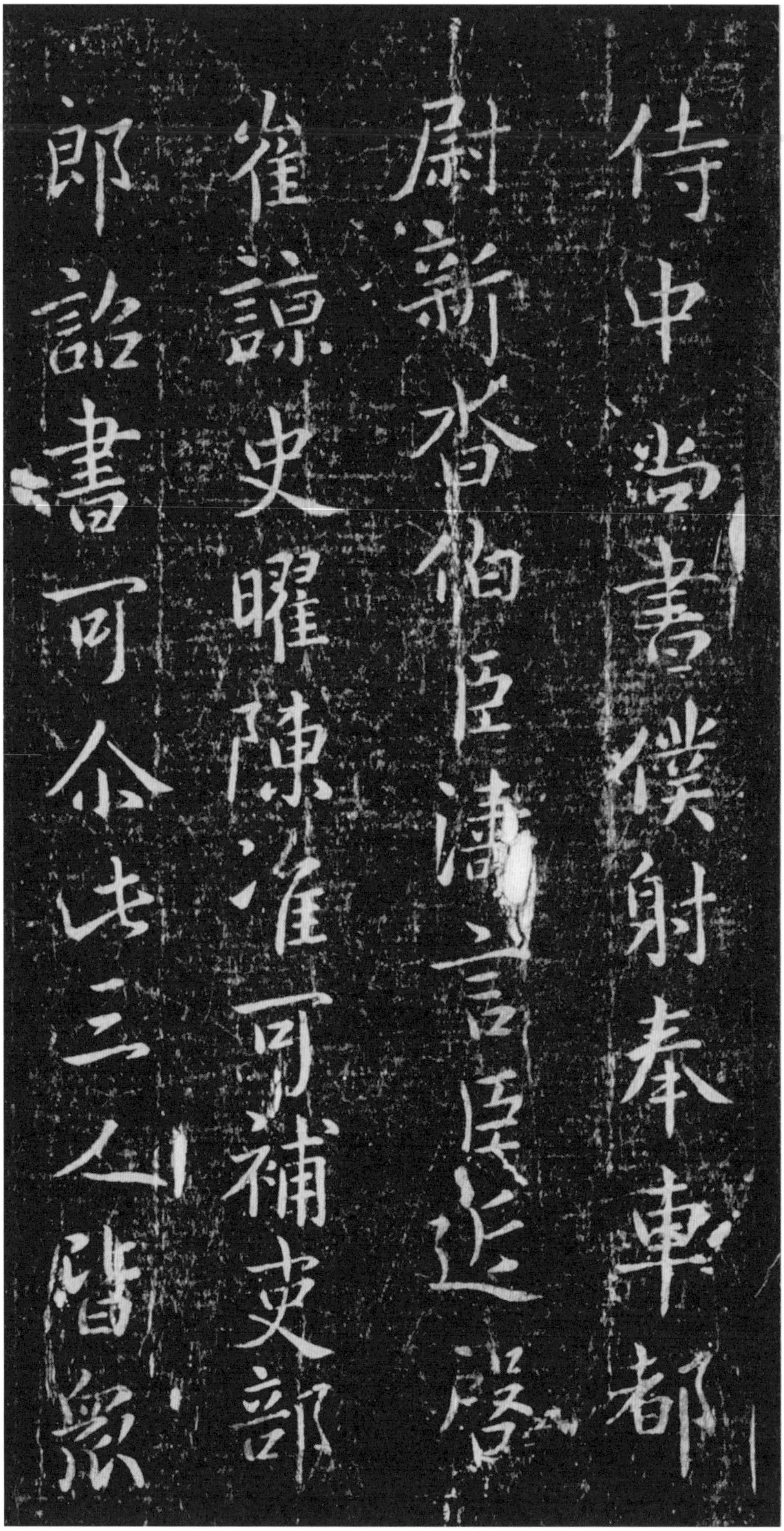
侍中尚書僕射奉車都
尉新沓伯臣濤言臣近啟
崔諒史曜陳淮可補吏部
郎詔書可爾此三人皆衆

侍中帖　釋文：
侍中尚書僕射奉車都
尉新沓伯臣濤言臣近啟
崔諒史曜陳淮可補吏部
郎詔書可爾此三人皆眾

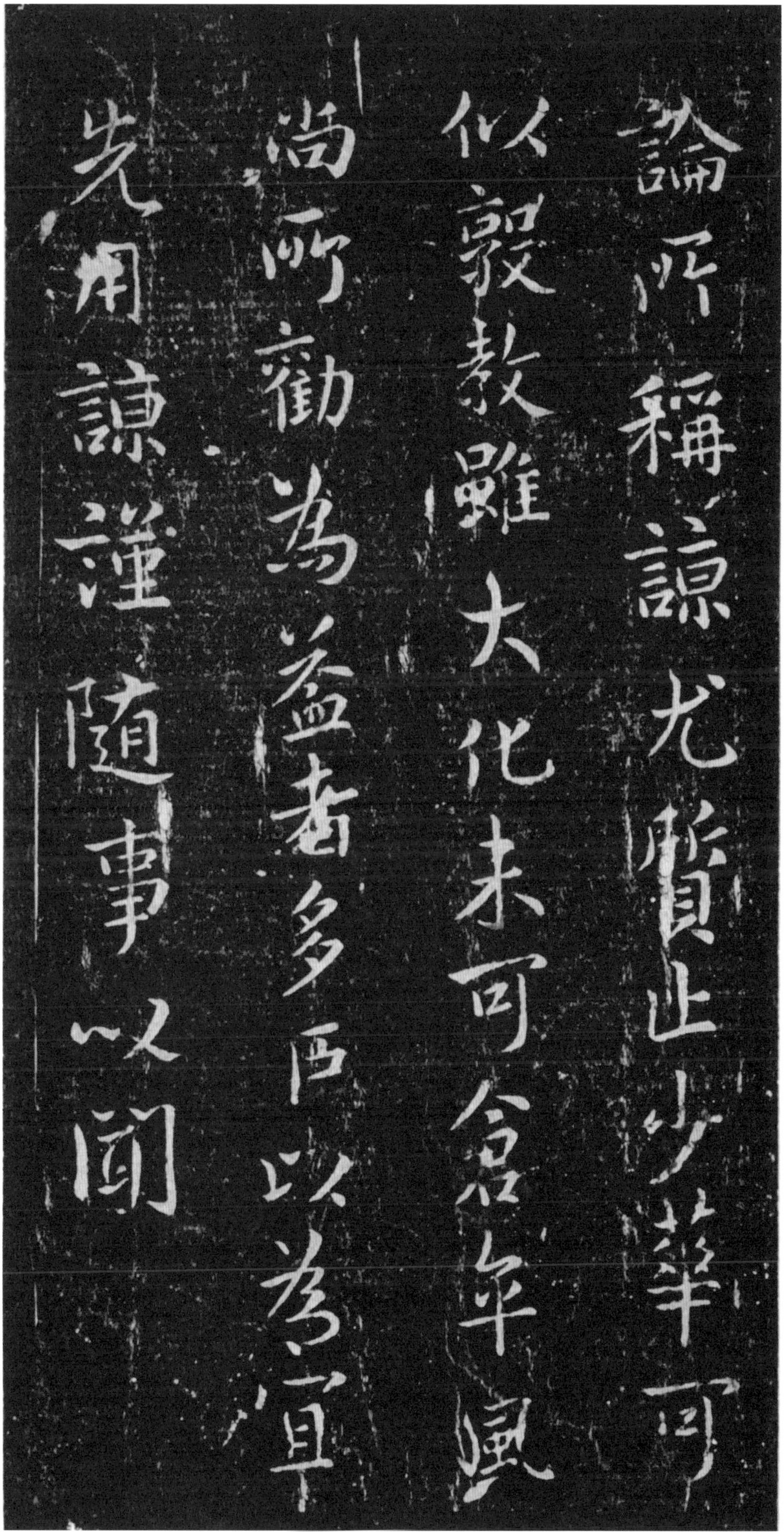

論所稱諒尤質止少華可
以敦教雖大化未可倉卒風
尚所勸為益者多臣以為宜
先用諒謹隨事以聞

29

## 晉侍中卞壺書　文墨帖

**Wen Mo Tie**

Written by Bian Hu, Palace Attendant, Jin Dynasty

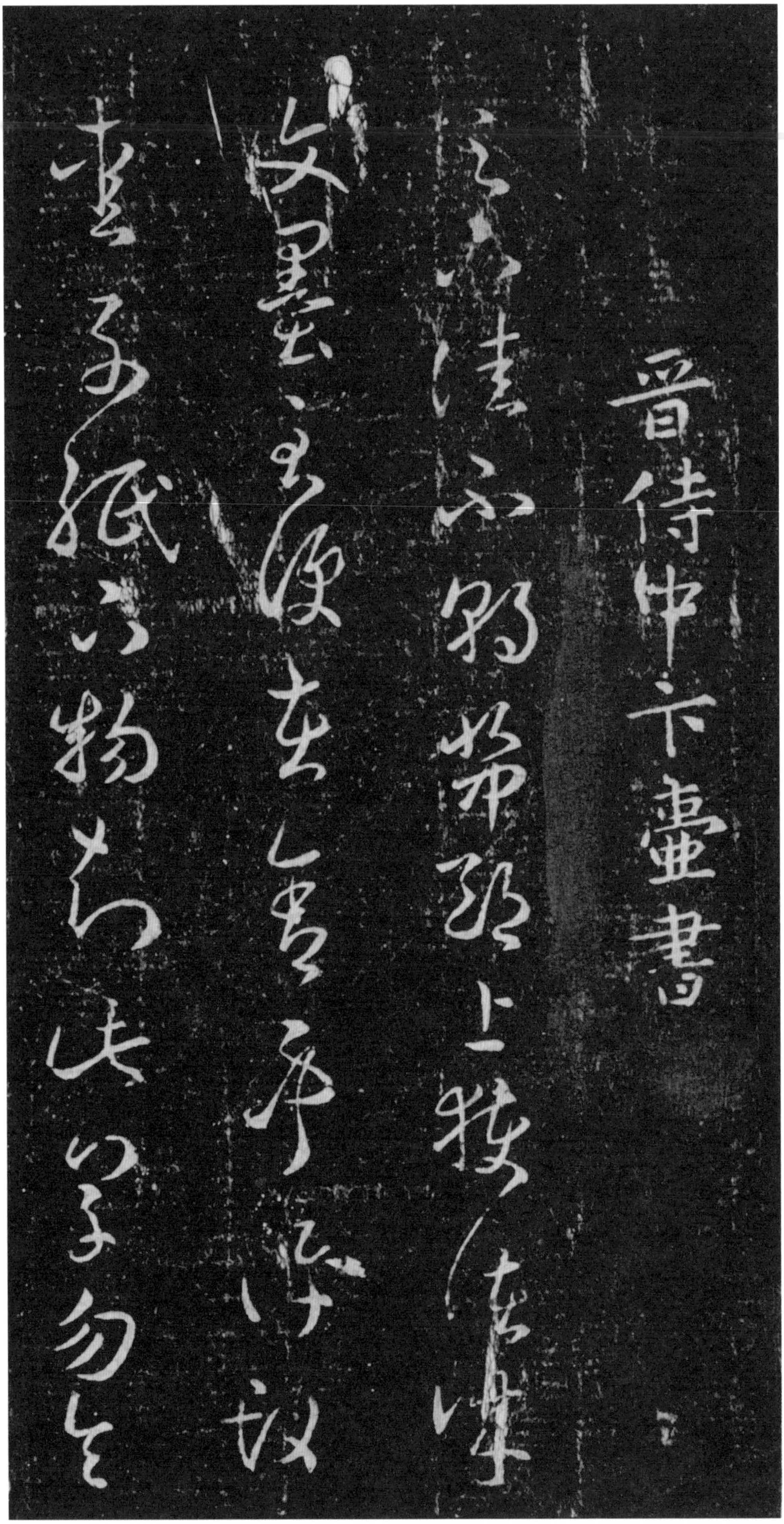


文墨帖　釋文：

足下佳不朝將中郎上獲諸誠
文墨至便在舍事許改
愛子紙下物知此草勿令

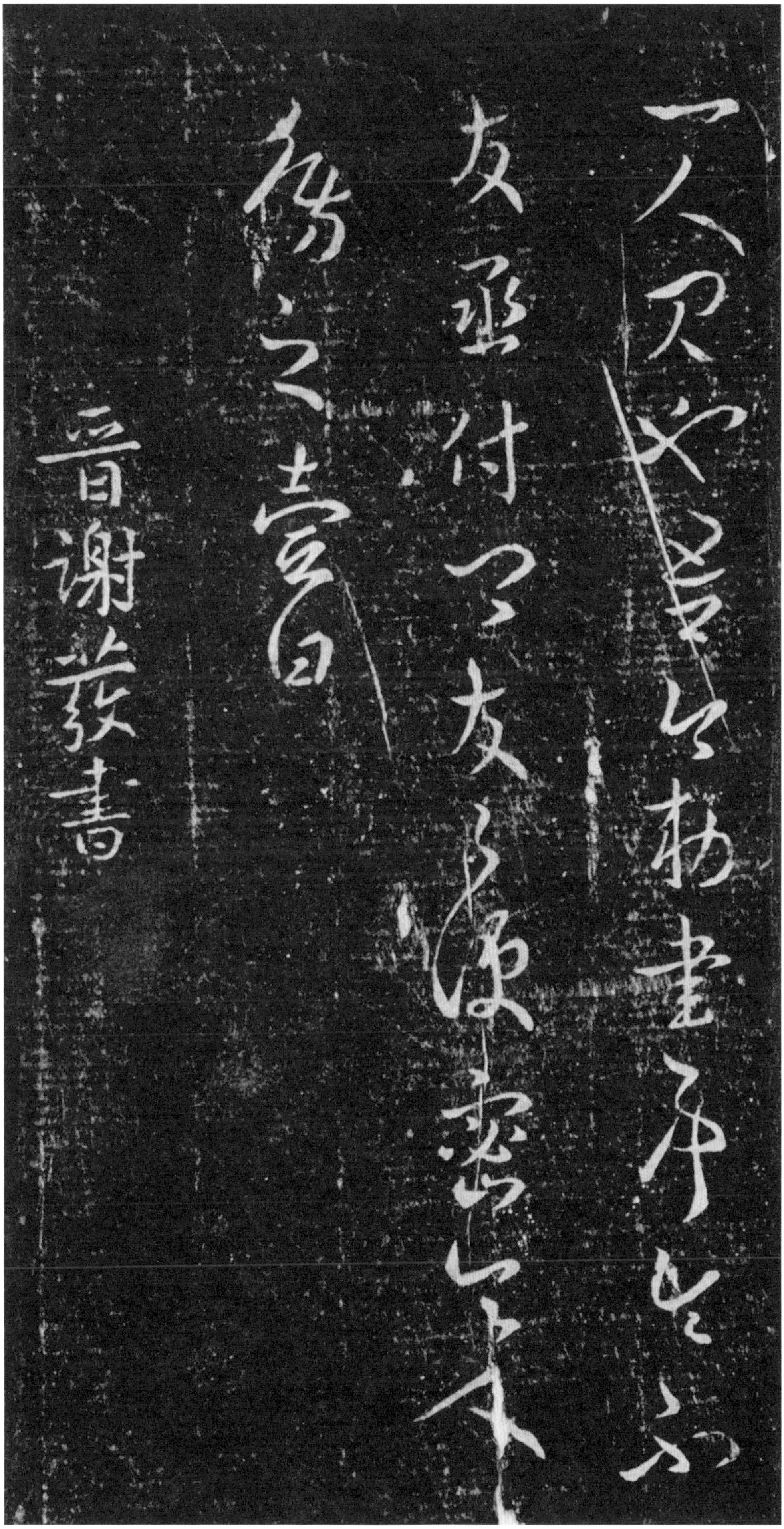


一人見也吾今敕書事令不
發亟付卿發發便密令人
防之壺白

30

# 晉謝發書　晉安帖

Jin An Tie

Written by Xie Fa, Jin Dynasty

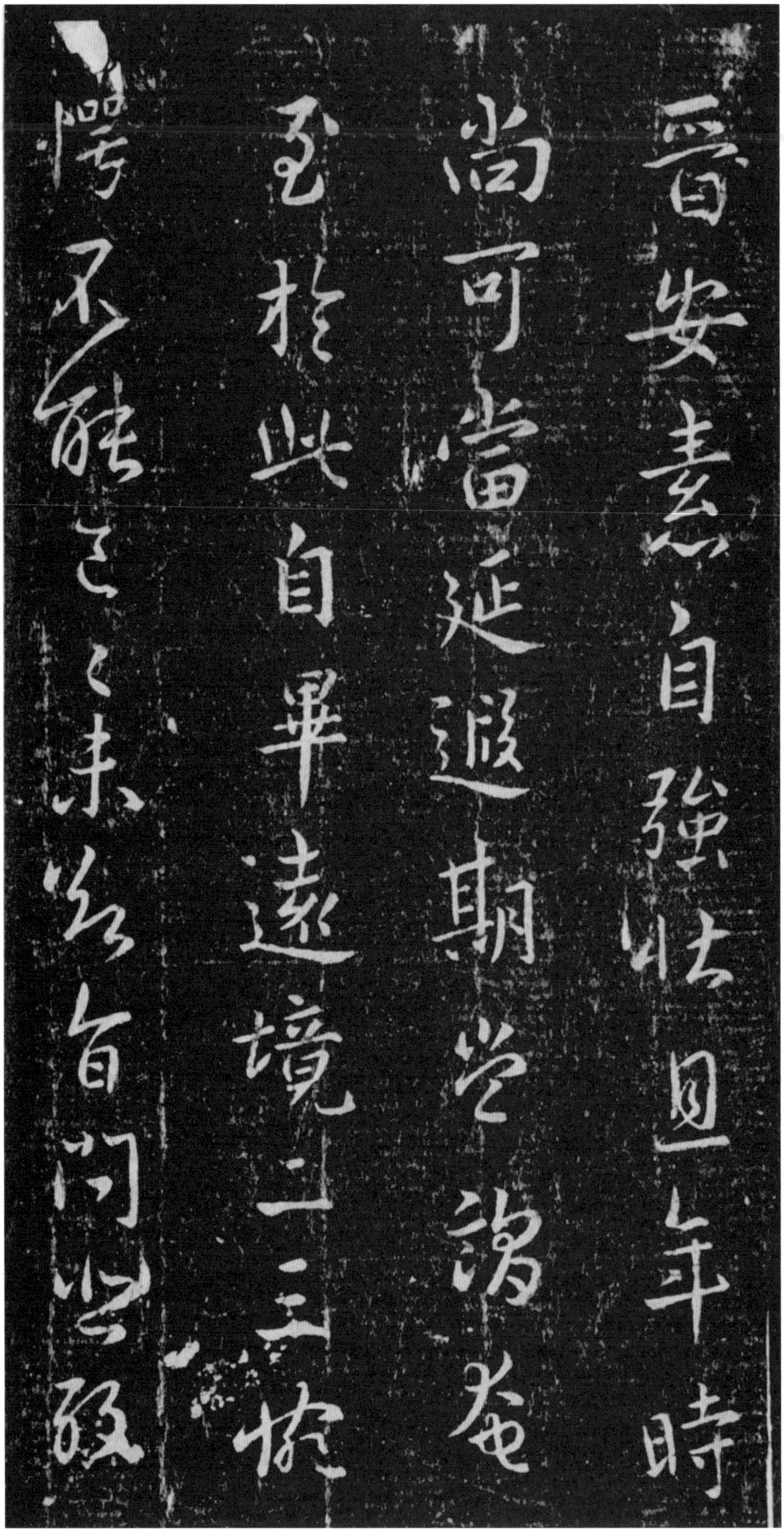

晉安帖　釋文：

晉安素自強壯且年時
尚可當延遐期豈謂奄
至於此自畢遠境二三惋
愕不能道二未欲旨問悲酸

31

## 宋特進王曇書　服散帖

Fu San Tie

Written by Wang Tan of Song, one of the Southern Dynasties

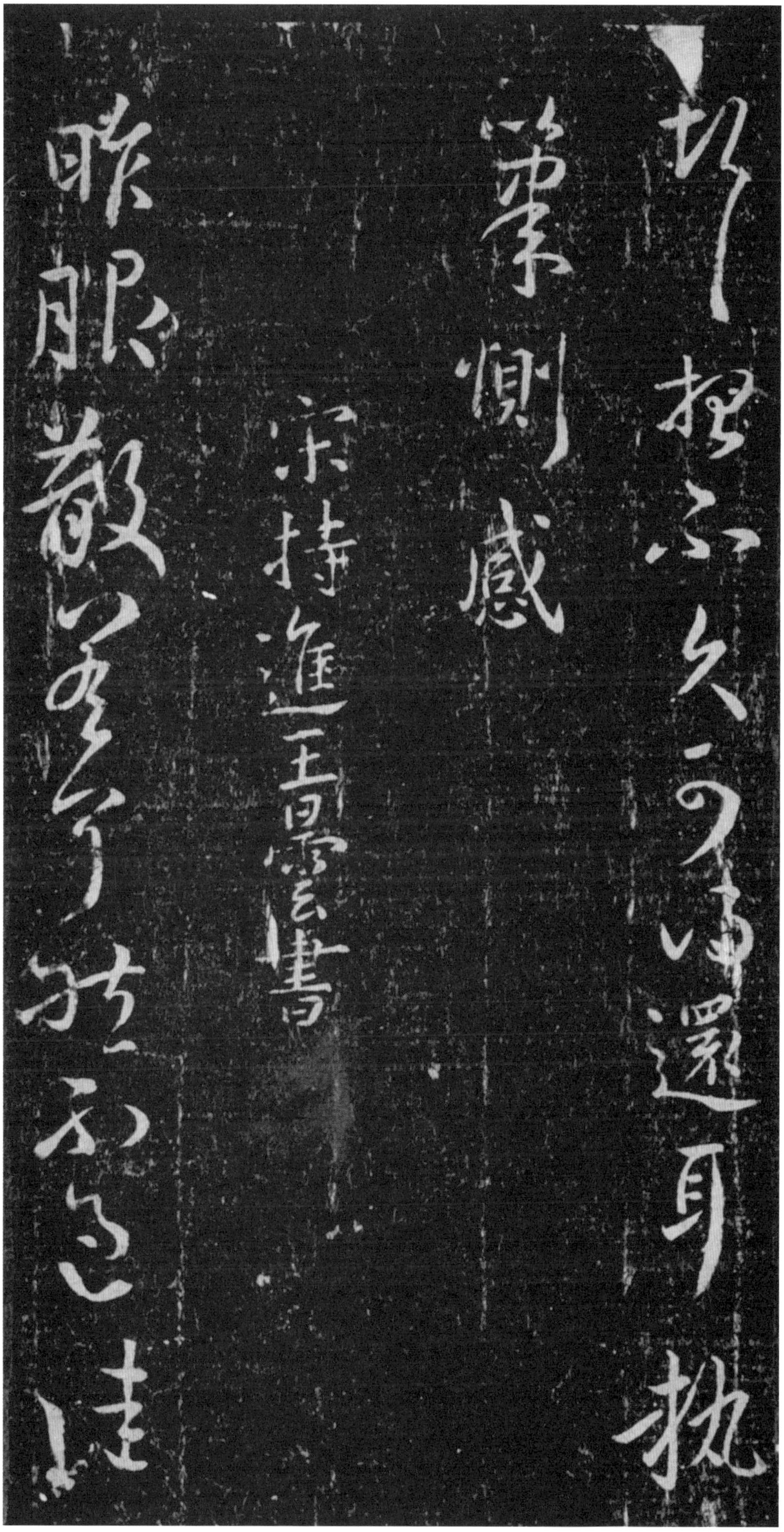

悒悒想不久可得還耳執
筆惻感
服散帖　釋文：
昨服散差可然不過佳

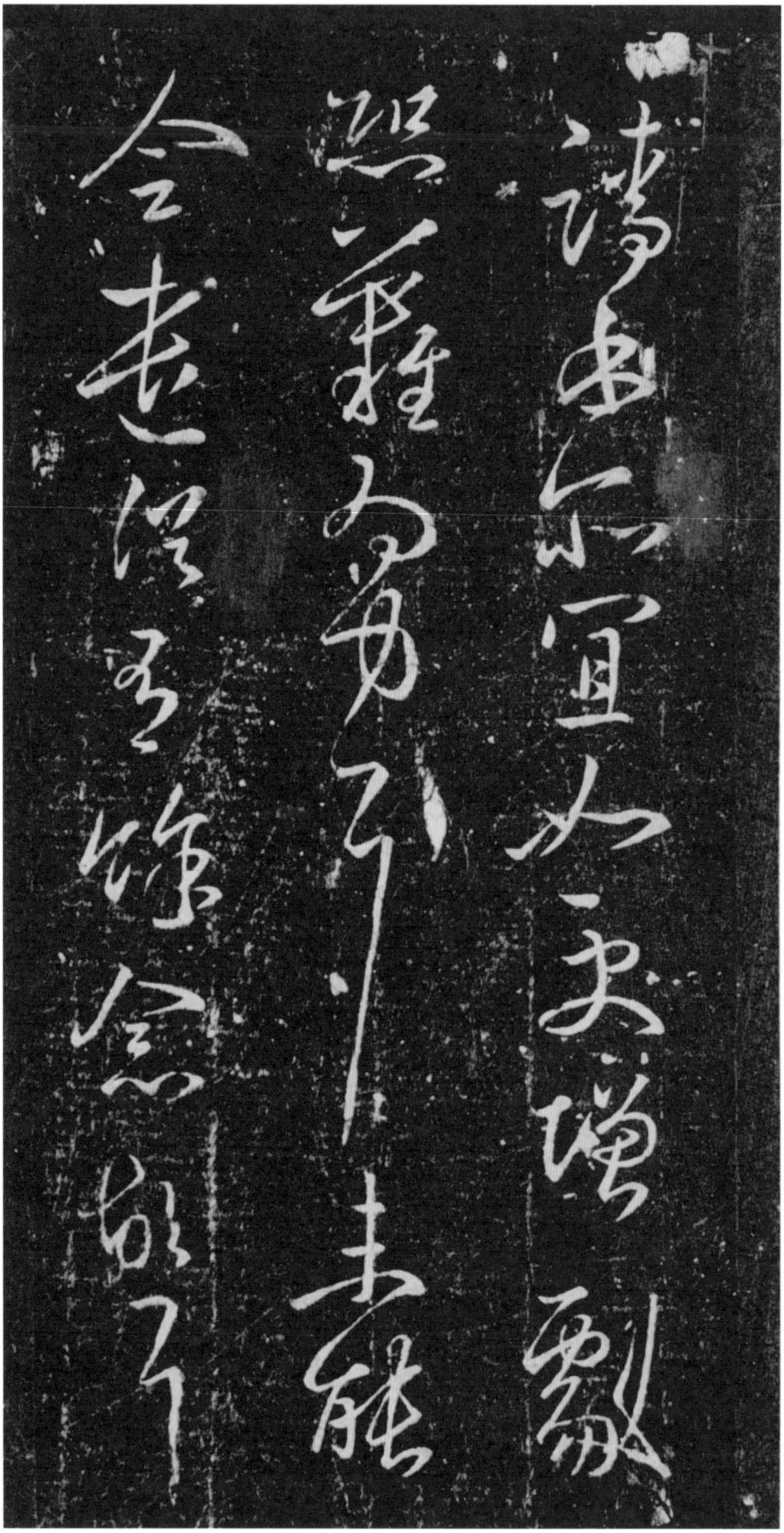

請書所宜如更增劇
恐難為力耳未能
令遺俗有餘念故耳

32

## 宋中散大夫羊欣書　暮春帖

**Mu Chun Tie**

Written by Yang Xin, Grand Master of Palace Leisure of Song, one of the Southern Dynasties

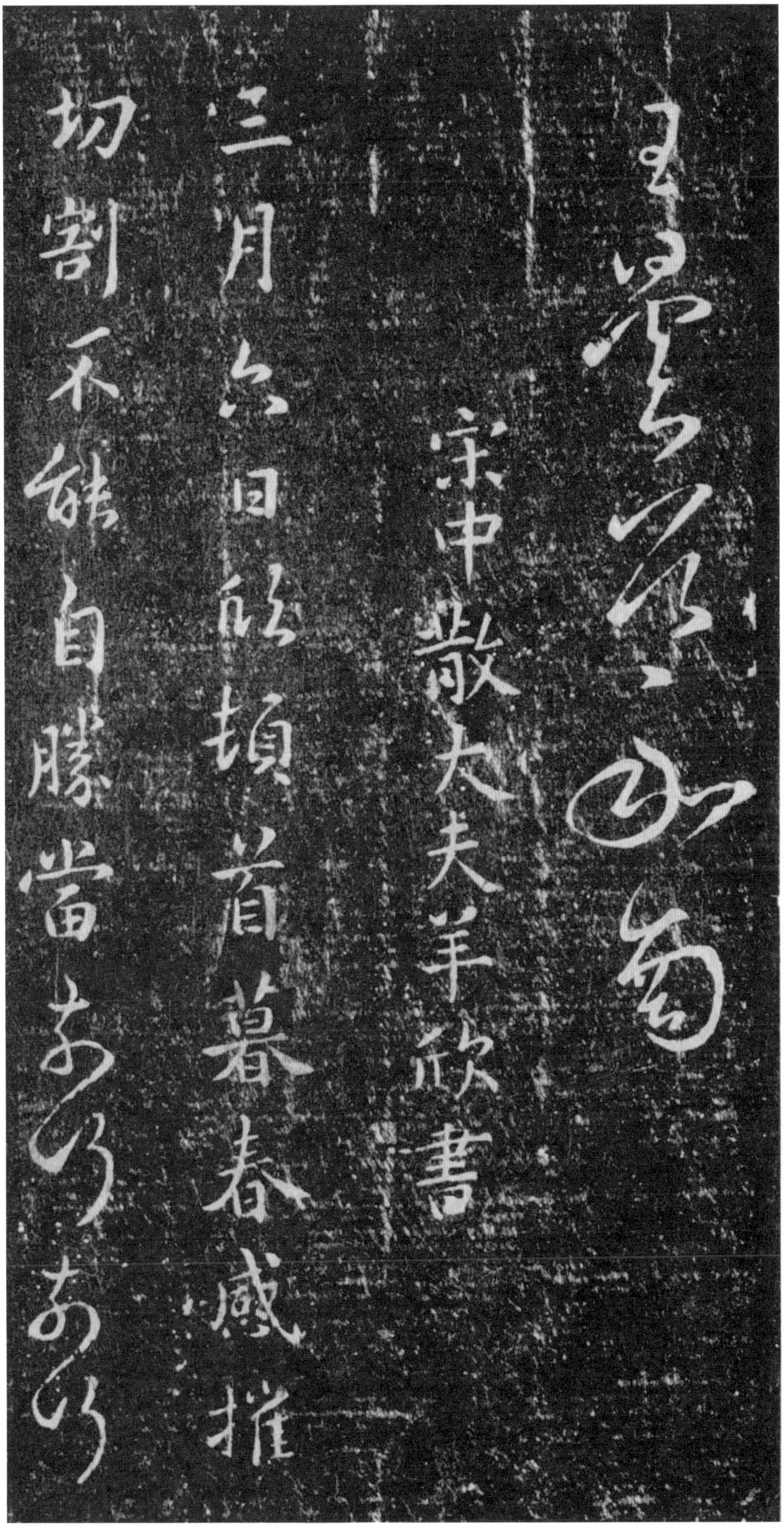


王曇首和南

**暮春帖　釋文：**

三月六日欣頓首暮春感摧切割不能自勝當奈何奈何

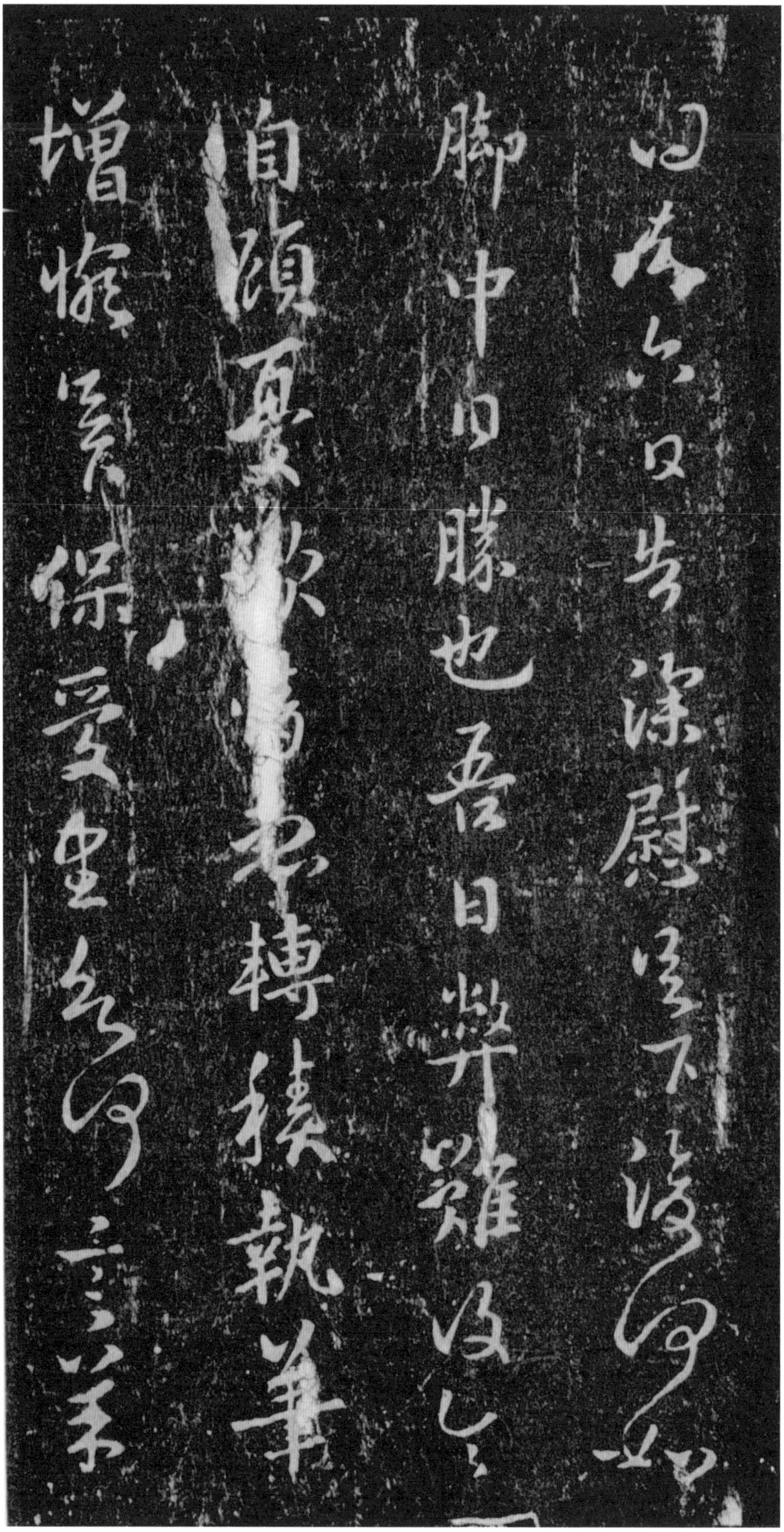

得知六日告深慰足下復何如
腳中日勝也吾日弊難復令
自顧憂歎情想轉積執筆
增惋足下保愛書欲何言羊

## 33

## 宋太常卿孔琳書　日月帖

**Ri Yue Tie**

Written by Kong Lin, Chamberlain for Ceremonial of Song, one of the Southern Dynasties

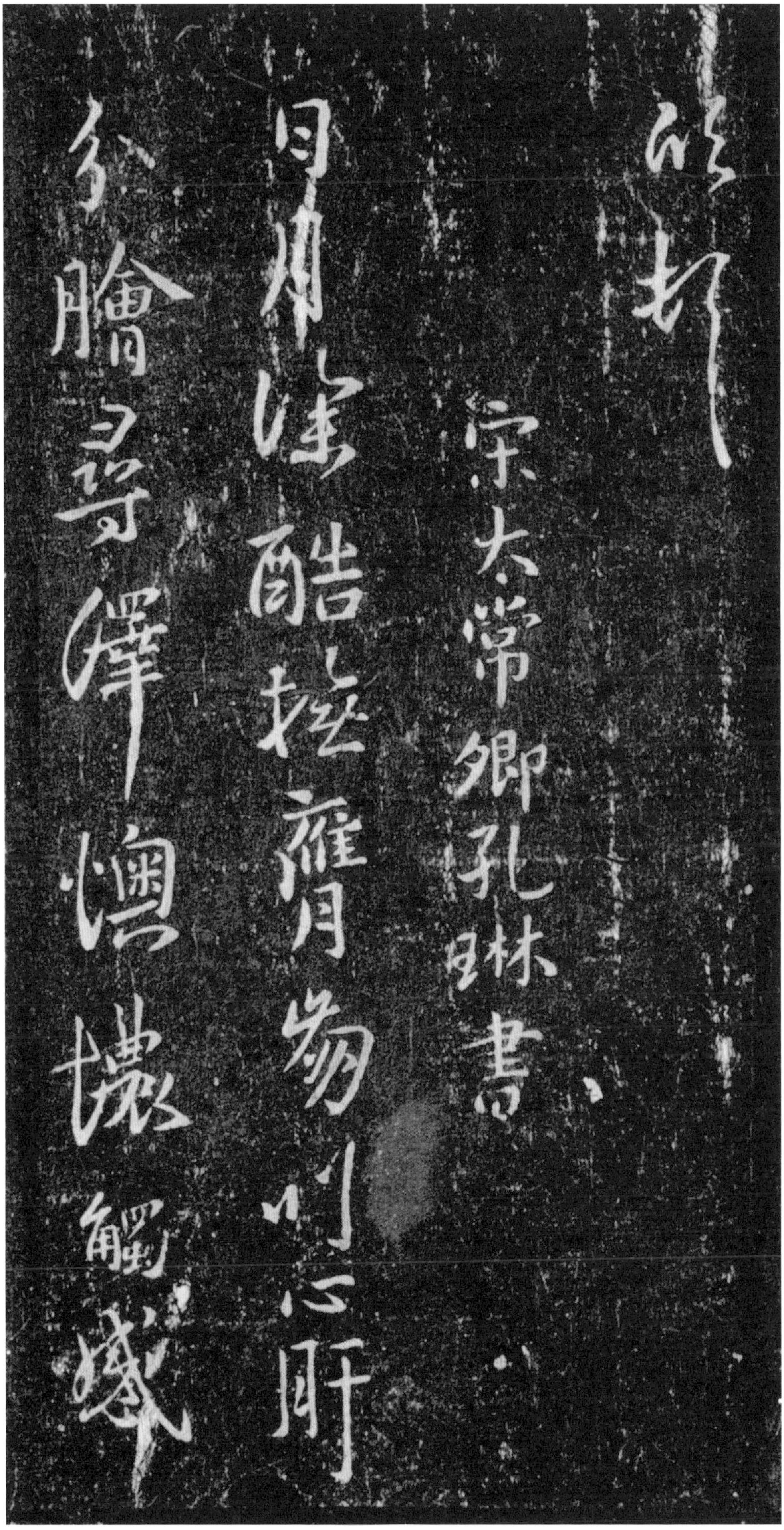

欣頓首

日月帖　釋文：

日月深酷撫膺崩叫心肝

分臉尋繹懊儂觸感

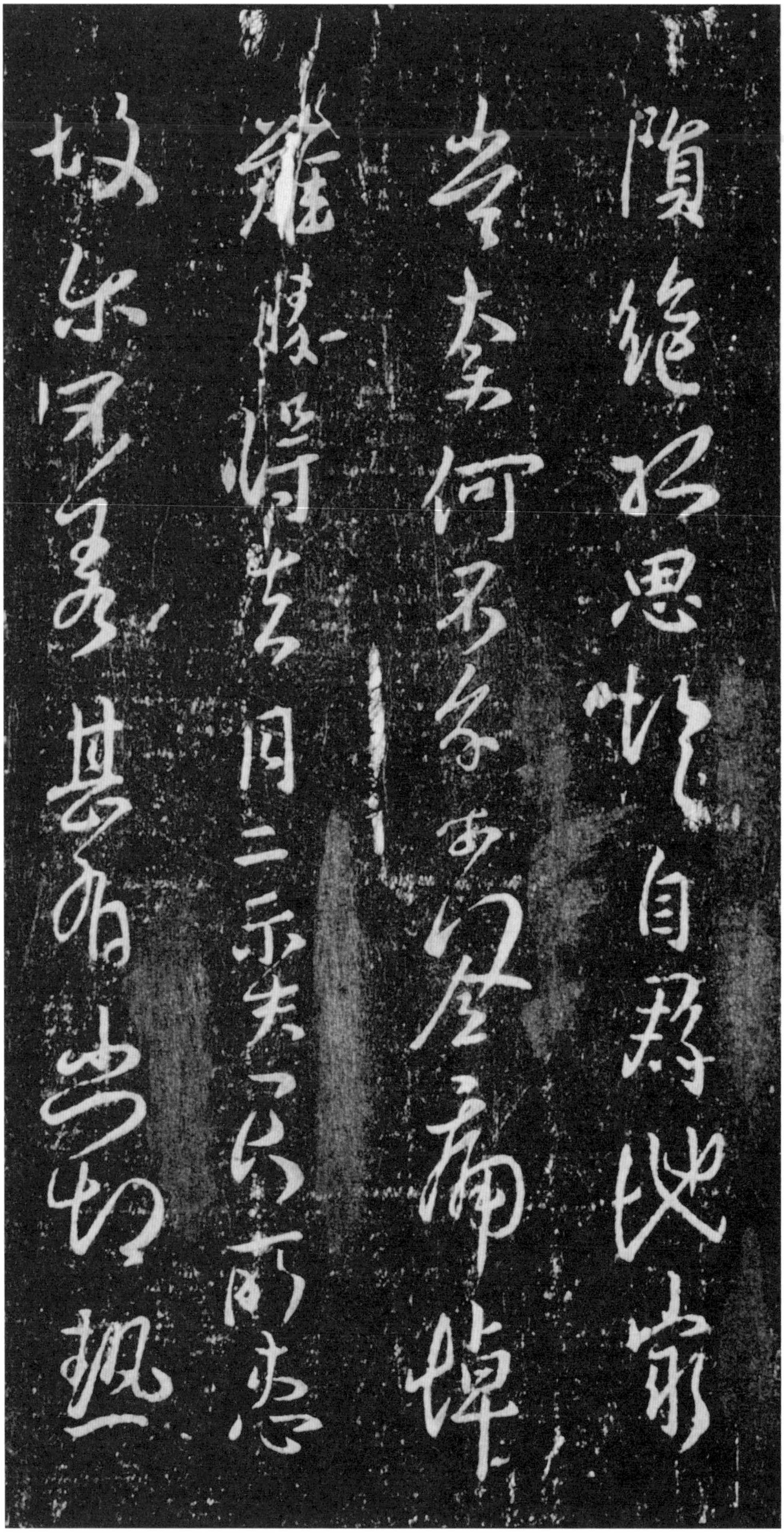

隕絕孤思悒悒自郡地窮
當奈何不孝奈何念痛悼
難勝得去月二示知君所患
故爾不差甚有幽悒熱

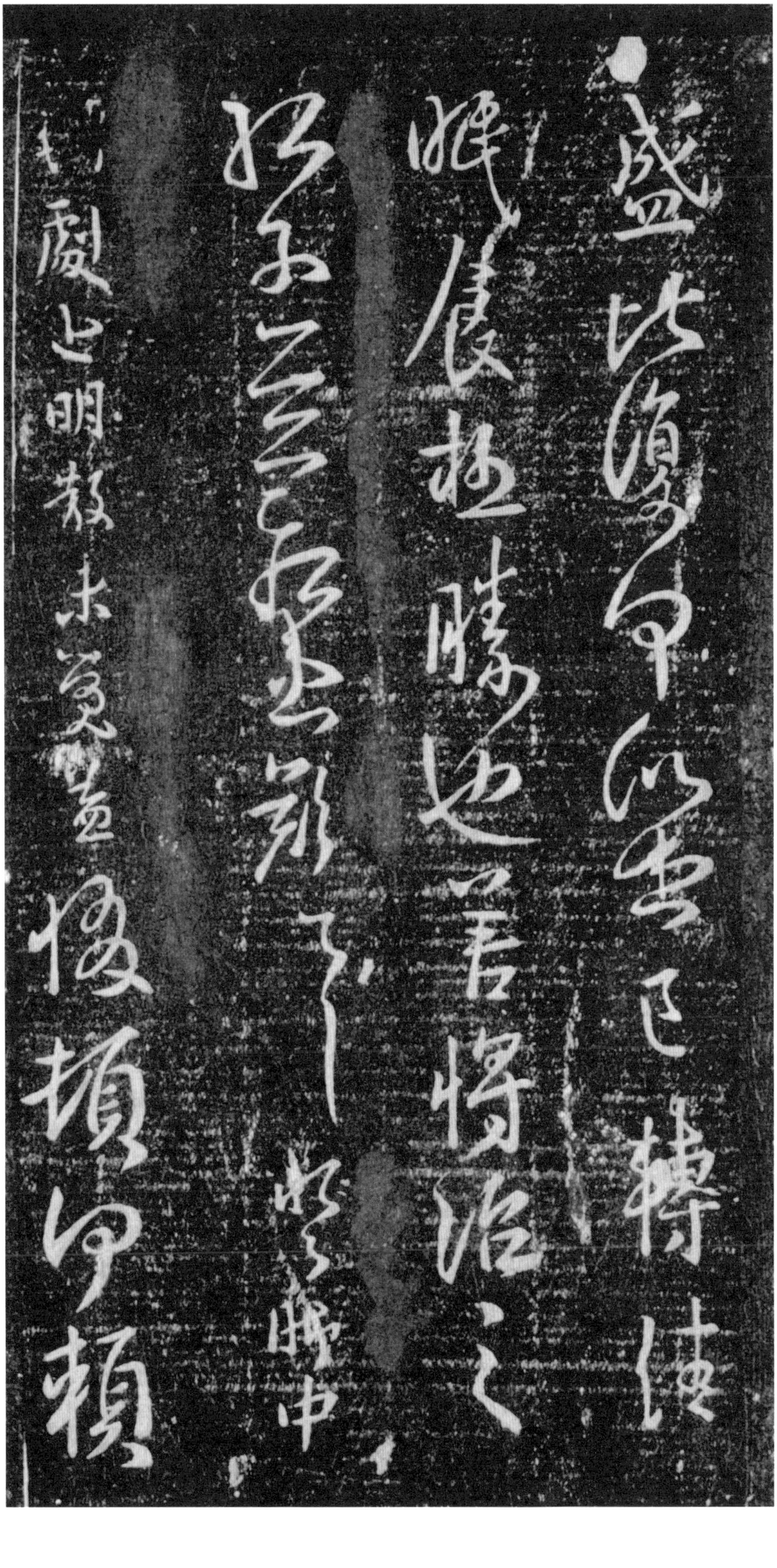

盛比復何似想已轉佳
眠食極勝也善將治之
孤子並疾患歎具恨恨腳中
轉劇近明散未覺益惙頓何賴

# 34

## 齊侍中王僧虔書　劉伯寵帖

**Liu Bochong Tie**

Written by Wang Sengqian, Palace Attendant of Qi, one of the Southern Dynasties

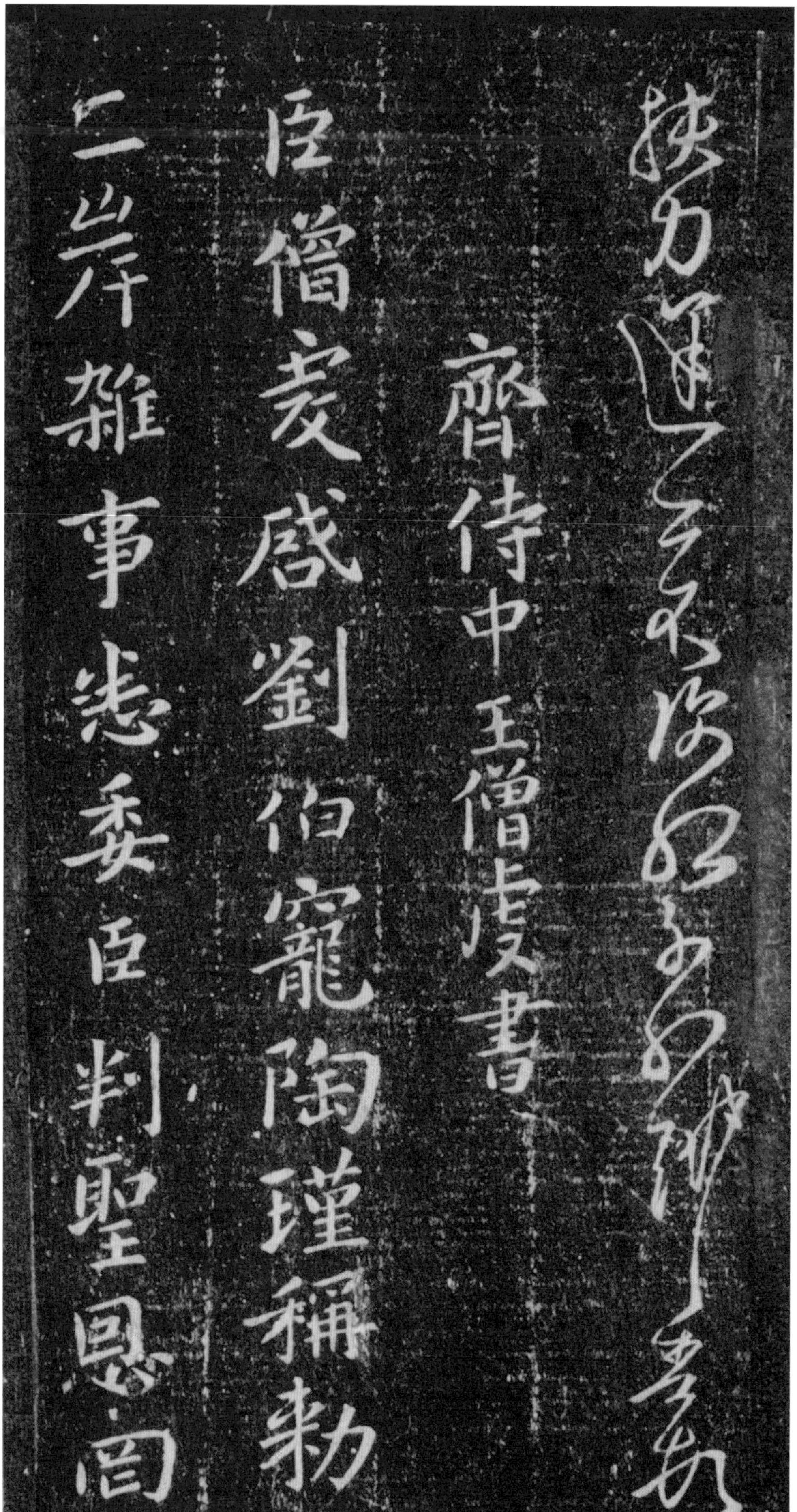

扶力迷甚不次孤子孔琳之奏頓首

劉伯寵帖　釋文：

臣僧虔啟劉伯寵陶瑾稱敕

二岸雜事悉委臣判聖恩罔

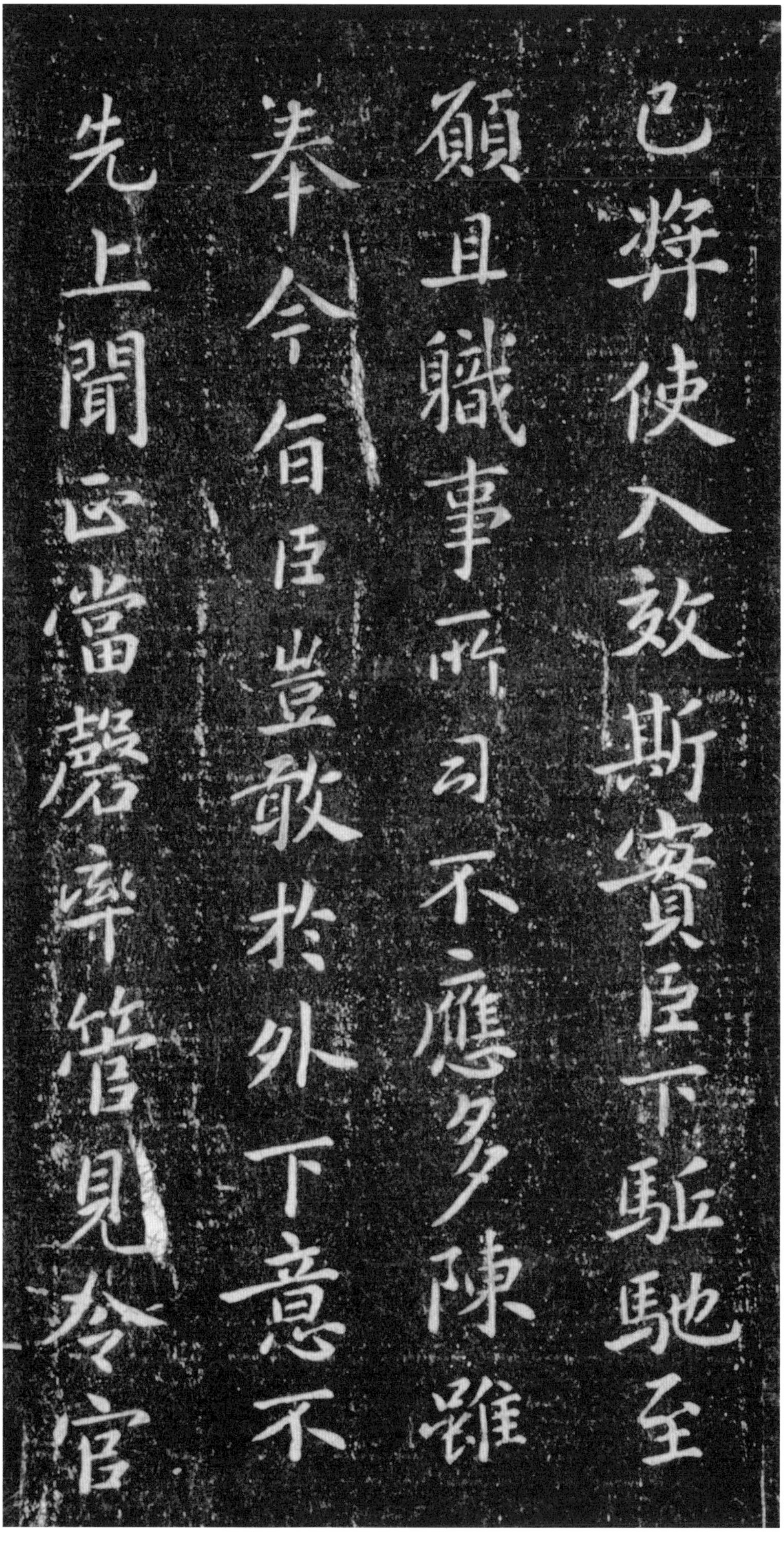

已獎使入效斯實臣下驅馳至
願且職事所司不應多陳雖
奉今旨臣豈敢於外下意不
先上聞正當磬率管見令官

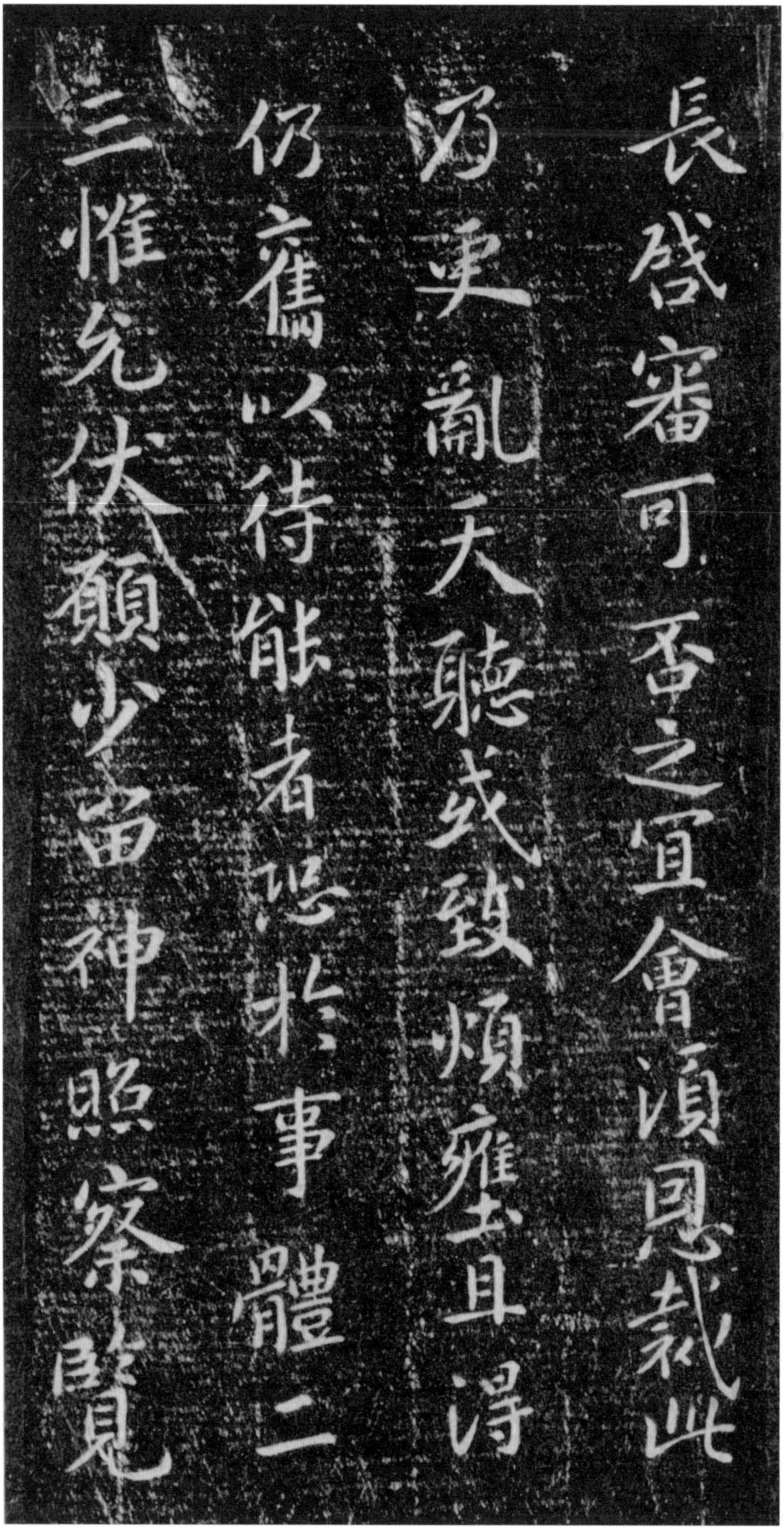
長啟審可否之宜會須恩裁此
乃更亂天聽或致煩壅且得
仍舊以待能者恐於事體二
三惟允伏願少留神照察覽

長啟審可否之宜會須恩裁此
乃更亂天聽或致煩壅且得
仍舊以待能者恐於事體二
三惟允伏願少留神照察覽

35

# 齊侍中王僧虔書　謝憲帖

*Xie Xian Tie*

Written by Wang Sengqian, Palace Attendant of Qi, one of the Southern Dynasties

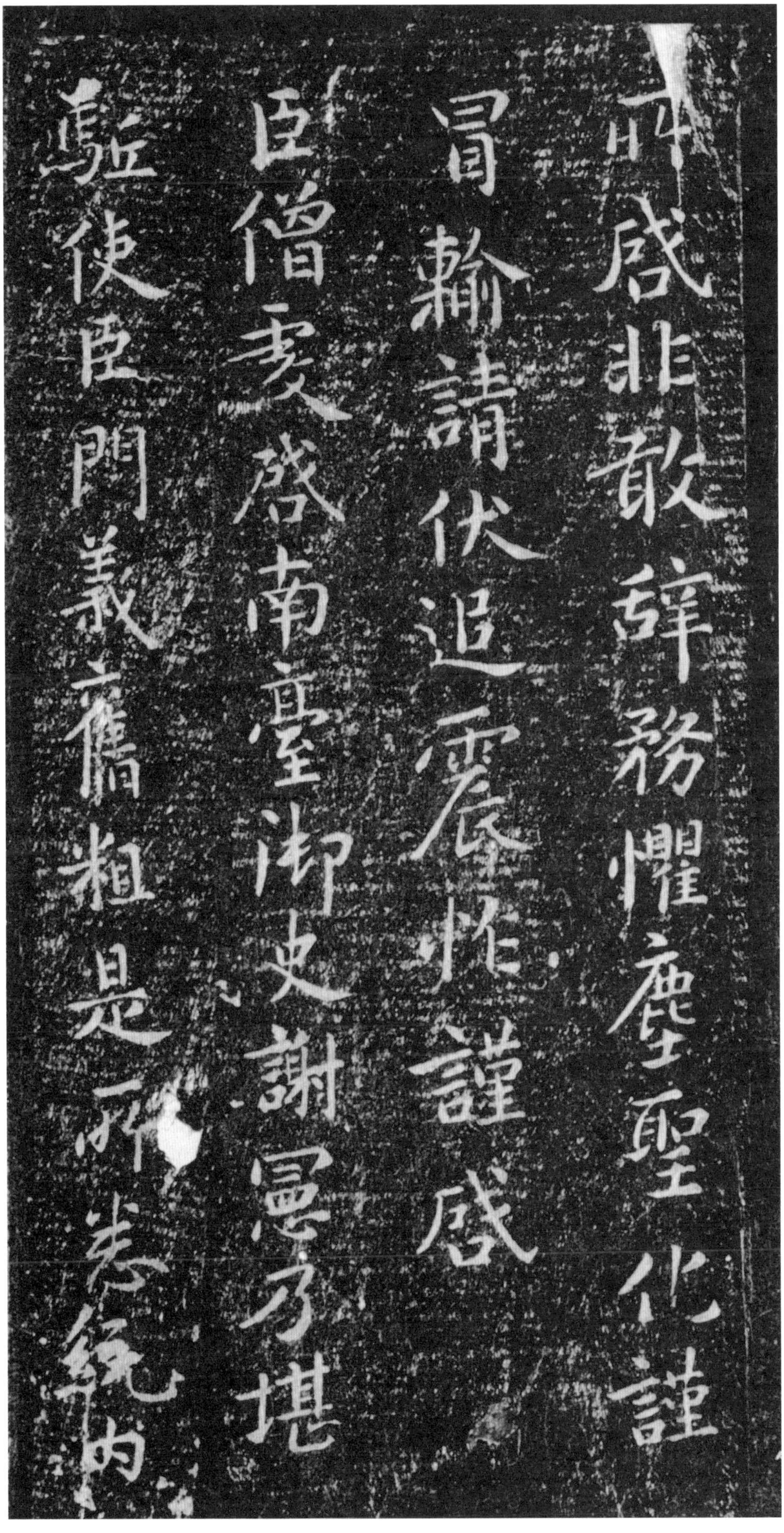

所啟非敢辭務懼塵聖化謹
冒輸請伏追震怍謹啟

**謝憲帖　釋文：**

臣僧虔啟南臺御史謝憲乃堪
驅使臣門義舊粗是所悉統內

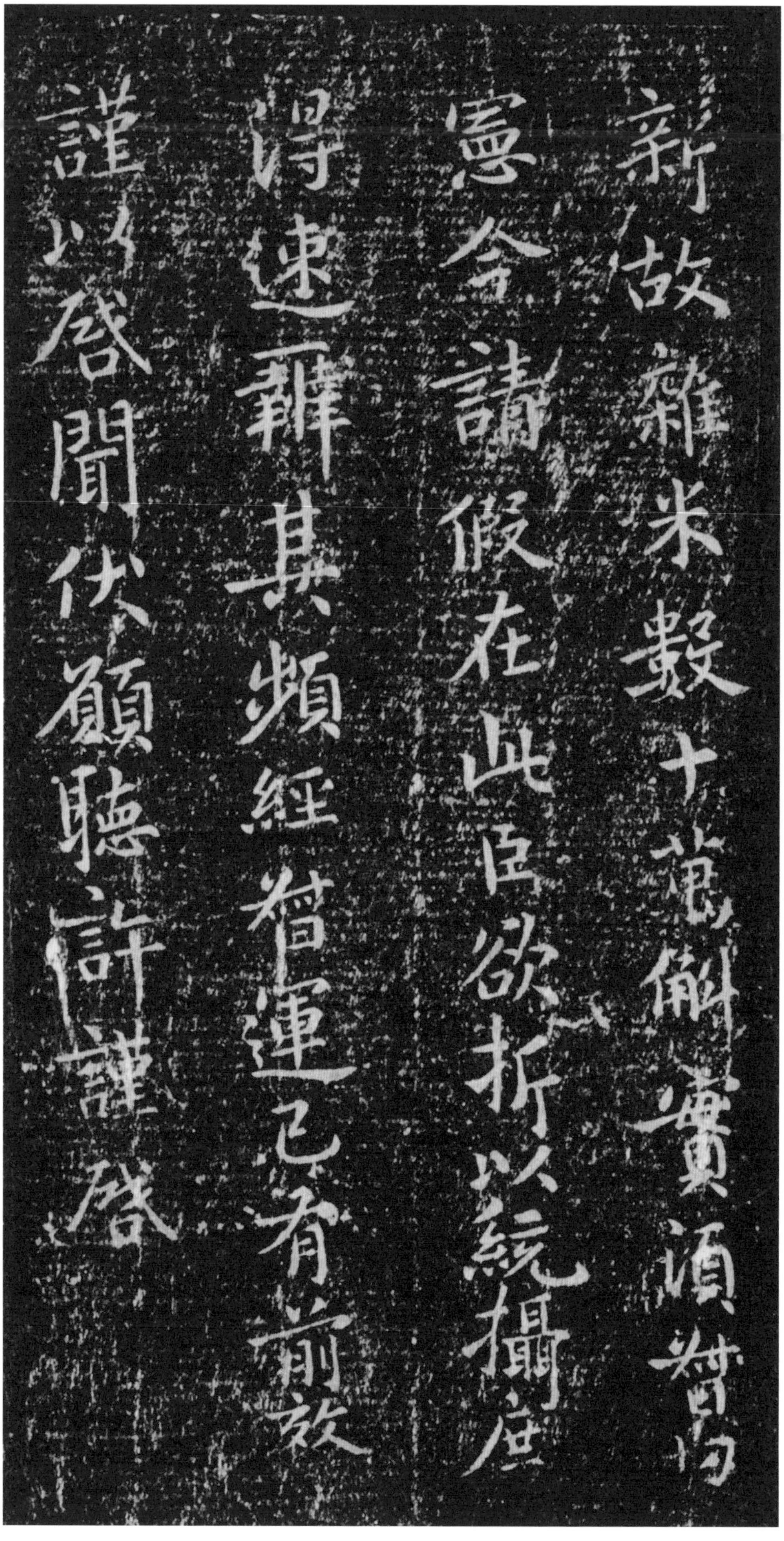


新故雜米數十萬斛實須督切
憲今請假在此臣欲折以統攝庶
得速辨其頻經督運已有前效
謹以啟聞伏願聽許謹啟

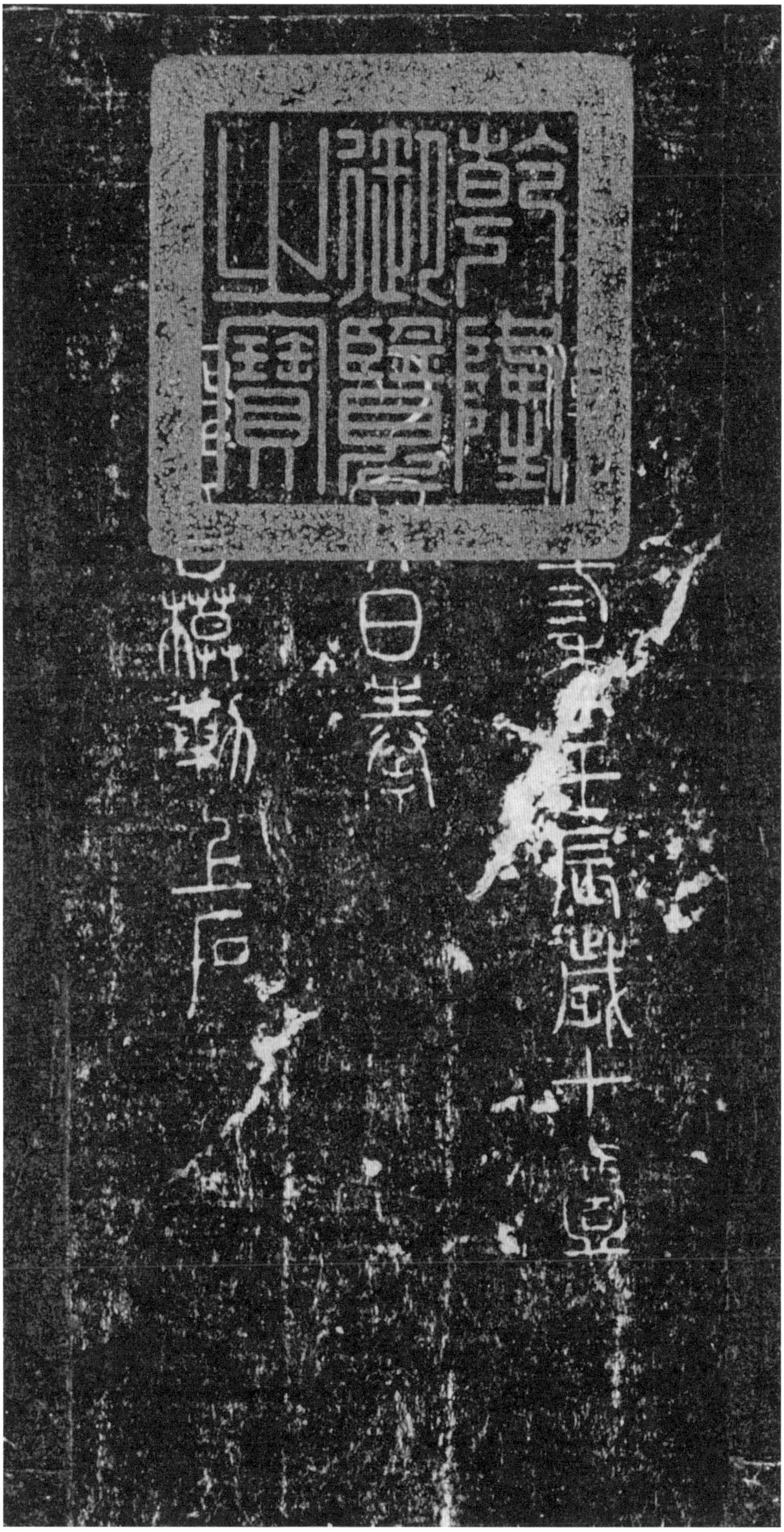
乾隆御覽之寶

# 歷代名臣法帖第四

## *Part Four: Model Calligraphies of the Courtiers of Past Dynasties*

1

# 梁尚書王筠書　至節帖

**Zhi Jie Tie**

Written by Wang Yun, Minister of Liang, one of the Southern Dynasties

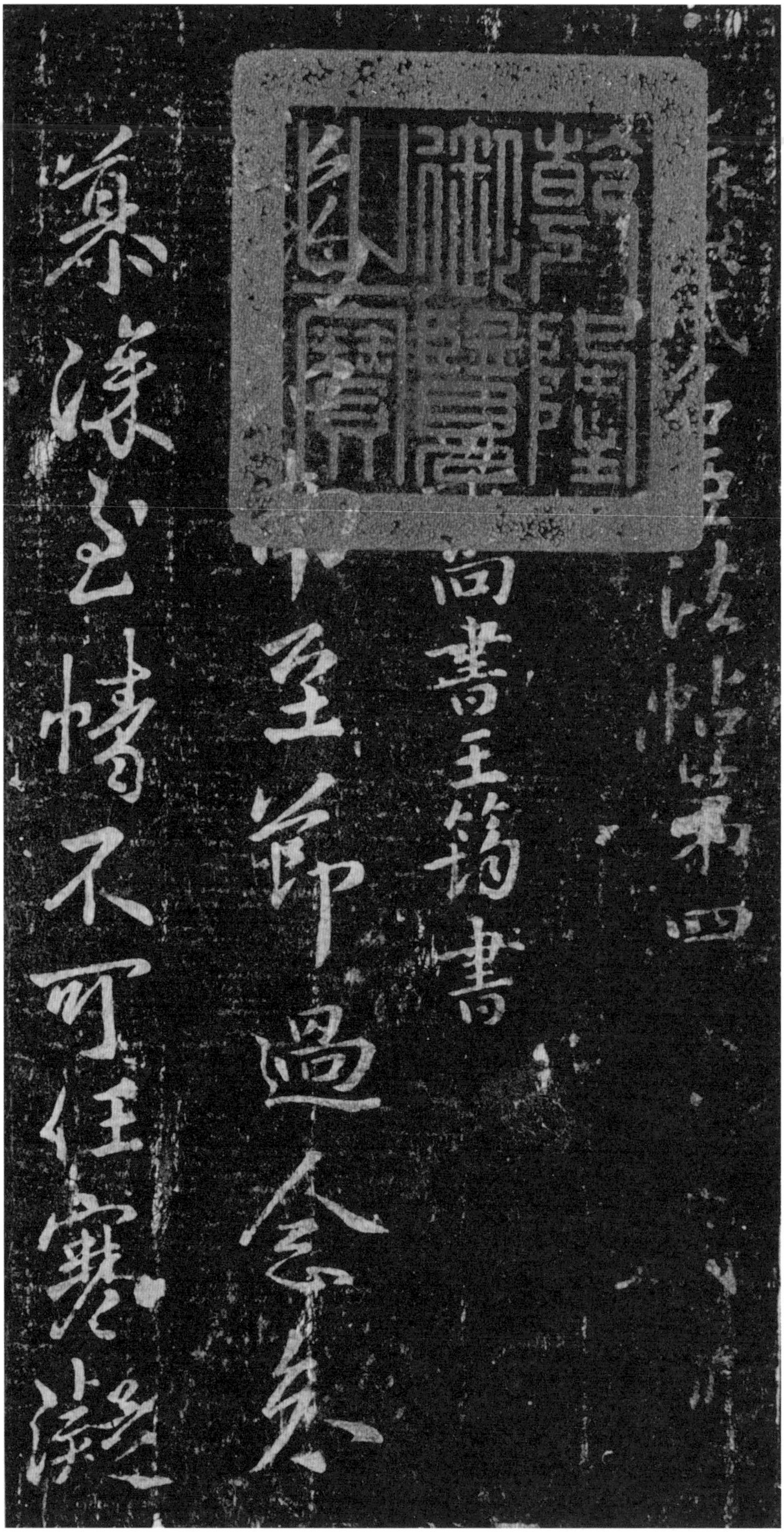

至節帖　釋文：

筠和南至節過念哀

慕深至情不可任寒凝

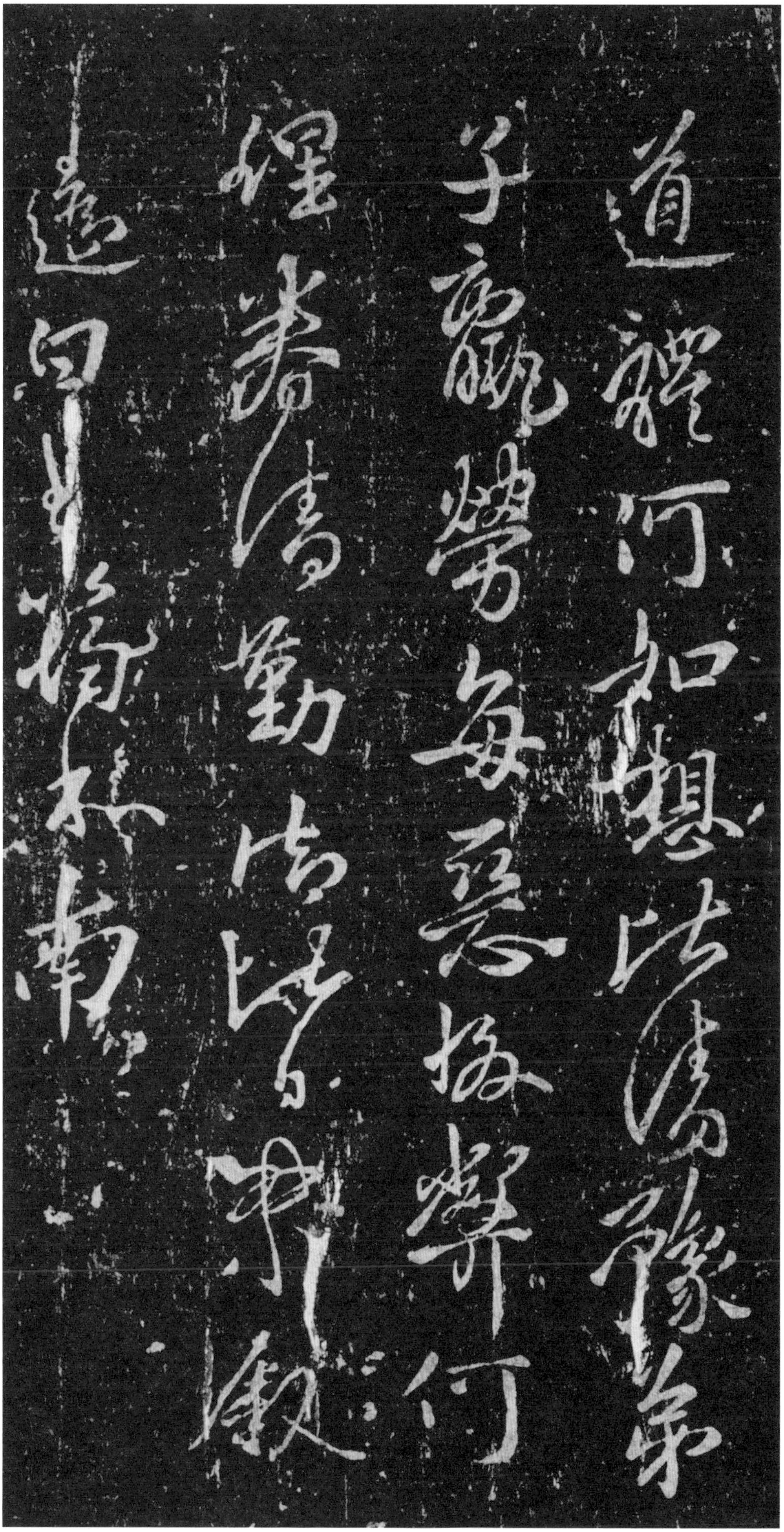

道體何如想比清豫弟
子羸勞每惡憫弊何
理眷請勤御比日來敘
遣白王筠和南

## 2

# 梁特進沈約書　今年帖

**Jin Nian Tie**

Written by Shen Yue of Liang, one of the Southern Dynasties

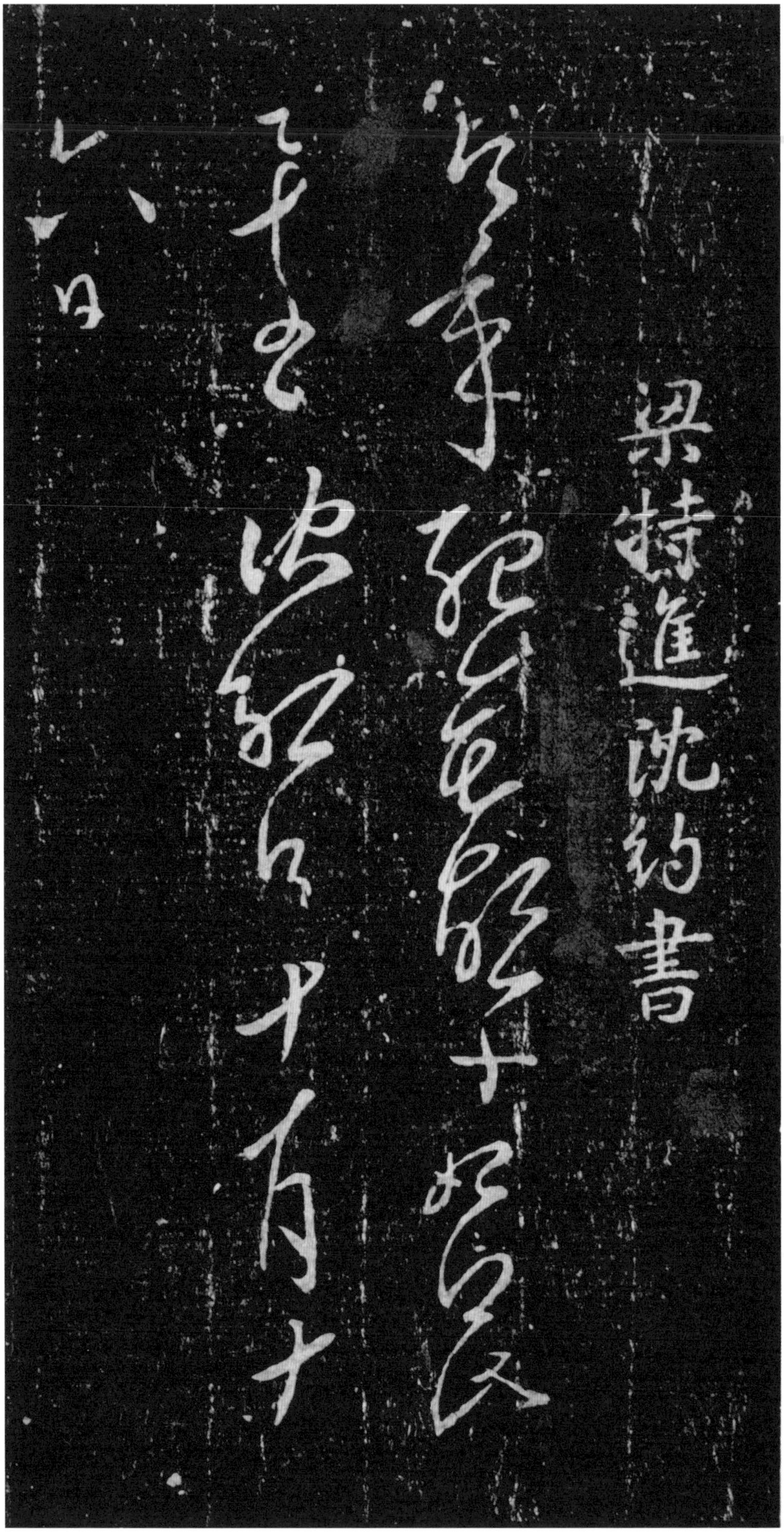


今年帖　釋文：
今年殆無能十始得此
口至沈約白十一月十
六日

3

梁交州刺史阮研書　道增帖

Dao Zeng Tie

Written by Ruan Yan, Prefectural Governor of Jiaozhou of Liang, one of the Southern Dynasties

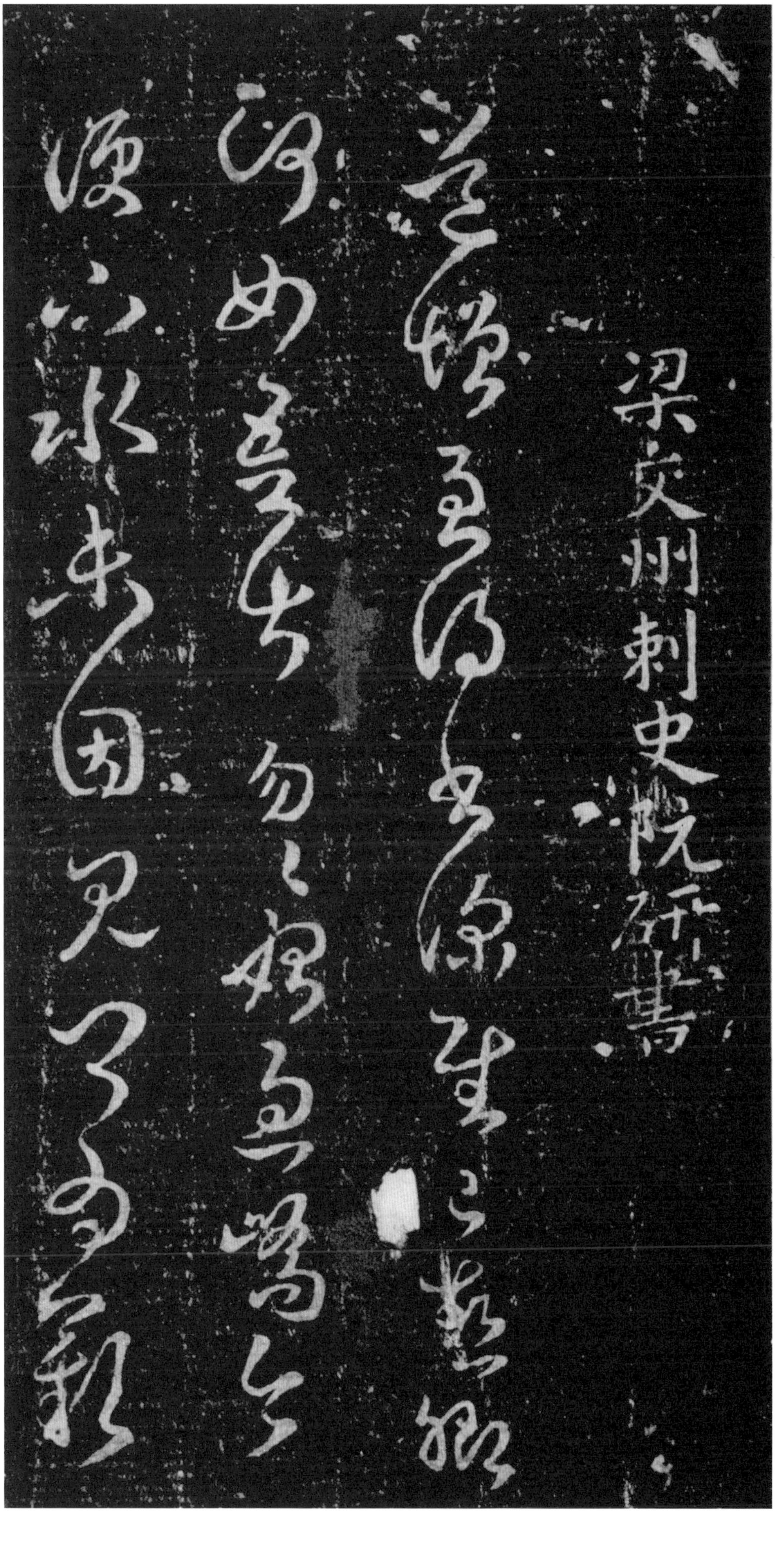


道增帖　釋文：

道增至得書深慰已熱卿
何如吾甚匆匆始過嶠今
便下水未因見卿為歎

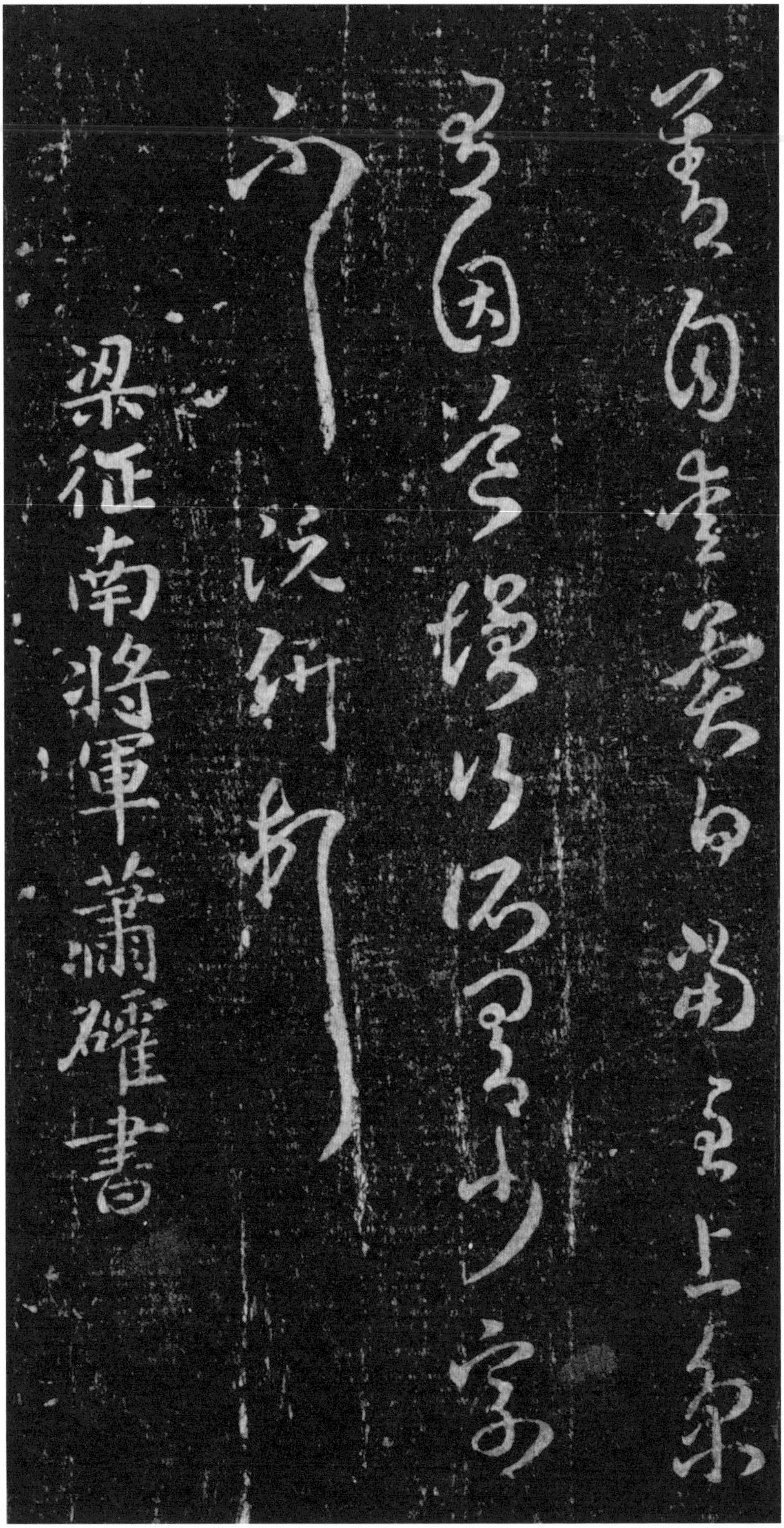


善自愛異日當至上京
有因道增行所具少字
不具阮研頓首

4

## 梁征南將軍蕭確書　孝經帖

**Xiao Jing Tie**

Written by Xiao Que, General of the Southern Expeditionary Forces of Liang, one of the Southern Dynasties

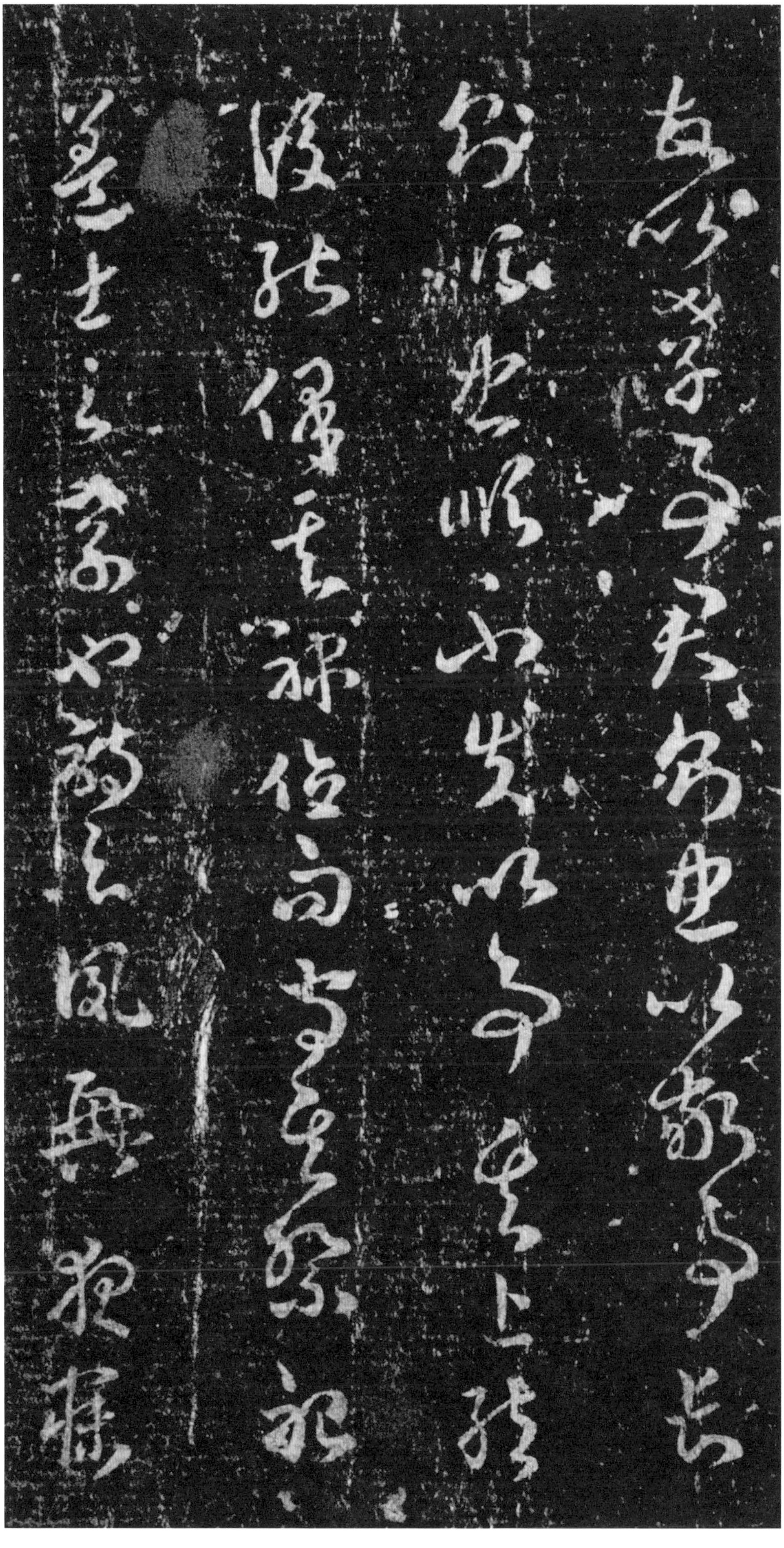

孝經帖　釋文：
故以孝事君則忠以敬事長
則順忠順不失以事其上然
後能保其祿位而守其祭祀
蓋士之孝也詩云夙興夜寐

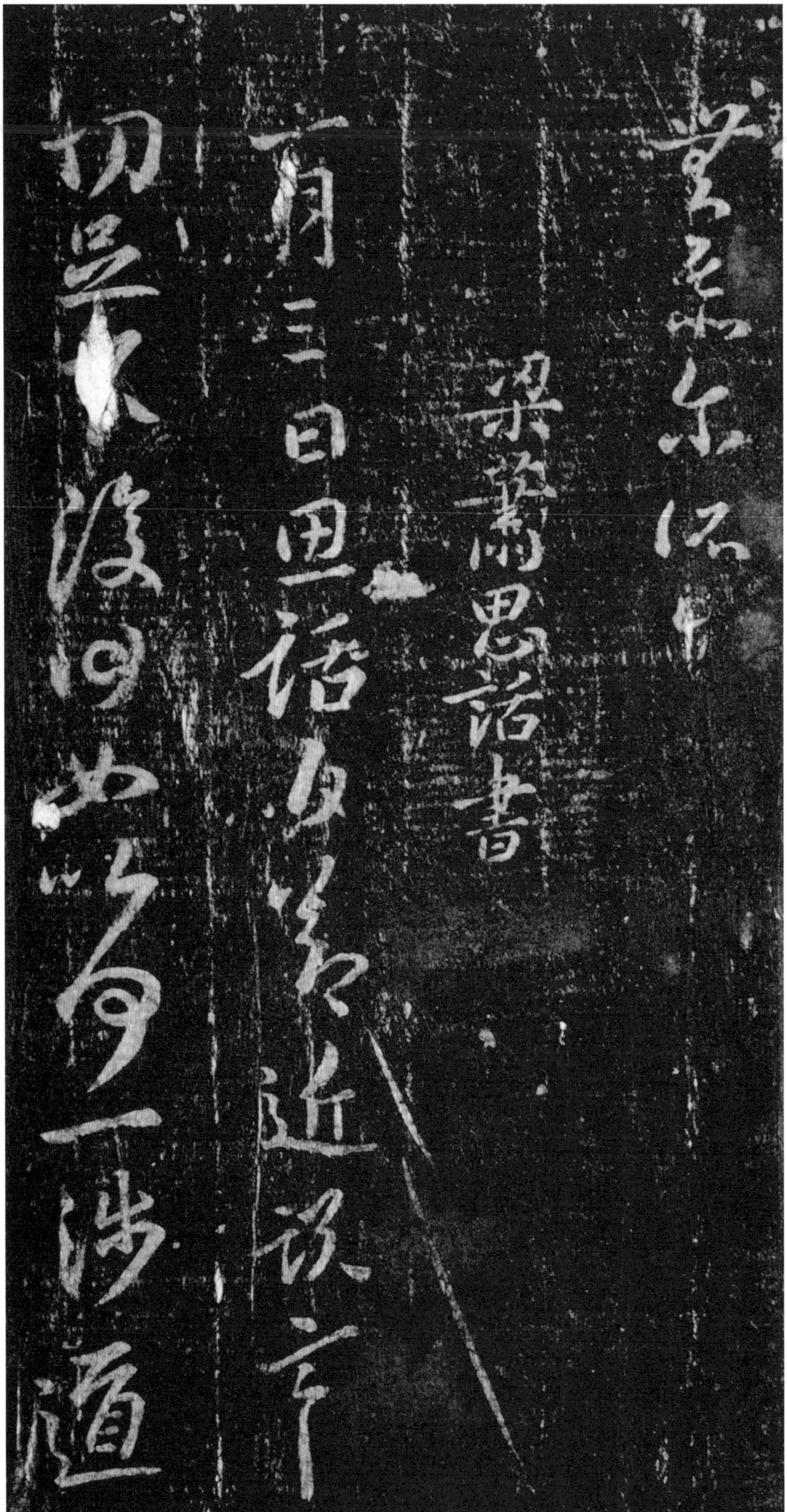

5

## 梁蕭思話書　節近帖

**Jie Jin Tie**

Written by Xiao Sihua of Liang, one of the Southern Dynasties

無忝爾所生

**節近帖　釋文：**

一月三日思話白節近說寒

切足下復何如比何一涉道

6

## 梁蕭子雲書　舜問帖

**Shun Wen Tie**

Written by Xiao Ziyun of Liang, one of the Southern Dynasties

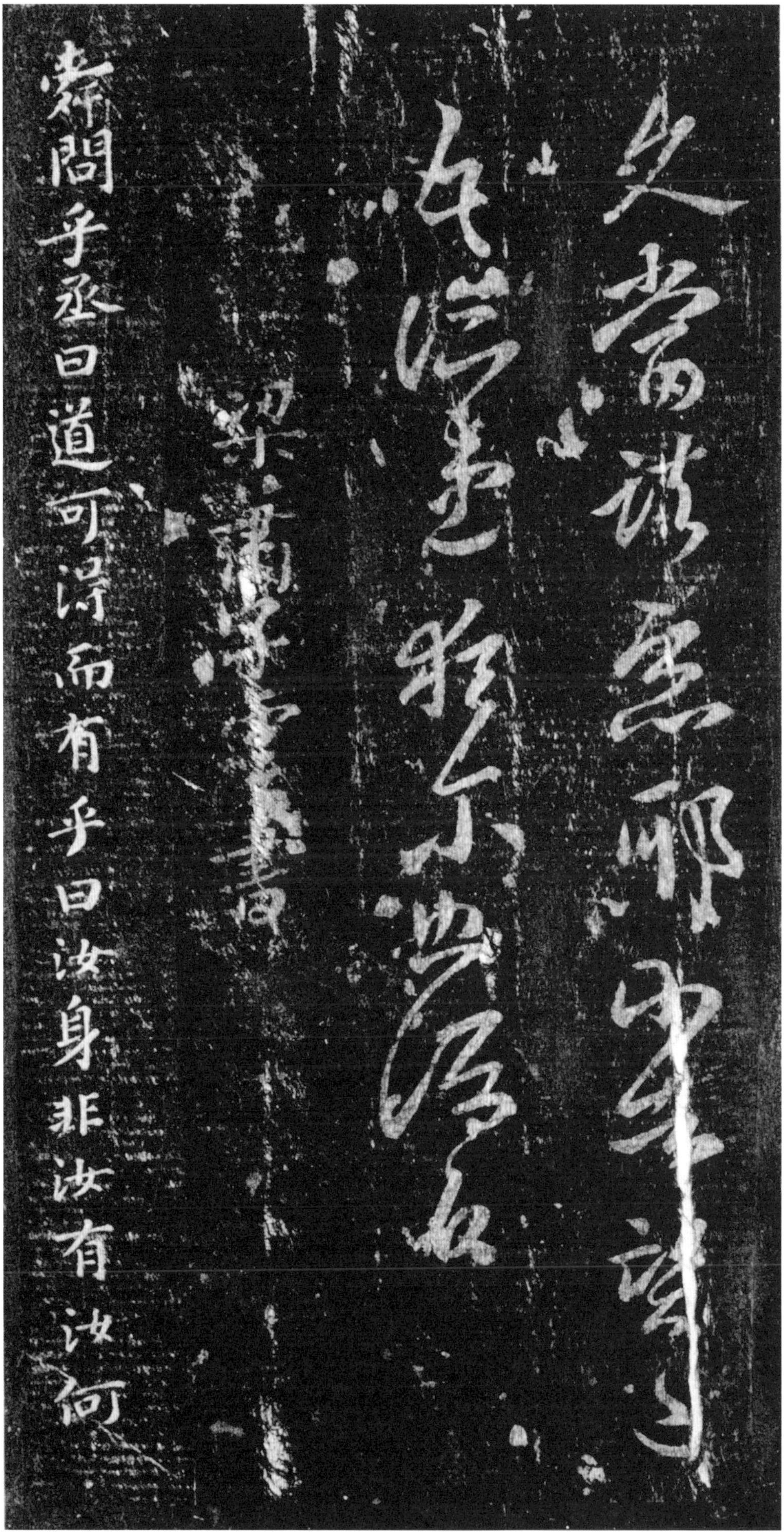

舜問帖　釋文：

久當諸惡耶示告望近
吾所患猶爾思話白
舜問乎丞曰道可得而有乎曰汝身非汝有汝何

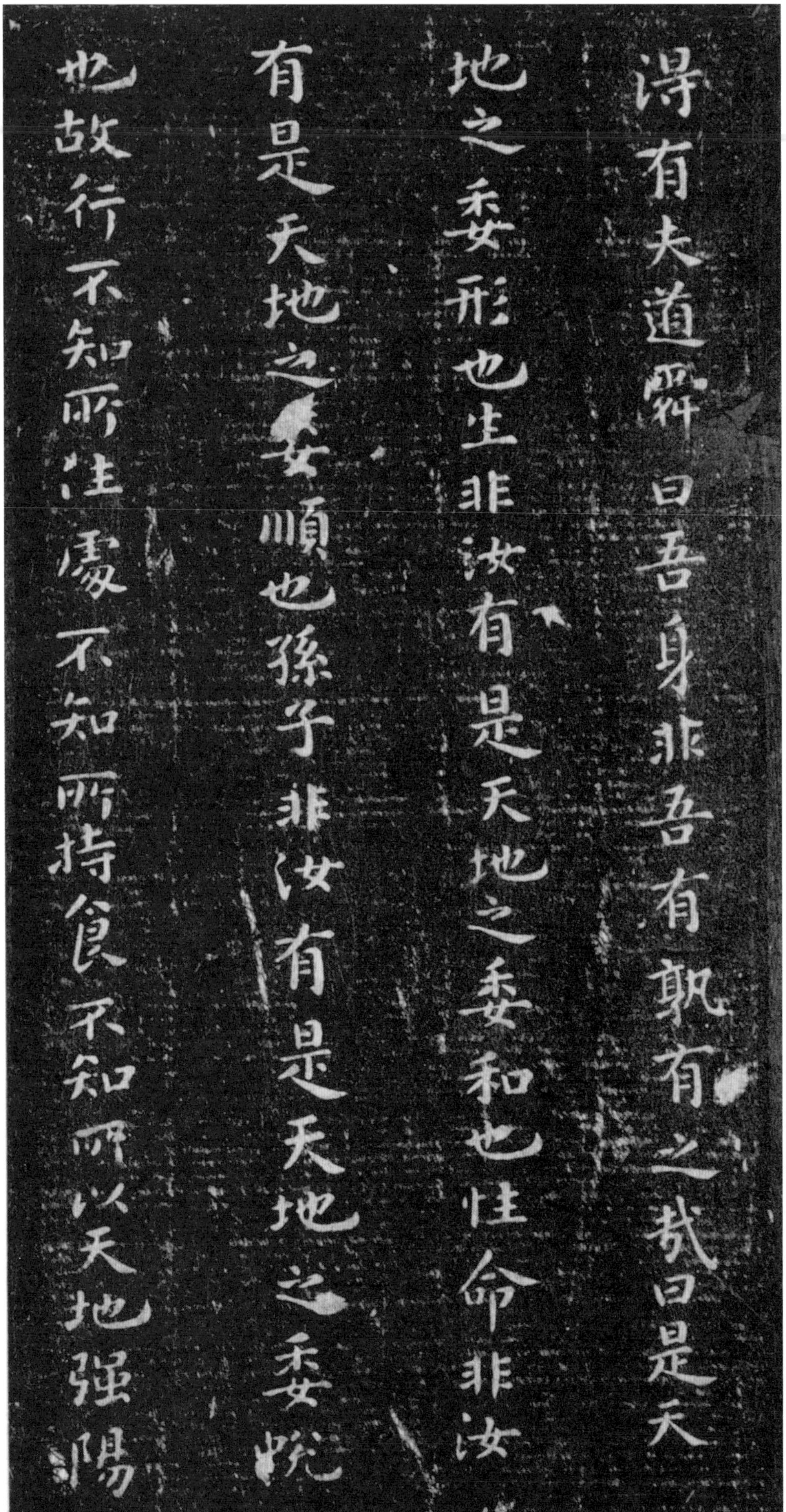


得有夫道舜曰吾身非吾有孰有之哉曰是天
地之委形也生非汝有是天地之委和也性命非汝
有是天地之委順也孫子非汝有是天地之委蜕
也故行不知所往處不知所持食不知所以天地強陽

7

梁蕭子雲書　國氏帖

Guo Shi Tie

Written by Xiao Ziyun of Liang, one of the Southern Dynasties

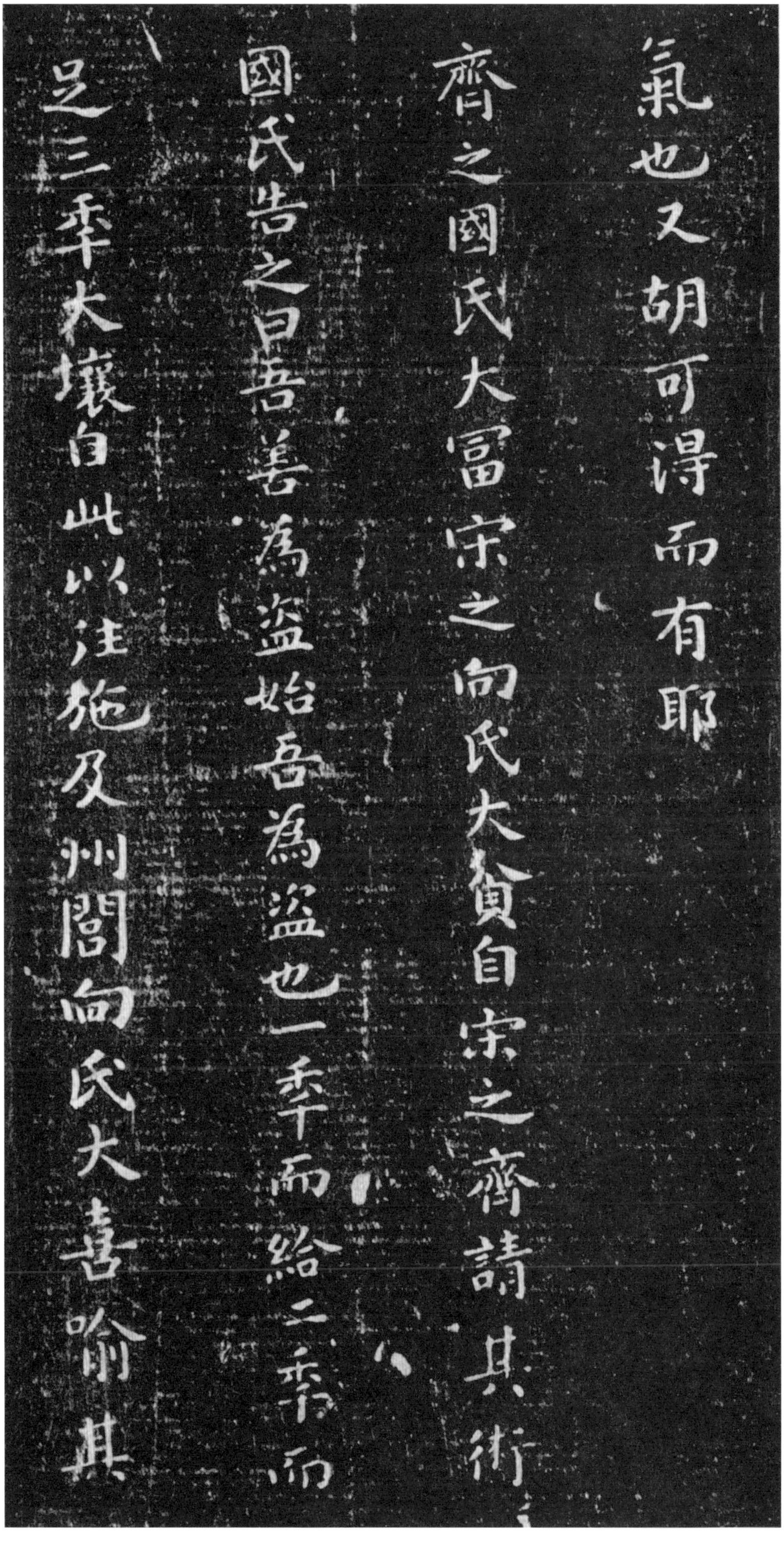

氣也又胡可得而有耶

國氏帖　釋文：

齊之國氏大富宋之向氏大貧自宋之齊請其術
國氏告之曰吾善為盜始吾為盜也一年而給二年而
足三年大壤自此以往施及州閭向氏大喜喻其

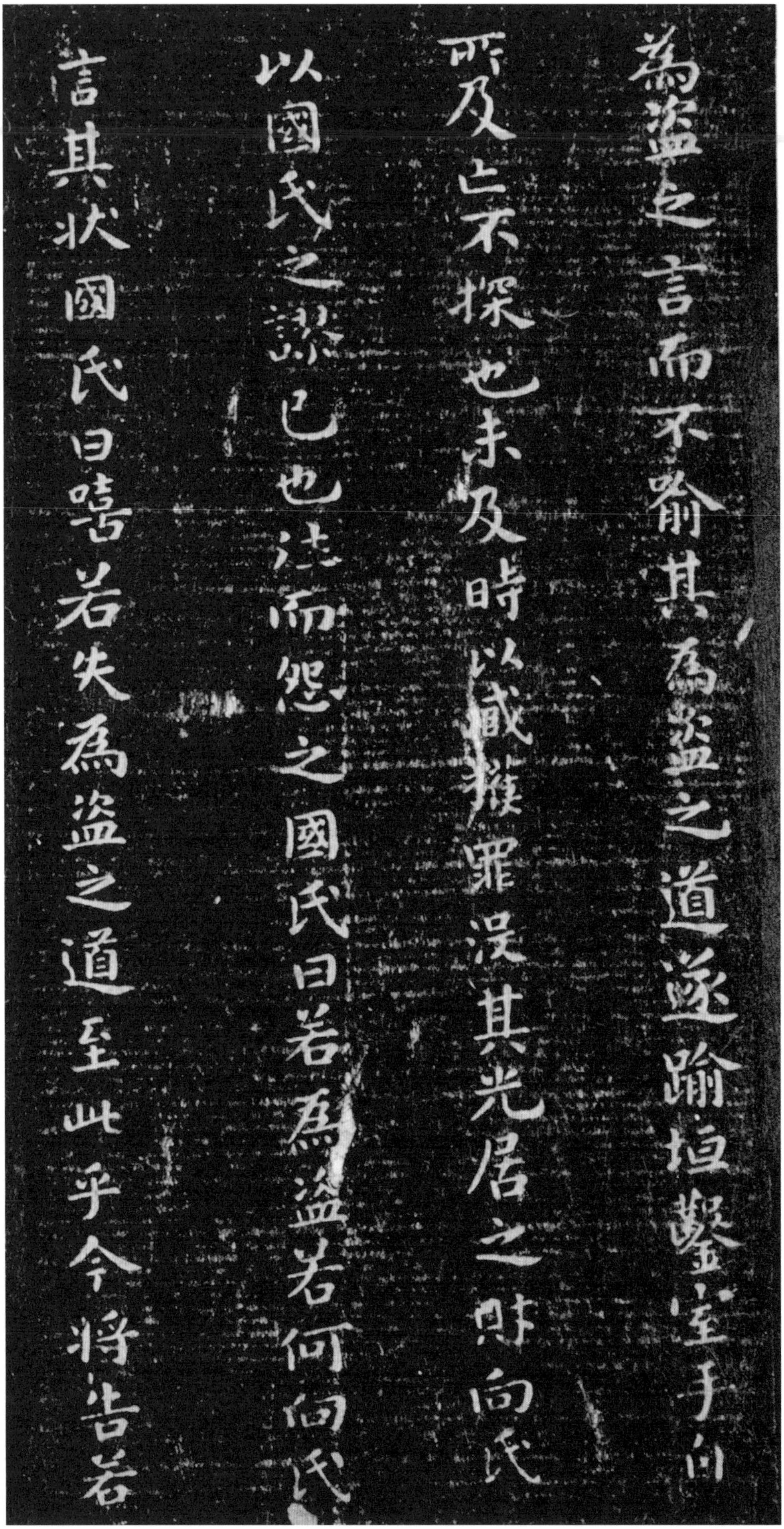

為盜之言而不喻其為盜之道遂踰垣鑿室手自
所及亡不探也未及時以臧獲罪沒其先居之財向氏
以國氏之謬己也往而怨之國氏曰若為盜若何向氏
言其狀國氏曰嘻若失為盜之道至此乎今將告若

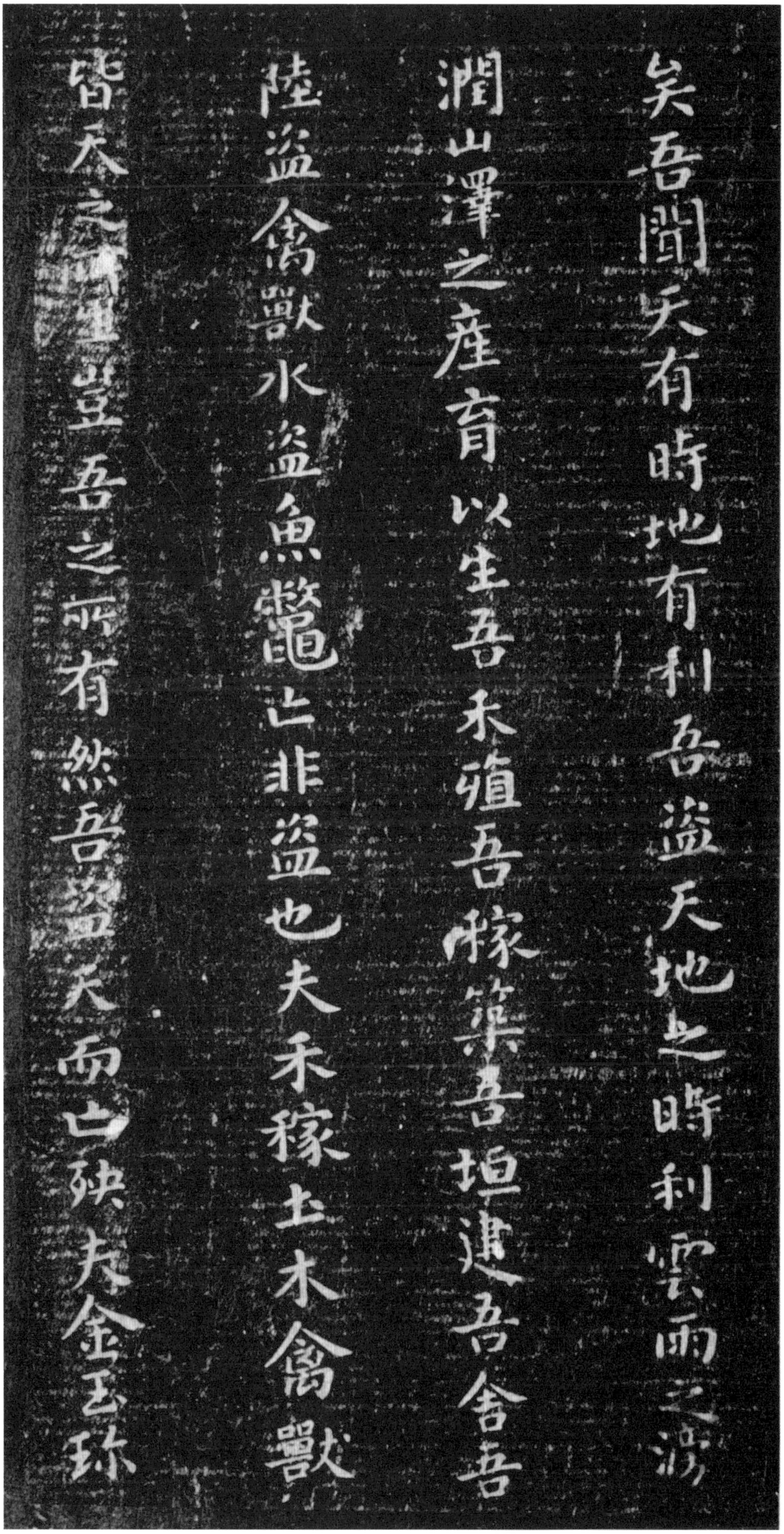

矣吾聞天有時地有利吾盜天地之時利雲雨之滂
潤山澤之產育以生吾禾殖吾稼築吾垣建吾舍吾
陸盜禽獸水盜魚鱉亡非盜也夫禾稼土木禽獸
皆天之所生豈吾之所有然吾盜天而亡殃夫金玉珍

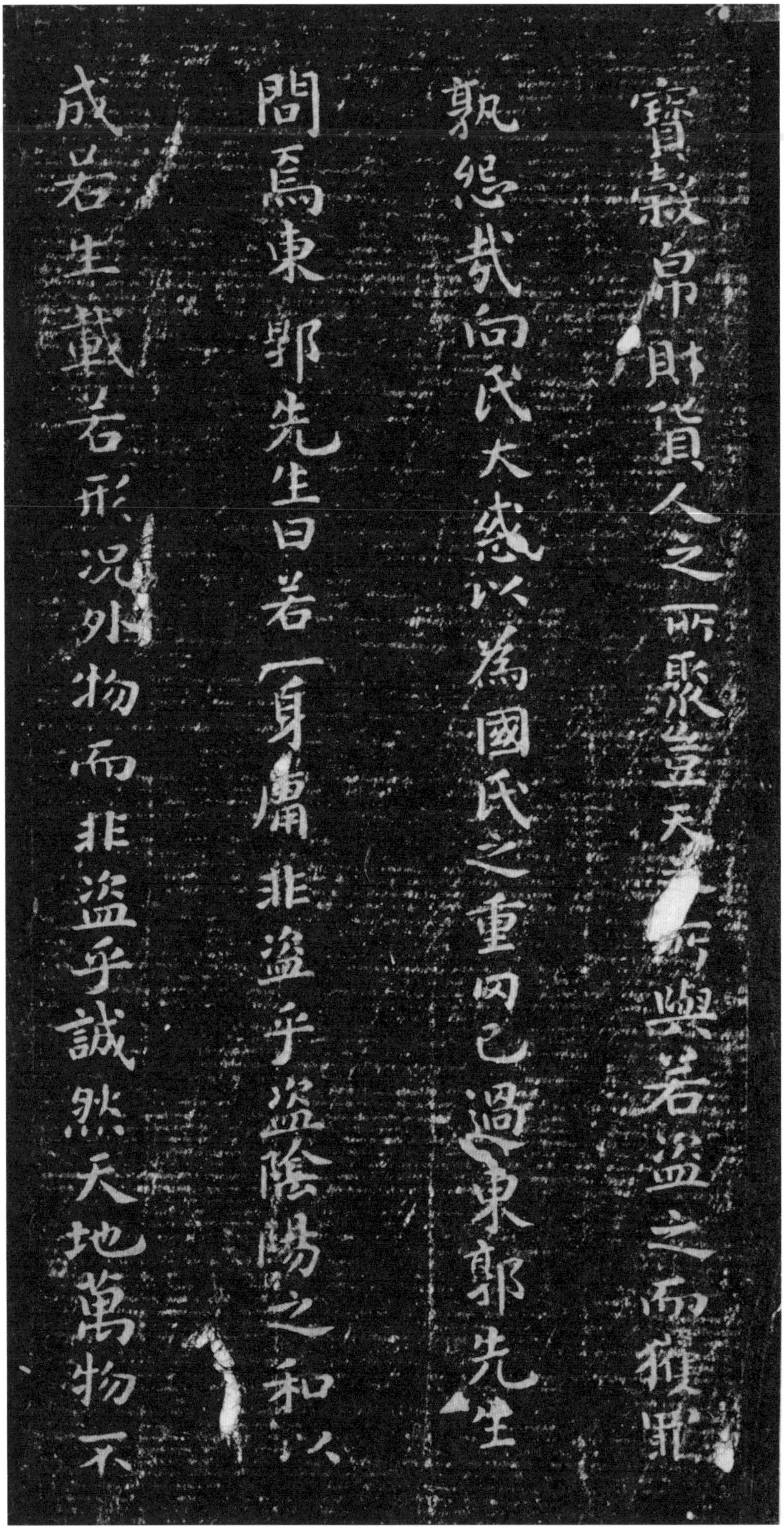

寶穀帛財貨人之所聚豈天之所與若盜之而獲罪
孰怨哉向氏大惑以為國氏之重罔已過東郭先生
問焉東郭先生曰若一身庸非盜乎盜陰陽之和以
成若生載若形況外物而非盜乎誠然天地萬物不

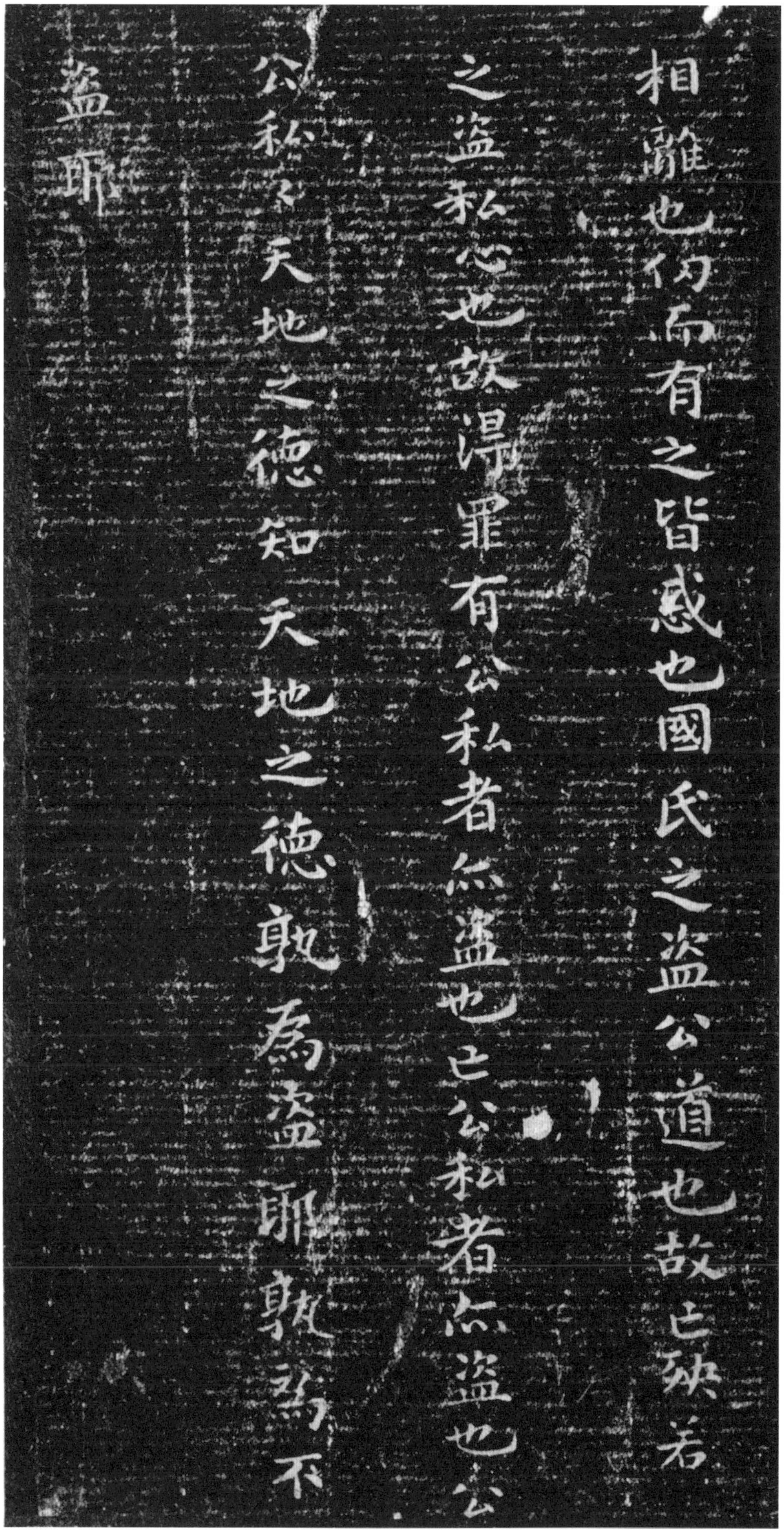

相離也仍而有之皆惑也國氏之盜公道也故亡殃若
之盜私心也故得罪有公私者亦盜也亡公私者亦盜也公
公私私天地之德知天地之德孰為盜耶孰為不
盜耶

8

# 梁蕭子雲書　列子帖

*Lie Zi Tie*

Written by Xiao Ziyun of Liang, one of the Southern Dynasties

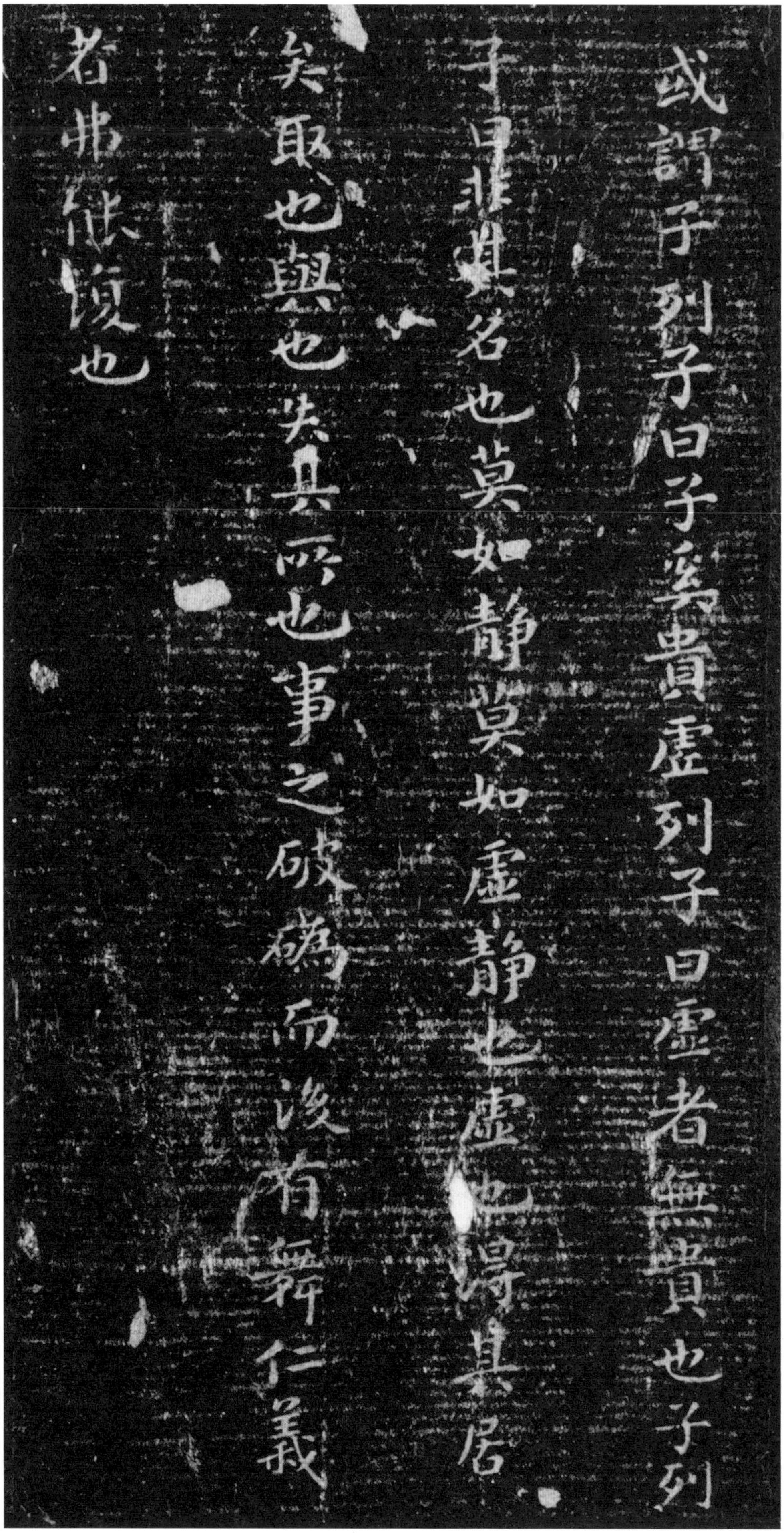

列子帖　釋文：

或謂子列子曰子奚貴虛列子曰虛者無貴也子列
子曰非其名也莫如靜莫如虛靜也虛也得其居
矣取也與也失其所也事之破䃣而後有舞仁義
者弗能復也

9

## 陳朝陳逵書　歲終帖

Sui Zhong Tie

Written by Chen Kui of Chen, one of the Southern Dynasties

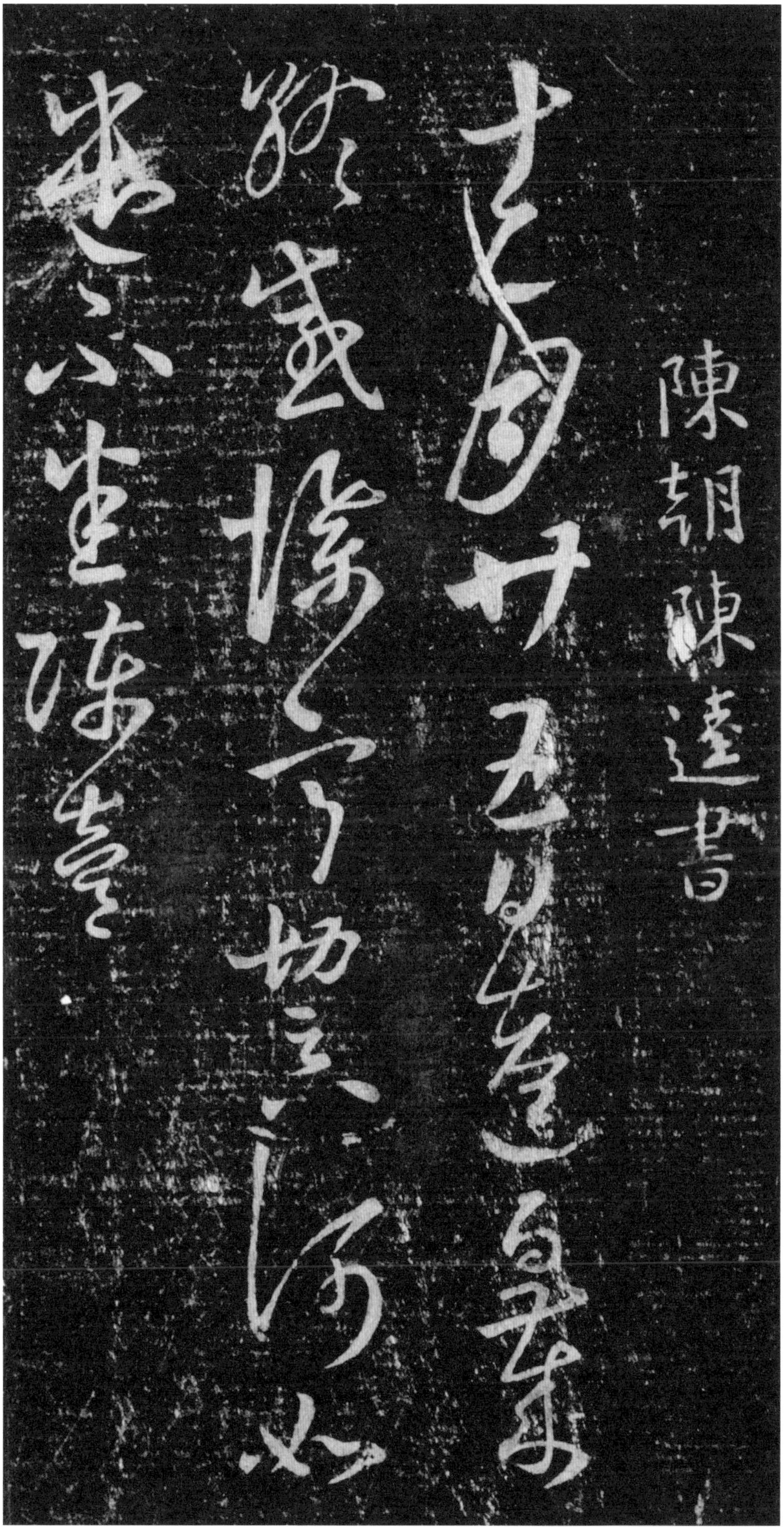


歲終帖　釋文：
十二月廿五日逵白歲
終感慘寒切足下何如
遣不悉陳逵

10

# 陳朝陳逵書　伯禮帖

Bo Li Tie

Written by Chen Kui of Chen, one of the Southern Dynasties

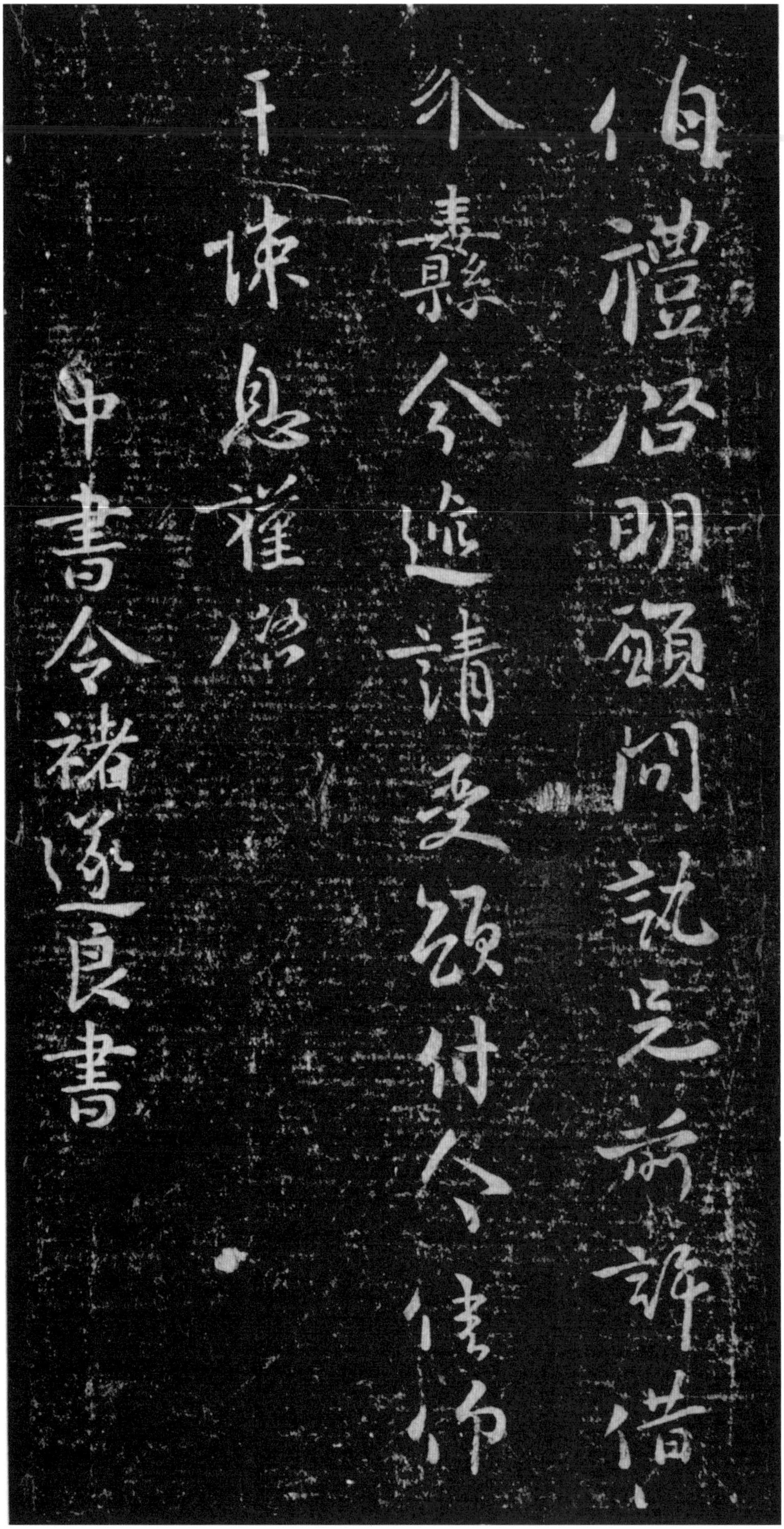

伯禮帖　釋文：

伯禮啟明顧問訊兄前許借
介虆今遣請受願付令往仰
干悚息謹啟

11

# 中書令褚遂良書　潭府帖

Tan Fu Tie

Written by Chu Suiliang, Secretariat Director, Tang Dynasty

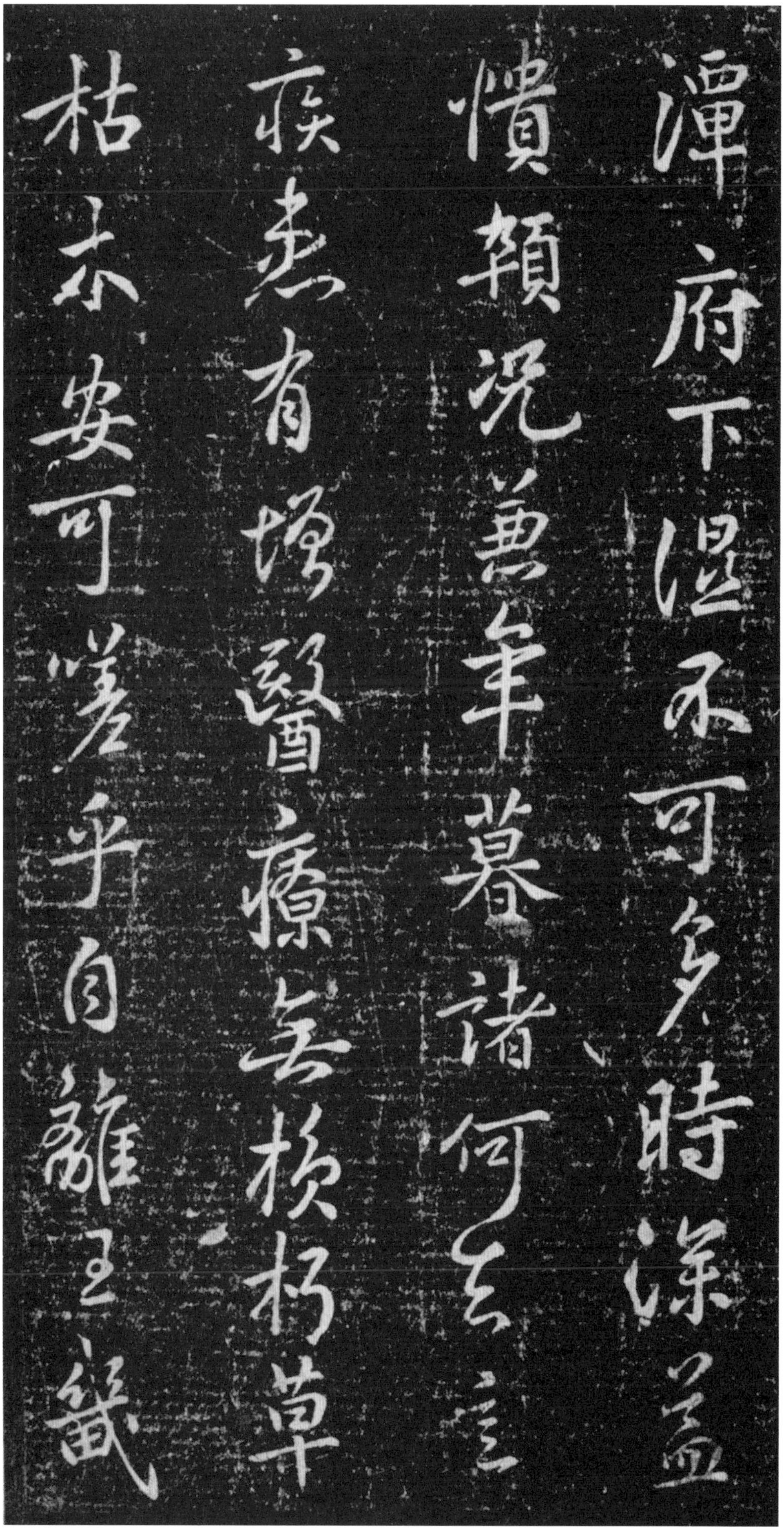

潭府帖　釋文：
潭府下濕不可多時深益
憒悴況兼年幕諸何足言
疾患有增醫療無損朽草
枯木安可嗟乎自離王畿

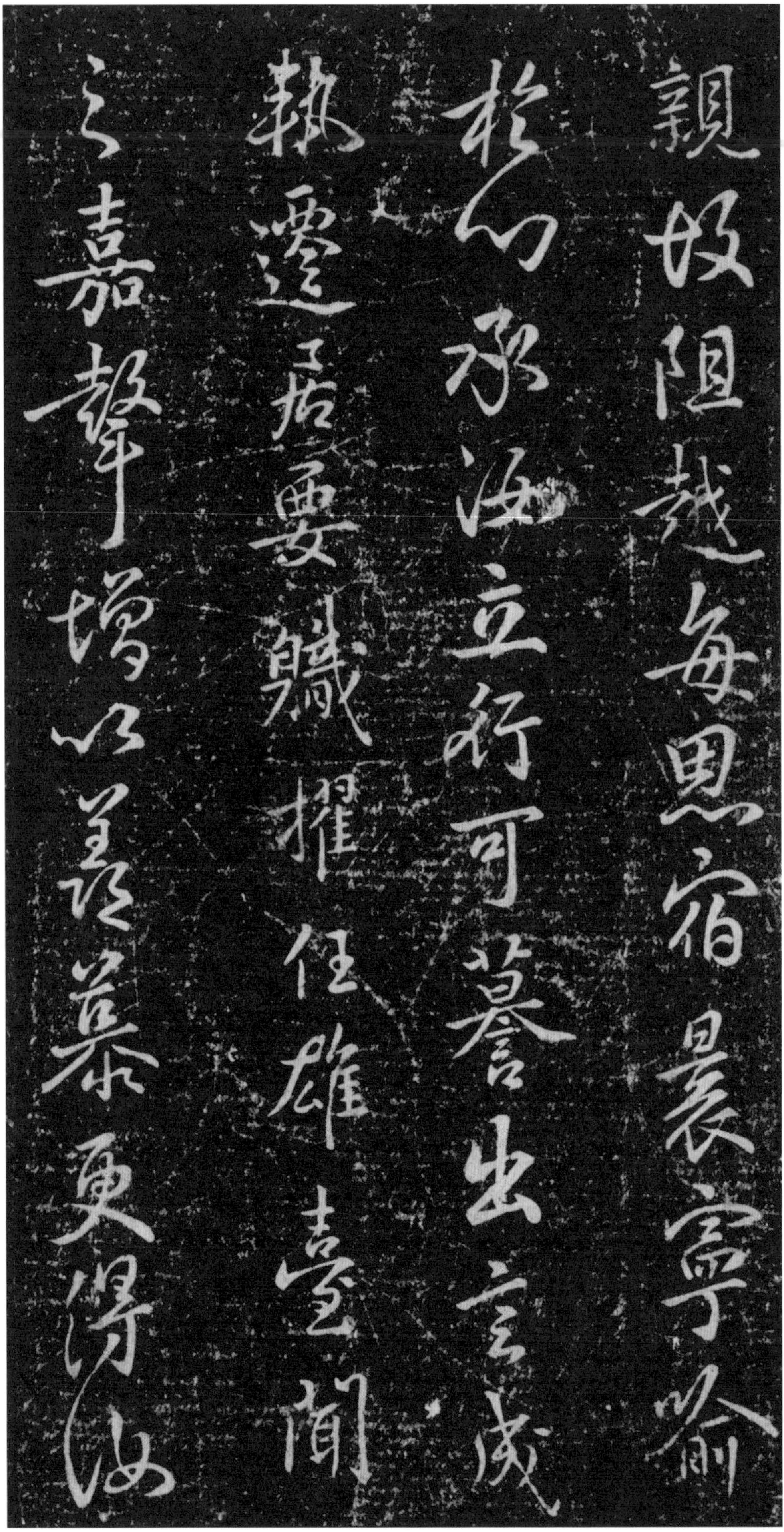

親故阻越每思宿曩寧喻
於心承汝立行可謨出言成
軌遷居要職擢任雄臺聞
之嘉聲增以羡慕更得汝

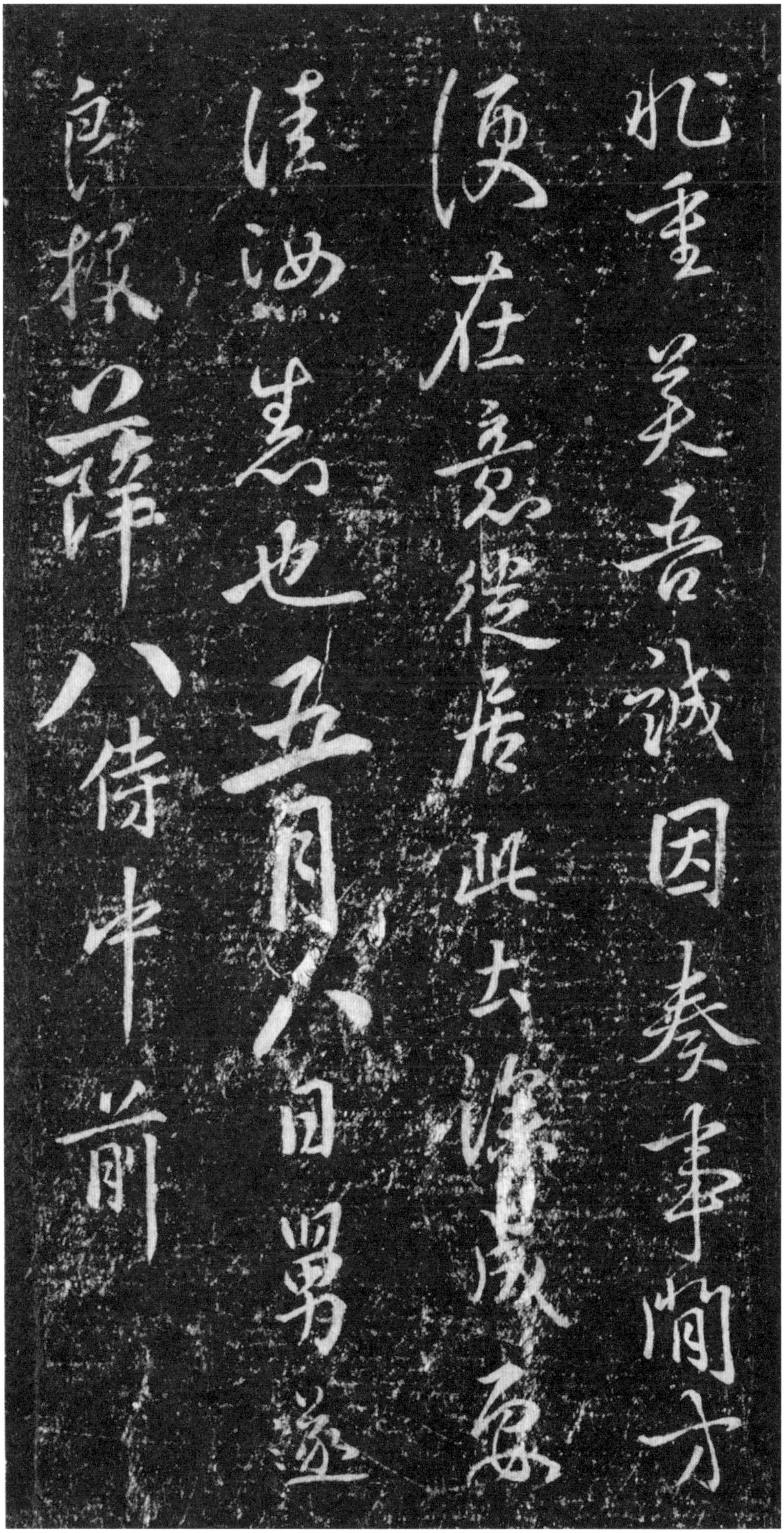

狀重美吾誠因奏事聞方
便在意徙居此土深成要
佳汝悉也五月八日舅遂
良報薛八侍中前

12

## 中書令褚遂良書　山河帖

**Shan He Tie**

Written by Chu Suiliang, Secretariat Director, Tang Dynasty

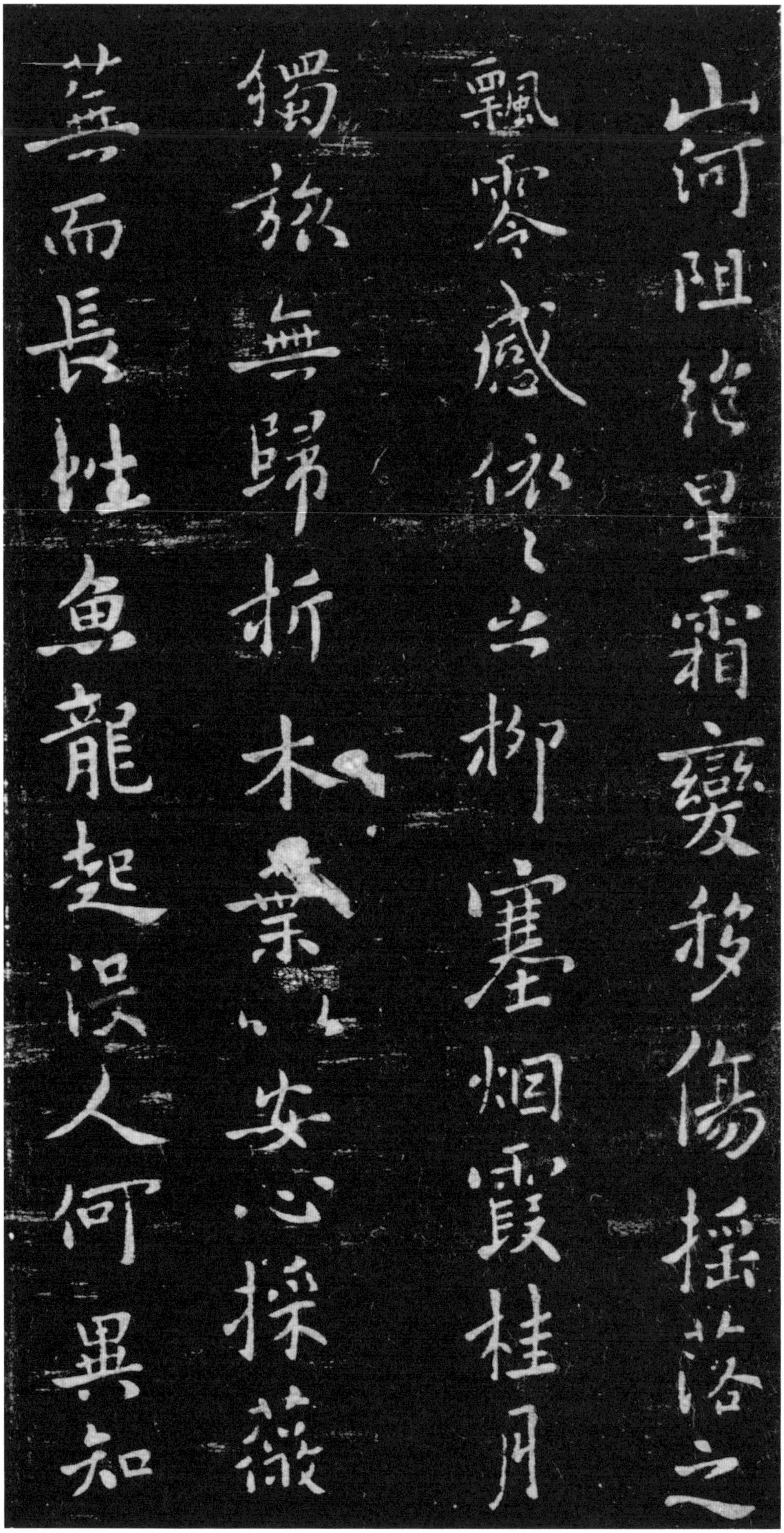
山河阻絕星霜變移傷搖落之
飄零感依依之柳塞煙霞桂月
獨旅無歸折木葉以安心採薇
蕪而長性魚龍起沒人何異知

山河帖　釋文：

山河阻絕星霜變移傷搖落之
飄零感依依之柳塞煙霞桂月
獨旅無歸折木葉以安心採薇
蕪而長性魚龍起沒人何異知

13

## 中書令褚遂良書　家姪帖

*Jia Zhi Tie*

Written by Chu Suiliang, Secretariat Director, Tang Dynasty

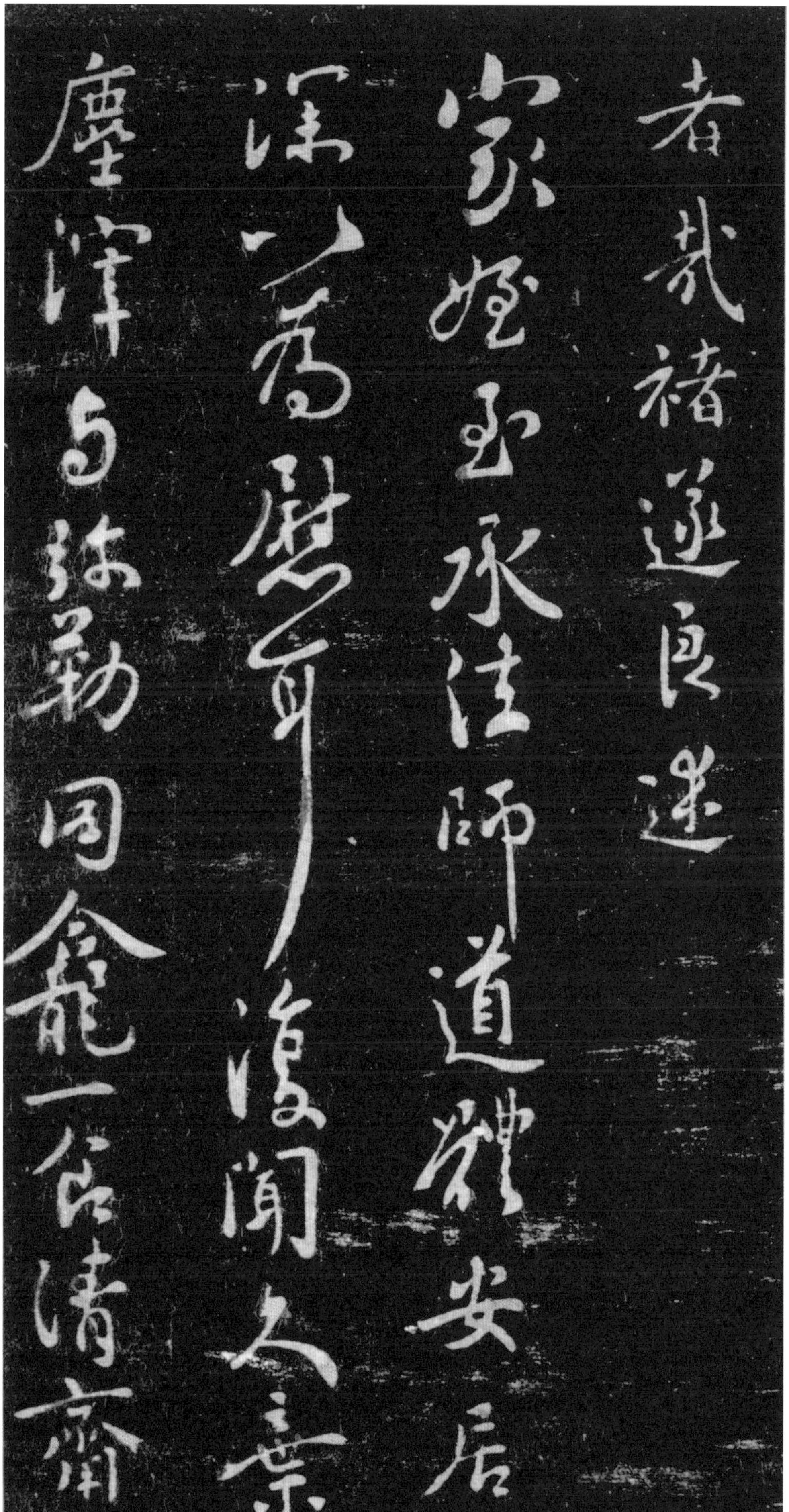

者哉褚遂良述

家姪帖　釋文：

家姪至承法師道體安居

深以為慰耳復聞久棄

塵滓與彌勒同龕一食清齋

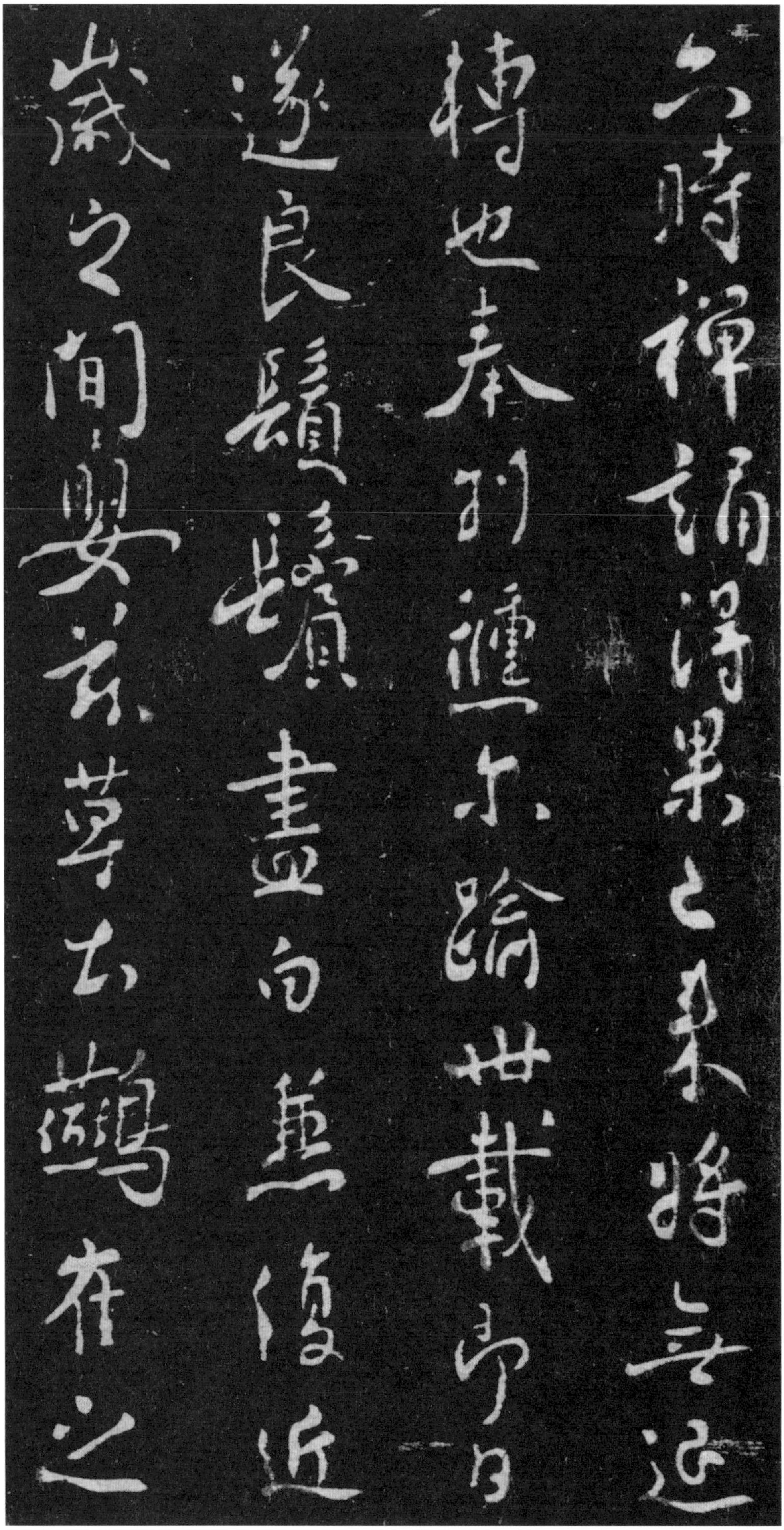


六時禪誦得果已來將無退
轉也奉別儵爾踰卅載即日
遂良鬚鬢盡白兼復近
歲之間嬰茲草土燕雀之

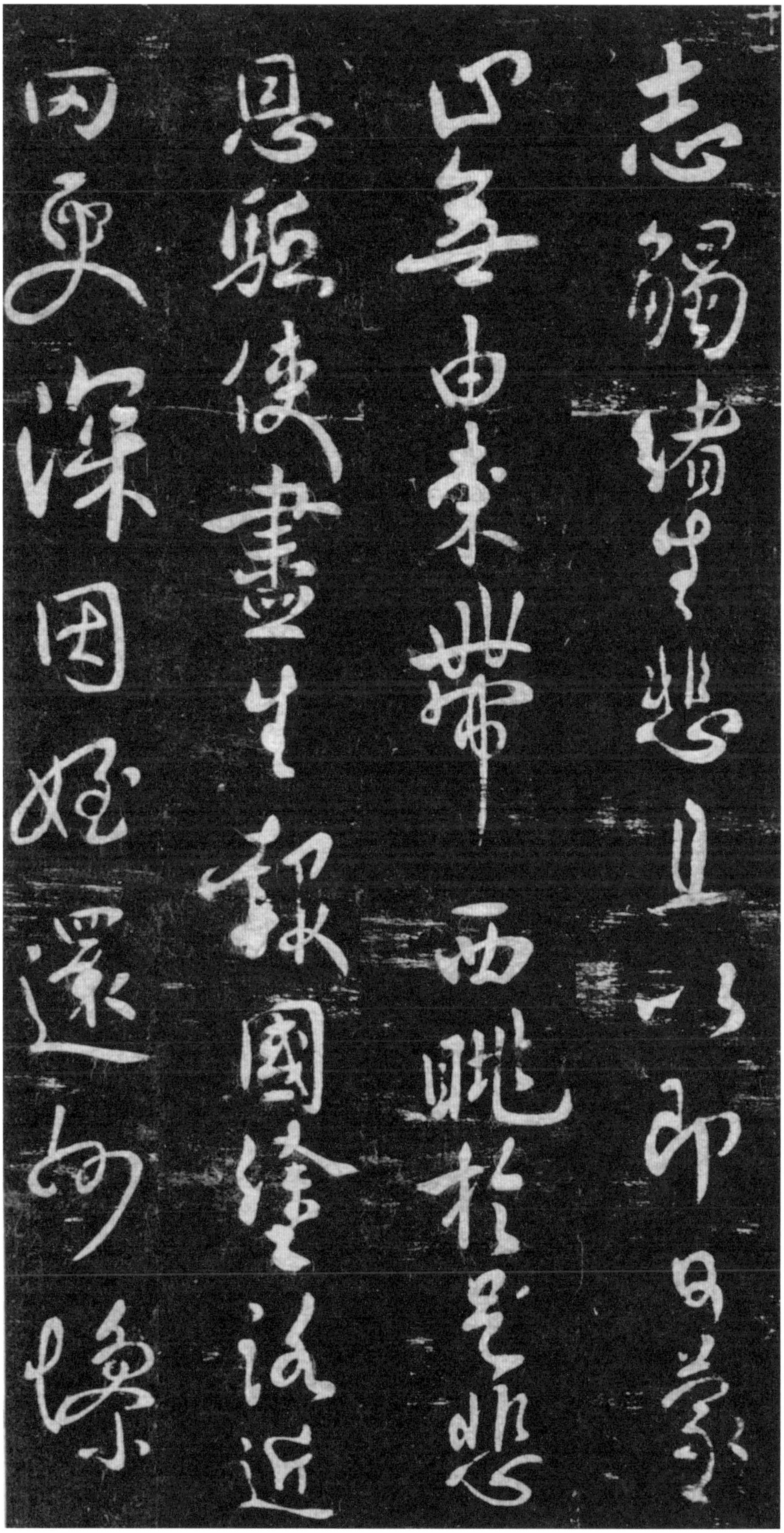

志觸緒生悲且以即日蒙
止無由東帶西眺於是悲
恩驅使盡生報國塗路近
罔更深因婬還州慘

# 14

## 唐秘書少監虞世南書　大運帖

**Da Yun Tie**

Written by Yu Shinan, Vice Director of Palace Library, Tang Dynasty

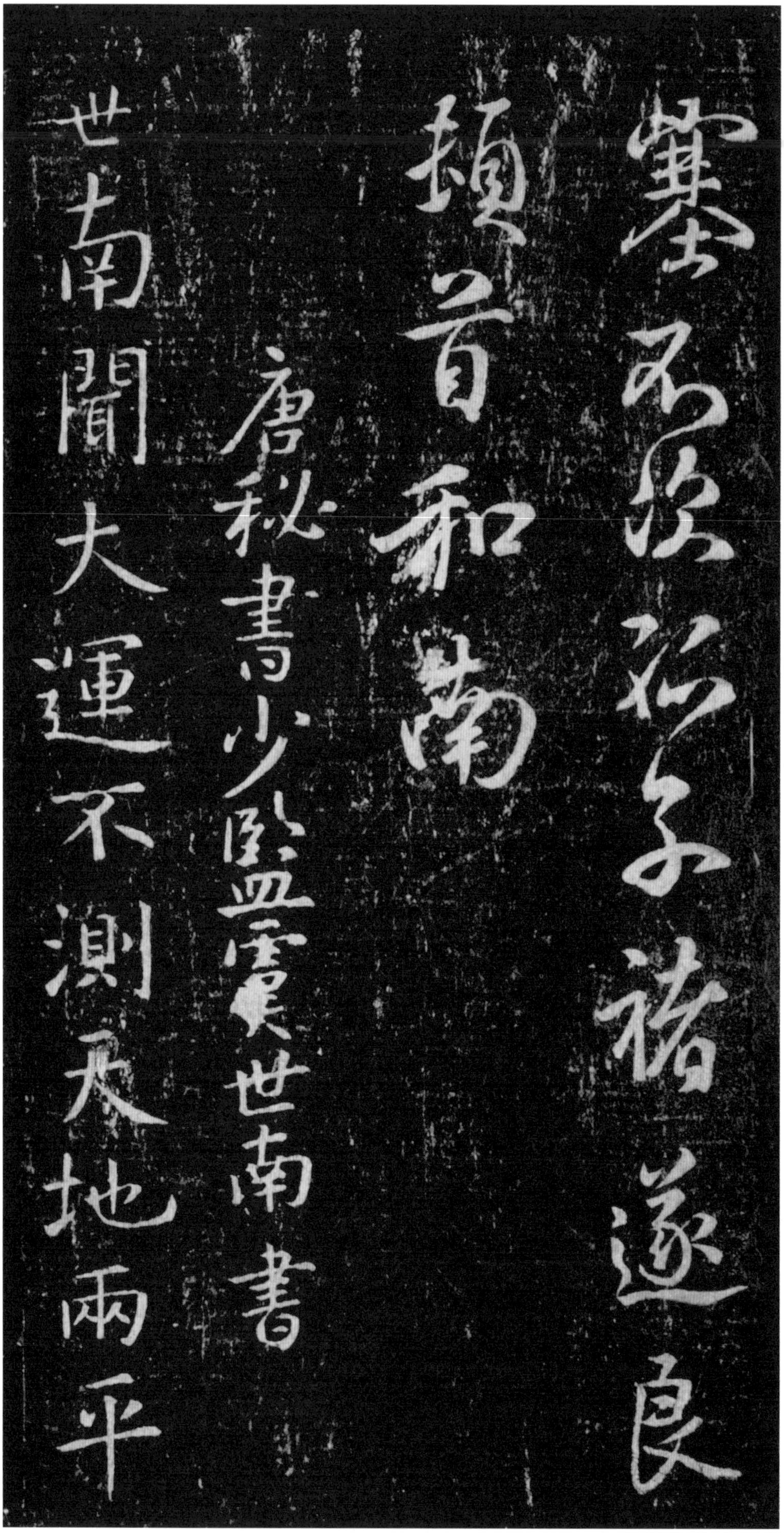

塞不次孤子褚遂良
頓首和南

**大運帖　釋文：**
世南聞大運不測天地兩平

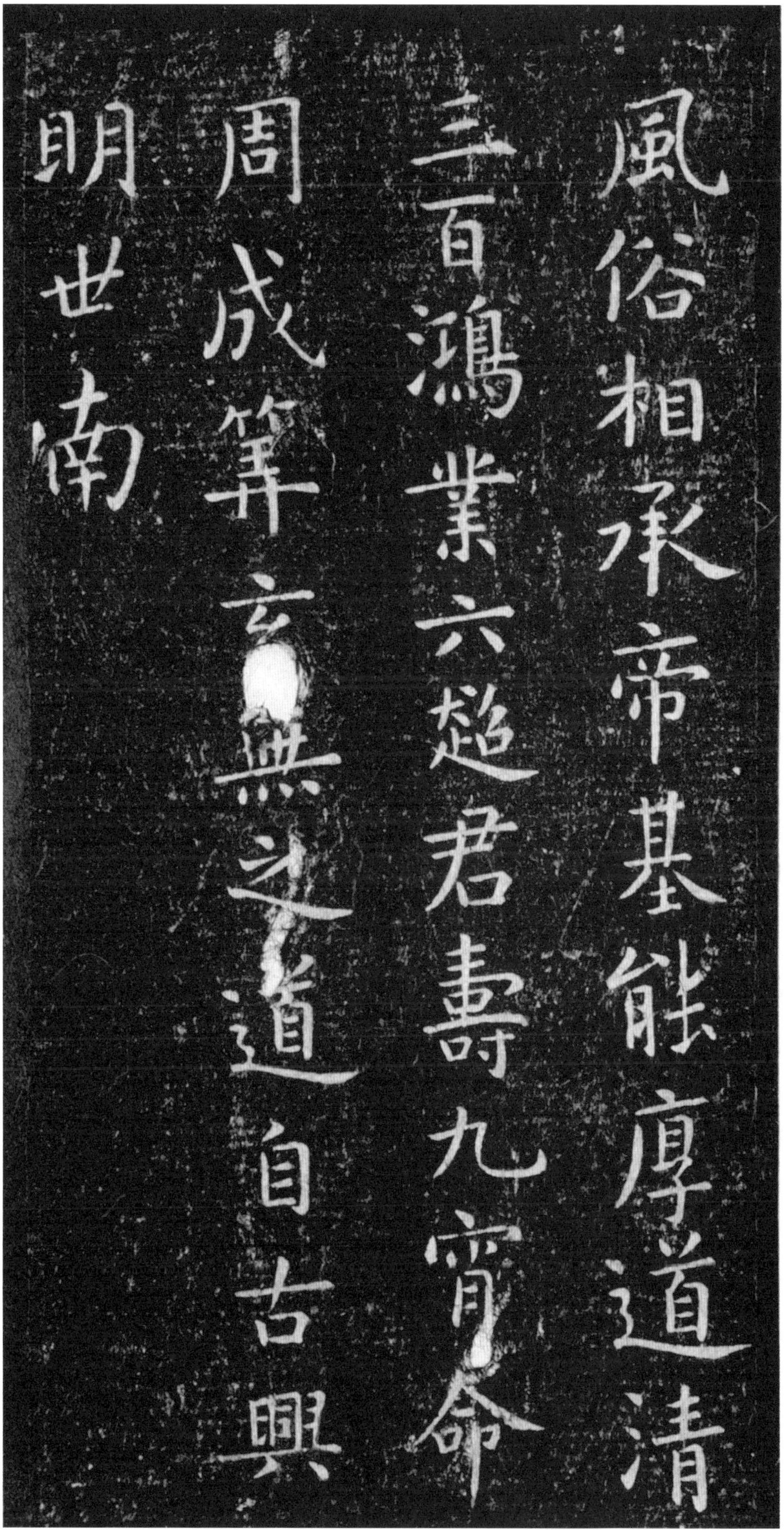

風俗相承帝基能厚道清
三百鴻業六超君壽九宵命
周成筭玄無之道自古興
明世南

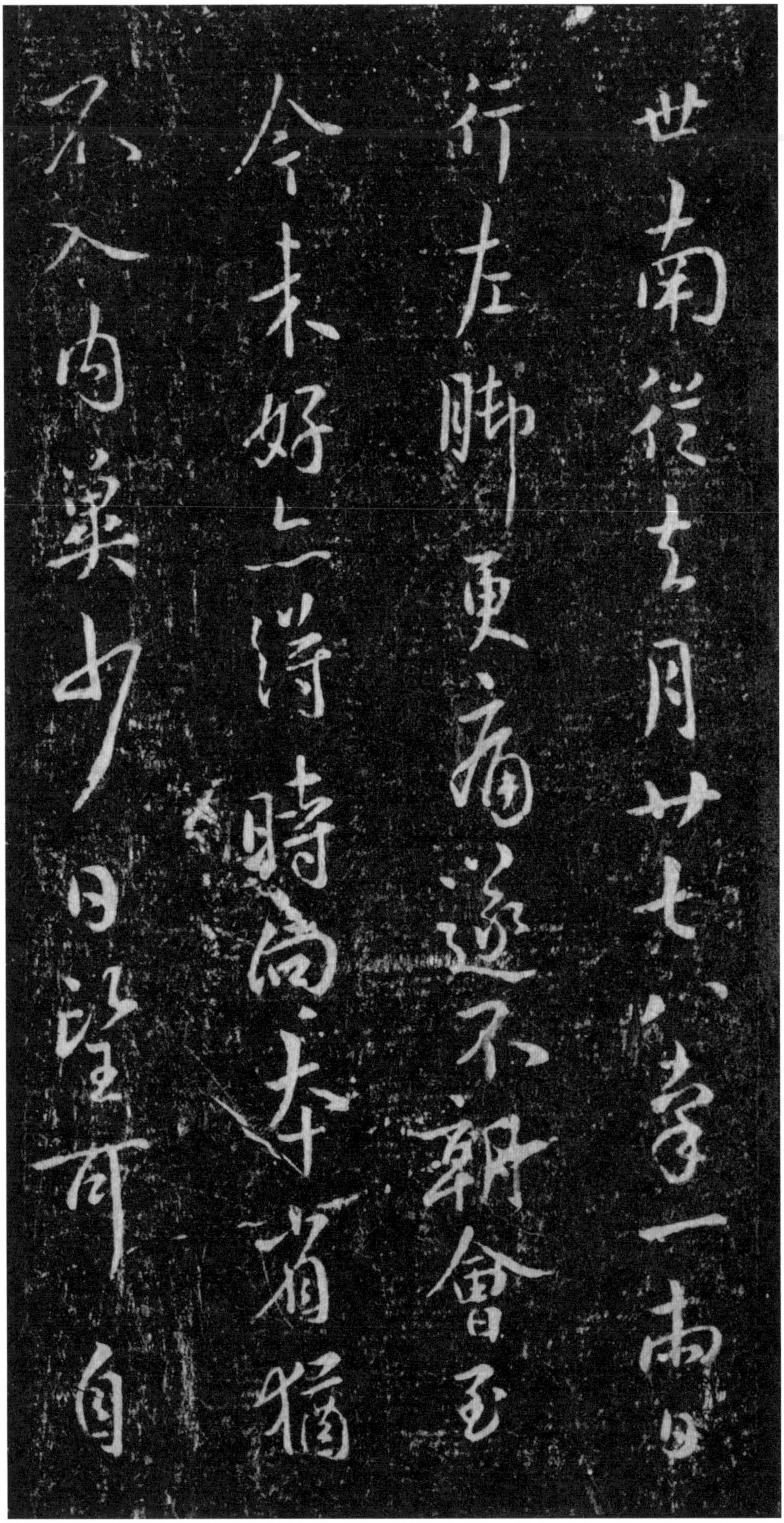

15

## 唐秘書少監虞世南書　去月帖

Qu Yue Tie

Written by Yu Shinan, Vice Director of Palace Library, Tang Dynasty

去月帖　釋文：

世南從去月廿七八率一兩日

行左腳更痛遂不朝會至

今未好亦得時向本省猶

不入內冀少日望可自

16

唐秘書少監虞世南書　賢兄帖

Xian Xiong Tie

Written by Yu Shinan, Vice Director of Palace Library, Tang Dynasty

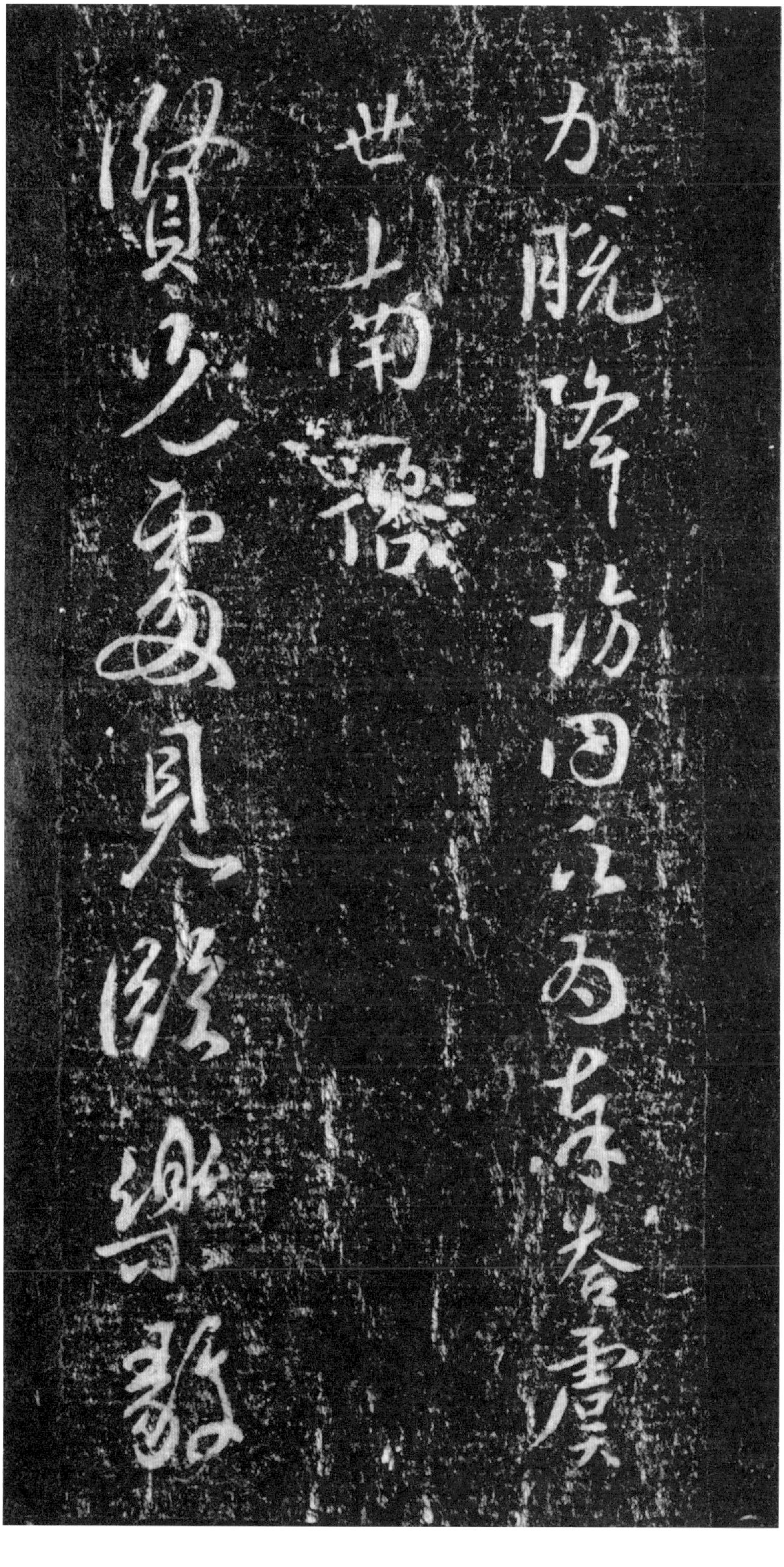

賢兄帖　釋文：

力脱降訪問願為奉答虞
世南諮
賢兄處見臨樂毅

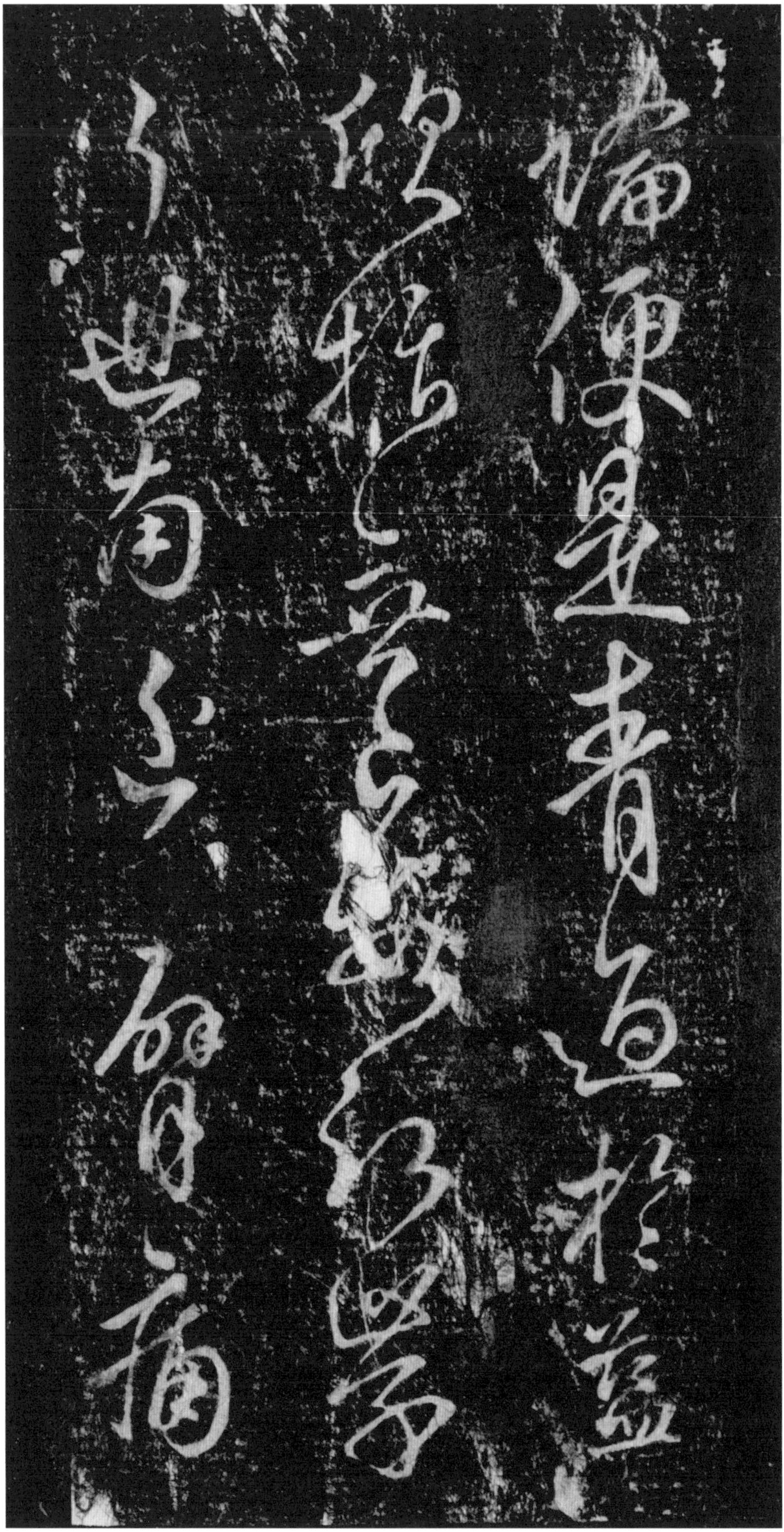

論便是青過於藍
欣抃無已數記學
耳世南近臂痛

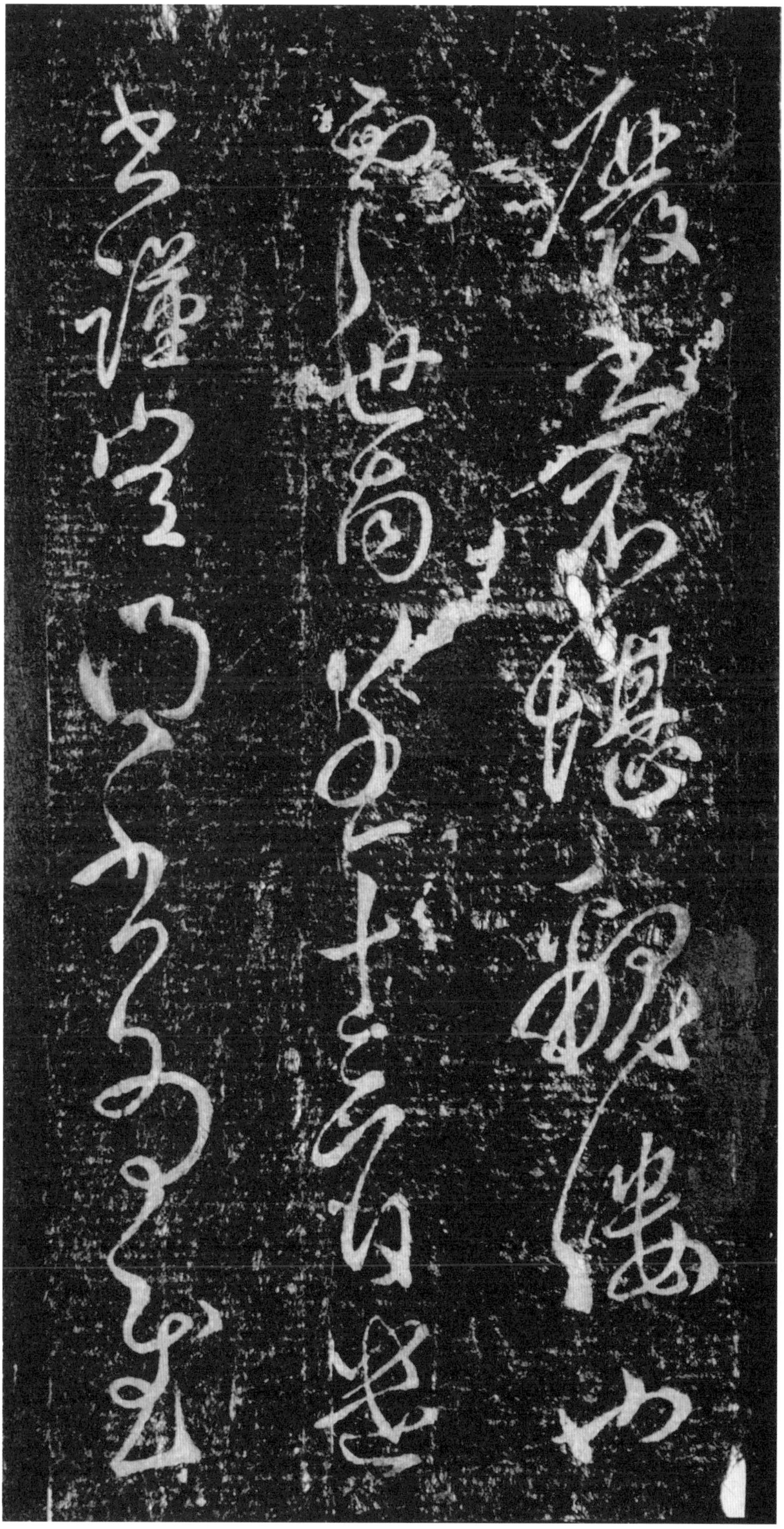

廢書不堪覩縷也
虞世南呈十三日遣
書謹空得書為慰

## 17

# 唐秘書少監虞世南書　疲朽帖

Pi Xiu Tie

Written by Yu Shinan, Vice Director of Palace Library, Tang Dynasty

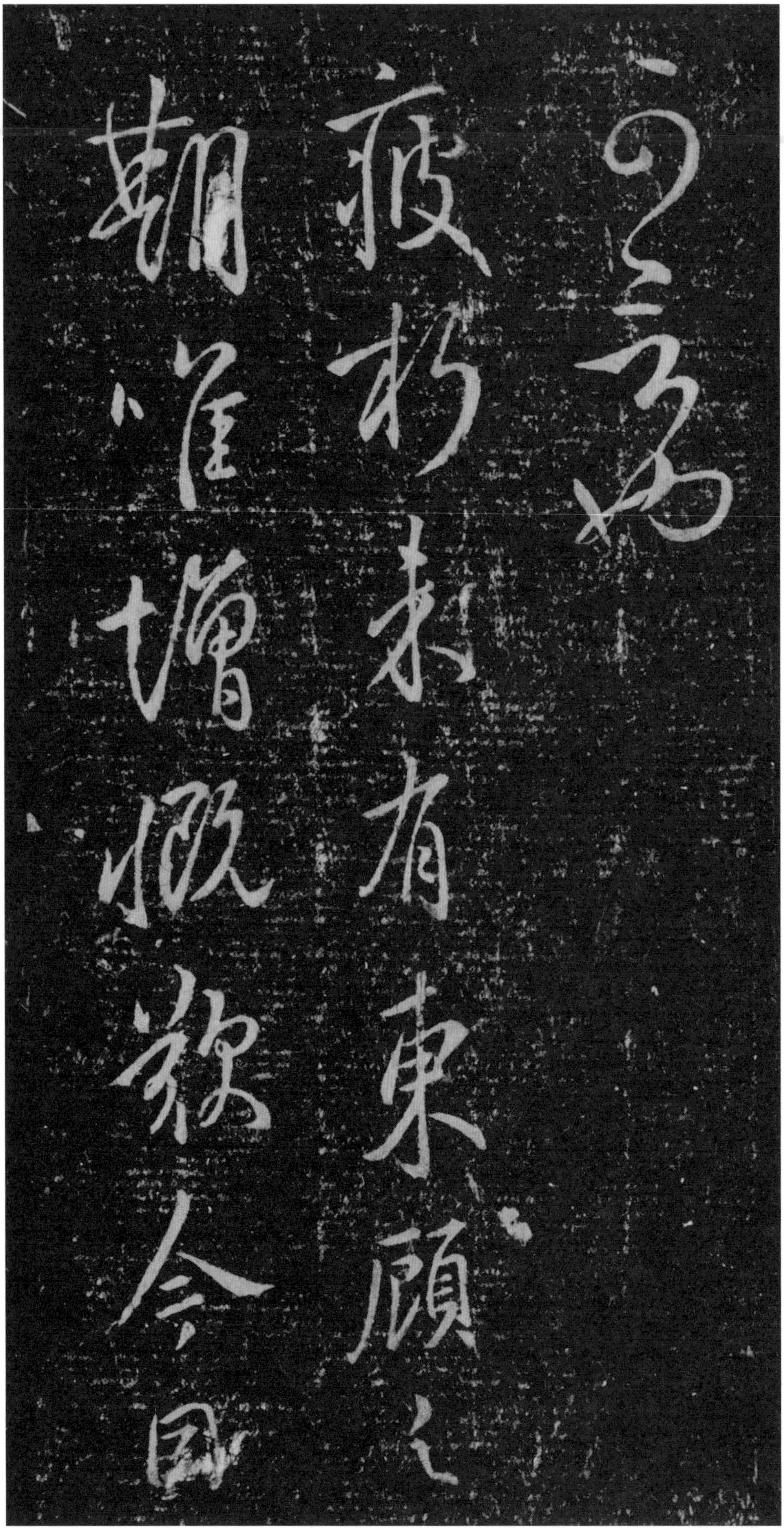


可言也

疲朽帖　釋文：

疲朽未有東顧之

期唯增慨歎今因

18

## 唐秘書少監虞世南書　鄭長官帖

**Zheng Zhang Guan Tie**

Written by Yu Shinan, Vice Director of Palace Library, Tang Dynasty

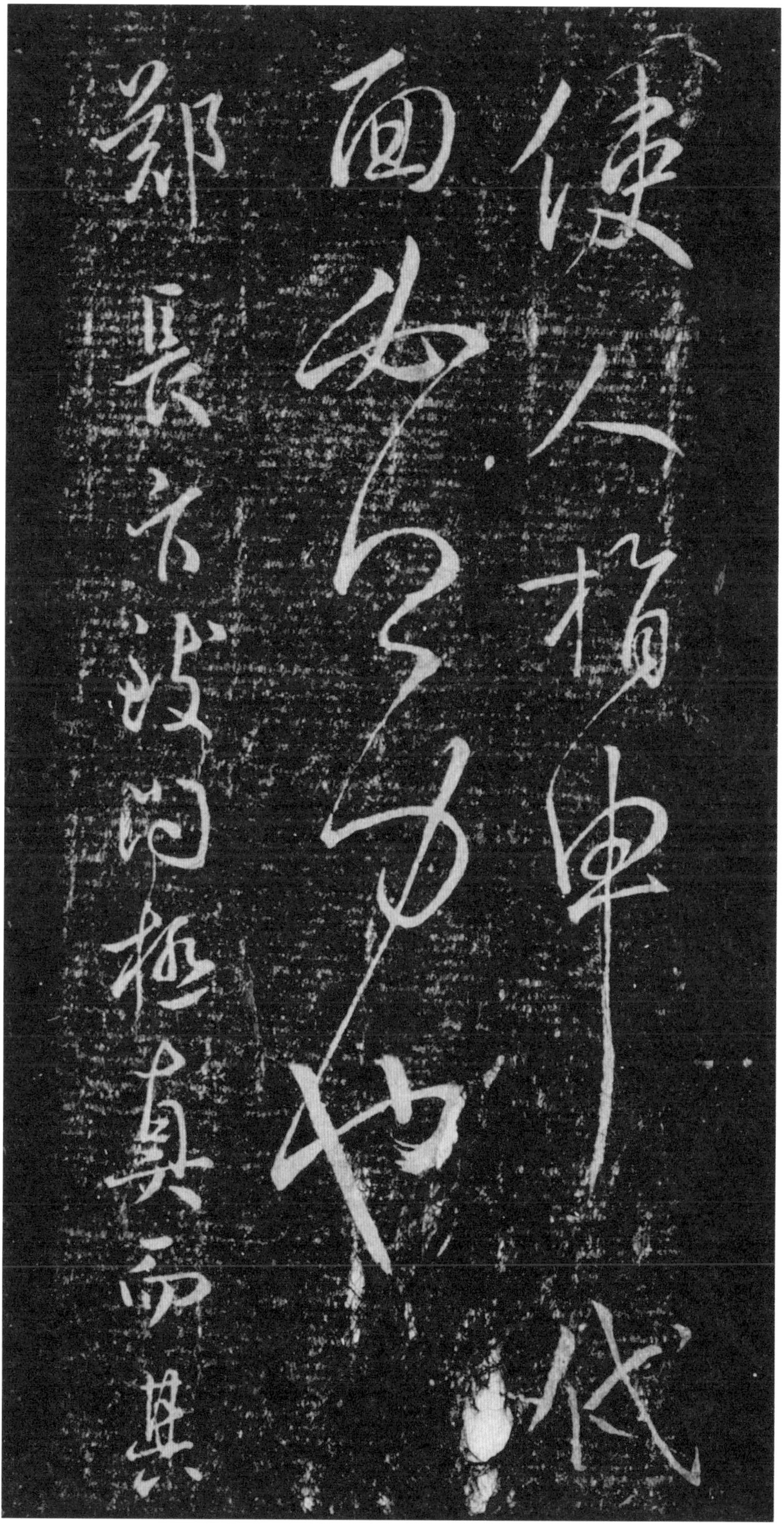

鄭長官帖　釋文：

使人指申代

面必得力也

鄭長官致問極真而其

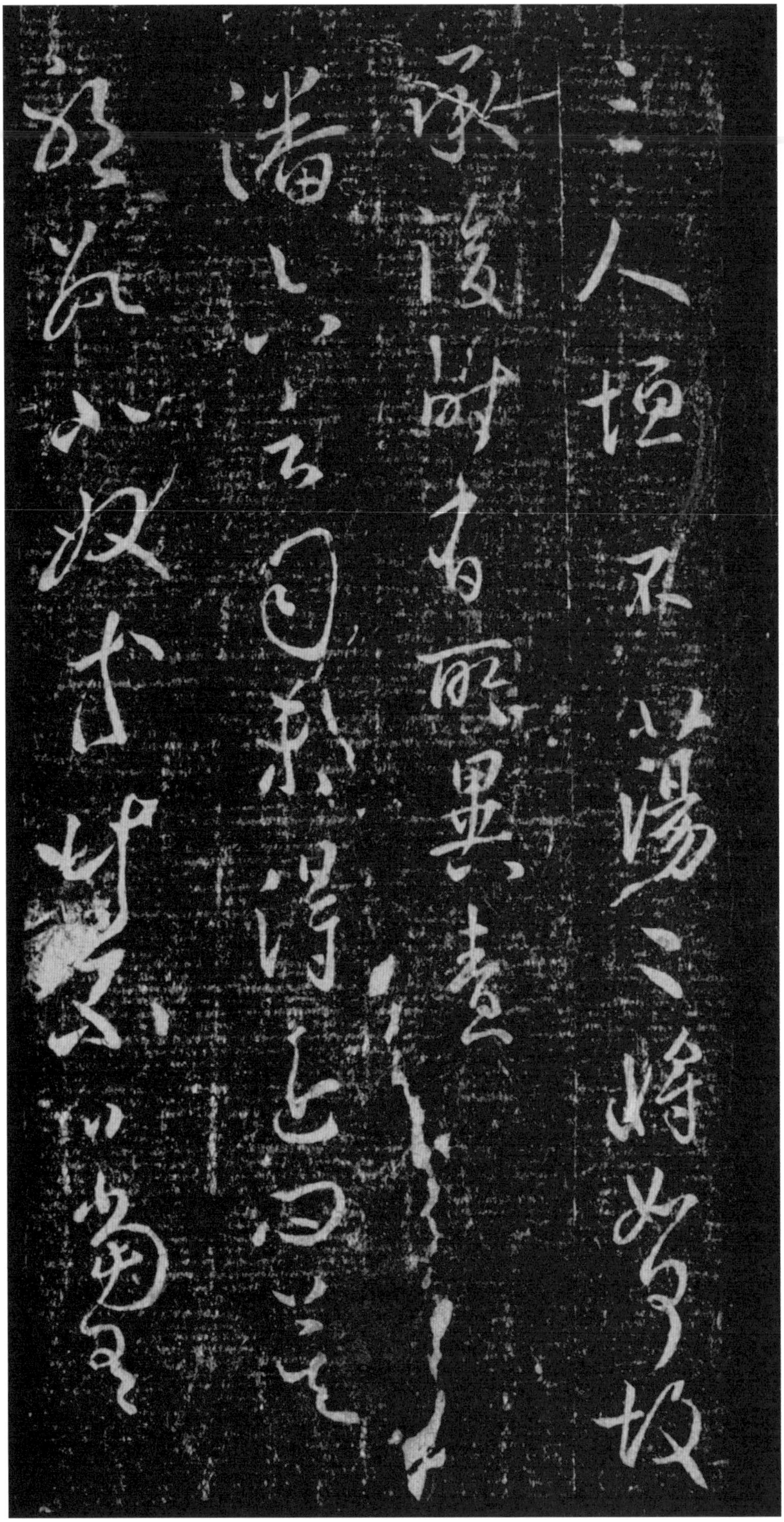

19

# 唐秘書少監虞世南書　潘六帖

Pan Liu Tie

Written by Yu Shinan, Vice Director of Palace Library, Tang Dynasty

三人恒不蕩蕩將如何故
承後時有所異責

潘六帖　釋文：

潘六云司未得近問莫
耶數小奴等計不日當有

## 20

# 唐率更令歐陽詢書　蘭惹帖

**Lan Re Tie**

Written by Ouyang Xun, Director of the Watches, Tang Dynasty

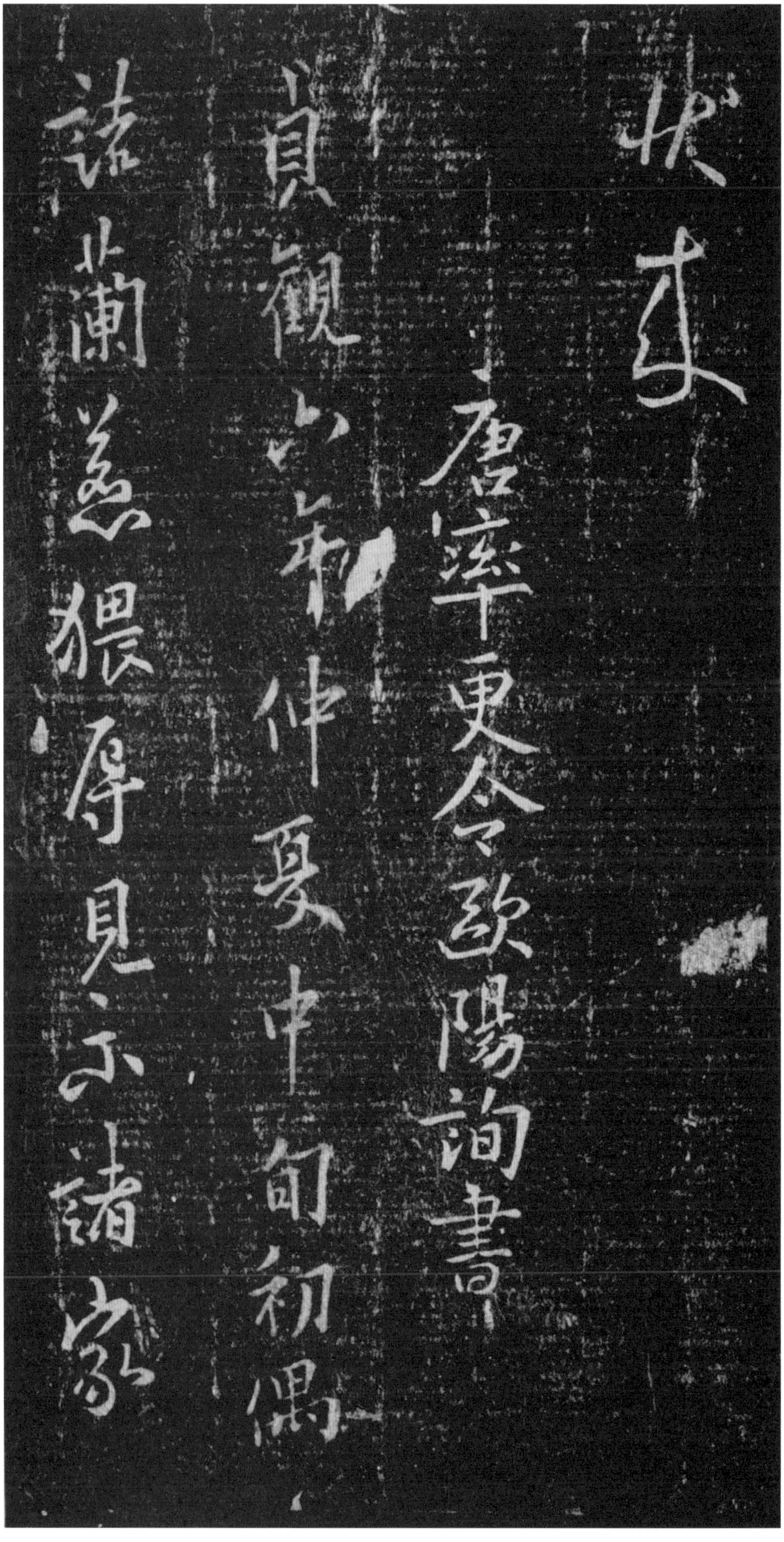

狀來

蘭惹帖　釋文：

貞親六年仲夏中旬初偶

詣蘭惹猥辱見示諸家

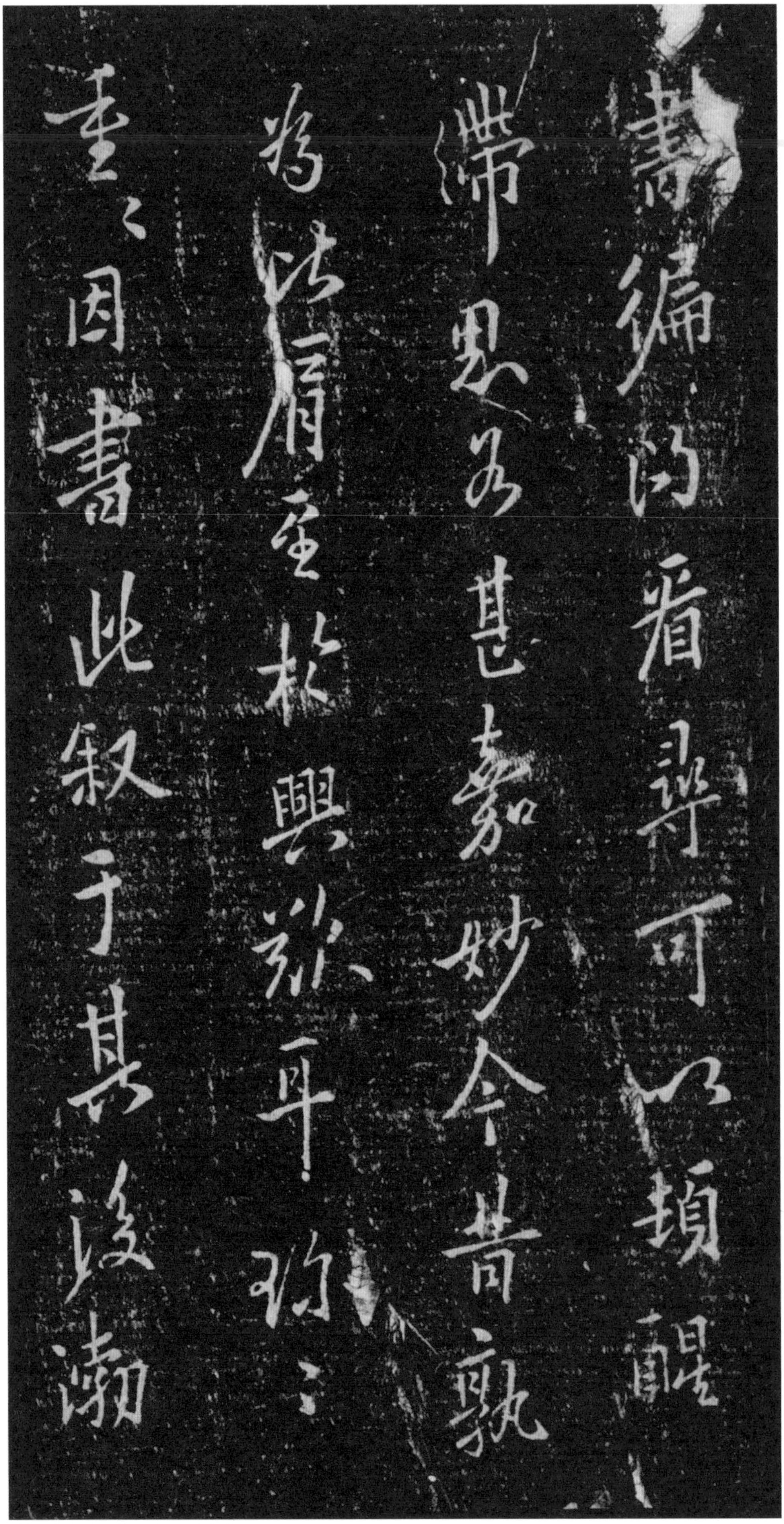

書偏得看尋可以頓醒
滯思各甚嘉妙今昔孰
為比肩至於興歎耳珍重
珍重因書此敘於其後渤

## 21

# 唐率更令歐陽詢書　靜思帖

Jing Si Tie

Written by Ouyang Xun, Director of the Watches, Tang Dynasty

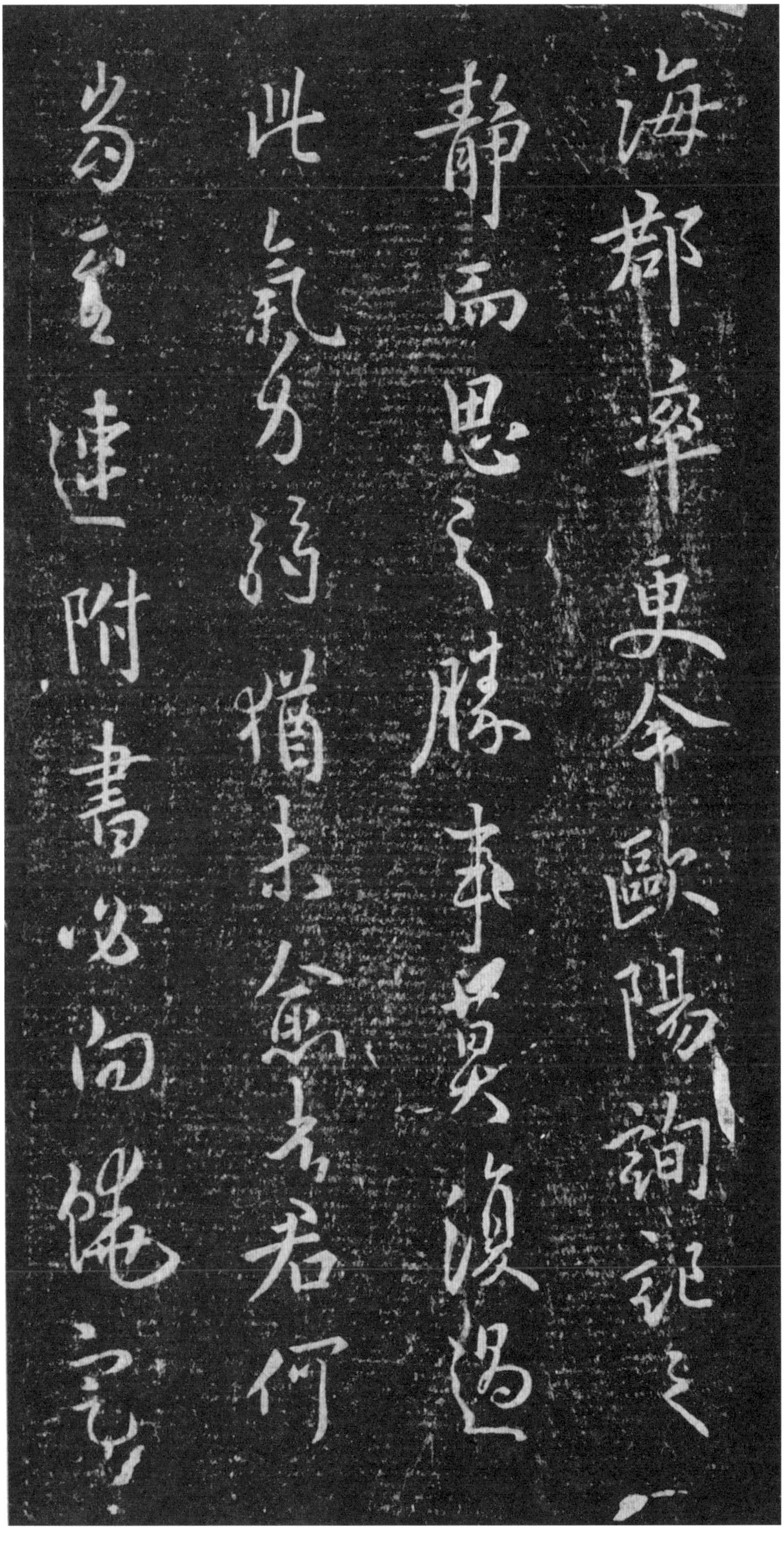

靜思帖　釋文：

海郡率更令歐陽詢記之
靜而思之勝事莫復過
此氣力弱猶未愈吾君何
當至速附書必向饒定

# 唐率更令歐陽詢書　五月帖

**Wu Yue Tie**

Written by Ouyang Xun, Director of the Watches, Tang Dynasty

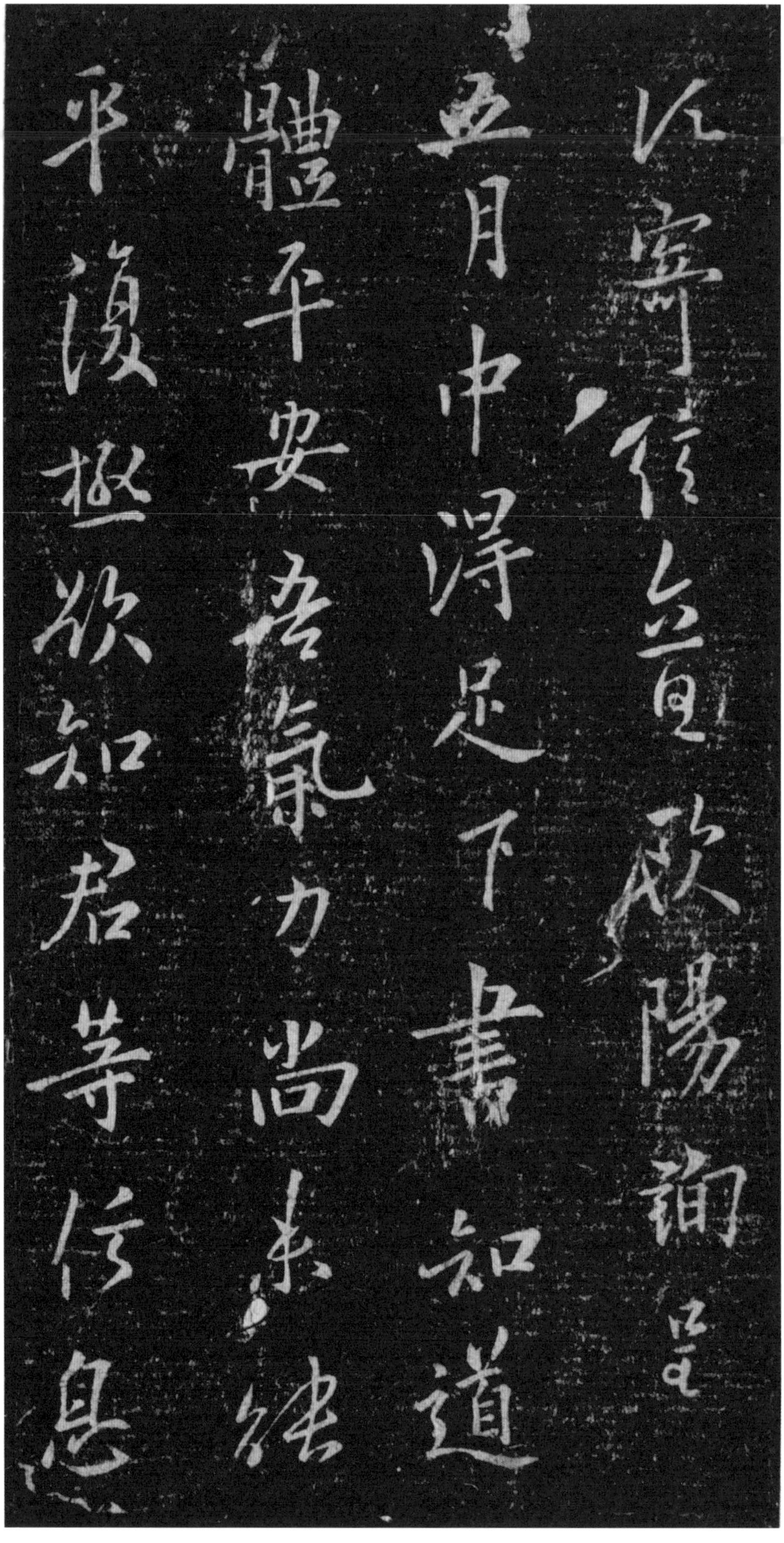

須寄信立具歐陽詢呈

**五月帖　釋文：**

五月中得足下書知道
體平安吾氣力尚未能
平復極欲知君等信息

23

## 唐率更令歐陽詢書　足下帖

**Zu Xia Tie**

Written by Ouyang Xun, Director of the Watches, Tang Dynasty

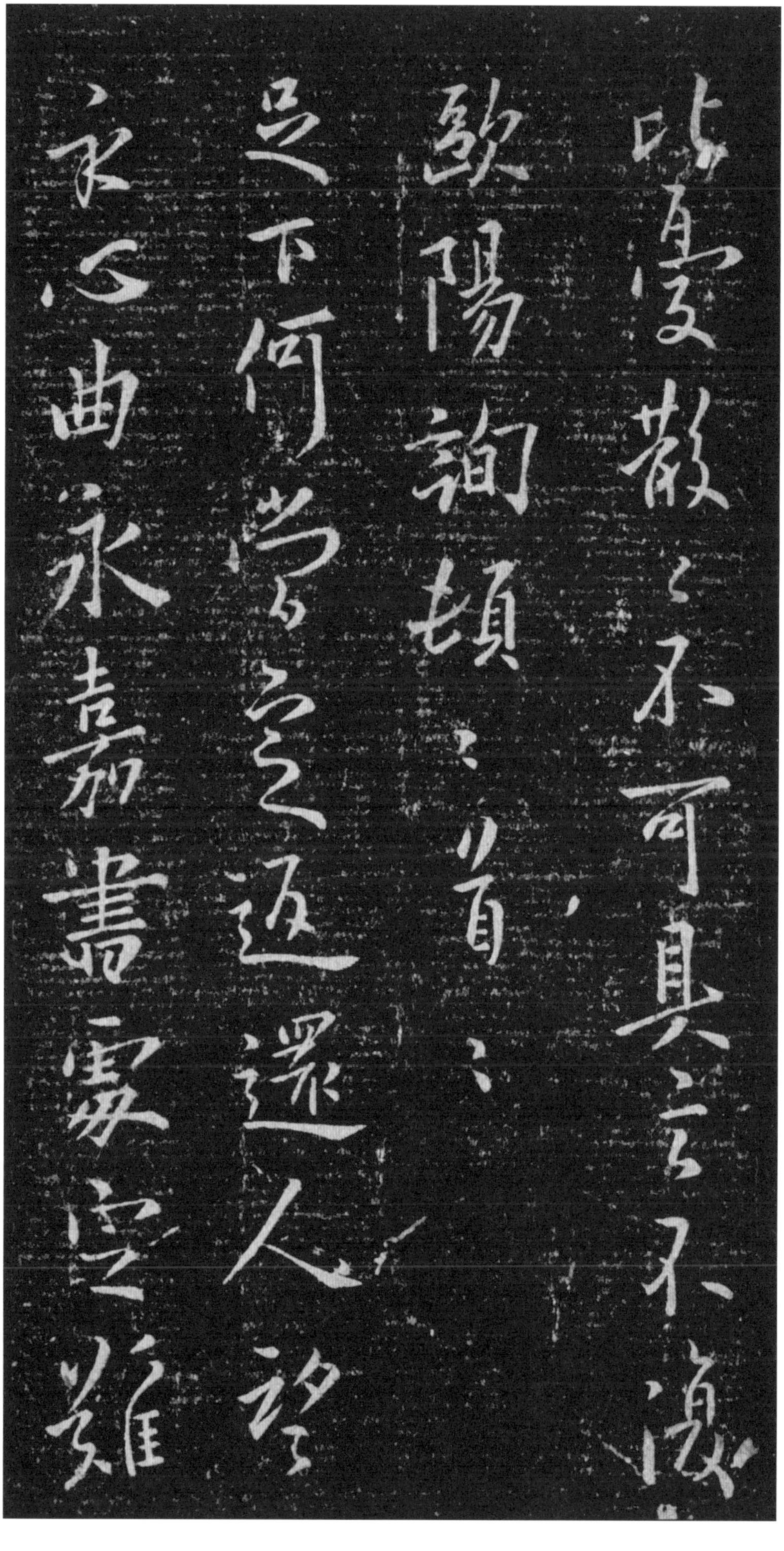

足下帖　釋文：

比憂散散不可具言不復

歐陽詢頓首頓首

足下何當定返還人望

示心曲永嘉書處定難

# 唐率更令歐陽詢書　比年帖

**Bi Nian Tie**

Written by Ouyang Xun, Director of the Watches, Tang Dynasty

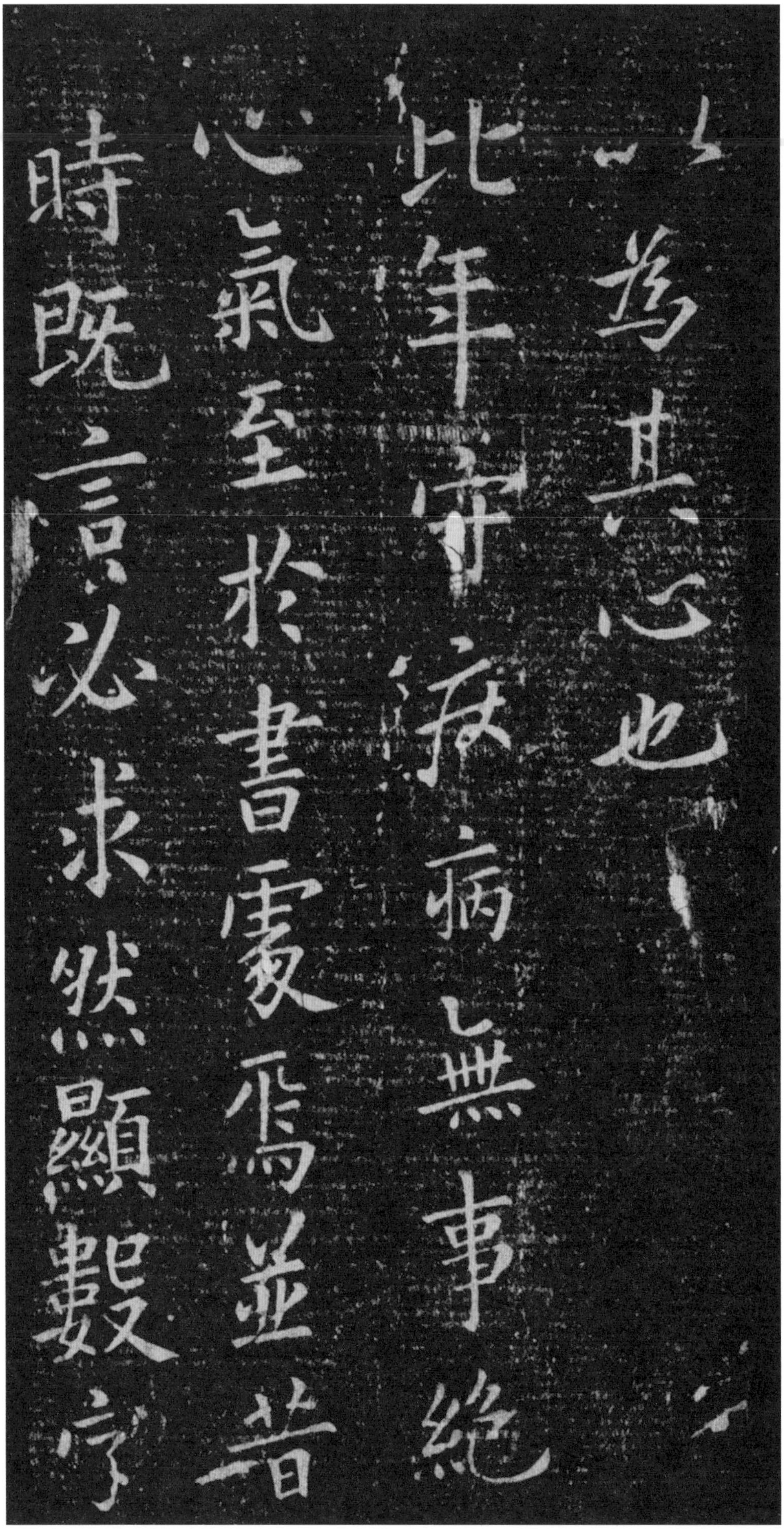


以為其心也

**比年帖　釋文：**

比年守疾病無事絕
心氣至於書處焉並昔
時既言必求然顯數字

25

## 唐率更令歐陽詢書　腳氣帖

Jiao Qi Tie

Written by Ouyang Xun, Director of the Watches, Tang Dynasty

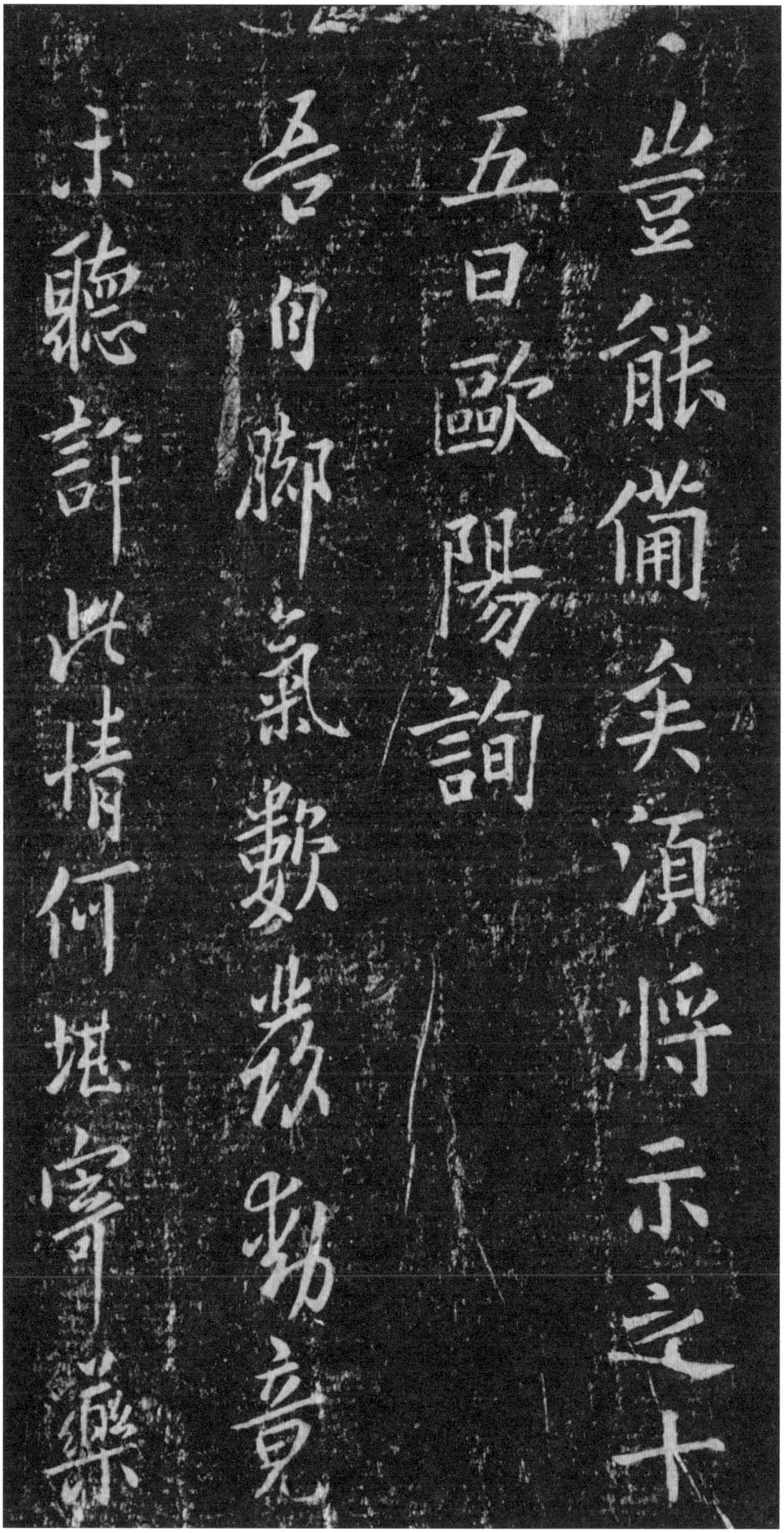


腳氣帖　釋文：

豈能備矣須將示之十
五日歐陽詢
吾自腳氣數發動竟
未聽許此情何堪寄藥

## 26

# 唐諫議大夫柳公權書　聖慈帖

**Sheng Ci Tie**

Written by Liu Gongquan, Senior Advisory Official, Tang Dynasty

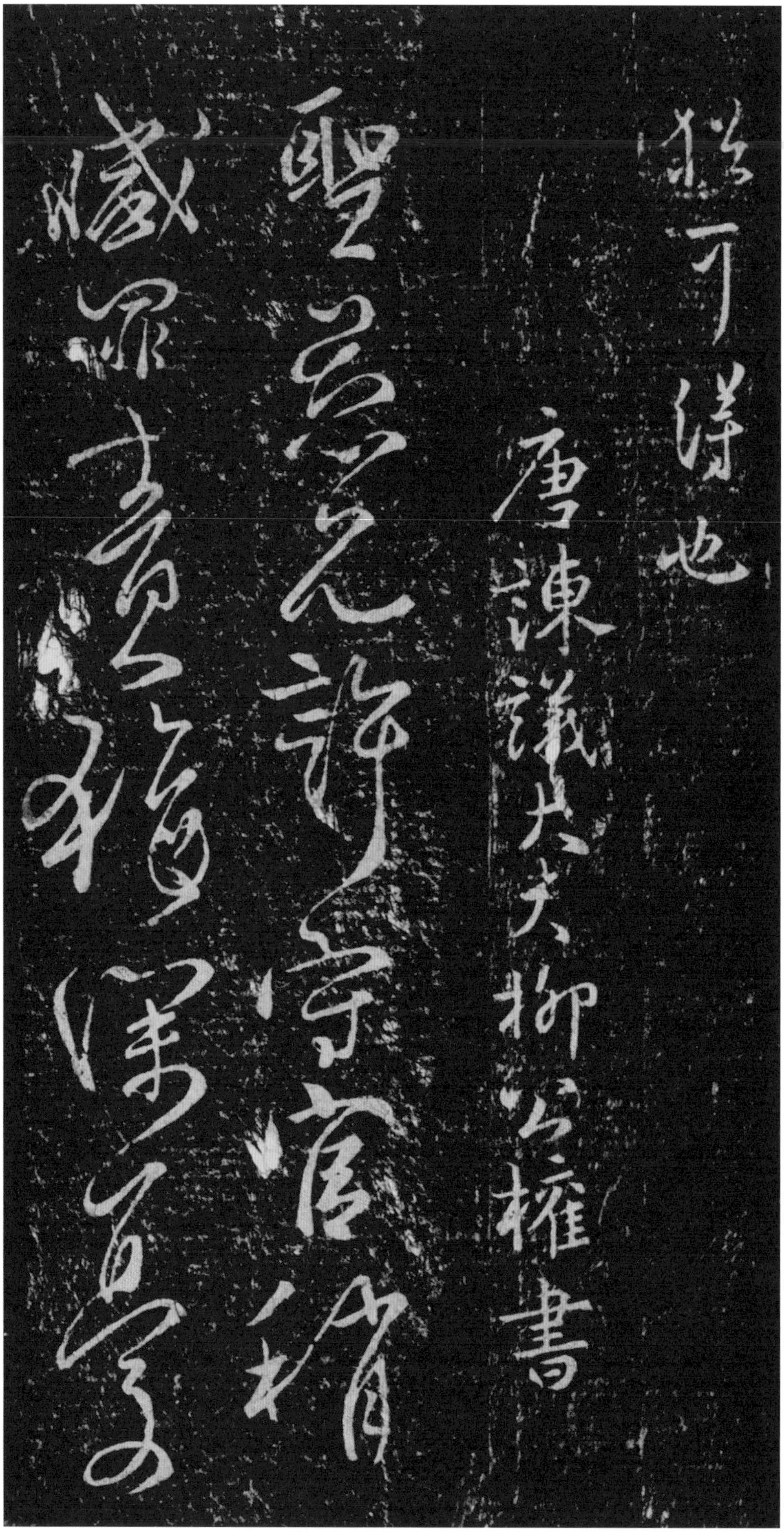

猶可得也

**聖慈帖　釋文：**

聖慈允許守官稍

減罪責猶深憂

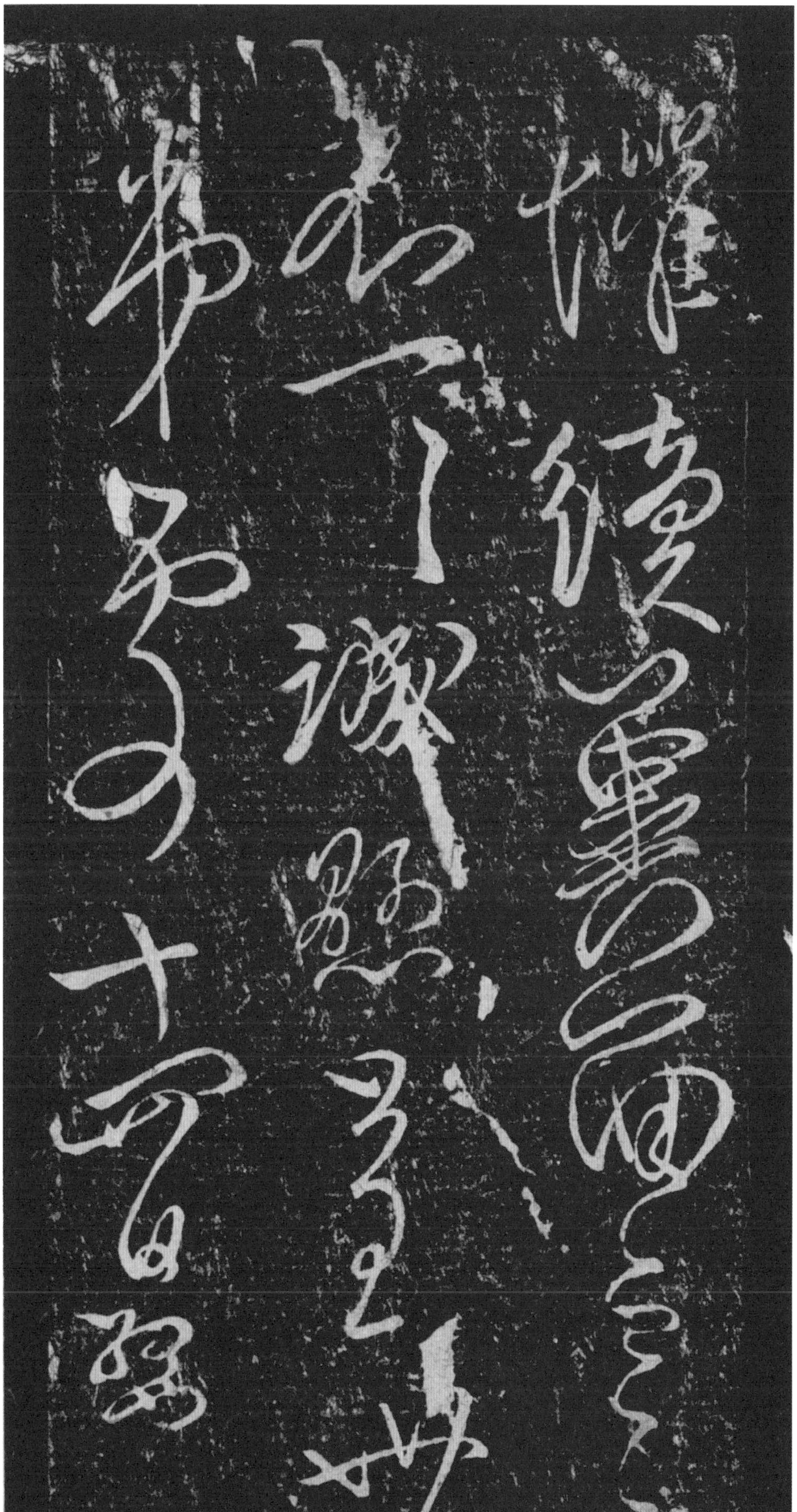

懼續冀面言
不一一誠懸呈卌
弟處十四日敬空

## 27

# 唐諫議大夫柳公權書　伏審帖

**Fu Shen Tie**

Written by Liu Gongquan, Senior Advisory Official, Tang Dynasty

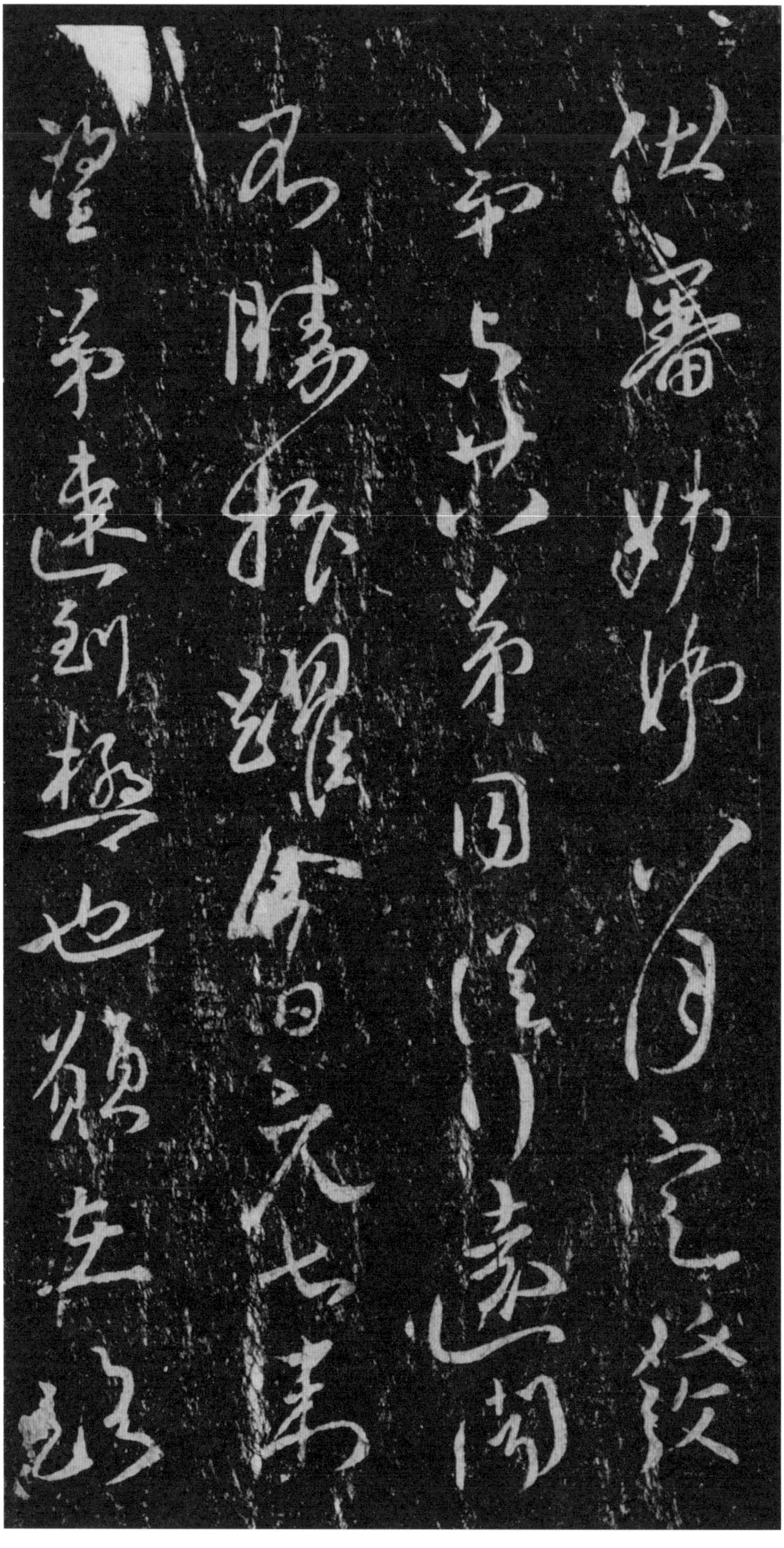

伏審帖　釋文：

伏審姊姊八月定發

弟與廿八弟同從行遠聞

不勝抃躍今日元七來

望弟速到極也願在路

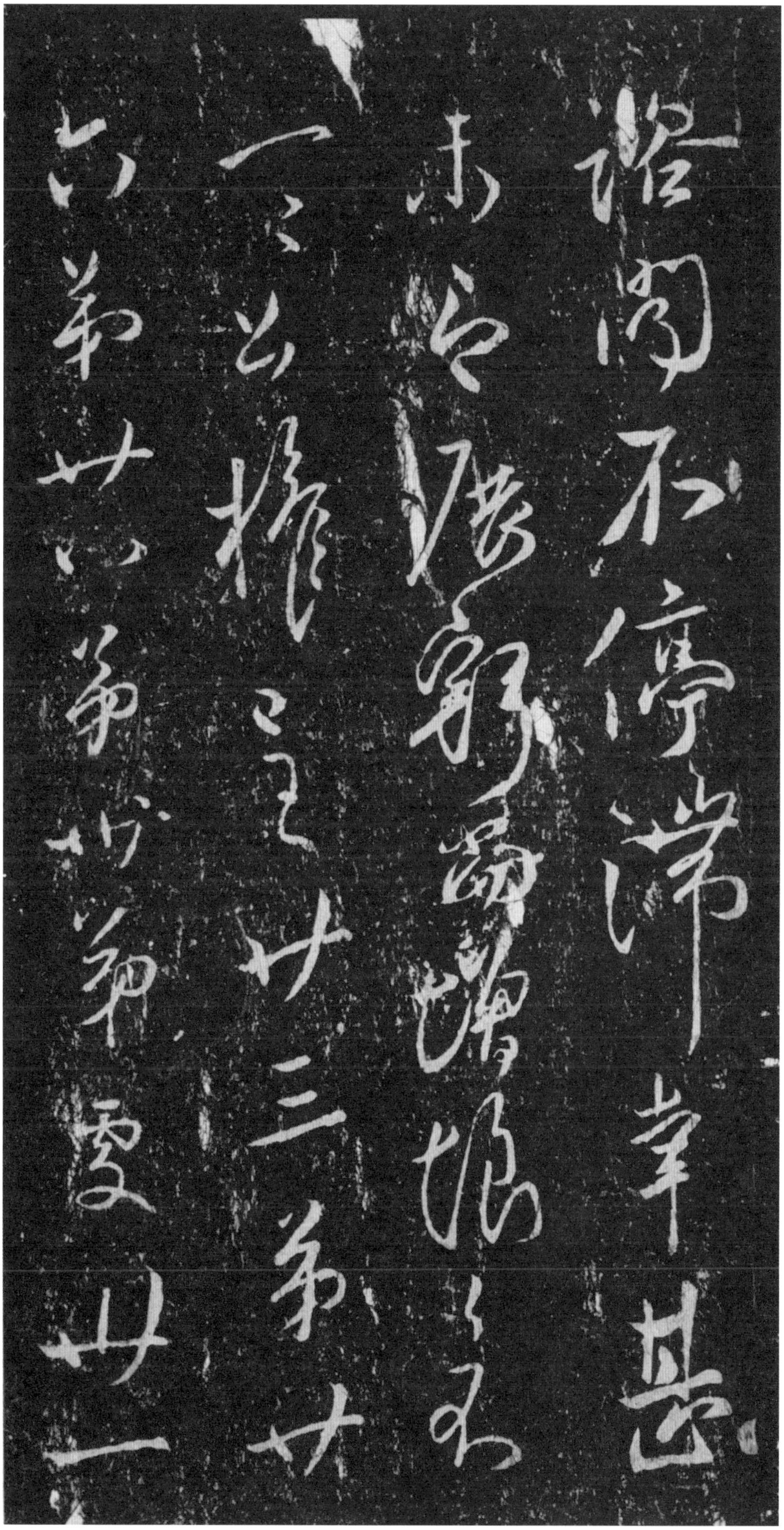

諸聞不停滯幸甚
末即展豁尚增悵悵不
一一公權呈廿三弟廿
六弟廿八弟卅弟處卅一

# 唐諫議大夫柳公權書　榮示帖

**Rong Shi Tie**

Written by Liu Gongquan, Senior Advisory Official, Tang Dynasty

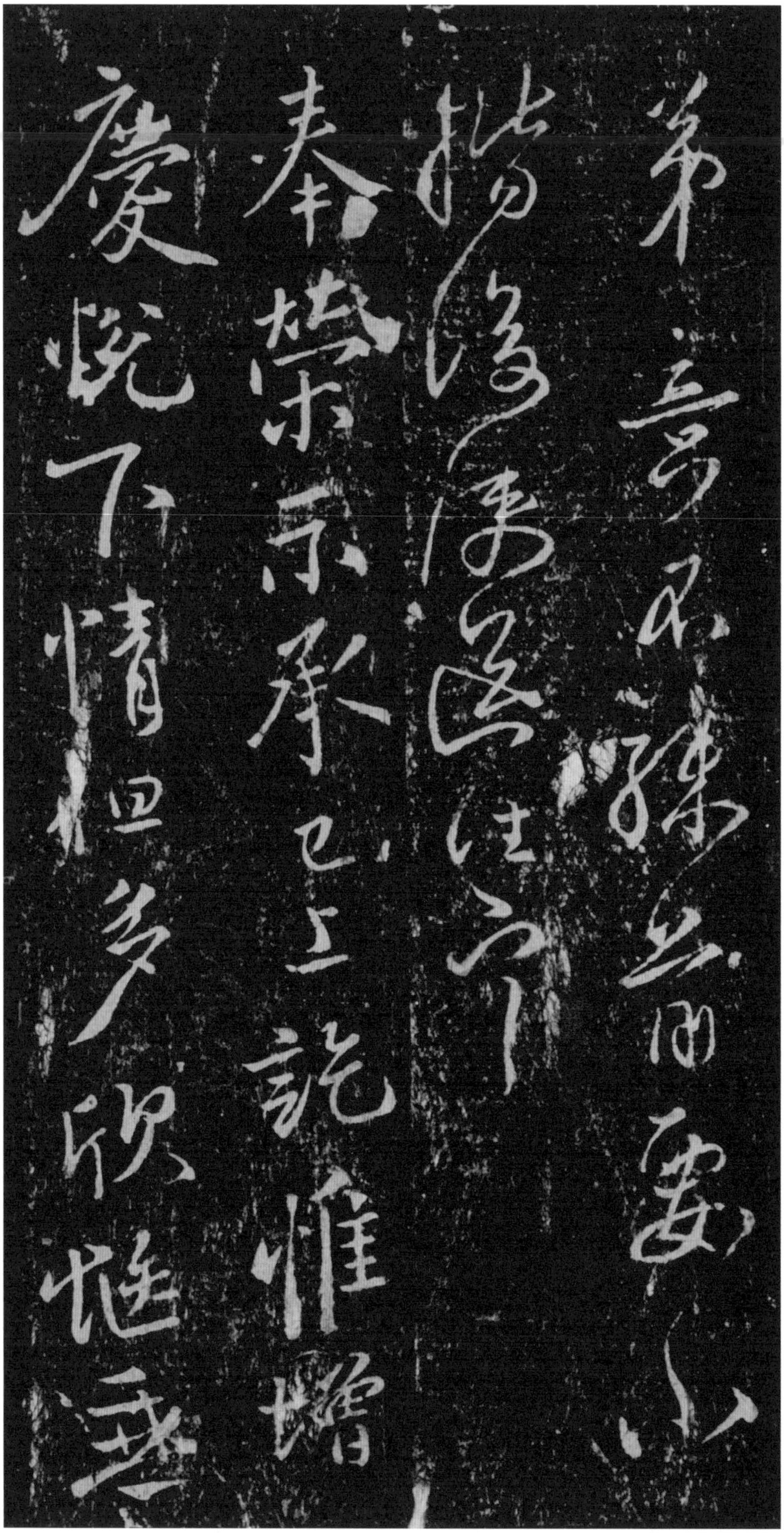

榮示帖　釋文：

弟意不殊前要小
楷後使送往空
奉榮示承已上訖惟增
慶悅下情但多欣慨垂

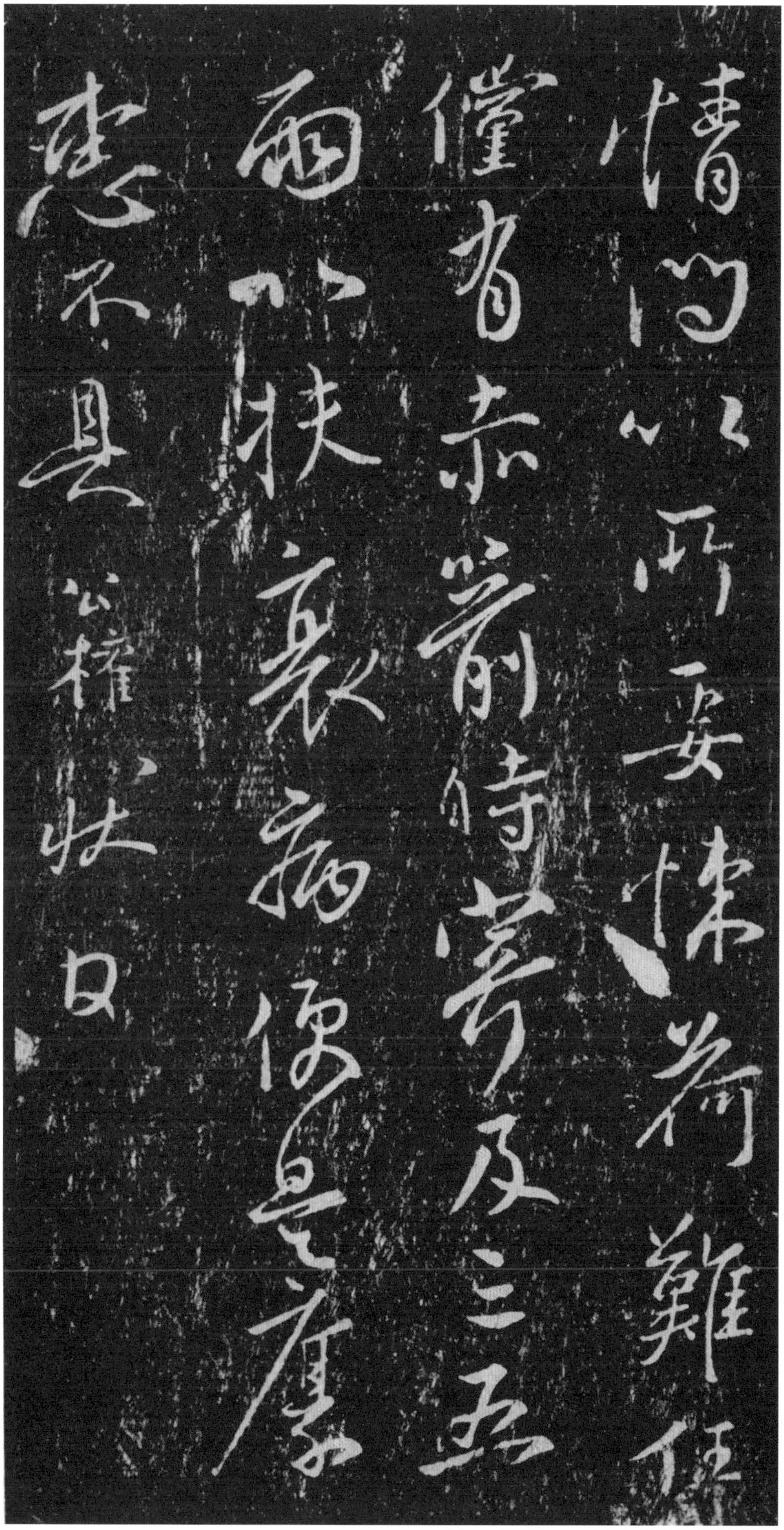

情問以所要悚荷難任
儻有赤箭時寄及三五
兩以扶衰病便是厚
惠不具公權狀白

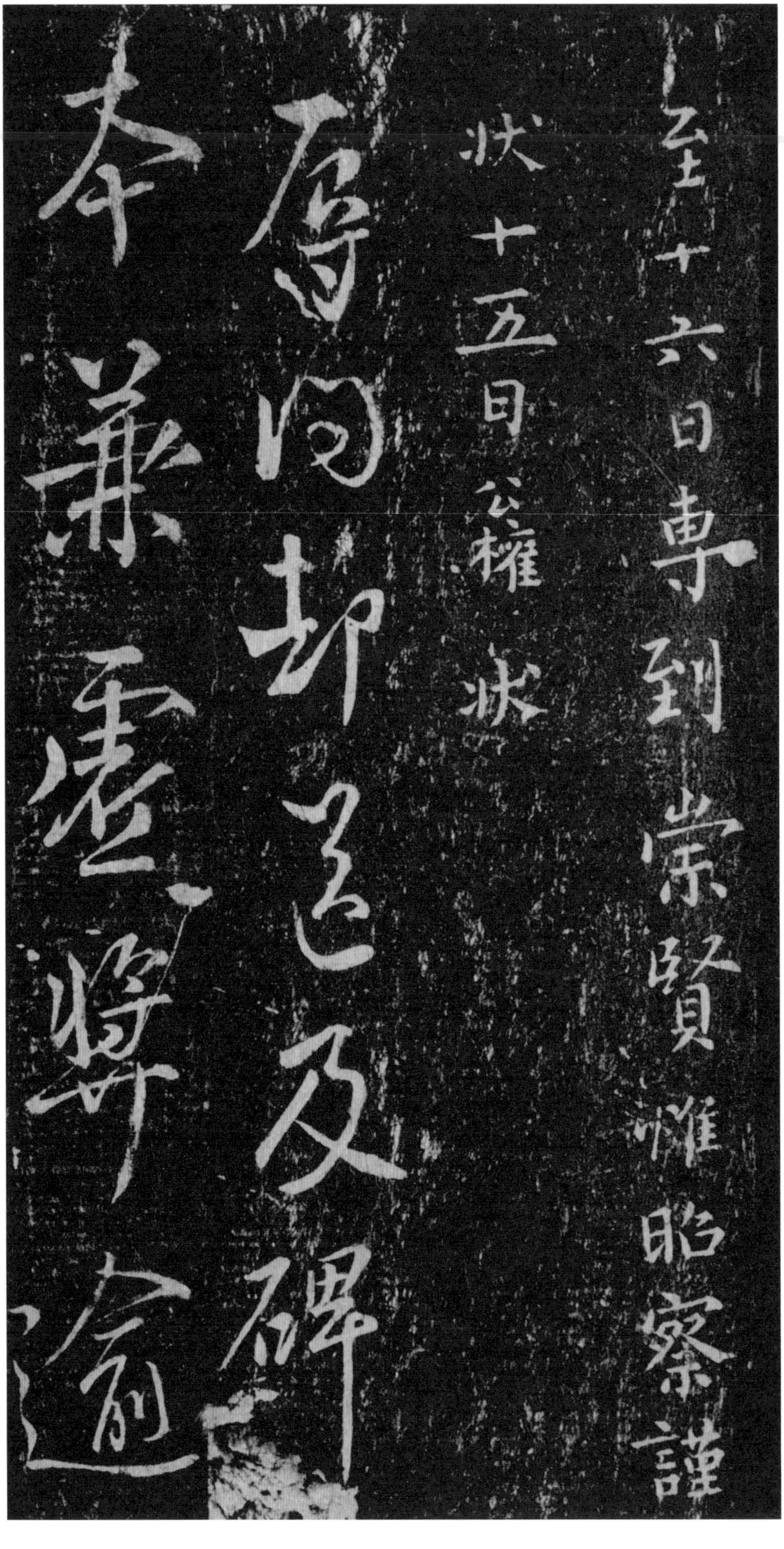


## 29

唐諫議大夫柳公權書　十六日帖

**Shi Liu Ri Tie**

Written by Liu Gongquan, Senior Advisory Official, Tang Dynasty

## 30

唐諫議大夫柳公權書　辱問帖

**Ru Wen Tie**

Written by Liu Gongquan, Senior Advisory Official, Tang Dynasty

**十六日帖　釋文：**
至十六日專到崇賢惟昭察謹
狀十五日公權狀

**辱問帖　釋文：**
辱問卻送及碑
本兼虛獎逾

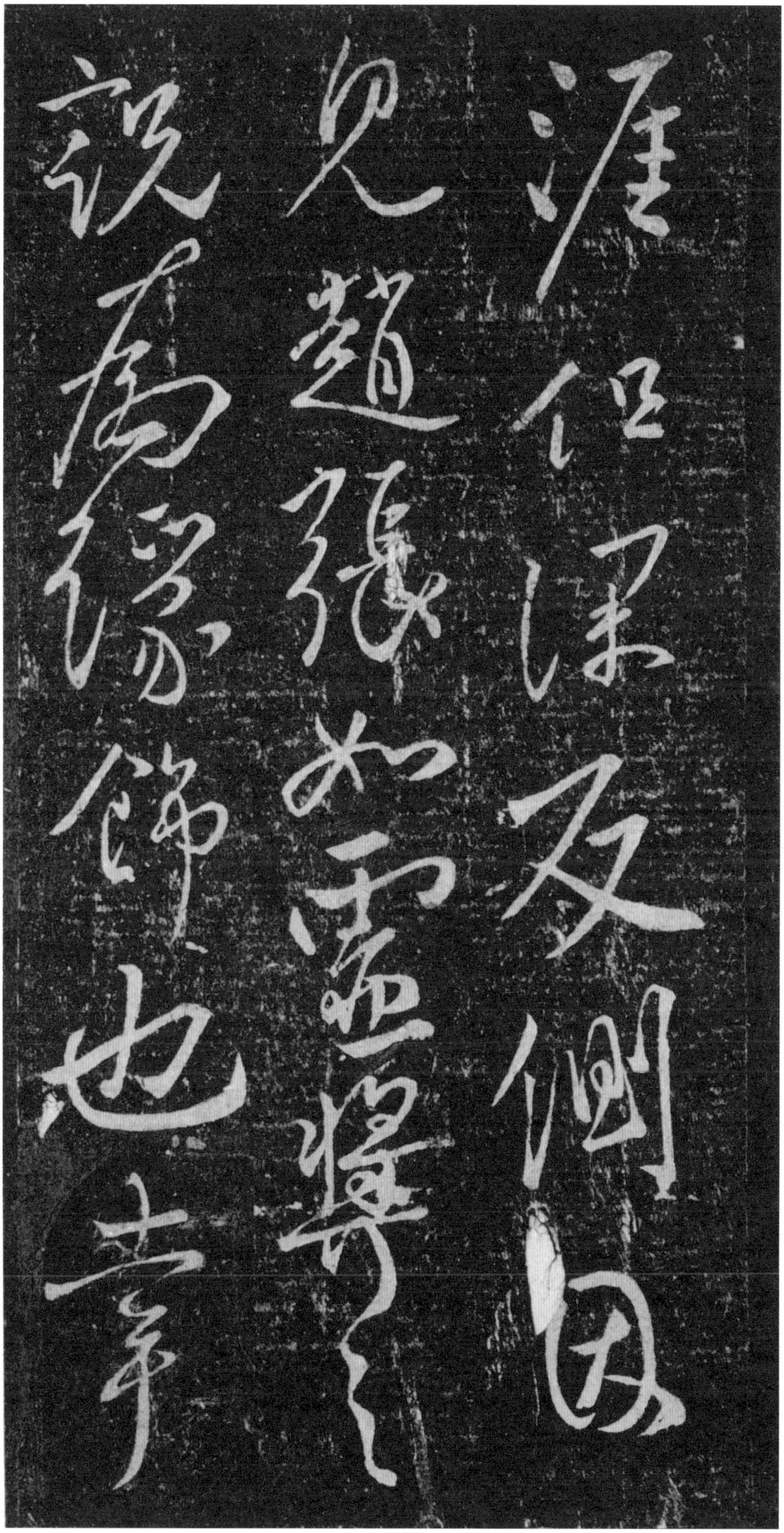

涯但深反側因
見趙張如虛奬之
說為緣飾也幸

31

## 唐李邕書　晴熱帖

Qing Re Tie

Written by Li Yong, Tang Dynasty

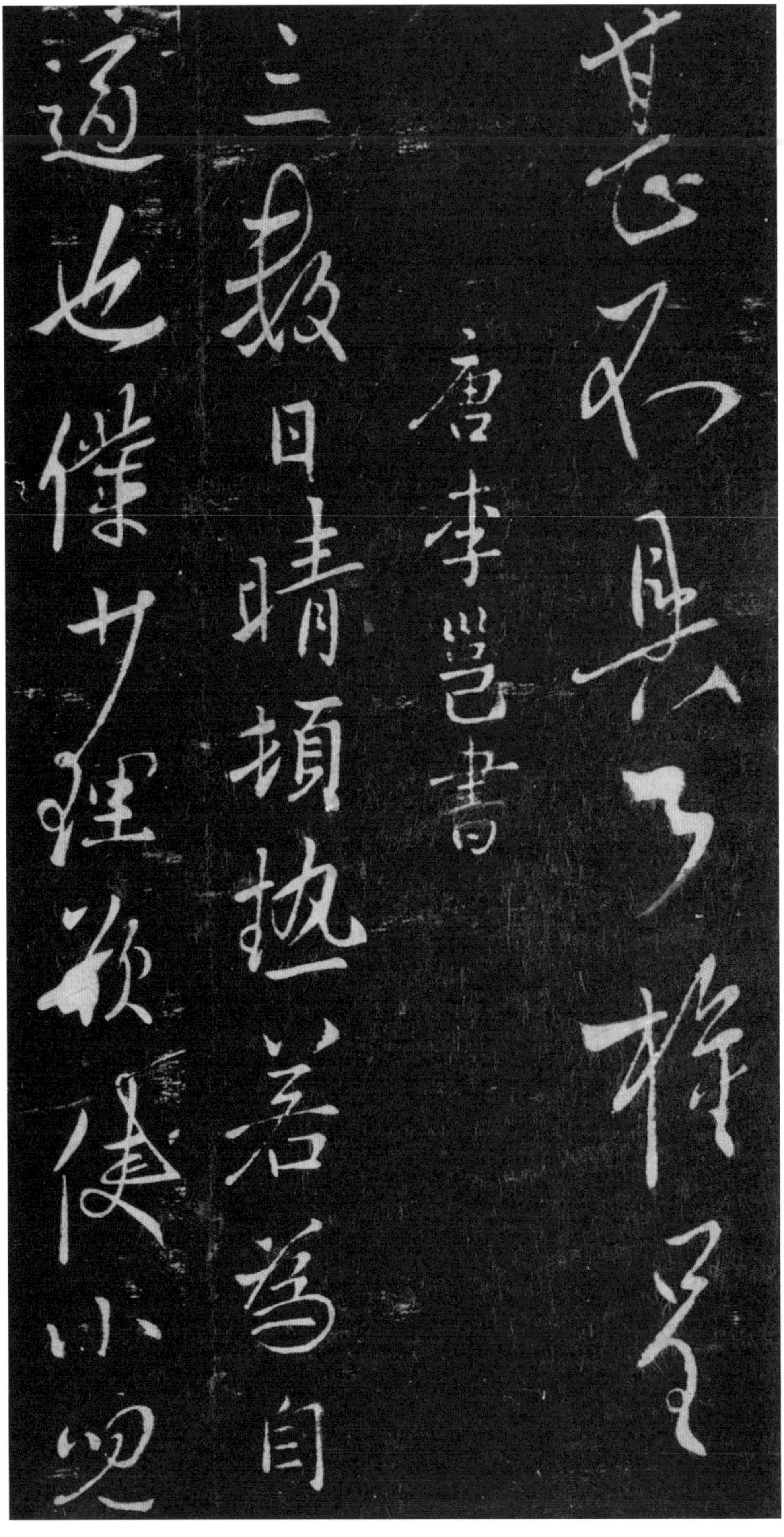

甚不具公權呈

**晴熱帖　釋文：**

三數日晴頓熱若為自

適也僕少理欲使小兒

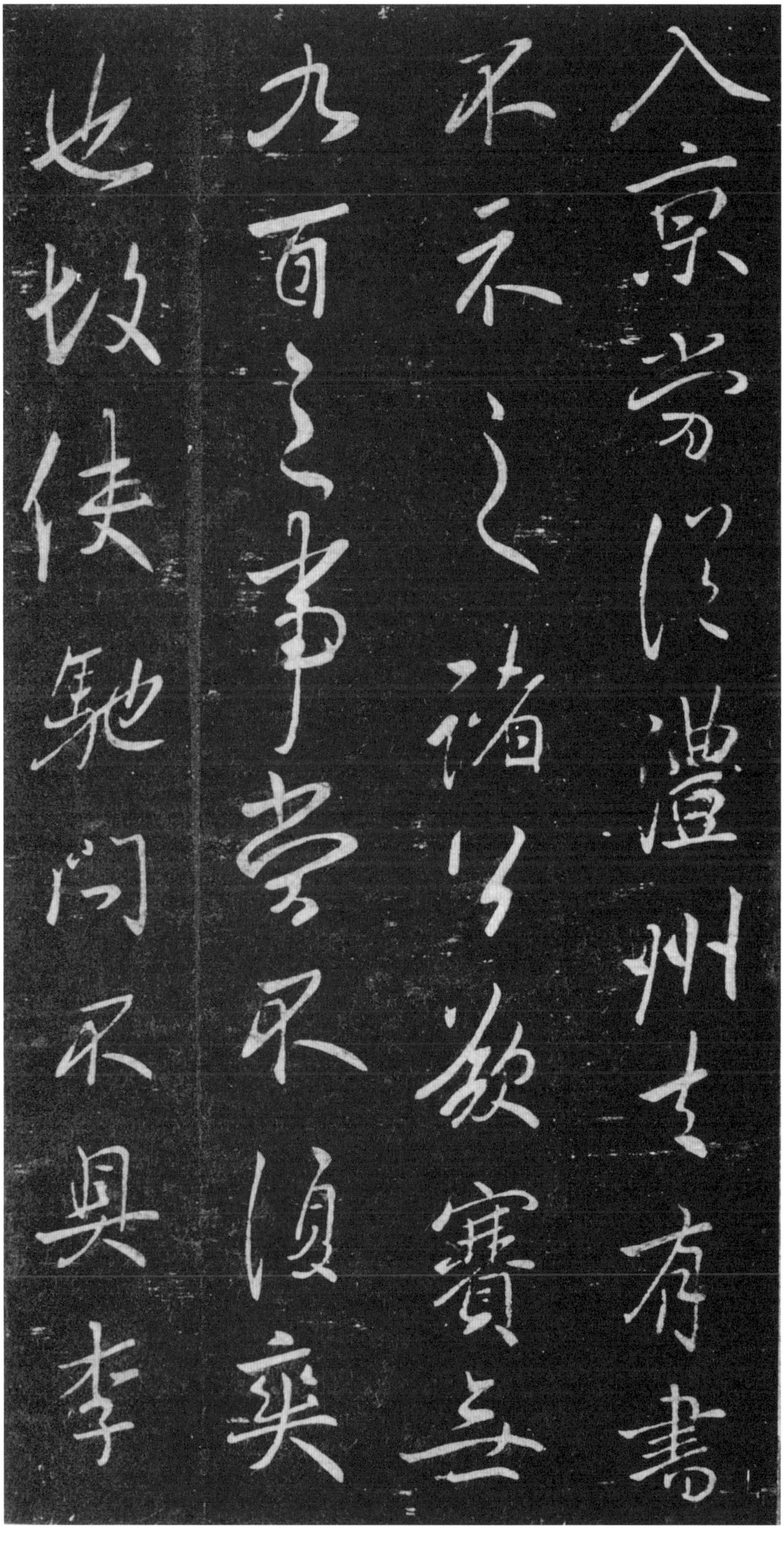

入京當從澧州去有書
不示之諸公欲賽無
九百之事當不復爽
也故使馳問不具李

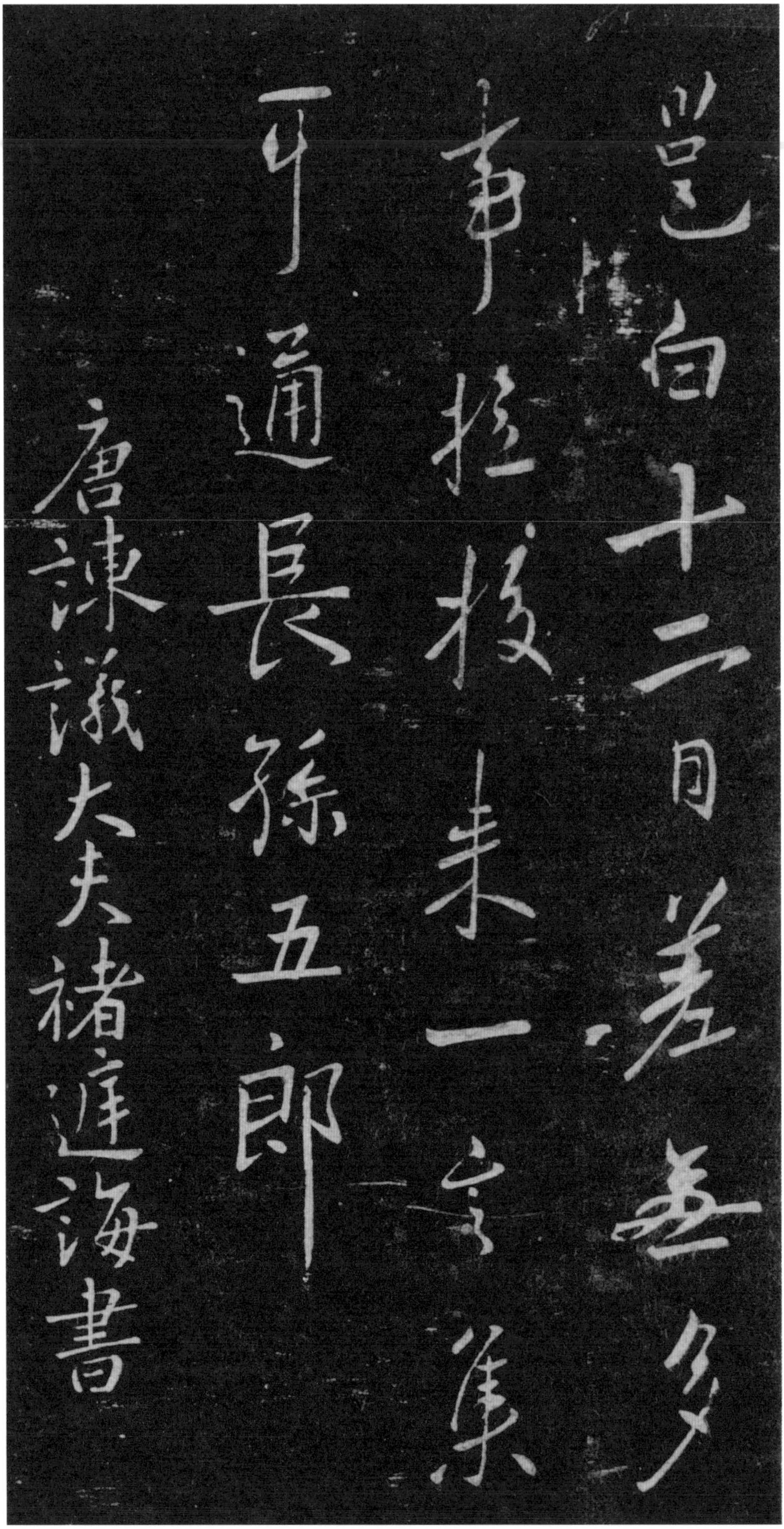

邕白十二日差無多
事檢校來一言集
耳通長孫五郎

32

## 唐諫議大夫褚庭誨書　辭奉帖

**Ci Feng Tie**

Written by Chu Tinghui, Senior Advisory Official, Tang Dynasty

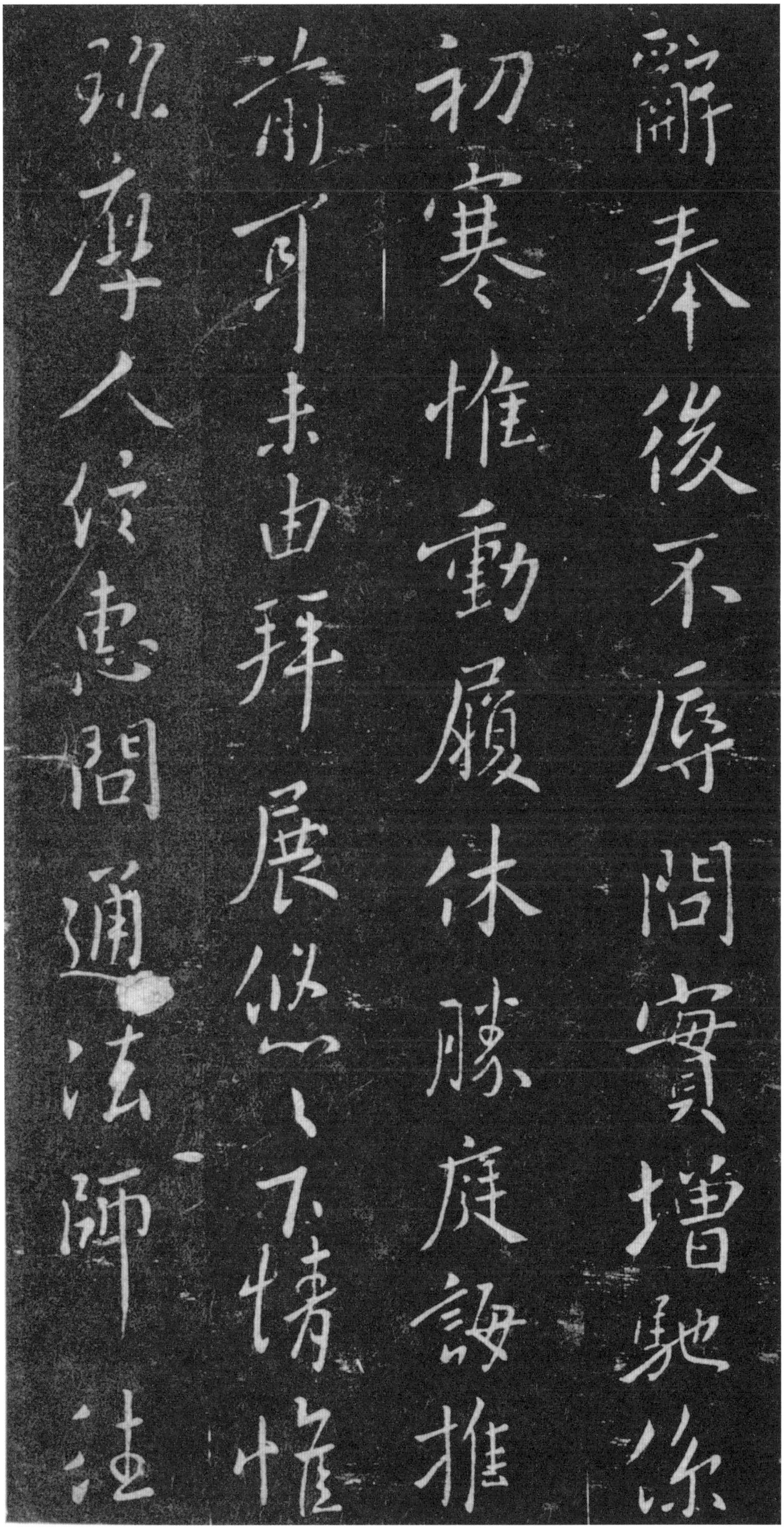


辭奉帖　釋文：

辭奉後不辱問實增馳係
初寒惟動履休勝庭誨推
前耳未由拜展悠悠下情惟
珍厚人信惠問通法師往

## 33

# 唐尚書郎薛稷書　孫權帖

Sun Quan Tie

Written by Xue J, Minister, Tang Dynasty

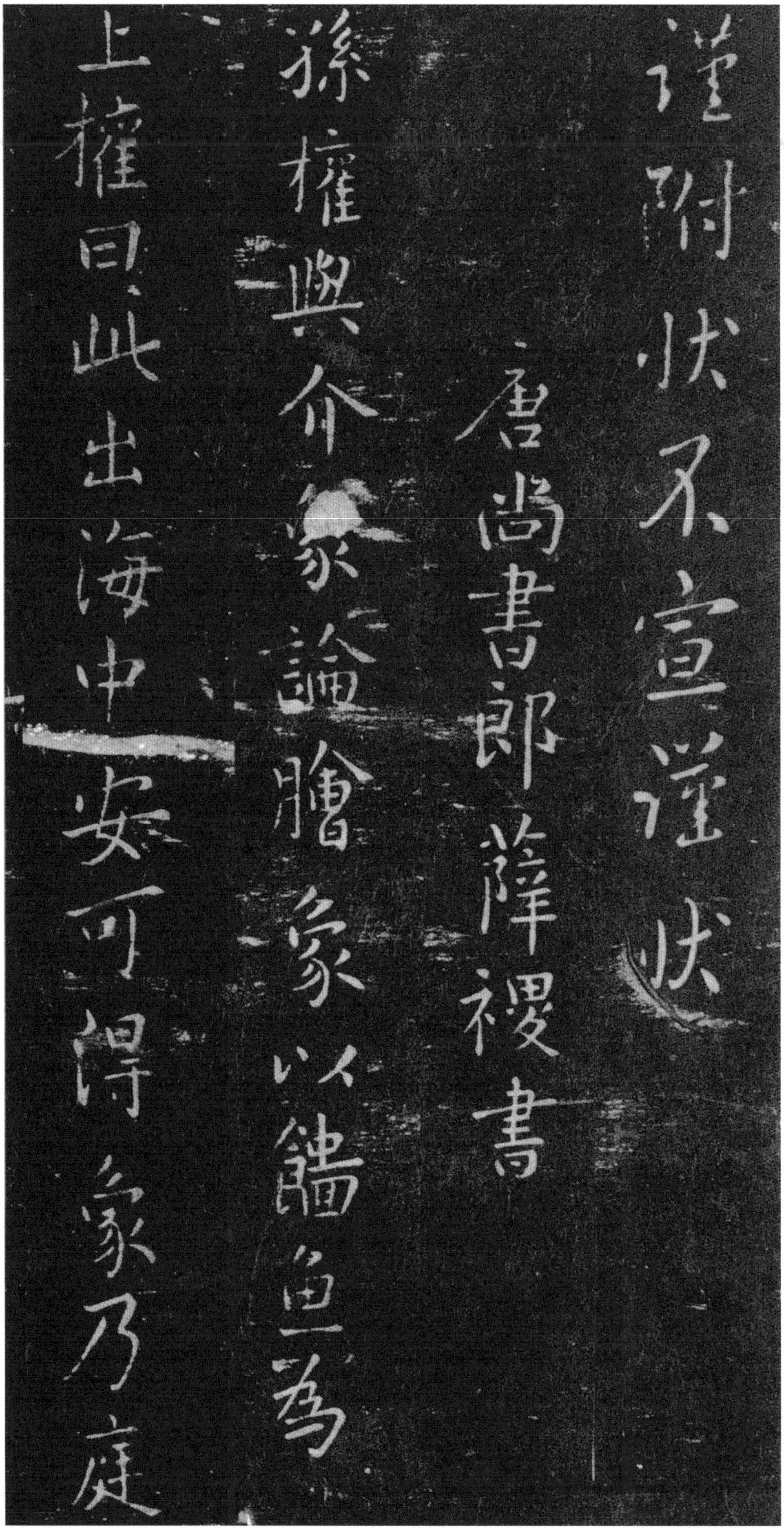


謹附狀不宣謹狀

**孫權帖　釋文：**

孫權與介象論鱠象以鱠魚為

上權曰此出海中安可得象乃庭

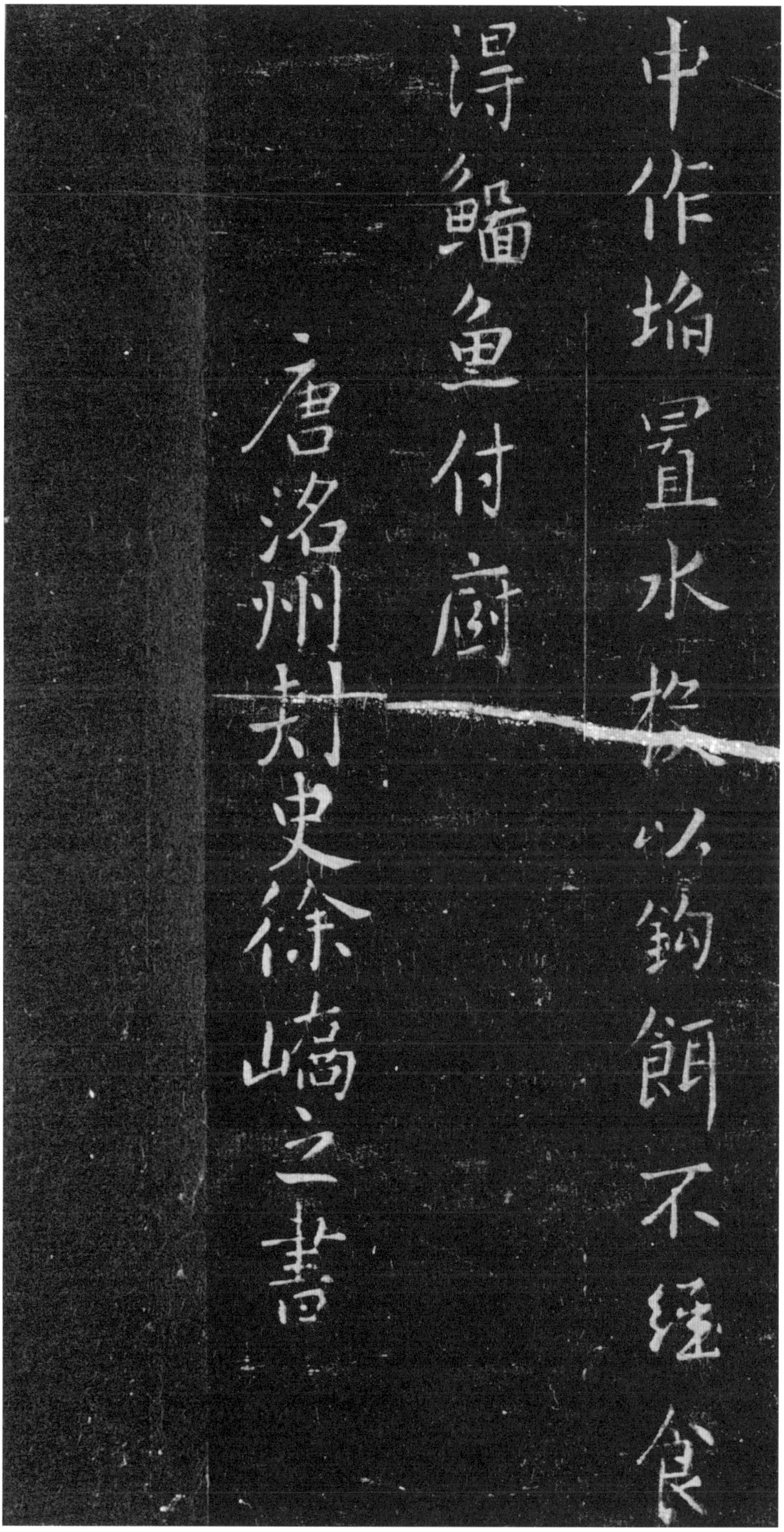


中作埳置水投以鉤餌不經食
得鯿魚付廚

唐洛州刺史徐嶠之書　春首帖

Chun Shou Tie

Written by Xu Qiaozhi, Prefectural Governor of Mingzhou, Tang Dynasty

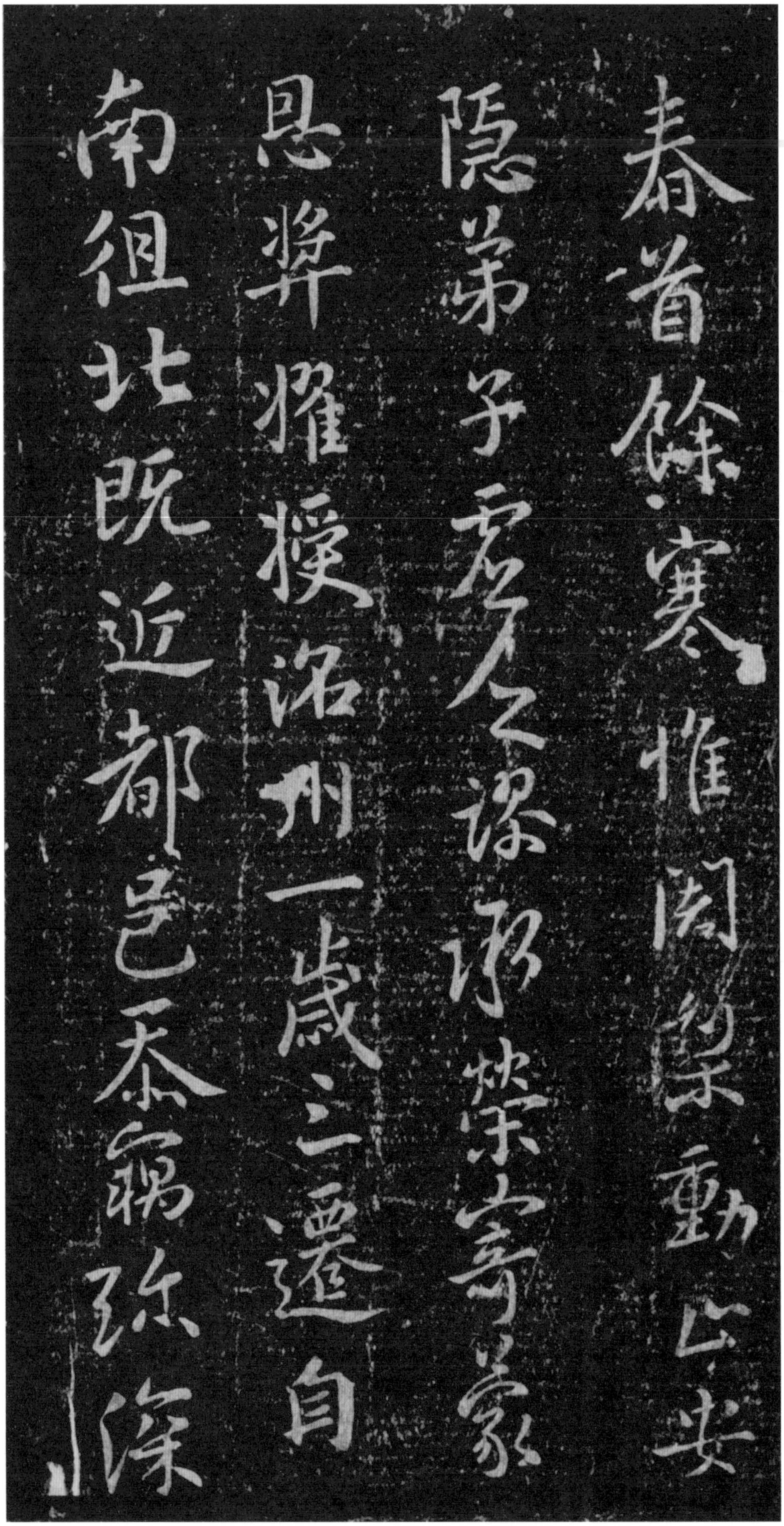

春首帖　釋文：

春首餘寒惟闇梨動止安
隱弟子虛乏謬承榮寄蒙
恩獎擢授洛州一歲三遷自
南徂北既近都邑忝竊彌深

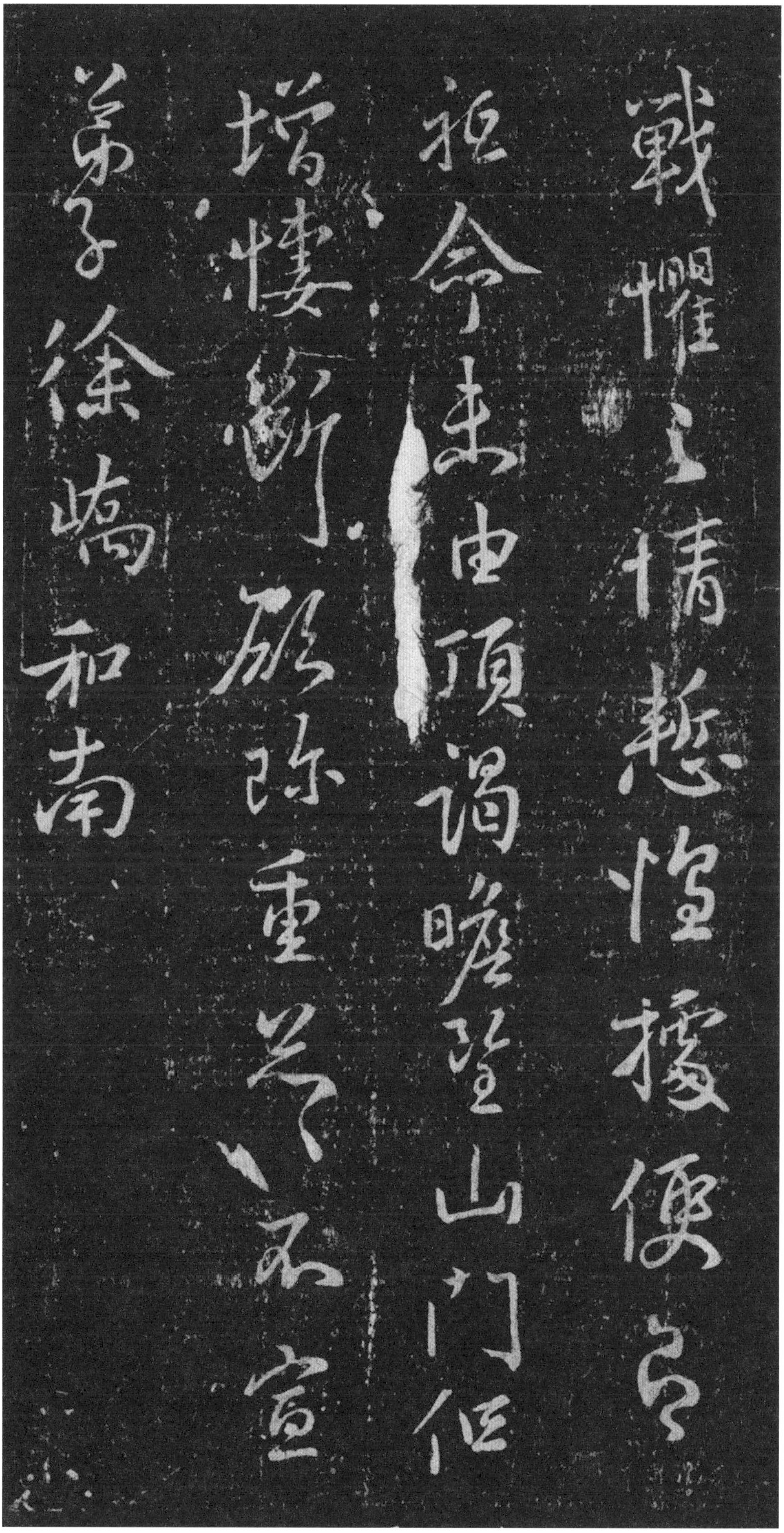

戰懼之情慚惶據便即
祇命未由頂謁瞻望山門但
增悽斷願珍重匆匆不宣
弟子徐嶠和南

# 35

## 唐東宮長史陸柬之書　得告帖

De Gao Tie

Written by Lu Jianzhi, Administrator of the Eastern Palace, Tang Dynasty

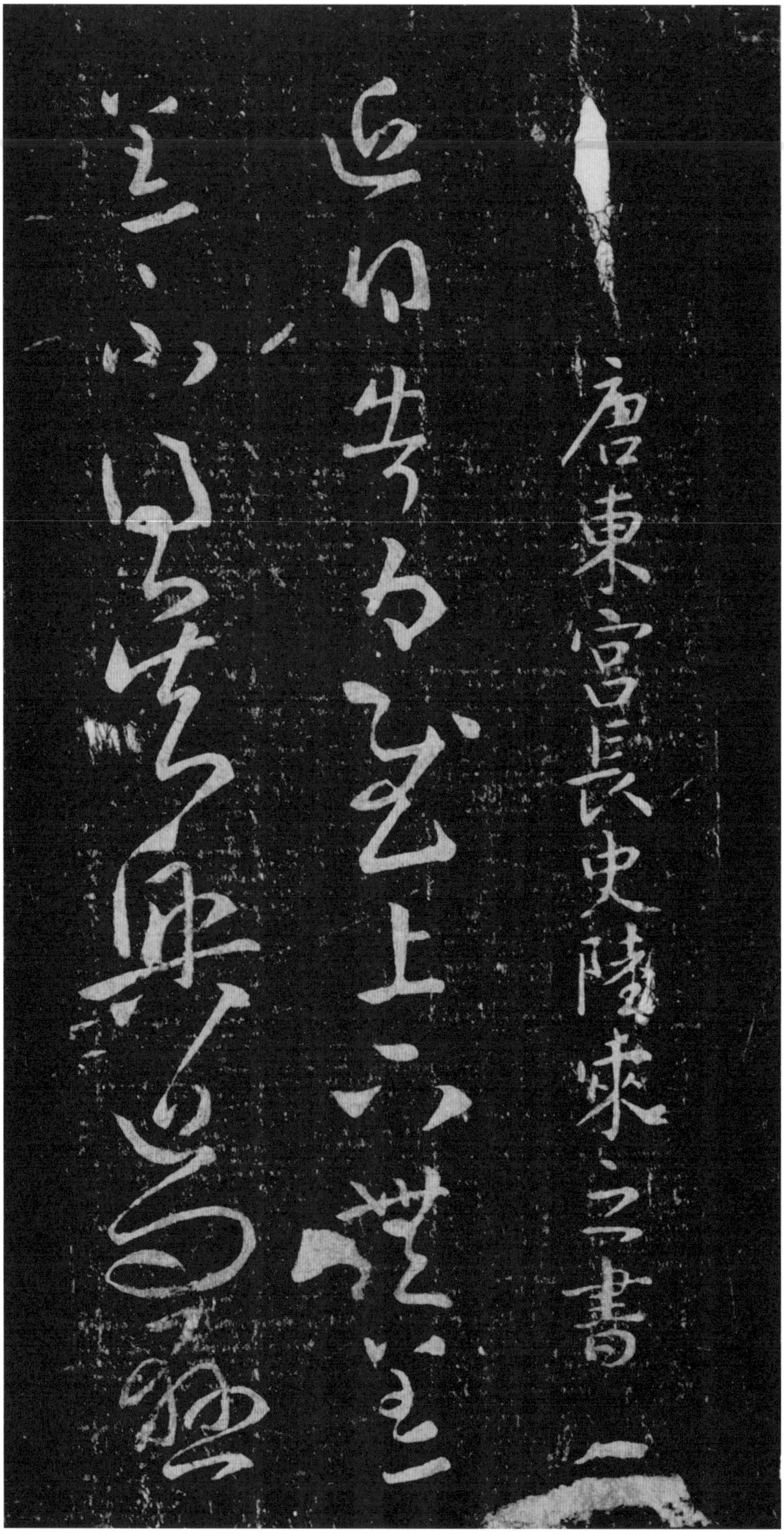


得告帖　釋文：

近得告為慰上下無恙

恙不得吳興近問懸

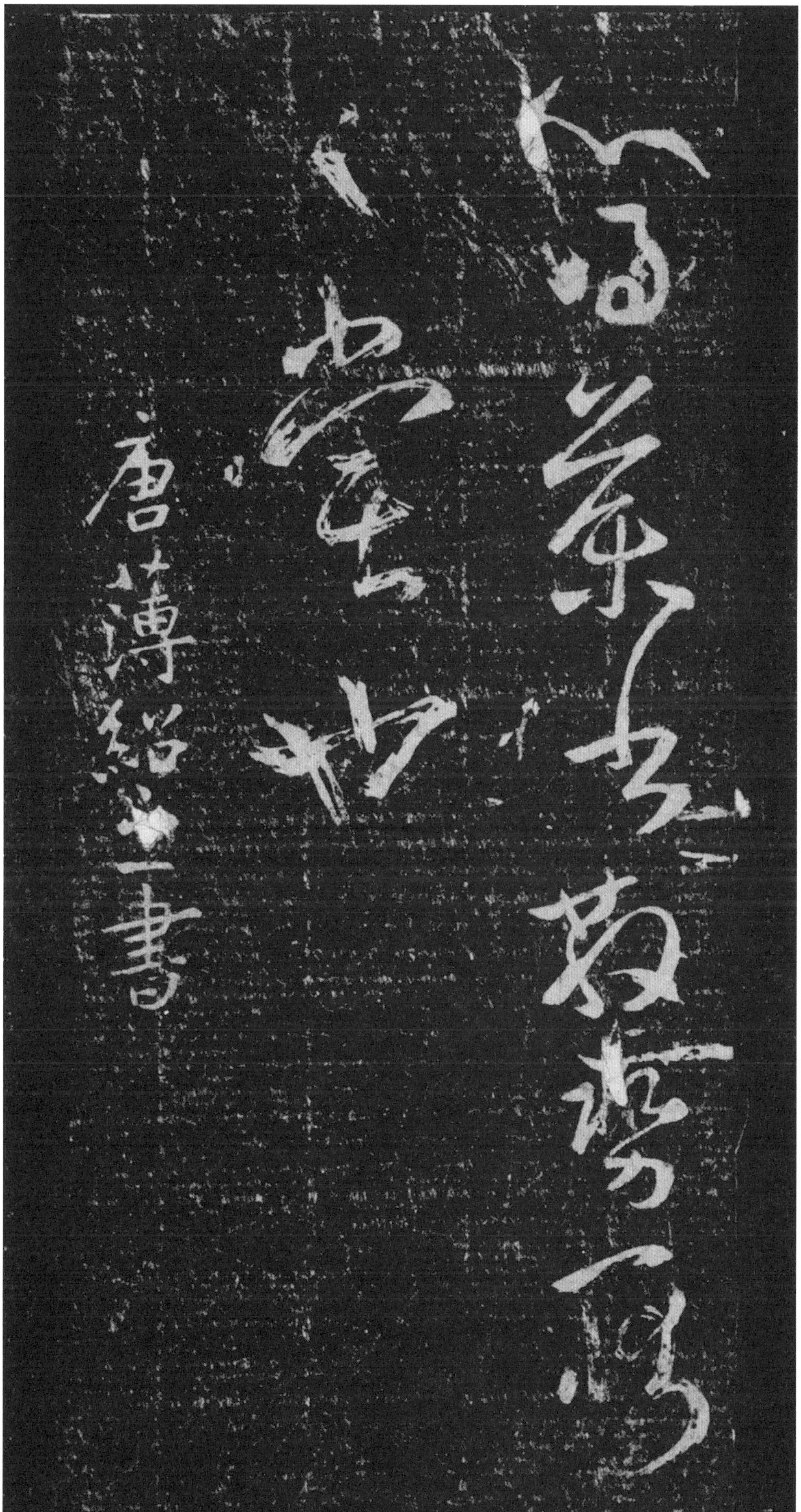


心得藥書散勢耿
耿嘗也

36

# 唐薄紹之書　迴換帖

Hui Huan Tie

Written by Bo Shaozhi, Tang Dynasty

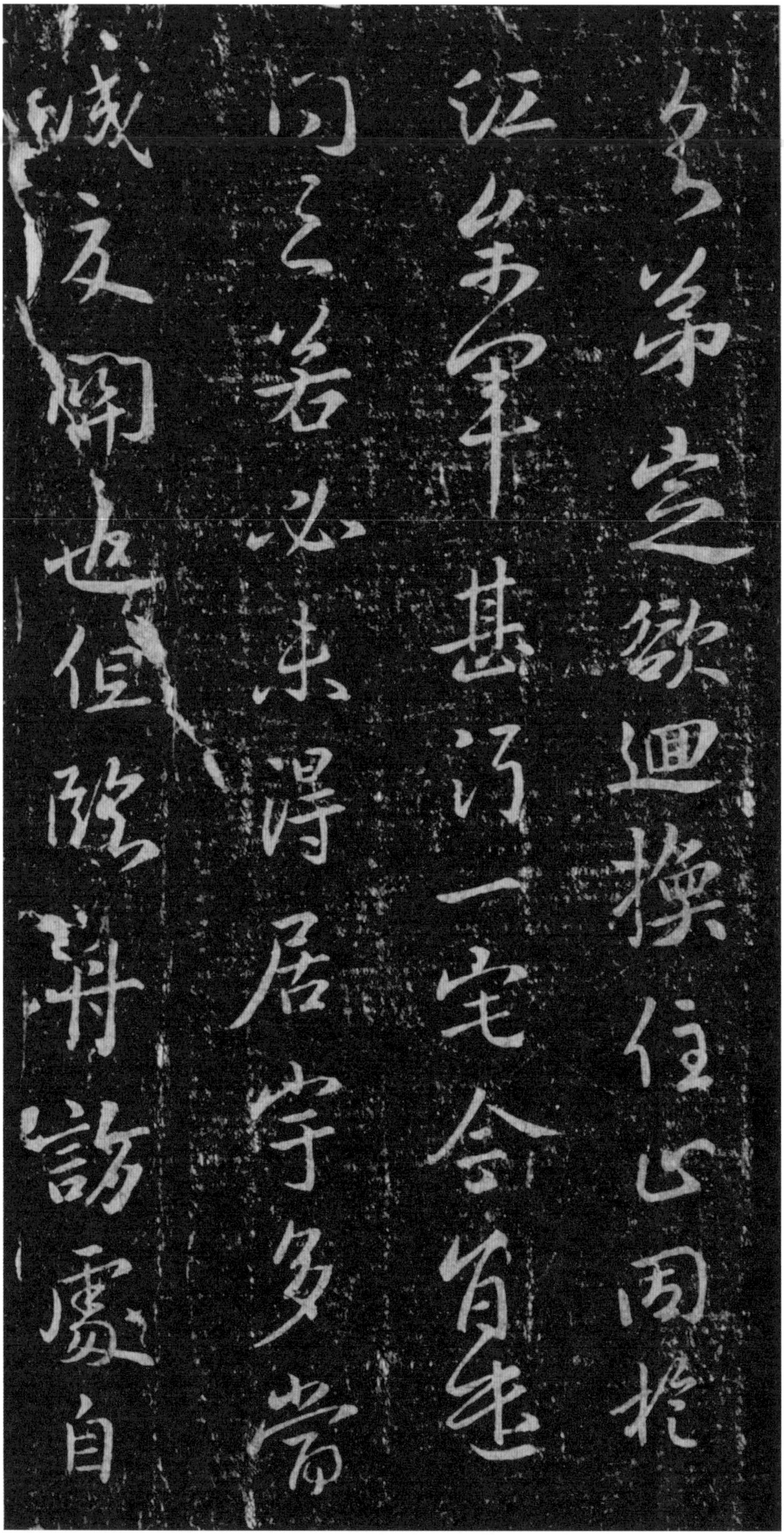

迴換帖　釋文：

知弟定欲迴換住止周旋
江參軍甚須一宅今旨遣
問之若必未得居宇多當
成交關也但臨舟訪處自

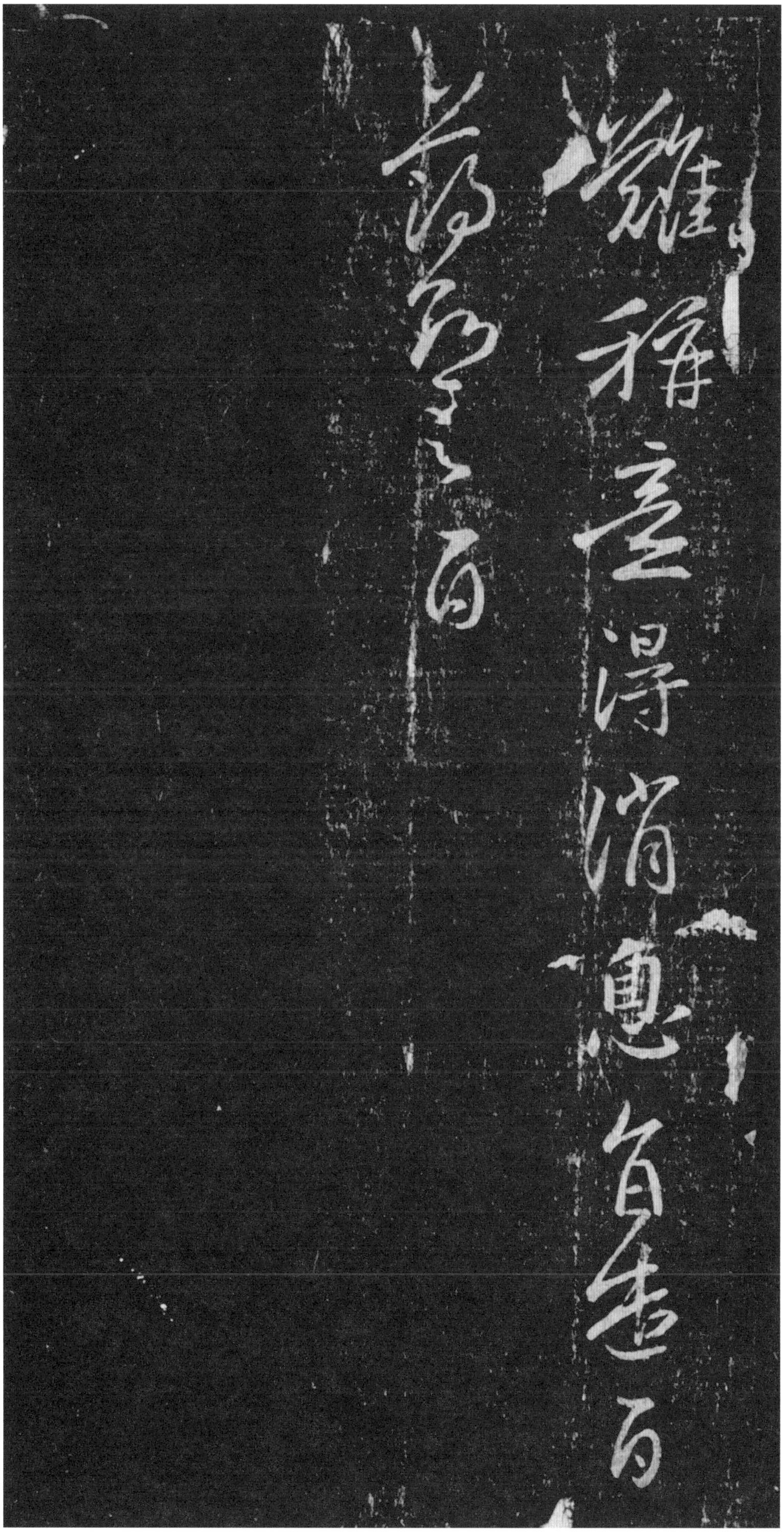

難稱意得消息旨遣白
薄紹之白

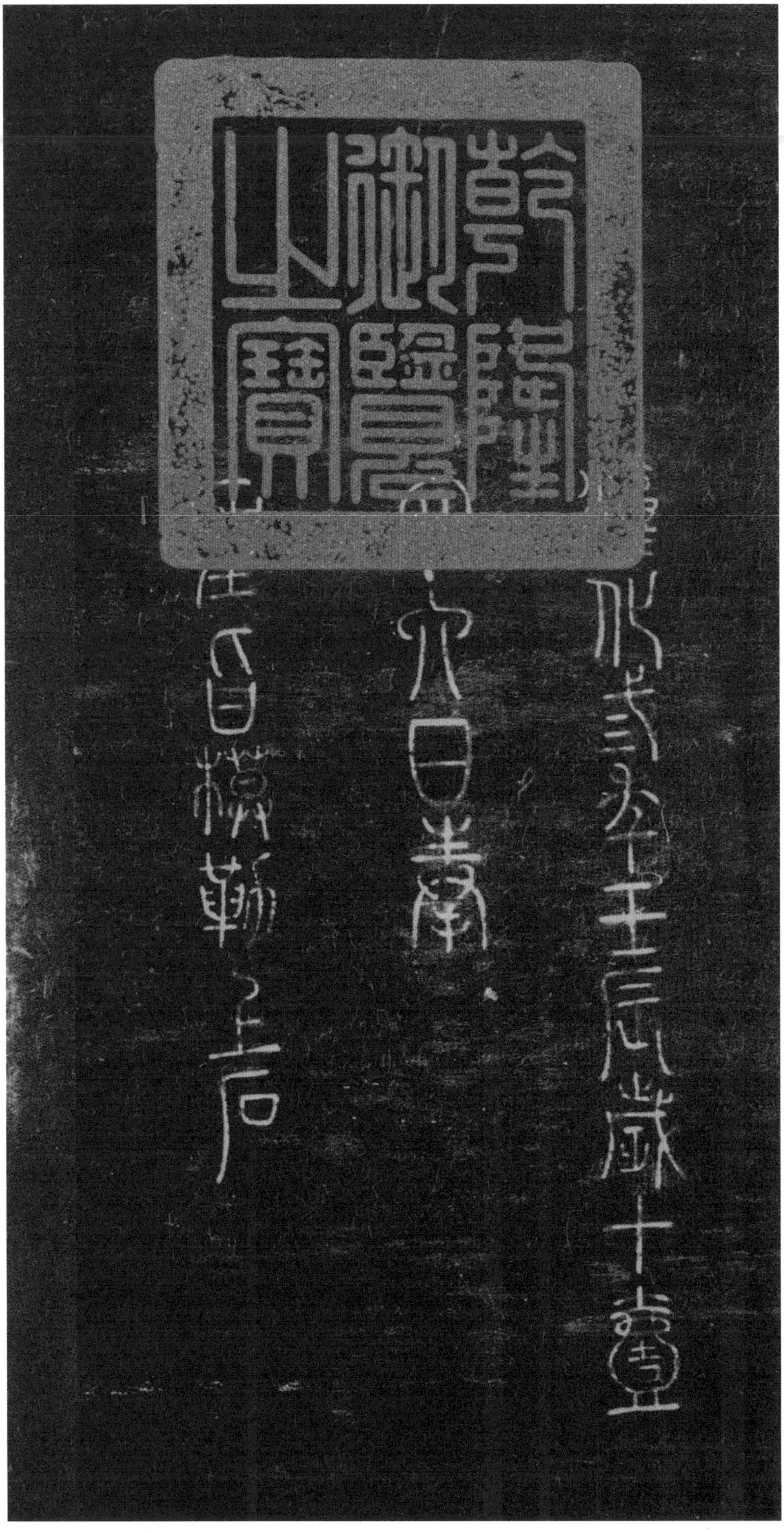
乾隆御覽之寶

# 諸家古法帖第五

## *Part Five: Model Calligraphies of Ancient Masters*

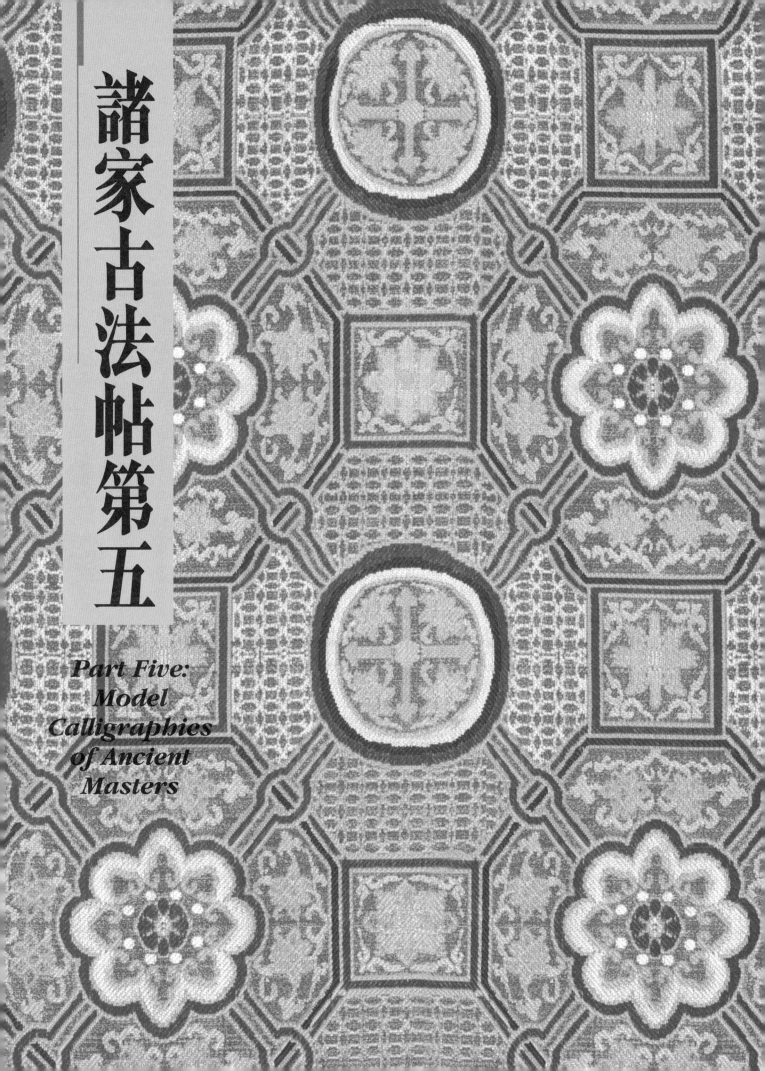

## 1

# 蒼頡書　戊己帖

Wu Ji Tie

Written by Cang Jie

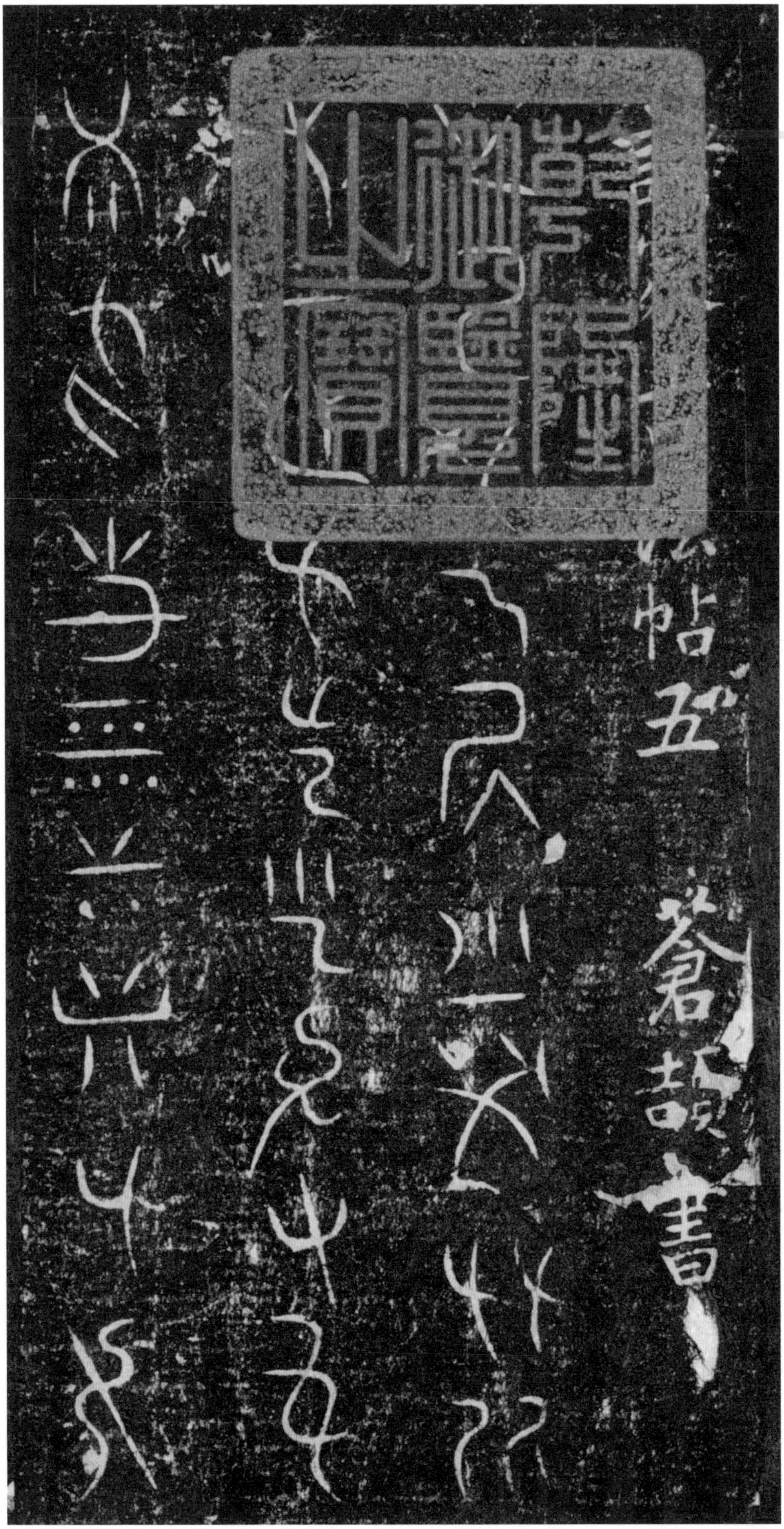

戊己帖　釋文：

戊己甲乙居首共友所

止列世式氣光名左互

乂家受赤水尊戈矛

2

# 夏禹書　出令帖

Chu Ling Tie

Written by Emperor Yu, Xia Dynasty

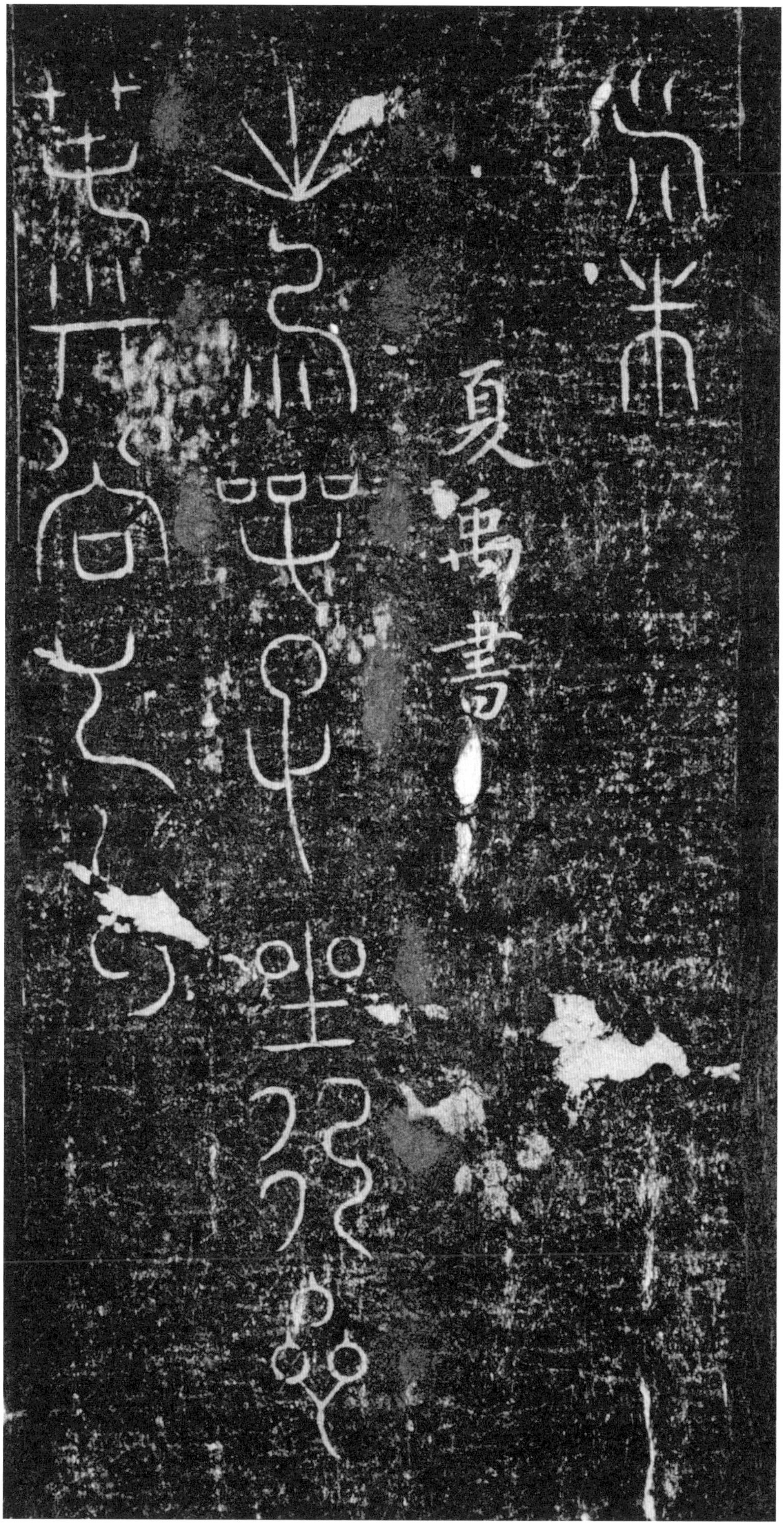


斧芾

出令帖　釋文：

出令聶子星紀齊

春其尚節化

## 3

## 魯司寇仲尼書　延陵帖

**Yan Ling Tie**

Written by Zhong Ni, Minister of Justice, Lu State, the Spring and Autumn Period

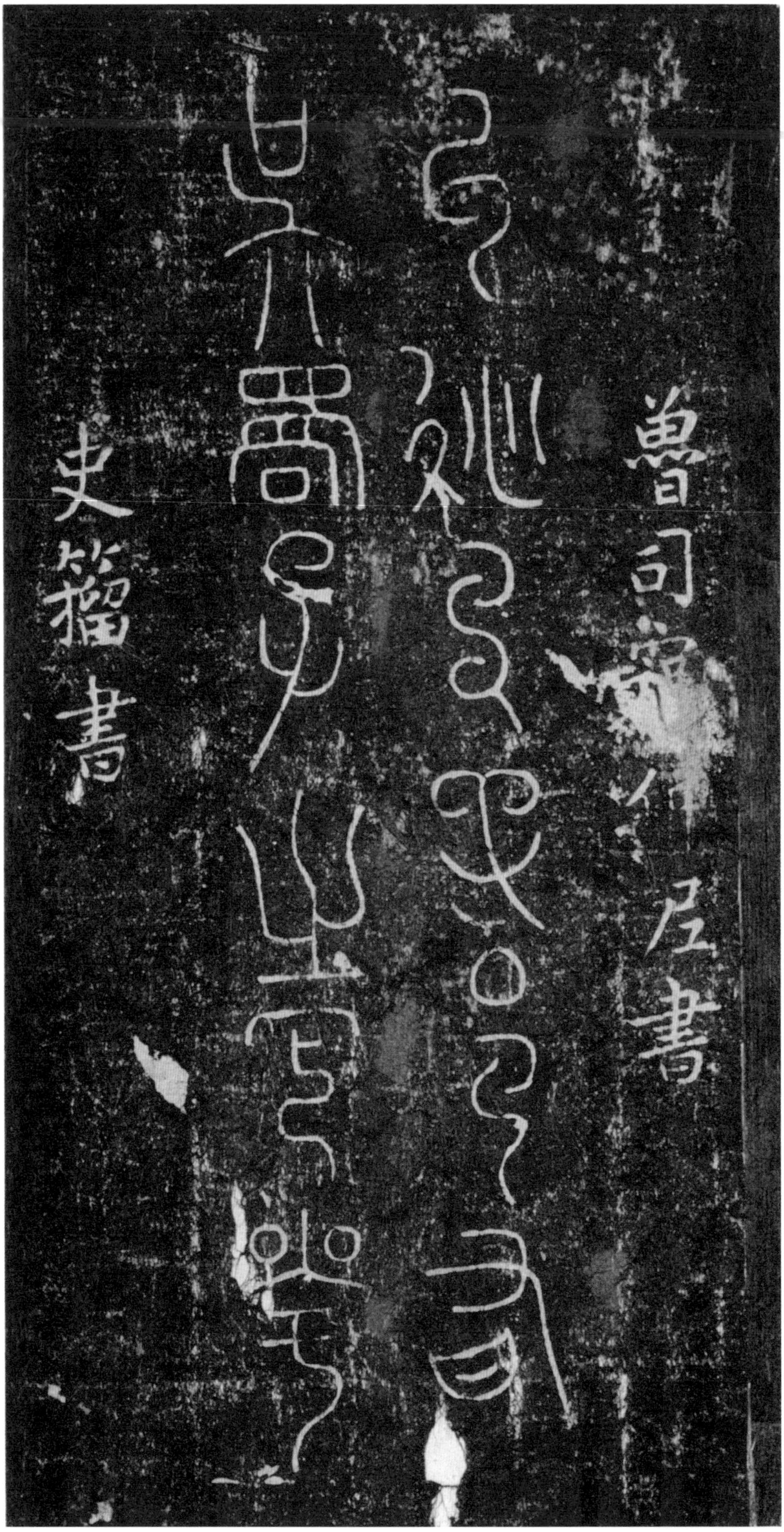


延陵帖　釋文：
烏延陵封邑有
吳君子之墓呼

4

史籀書　歙州帖
Tang Zhou Tie
Written by Shi Zhou

5

秦丞相李斯書　田疇帖
Tian Chou Tie
Written by Li Si, Prime Minister, Qin Dynasty

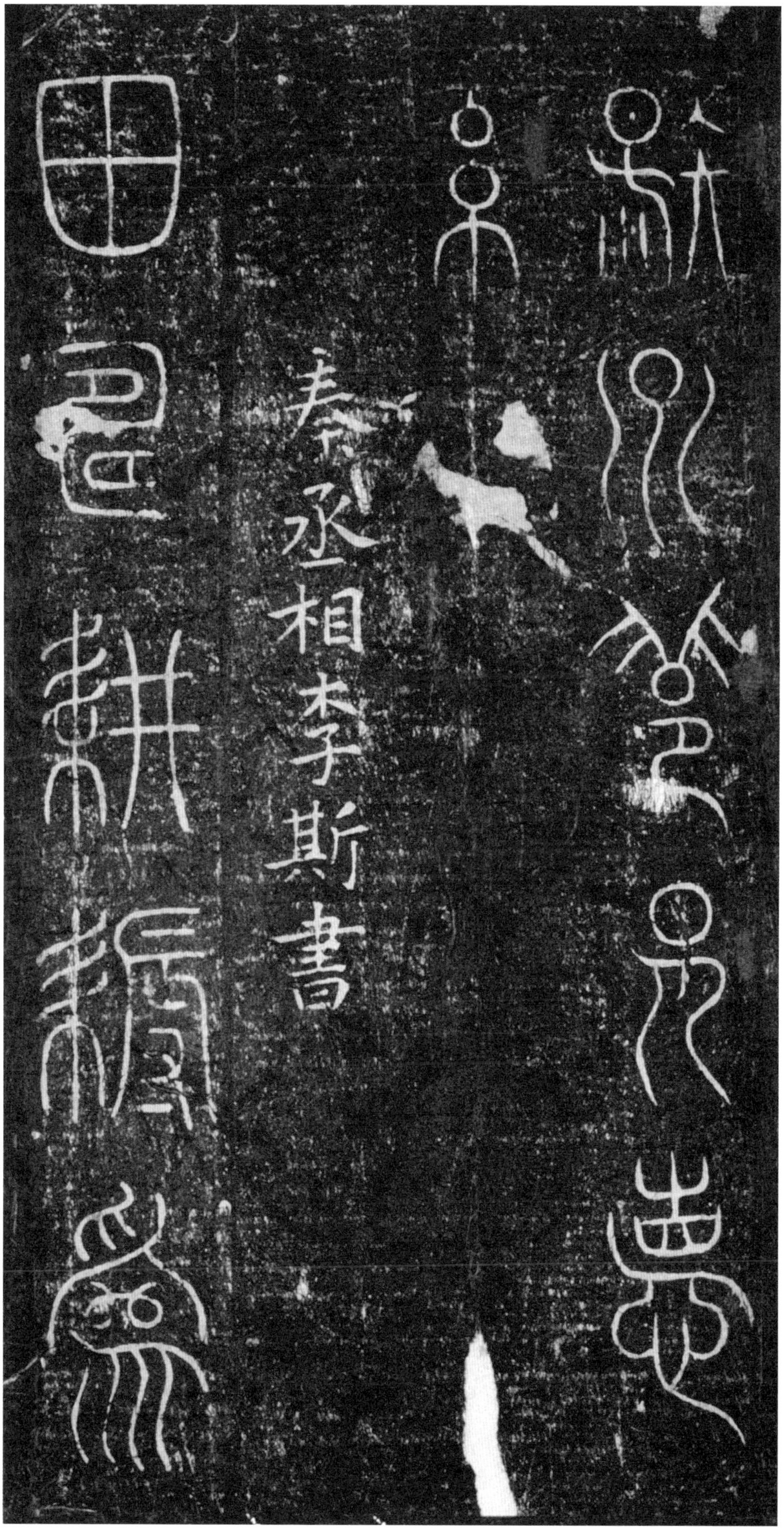


歙州帖　釋文：
歙州裴易德
糸
田疇帖　釋文：
田疇耕耨為

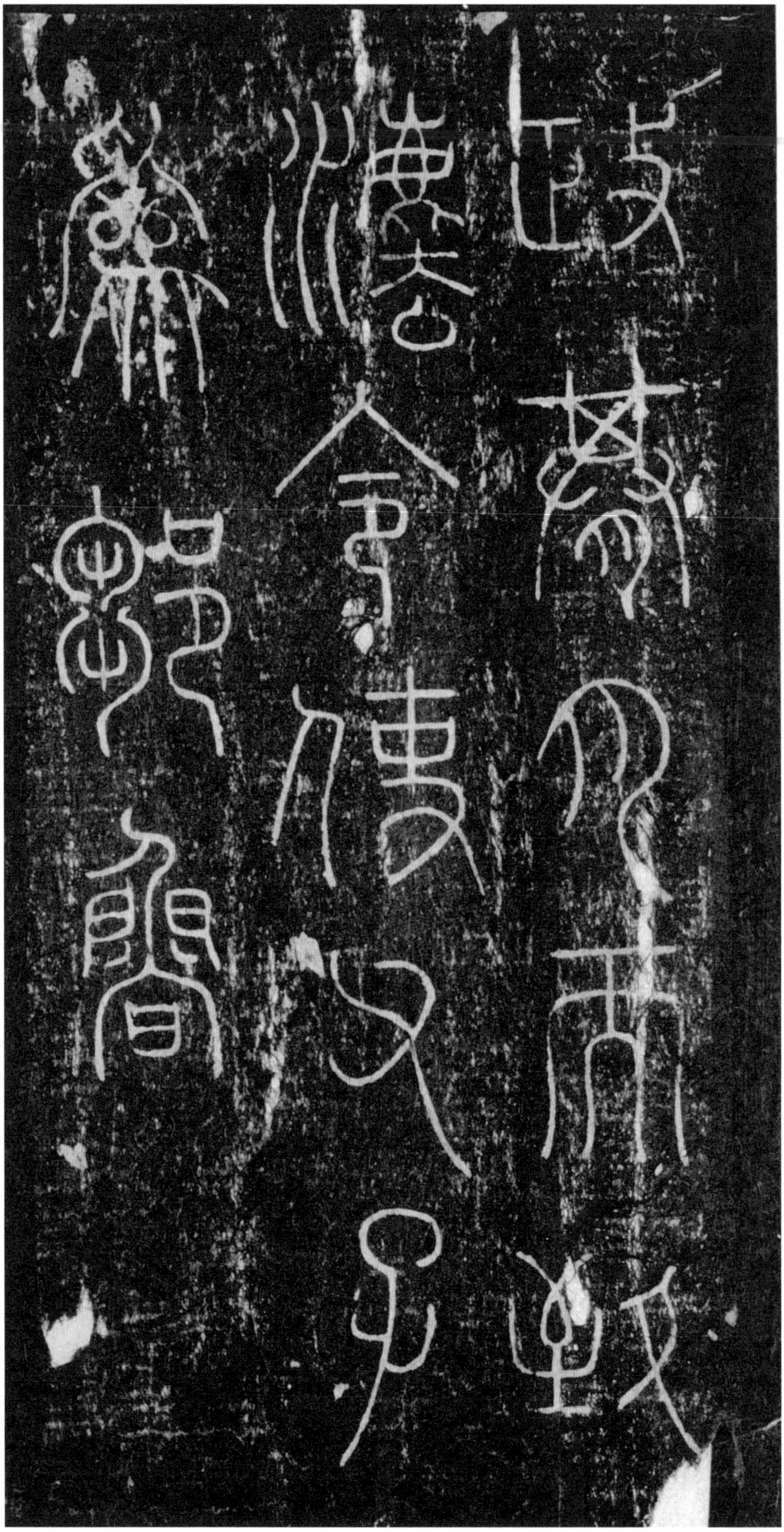

政期月而致
法令使父子
為鄒魯

6

# 秦程邈書 天清帖

Tian Qing Tie

Written by Cheng Miao, Qin Dynasty

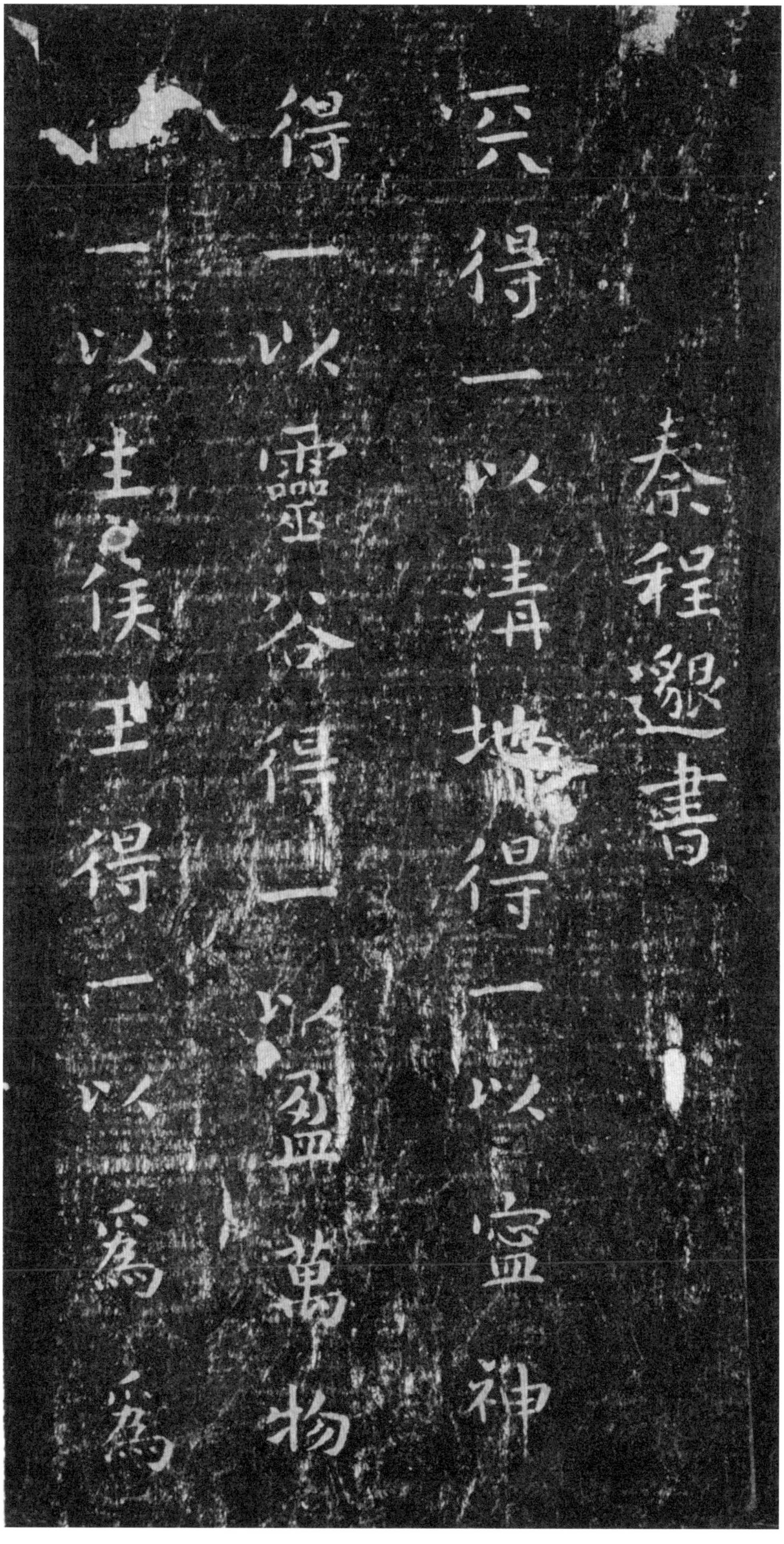


天清帖 釋文：

天得一以清地得一以寧神
得一以靈谷得一以盈萬物
得一以生侯王得一以為為

# 7

## 宋儋書　接拜帖

**Jie Bai Tie**

Written by Song Dan

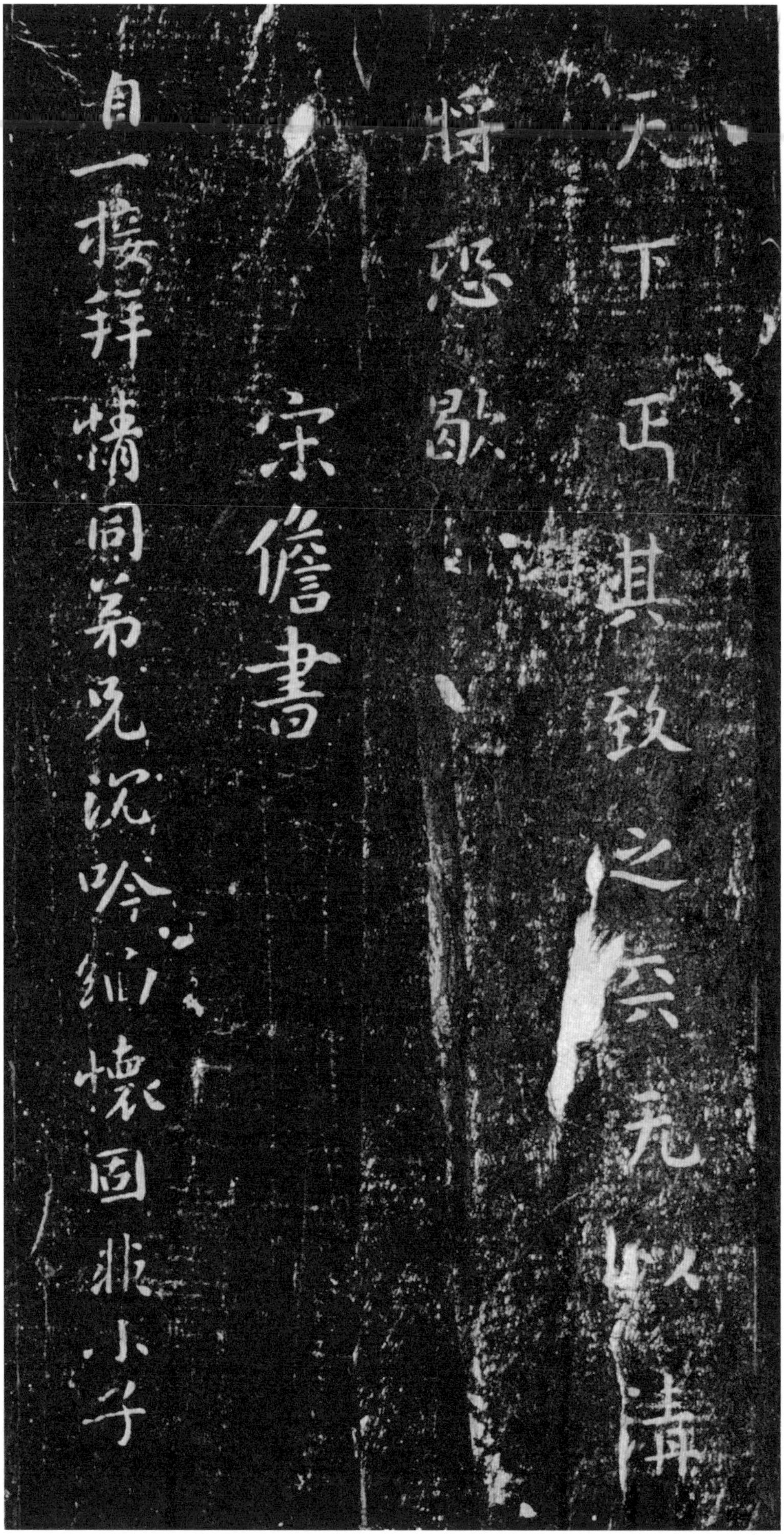


天下正其致之天無以清
將恐歇

**接拜帖　釋文：**
自一接拜情同弟兄沉吟緬懷固非小子

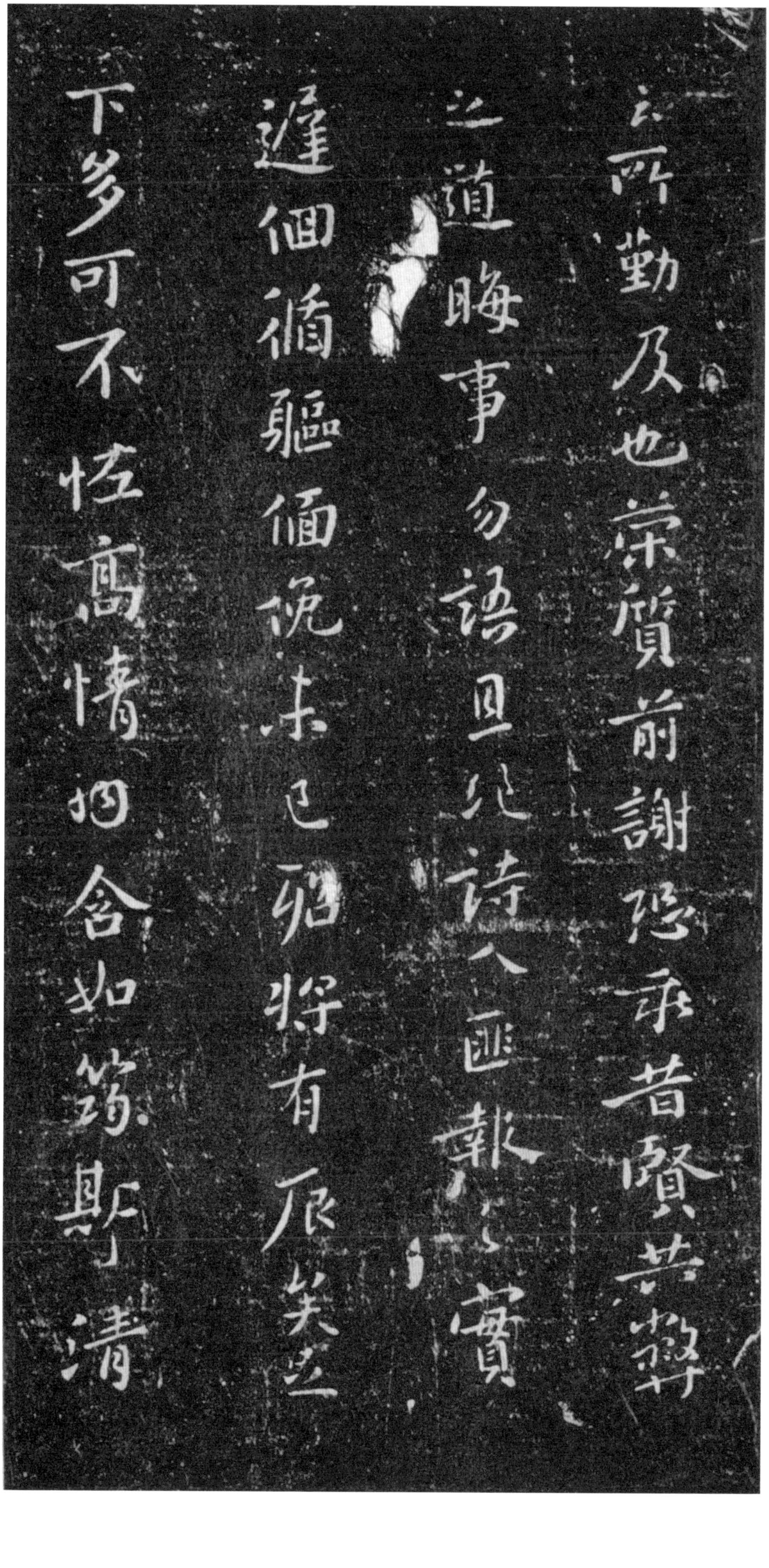

云所勤及也策質前謝恐乖昔賢共弊
之道晦事勿語且絕詩人匪報之實
遲徊循軀偭俛末已殆將有辰矣足
下多可不怪高情內含如筠斯清

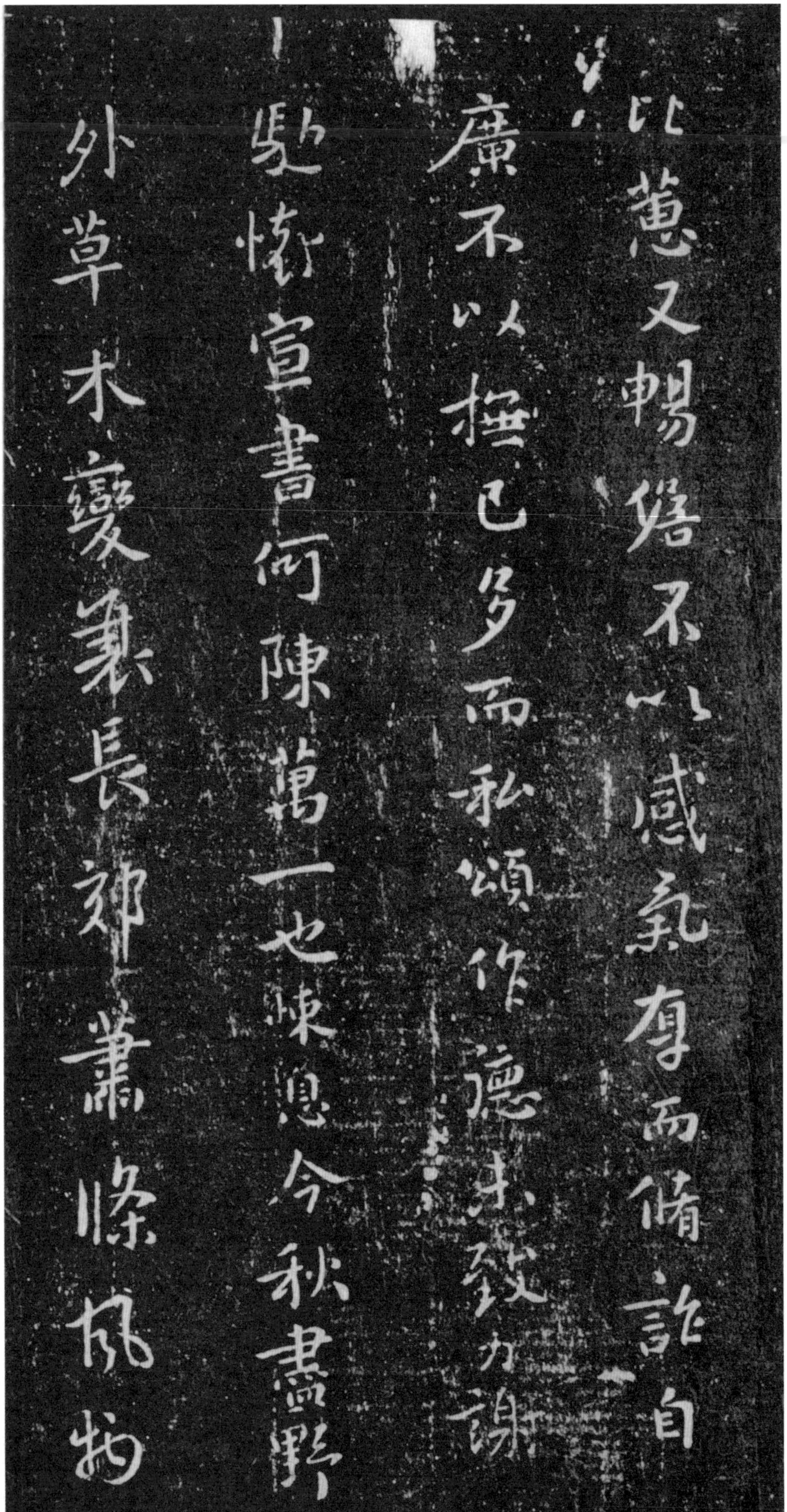

比蕙又暢儋不以感氣厚而修詐自
廣不以撫巳多而私頌作德未致力謝
馳懷宣書何陳萬一也悚息今秋盡野
外草木變衰長郊蕭條風物

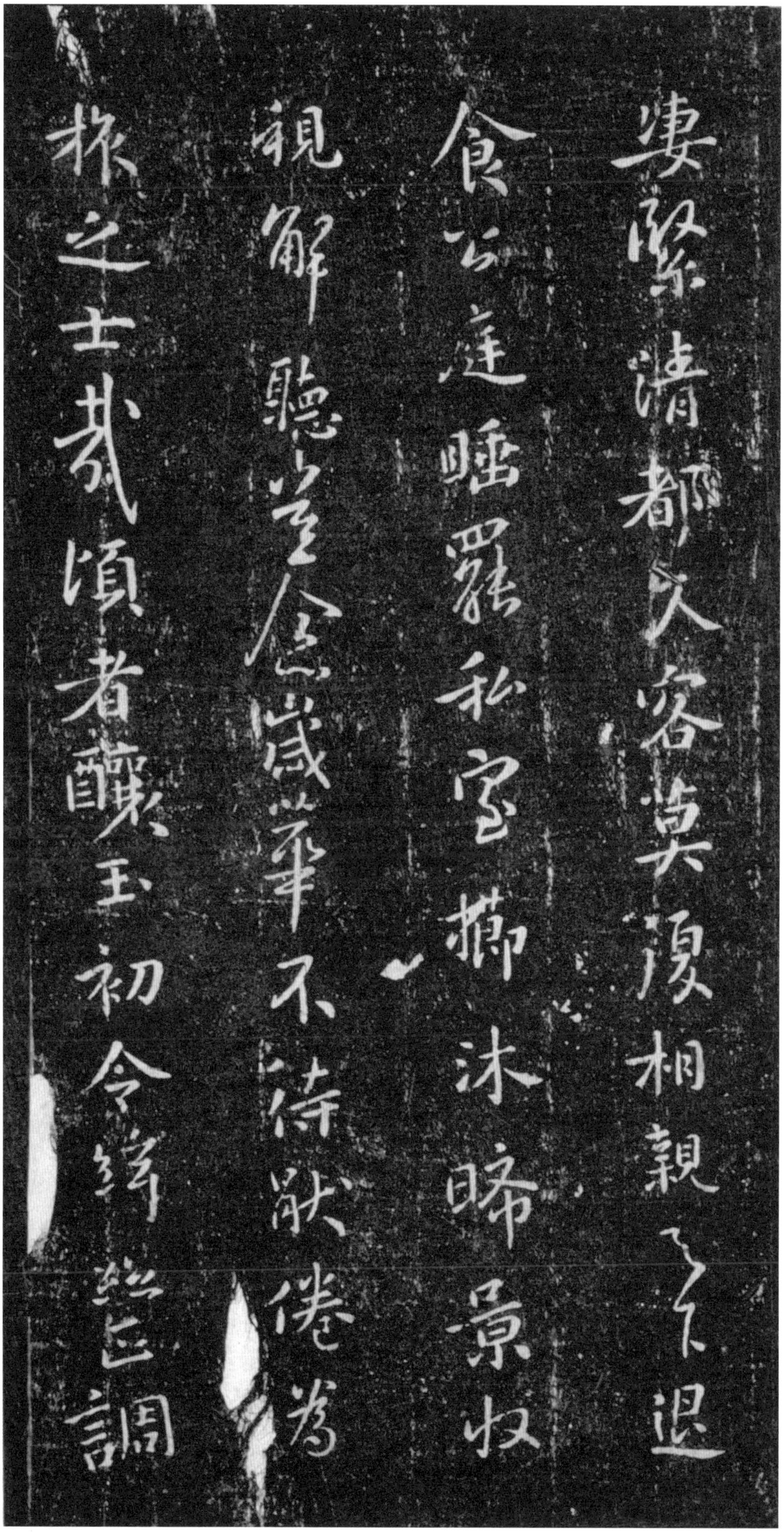

凄緊清都久客莫復相親足下退
食公庭睡罷私室櫛沐晞景收
視解聽豈念歲華不待厭倦為
旅之士哉頃者釀玉初令絃絲正調

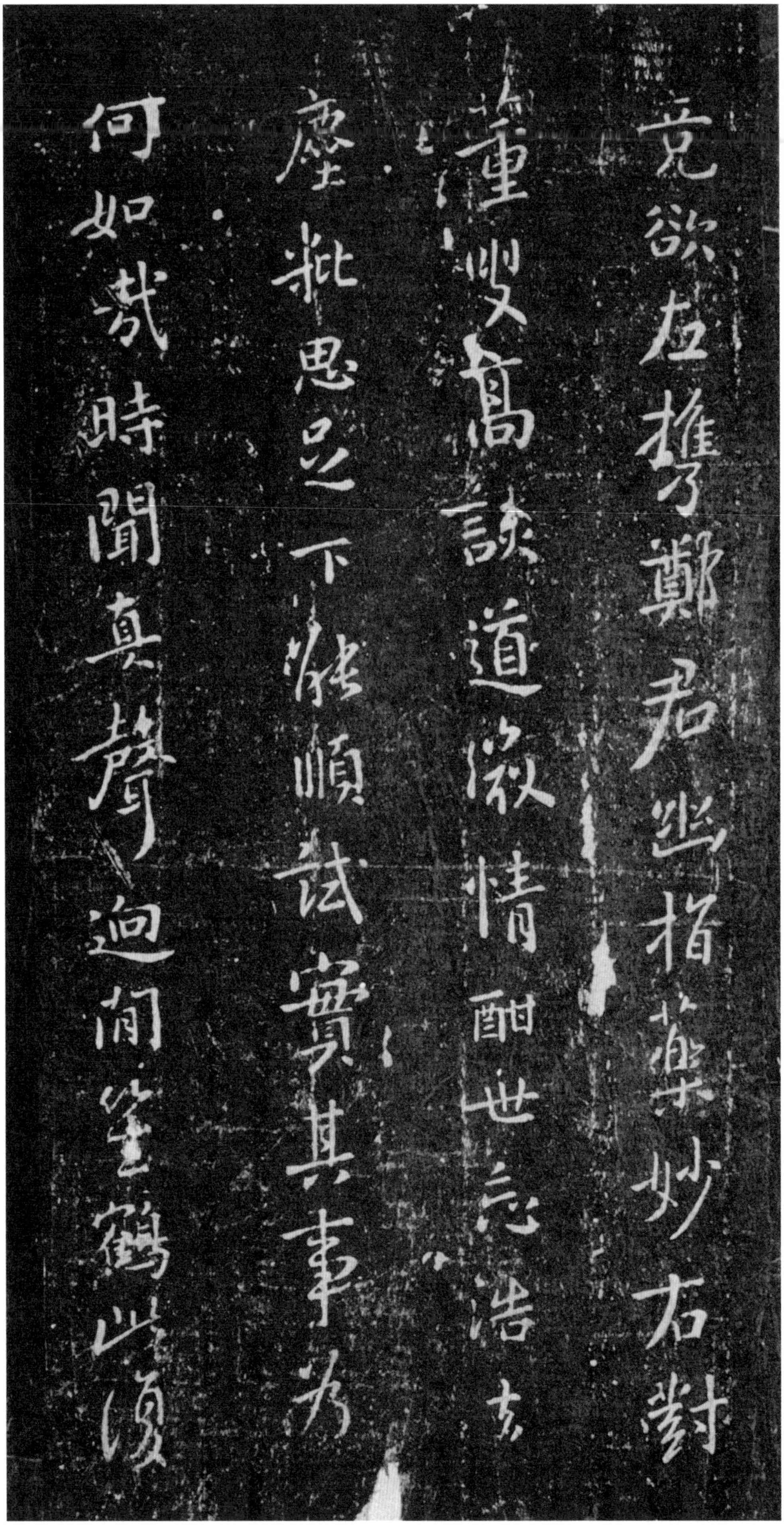

竟欲左攜鄭君幽指藥妙右對
董叟高談道微情酣世忘浩去
麈秕思足下能順試實其事為
何如哉時聞真聲迴間笙鶴此復

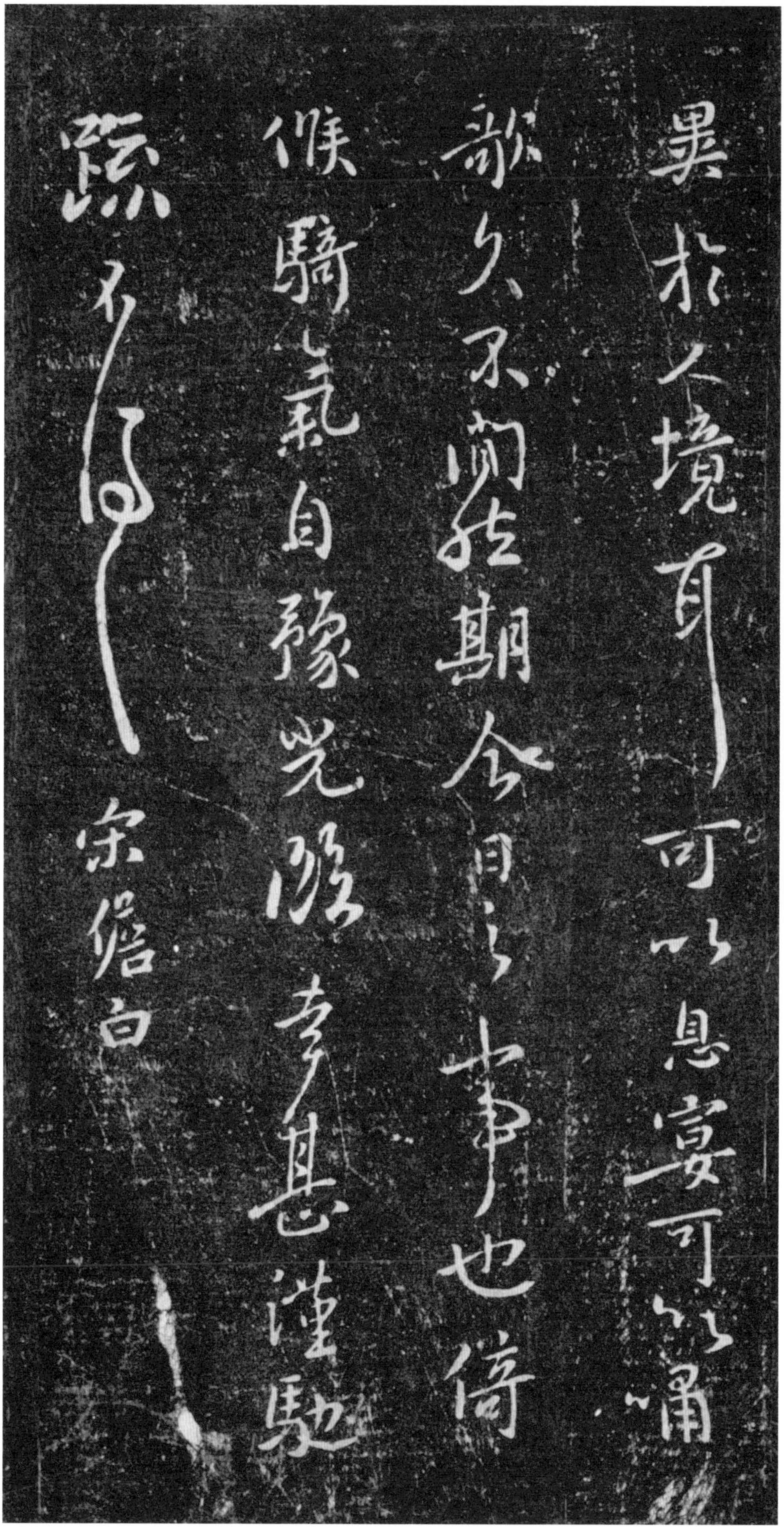

異於人境耳可以息宴可以嘯
歌久不聞然期今日之事也倚
候騎氣自豫光臨幸甚謹馳
疏不復具宋儋白

## 8

# 衛夫人書　急就帖

Ji Jiu Tie

Written by Madame Wei

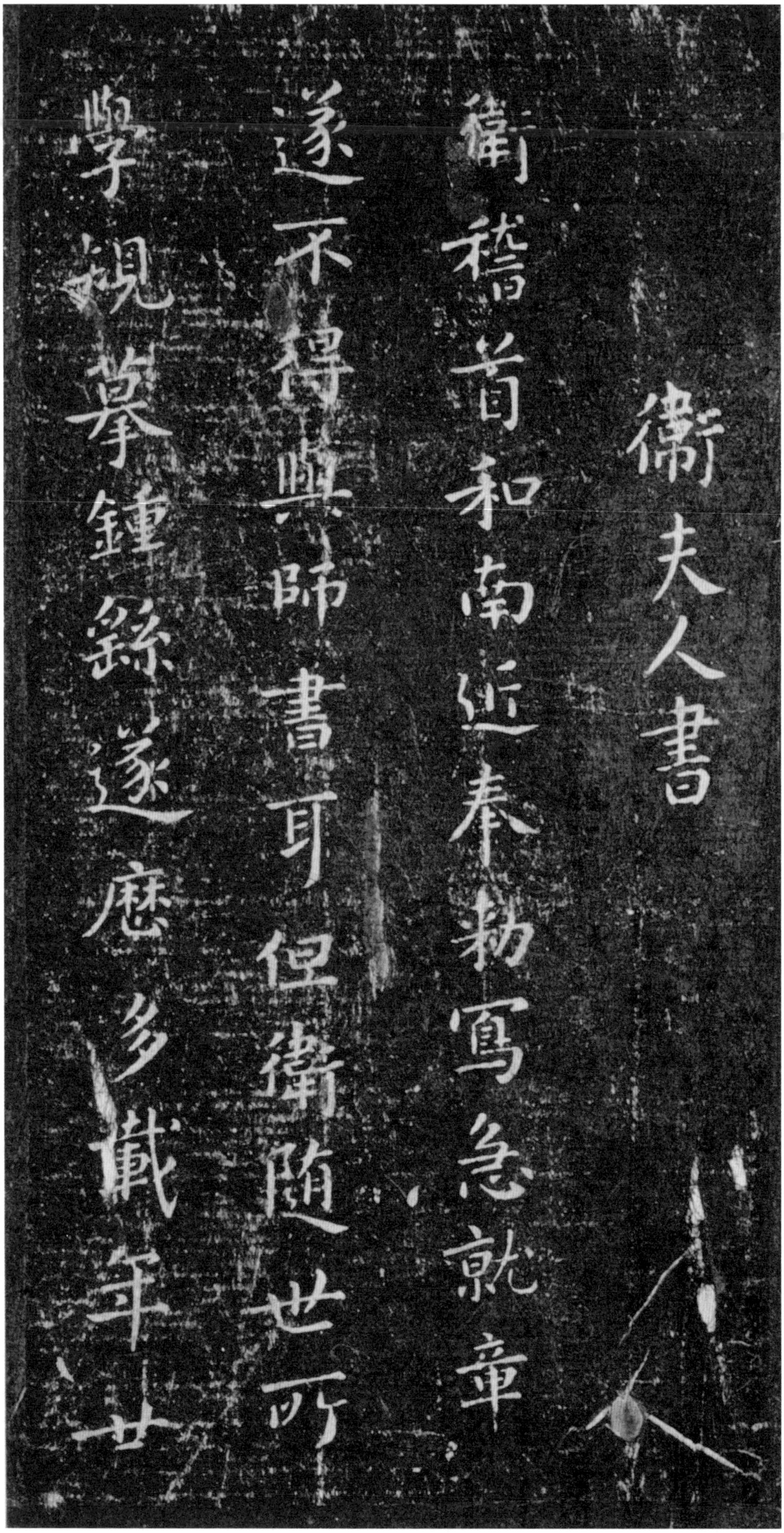


急就帖　釋文：

衛稽首和南近奉敕寫急就章
遂不得與師書耳但衛隨世所
學規摹鍾繇遂歷多載年廿

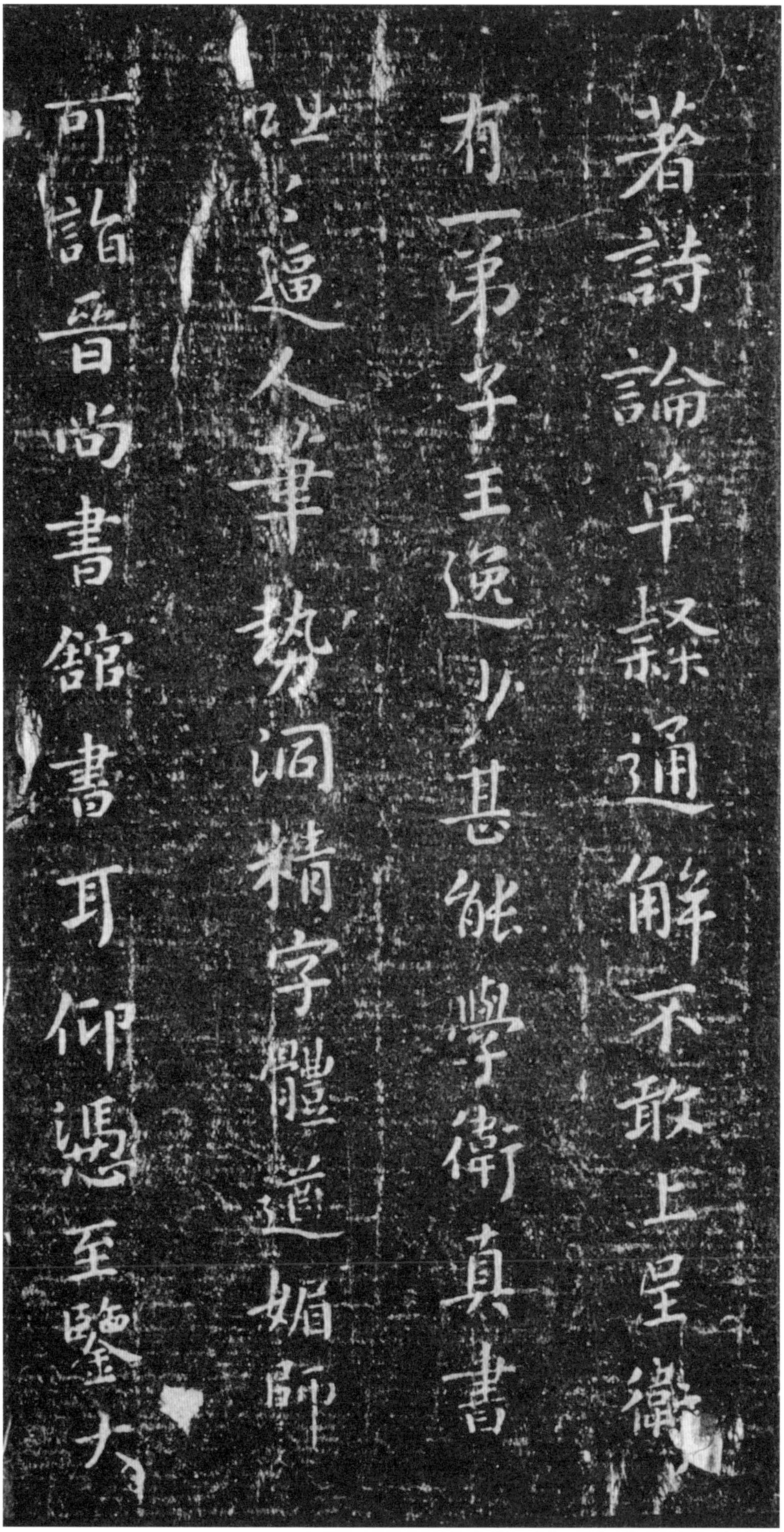

著詩論草隸通解不敢上呈衛
有一弟子王逸少甚能學衛真書
咄咄逼人筆勢洞精字體遒媚師
可詣晉尚書館書耳仰憑至鑒大

古法帖　賢弟帖

Xian Di Tie, A Model Calligraphy of an Ancient Master

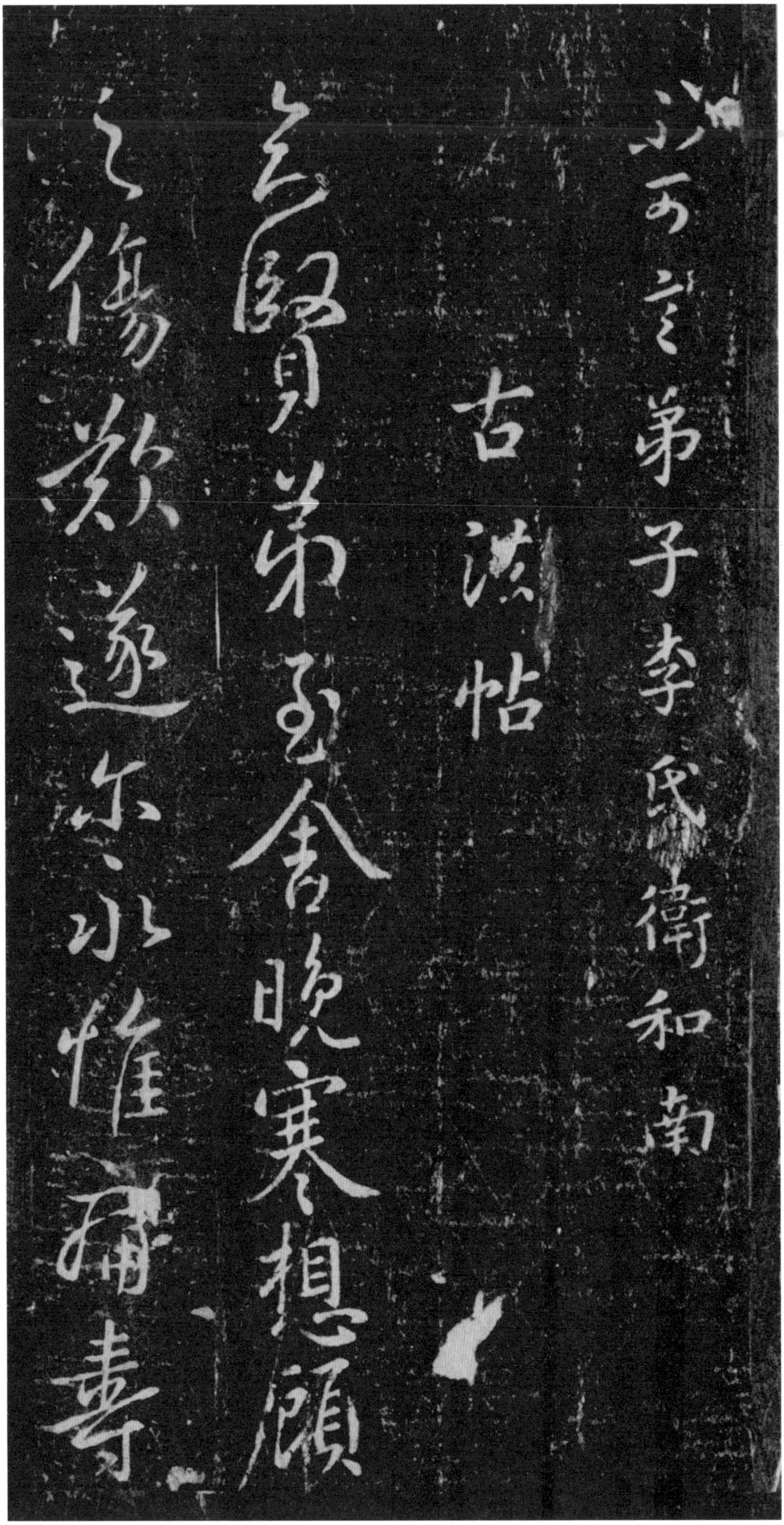


不可言弟子李氏衛和南

**賢弟帖　釋文：**

知賢弟至舍晚寒想顧

之傷歎遂爾永惟痛壽

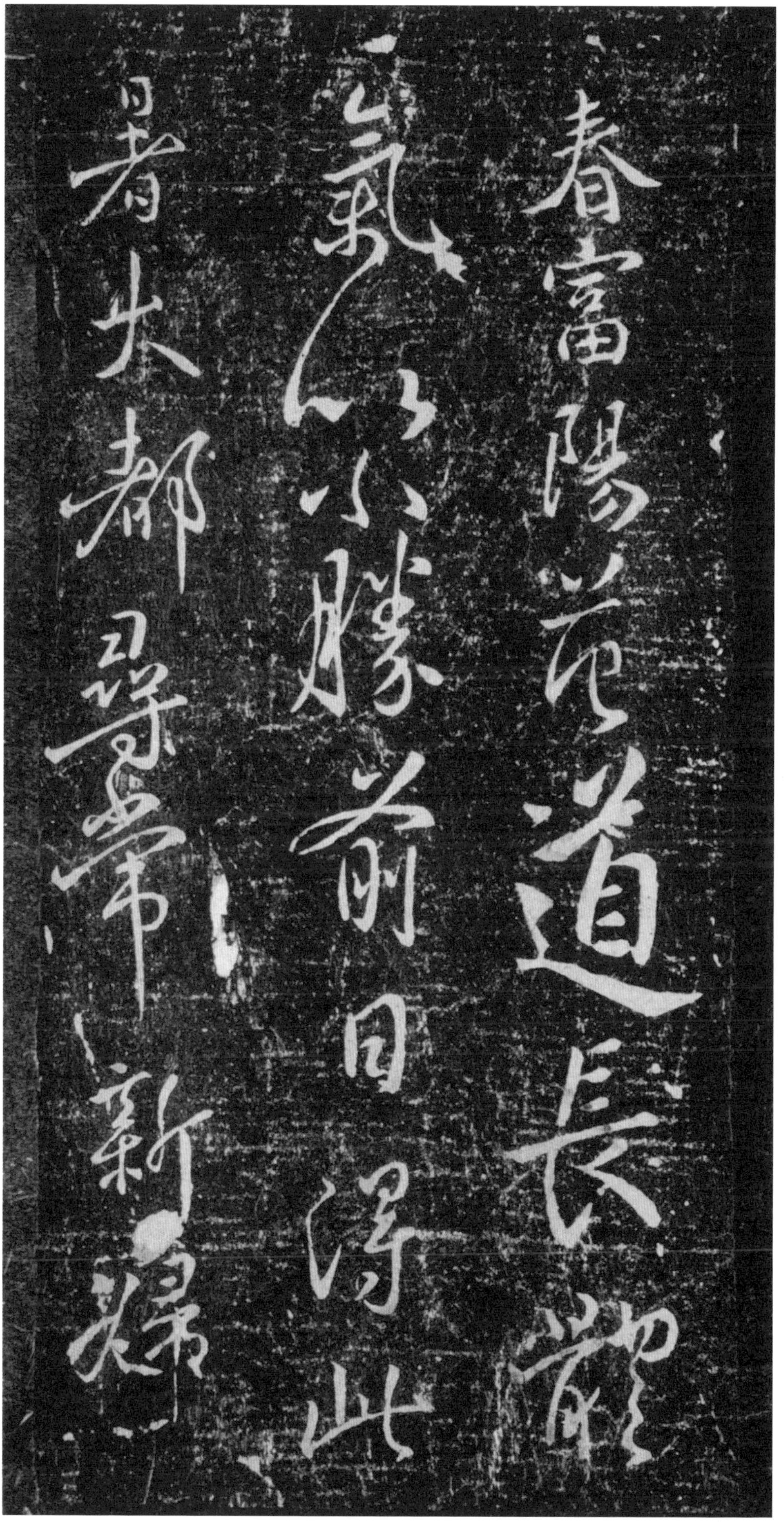

春富陽范道長體
氣似小勝前日得此
暑大都尋常新婦

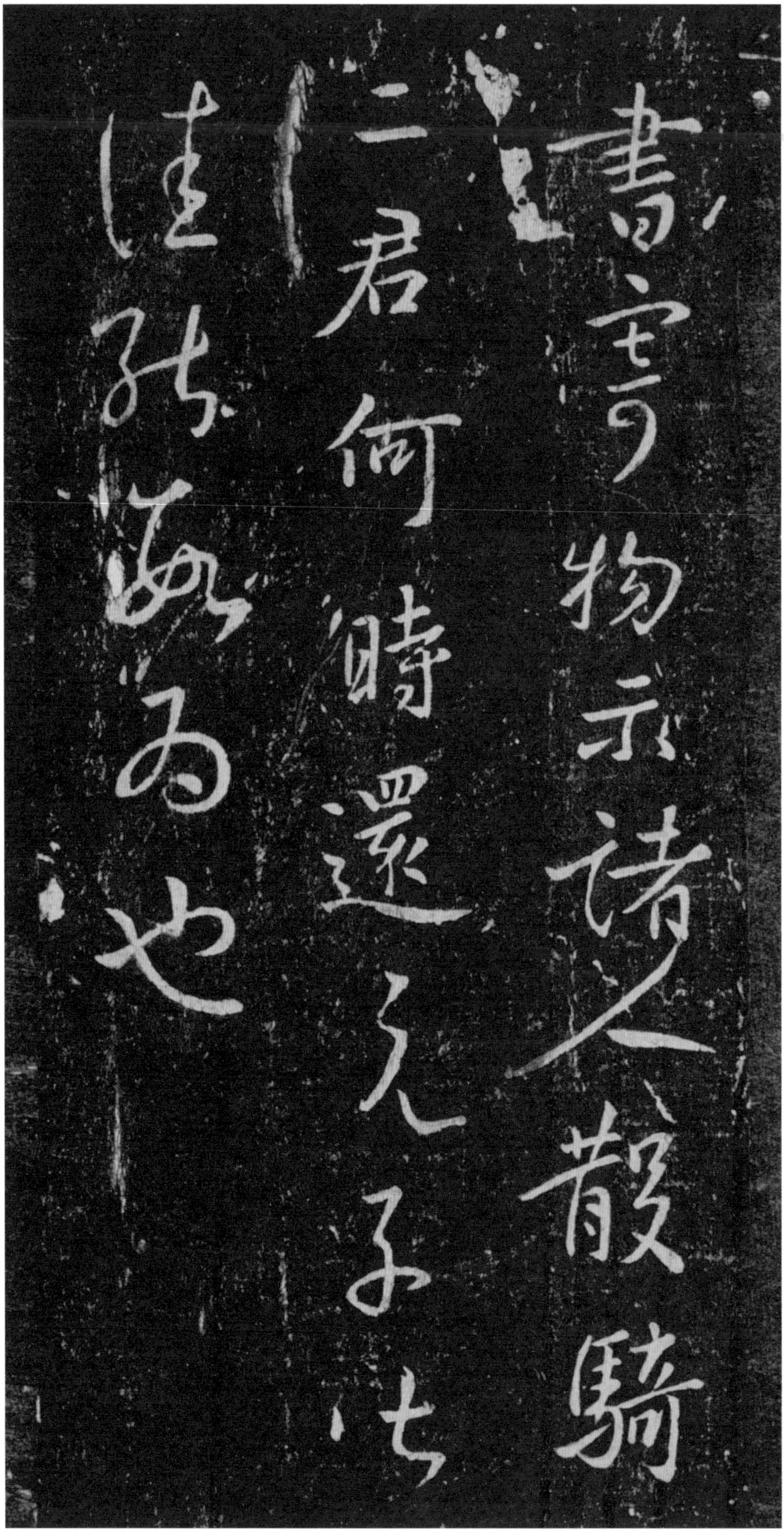

書寄物示諸人散騎
二君何時還兄子皆
佳能數為也

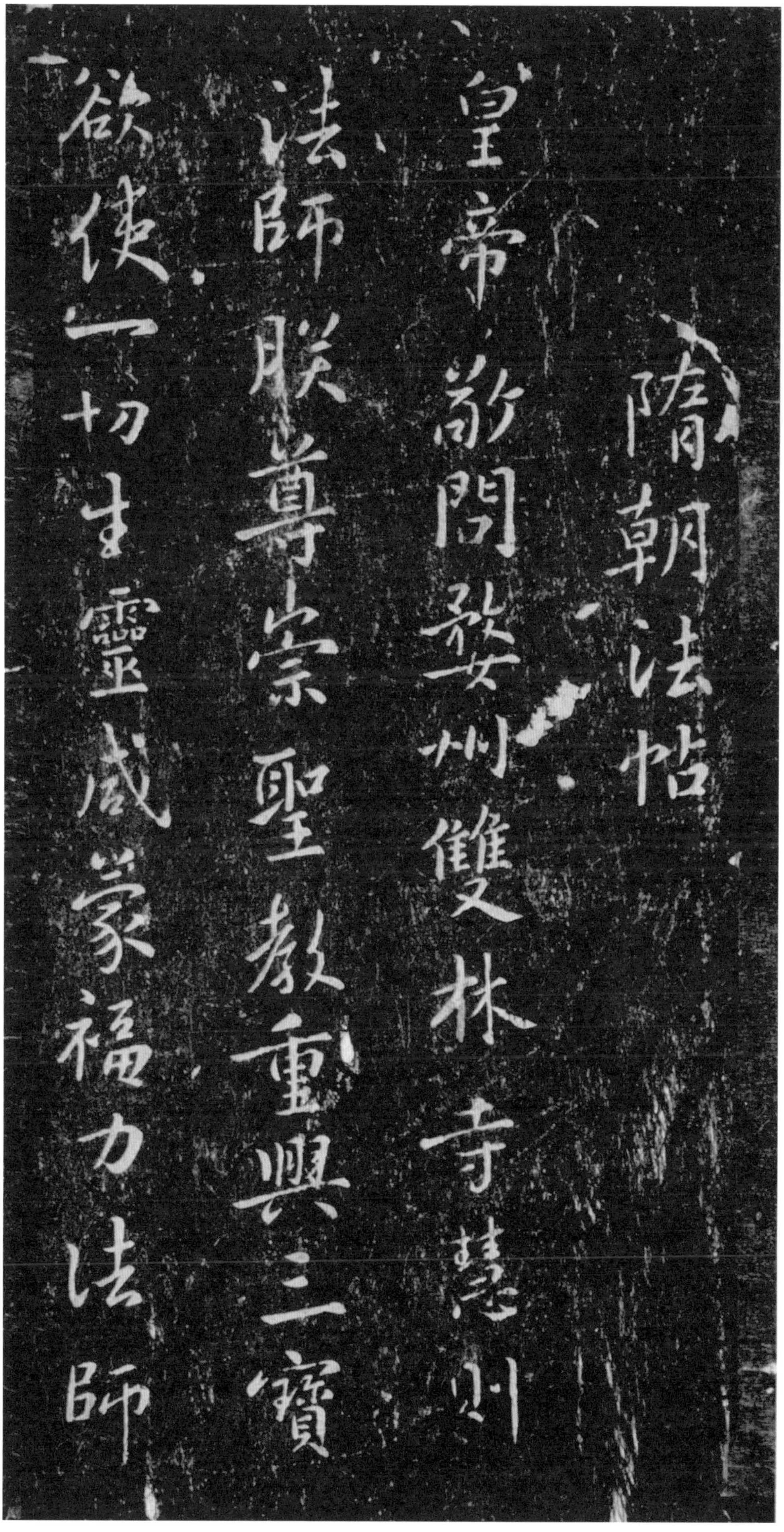


隋朝法帖　釋文：
皇帝敬問婺州雙林寺慧則
法師朕尊崇聖教重興三寶
欲使一切生靈咸蒙福力法師

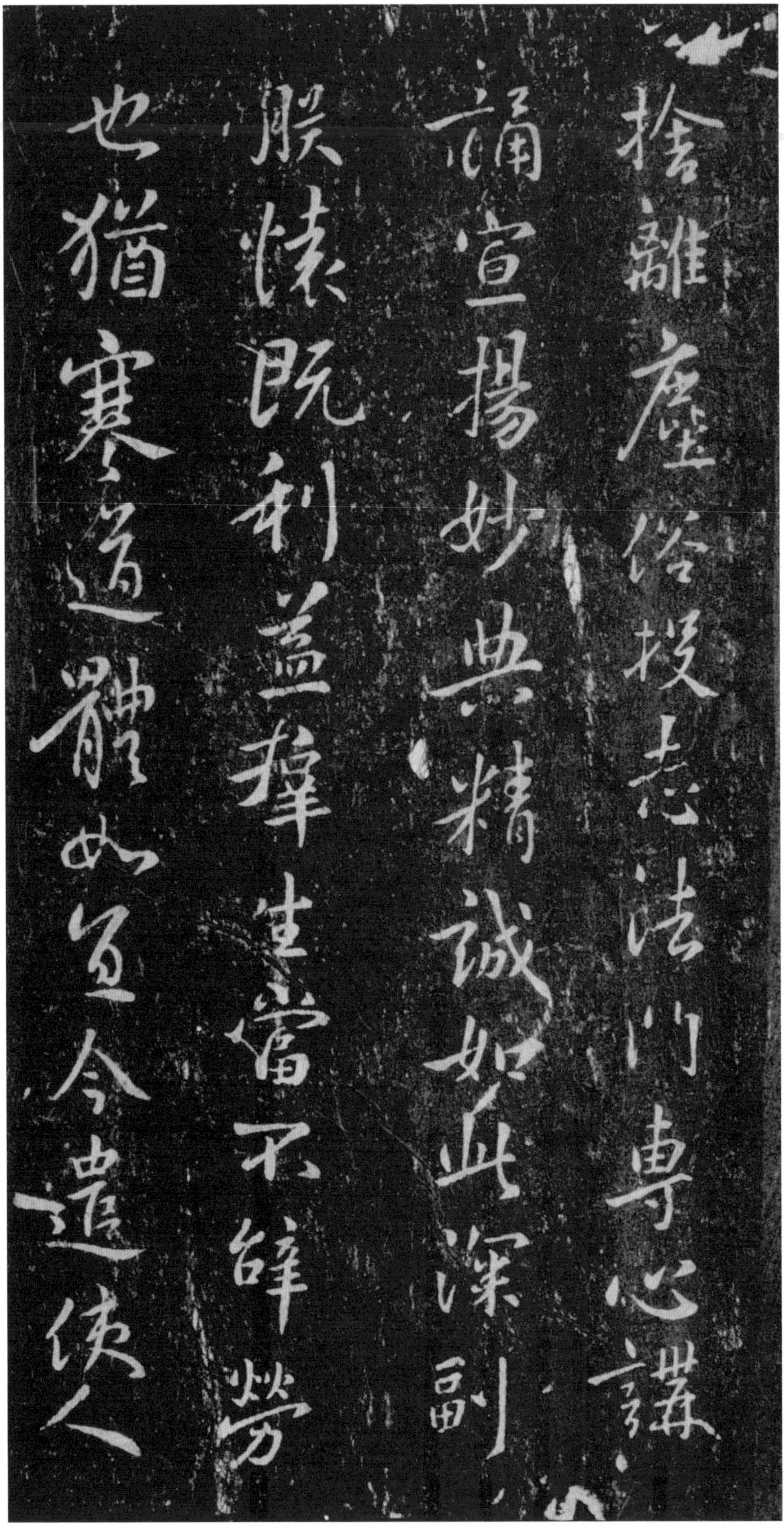

捨離塵俗投志法門專心講
誦宣揚妙典精誠如此深副
朕懷既利益群生當不辭勞
也猶寒道體如宜今遣使人

11

## 隋僧智果書　評書帖

Ping Shu Tie

Written by Buddhist Monk Zhi Guo, Sui Dynasty

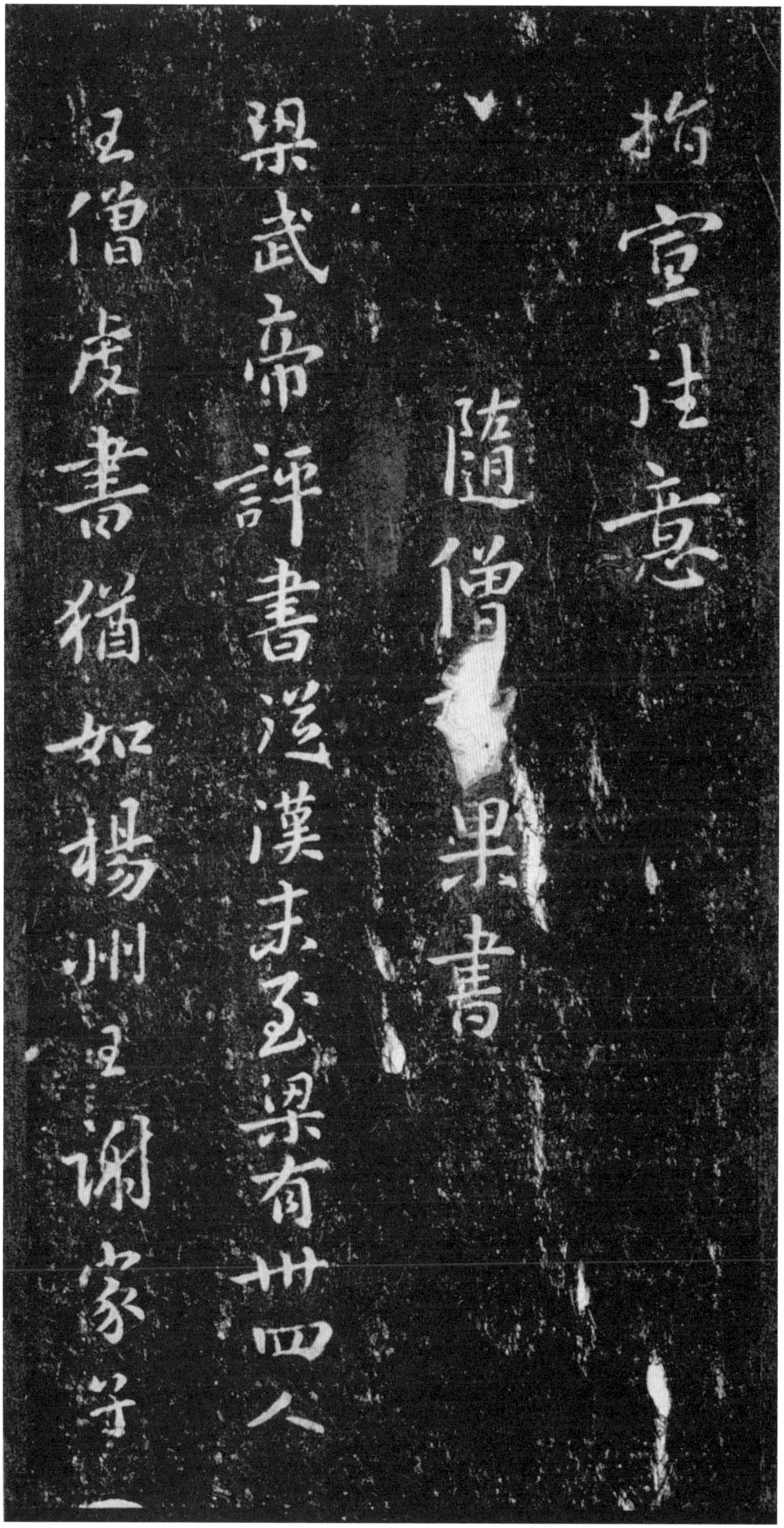
指宣往意
隋僧果書
梁武帝評書從漢末至梁有卅四人
王僧虔書猶如揚州王謝家子

指宣往意

評書帖　釋文：

梁武帝評書從漢末至梁有卅四人

王僧虔書猶如揚州王謝家子

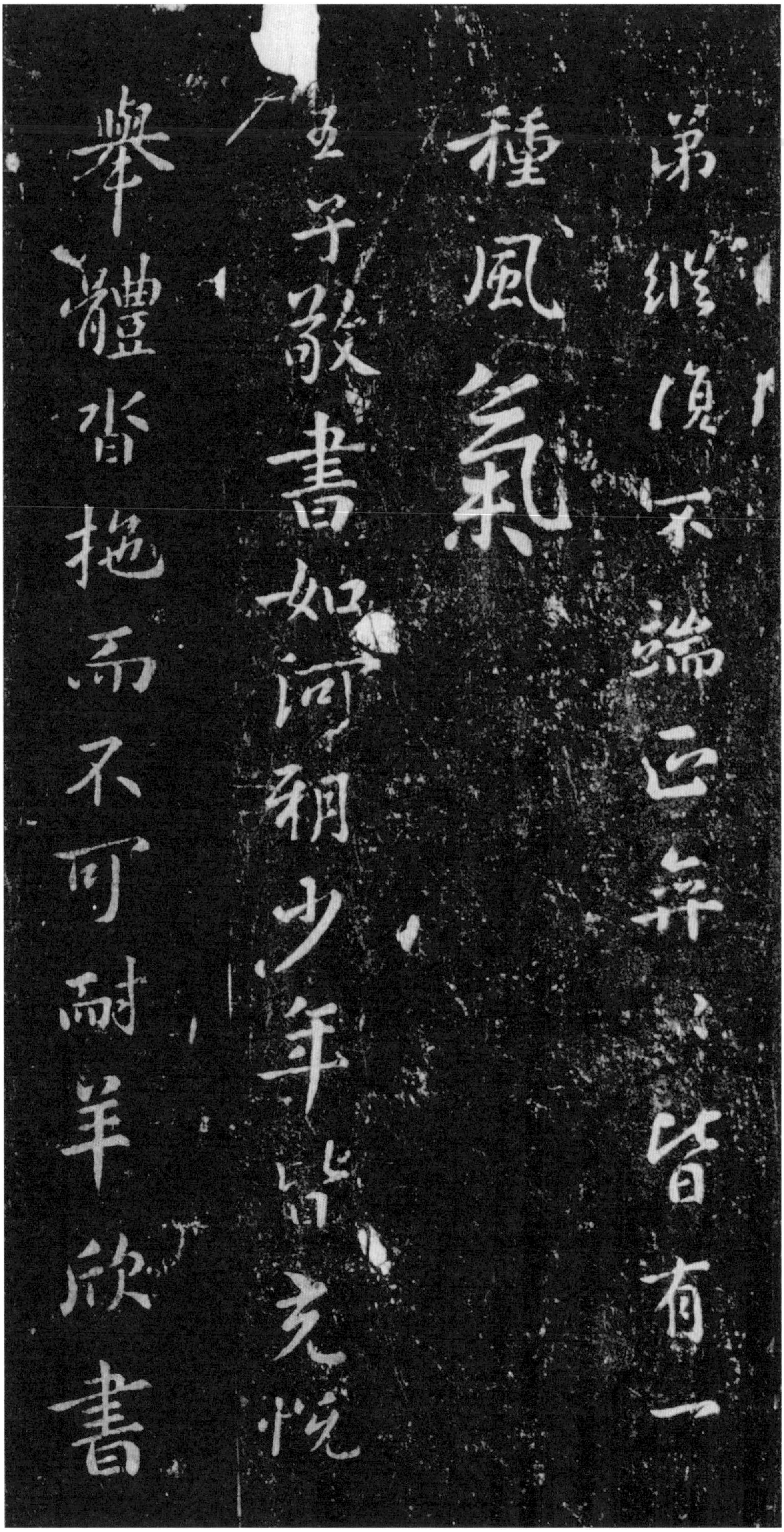

弟縱復不端正奕奕皆有一
種風氣
王子敬書如河朔少年皆充悅
舉體沓拖而不可耐羊欣書

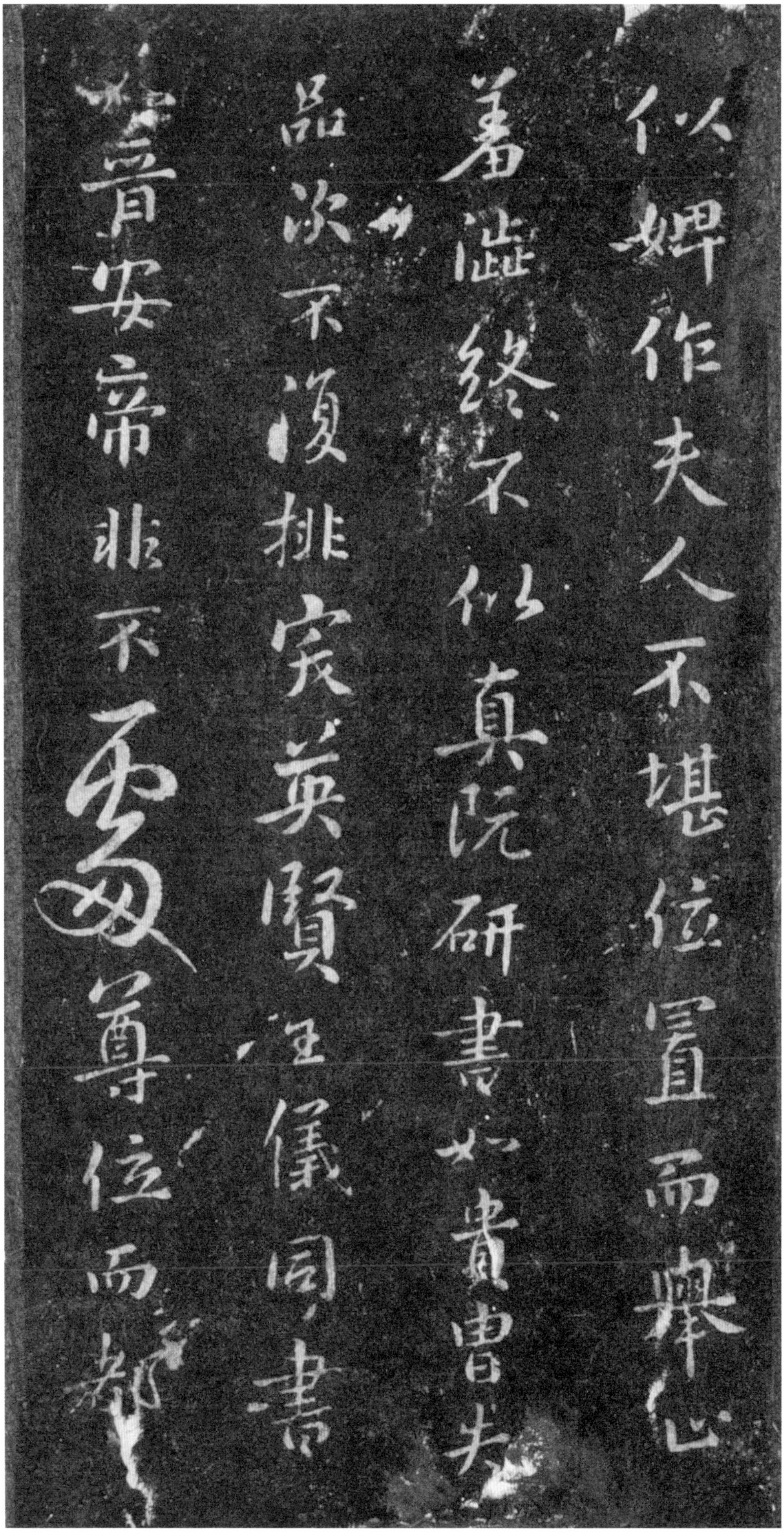


似婢作夫人不堪位置而舉止
羞澀終不似真阮研書如貴胄失
品次不復排突英賢王儀同書
如晉安帝非不處尊位而都

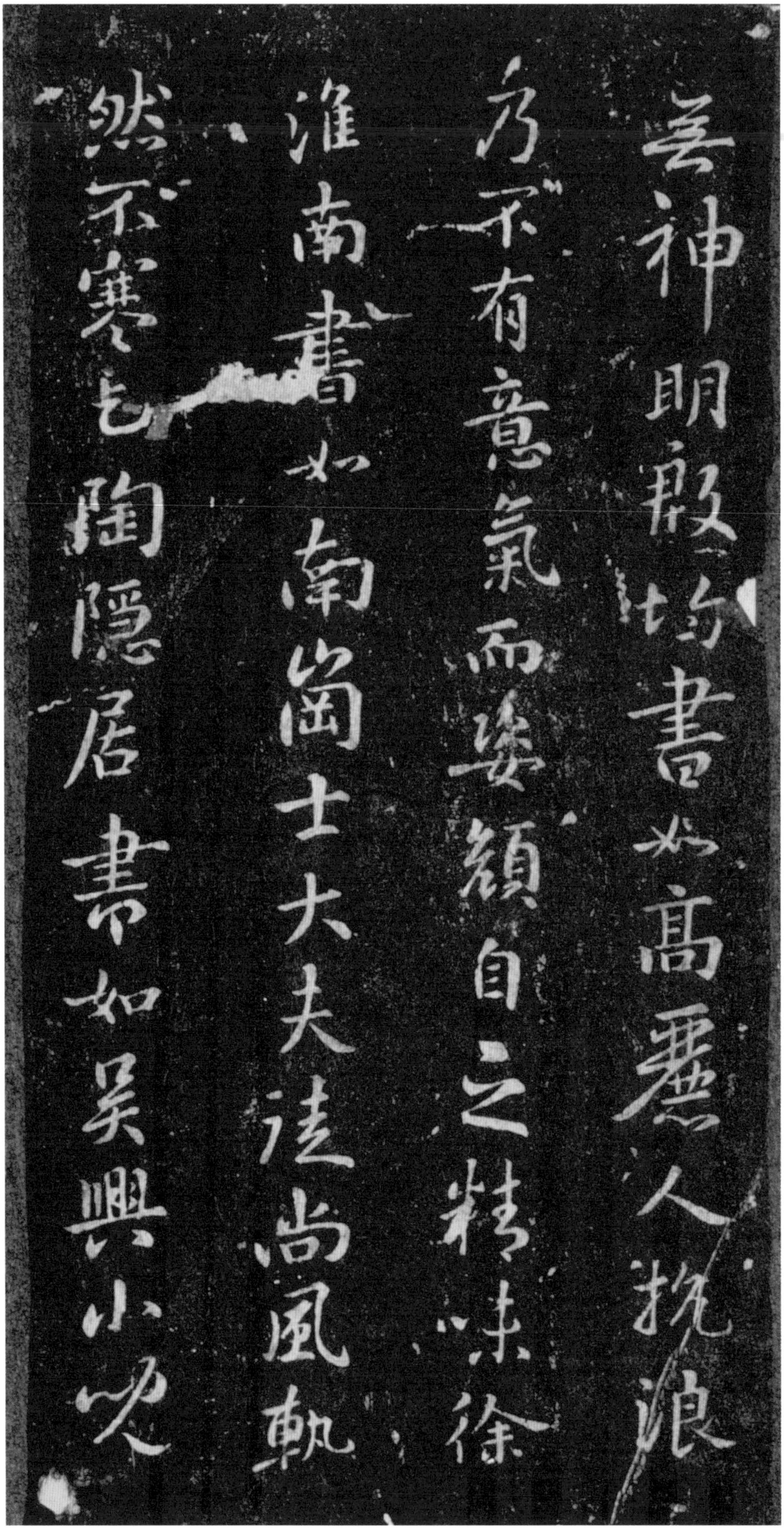

無神明殷均書如高麗人抗浪
乃不有意氣而資顏自乏精味徐
淮南書如南崗士大夫徒尚風軌
然不寒乞陶隱居書如吳興小兒

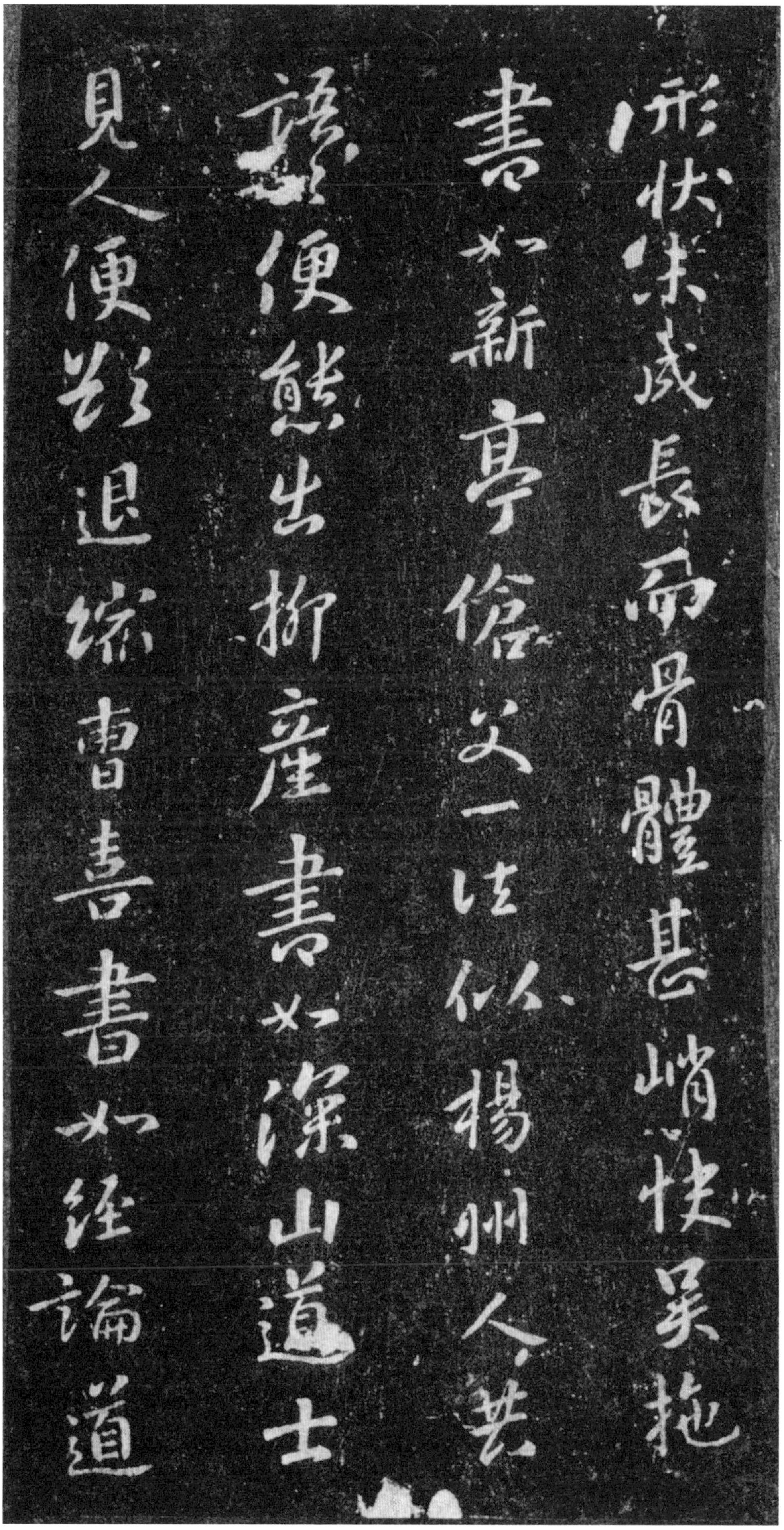

形狀未成長而骨體甚峭快吳施
書如新亭傖父一往似揚州人共
語語便態出柳產書如深山道士
見人便欲退縮曹喜書如經論道

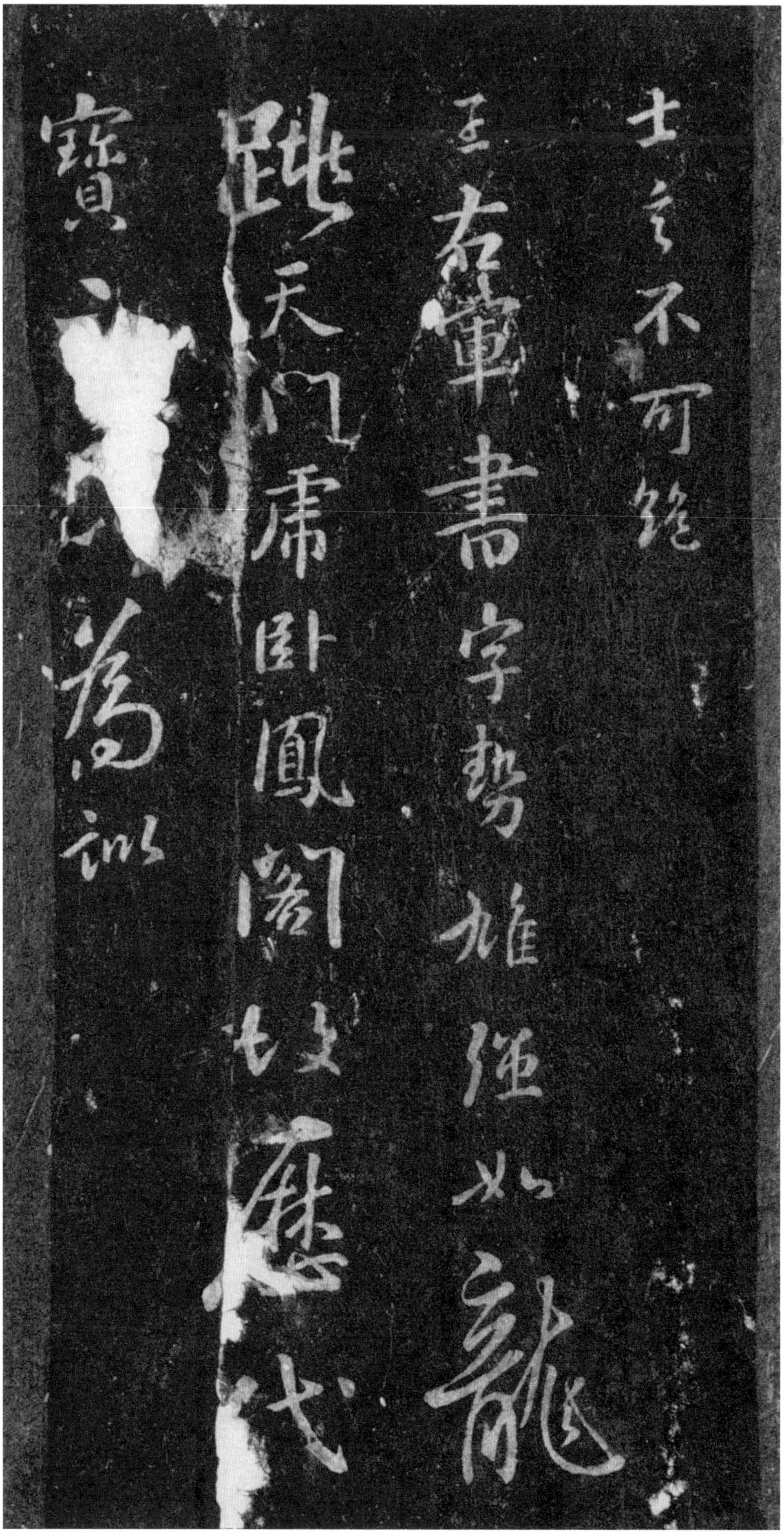

士言不可絕
王右軍書字勢雄強如龍
跳天門虎臥鳳閣故歷代
寶之永以為訓

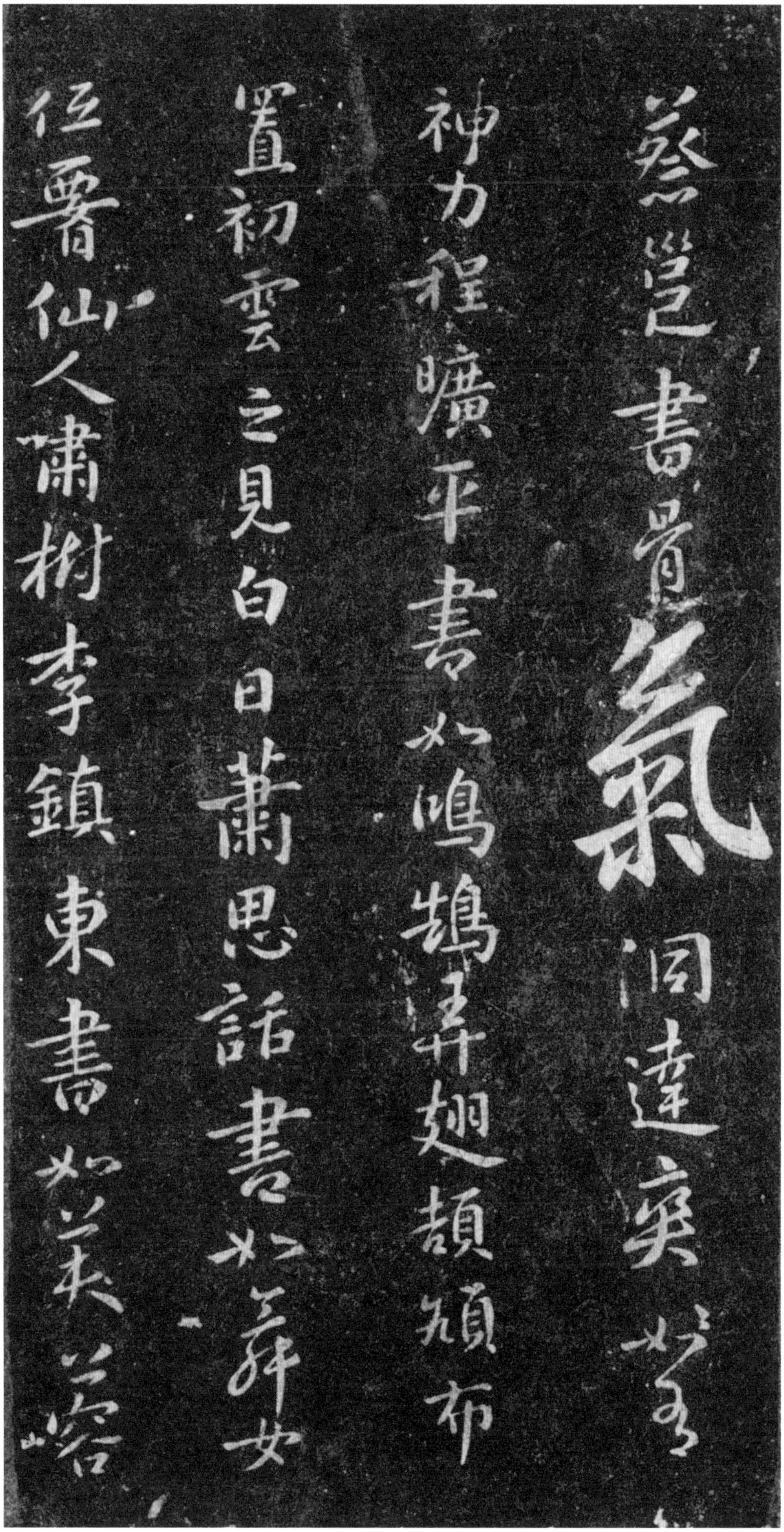


蔡邕書骨氣洞達爽爽如有
神力程曠平書如鴻鵠弄翅頡頏布
置初雲之見白日蕭思話書如舞女
低腰仙人嘯樹李鎮東書如芙蓉

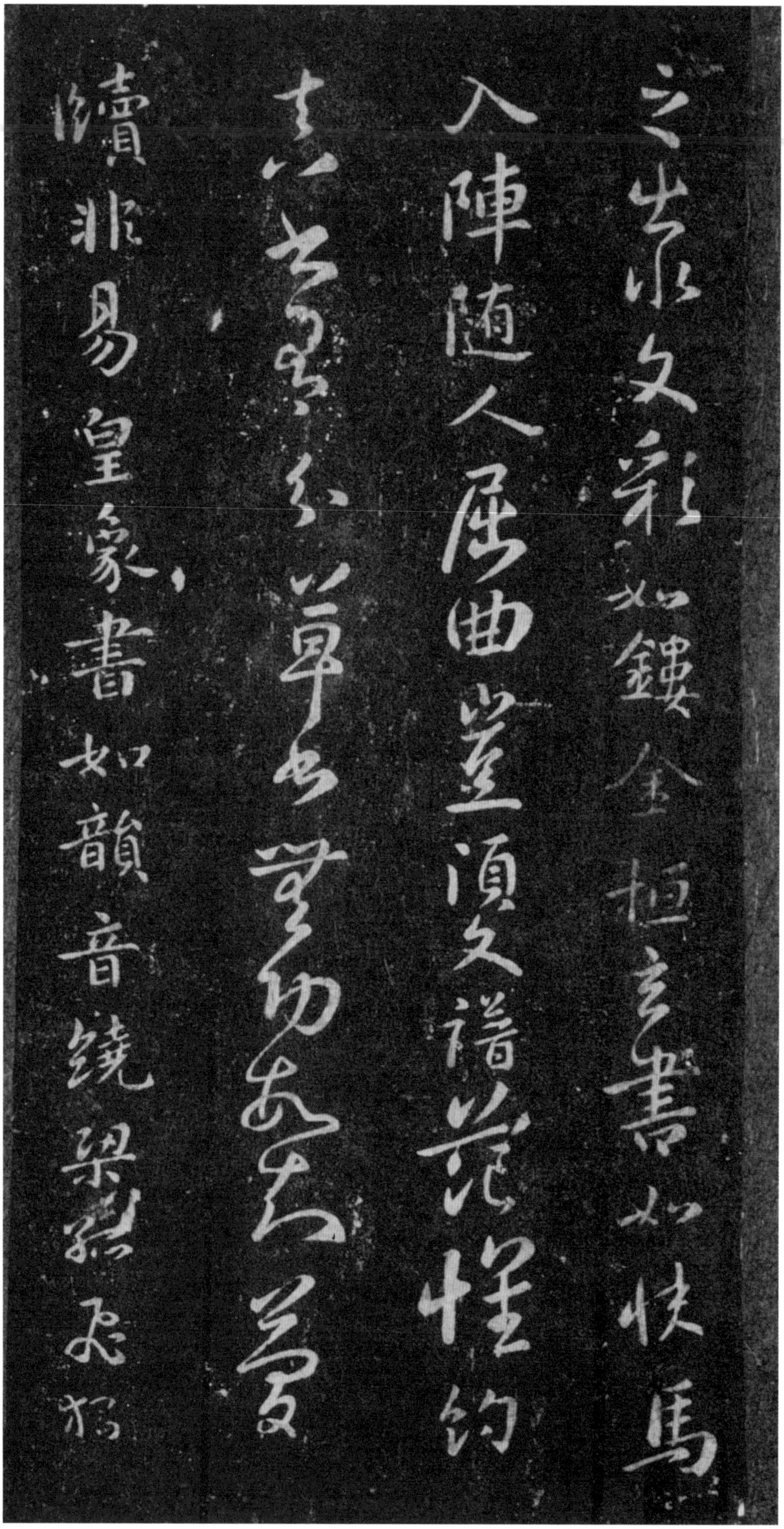

之出水文彩如鏤金桓玄書如快馬
入陣隨人屈曲豈須文譜范懷約
真書有分草書無功故知簡
牘非易皇象書如韻音繞梁孤飛獨

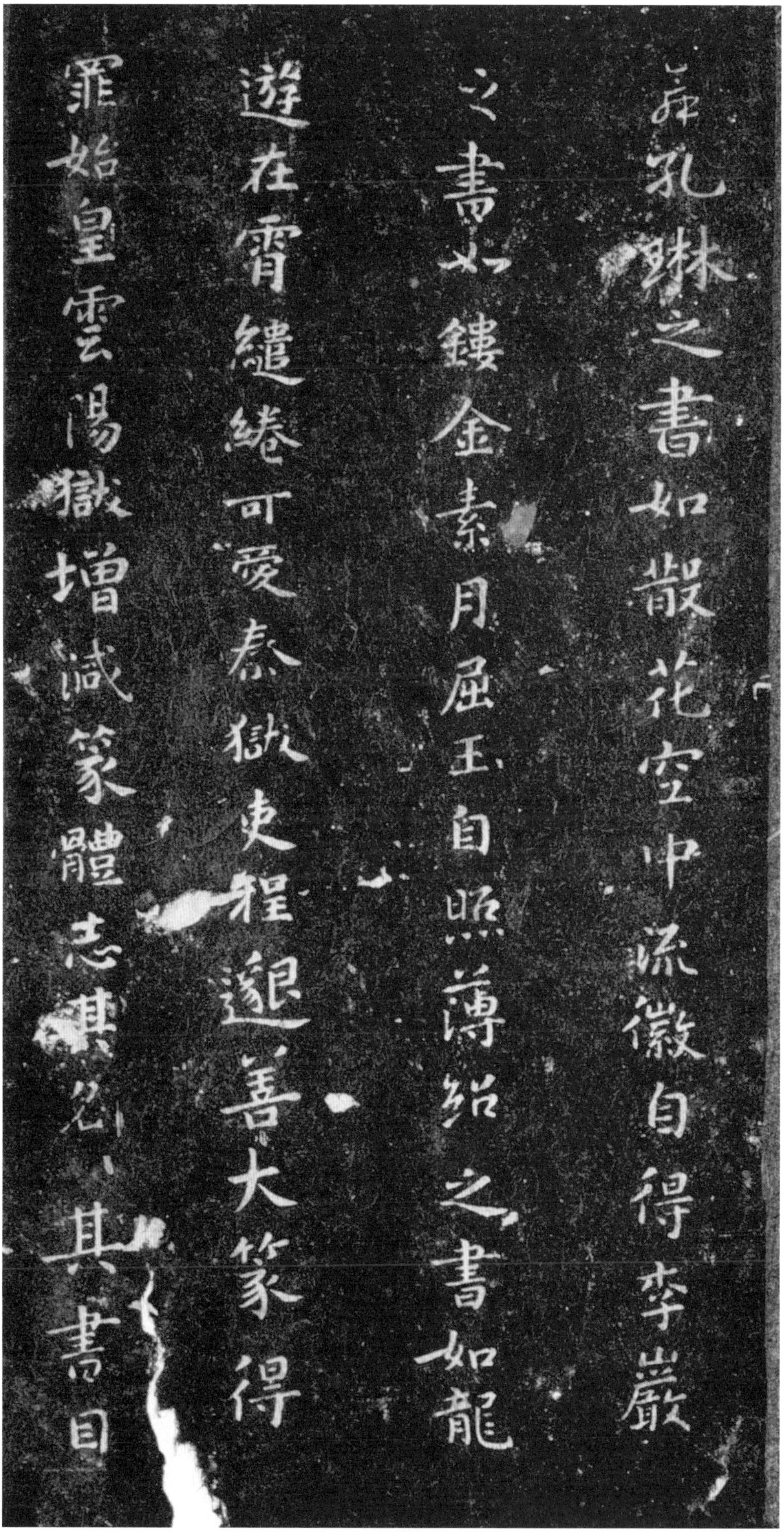


舞孔琳之書如散花空中流徽自得李巖
之書如鏤金素月屈玉自照薄紹之書如龍
遊在霄繾綣可愛秦獄史程邈善大篆得
罪始皇雲陽獄增減篆體志其名名其書目

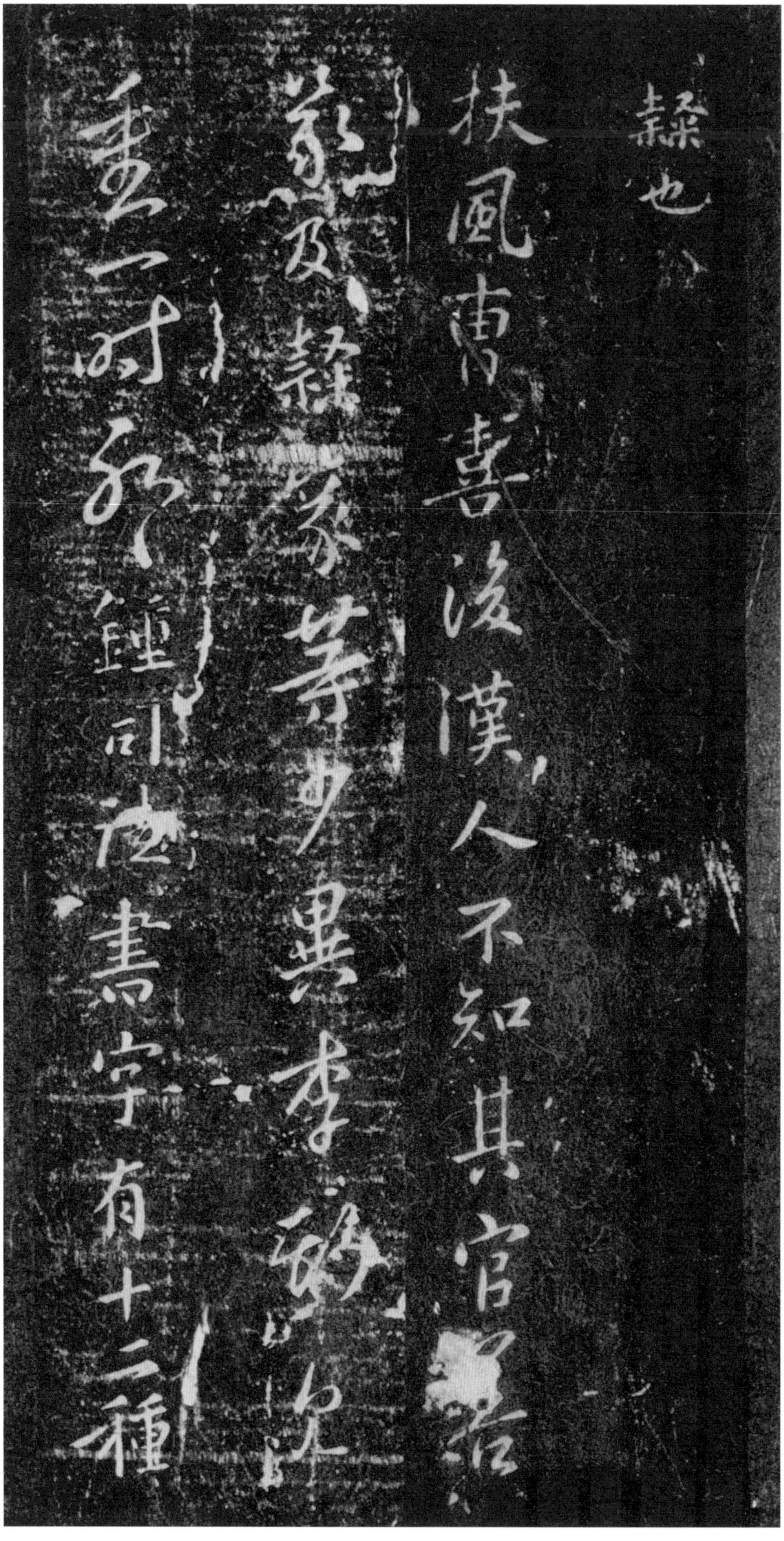

隸也
扶風曹喜後漢人不知其官善
篆及隸篆等少異李斯見
重一時耶鍾司徒書字有十二種

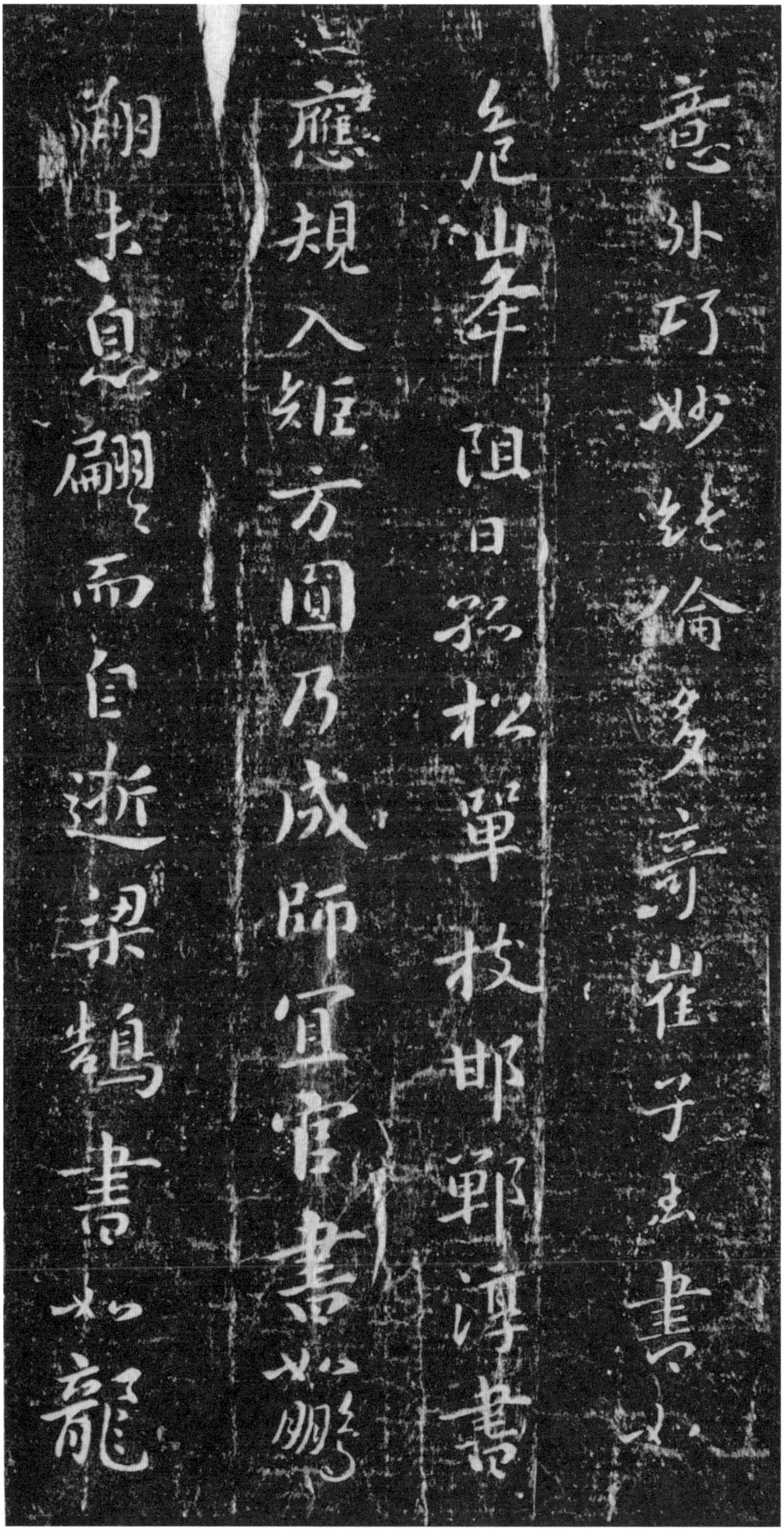


意外巧妙絕倫多奇崔子玉書如
危峰阻日孤松單枝邯鄲淳書
應規入矩方圓乃成師宜官書如鵬
翔未息翩翩而自逝梁鵠書如龍

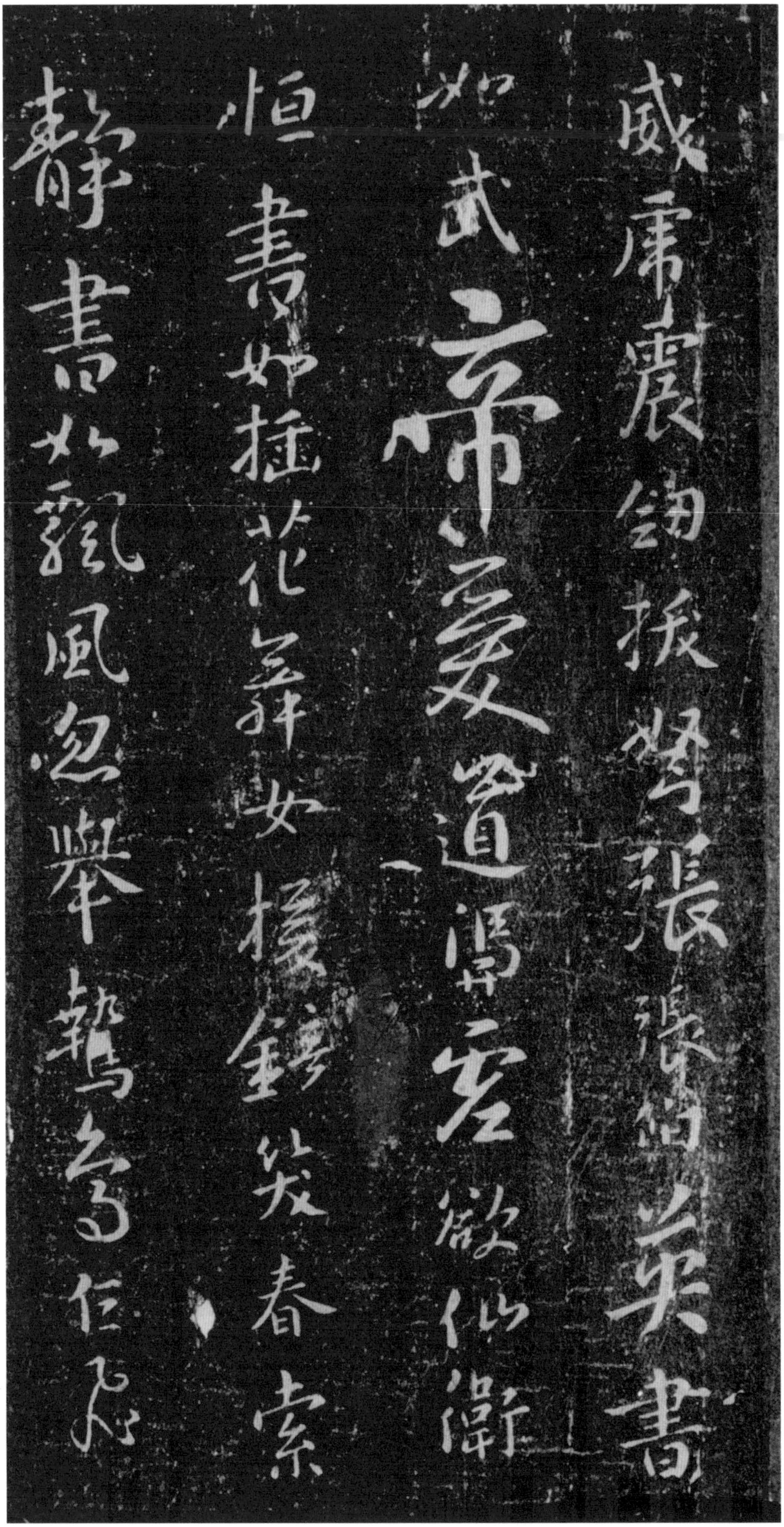

威虎震劍拔弩張張伯英書
如武帝愛道憑虛欲仙衛
恒書如插花舞女援鏡笑春索
靜書如飄風忽舉摯鳥乍飛

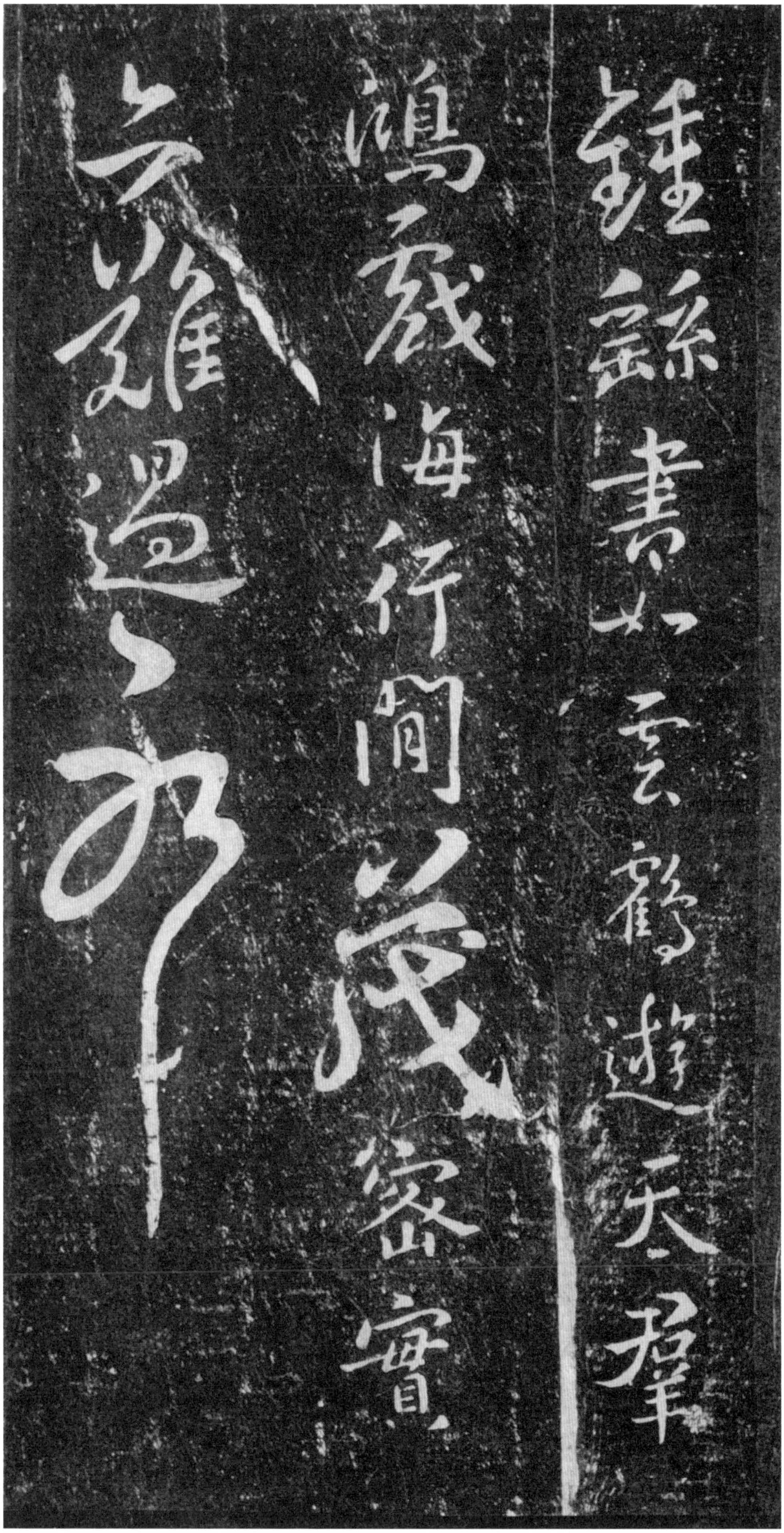


鍾繇書如雲鶴遊天群
鴻戲海行間茂密實
亦難過耶

## 12

### 何氏書 投老帖

Tou Lao Tie

Written by Master He

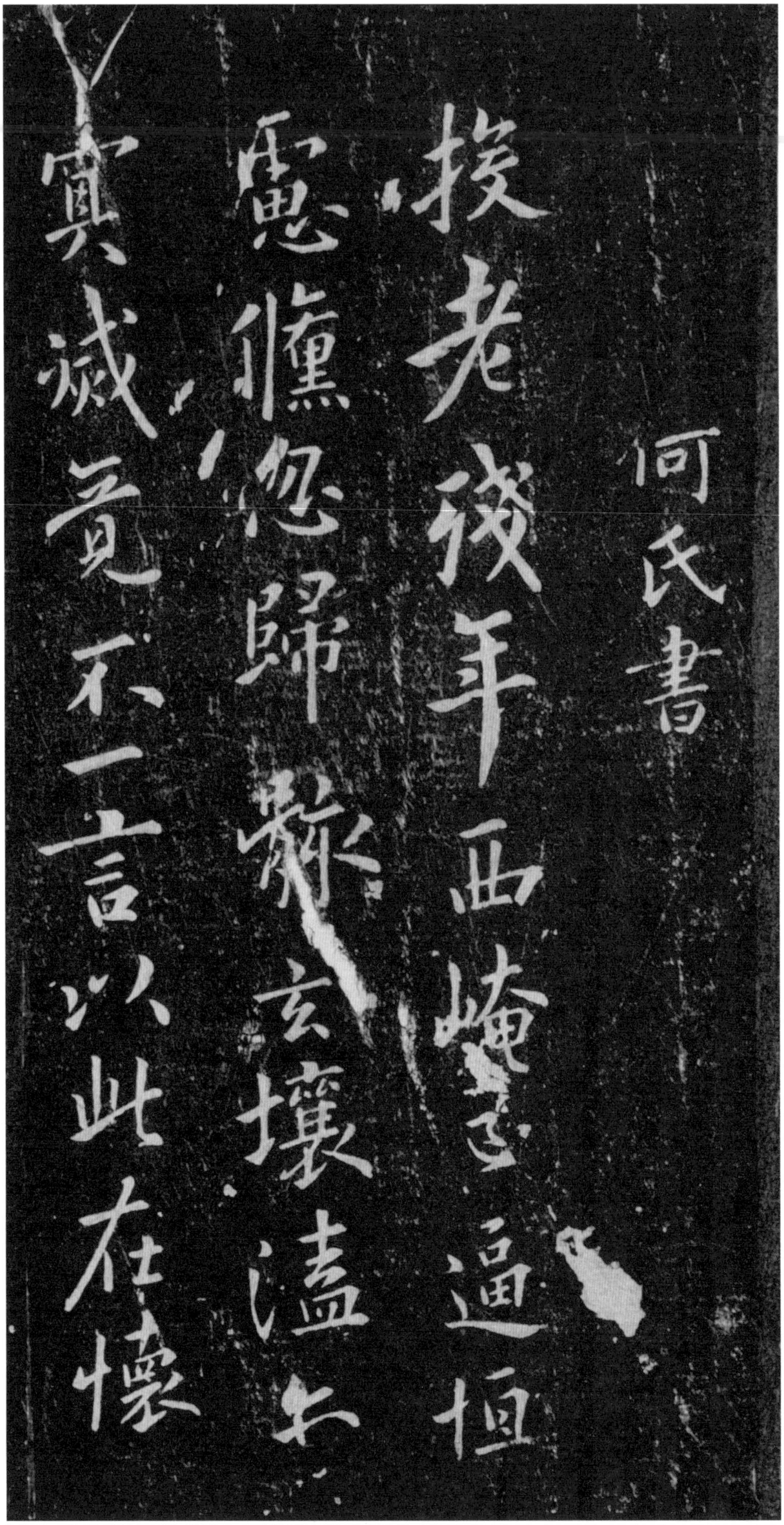


投老帖 釋文：

投老殘年西崦已逼恒
慮倏忽歸骸玄壤溘爾
冥滅竟不一言以此在懷

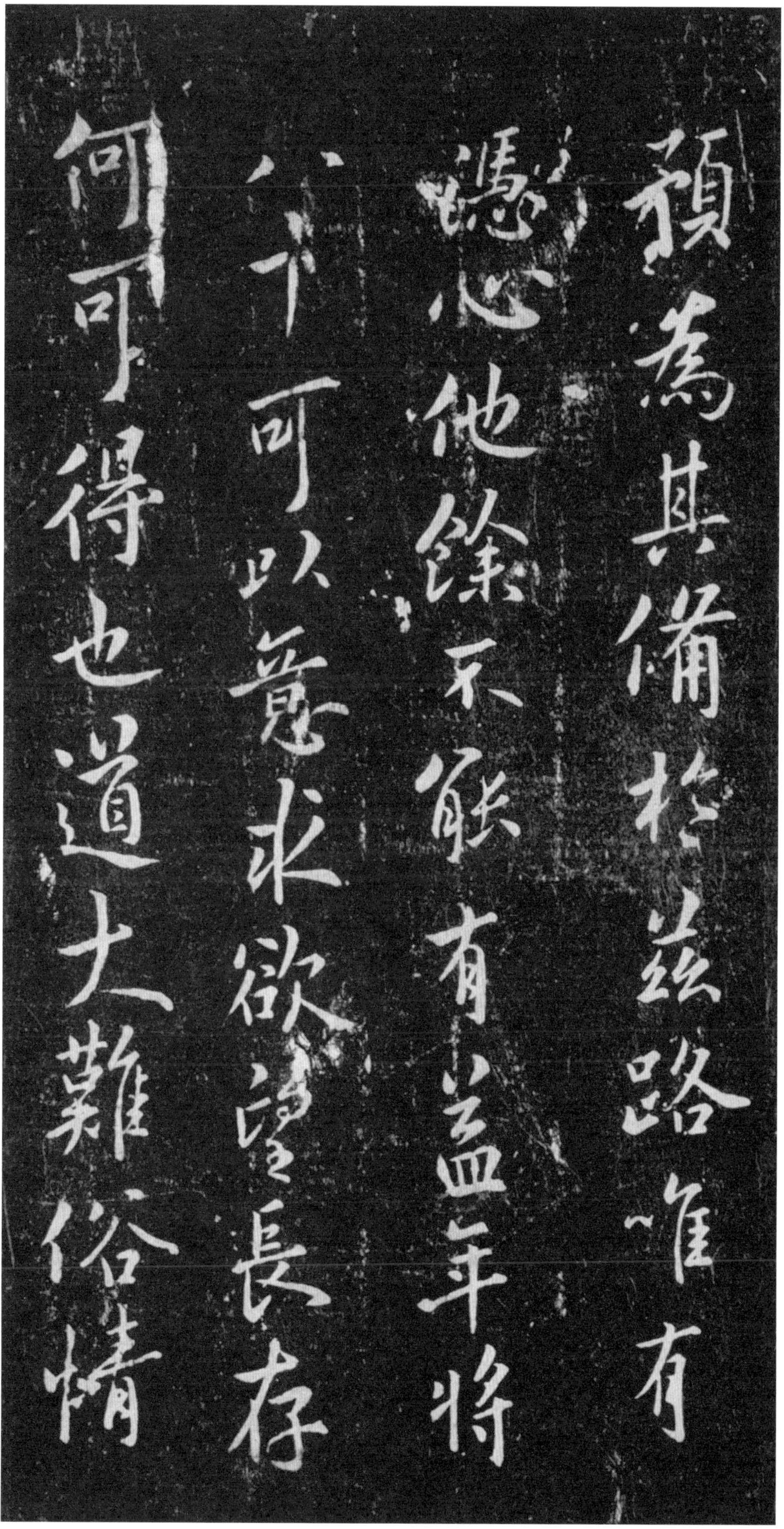

預為其備於茲路唯有
憑心他餘不能有益年將
八十可以意求欲望長存
何可得也道大難俗情

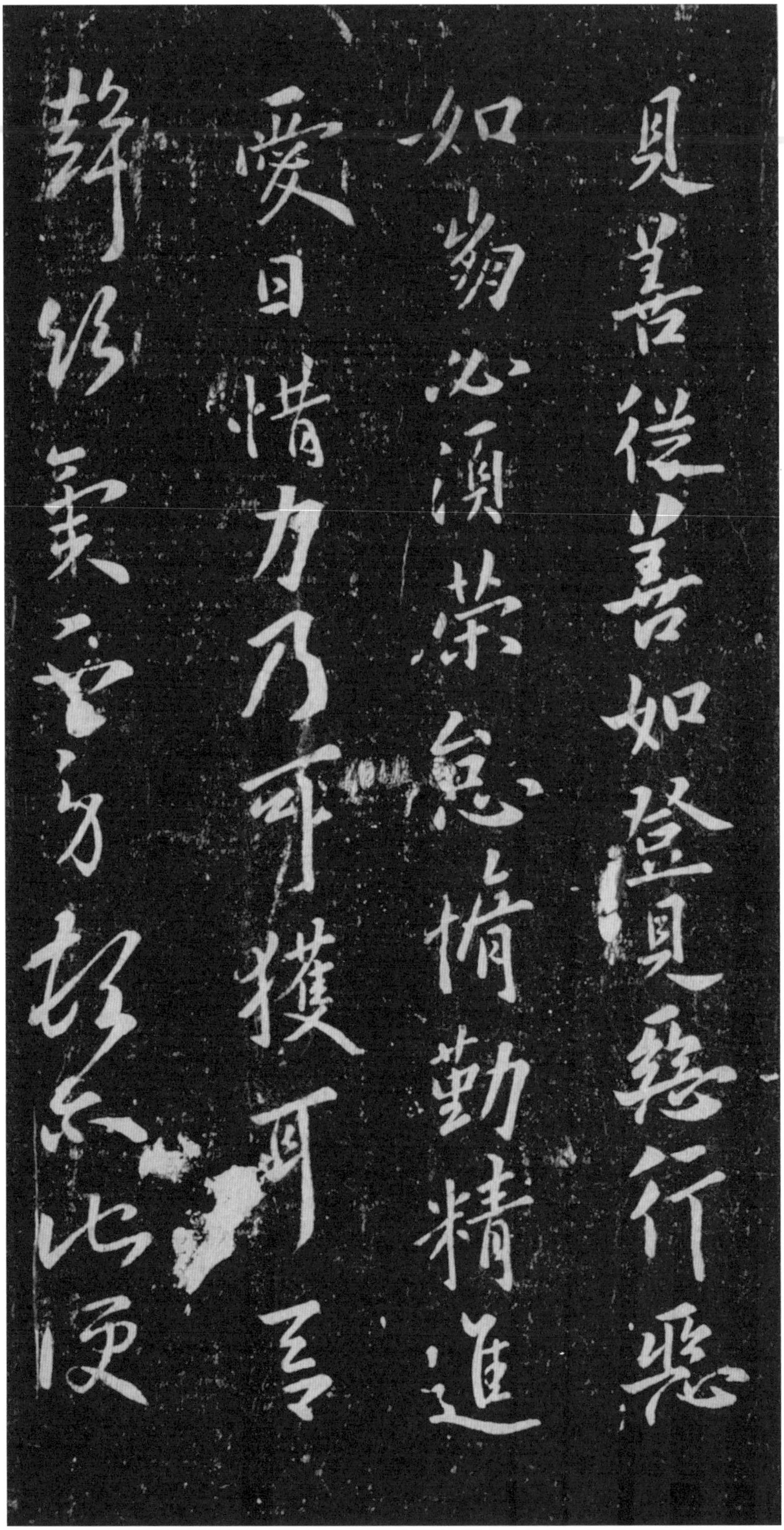

見善從善如登見惡行惡
如崩必須策怠惰勤精進
愛日惜力乃可獲耳呑
聲飲氣不勞頓爾他便

# 13

## 何氏書　去留帖

Qu Liu Tie

Written by Master He

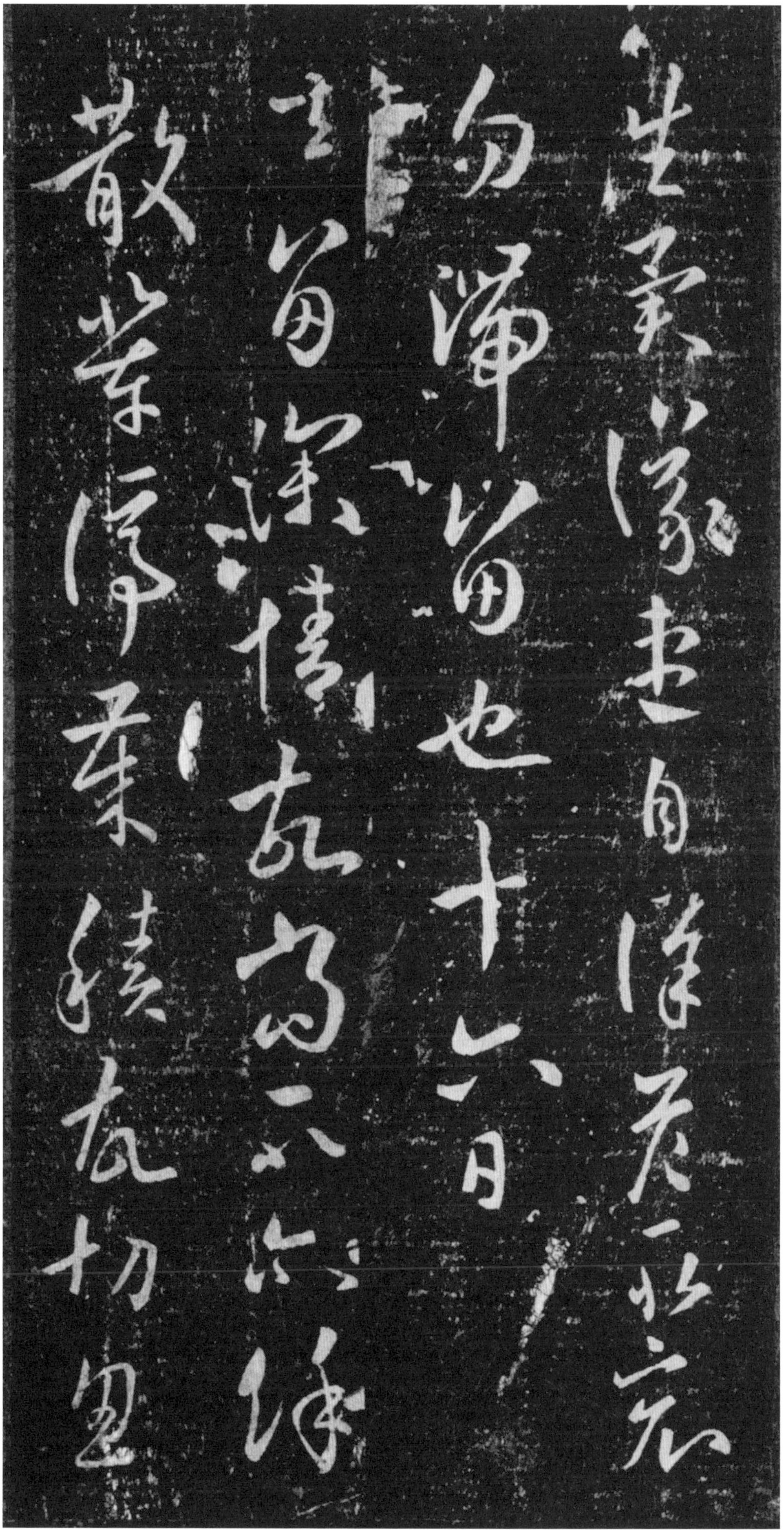

生異議速自詳答取竟
勿滯留也十六日

**去留帖　釋文：**

去留深情故當取爾餘
散輩停歲積故切忽

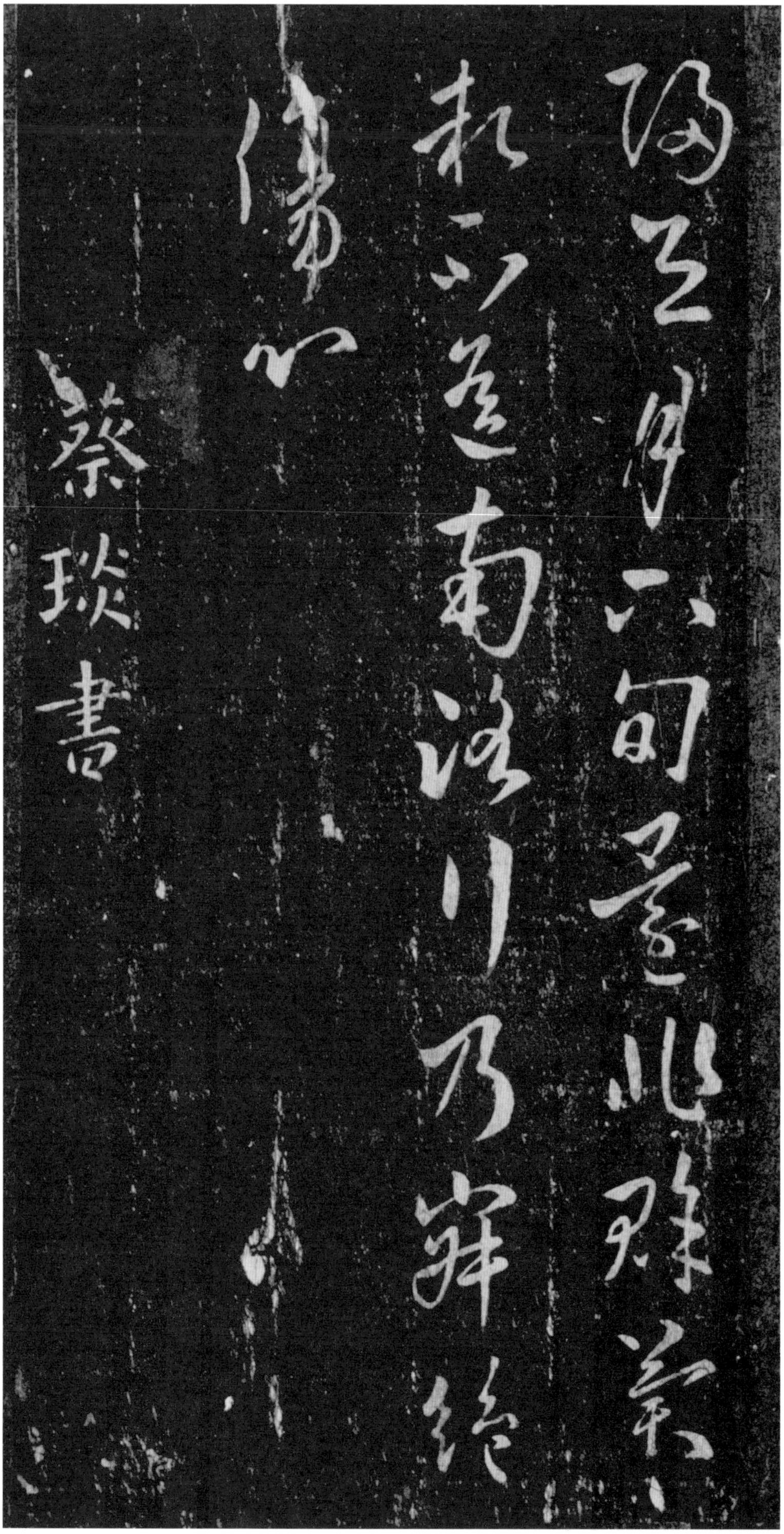

歸三月下旬還非賒冀敘不遙南路行乃寂絕傷心

14

蔡琰書　我生帖

Wo Sheng Tie

Written by Cai Yan

15

古法帖　敬祖帖

Jing Zu Tie

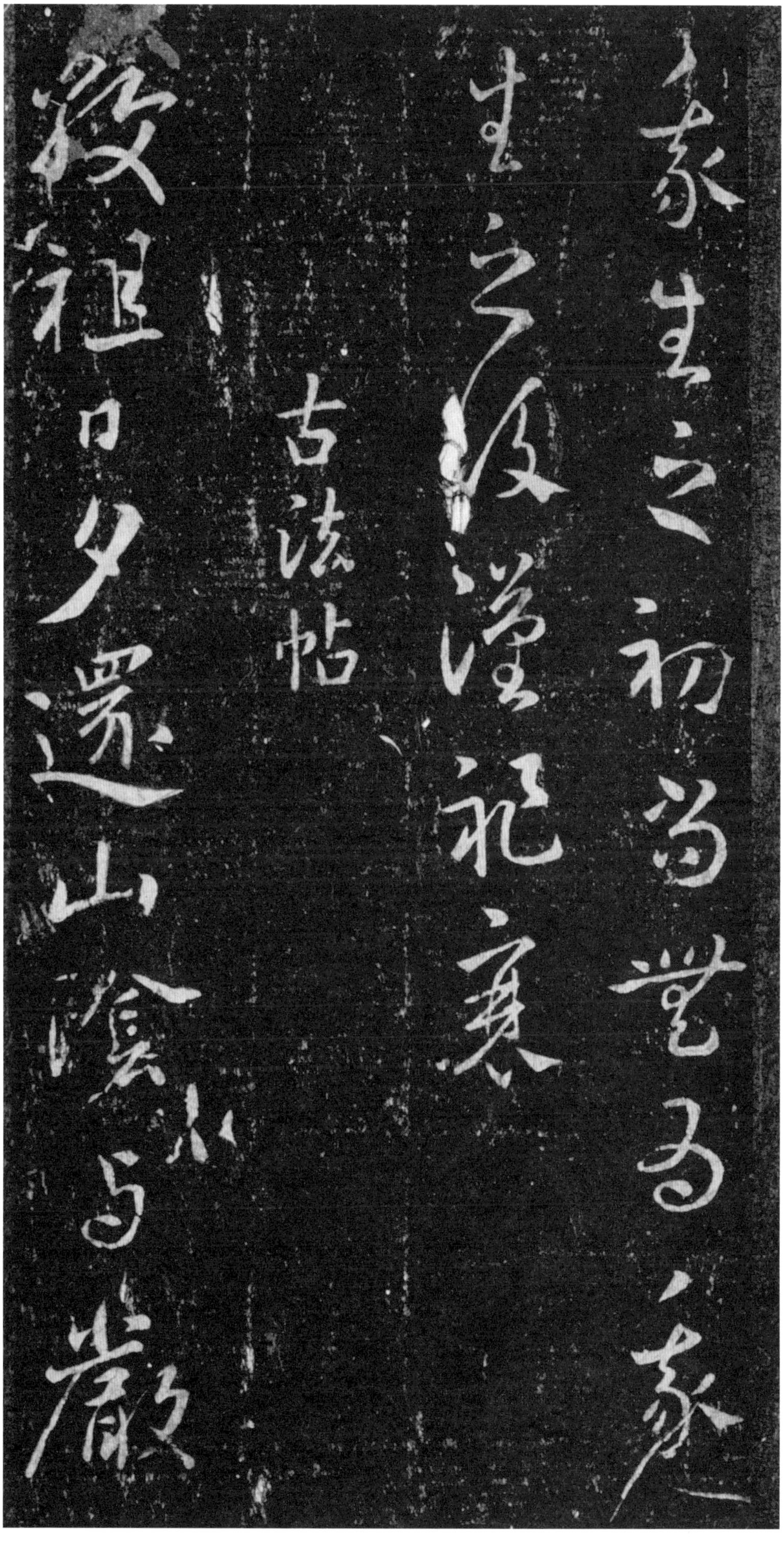

我生帖　釋文：

我生之初尚無為我生之後漢祚衰

敬祖帖　釋文：

敬祖日夕還山陰與嚴

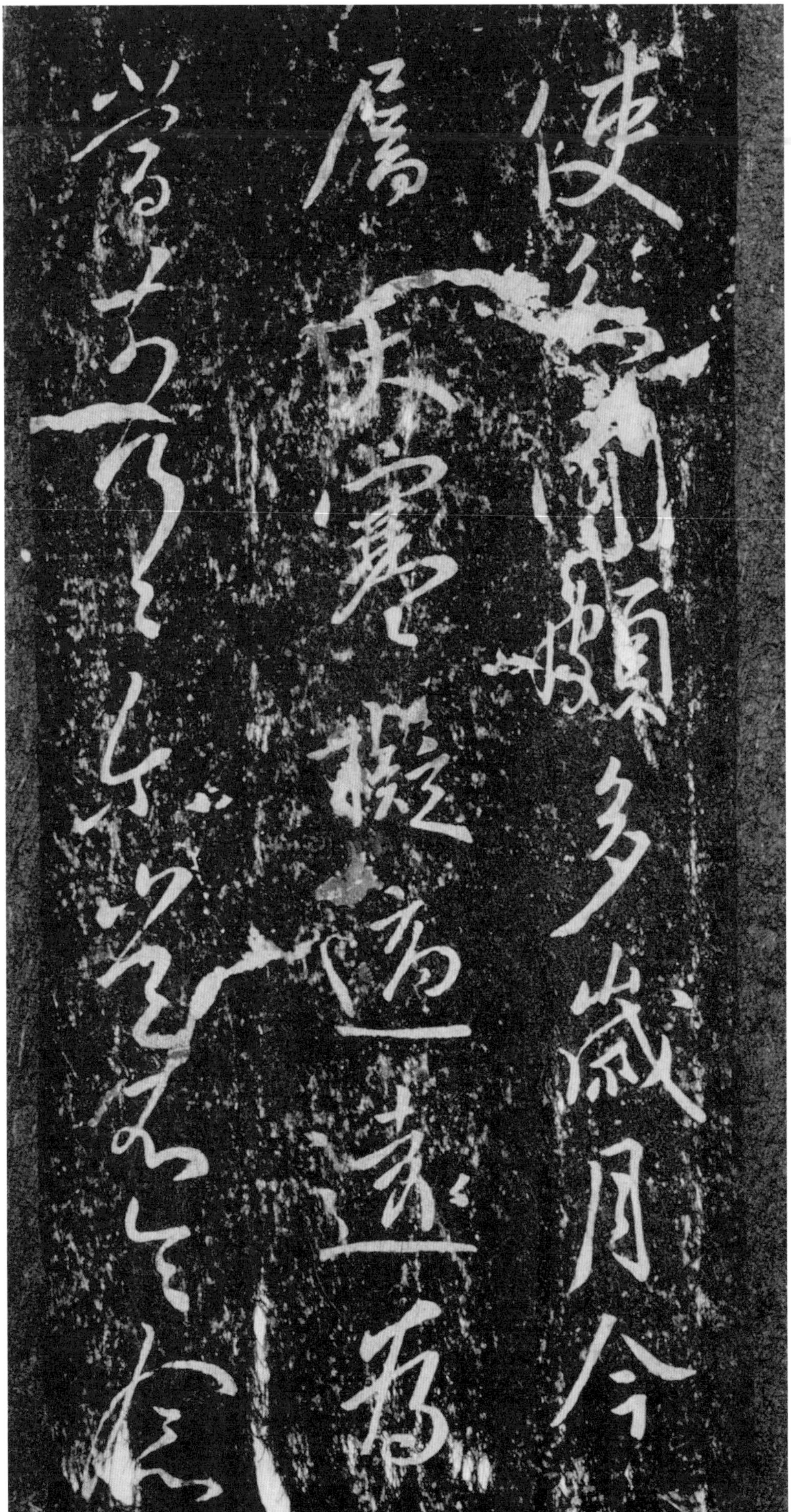

使知聞頗多歲月今
屬天寒擬適遠為
當奈何奈何爾豈不令念

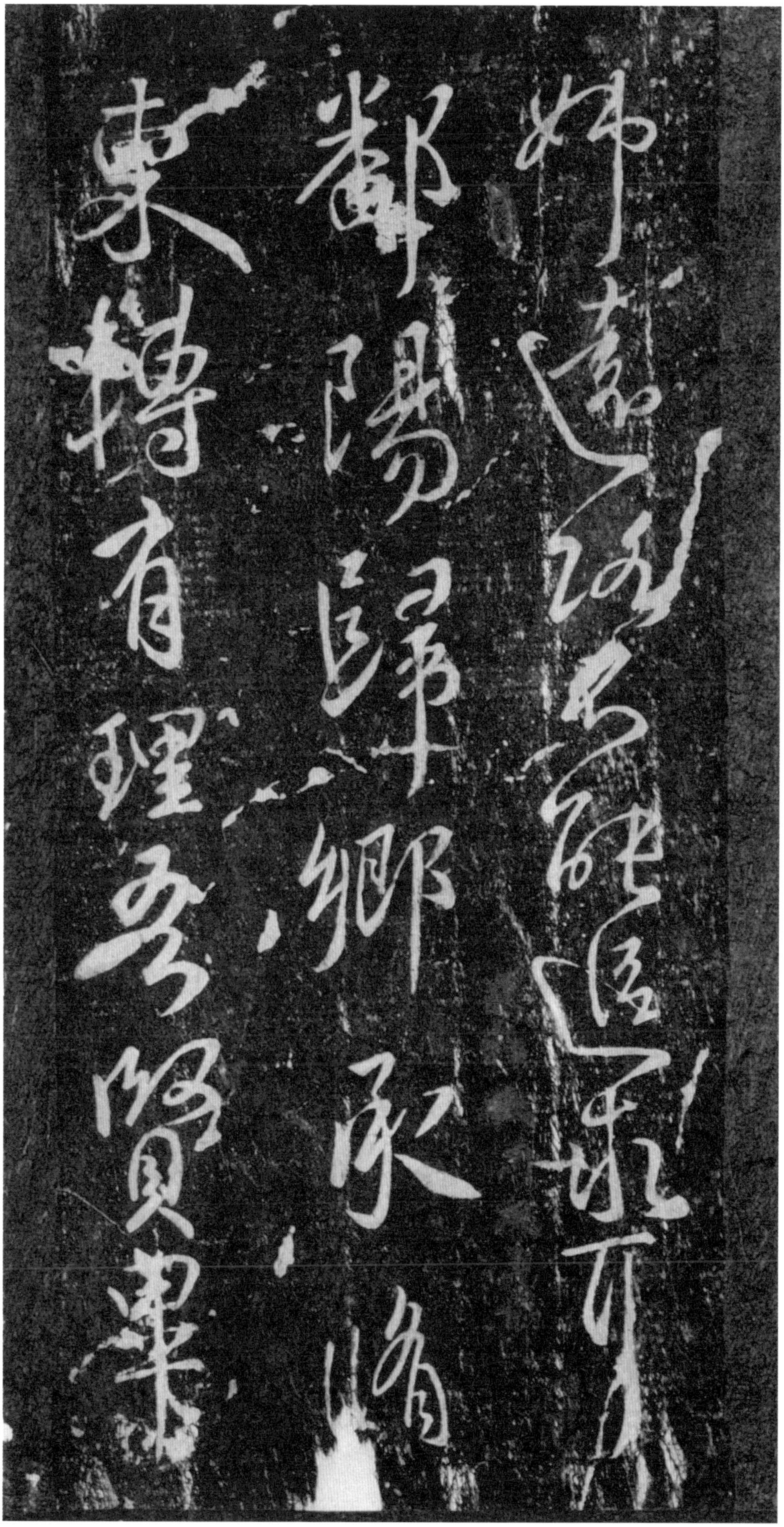

鄱陽帖 釋文：
姊遠路不能追求耳
鄱陽歸鄉承修
東轉有理吾賢畢

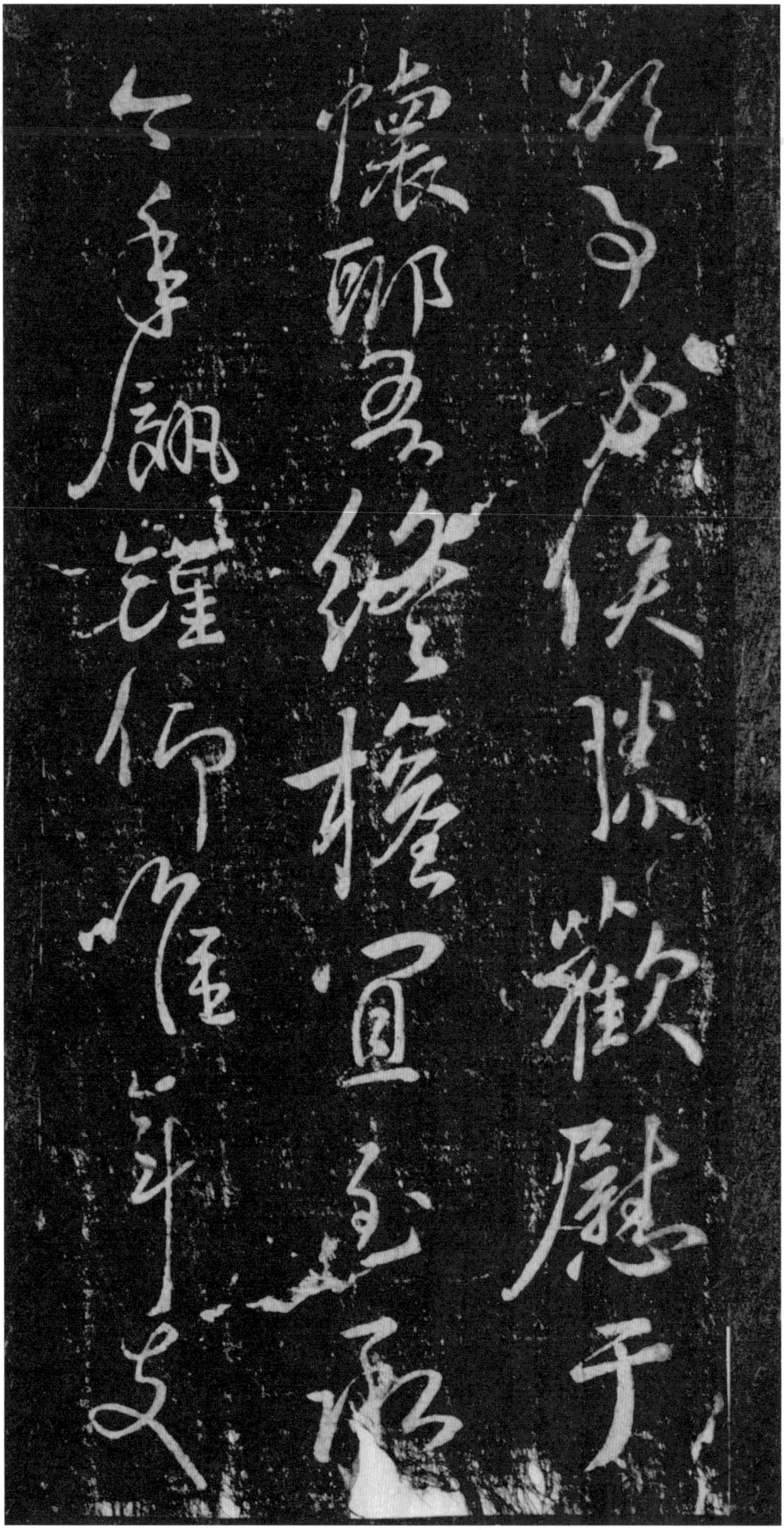

欲事必俟勝歡慰于
懷耶吾終權宜至承
今年饑饉仰唯年支

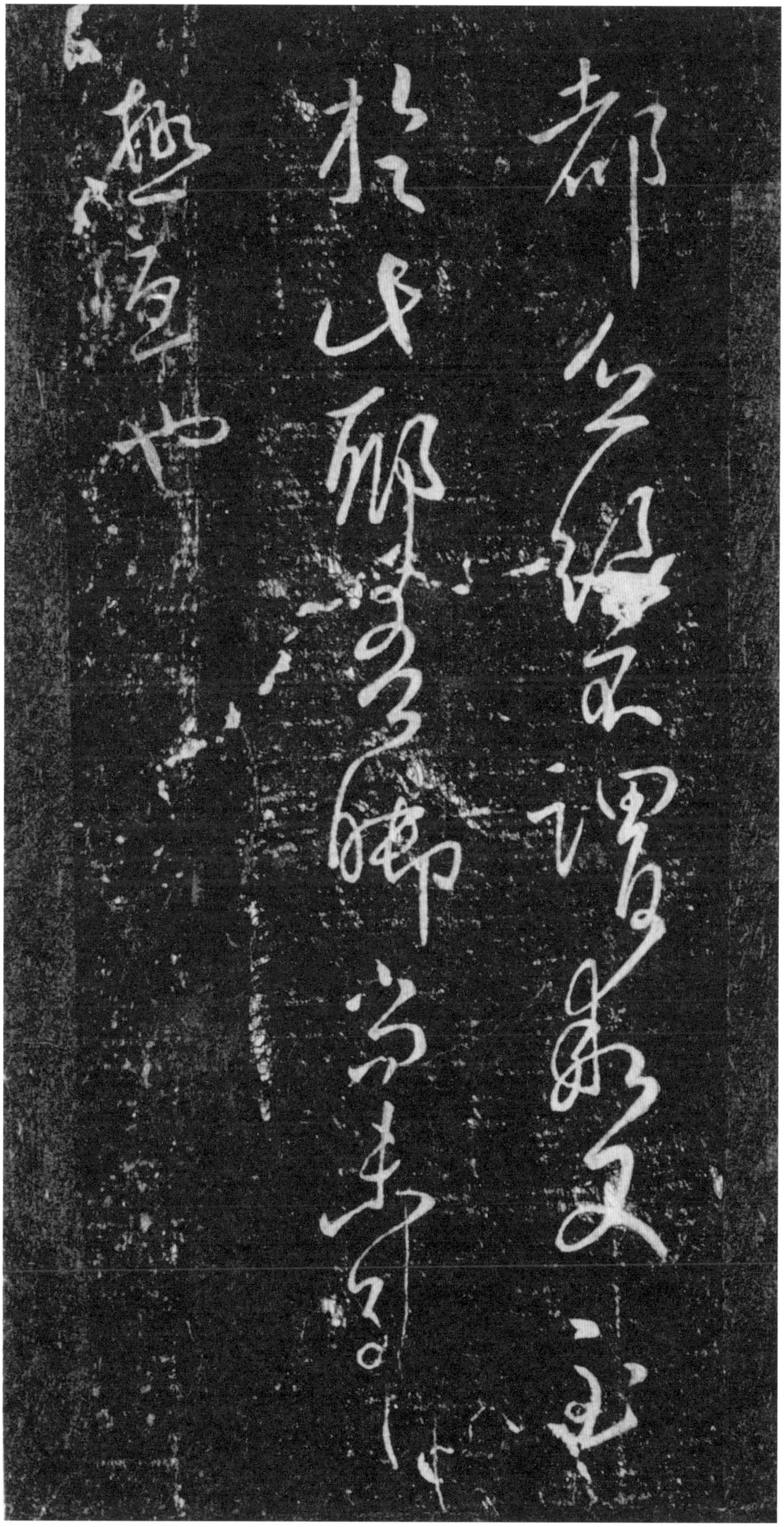

都之絕不謂乖又至
於此耶吾腳尚未差
極憂也

17

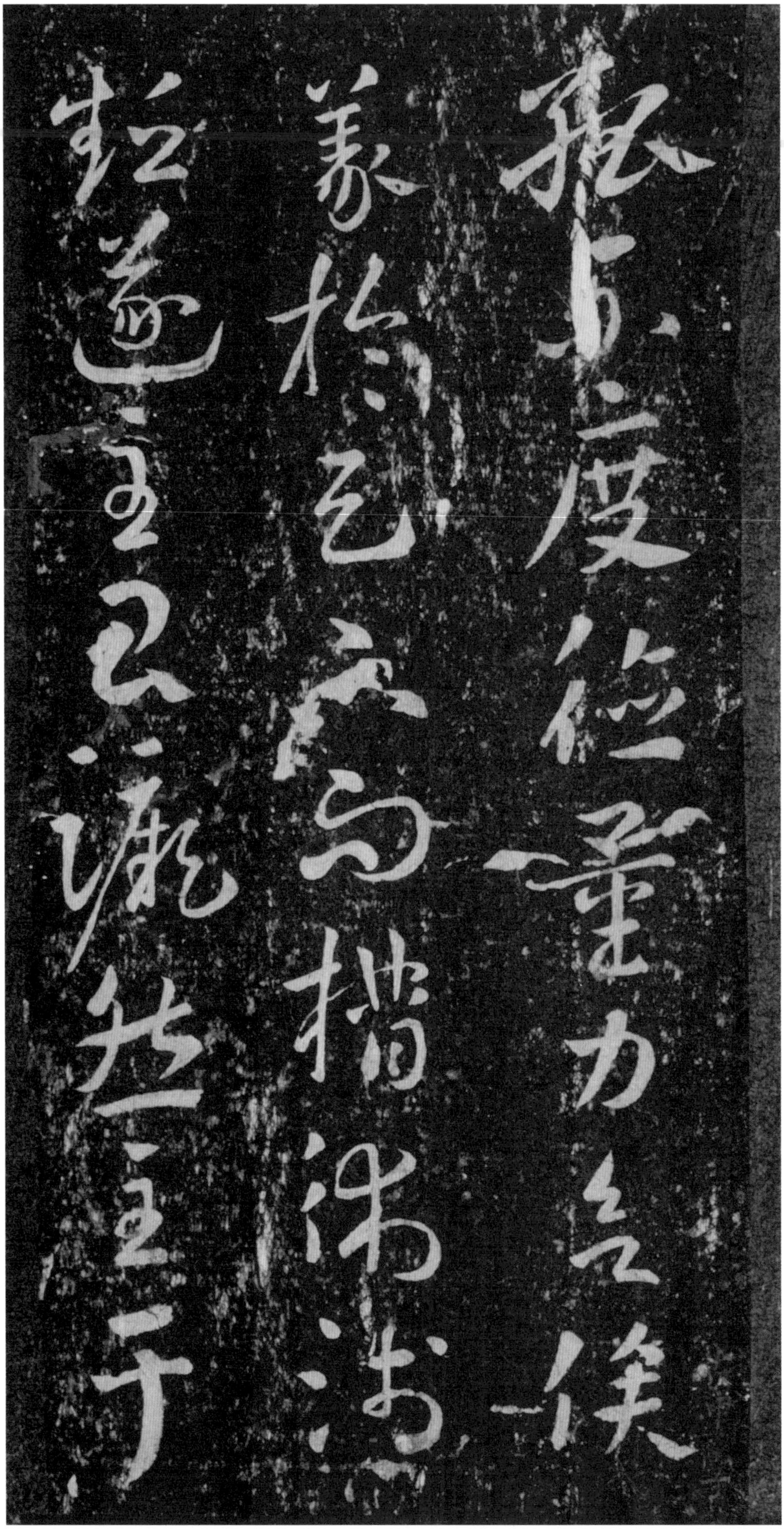

度德帖　釋文：
孤不度德量力欲俟
義於天下而措術淺
短遂至昌蹶然至于

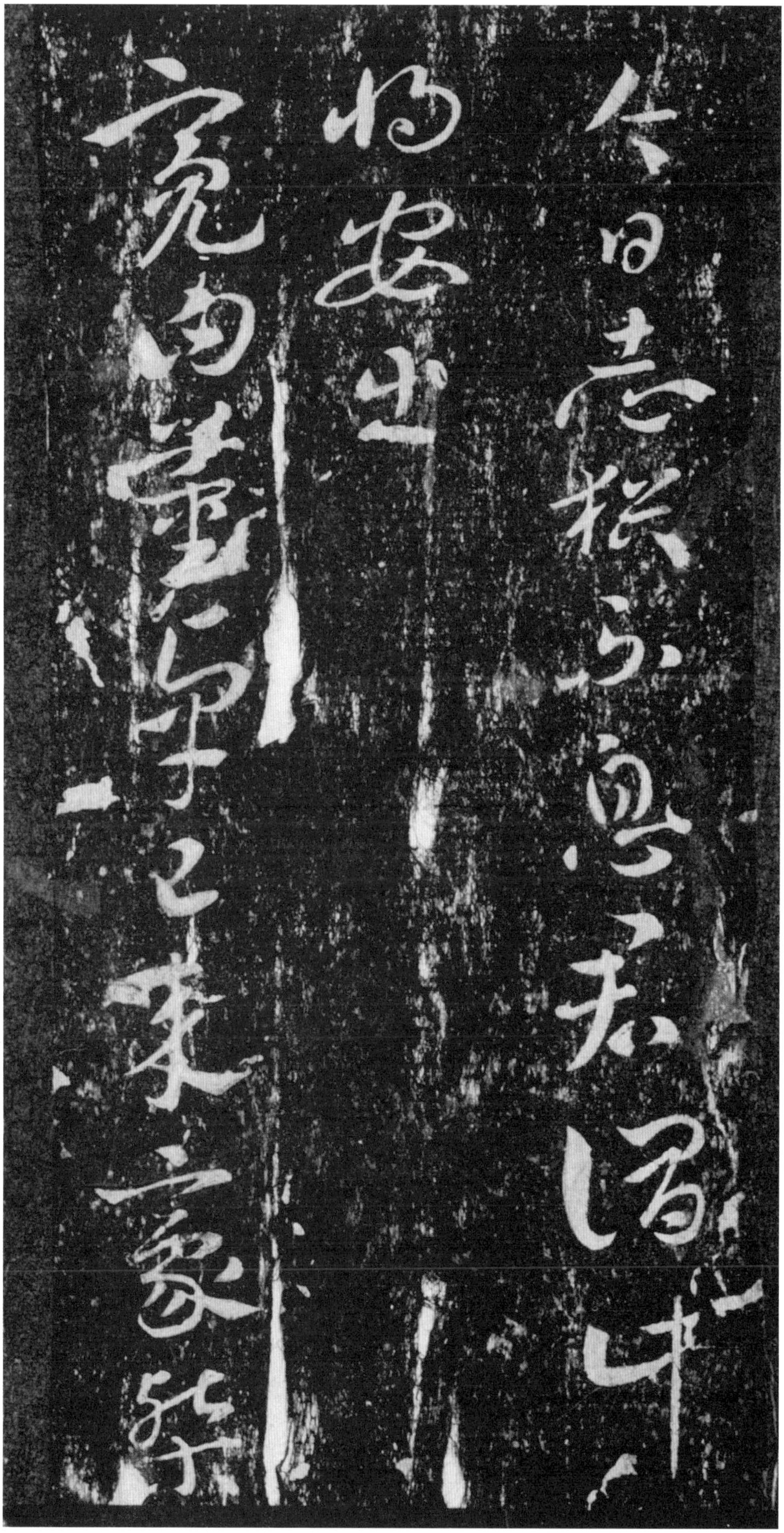

亮白帖　釋文：

今日志猶不息君謂計
將安出
亮白董卓已來豪傑

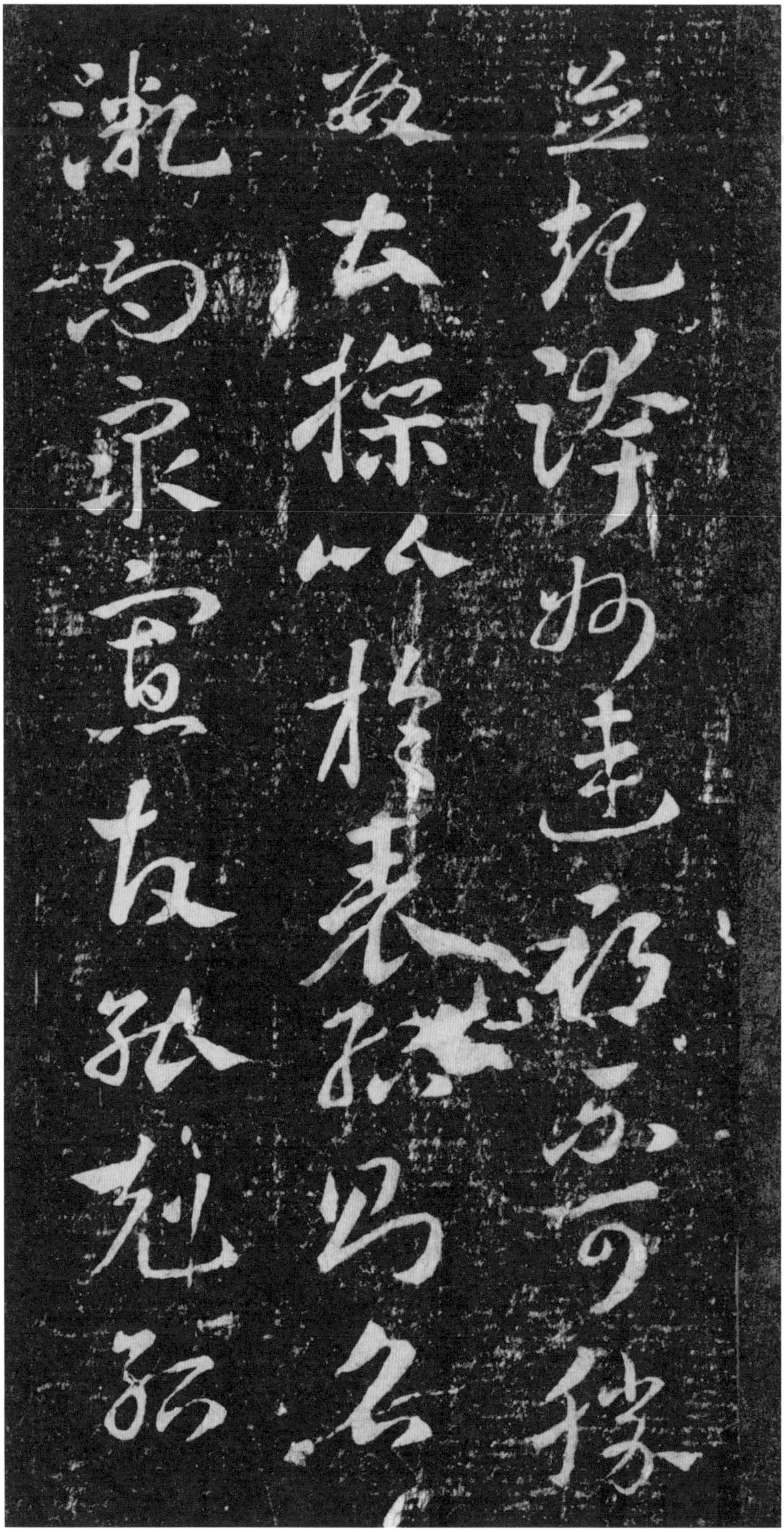

並起跨州連郡不可勝
數曹操比於袁紹則名
微而眾寡故能剋紹

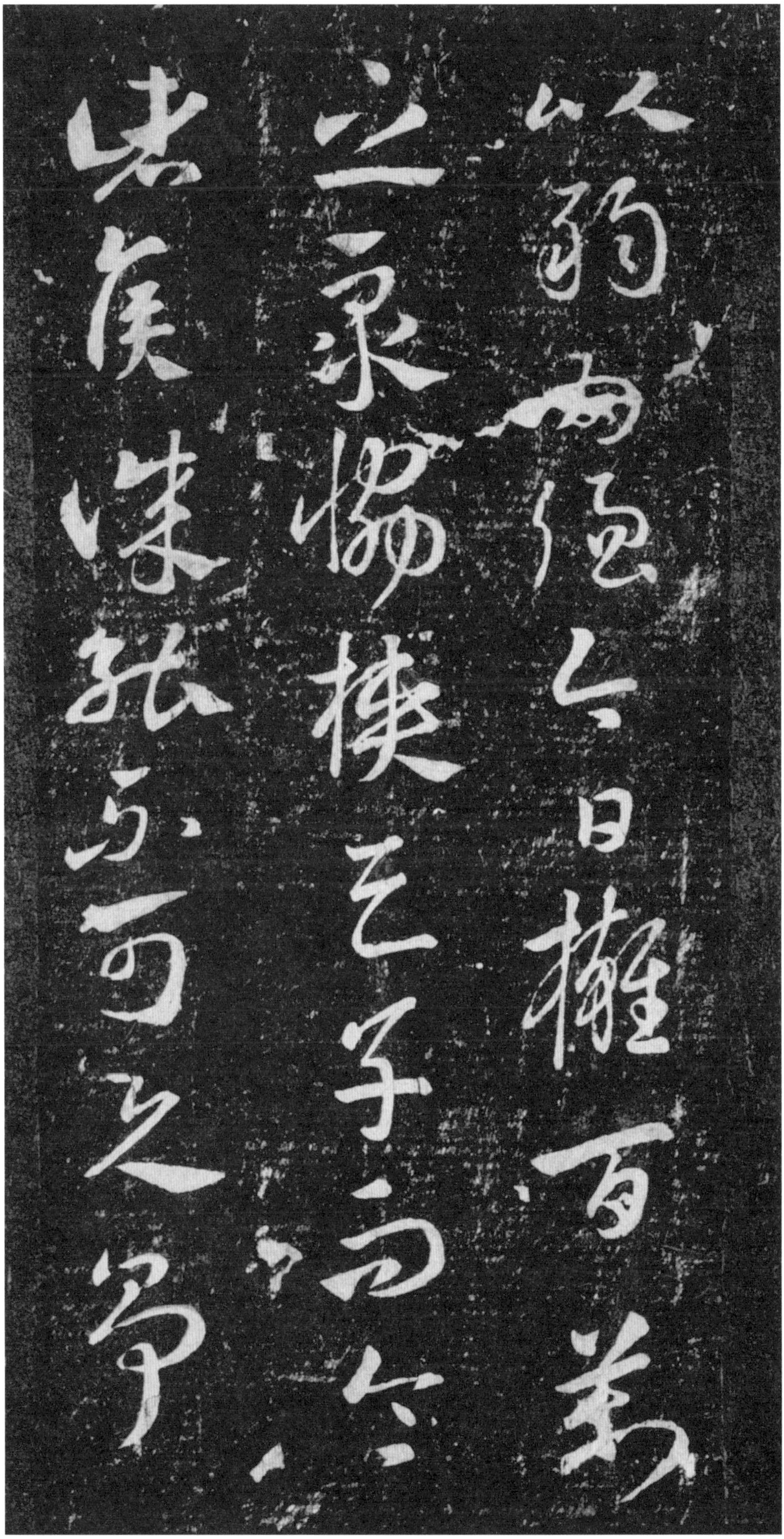

以弱為強今日擁百萬
之眾協挾天子而令
諸侯誠能不可與爭

19

## 僧懷素書　右軍帖

**You Jun Tie**

Written by Buddhist Monk Huai Su, Tang Dynasty

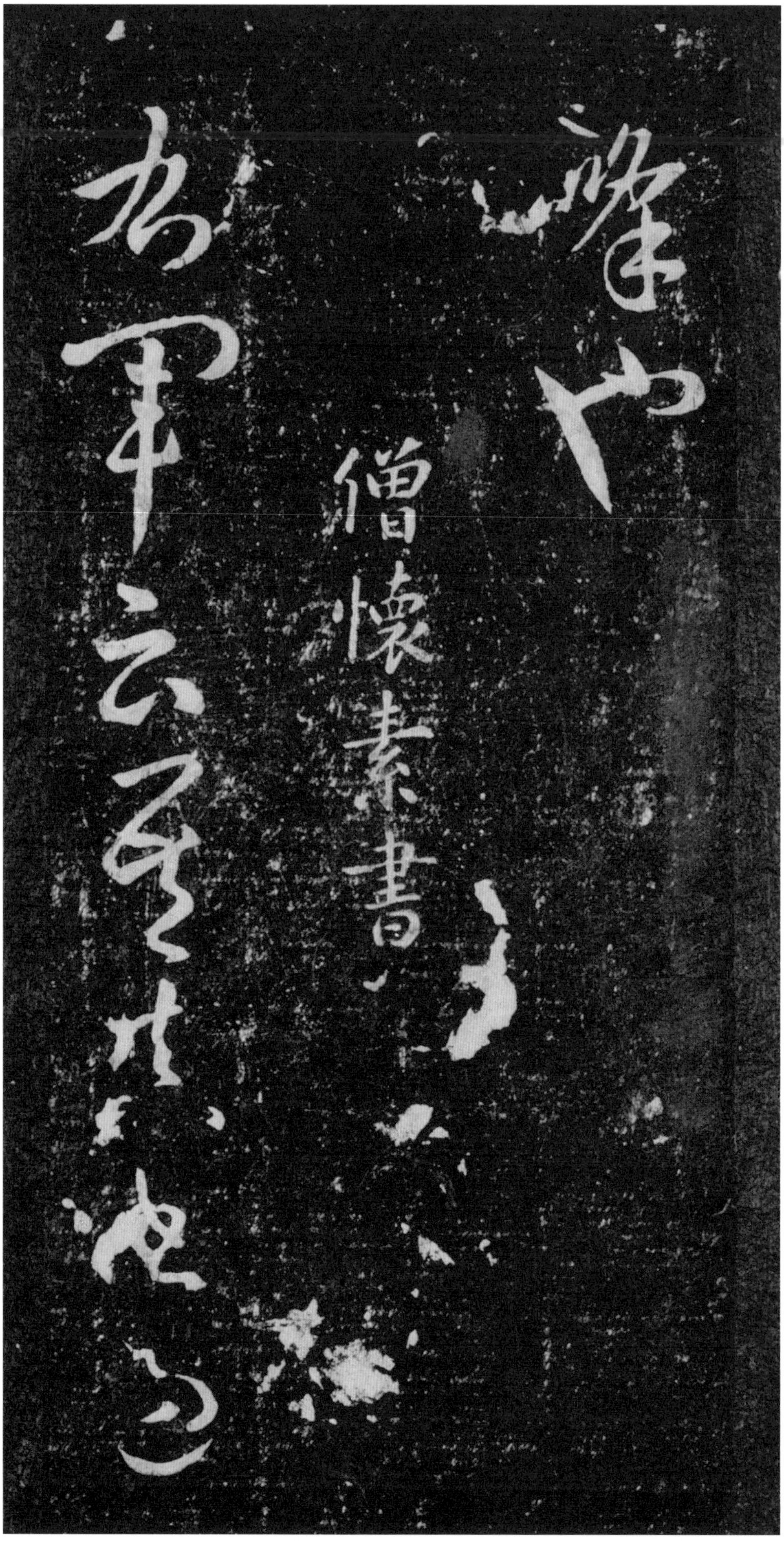

峰也

右軍帖　釋文：

右軍云吾真書過

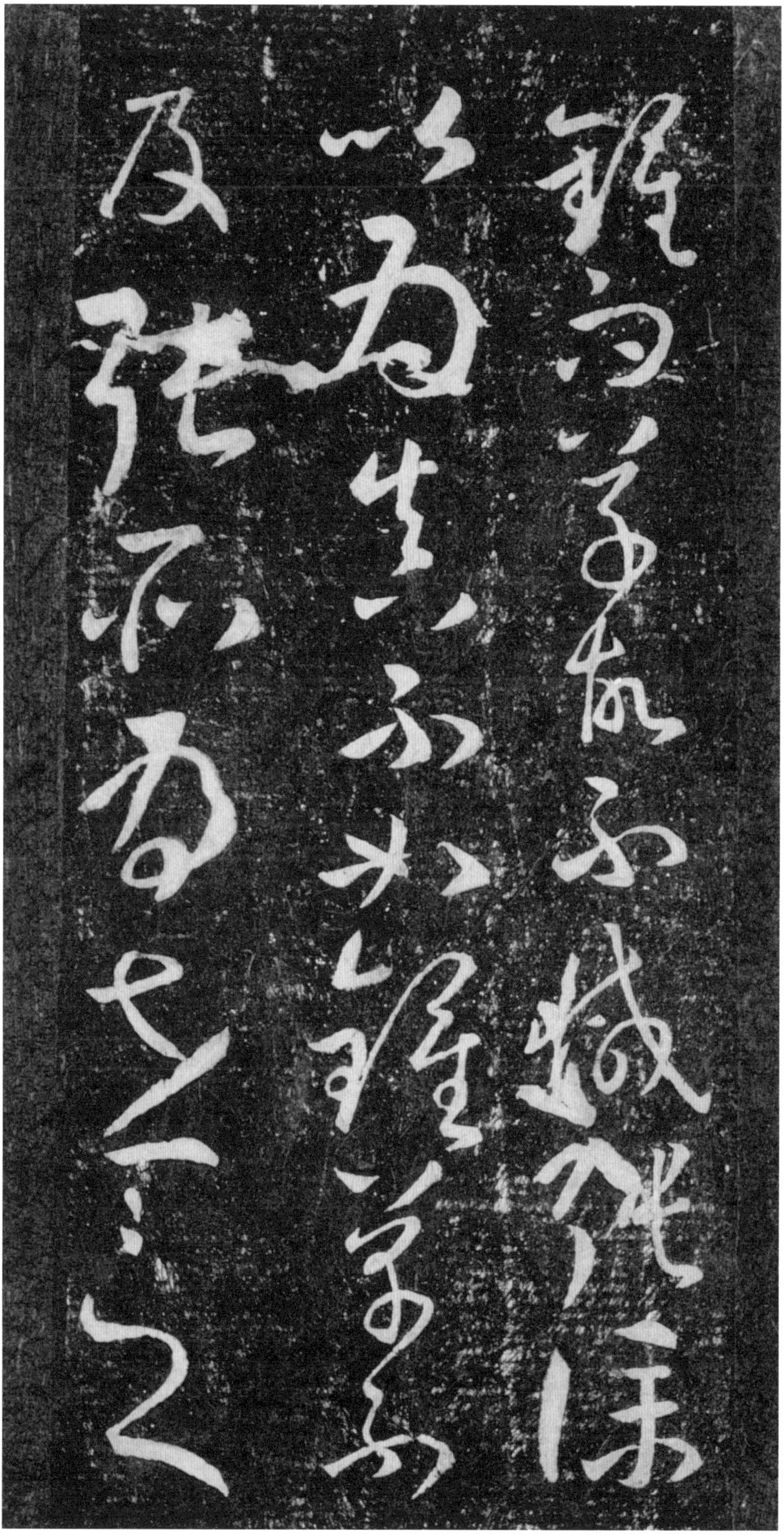

鍾而草故不減張僕以為真不如鍾草不及張所為世之

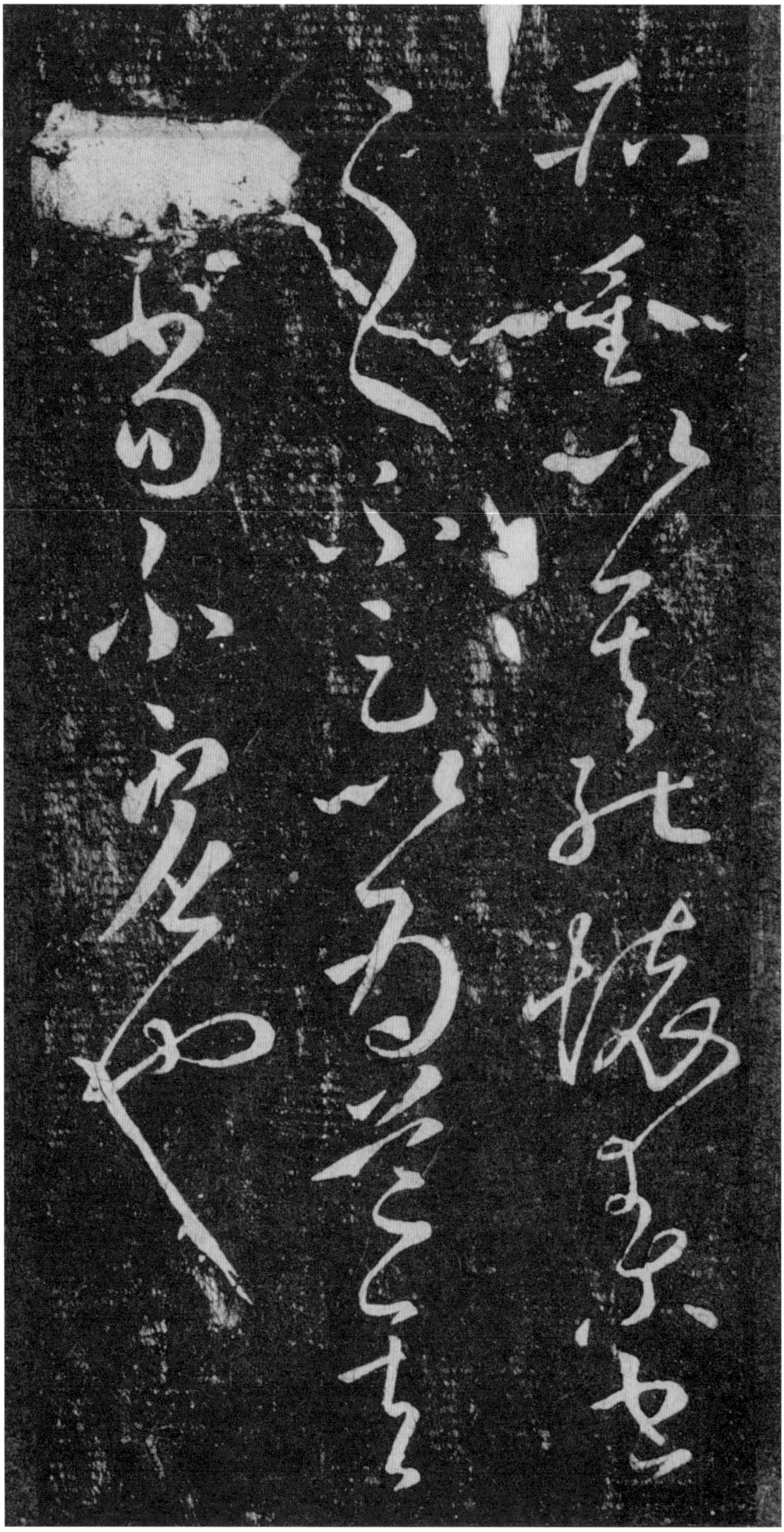

所重以其能懷素書之不足以為道其言當不虛也

20

張旭書　晚復帖

**Wan Fu Tie**

Written by Zhang Xu, Tang Dynasty

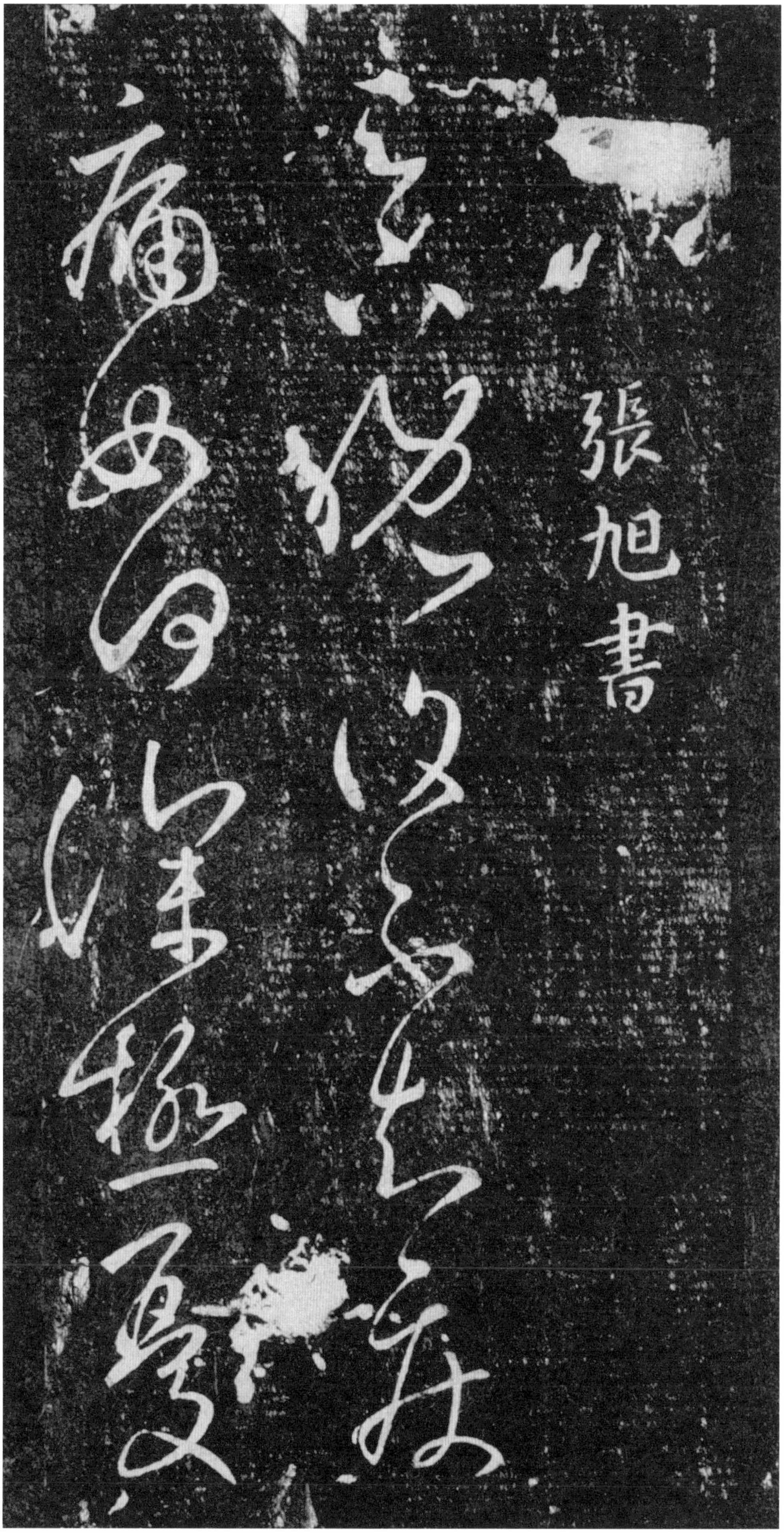


晚復帖　釋文：
足下晚復不知疾
痛如何深極憂

## 張旭書 十五日帖

**Shi Wu Ri Tie**

Written by Zhang Xu, Tang Dynasty

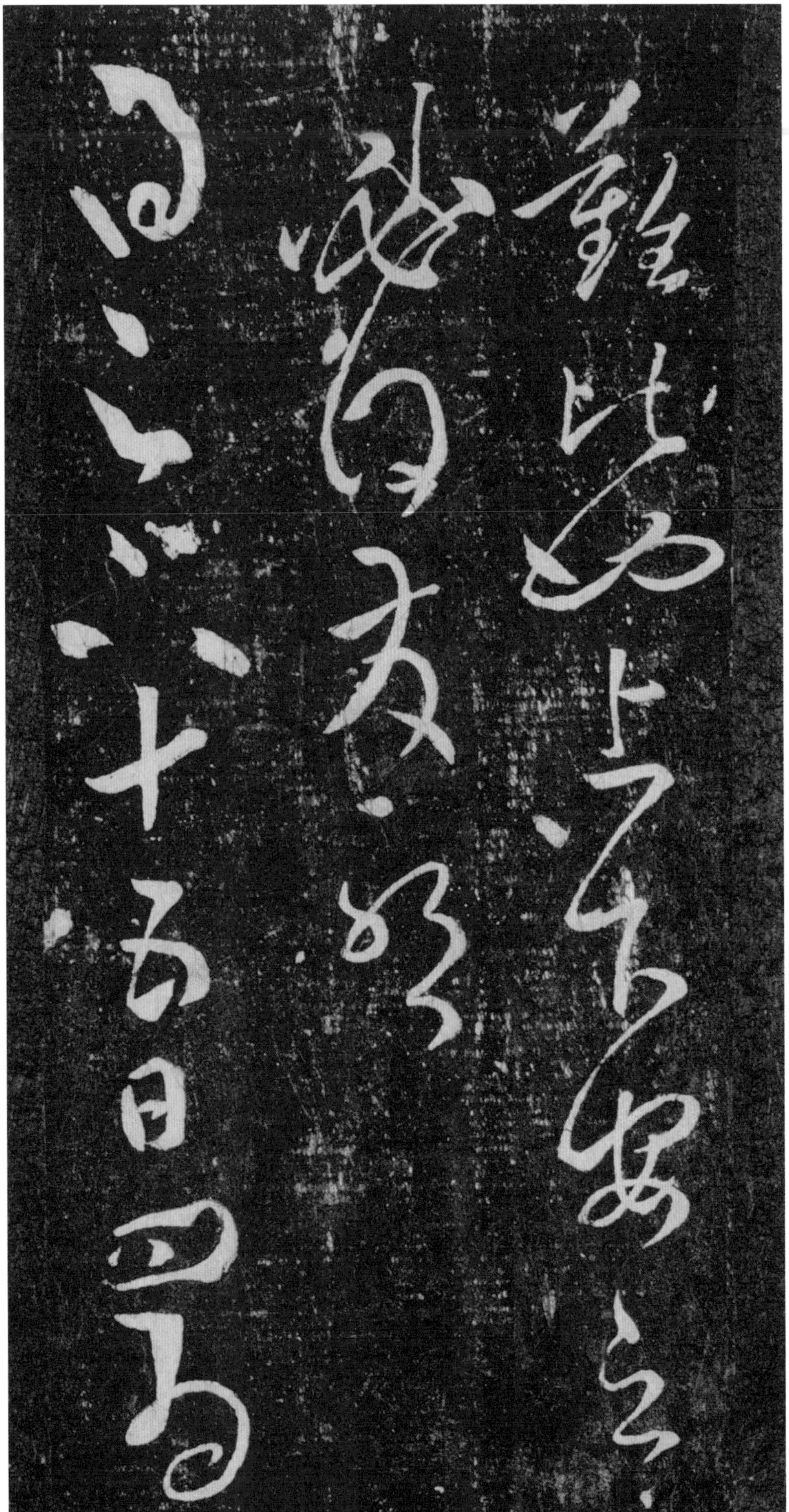

十五日帖 釋文：

難比也上下安之

必得發耶

得足下十五日問為

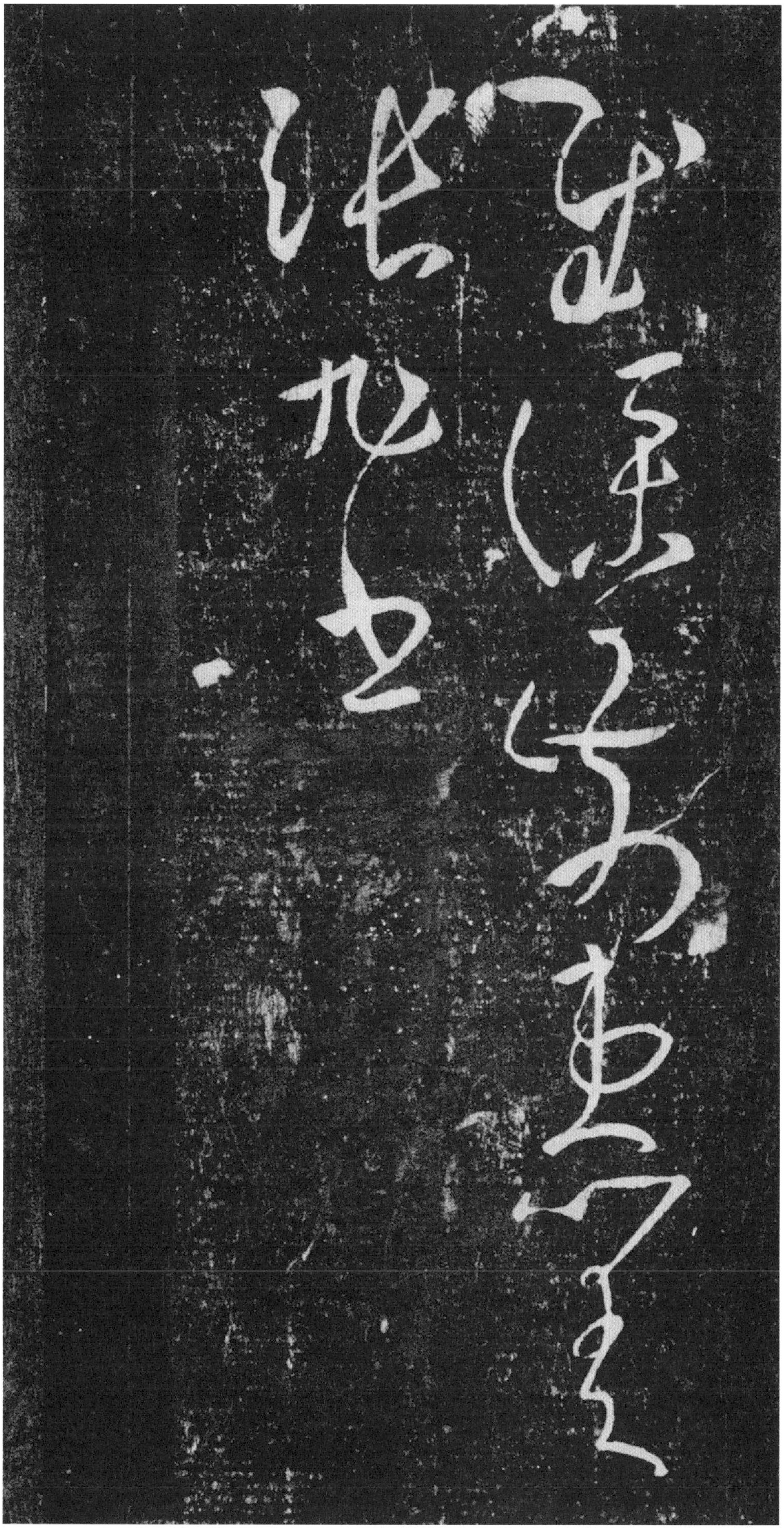

慰僕前患差
張旭書

乾隆御覽之寶

宜春生居歲十畫
白壽
韓上石

316

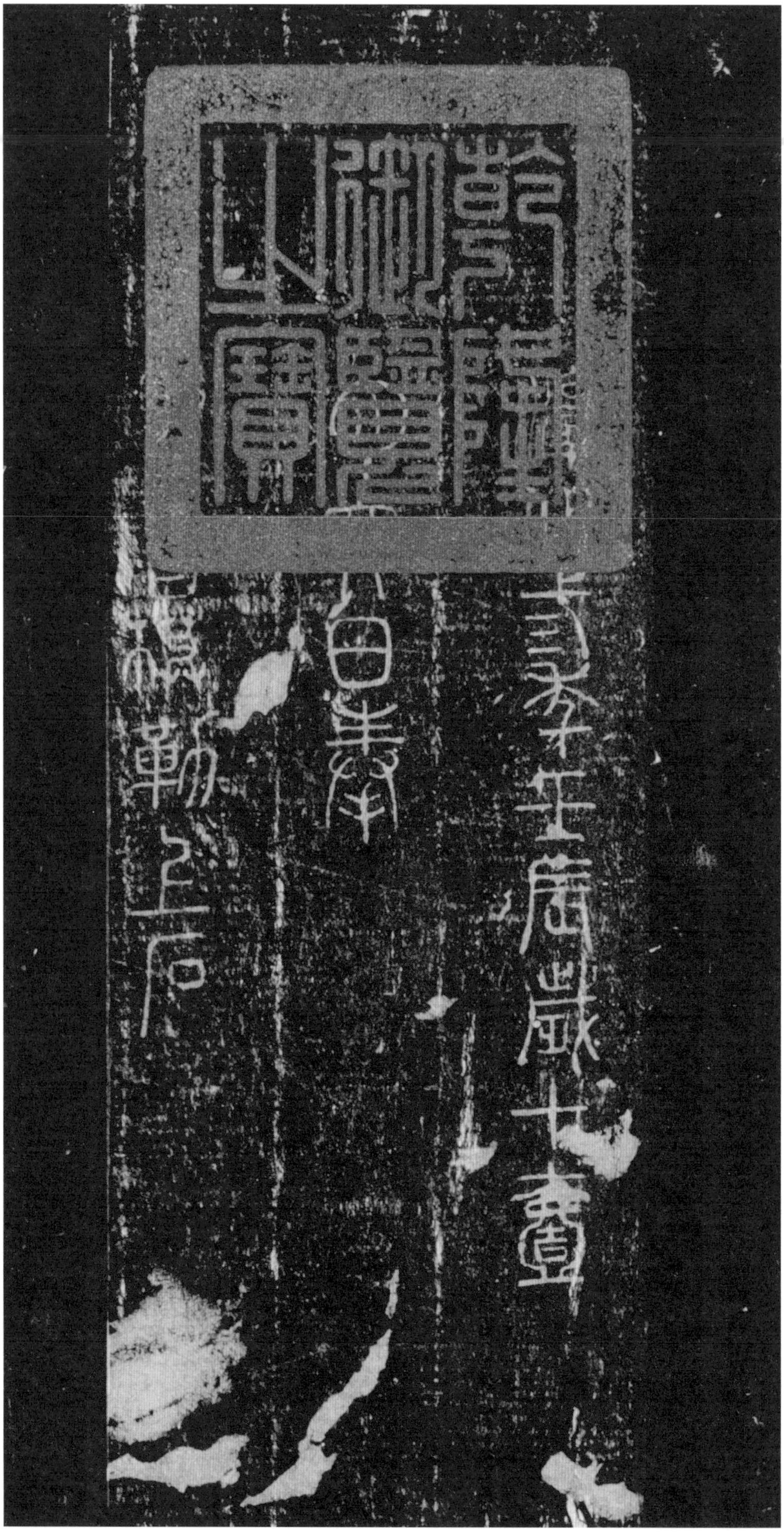